PAULA ROSADO PEREIRA
Professora da Faculdade de Direito da Universidade de Lisboa
Advogada

PRINCÍPIOS DO DIREITO FISCAL INTERNACIONAL
– DO PARADIGMA CLÁSSICO AO DIREITO FISCAL EUROPEU

Reimpressão

Dissertação de Doutoramento em Ciências Jurídico-Económicas na Faculdade de Direito da Universidade de Lisboa

PRINCÍPIOS DO DIREITO FISCAL INTERNACIONAL
– DO PARADIGMA CLÁSSICO AO DIREITO FISCAL EUROPEU

AUTOR
PAULA ROSADO PEREIRA

EDITOR
EDIÇÕES ALMEDINA. SA
Rua Fernandes Tomás, nºs 76-80
3000-167 Coimbra
Tel.: 239 851 904
Fax: 239 851 901
www.almedina.net
editora@almedina.net

DESIGN DE CAPA
FBA.

PRÉ-IMPRESSÃO
G.C. GRÁFICA DE COIMBRA, LDA.
IMPRESSÃO I ACABAMENTO
DPS - DIGITAL PRINTING SERVICES, LDA

Novembro, 2011

DEPÓSITO LEGAL
320150/10

Os dados e as opiniões inseridos na presente publicação
são da exclusiva responsabilidade do(s) seu(s) autor(es).

Toda a reprodução desta obra, por fotocópia ou outro qualquer
processo, sem prévia autorização escrita do Editor, é ilícita
e passível de procedimento judicial contra o infractor.

Biblioteca Nacional de Portugal – Catalogação na Publicação

PEREIRA, Paula Rosado

Princípios do direito fiscal internacional : do
paradigma clássico ao direito fiscal europeu.
(Tese de doutoramento)
ISBN 978-972-40-4379-1

CDU 341
      336

Ao Luís e ao Tiago
Aos meus Pais

NOTA PRÉVIA

O texto que agora se publica corresponde, fundamentalmente, à dissertação de doutoramento em Ciências Jurídico-Económicas apresentada na Faculdade de Direito da Universidade de Lisboa, cuja discussão teve lugar em Março de 2010.

A dissertação tem em conta a bibliografia, a jurisprudência e os trabalhos de instituições internacionais existentes até à data da sua entrega, em Março de 2009. Contudo – de modo a evitar um desajustamento terminológico e das referências efectuadas aos artigos dos Tratados da União Europeia – procedeu-se, para efeitos da sua publicação, a uma actualização do respectivo texto tendo em conta a nova redacção dos Tratados da União Europeia, introduzida pelo Tratado de Lisboa, cuja entrada em vigor ocorreu a 1 de Dezembro de 2009.

Ao júri perante o qual teve lugar a discussão da dissertação de doutoramento, constituído pelo Professor Doutor Pedro Romano Martinez, Presidente do Conselho Científico da Faculdade de Direito da Universidade de Lisboa e Presidente do júri, pelo Professor Doutor Casalta Nabais, da Faculdade de Direito da Universidade de Coimbra, pelo Professor Doutor Rui Duarte Morais (Arguente), da Faculdade de Direito da Universidade Católica Portuguesa – Centro Regional do Porto, e pelos Professores Doutores Fausto Quadros, Eduardo Paz Ferreira, Fernando Araújo, Luís Morais e Ana Paula Dourado (Arguente), da Faculdade de Direito da Universidade de Lisboa, agradeço os valiosos ensinamentos, as críticas e as manifestações de apreço ao trabalho.

Em particular, ao Professor Doutor Eduardo Paz Ferreira, orientador da tese, exprimo a minha gratidão pela confiança transmitida e pelo encorajamento, não apenas na prossecução deste trabalho mas ao longo da minha carreira académica.

Ainda uma especial palavra de agradecimento aos sócios e aos colegas do departamento fiscal da SRS – Sociedade Rebelo de Sousa & Advogados

Associados, pela oportunidade que me deram de abrandar temporariamente a minha actividade no escritório, durante as fases cruciais de elaboração da dissertação de doutoramento, bem como pelas manifestações de apoio e de estímulo de que sempre me rodearam, neste caminho por vezes árduo.

Ao Luís, ao Tiago e aos meus Pais agradeço a presença amiga em todas as horas e o apoio incondicional, sem os quais este trabalho não teria sido possível.

Agosto de 2010

Paula Rosado Pereira

PRINCIPAIS ABREVIATURAS

CDT – Convenção(ões) para Evitar a Dupla Tributação e Prevenir a Evasão Fiscal Em Matéria de Impostos Sobre o Rendimento / Convenção(ões) sobre Dupla Tributação
CE – Comunidade Europeia
DFI – Direito Fiscal Internacional
EUA – Estados Unidos da América
MC OCDE – Modelo de Convenção Fiscal sobre o Rendimento e o Património da OCDE
MC ONU – Modelo de Convenção da Organização das Nações Unidas para evitar a dupla tributação entre países desenvolvidos e países em desenvolvimento
OCDE – Organização de Cooperação e Desenvolvimento Económico
OECE – Organização Europeia de Cooperação Económica
ONU – Organização das Nações Unidas
RU – Reino Unido da Grã-Bretanha e da Irlanda do Norte
SDN – Sociedade das Nações
Tratado CE – Tratado da Comunidade Europeia
Tratado UE – Tratado da União Europeia
TFUE – Tratado sobre o Funcionamento da União Europeia
UE – União Europeia
UEM – União Económica e Monetária

INTRODUÇÃO

1. O Tema

O panorama económico actual caracteriza-se por um grande dinamismo do comércio internacional, pela existência de um mercado global de factores de produção, por uma internacionalização dos investimentos e pela existência de um grande número de pessoas que residem e trabalham fora do seu Estado de origem.

Contudo, no mundo actual, uma economia altamente globalizada continua a ter de coexistir com as fronteiras fiscais entre os Estados, cada um dotado de soberania para a definição unilateral do regime fiscal aplicável às situações que sejam com ele conexas de algum modo considerado relevante.

A forma como os Estados estruturam os seus sistemas tributários, assentes simultaneamente num elemento de conexão real ou objectivo e num elemento de conexão pessoal ou subjectivo – este último frequentemente conjugado com um princípio de universalidade na tributação dos residentes – propicia a sobreposição de pretensões fiscais de diferentes Estados relativamente a uma mesma situação tributária internacional.

O reconhecimento do efeito restritivo da dupla tributação jurídica internacional sobre o desenvolvimento das relações económicas entre os Estados induziu-os a alcançarem consensos, designadamente no contexto de organizações internacionais, quanto ao modo de prevenir e eliminar ou, pelo menos, atenuar a referida dupla tributação. O instrumento eleito para tal fim foi, principalmente, a celebração de Convenções para Evitar a Dupla Tributação e Prevenir a Evasão Fiscal Em Matéria de Impostos Sobre o Rendimento (adiante abreviadamente referidas como "Convenções sobre Dupla Tributação" ou "CDT"[1]). Através das CDT, os Estados con-

---

[1] A designação escolhida, que permite distinguir este tipo de convenções dos tratados de outra natureza sobre matéria tributária, é comummente usada pela doutrina.

tratantes desenvolvem um esforço conjunto de limitação dos respectivos poderes de tributar no que respeita a situações fiscais internacionais. As CDT actuam também ao nível da prevenção da evasão fiscal e da eliminação de certos tipos de discriminação fiscal entre os Estados contratantes.

Sendo a maioria das CDT bilaterais, e consubstanciando o resultado de um processo de negociação entre os Estados, a vinculação destes, uns perante os outros, baseia-se no princípio *pacta sunt servanda*.

Deste modo, as CDT – sendo a principal fonte de Direito Fiscal Internacional (adiante abreviadamente referido como "DFI") e concretizando o consenso alcançado por numerosos Estados relativamente ao tratamento fiscal das situações tributárias internacionais – constituem uma forma privilegiada de apreender as grandes linhas valorativas e estruturais do DFI, os seus princípios fundamentais.

Ora, tais princípios revestem-se de um enorme interesse, na medida em que facilitam a apreensão da essência do DFI, as razões dos seus actuais contornos, os grandes dilemas com que se debate, os principais desafios que enfrenta.

Por outro lado, importa ter em conta o contexto que rodeou o desenvolvimento do DFI tal como hoje o conhecemos. Tal desenvolvimento ocorreu, fundamentalmente, no quadro das relações bilaterais entre Estados, perante a necessidade de prevenir e eliminar a dupla tributação internacional, geradora de obstáculos ao desenvolvimento das relações económicas internacionais. Juntaram-se a este esforço organizações internacionais, mediante a preparação de estudos de diversa natureza e de Modelos de Convenção – estes últimos destinados a facilitar a negociação de CDT entre os Estados, bem como as respectivas interpretação e aplicação.

Todavia, o DFI enfrenta actualmente condicionalismos muito particulares no âmbito da UE. Sendo esta um espaço de integração económica – pautado pela livre circulação de bens, pessoas, serviços e capitais – natu-

---

Cfr., entre outros, Maria Margarida Cordeiro Mesquita, *As Convenções sobre Dupla Tributação*, Centro de Estudos Fiscais, Lisboa, 1998 e Patrícia Noiret Cunha, *A Tributação Directa na Jurisprudência do Tribunal de Justiça das Comunidades Europeias*, Coimbra Editora, Coimbra, 2006, pp. 223 ss. Outros autores utilizam designações ligeiramente distintas, como é o caso de Alberto Xavier, que se refere a "Convenções Internacionais contra a Dupla Tributação". Cfr., deste autor, *Direito Tributário Internacional*, 2.ª ed., Almedina, Coimbra, 2007, pp. 97 ss.

ralmente que as situações potencialmente sujeitas a dupla tributação internacional serão bastante mais frequentes do que fora do espaço da UE.

Refira-se, também, que o esforço de prevenção e eliminação da dupla tributação na UE tem importantes especificidades em relação ao que é desenvolvido no plano internacional, em termos gerais – não obstante basear-se ainda muito na celebração de CDT bilaterais entre os Estados-membros. De facto, é patente que tanto o DFI como a UE pretendem salvaguardar um ambiente fiscal favorável ao desenvolvimento das transacções e investimentos internacionais, para tal actuando ao nível da prevenção e eliminação da dupla tributação. Contudo, na UE, acresce a prossecução de objectivos mais ambiciosos, associados à construção do mercado interno, os quais têm importantes reflexos ao nível da tributação das situações internacionais. No contexto da UE, o grau superior de integração económica existente, a exigência de salvaguarda das liberdades fundamentais de circulação previstas nos Tratados e o maior rigor do princípio da não discriminação implicam especiais exigências no que toca ao enquadramento fiscal das situações tributárias internacionais.

Acresce que, no respeitante aos Estados-membros da UE, o enquadramento das situações tributárias internacionais deve ter em conta não apenas as tradicionais fontes de DFI, de que se salientam a legislação nacional e as CDT, mas também o Direito Fiscal Europeu. Aliás, importa recordar, a este propósito, o primado do Direito da UE sobre a legislação fiscal interna dos Estados e também sobre as CDT por estes celebradas.

Perante as aludidas especificidades do contexto da UE, suscita-se uma questão crucial: serão os princípios do DFI, consolidados ao longo de muitas décadas de labor de diversas organizações internacionais e de negociação de CDT entre os Estados, relevantes também no âmbito do Direito Fiscal Europeu? Questiona-se, portanto, se os princípios fundamentais do DFI subjacentes às CDT assumem igualmente um papel estruturante no âmbito do Direito Fiscal Europeu e, em caso afirmativo, de que forma as regras jurídicas e a jurisprudência do Tribunal de Justiça seguem tais princípios. Ou se, pelo contrário, os aludidos princípios fundamentais do DFI se revelam desadequados face à natureza do Direito Fiscal Europeu (tendo em conta as regras e os princípios específicos deste último com impacto ao nível da tributação directa, como sejam as liberdades de circulação e o princípio de não discriminação).

2. Objecto do Estudo e Delimitação do Âmbito

O presente estudo tem por objecto as relações entre o DFI e o Direito Fiscal Europeu[2], na perspectiva dos princípios fundamentais relativos à tributação directa no plano internacional.

Não sendo esta uma questão nova, a sua relevância é crescente, designadamente em virtude do fortalecimento do papel do Direito Fiscal Europeu no campo da tributação directa – espelhado no aumento do número de directivas neste domínio, em diversas iniciativas europeias de análise e discussão de aspectos específicos e, principalmente, no papel cada vez mais activo do Tribunal de Justiça no controlo da conformidade da legislação dos Estados-membros e das suas CDT com as obrigações decorrentes do Direito da UE.

Procuramos desenvolver a investigação e análise das relações entre o DFI e o Direito Fiscal Europeu num plano bastante rico e ainda relativamente inexplorado pela doutrina: o plano dos princípios do DFI. Para tal, o estudo levado a cabo começa por identificar, sistematizar e articular numa perspectiva crítica aqueles que nos parecem constituir os princípios fundamentais do DFI em matéria de tributação directa, analisando a forma como se concretizam nas CDT[3].

O tema dos princípios fundamentais do DFI, não obstante a sua importância, tem sido relativamente pouco abordado pela doutrina, tanto nacional como internacional. São muito poucos os autores que se têm debruçado sobre a matéria, sobretudo numa perspectiva de identificação dos diversos princípios fundamentais do DFI e do seu tratamento sistematizado.

---

[2] O nosso campo de análise, no que toca ao Direito Fiscal Europeu, corresponde fundamentalmente ao que ALBERTO XAVIER designa por "Direito tributário internacional comunitário" e CASALTA NABAIS por "Direito comunitário fiscal interestadual". ALBERTO XAVIER, *Direito Tributário...*, pp. 210-215; JOSÉ CASALTA NABAIS, *Direito Fiscal*, 4.ª ed. (2.ª reimp.), Almedina, Coimbra, 2008, pp. 106-107 e pp. 184 ss. Está em causa, portanto, a disciplina da UE relativamente aos poderes tributários dos Estados-membros, em situações conexas com mais do que um ordenamento jurídico-tributário.

[3] Importa, a este propósito, salientar que não é objectivo do presente estudo proceder a uma abordagem global da questão dos princípios fundamentais do DFI, mas apenas daqueles que, na nossa perspectiva, subjazem às soluções consagradas no campo da tributação do rendimento pelas CDT.

Subsequentemente, analisamos o modo como os referidos princípios do DFI se encontram presentes no âmbito do Direito Fiscal Europeu, e a forma como são, nalguns casos, alterados ou desenvolvidos nesse âmbito, face às exigências acrescidas do Direito Fiscal Europeu, em comparação com o DFI.

É a comparação dos princípios – mais do que de normas concretas – que nos permite, pela sua maior abstracção e pelo seu carácter estruturante, alcançar as diferenças essenciais entre os dois ordenamentos jurídico-tributários em análise, o DFI e o Direito Fiscal Europeu, no que respeita à tributação directa, e intuir as suas linhas de evolução futura.

O principal objectivo a alcançar com a investigação projectada consiste, assim, em traçar um quadro das relações existentes entre os princípios do DFI, tal como são adoptados pelas CDT, e o Direito Fiscal Europeu. Para tal, irá aferir-se se os princípios fundamentais do DFI, concretizados nas CDT, se revelam ou não adequados a nortear o Direito Fiscal Europeu, atentas as especificidades deste último.

Envolvendo o âmbito definido para o estudo a abordagem de um conjunto de princípios – de forma a podermos traçar um panorama global das relações entre o DFI e o Direito Fiscal Europeu a este nível – naturalmente que não se torna possível, por questões de sistematização e de extensão do trabalho, proceder a um tratamento exaustivo de cada um dos princípios fundamentais do DFI apontados. Com efeito, cada um deles tomado isoladamente teria densidade suficiente para ser objecto de um estudo que lhe fosse exclusivamente dedicado.

Assim, se colocássemos ao presente estudo uma exigência de exaustividade no que diz respeito ao tratamento de cada princípio abordado, tal tornaria inviável, designadamente pela sua dimensão excessiva em relação ao pretendido, o projecto que nos propomos realizar: a identificação e sistematização global dos princípios do DFI subjacentes às CDT, e a análise dos mesmos face ao Direito Fiscal Europeu. Ora, esta via parece-nos muitíssimo rica e ainda relativamente inexplorada – motivos pelos quais decidimos trilhá-la. Com efeito, o estudo em questão não foi ainda realizado pela doutrina nacional, nem, que tenhamos conhecimento, pela doutrina internacional com o tipo de abordagem que nos propomos utilizar.

No que diz respeito às CDT, a nossa análise tomará por base o Modelo de Convenção Fiscal sobre o Rendimento e o Património da OCDE[4] (adiante

---

[4] Organização de Cooperação e Desenvolvimento Económico – OCDE.

abreviadamente referido como "MC OCDE"). Neste, concentrar-nos-emos apenas nos aspectos e normas relativos à tributação do rendimento, não abrangendo na nossa análise as normas referentes à tributação do património.

Por seu turno, no que diz respeito ao Direito Fiscal Europeu, dada a inexistência de disposições expressas do Direito da UE originário relativamente à tributação directa, bem como a ainda muito limitada cobertura das questões da tributação directa efectuada pelo Direito Fiscal Europeu derivado[5], a jurisprudência do Tribunal de Justiça é um instrumento fundamental no que toca à definição e revelação da postura do Direito Fiscal Europeu face aos princípios fundamentais do DFI[6]. Assim, no trajecto que nos propomos efectuar ao longo da Parte II do presente estudo, procuramos analisar a posição do Direito Fiscal Europeu relativamente às CDT e aos princípios fundamentais do DFI, referindo os acórdãos que entendemos terem contribuído mais para a definição de tal posição ou serem mais ilustrativos desta.

O Tribunal de Justiça debruçou-se já, em numerosas ocasiões, sobre a problemática em apreço, daí resultando uma jurisprudência de fundamental importância quanto ao impacto do Direito Fiscal Europeu ao nível da aplicação das CDT celebradas pelos Estados-membros e dos princípios do DFI. Importa, assim, retirar as grandes linhas de orientação da jurisprudência do Tribunal de Justiça relativamente às questões analisadas.

Não pretendemos, contudo, ser exaustivos na referência que fazemos, ao longo da segunda parte do estudo, às decisões do Tribunal de Justiça relativas a cada um dos princípios ou problemáticas tratados. Com efeito, uma referência exaustiva a todas as decisões do Tribunal de Justiça requereria uma abordagem distinta da assumida no presente estudo, em que as referências à jurisprudência do Tribunal de Justiça são apenas complementares em relação à linha condutora do mesmo. Face ao grande número já existente de decisões do Tribunal de Justiça no campo da tributação directa, bem como à elevada complexidade de muitas delas, tal exaustividade teria cabimento num estudo cujo objecto fosse, precisamente, a jurisprudência do Tribunal de Justiça no campo da tributação directa. Ora,

---

[5] Em termos do universo de questões especificamente abordadas pelo Direito da UE derivado.

[6] Juntamente com as directivas europeias em matéria de tributação directa.

Introdução 17

conforme já foi referido, não é esse o objecto central do presente estudo. Neste, a jurisprudência do Tribunal de Justiça surge apenas como instrumento auxiliar da análise da relação entre os princípios fundamentais do DFI, tal como se concretizam nas CDT, e o Direito Fiscal Europeu.

Conforme foi já referido, o âmbito do presente estudo centra-se no campo da tributação directa. Excluímos, assim, do âmbito da investigação outras áreas, como a da tributação indirecta, às quais nos referiremos apenas pontualmente e quando tal se revista de interesse para a análise a efectuar, designadamente com intuitos comparativos face à tributação directa.

Também excluímos do âmbito do presente trabalho uma abordagem específica das relações entre a UE e os Estados terceiros no plano da tributação directa, bem como das disposições anti-abuso nas CDT e do problema da sua compatibilidade com o Direito Fiscal Europeu. Os motivos determinantes desta opção baseiam-se no facto de qualquer das aludidas problemáticas, pela sua complexidade e pelas múltiplas questões que suscitam, poder ser objecto de um estudo que lhe fosse exclusivamente dedicado. Deste modo, a abordagem específica das problemáticas em apreço no âmbito do presente estudo pareceu-nos desaconselhável, em virtude de conduzir a um desvio relativamente à linha condutora proposta para o trabalho, a uma perda de equilíbrio da sua estrutura e a uma extensão superior à pretendida para o mesmo.

Importa salientar que o presente estudo se centra nos princípios do DFI. Não se pretende efectuar uma abordagem dos princípios do Direito Europeu[7], nem uma comparação entre os princípios do DFI e os princípios do Direito Fiscal Europeu. Visa-se, sim, aferir a postura que o Direito Fiscal Europeu, atentas as suas especificidades, assume face aos princípios do DFI. O estudo que nos propomos realizar é, portanto, efectuado na óptica do DFI, tomando como ponto de partida as CDT e os princípios do DFI.

Antecipando as conclusões alcançadas, tentaremos demonstrar que o Direito Fiscal Europeu se norteia, em grande medida, pelos mesmos

---

[7] Para efeitos do presente trabalho, não procedemos à distinção entre "Direito Europeu" e "Direito da UE", sendo ambas as expressões utilizadas com o mesmo alcance.

princípios de DFI que se encontram subjacentes às soluções consagradas nas CDT, mas que, todavia, nalguns casos, o Direito Fiscal Europeu "reinventa" tais princípios, conferindo-lhes um alcance bastante distinto daquele que têm no DFI, em virtude das suas exigências e objectivos específicos.

É verdade que, sendo os objectivos primordiais das CDT a eliminação da dupla tributação jurídica internacional, a prevenção da evasão fiscal e a eliminação de certos tipos de discriminação fiscal entre os Estados contratantes, à primeira vista tais objectivos pareceriam convergentes com as disposições e os princípios do Direito Fiscal Europeu em matéria de tributação directa.

Todavia, a perspectiva bilateral que norteia a celebração das CDT[8] contrapõe-se ao objectivo da UE de criação de um mercado interno pautado pelas liberdades de circulação e por um princípio de não discriminação particularmente exigente, com todas as consequentes implicações e concretizações ao nível da fiscalidade directa.

O Direito Fiscal Europeu pauta-se, assim, por objectivos mais ambiciosos. Ora a prossecução de tais objectivos, embora continuando, em termos gerais, a inspirar-se nos princípios do DFI "clássico", implica uma ascensão desses princípios a patamares superiores de elaboração e de exigência.

O tema escolhido situa-se, deste modo, no cerne do DFI actual, o qual vê os seus princípios fundamentais e os conceitos consolidados ao longo de muitas décadas sofrerem alterações, nalguns casos profundas, ao nível dos respectivos alcance e conteúdo, quando as situações tributárias internacionais visadas caiem sob a alçada do Direito Fiscal Europeu. A problemática em apreço envolve a própria questão da sobrevivência, no espaço da UE, do DFI tal como hoje o conhecemos.

3. Plano de Análise

O estudo, versando sobre a problemática acima referida, encontra-se dividido em duas partes.

---

[8] Ao longo do presente estudo, referimo-nos fundamentalmente às CDT bilaterais, em virtude do número comparativamente reduzido de CDT multilaterais.

Na primeira parte, começamos por efectuar um enquadramento geral relativamente ao DFI e à dupla tributação internacional. De seguida, situamos as CDT no contexto do DFI, referindo-nos, designadamente, a aspectos atinentes à sua evolução e funcionamento. Lançados os alicerces necessários ao enquadramento da problemática a abordar, chegamos ao cerne da primeira parte do nosso estudo – a identificação, sistematização e consideração crítica dos princípios fundamentais de DFI que se encontram subjacentes às soluções consagradas nas CDT. Abordamos os referidos princípios não apenas quanto aos seus contornos e consequências ao nível da tributação do rendimento decorrente de situações tributárias internacionais, mas igualmente na perspectiva da sua fundamentação e, quando adequado, das suas vantagens ou desvantagens.

Na segunda parte do estudo, analisamos as relações entre as CDT e os princípios fundamentais de DFI que lhes subjazem, identificados na primeira parte do estudo, e o Direito Fiscal Europeu. Não constituindo os princípios do Direito Fiscal Europeu o tema do estudo, optamos por limitar uma abordagem inicial do Direito Fiscal Europeu originário e derivado, bem como dos princípios específicos do Direito Fiscal Europeu, ao necessário para situar as questões posteriormente analisadas, referindo-nos apenas aos seus aspectos essenciais.

De seguida, abordamos as questões da harmonização da tributação directa na UE e do papel da jurisprudência do Tribunal de Justiça, uma vez que são a insuficiência da primeira e o grande dinamismo da segunda que determinam o modo como o Direito Fiscal Europeu se tem vindo a pronunciar relativamente às CDT e aos princípios do DFI.

Procuramos depois aferir se, e em que medida, os princípios fundamentais do DFI identificados na primeira parte do estudo vigoram no Direito Fiscal Europeu. Para tal, analisamos a jurisprudência do Tribunal de Justiça, referindo as decisões mais relevantes quanto às relações entre CDT e Direito Fiscal Europeu e quanto aos contornos que os diversos princípios fundamentais do DFI assumem no Direito Fiscal Europeu. Procuramos, relativamente a cada princípio de DFI, salientar os aspectos que são aceites pelo Tribunal de Justiça, bem como aqueles que, em contrapartida, são objecto de limitações ou alterações relativamente ao conteúdo e alcance que o princípio tem no âmbito do DFI, com o intuito de o adaptar às particularidades e exigências acrescidas do Direito Fiscal Europeu. Fazemos igualmente uma referência às directivas europeias em matéria de tributação directa, analisando o posicionamento destas em relação aos princípios do DFI.

Julgamos importante abordar ainda duas possíveis soluções para as divergências entre CDT e Direito Fiscal Europeu: a CDT Multilateral e o Modelo de Convenção da UE.

Concluímos explicitando a posição defendida quanto às relações entre os princípios do DFI identificados e o Direito Fiscal Europeu. Neste contexto, incidimos, por um lado, na aceitação genérica desses princípios pelo Direito Fiscal Europeu e, por outro, no significado das principais alterações por este introduzidas aos princípios de DFI, em resultado dos imperativos do Direito Fiscal Europeu e das correspondentes exigências a nível fiscal. Algumas das aludidas alterações representam verdadeiros saltos qualitativos do Direito Fiscal Europeu face ao DFI. Terminamos com uma breve referência ao que consideramos serem os principais dilemas actualmente enfrentados pelo Direito Fiscal Europeu.

PARTE I

OS PRINCÍPIOS DO DIREITO FISCAL INTERNACIONAL

I. DIREITO FISCAL INTERNACIONAL

1. Enquadramento Geral

O DFI é o complexo de normas tributárias, de fonte interna ou de fonte internacional, que visa regular as relações entre Estados e entre Estados e pessoas, no contexto de situações internacionais, isto é, situações conexas com mais do que um ordenamento jurídico-tributário[9].

---

[9] Rejeitamos, portanto, através da noção proposta, a distinção efectuada por alguma doutrina entre Direito Tributário Internacional e Direito Internacional Tributário (que seria, naturalmente, transponível para o DFI, caso fosse de aceitar). A aludida distinção encontra a sua base na teoria dualista quanto à relação entre o Direito Internacional e o Direito interno, de acordo com a qual estes constituem ordens jurídicas distintas e independentes. Nos termos da distinção proposta por defensores da teoria dualista, o Direito Internacional Tributário seria constituído por normas de origem internacional e destinar-se-ia a disciplinar as relações entre Estados (enquanto sujeitos de Direito Internacional Público) no que toca à matéria tributária, ao passo que o Direito Tributário Internacional seria constituído por normas internas e destinado a disciplinar a competência tributária internacional dos Estados. Ora, conforme é apontado por ALBERTO XAVIER, "é evidente o preconceito dualista que está na origem desta distinção. Com efeito, à luz desta visão, as normas de origem internacional nunca regulariam como tal as questões tributárias internacionais, independentemente, portanto, da sua "transformação" em direito interno, limitando a sua eficácia a disciplinar relações inte-restatais. Para quem não aceitar a perspectiva dualista de encarar as relações entre direito internacional e direito interno, também não poderá manter a distinção acima referida [entre Direito Internacional Tributário e Direito Tributário Internacional], pelo menos nos termos em que é formulada". ALBERTO XAVIER, *Direito Tributário...*, p. 91.

Princípios do Direito Fiscal Internacional

O principal objectivo do DFI corresponde à prevenção e atenuação ou eliminação da dupla tributação. Com efeito, uma situação internacional, tendo em conta os elementos de conexão adoptados pelos vários Estados com os quais a situação se relaciona, pode desencadear pretensões tributárias em mais do que um desses Estados, por aplicação das respectivas normas tributárias internas[10]. Em tais circunstâncias, vários ordenamentos tributários consideram-se com legitimidade para tributar a mesma situação internacional, ocorrendo uma dupla (ou mesmo múltipla) tributação[11].

2. Dupla Tributação Internacional

A dupla tributação pressupõe dois requisitos: a identidade do facto tributário e a pluralidade de normas. Existe, portanto, dupla tributação quando um mesmo facto tributário integra a previsão de duas normas de incidência distintas, dando lugar a um cúmulo de pretensões tributárias. Quando as normas em apreço pertencem a ordenamentos tributários de dois ou mais Estados, estamos perante dupla tributação internacional[12].

---

[10] Perante a multiplicação das situações conexas com mais do que um ordenamento jurídico-tributário, e tendo em conta o prejuízo para a fluidez das transacções internacionais que decorre do fenómeno da dupla tributação internacional, é essencial que exista uma actuação concertada a nível internacional, no sentido de criar um ambiente fiscal que não desencoraje nem distorça os investimentos e o comércio internacionais. A este propósito, refere EDUARDO PAZ FERREIRA que "o movimento de liberalização da circulação de capitais, como mais genericamente a globalização, nas suas diferentes modalidades, veio trazer para a primeira linha das atenções a possibilidade de uma regulação fiscal a nível mundial, ou, pelo menos, a necessidade de desenvolvimento de formas intensas de cooperação entre as diferentes administrações fiscais". EDUARDO PAZ FERREIRA, *Ensinar Finanças Públicas numa Faculdade de Direito*, Almedina, Coimbra, 2005, p. 130.

[11] Remetemos para o ponto seguinte do presente trabalho uma análise mais detalhada do conceito de dupla tributação internacional.

[12] KLAUS VOGEL et al., *Klaus Vogel on Double Taxation Conventions – A Commentary to the OECD-, UN- and US Model Conventions for the Avoidance of Double Taxation on Income and Capital – With Particular Reference to German Treaty Practice*, 3.ª ed., Kluwer Law International, London, 1997 (reimpressão 1999), pp. 9-10. Para um tratamento bastante detalhado da definição de dupla tributação jurídica internacional e das diversas posições existentes quanto à definição em apreço, *vide* MANUEL PIRES, *Da Dupla Tributação Jurídica Internacional sobre o Rendimento*, Imprensa Nacional – Casa da Moeda, Lisboa, 1984, pp. 29-76. Note-se ainda que, conforme salienta ALBERTO

Parte I – I. Direito Fiscal Internacional

No que diz respeito ao primeiro requisito da dupla tributação, a identidade do facto tributário, esta depende do preenchimento da designada regra das quatro identidades: identidade i) do objecto ou pressuposto, ii) do sujeito, iii) do período da tributação, iv) do imposto[13].

Refira-se, entre a doutrina portuguesa, a rejeição por MANUEL PIRES da regra das quatro identidades. Este autor parte dos dois requisitos fundamentais já mencionados (identidade do facto tributário e pluralidade de normas), referindo que ocorre dupla tributação quando um mesmo facto tributário corresponde a uma pluralidade de normas, dando origem a mais de um imposto. Sustenta que "a dupla tributação implica a existência de um mesmo facto tributário previsto em duas leis diferentes, fazendo surgir dois impostos. Existem duas previsões, dois pressupostos abstractos que descrevem o mesmo facto tributário. Assim o mesmo facto da vida, individualizado, conformado juridicamente do mesmo modo, concretiza dois pressupostos abstractos". Na sua definição de dupla tributação jurídica, MANUEL PIRES prescinde da referência à identidade do imposto e à identidade do período tributário. Defende a sua posição referindo que "a identidade do pressuposto conduz à identidade ou similitude do imposto. O pressuposto de facto, como é acolhido na norma jurídica, é definidor da fisionomia de cada tributo, diferencia ou identifica, por características objectivas, os diversos impostos". Quanto à identidade do período tributário, a segunda de que o autor prescinde, salienta que "igualmente não se torna necessária a referência ao aspecto temporal para definir dupla tributação. Se o pressuposto é idêntico, se o facto é o mesmo, idêntico será o aspecto temporal, sendo indiferente [...] o momento da liquidação ou da cobrança ou o ano orçamental de referência"[14].

XAVIER, "para que se verifique dupla tributação, é necessário que ambas as normas em presença se *apliquem* no caso concreto, dando origem ao nascimento de duas pretensões tributárias. Mas se o mesmo facto recai na *esfera de incidência* de duas normas, não havendo, porém, aplicação concreta de ambas, ou havendo apenas aplicação de uma, fala-se então em dupla tributação *virtual* ou *in thesi*, para a distinguir da dupla tributação *efectiva* ou *in praxi*. Na dupla tributação efectiva ocorre um concurso *real* de normas; na dupla tributação virtual, o concurso é meramente *aparente*". ALBERTO XAVIER, *Direito Tributário...*, pp. 40-41.

[13] ALBERTO XAVIER, *Direito Tributário...*, pp. 33-36.

[14] MANUEL PIRES, *Da Dupla Tributação...*, pp. 70-76.

Em sentido contrário, ALBERTO XAVIER sustenta que, relativamente aos impostos periódicos por natureza, por exemplo o imposto sobre o rendimento, o requisito da identidade do período é exigível. Tal requisito apenas não será exigível noutros tipos de impostos, como os impostos sobre o consumo, nos quais é preponderante o critério da identidade do objecto (neste caso, a identidade da transmissão do bem)[15].

A dupla tributação internacional pressupõe, em suma, a existência de uma situação tributária internacional, ou seja, uma situação que tem conexão com os ordenamentos jurídico-tributários de diferentes Estados e, adicionalmente, a relevância da conexão com o ordenamento jurídico--tributário de cada Estado, para efeitos de incidência, de acordo com a respectiva lei tributária.

Pela nossa parte, continuamos a adoptar a regra das quatro identidades, que nos parece trazer clareza e rigor à definição. Nestes termos, considera-mos dupla tributação jurídica internacional a incidência, em mais do que um Estado, (i) de impostos equiparáveis, relativamente (ii) ao mesmo sujeito passivo, (iii) ao mesmo facto gerador de imposto, e (iv) ao mesmo período de tributação do rendimento. Entende-se que são impostos equiparáveis os impostos vigentes em vários Estados que, embora podendo ter denominações distintas, tenham uma natureza semelhante.

Conceito distinto é o de dupla tributação económica internacional, no qual existe identidade apenas em relação a três dos aludidos aspectos. Com efeito, o elemento essencial da distinção entre a dupla tributação jurídica internacional e a dupla tributação económica internacional consiste no facto de a primeira dizer respeito ao mesmo sujeito passivo, enquanto que a segunda se refere a sujeitos passivos distintos.

Podemos apontar diversos tipos de sobreposição de elementos de conexão responsáveis pela dupla tributação jurídica internacional:

i) Sobreposição fonte / residência

A principal causa da dupla tributação jurídica internacional tem a ver com o facto de a maioria dos Estados tributarem tanto os rendimentos com origem no seu território como os rendimentos obtidos no estrangeiro

---

[15] ALBERTO XAVIER, *Direito Tributário...*, p. 35.

pelos seus residentes. A dupla tributação jurídica internacional resulta, portanto, da circunstância de os Estados consagrarem simultaneamente o princípio da fonte e o princípio da residência (este, de acordo com um princípio de tributação do rendimento obtido a nível mundial).

ii) Sobreposição residência / residência

A dupla tributação jurídica internacional pode resultar, também, da circunstância de uma pessoa ser considerada residente para efeitos fiscais simultaneamente em dois ou mais Estados, os quais se arrogam o direito de tributar o sujeito em causa.

iii) Sobreposição fonte / fonte

A origem da dupla tributação jurídica internacional pode estar, em contrapartida, na existência de uma sobreposição de regras de tributação na fonte, ou seja, quando dois ou mais Estados tratam a mesma transacção económica, para efeitos de tributação, como tendo ocorrido no seu território. Esta situação pode ocorrer, designadamente, em virtude de diferentes definições de fonte adoptadas pelos Estados.

iv) Sobreposição nacionalidade / residência

No que diz respeito aos poucos Estados que tributam os seus nacionais, mesmo quando residentes noutros Estados[16], a dupla tributação jurídica internacional pode decorrer de uma sobreposição entre a tributação no Estado da nacionalidade e no estado da residência.

---

[16] Destaca-se o caso dos EUA.

II. AS CDT NO CONTEXTO DO DIREITO FISCAL INTERNACIONAL

1. Surgimento e Evolução das CDT

O crescimento da intensidade das relações económicas internacionais implica um aumento da ocorrência de situações em que a obtenção de rendimento é conexa com mais do que um ordenamento tributário[17]. Neste contexto, a dupla tributação internacional começou a ser sentida como um problema que importava solucionar, levando os Estados, em finais do século XIX, a iniciarem a celebração de tratados internacionais destinados a eliminá-la[18].

Antes disso, na primeira metade do século XIX, tinham já sido celebradas algumas convenções em matéria tributária, mas de alcance

---

[17] Quanto à evolução histórica do comércio internacional, *vide* EDUARDO PAZ FERREIRA / JOÃO ATANÁSIO, *Textos de Direito do Comércio Internacional e do Desenvolvimento Económico*, Vol I, Almedina Coimbra, 2004, pp. 13-35. Conforme afirmam os autores, "o século XXI será, ainda mais do que o final do século XX, marcado pela globalização. A interdependência entre os diferentes países e continentes é cada vez maior e, à medida que o esforço e o tempo se contraem progressivamente, as fronteiras vão desaparecendo com o aumento das trocas comerciais, o desenvolvimento das tecnologias de informação e comunicação, a expansão do investimento estrangeiro e as constantes inovações que estimulam o crescimento económico e trazem consigo esperanças de uma mais rápida diminuição da pobreza no mundo" (op. cit., p. 33). Por seu turno, FERNANDO ARAÚJO refere-se a uma "era do comércio", salientando a importância deste numa perspectiva histórica. *Vide* FERNANDO ARAÚJO, *Adam Smith – O Conceito Mecanicista de Liberdade*, Almedina, Coimbra, 2001, pp. 1141-1228.

[18] Decorreu em Rust, na Áustria, entre 4 e 7 de Julho de 2008, uma conferência sobre a história das CDT. Para uma referência panorâmica dos assuntos discutidos nas diversas sessões, cfr. MATTHIAS HUBER / DANIEL P. RENTZSCH, *Conference report: History of double taxation conventions, Rust, 4-7 July 2008,* Intertax, n.º 11, Novembro 2008, pp. 533-541.

muito limitado. Versavam, fundamentalmente, questões específicas de assistência fiscal entre os Estados[19].

As primeiras CDT bilaterais relativas à tributação do rendimento foram celebradas entre Estados que já tinham entre si vínculos políticos ou se assumiam como aliados. É o caso da convenção entre a Prússia e a Saxónia relativa a impostos directos, de 16 de Abril de 1869, das convenções entre a Áustria e a Hungria relativas à tributação de empresas comerciais e industriais, de 18 de Dezembro de 1869 e 7 de Janeiro de 1870, e da convenção entre a Áustria e a Prússia relativa à eliminação da dupla tributação (abordada pela primeira vez de forma global), de 21 de Junho de 1899[20].

Após a Primeira Guerra Mundial, multiplicaram-se as CDT celebradas entre os países da Europa Central. Mas é a partir da Segunda Guerra Mundial que se intensifica a celebração de CDT, com destaque para os países anglo-saxónicos, em resultado da crescente internacionalização da economia norte-americana e das relações entre o Reino Unido e os restantes Estados da *Commonwealth*.

Cientes da importância do problema da dupla tributação internacional e da necessidade de aperfeiçoar as medidas destinadas a ultrapassá-lo, os Estados procuraram, no contexto das organizações internacionais competentes, fomentar o estudo das soluções mais adequadas e reforçar o consenso internacional a este nível.

Foi dentro deste espírito que ocorreu o desenvolvimento dos primeiros Modelos de Convenção fiscal, no seio da Sociedade das Nações ("SDN"). Contribuíram grandemente para a sua produção os diversos estudos prévios, em matéria de tributação internacional, promovidos pela SDN. Pela sua relevância, importa salientar o relatório do denominado "Comité dos Quatro Economistas" – GIJSBERT BRUINS (Holanda), LUIGI EINAUDI (Itália), EDWIN SELIGMAN (EUA) e JOSIAH STAMP (Grã-Bretanha) – de 1923, bem como os relatórios do Comité de Peritos Fiscais (integrando peritos das administrações fiscais de vários países), de 1925.

---

[19] Cfr. MANUEL PIRES, *Da Dupla Tributação...*, pp. 182 e ss.
[20] KLAUS VOGEL et al., *Klaus Vogel on Double...*, pp. 16-17; VICTOR UCKMAR, *Double taxation conventions*, in ANDREA AMATUCCI (Ed.) – *International Tax Law*, Kluwer Law International, The Netherlands, 2006, p. 150.

Os aludidos relatórios debruçaram-se sobre a dupla tributação internacional e as formas possíveis de a eliminar, chegando à conclusão de que a sua resolução radica, essencialmente, numa questão de repartição do poder tributário entre o Estado da residência, do qual provinha o investimento, e o Estado da fonte. O primeiro dos relatórios, produzido pelo "Comité dos Quatro Economistas", sugeria que os Estados reciprocamente isentassem os não residentes de tributação sobre o rendimento, subsistindo apenas a tributação pelo Estado da residência[21]. A oposição política e doutrinal suscitada por esta proposta motivou a intervenção do Comité de Peritos Fiscais, sendo então sugerida a atribuição do poder de tributar a um Estado ou a outro dependendo da maior ou menor conexão económica destes relativamente a cada categoria de rendimento. Procedeu-se, portanto, no contexto desta solução de compromisso para o problema da dupla tributação internacional, a uma identificação dos elementos de conexão relevantes.

Cabe salientar que o método de *"classification and assignment"*, proposto à SDN pelo Relatório dos Quatro Economistas de 1923, tem ainda reflexos nas regras de distribuição do poder de tributar tal como se encontram actualmente previstas no MC OCDE. Partia-se de uma classificação do rendimento em várias categorias, com a atribuição a um dos Estados da competência exclusiva para tributar os rendimentos de cada categoria, em função da maior ou menor conexão económica do Estado com a mesma. Os Modelos de Convenção elaborados nas décadas posteriores – embora realizando um importantíssimo aperfeiçoamento técnico e prescindindo, em variadas situações, da atribuição de competência tributária exclusiva a um dos Estados – inspiram-se nos grandes princípios esboçados a partir de 1923 para o regime fiscal internacional[22].

Note-se, todavia, que a tarefa da SDN de criar um Modelo de Convenção foi, na época, dificultada pela diversidade dos sistemas fiscais dos vários Estados. Em virtude de tais dificuldades, o relatório da SDN de 1928 propunha três Modelos de Convenção distintos.

---

[21] Cfr. KLAUS VOGEL, *Worldwide vs. source taxation of income – A review and re-evaluation of arguments (Part I),* Intertax, n.º 8/9, 1988, p. 220.

[22] Cfr. RUI DUARTE MORAIS, *Imputação de Lucros de Sociedades Não Residentes Sujeitas a Um Regime Fiscal Privilegiado,* Publicações Universidade Católica, Porto, 2005, p. 109; VICTOR UCKMAR, *Double taxation conventions...,* p. 150.

30   *Princípios do Direito Fiscal Internacional*

Um primeiro Modelo de Convenção baseava-se numa concepção cedular da tributação dos rendimentos, que distinguia entre impostos reais e impostos pessoais, sendo susceptível de aplicação unicamente pelos Estados com este tipo de sistema fiscal. Propunha que o Estado da fonte tributasse com exclusividade no âmbito dos impostos reais e o Estado da residência tivesse tal competência no âmbito dos impostos pessoais.

Um segundo Modelo de Convenção era dirigido aos países nos quais existisse um imposto único sobre o rendimento, sujeito ao princípio da tributação universal. Não distinguia, portanto, entre impostos reais e pessoais. Era atribuído ao Estado do domicílio do beneficiário um direito prioritário para tributar certos tipos de rendimento dos seus residentes, como os dividendos, juros e *royalties* (devendo o Estado da fonte restituir o imposto que tivesse cobrado, mediante adequada justificação). Por outro lado, o Estado da fonte gozava do direito de tributar cinco categorias de rendimentos, entre as quais se incluíam os lucros e os rendimentos imobiliários (com crédito de imposto no Estado da residência, correspondendo ao montante do imposto pago no Estado da fonte). O terceiro Modelo de Convenção, aplicável a Estados com sistemas fiscais distintos dos visados pelos dois outros Modelos, é bastante similar ao segundo Modelo referido[23].

Nenhum destes modelos seguia o princípio propugnado pela Grã--Bretanha, de tributação exclusiva pelo Estado da residência, o qual impediria o Estado da fonte de tributar os rendimentos obtidos no seu território por não residentes.

A SDN apresentou novos Modelos de Convenção em 1943 e 1946. O primeiro, o denominado Modelo do México, apresentado em 1943, foi preparado durante o período da Segunda Guerra Mundial. Em virtude deste facto, contou primordialmente com a participação de países da América Latina, o que se reflectiu nas orientações consagradas no mesmo. O Modelo de Convenção em apreço alargou consideravelmente os poderes de tributar do Estado da fonte, prosseguindo os interesses dos países menos desenvolvidos.

---

[23] Cfr. CALDERÓN CARRERO, *La Doble Imposición Internacional en los Convenios de Doble Imposición y en la Unión Europea*, Editorial Aranzadi, Pamplona, 1997, pp. 35-36; MARIA DE LOURDES CORREIA E VALE, *A tributação dos fluxos internacionais de dividendos, juros e «royalties»*, pp. 168-169.

Em nova reunião do Comité Fiscal da SDN – aliás, a última – foi aprovado o Modelo de 1946, denominado Modelo de Londres. Contou já com uma participação alargada, em termos de países intervenientes, e afastou-se da orientação que tinha norteado o Modelo do México, reforçando os poderes de tributar do Estado da residência.

Atentas as divergências existentes, ao nível da repartição do poder de tributar entre o Estado da fonte e o Estado da residência, e a impossibilidade de as ultrapassar, os Modelos do México e de Londres foram tratados como duas alternativas possíveis na negociação das convenções bilaterais pelos Estados. Os princípios patentes nestes dois modelos foram seguidos, embora com variantes, em múltiplas CDT celebradas ou revistas nos anos seguintes.

As questões da tributação internacional foram, após a extinção da SDN, retomadas ao nível da Organização das Nações Unidas ("ONU"), bem como da Organização Europeia de Cooperação Económica ("OECE") e, depois, da Organização de Cooperação e Desenvolvimento Económico ("OCDE").

O Conselho da OECE emitiu uma Recomendação relativa à dupla tributação em 25 de Fevereiro de 1955, tendo o respectivo comité fiscal, entre 1958 e 1961, apresentado quatro relatórios provisórios referentes a um projecto de convenção bilateral para evitar a dupla tributação, a adoptar pelos países membros.

Foi já no seio da OCDE, pouco depois da sua criação[24], que foi publicada, em 1963, a primeira versão do MC OCDE e dos respectivos Comentários[25]. Conforme salienta Rui Duarte Morais, "o ponto de partida foi, naturalmente, o modelo de Londres da SDN. O Comité não teve a pretensão de proceder a alterações radicais do aí proposto, apenas procurou actualizar tal modelo à luz dos tratados concluídos posteriormente entre os Estados, as necessidades especiais de certos países menos desenvolvidos que integravam a organização e a situação de Estados-membros que, reconhecidamente, actuavam como entrepostos fiscais"[26]. Este último caso era o da Suíça e do Luxemburgo.

---

[24] A Convenção que criou a OCDE, em substituição da OECE, foi assinada em 14 de Dezembro de 1960.

[25] Quanto ao valor jurídico dos Comentários ao MC OCDE, cfr. Caterina Innamorato, *Expeditious amendments to double tax treaties based on the OECD Model*, Intertax, n.º 3, Março 2008, pp. 105-110.

[26] Rui Duarte Morais, *Imputação de Lucros...*, p. 114.

Nos anos seguintes, o MC OCDE e os seus Comentários foram sendo sucessivamente revistos e adaptados à realidade internacional, conduzindo à publicação dos Modelos de Convenção da OCDE de 1977 e de 1992[27]. Actualmente, é aplicável o Modelo de Convenção Fiscal sobre o Rendimento e o Património da OCDE na sua redacção de 18 de Julho de 2008[28].

De referir que as sucessivas revisões do MC OCDE se têm pautado pela preocupação de aperfeiçoar tecnicamente as soluções consagradas em termos de repartição do poder tributário entre os Estados e de preencher

---

[27] Registando-se alterações ao MC OCDE em 1994, 1995, 1997, 2000, 2003, 2005 e 2008.

[28] Em 17 de Julho de 2008, o Conselho da OCDE aprovou uma nova actualização ao MC OCDE. A actualização anterior tinha ocorrido em 2005. Quando comparada com a redacção de 2005, a redacção actual do MC OCDE e dos respectivos Comentários apresenta, em virtude da actualização de 2008, alterações relativamente a uma série de tópicos que tinham vindo já a ser objecto de relatórios da OCDE no final de 2006 e ao longo de 2007. É o caso, designadamente, das alterações introduzidas aos Comentários do artigo 5.º (Estabelecimento estável) que abordam longamente a questão do tratamento fiscal dos rendimentos decorrentes da prestação de serviços, do artigo 7.º (Lucros das empresas) relativamente à atribuição de lucros a um estabelecimento estável, do artigo 10.º (Dividendos) relativamente à distribuição de lucros por *trusts* que se dedicam a investimentos imobiliários (*"Real Estate Investment Trusts"*), e do artigo 24.º (Não discriminação) quanto a diversas vertentes da proibição de discriminação. Foram ainda efectuadas várias outras alterações aos Comentários, denominadas como "mudanças técnicas". Refiram-se, a este propósito, as alterações dos Comentários no que se refere à determinação do local de direcção efectiva de uma empresa, à questão das entidades com dupla residência em situações triangulares, à definição de *royalties* e à introdução de referências a alguns casos específicos, à introdução de regras detalhadas de cômputo dos dias de presença num Estado para efeitos da regra dos 183 dias, e à introdução de um Comentário particular aos métodos de eliminação da dupla tributação com o objectivo de assegurar a efectiva eliminação desta em casos de conflitos de qualificação. Quanto a alterações a artigos do MC OCDE, há que assinalar a introdução de um número adicional no artigo 25.º (Procedimento amigável), prevendo o recurso à arbitragem no contexto da resolução de disputas pelas autoridades competentes dos Estados. Também os Comentários ao artigo 25.º sofreram extensas alterações, sendo ainda introduzido um Anexo exemplificativo de acordo quanto ao recurso à arbitragem, previsto no n.º 5 do artigo em questão (número acrescentado no âmbito da actualização ao MC OCDE a que nos vimos reportando), que poderá ser utilizado pelas autoridades competentes dos Estados como base para um acordo a este nível. Por fim, refira-se que a actualização de 2008 regista também modificações ao nível das Observações e Reservas formuladas pelos Estados relativamente ao MC OCDE.

lacunas sentidas a este nível. Todavia, tais objectivos são prosseguidos através de alterações que não põem em causa a permanência do essencial dos critérios de repartição do poder tributário nem dos métodos de eliminação da dupla tributação internacional, já bastante consolidados no panorama internacional.

O prestígio e a influência das Convenções Modelo, principalmente da OCDE, têm contribuído largamente para que a celebração de CDT continue a ser encarada, pelos Estados, como uma forma especialmente eficaz e adequada de regular as situações tributárias internacionais e de ultrapassar o problema da dupla tributação internacional.

Os sucessivos MC OCDE têm facilitado grandemente o processo de negociação de convenções bilaterais entre os Estados-membros da OCDE, contribuindo para o contínuo aumento do número de CDT concluídas. As soluções traçados nesses Modelos exercem uma profunda influência ao nível das CDT concluídas pelos Estados que, em grande medida, as seguem. Verifica-se, deste modo, uma certa harmonização entre as diversas convenções bilaterais, relevante quer na perspectiva dos sujeitos passivos dos vários Estados, quer na perspectiva das administrações fiscais, na medida em que facilita grandemente a aplicação das CDT e o conhecimento do regime fiscal aplicável a nível internacional por parte dos sujeitos passivos[29].

Note-se que o impacto do MC OCDE ultrapassa o âmbito dos Estados-membros desta organização internacional, tendo já constituído a base de referência em negociações de CDT envolvendo Estados não membros da OCDE. Foi também utilizado como base de trabalho de outras organizações internacionais de âmbito mundial ou regional, no desenvolvimento dos seus próprios Modelos de Convenção para a eliminação da dupla tributação internacional.

Foi, designadamente, o que sucedeu com o Modelo de Convenção da Organização das Nações Unidas para evitar a dupla tributação entre países desenvolvidos e países em desenvolvimento (adiante abreviadamente referido como "MC ONU"), apresentado em 1980. Este toma como base os princípios, a estrutura e mesmo o texto do MC OCDE, introduzindo-lhe alterações destinadas a adequá-lo à negociação das CDT entre países desenvolvidos e países em vias de desenvolvimento. A grande preocupação

---

[29] KLAUS VOGEL et al., *Klaus Vogel on Double...*, pp. 3-4.

34 *Princípios do Direito Fiscal Internacional*

do MC ONU consiste em procurar alcançar um maior equilíbrio entre os interesses dos países desenvolvidos (predominantemente exportadores de capital e tecnologia) e os dos países em vias de desenvolvimento (predominantemente importadores de capital e tecnologia). Para tal, no que toca a diversos tipos de rendimento e situações, o MC ONU reforça – em comparação com o MC OCDE – a aplicação do princípio de tributação pelo Estado da fonte.

Existem, igualmente, Modelos de Convenção para a eliminação da dupla tributação elaborados por organizações internacionais de âmbito regional, bem como Modelos propostos fora do âmbito de qualquer organização internacional. Designadamente, os EUA e a Holanda elaboraram os seus próprios Modelos de Convenção para eliminar a dupla tributação[30]. Todavia, o impacto destes Modelos de Convenção de origem regional ou nacional, em termos de contribuição para o sistema tributário internacional actual, não é comparável ao dos modelos propostos pela OCDE e pela ONU.

Face ao exposto, podemos concluir pela existência de um nível assinalável de consenso internacional em torno de um conjunto de princípios, que formam o "adquirido" tributário internacional, e que se foram moldando no contexto dos trabalhos de preparação dos Modelos de Convenção das organizações internacionais – com destaque para a SDN, a OCDE e a ONU[31].

Conforme salienta CALDERÓN CARRERO, "a análise da evolução da tributação internacional ao longo do século [século XX] revela como os princípios derivados das actividades destas organizações internacionais, SDN, OCDE e ONU, constituíram os motores de avanço do consenso mundial nesta matéria [da tributação internacional], de modo que tanto a consolidação das CDT como a via mais adequada e eficaz para eliminar

---

[30] Cfr., designadamente, VICTOR UCKMAR, *Double taxation conventions...*, p. 151.

[31] Saliente-se que falamos de consenso no sentido de reconhecimento generalizado, por parte dos Estados e das principais organizações internacionais, da existência de princípios fundamentais – como o princípio da fonte e o princípio da residência – nos quais se inspira o tratamento das situações tributárias internacionais. Isto sem esquecer, naturalmente, as divergências existentes entre os Estados e até entre as organizações internacionais quanto à conjugação, equilíbrio e aplicação prática dos aludidos princípios – de que são ilustrativas as diferenças existentes entre o MC OCDE e o Modelo de Convenção da ONU.

Parte I – II. As CDT no Contexto do Direito Fiscal Internacional 35

a dupla tributação internacional, como a sua configuração e formulação técnica deve ser explicada e entendida a partir dos instrumentos que cristalizam esse consenso, a saber: os Modelos de Convenção OCDE e ONU e a doutrina emanada pelo Comité de Assuntos Fiscais da OCDE que os complementa"[32].

A OCDE, em particular, tem vindo, desde a sua criação até à actualidade, a contribuir fortemente para a análise e debate no campo da tributação internacional, bem como para uma certa harmonização, não só das CDT mas também dos sistemas tributários de grande número de Estados, no que toca aos elementos de conexão consagrados quanto às situações tributárias internacionais e aos métodos utilizados para a eliminação da dupla tributação. Efectivamente, as recomendações da OCDE em matéria fiscal exercem uma influência decisiva sobre os sistemas tributários dos Estados, contribuindo para os congregar em torno dos princípios fundamentais do DFI, que ajudam a construir.

A OCDE – juntamente com a ONU, e na sequência da tradição iniciada pela SDN – tem tido, assim, um importante papel no avanço do consenso internacional em redor dos princípios de repartição do poder tributário e dos métodos para a eliminação da dupla tributação internacional consagrados nas respectivas Convenções Modelo.

Aliás, a preocupação fundamental dos primeiros relatórios e Modelos de Convenção consistia, precisamente, em alcançar um consenso internacional no que toca a uma repartição do poder de tributar entre os Estados, que distribuísse de forma aceitável entre estes o custo de eliminar a dupla tributação, em articulação com métodos previstos para tal efeito na CDT.

Apenas numa fase subsequente, especialmente após o Modelo de 1977, o aprofundamento do referido consenso passou para segundo plano, face à crescente preocupação em conter o fenómeno da fraude e da evasão fiscal internacionais – fenómeno tão prejudicial como a dupla tributação internacional. Desta forma, os principais avanços a registar nas últimas versões do MC OCDE situam-se nos campos da luta contra a fraude e a evasão fiscal a nível internacional, do combate ao abuso das CDT e do intercâmbio de informação e assistência mútua entre administrações fiscais[33].

---

[32] CALDERÓN CARRERO, *La Doble Imposición...*, pp. 40-41.
[33] Cfr. CALDERÓN CARRERO, *La Doble Imposición...*, pp. 39-40.

36   *Princípios do Direito Fiscal Internacional*

2. Funcionamento das CDT

As CDT são um acordo escrito de vontades entre sujeitos de Direito Internacional, maioritariamente Estados, cujo objectivo principal consiste em regular juridicamente as situações tributárias internacionais, de modo a prevenir ou eliminar a ocorrência de dupla tributação internacional no âmbito destas.

Apesar de as preocupações das CDT se centrarem fundamentalmente na dupla tributação jurídica internacional, algumas CDT incluem disposições destinadas também à eliminação da dupla tributação económica internacional, podendo mesmo vislumbrar-se uma tendência neste sentido[34].

As CDT procedem a uma delimitação dos poderes de tributar dos Estados contratantes, no sentido de prevenir ou eliminar a dupla tributação internacional. As CDT prosseguem os seus objectivos fundamentais de prevenção e eliminação da dupla tributação internacional através das cedências mútuas de soberania fiscal acordadas pelos Estados contratantes, aquando da celebração das aludidas CDT.

As CDT exprimem um consenso internacional relativamente a um conjunto de grandes princípios técnicos de DFI[35], nos quais se fundamentam (*maxime* o princípio da residência e o princípio da fonte).

Cada CDT constitui um pacto no qual os dois Estados contratantes assumem o encargo de evitar a dupla tributação internacional, escolhendo, no âmbito dos princípios técnicos internacionalmente consagrados, o modo de distribuição do poder tributário e o método de eliminação da dupla tributação que considerem mais convenientes face às suas circunstâncias e aos seus interesses. Assim, cada CDT representa um acordo bilateral entre os Estados contratantes quanto à distribuição do poder tributário e ao custo da eliminação da dupla tributação, alcançado no contexto de um consenso internacional mais alargado quanto aos grandes princípios de DFI a seguir para tais efeitos.

---

[34] ERIC KEMMEREN, *Principle of Origin in Tax Conventions – A Rethinking of Models*, Pijnenburg vormgevers, Dongen (The Netherlands), 2001, p. 520.

[35] RUI DUARTE MORAIS refere-se a "um elevado grau de consenso" quanto às "soluções consagradas nas principais propostas elaboradas a nível internacional para delimitar os poderes tributários dos Estados em ordem a minorar o surgimento das situações de dupla tributação". In RUI DUARTE MORAIS, *Imputação de Lucros...*, p. 132.

Parte I – II. As CDT no Contexto do Direito Fiscal Internacional   37

A importância atribuída pelos Estados às CDT, bem como o seu grande impacto sobre as situações tributárias internacionais, tornam-se patentes se tivermos em conta que existirão mais de 2.500 CDT actualmente em vigor[36].

As CDT funcionam mediante o estabelecimento de limites dentro dos quais os Estados contratantes podem aplicar o seu direito fiscal, no âmbito de uma situação tributária internacional, o que fazem com recurso aos aludidos princípios técnicos fundamentais de DFI. Assim, as CDT definem a legitimidade de cada Estado para tributar – com ou sem limitações – com recurso ao princípio da residência e ao princípio da fonte. O principal objectivo das CDT consiste em prevenir e eliminar a dupla tributação jurídica internacional nas situações conexas com mais de um Estado.

Autonomizando dois momentos lógicos na actuação das CDT, os quais se reflectem na sua estrutura, podemos referir que estas começam por articular a distribuição do poder de tributar entre os Estados contratantes, de forma a prevenir a ocorrência de dupla tributação internacional. Este reconhecimento da competência tributária é efectuado tendo em conta a origem económica do rendimento e a residência do seu titular, sendo determinada a posição de cada Estado na concreta situação jurídico--tributária (como Estado da residência ou Estado da fonte[37]). A atribuição do poder de tributar é efectuada, pelas normas da CDT, ao Estado da fonte, ao Estado da residência ou a ambos. Estas disposições encontram--se nos artigos 6.º a 22.º da Convenção Modelo da OCDE.

Reconhecida a competência para tributar, nos termos acima referidos, o Estado considerado competente exerce-a de acordo com as suas leis tributárias, excepto quando a própria CDT preveja algo diferente. Deste modo, a aplicação de normas tributárias estaduais poderá ter de ser afastada, caso estas sejam incompatíveis com o disposto numa CDT aplicável à situação.

---

[36] Cfr. ANGEL SCHINDEL / ADOLFO ATCHABAHIAN, *General report*, in INTERNATIONAL FISCAL ASSOCIATION, *Source and Residence: New Configuration of their Principles*, Cahiers de Droit Fiscal International, vol. 90a, Sdu Fiscale & Financiele Uitgevers, Amersfoort, 2005, p. 26; cfr. também VICTOR UCKMAR, *Double taxation conventions...*, p. 149.

[37] Embora, note-se, as CDT não utilizem, de modo geral, o termo "Estado da fonte".

Voltando à actuação da CDT, num segundo momento, esta prevê métodos de eliminação da dupla tributação, para lidar com as situações nas quais a aplicação das regras de repartição do poder tributário consagradas não tenha permitido evitar a dupla tributação – fundamentalmente, os casos de reconhecimento de competência cumulativa ao Estado da fonte e ao Estado da residência. Estes métodos estão previstos nos artigos 23.º- A e 23.º- B da Convenção Modelo da OCDE.

A par das CDT, cabe referir a existência de medidas unilaterais de resolução da questão da dupla tributação. Estas partem de alguns dos mesmos princípios técnicos fundamentais, objecto de consenso internacional, que são utilizados como base na negociação das CDT. As medidas unilaterais concretizam-se, assim, geralmente, na utilização dos métodos da isenção ou da imputação visando eliminar a dupla tributação jurídica internacional e, mais raramente, em métodos para a eliminação da dupla tributação económica internacional.

Não obstante, as CDT caracterizam-se por uma maior eficiência[38], devido ao facto de assentarem numa concertação entre os Estados. A coordenação das soberanias fiscais permite que as CDT consagrem soluções técnicas e mecanismos de resolução do problema da dupla tributação mais desenvolvidos, começando pela repartição do poder tributário entre os Estados da forma mais adequada a cada caso concreto e, quando necessário, culminando o processo com a aplicação dos métodos de eliminação da dupla tributação[39].

As CDT constituem mini sistemas fiscais que regulam as situações tributárias internacionais envolvendo os Estados contratantes. Para além de estabelecerem as regras de distribuição do poder tributário, regulam ainda na mesma fonte normativa um conjunto de questões relacionadas com a aplicação e bom funcionamento da coordenação fiscal entre os Estados contratantes. Pretende-se, assim, impedir que a heterogeneidade

---

[38] Note-se, todavia, que existem divergências quanto a este aspecto. No que toca à posição contrária, veja-se, designadamente, ANGEL SCHINDEL / ADOLFO ATCHABAHIAN, *General report...*, p. 48: "As CDTs são instrumentos úteis para evitar ou reduzir a dupla tributação internacional? Podem ser, embora tal posição tenha vindo a ser severamente questionada. As medidas unilaterais podem ser tão, ou mesmo mais, eficazes, tal como menos incómodas e dispendiosas do que as CDTs".

[39] CALDERÓN CARRERO, *La Doble Imposición...*, p. 57.

Parte I – II. As CDT no Contexto do Direito Fiscal Internacional

de princípios e regras jurídicos dos Estados conduza à não eliminação da dupla tributação internacional, com todas as consequências negativas que isso envolve. As CDT permitem, assim, na maioria dos casos, uma resolução técnica da questão da dupla tributação mais eficaz que a obtida mediante a aplicação das medidas unilaterais[40].

---

[40] CALDERÓN CARRERO, *La Doble Imposición...*, p. 59.

III. PRINCÍPIOS FUNDAMENTAIS DO DIREITO FISCAL INTERNACIONAL

1. Enquadramento

Os princípios de direito são "grandes orientações da ordem positiva, que a percorrem e vivificam". Não sendo a ordem jurídica um mero "amontoado casual de elementos", ela é "iluminada por grandes coordenadas que lhe dão o travejamento básico"[41].

Os princípios constituem, assim, traves mestras que perpassam pela ordem jurídica, dando-lhe uma ideia de unidade e uma lógica própria. Permitem uma sistematização, uma ordenação e uma ponderação dos aspectos valorativos subjacentes aos regimes jurídicos consagrados na ordem jurídica em causa.

Deste modo, os princípios de direito fornecem uma justificação para as normas concretas, constituindo a sua base e explicando as razões da sua existência. Uma norma responde à questão "o quê", ao passo que um princípio responde à questão "porquê"[42-43].

---

[41] José de Oliveira Ascensão, *O Direito – Introdução e Teoria Geral*, 13.ª ed., Almedina, Coimbra, 2005, p. 419.

[42] Gerald Fitzmaurice, *The General Principles of International Law*, Collected Courses of the Hague Academy of International Law 92, 1957, p. 7, *apud* Takis Tridimas, *The General Principles of EU Law*, 2.ª ed., Oxford University Press, Oxford, 2006, p. 2.

[43] Note-se que, para os positivistas, o princípio jurídico nada mais é do que uma norma jurídica. Mas não uma norma jurídica qualquer, e sim uma norma que se distingue das demais pela importância que tem no sistema jurídico, devido à sua abrangência e perenidade. Os princípios jurídicos constituem, por isso, a estrutura do sistema jurídico. Por seu turno, para os jusnaturalistas, os princípios jurídicos constituem o fundamento do direito positivo. Neste sentido, portanto, o princípio é algo que integra o designado direito natural.

GOMES CANOTILHO caracteriza os princípios jurídicos através de um conjunto de critérios de distinção destes relativamente às regras jurídicas. Para o autor, os princípios, que constituem fundamentos das regras jurídicas, pautam-se por um maior grau de abstracção, um menor grau de determinabilidade na aplicação no caso concreto, um carácter de fundamentalidade no sistema das fontes de direito e uma proximidade em relação à ideia de direito e às exigências de justiça[44].

Sintetizando as características dos princípios de direito que nos parecem mais relevantes, salientamos que estes são abstractos (ou seja, dotados de um nível de abstracção superior ao das normas), têm um peso significativo e um papel estruturante fundamental na ordem jurídica a que pertencem. Os valores essenciais e as orientações gerais que veiculam concretizam-se em regras aplicáveis aos casos particulares, às quais servem de fundamento. Os princípios de direito exprimem, pois, os valores nucleares e as traves mestras estruturantes de uma área de direito (ou, nalguns casos, do sistema jurídico como um todo).

Note-se, ainda, que os princípios não constituem uma realidade estática. Pelo contrário, os princípios prevalecentes em determinado ordenamento jurídico registam uma evolução, normalmente paralela às mudanças

---

[44] O autor define da seguinte forma os critérios apontados para a distinção entre os princípios jurídicos e as regras jurídicas: "a) *Grau de abstracção*: os *princípios* são normas com um grau de abstracção relativamente elevado; de modo diverso, as *regras* possuem uma abstracção relativamente reduzida.

b) *Grau de determinabilidade* na aplicação do caso concreto: os *princípios*, por serem vagos e indeterminados, carecem de mediações concretizadoras (do legislador, do juiz), enquanto as *regras* são susceptíveis de aplicação directa.

c) *Carácter de fundamentalidade* no sistema das fontes de direito: os *princípios* são normas de natureza estruturante ou com um papel fundamental no ordenamento jurídico devido à sua posição hierárquica no sistema das fontes (ex: princípios constitucionais) ou à sua importância estruturante dentro do sistema jurídico (ex: princípio do Estado de Direito).

d) *"Proximidade" da ideia de direito*: os *princípios* são "standards" juridicamente vinculantes radicados nas exigências de "justiça" (Dworkin) ou na "ideia de direito" (Larenz); as *regras* podem ser normas vinculativas com um conteúdo meramente funcional.

e) *Natureza normogenética*: os *princípios* são fundamentos de regras, isto é, são normas que estão na base ou constituem a *ratio* de regras jurídicas, desempenhando, por isso, uma função normogenética fundamentante". GOMES CANOTILHO, *Direito Constitucional e Teoria da Constituição*, 6.ª ed., Almedina, Coimbra, 2002, pp. 1146-1147.

Parte I – III. Princípios Fundamentais do Direito Fiscal Internacional 43

registadas em termos de valores políticos, sociais e económicos da sociedade na qual o aludido ordenamento jurídico se integra[45].

Passando agora para os princípios fundamentais do DFI, estes correspondem aos valores essenciais ou regras abstractas que definem as grandes linhas de orientação desta ordem jurídico-tributária, estruturando-a e inspirando as respectivas regras jurídicas, e que gozam de um reconhecimento generalizado por parte dos intervenientes na ordem jurídica em apreço – Estados, instituições internacionais, agentes económicos, cidadãos, etc.

Quanto ao último dos aspectos referidos, note-se que, embora podendo os princípios de DFI coincidir, nalguns casos, com princípios de direito tributário vigentes no sistema jurídico da maioria dos Estados, tal coincidência não se nos afigura necessária. Com efeito, o que determina a designação de um valor ou de uma regra geral como princípio de DFI é a importância por este efectivamente assumida na definição das traves mestras desta ordem jurídica – dotada de uma natureza e de uma lógica distintas das do direito nacional – associada à existência de um nível suficiente de consenso internacional em torno do princípio em questão.

A tarefa de que nos ocuparemos consiste em identificar e sistematizar os princípios subjacentes ao DFI, que constituem as traves mestras desta ordem jurídica internacional, ou, nas palavras de OLIVEIRA ASCENSÃO, detectar os "princípios fundamentais que perpassam pelo sistema e o vivificam"[46].

Os princípios podem ser determinados tomando como ponto de partida as regras jurídicas, mediante a sua análise e conjugação[47]. Tal

---

[45] Neste sentido, *vide*, quanto aos princípios basilares da ordem jurídico-tributária interna, DIOGO LEITE DE CAMPOS, *As três fases de princípios fundamentantes do Direito Tributário*, O Direito, Ano 139.º, n.º I 2007, pp. 9-33. O autor distingue três fases no que diz respeito aos "princípios fundamentantes" dos impostos, equivalentes às fases existentes quanto à fundamentação do direito em geral: "numa *primeira fase*, encontramos o princípio da legalidade. Na *segunda fase*, o devido procedimento, o controlo judicial e a referência à capacidade contributiva. Numa *terceira fase*, ainda no início, os direitos da pessoa surgem como limites aos impostos mas também como um sentido do sistema tributário; e a participação dos contribuintes na criação e aplicação dos impostos é vista como uma exigência do Estado-dos-cidadãos" (op. cit. p. 10).

[46] JOSÉ DE OLIVEIRA ASCENSÃO, *O Direito....*, p. 417.

[47] JOSÉ DE OLIVEIRA ASCENSÃO, *O Direito...*, pp. 417 ss; MARCELO REBELO DE SOUSA / SOFIA GALVÃO, *Introdução ao Estudo do Direito,* 5.ª ed., Lex, Lisboa, 2000, p. 243.

44 Princípios do Direito Fiscal Internacional

implica um processo de abstracção, de depuração dos pormenores, destinado a apreender a substância das referidas regras jurídicas e a coerência que existe entre elas. Estamos, pois, fundamentalmente no quadro de um processo indutivo, que nos permite partir da análise de elementos relativamente mais concretos (no caso, as normas das CDT) e das respectivas regularidades, para daí extrair elementos mais abstractos e conclusões de carácter tendencialmente geral – deste modo, determinando os princípios. Tal é o processo de abstracção e construção que caracteriza o conhecimento[48-49].

No que toca aos princípios do DFI, há, designadamente, que detectar uma certa regularidade e um consenso a nível internacional, no que toca às formas de prevenir e eliminar a dupla tributação internacional. As várias regras concretas relativas à repartição entre os Estados do poder de tributar os rendimentos e à eliminação da dupla tributação guiam-se por determinados padrões, reveladores dos princípios de DFI. Porém, as aludidas regras não podem ser vistas de forma dispersa. Têm de ser perspectivadas na sua lógica e na sua coerência, pois só assim se torna possível detectar os princípios que lhes estão subjacentes.

2. Tratamento Doutrinal da Questão

2.1. Doutrina Estrangeira

Não obstante a importância do tema, são muito poucos os autores que se debruçam sobre a matéria dos princípios do DFI, sobretudo no que toca à realização de uma identificação dos diversos princípios fundamentais a considerar nesta área e ao seu tratamento sistematizado.

---

[48] ADÉRITO SEDAS NUNES, *Questões Preliminares Sobre as Ciências Sociais*, 11.ª ed., Presença, Lisboa, 1994, p. 41.

[49] Também a este propósito, mas assumindo uma perspectiva mais ampla, refere TAKIS TRIDIMAS que o processo de descoberta de um princípio geral de Direito é, por excelência, um exercício criativo e pode envolver um processo indutivo, quando o princípio seja retirado de normas específicas ou de precedentes, um processo dedutivo, quando o princípio resulte dos objectivos da lei e dos seus valores subjacentes, ou uma combinação de ambos os processos. Cfr. TAKIS TRIDIMAS, *The General Principles...*, pp. 1-2.

Parte I – III. Princípios Fundamentais do Direito Fiscal Internacional 45

De entre os raros casos encontrados (e embora salientando desde já que não subscrevemos muitas das suas conclusões), OTTMAR BUHLER é o autor que formula um elenco mais completo e sistemático de princípios de DFI. Este autor, embora sem fundamentar a distrinça, baseia-se numa separação entre "princípios gerais" e "princípios especiais". Entre os "princípios gerais", aponta o princípio da soberania, princípios de justiça, o princípio do Estado de Direito, o princípio da consideração económica e o princípio da boa fé. Quanto aos "princípios especiais", refere-se aos princípios da nacionalidade, da territorialidade e da universalidade, ao princípio de estabelecimento, aos princípios do país de origem e do país de residência, e aos princípios da imputação e da isenção. Alude ainda, neste contexto, à supressão da dupla tributação, da tributação inferior e da discriminação fiscal como fins do DFI, embora sem se referir expressamente a estes aspectos como constituindo princípios[50].

Formulando um comentário muito sintético ao que foi escrito por OTTMAR BUHLER, importa desde logo referir que, procedendo o autor a uma recondução dos princípios de DFI a dois tipos distintos de princípios ("princípios gerais" e "princípios especiais"), era crucial explicar as características básicas de cada um deles.

Por outro lado, discordamos da designação efectuada pelo autor do princípio da consideração económica e do princípio da boa fé como princípios fundamentais de DFI, pois não nos parece que os aspectos em apreço correspondam a valores tão essencias ao DFI ou que tenham uma tal importância na estruturação deste que se justifique erigi-los a princípios do DFI.

Discordamos ainda do tratamento conjunto que é dado por OTTMAR BUHLER aos princípios da nacionalidade, da territorialidade e da universalidade, uma vez que nos parece importante efectuar uma clara distrinça entre os princípios que se referem ao fundamento do poder de tributar e aqueles que dizem respeito à sua extensão. A nosso ver, e reconduzindo-nos à terminologia utilizada pelo autor, o princípio da nacionalidade deveria ser tratado a par com os princípios do país de origem e do país de residência (relativos ao fundamento do poder de tributar), e não com

---

[50] OTTMAR BUHLER, *Principios de Derecho Internacional Tributario* (version Castellana de FERNANDO CERVERA TORREJON), Editorial de Derecho Financiero, Madrid, 1968, pp. 173-268.

os princípios da territorialidade e da universalidade (relativos à extensão desse poder).

Discordamos também do citado autor quando designa como princípios fundamentais do DFI os denominados princípios da imputação e da isenção. A nosso ver, o que constitui um valor fundamental do DFI é a eliminação da dupla tributação internacional, sendo a orientação vigente e merecedora de alargado consenso internacional a efectivação de tal eliminação, mediante a aplicação dos métodos da imputação ou da isenção, no Estado da residência. Assim, o que corresponde a um princípio de DFI é a eliminação da dupla tributação no Estado da residência. Quanto à imputação e à isenção, são apenas os métodos mediante os quais se processa tal eliminação da dupla tributação internacional, sendo desprovidas de uma importância valorativa ou estrutural para o DFI que justifique a sua indicação como princípios.

Pelo contrário, afigura-se-nos que tanto a supressão da dupla tributação como a supressão da discriminação fiscal (que são referidas por OTTMAR BUHLER como "fins do DFI", mas não como princípios) têm uma elevada importância enquanto valores essenciais do DFI e contribuem significativamente para a estruturação deste, pelo que se justifica plenamente a sua designação como princípios do DFI.

Por seu turno, CÉCILE BROKELIND – centrando-se fundamentalmente no que OTTMAR BUHLER designa como princípios gerais[51] – aponta a justiça e a neutralidade como os grandes princípios do DFI, admitindo que, numa perspectiva mais económica e financeira, tais princípios correspondam à equidade e à eficiência económica. Para a autora, continuando a tributação a ser uma questão de soberania nacional, a discussão teórica subjacente prende-se com o método ideal para a partilha do "bolo fiscal" em situações transfronteiriças. Ainda segundo a mesma autora, existe um debate contínuo sobre se o motivo da alocação do poder de tributar aos Estados reside na capacidade contributiva do contribuinte em obediência a um princípio de justiça e de tributação de base mundial ou se reside na utilização pelo contribuinte das infra-estruturas e serviços públicos de um determinado Estado, justificando assim a tributação na fonte[52].

---

[51] Ou, de acordo com a terminologia por nós adoptada, explicada mais adiante, "princípios estruturais".

[52] CÉCILE BROKELIND, *The evolution of international income tax law applied to global trade*, Intertax, n.º 3, Março 2006, p. 126.

Parte I – III. Princípios Fundamentais do Direito Fiscal Internacional   47

CÉCILE BROKELIND refere igualmente que, na sua opinião, "a moldura ao abrigo da qual as convenções fiscais bilaterais foram delineadas não evoluiu muito no passado século. Apesar da progressiva integração da economia mundial – ilustrada pelo surgimento do capitalismo na China e nos países da ex-União Soviética, e pelas zonas de comércio livre da Europa e da América do Norte – os princípios fundamentais do direito fiscal internacional até agora aceites nas convenções fiscais bilaterais continuam a apoiar-se naqueles originariamente delineados por Adam Smith e Montesquieu, desenvolvidos durante o século XVIII"[53].

A propósito do enquadramento fiscal do comércio electrónico, refere BJÖRN WESTBERG que, mesmo perante os desafios colocados pela tributação nesta área, os tradicionais princípios do DFI, aplicados com pragmatismo, continuam a ser um bom ponto de partida e a manter a sua relevância. Segundo este autor, o afastamento relativamente aos princípios geralmente aceites de DFI envolve sempre riscos. Por esse motivo, na sua opinião, a actuação futura na área do comércio electrónico, quanto à tributação do rendimento, deveria apostar no aperfeiçoamento de instrumentos específicos – como, por exemplo, legislação CFC (*"Controlled Foreign Companies"*), procedimentos globais de troca de informação ou mecanismos para a cobrança transfronteiriça de impostos –, mas continuar a basear-se nos conceitos tradicionais de Estado da residência e Estado da fonte[54].

Aliás, ainda no que diz respeito ao comércio electrónico, também o COMITÉ DOS ASSUNTOS FISCAIS DA OCDE considera que se lhe devem aplicar os "princípios tributários gerais amplamente aceites", mencionando, a esse propósito, os princípios da neutralidade, da eficiência, da certeza, da simplicidade, da eficácia, da justiça e da flexibilidade[55].

Nota-se aqui, mais uma vez, a referência apenas a princípios gerais[56]. Por outro lado, não nos parece que se justifique a consideração, como princípios fundamentais do DFI, de todos os referidos pelo COMITÉ

---

[53] CÉCILE BROKELIND, *The evolution of...*, p. 126.
[54] BJÖRN WESTBERG, *Cross-Border Taxation of E-Commerce*, IBFD Publications, Amsterdam, 2002, pp. 230-231.
[55] COMITÉ DOS ASSUNTOS FISCAIS DA OCDE, *Electronic Commerce: A Discussion Paper on Taxation Issues* (OCDE, 1998), parágrafo 6.
[56] Ou, na terminologia por nós adoptada, explicada mais adiante, "princípios estruturais".

DOS ASSUNTOS FISCAIS DA OCDE. Concordamos, não obstante, que o tratamento fiscal do comércio internacional deverá assentar nos princípios fundamentais do DFI, apenas com as adaptações necessárias face à natureza e às especificidades daquele tipo de comércio.

Seguindo essencialmente a linha do COMITÉ DOS ASSUNTOS FISCAIS DA OCDE, no que diz respeito aos princípios de DFI eleitos, MINYAN WANG[57] refere-se aos seguintes: neutralidade, equidade, eficiência, não-discriminação, certeza e flexibilidade. Por outro lado, o autor alude a critérios para a determinação da jurisdição fiscal aplicável – a residência e a fonte.

Verifica-se, também neste caso, a referência apenas a princípios gerais[58]. E tal como referimos quanto aos princípios apontados pelo COMITÉ DOS ASSUNTOS FISCAIS DA OCDE, também aqui não nos parece que se justifique a consideração, como princípios fundamentais do DFI, de todos os sugeridos pelo citado autor.

Por último, importa salientar que a maior parte das obras gerais de DFI ou relativas à tributação internacional – mesmo algumas cujos títulos parecem aludir aos princípios de DFI – dão um contributo bastante reduzido para a análise da questão que nos ocupa. Com efeito, na generalidade dos casos, não procedem a qualquer identificação abrangente ou abordagem sistemática dos princípios do DFI[59].

---

[57] MINYAN WANG, *Tax jurisdiction in electronic commerce from the perspective of public international law – A particular examination of income tax*, Intertax, n.º 11, Novembro 2006, pp. 537-540.

[58] Ou, na terminologia por nós adoptada, explicada mais adiante, "princípios estruturais".

[59] É o caso, entre muitos outros, de ADRIAN OGLEY, *Principles of International Tax – A Multinational Perspective*, Interfisc Publishing, London, 2001; VICTOR UCKMAR (Coord.), *Corso di Diritto Tributario Internazionale*, 2.ª ed., CEDAM, Pádua, 2002; ANDREA AMATUCCI (Ed.), *International Tax Law*, Kluwer Law International, The Netherlands, 2006; JON E. BISCHEL / ROBERT FEINSCHREIBER, *Fundamentals of International Taxation*, Practising Law Institute, New York, 1977; ROY ROHATGI, *Basic International Taxation*, Kluwer Law International, The Hague, 2002; GILBERT TIXIER, *Droit Fiscal International,* 2.ª ed., Presses Universitaires de France, Paris, 1995.

2.2. Doutrina Nacional

No que diz respeito à doutrina nacional, diversos autores têm vindo a referir-se a alguns dos princípios e, especialmente, às questões da tributação na fonte e na residência, embora sem procederem a uma identificação sistemática e global dos diversos princípios fundamentais do DFI[60].

MANUEL PIRES a propósito do "estabelecimento de princípios reguladores do poder tributário", refere o princípio da tributação segundo a nacionalidade, o princípio da tributação na residência, e o princípio da tributação na fonte[61].

Por seu turno, ALBERTO XAVIER, a propósito dos "elementos de conexão nos impostos sobre o rendimento e o capital", refere os princípios da fonte e da residência, bem como os princípios da universalidade e da territorialidade. A propósito dos "elementos de conexão subjectivos", refere também o princípio da não discriminação. Alude, noutro ponto da sua obra, ao princípio da tributação independente dos estabelecimentos estáveis[62].

ANA PAULA DOURADO, a propósito da "distribuição de poderes fiscais territoriais entre os Estados-membros da Comunidade Europeia e regime jurídico aplicável aos factos tributários interestaduais", refere-se ao princípio da tributação na fonte (aludindo, no âmbito deste, ao princípio do estabelecimento estável), ao princípio da tributação na residência e ao princípio de tributação de entidades separadas[63]. Por outro lado, no contexto da problemática do "acto claro" no Direito Europeu, a autora alude aos princípios de direito fiscal nacional reconhecidos pelo DFI e que adquirem uma nova forma no contexto da UE. A este propósito, aborda o princípio da capacidade contributiva e o princípio da tributação do rendimento líquido, aludindo ainda à proibição do abuso de direito e ao princípio da territorialidade[64].

---

[60] Na abordagem seguidamente efectuada à doutrina nacional, segue-se a ordem cronológica da data de publicação (da primeira edição, quando haja mais do que uma) da obra citada relativamente a cada autor.

[61] MANUEL PIRES, *Da Dupla Tributação...*, pp. 255-291.

[62] ALBERTO XAVIER, *Direito Tributário...*, pp. 226 ss, 231 ss, 267 ss, 553 ss.

[63] ANA PAULA DOURADO, *A Tributação dos Rendimentos de Capitais: A Harmonização na Comunidade Europeia*, Centro de Estudos Fiscais, Lisboa, 1996, pp. 59 ss, pp. 77 ss, pp. 97 ss.

[64] ANA PAULA DOURADO, *Is it acte clair? General report on the role played by CILFIT in direct taxation*, in ANA PAULA DOURADO / RICARDO DA PALMA BORGES (Ed.s) – *The Acte Clair in EC Direct Tax Law*, IBFD Publications, Amsterdam, 2008, pp. 38-43.

50   *Princípios do Direito Fiscal Internacional*

RUI DUARTE MORAIS alude ao princípio da autonomia da tributação das sociedades e dos respectivos sócios. O mesmo autor, num capítulo dedicado à "repartição internacional do direito ao imposto", refere-se ao elemento de conexão nacionalidade, à "legitimidade da tributação pelo país de residência" (também referida como princípio da residência), ao princípio da territorialidade e à "legitimidade da tributação pelo país da fonte". Alude também ao princípio de não discriminação. A propósito da "legitimidade da tributação pelo país de residência", o autor aborda ainda os princípios do benefício e da capacidade contributiva e o princípio da neutralidade na exportação de capitais, e, a propósito da "legitimidade da tributação pelo país da fonte", o princípio da neutralidade na importação[65].

3. Identificação dos Princípios Fundamentais do Direito Fiscal Internacional

A análise das regras consagradas nas CDT e na legislação interna dos Estados incidente sobre situações tributárias internacionais[66], bem como a ponderação dos objectivos e dos valores subjacentes a tais regras, permitem-nos identificar diversos princípios fundamentais de DFI, no campo da tributação do rendimento. Estes princípios assumem um papel fundamental na estruturação da ordem jurídico-tributária internacional, revelando os valores essenciais e as grandes orientações do DFI.

Por seu turno, a identificação dos princípios permite melhor apreender a lógica e os valores subjacentes à ordem jurídico-tributária internacional e às respectivas normas. As normas relativas ao tratamento das situações tributárias internacionais, tanto da legislação nacional dos Estados como das CDT por eles celebradas (estas, em grande medida, baseadas no MC OCDE), não podem ser vistas de forma dispersa. Importa ter delas uma visão sistematizada, o que se torna possível à luz dos princípios de DFI que lhes estão subjacentes.

---

[65] RUI DUARTE MORAIS, *Imputação de Lucros...*, pp. 47 ss e pp. 93-157.

[66] Sem esquecer as demais fontes de DFI: por um lado, os demais tratados sobre matéria tributária, o costume e a jurisprudência, e por outro, o Direito Fiscal Europeu, o qual será objecto de uma análise particular.

Parte I – III. Princípios Fundamentais do Direito Fiscal Internacional 51

Neste quadro, consideramos existirem dois tipos distintos de princípios fundamentais que, em virtude da diferenciação das suas características e do papel que desempenham no contexto do DFI, importa distinguir: os princípios estruturais e os princípios operativos.

Passamos a caracterizar cada um dos aludidos tipos de princípios e a elencar os princípios fundamentais de DFI que identificámos, reconduzindo-os ao tipo correspondente.

i) Princípios estruturais

Os princípios estruturais correspondem às grandes orientações que definem a estrutura, as características nucleares e os valores fundamentais da ordem jurídico-tributária internacional. São princípios essenciais que constituem a base desta ordem jurídica, assentando em ideais de justiça, equidade e eficiência.

Dizem respeito, fundamentalmente, aos valores essenciais que norteiam a coordenação entre os Estados, no que toca ao poder de tributar situações internacionais e à prossecução do objectivo de prevenir ou eliminar a dupla tributação internacional.

Os princípios estruturais são dotados de um grau de abstracção mais elevado, em comparação com os princípios operativos.

Consideramos como princípios estruturais do DFI os seguintes:

– Princípio da soberania;
– Princípio da equidade;
– Princípio da neutralidade.

ii) Princípios operativos

Os princípios operativos referem-se a aspectos substanciais da repartição entre os Estados do poder de tributar e da eliminação da dupla tributação. Estes princípios têm um grau de abstracção inferior ao dos princípios estruturais, sendo maior a sua proximidade relativamente às normas. Por tal motivo, os seus reflexos ao nível das regras jurídicas (tanto do direito interno dos Estados como das CDT por estes celebradas) são mais concretos do que os dos princípios estruturais.

Nestes termos, os princípios operativos norteiam as soluções concretas e os regimes consagrados no âmbito do DFI, no que toca ao tratamento fiscal das situações tributárias internacionais. A ascensão dos diversos

Princípios do Direito Fiscal Internacional

princípios operativos ao lugar que hoje ocupam está intimamente relacionada com o processo de desenvolvimento do próprio MC OCDE, cujas regras são, aliás, expressões concretas dos aludidos princípios.

Note-se, todavia, que os princípios operativos, sendo menos abstractos, têm de ser coerentes com o conteúdo dos princípios estruturais e espelhar os valores por estes definidos.

Identificamos os seguintes princípios operativos do DFI:

a) Quanto à repartição entre os Estados do poder de tributar (respeitam aos elementos de conexão relevantes para fundamentar o poder de tributar dos Estados, no campo da tributação do rendimento)
   – Princípio da fonte[67]
   – Princípio da residência
   – Princípio do estabelecimento estável
b) Quanto à amplitude do poder de tributar dos Estados
   – Princípio da universalidade
   – Princípio da limitação territorial[68]
c) Quanto a outros aspectos substanciais da tributação
   – Princípio da eliminação da dupla tributação no Estado da residência

---

[67] No que respeita à nossa opção pela referência ao "princípio da fonte" e ao "princípio da residência", em detrimento da utilização do termo "princípio da territorialidade" (em sentido real e em sentido pessoal, respectivamente), *vide* o ponto 1.3.2. do capítulo V, da parte I do presente trabalho.

[68] A maior parte da doutrina refere-se ao princípio da territorialidade a propósito da amplitude do poder de tributar dos Estados. Contudo, e sumariando o que referimos mais adiante no presente trabalho, o princípio da territorialidade diz respeito ao fundamento do poder de tributar, e não à extensão do mesmo. Não é, portanto, rigoroso contrapô-lo ao princípio da universalidade (este sim, referente à amplitude do poder de tributar). Assim, atendendo à falta de rigor da contraposição entre princípio da universalidade e princípio da territorialidade, e de modo a evitar a confusão terminológica com o "princípio da territorialidade" enquanto fundamento da tributação, propomos, no que diz respeito à amplitude ou extensão do poder de tributar, a utilização do termo "princípio da limitação territorial". A nosso ver, este termo exprime bem a existência de uma limitação da obrigação tributária numa base territorial, ou seja, limitação da obrigação tributária aos rendimentos obtidos de fontes localizadas em determinado território. Deste modo, relativamente à extensão do poder de tributar dos Estados, contrapomos o princípio da universalidade ao princípio da limitação territorial. *Vide*, a este propósito, o ponto 1.2. do capítulo V, da parte I do presente trabalho.

Parte I – III. Princípios Fundamentais do Direito Fiscal Internacional   53

- Princípio da tributação como entidades independentes
- Princípio da tributação distinta e sucessiva de sociedades e sócios
- Princípio da não-discriminação tributária

Caberá, numa segunda parte deste trabalho, verificar se tais princípios assumem um papel estruturante também no âmbito do Direito Fiscal Europeu, e de que forma as regras jurídicas e a jurisprudência do Tribunal de Justiça concretizam (ou não) tais princípios.

Prosseguimos, assim, a linha de investigação definida no início do presente trabalho, de acordo com a qual nos propusemos identificar, sistematizar e considerar criticamente os princípios fundamentais do DFI e a forma como se concretizam, primeiro ao nível das CDT, e depois ao nível do Direito Fiscal Europeu.

Após a enunciação daqueles que consideramos serem os princípios fundamentais do DFI, passamos a efectuar uma abordagem mais detalhada de cada um desses princípios e, no que respeita aos princípios operativos, da sua concretização nas CDT (tomando como padrão o MC OCDE).

IV. PRINCÍPIOS ESTRUTURAIS DO DIREITO FISCAL INTERNACIONAL

1. Princípio da Soberania

O princípio da soberania assume, no direito fiscal, um significado análogo ao que tem noutros ramos do direito, sendo a soberania tributária uma parcela, aliás especialmente relevante e palpável, da soberania estadual[69].

A soberania tributária pode, assim, ser definida como uma manifestação específica da soberania do Estado que lhe permite criar e implementar a sua própria política fiscal, exercendo os seus poderes tributários relativamente a situações tributárias internas e a situações tributárias internacionais com elementos de conexão relevantes com esse Estado, bem como negociando em matéria tributária com outros Estados[70].

---

[69] José Casalta Nabais, *O Dever Fundamental de Pagar Impostos. Contributo para a Compreensão Constitucional do Estado Fiscal Contemporâneo*, Almedina, Coimbra, 1998, pp. 290 ss. Cfr. também José Luís Saldanha Sanches, *Manual de Direito Fiscal*, 3.ª ed., Coimbra Editora, Coimbra, 2007, pp. 76-77, onde o autor, seguindo Vogel, distingue uma soberania fiscal legislativa, uma soberania fiscal administrativa, uma soberania fiscal judicial e uma soberania quanto às receitas.

[70] Ana Paula Dourado refere, a propósito da soberania tributária, uma dimensão externa ou espacial "que permite o relacionamento de diferentes Estados com iguais poderes de tributação", e uma dimensão interna ou material "que se manifesta no exercício de poderes do Estado sobre sujeitos passivos". Ana Paula Dourado, *A Tributação dos Rendimentos...*, p. 13. Por seu turno, Ramon J. Jeffery considera que a natureza e extensão da soberania do Estado são determinadas por uma dimensão interna da soberania, correspondente às directrizes constitucionais do próprio Estado, e por uma dimensão externa da soberania, referente à interacção com o direito internacional e em particular com os tratados. Ramon J. Jeffery, *The Impact of State Sovereignty on Global Trade and International Taxation*, Kluwer Law International, London, 1999, pp. 25-27.

Nestes termos, faz parte da soberania tributária a possibilidade de negociar e celebrar tratados em matéria fiscal com outros sujeitos de Direito Internacional. Este aspecto assume uma grande relevância no contexto do DFI, dado que uma das suas fontes mais importantes é, precisamente, a CDT.

Cabe autonomizar, no DFI, dois aspectos distintos, embora complementares: o âmbito de incidência e o âmbito de eficácia, em termos espaciais, das leis tributárias do Estado.

O âmbito de incidência das leis tributárias prende-se com a delimitação do poder legislativo do Estado em matéria fiscal, ou seja, com a possibilidade, em abstracto, de a legislação fiscal de um Estado abarcar na sua previsão pessoas, coisas e factos localizados no território de outro Estado. Em contrapartida, o âmbito de eficácia diz respeito à susceptibilidade de aplicação coactiva das normas fiscais de um Estado no território de outro Estado[71].

No contexto da soberania tributária dos Estados, coloca-se a questão da eventual limitação colocada pelo Direito Internacional Público aos Estados, em termos da sua competência tributária. A questão em apreço suscita-se relativamente ao âmbito de incidência da lei fiscal do Estado, designadamente no que respeita às pessoas e aos factos abrangidos pelas previsões normativas da lei fiscal estatal.

A doutrina mais tradicional sustenta que os Estados não se encontram limitados pelo Direito Internacional, no que toca aos contornos a imprimir à sua legislação fiscal. Trata-se da negação da existência de limites heterónomos ao âmbito de incidência da legislação fiscal estatal.

---

[71] Conforme refere ALBERTO XAVIER, "aplicando a tradicional distinção da teoria geral do Direito Tributário, pode dizer-se que o primeiro respeita ao Direito Tributário substancial, enquanto o segundo se integra no Direito Tributário formal". Acrescenta o mesmo autor que "dogmaticamente, os dois tipos de problemas se situam em terrenos distintos: o âmbito de incidência concerne ao tema dos limites das leis no espaço e é objecto do Direito de Conflitos em sentido estrito; o âmbito de eficácia concerne ao tema da competência internacional dos órgãos internos de aplicação do direito, jurisdicionais ou administrativos (no mesmo plano da competência internacional dos tribunais em matéria de processo civil ou penal) ou ao tema da relevância de actos públicos estrangeiros (no mesmo plano do reconhecimento de sentença estrangeira ou de ordens ou decisões de autoridades administrativas estrangeiras)". In ALBERTO XAVIER, Direito Tributário..., pp. 8-9.

Parte I – IV. Princípios Estruturais do Direito Fiscal Internacional   57

A questão dos limites heterónomos ao âmbito de incidência das leis fiscais do Estado tem, contudo, de ser vista no contexto das grandes concepções tradicionalmente propostas, no campo do Direito Internacional Público, para explicar as relações jurídicas entre Direito interno e Direito internacional. E estas, por seu turno, são influenciadas pela posição assumida relativamente à questão prévia do fundamento do Direito Internacional.

Nas palavras de ANDRÉ GONÇALVES PEREIRA e FAUSTO DE QUADROS, "os voluntaristas que assentam o Direito Internacional na vontade de vários Estados são normalmente dualistas. Os voluntaristas que o erguem sobre a vontade de um Estado são monistas com primado do Direito interno. E os antivoluntaristas (normativistas, sociologistas, jusnaturalistas), são usualmente monistas com primado do Direito Internacional"[72].

Assim, um dualista ou um monista com primado do Direito interno tenderão a defender que a competência tributária dos Estados não se encontra limitada pelo Direito Internacional. A soberania fiscal, a exemplo da soberania do Estado em geral, seria ilimitada. Pelo contrário, um monista com primado do Direito Internacional afirma a "impossibilidade de cada Estado dispor internamente contra o Direito Internacional"[73].

Especificamente a propósito da existência ou não de limites impostos pelo Direito Internacional à extensão da norma tributária nacional, concordamos com RUI DUARTE MORAIS quando afirma que "a ideia de os Estados serem totalmente livres na concretização legislativa dos seus poderes soberanos ofende a própria essência do Direito Internacional. A soberania poderá, num plano interno, ser havida por ilimitada. Porém, o reconhecimento da existência de diferentes soberanias estaduais parece implicar, necessariamente, uma ideia de limitação. A questão, quando muito, será saber se esta exigência jurídica se deve traduzir numa autolimitação ou se é uma heterolimitação imposta pelo Direito Internacional"[74-75].

---

[72] ANDRÉ GONÇALVES PEREIRA e FAUSTO DE QUADROS, *Manual de Direito Internacional Público*, 3.ª ed., Almedina, Coimbra, Reimp. 2007, p. 83.

[73] MARCELO REBELO DE SOUSA / SOFIA GALVÃO, *Introdução ao Estudo...*, p. 164.

[74] In RUI DUARTE MORAIS, *Imputação de Lucros...*, p. 45. O autor alude, a este propósito, à seguinte dicotomia de posições: "para a perspectiva ilimitada, cada Estado é livre de estender a sua lei fiscal, de definir o âmbito de incidência dos seus impostos, até que seja demonstrada a existência de uma proibição de Direito Internacional. Para

58   *Princípios do Direito Fiscal Internacional*

a perspectiva limitada, o Estado só pode exercer a sua soberania quando exista uma regra ou princípio de Direito Internacional que o legitime". Para o autor, "a divergência essencial reside, pois, em afirmar ou não a existência de princípios de Direito Internacional que, de forma geral, definam a extensão ou os limites da extensão de cada lei nacional". Afirma ainda RUI DUARTE MORAIS, no que toca à exigência de limites jurídicos à extensão da lei nacional, que "as duas correntes ou perspectivas cujo pensamento acabámos de referir coincidem, em larga medida, nos seus resultados práticos: o reconhecimento da validade, em geral, dos elementos de conexão utilizados pelos diferentes sistemas fiscais nacionais para estenderem a previsão das respectivas leis a factos ocorridos no exterior das fronteiras nacionais (nacionalidade, residência/sede das sociedades) e a aceitação da ocorrência de situações de dupla tributação internacional como resultado inevitável. A diferença está na legitimidade de uma tal extensão: para uns, é sempre legítima porque resulta do exercício da soberania de cada Estado, por definição ilimitada (no caso, espacialmente ilimitada). Para outros, tal legitimidade tem que decorrer de um ordenamento que vincula os próprios Estados, o Direito Internacional, podendo, portanto, resultar ilegítima quando não seja razoável, quando se verifique um abuso de conexão". "Há, também, que sublinhar o dever de moderação que ambas as correntes apontam ao legislador nacional: o de um particular cuidado na elaboração de normas que visem sujeitar a tributação a factos ocorridos fora das suas fronteiras. O princípio da razoabilidade acaba, na verdade, por ser aceite pela generalidade dos autores, mesmo por aqueles que não lhe reconheçam força jurídica enquanto norma de Direito Internacional". In RUI DUARTE MORAIS, *Imputação de Lucros...*, pp. 39-45.

[75] *Vide* também PAULO DE PITTA E CUNHA, *Direito Europeu – Instituições Políticas da União,* Coimbra, Almedina, 2006, pp. 174-176. O autor critica a concepção de soberania como um poder absoluto e ilimitado. Igualmente no sentido da limitação da soberania estadual, RAMON J. JEFFERY afirma que "os Estados são relutantes quanto à cedência ou restrição da sua soberania. Isto parece basear-se na percepção de que, ao permiti-lo, estão a prescindir dos direitos do Estado ou a comprometê-los e, portanto, também aos direitos dos cidadãos (que, pelo menos nos termos da teoria democrática, os Estados existem para representar). Esta atitude manifesta uma convicção fundamental de que a soberania deve equivaler a um poder e, correspondentemente, de que a sua cedência ou restrição se encontra associada a uma perda de poder. Contudo, o objectivo de uma soberania absoluta, tal como o de uma liberdade absoluta, é uma ilusão. Isto é bastante bem explicado por HOBBES, que notou que, se os homens se apegassem a todos os seus direitos e liberdades para poderem proceder como desejassem, tal iria necessariamente implicar o direito de invadirem os direitos de outros homens, levando a um estado de anarquia ou guerra. O equilíbrio ou a paz podem ser atingidos apenas quando exista uma cedência mútua de direitos para benefício mútuo. [...] Tal como com os homens, também com os Estados, enquanto representantes dos homens, não pode existir uma soberania absoluta se se pretender alcançar benefícios mútuos. Isto

Parte I – IV. Princípios Estruturais do Direito Fiscal Internacional 59

Numa perspectiva mais concreta, a questão da limitação da soberania tributária, no que toca ao âmbito de incidência, tem essencialmente a ver com a margem de liberdade que os Estados têm, em primeiro lugar, para definirem quais os elementos de conexão que consideram relevantes para fundamentar o seu poder de tributar situações fiscais internacionais; em segundo lugar, para definirem os contornos de cada um dos elementos de conexão consagrados na sua legislação interna; e, em terceiro (mas em íntima conexão com os dois pontos anteriores), para determinarem a extensão do seu poder de tributar.

A questão da limitação da soberania tributária dos Estados coloca-se não só relativamente à legislação interna, mas também no que diz respeito às normas das CDT. Contudo, no que toca a estas últimas, a existência de uma limitação do Estado na definição dos elementos de conexão é mais evidente, uma vez que o processo de negociação da CDT entre os Estados permitirá já, pela sua natureza bilateral, limitar o exercício arbitrário da soberania fiscal e a utilização de conexões abusivas por parte de um dos Estados (assumindo que ambos os Estados têm um poder negocial semelhante, o que, todavia, nem sempre sucede).

Por outro lado, as próprias CDT constituem limites autónomos ao âmbito de incidência das leis tributárias do Estado, na medida em que procedem a uma delimitação negativa da incidência criada por tais leis.

Sem prejuízo do que foi acima referido, nota-se, porém, o facto de o DFI continuar a assentar fundamentalmente numa coordenação entre Estados (concretizada, principalmente, na celebração de CDT), a qual se integra ainda no exercício da soberania tributária estadual. Com efeito, e conforme referimos *supra*, a auto-vinculação do Estado mediante a celebração de CDT com outros Estados é ainda uma manifestação da sua soberania tributária. O DFI continua também a fazer largo uso de fontes internas, ou seja, de disposições da legislação interna dos Estados.

---

pode, à primeira vista, ter pouco a ver com as questões relacionadas com a economia global, mas é, de facto, fundamental para a questão da adaptação à sua nova lógica. A mútua cedência de direitos pelos Estados, através da restrição da sua soberania, tem de ser feita de uma forma que seja adaptada às novas forças globais, de modo a que a criação de benefícios mútuos possa ser maximizada". In RAMON J. JEFFERY, *The Impact of State...*, pp. 21-22.

60 *Princípios do Direito Fiscal Internacional*

Face ao exposto, consideramos que o princípio da soberania constitui, sem dúvida, um princípio estrutural do DFI – não implicando este princípio, conforme foi referido, uma inexistência de limitações à soberania estadual ou de cedências mútuas entre os Estados, uma vez que destas vive, em grande medida, o DFI[76].

2. Princípio da Equidade

A equidade está intimamente associada à problemática da justiça material, podendo ainda ser descrita como a ponte que liga o universo moral ao universo jurídico[77]. Certos autores, como é o caso de OTTMAR BUHLER, referem-se mesmo a "princípios de justiça em DFI"[78].

---

[76] Relativamente à problemática da soberania fiscal face à internacionalização e à integração europeia, *vide* JOSÉ CASALTA NABAIS, *Por Um Sistema Fiscal Suportável – Estudos de Direito Fiscal*, Almedina, Coimbra, 2005, pp. 184-202.

[77] KLAUS VOGEL, *Worldwide vs. source taxation of income – A review and re-evaluation of arguments (Part III)*, Intertax, n.º 11, 1988, p. 393.

[78] OTTMAR BUHLER, *Principios de Derecho Internacional...*, pp. 191-194. O autor alude a "princípios de justiça em DFI", abordando, a propósito destes, questões como o cumprimento leal das obrigações tributárias por um Estado perante os outros Estados, na medida das relações económicas existentes entre estes. Refere ainda OTTMAR BUHLER que, entre diferentes Estados, não deve verificar-se uma exigência de proporcionalidade no que toca à configuração das respectivas leis fiscais. Assim, na opinião do autor, cada Estado pode optar por uma tributação quer superior quer inferior à média praticada nos outros Estados, sem que tal possa ser posto em causa no âmbito do DFI. Ainda dentro da sua abordagem dos "princípios de justiça em DFI", este autor afirma que "quem participa de algum modo na economia de outro Estado deve suportar os seus impostos", referindo-se a este propósito à admissibilidade da tributação de estrangeiros. O autor relaciona ainda esta questão com a problemática da proibição de discriminação fiscal dos estrangeiros. Por fim, OTTMAR BUHLER questiona em que medida leis fiscais de outro Estado podem ser afastadas como injustas. Todavia, pela nossa parte, parece-nos que a abordagem efectuada por OTTMAR BUHLER no contexto dos "princípios de justiça em DFI" peca por falta de sistemática, sendo abordadas questões de natureza bastante díspar entre si, sem que seja sequer efectuada uma separação entre questões de justiça relativas ao tratamento dos sujeitos passivos e questões de justiça referentes às relações entre os Estados. Deste modo, consideramos que o autor não fez, dos "princípios de justiça" que considerou como integrados nos princípios gerais de DFI, a melhor utilização, em termos de identificação e caracterização de um princípio que se relacione com a problemática dos valores essenciais do DFI, e em termos de abordagem da sua influência na estrutura do DFI.

Parte I – IV. Princípios Estruturais do Direito Fiscal Internacional   61

O princípio da equidade é dotado de um elevado grau de abstracção, dele decorrendo orientações gerais e valores que devem ser tomados em consideração na esfera de outros princípios menos abstractos (os princípios operativos). Por outras palavras, princípios com um nível inferior de abstração ou mesmo regras jurídicas devem respeitar os valores subjacentes ao princípio da equidade, devendo ser coerentes com este princípio. Refira--se também que, dada a elevada abstracção do princípio da equidade, numa determinada situação, várias normas ou regimes de sentido distinto podem respeitar tal equidade. Assim, poderá existir mais do que uma resposta para uma questão de equidade[79].

A equidade deve, nestes termos, guiar a formulação das normas destinadas a concretizar a repartição do poder de tributar entre os Estados e a eliminar a dupla tributação internacional. Ela incorpora um conjunto de valores com base nos quais deve ser feita uma apreciação crítica das variadas normas de DFI, no sentido de se aferir a sua justiça e adequação ética.

O princípio da equidade relaciona-se com um tão amplo conjunto de problemáticas que importa distinguir, dentro dele, duas perspectivas distintas: a equidade entre sujeitos passivos (*inter-individual equity* ou *taxpayer equity*) e a equidade entre Estados (*inter-nations equity*).

Cada uma das aludidas vertentes do princípio da equidade envolve preocupações específicas e problemas muito próprios, pelo que se justifica a sua abordagem separada.

2.1. Equidade entre Sujeitos Passivos

Esta vertente da equidade tem a ver com as posições relativas dos sujeitos passivos e com a justiça e adequação do tratamento fiscal que lhes é imposto. Envolve, assim, uma análise das soluções do DFI, tendo em conta os seus efeitos ao nível dos sujeitos passivos e as suas consequências para estes.

Um ponto de partida é a análise dos princípios de equidade dos sistemas jurídicos nacionais, no sentido de se aferir até que ponto podem

---

[79] KLAUS VOGEL, *Worldwide vs. source taxation... (Part III)...*, p. 394.

62 Princípios do Direito Fiscal Internacional

ser transpostos para o plano internacional. Contudo, naturalmente que as concepções nacionais de equidade terão que ser adaptadas à estrutura, objectivos e instrumentos do DFI.

No âmbito dos sistemas jurídico-tributários nacionais, as medidas fiscais são analisadas em função da igualdade horizontal (igual imposto para os sujeitos passivos que têm igual capacidade contributiva) e da igualdade vertical (diferente imposto para os sujeitos passivos que têm diferente capacidade contributiva, na proporção de tal diferença)[80].

Conforme já referimos, não é possível aplicar as noções de equidade do direito interno ao plano do DFI sem a necessária adaptação. Note-se, com efeito, que, no plano do DFI, as diferenças entre os sistemas fiscais dos vários Estados implicam que sujeitos passivos em diferentes Estados se encontrem numa posição distinta em termos de tributação. Assim, torna-se impossível realizar, no plano internacional, uma comparação entre sujeitos passivos em termos similares à que ocorre no plano nacional[81].

Deste modo, no que diz respeito à equidade entre sujeitos passivos no plano internacional, não é adequada uma mera comparação entre a posição de sujeitos passivos em diferentes Estados. O que importa analisar é se as soluções propostas no contexto do DFI, designadamente para a prevenção e eliminação da dupla tributação internacional, são ou não equitativas, ou seja, afastam problemas concretos de falta de neutralidade e são justas do ponto de vista dos interesses dos sujeitos passivos envolvidos. É, portanto, necessário adoptar uma perspectiva mais geral do que aquela que vigora no plano nacional[82].

---

[80] Uma abordagem bastante desenvolvida do princípio da igualdade fiscal pode ser encontrada em José Casalta Nabais, *O Dever Fundamental...*, pp. 435-524; e Sérgio Vasques, *O Princípio da Equivalência como Critério de Igualdade Tributária*, Almedina, Coimbra, 2008, pp. 23-94.

[81] A esta dificuldade, acresce o facto de que, conforme salienta Eduardo Paz Ferreira, "a exigência de desenvolvimento económico e de criação de uma sociedade globalmente mais equilibrada é uma imposição ética que nem sempre conseguiu a sua transposição para o plano jurídico, uma vez que a justiça na distribuição foi predominantemente considerada um problema que se colocava no interior das fronteiras de cada Estado". Eduardo Paz Ferreira, *A cooperação externa da União Europeia*, in Paulo de Pitta e Cunha / Luís Silva Morais (Org.), *A Europa e os Desafios do Século XXI – Conferência Internacional*, Almedina, Coimbra, 2008, pp. 160-161.

[82] Ramon J. Jeffery, *The Impact of State...*, pp. 11-12.

Parte I – IV. Princípios Estruturais do Direito Fiscal Internacional 63

A propósito da equidade entre sujeitos passivos, VOGEL considera que esta deve ainda ser sub-dividida em várias vertentes: a legitimação, a igualdade, e a integridade ou rectidão do sistema fiscal[83]. Estas vertentes correspondem a outras tantas perspectivas de análise da questão da equidade entre sujeitos passivos.

i) Legitimação

Existe respeito pela equidade, nesta vertente da legitimação, apenas se a tributação de um sujeito passivo ou de um facto tributário por um determinado Estado for legítima, ou seja, for justificável.

Desde o século XIX que a questão da justificação da tributação tem sido analisada face a duas teorias concorrentes: a teoria do benefício e a teoria do sacrifício[84]. De acordo com a teoria do benefício, os impostos são considerados como uma contrapartida pelos benefícios proporcionados ao sujeito passivo pelo Estado, mediante as estruturas de que dispõe e as actividades que desenvolve. De acordo com a teoria do sacrifício, os impostos seriam um sacrifício devido ao Estado em virtude do elevado valor moral dos objectivos e das finalidades deste, que se sobrepõem aos do indivíduo. A teoria do sacrifício já não tem, actualmente, aceitação dogmática.

No que diz respeito à teoria do benefício[85], torna-se possível tanto ao Estado da residência como ao Estado da fonte apresentarem argumentos para legitimarem a imposição de uma obrigação tributária com base nos serviços proporcionados ao sujeito passivo[86].

ii) Igualdade

A questão da igualdade prende-se com a relação dos sujeitos passivos entre si, numa perspectiva de equidade.

---

[83] KLAUS VOGEL, *Worldwide vs. source taxation... (Part III)...*, pp. 394 ss.

[84] KLAUS VOGEL, *Worldwide vs. source taxation... (Part III)...*, p. 394.

[85] Abordaremos em maior detalhe as questões relacionadas com o princípio do benefício no ponto 4.1. do capítulo IV, da parte I do presente trabalho.

[86] Todavia, na opinião de VOGEL, a porção de serviços prestados pelo Estado da fonte é tipicamente maior do que a prestada pelo Estado da residência.

64   *Princípios do Direito Fiscal Internacional*

A igualdade pondera a situação de sujeitos passivos residentes no mesmo Estado, consoante recebam apenas rendimentos de fonte nacional ou recebam rendimentos no mesmo montante mas também de fonte estrangeira, comparando-se a carga fiscal a que ficam sujeitos uns e outros.

Outra perspectiva da igualdade tem a ver com a ponderação da situação do sujeito passivo que recebe rendimento de um Estado (Estado da fonte) distinto do da residência, em comparação com a situação dos sujeitos passivos residentes no Estado da fonte, no que toca à carga fiscal global a que ficam sujeitos uns (conjugando a tributação no Estado da residência e no Estado da fonte) e outros (tributados apenas no Estado que é simultaneamente da fonte e da residência)[87].

iii) Integridade ou rectidão do sistema fiscal

A tributação do rendimento deve ser global, ou seja, deve recair indiscriminadamente sobre todos os tipos de rendimento. Não está, todavia, vedada a possibilidade de se efectuarem as distinções que se revelem apropriadas. A integridade requer que exista, no campo fiscal, um sistema único e coerente, baseado na ideia de justiça, no que toca à relação jurídico-tributária[88].

Segundo Vogel, a legitimação, a igualdade e a integridade ou rectidão do sistema fiscal são o que pode designar-se por factores componentes ou aspectos parciais da equidade[89]. Este autor alude ainda à redistribuição, a qual corresponde a uma opção de política fiscal consagrada por alguns Estados, podendo ter uma base constitucional. Em função desse objectivo, os Estados definem o regime fiscal e as taxas aplicáveis aos sujeitos passivos, tendo de ter em consideração, a este propósito, a questão da tributação do rendimento de fonte estrangeira.

Após a referência efectuada à posição de Vogel, importa reiterar que a questão da equidade entre sujeitos passivos no plano internacional não se pode limitar a uma mera comparação entre a posição de sujeitos pas-

---

[87] Cfr., a este propósito, a abordagem efectuada *infra* dos princípios da neutralidade na exportação e na importação de capitais, nos quais cabe este tipo de análise.

[88] Klaus Vogel, *Worldwide vs. source taxation... (Part III)...*, p. 396.

[89] Klaus Vogel, *Worldwide vs. source taxation... (Part III)...*, p. 397.

sivos em diferentes Estados. Ora, parece-nos que a articulação entre as várias perspectivas de análise da questão da equidade entre sujeitos passivos apontadas por VOGEL permite ultrapassar o aludido nível de comparação mais simplista, abordando as questões de neutralidade e os interesses dos sujeitos passivos envolvidos com maior profundidade.

2.2. Equidade entre Estados

Contrariamente ao que sucede no plano do direito fiscal nacional, no DFI não é suficiente considerar as questões de equidade apenas no que toca aos sujeitos passivos. É fundamental considerar as questões de equidade também ao nível das relações entre os Estados.

A equidade entre Estados é crucial no contexto da repartição do poder de tributar entre os Estados e da definição da extensão desse poder, estando intimamente ligada a considerações de soberania e de jurisdição tributária. Note-se, a este propósito, que uma partilha justa da base tributável é da maior importância no campo do DFI, devendo constituir um dos seus objectivos[90]. Pode mesmo dizer-se que os propósitos essenciais do DFI incluem, para além da prevenção e eliminação da dupla tributação, a justa repartição entre os Estados do poder de tributar e das correspondentes receitas fiscais.

Sendo o princípio da equidade dotado de um elevado grau de abstracção, deste decorrem consequências para princípios com menor abstracção, como sejam o princípio da fonte e o princípio da residência. Assim, estes dois princípios operativos, nos reflexos que têm ao nível da definição dos regimes fiscais concretos, devem ter em linha de conta os valores e as preocupações subjacentes ao princípio da equidade.

Face ao exposto, verifica-se que o princípio da equidade, na sua vertente da equidade entre os Estados, está intimamente relacionado com diversas problemáticas da maior importância no que toca à estruturação e definição dos regimes de DFI. Prende-se, designadamente, com a questão de definir qual dos Estados envolvidos numa situação tributária interna-

---

[90] Entre outros, BJÖRN WESTBERG, *Cross-Border Taxation of E-Commerce*, IBFD Publications, Amsterdam, 2002, pp. 75-76.

cional deve ter o direito de tributar e em que medida. Cabe aqui, portanto, a discussão relativa à tributação no Estado da fonte *versus* a tributação no Estado da residência, e à atribuição de um direito exclusivo ou cumulativo de tributar a cada um destes Estados[91].

Deste modo, ponderam-se os ganhos e as perdas dos Estados da residência e da fonte, face aos critérios de distribuição entre os Estados do poder de tributar as situações internacionais – e, consequentemente, da repartição da receita fiscal inerente a tais situações tributárias internacionais. Os aludidos critérios – atribuindo legitimidade para tributar ao Estado da fonte, ao Estado da residência, ou a ambos – devem permitir alcançar uma repartição justa e equitativa do poder tributário e da receita fiscal entre os diversos Estados, não devendo também limitar as respectivas oportunidades de desenvolvimento económico.

Trata-se de uma problemática da maior complexidade, relativamente à qual os diversos Estados, instituições internacionais e autores esgrimem argumentos em prol da prevalência da tributação no Estado da fonte ou, pelo contrário, no Estado da residência.

A este propósito, consideramos que os argumentos baseados no princípio da equidade, pela sua própria natureza e elevado grau de abstracção, nunca podem conduzir a um resultado ou a uma conclusão que exclua todas as outras alternativas, designadamente no que toca à ponderação da tributação no Estado da fonte *versus* a tributação no Estado da residência.

Aliás, refira-se, a este propósito, que os termos actuais da repartição entre os Estados do poder de tributar correspondem a um resultado mais ou menos acidental do processo de elaboração das soluções destinadas a prevenir e a eliminar a dupla tributação, ao nível da SDN, da OECE e da OCDE, sendo o resultado dos vários Modelos de Convenção que foram sendo desenvolvidos e adoptados ao longo dos anos. Estes Modelos de Convenção pautam-se por uma clara prevalência da tributação no Estado da residência sobre a tributação no Estado da fonte (cabendo, todavia, ao Estado da residência proceder à eliminação da dupla tributação que ocorra).

Em contrapartida, a equidade entre Estados – em conjugação com a ideia de "ligação económica", com um determinado Estado, da actividade

---

[91] Esta questão será abordada em maior detalhe nos pontos 1.1. a 1.6. do capítulo V, da parte I do presente trabalho, para os quais remetemos.

Parte I – IV. Princípios Estruturais do Direito Fiscal Internacional   67

e do correspondente rendimento – tem sido usada em defesa do reforço da tributação no Estado da fonte do rendimento gerado por transacções internacionais. De acordo com esta perspectiva, o aludido reforço da tributação no Estado da fonte permitiria alcançar uma distribuição mais equitativa dos poderes tributários entre Estados[92].

3. Princípio da Neutralidade

3.1. Aspectos Gerais

O DFI deve tomar em consideração o impacto do tratamento fiscal das situações tributárias internacionais sobre as decisões de investimento e a afectação dos factores de produção no plano internacional, ou seja, ter em conta a problemática da neutralidade. Embora a neutralidade possa ser vista sob diversas perspectivas, o seu ponto central é a ideia de uma eficiente alocação de recursos, enquanto forma de maximizar a eficiência económica.

Os agentes económicos, num contexto de livre circulação de capitais, procedem à colocação dos seus recursos tendo em conta uma multiplicidade de aspectos, que variam em função do tipo de investimento em causa. Entre os aspectos que o investidor toma em consideração, quando escolhe a localização geográfica de certo tipo de investimentos, contam-se a disponibilidade de mão-de-obra, o seu grau de qualificação e os níveis salariais, a acessibilidade e o preço de matérias primas, o desenvolvimento tecnológico, a qualidade das infra-estruturas, o potencial do mercado envolvente, ou a estabilidade política e a segurança do Estado onde se realizará o investimento.

Porém, o investidor toma ainda em consideração um outro aspecto, na escolha do Estado onde realiza os seus investimentos: o nível de tributação a que os correspondentes rendimentos ficarão sujeitos. Este

---

[92] INTERNATIONAL FISCAL ASSOCIATION, *Source and Residence: New Configuration of their Principles*, pp. 31-34. VOGEL vai mais além, afirmando mesmo que "a equidade entre Estados, tal como a equidade entre sujeitos passivos, tende a favorecer largamente a tributação exclusivamente pelo Estado da fonte". KLAUS VOGEL, *Worldwide vs. source taxation... (Part III)...*, p. 398.

aspecto é bastante relevante na tomada de decisões por parte do investidor, que compara o rendimento líquido de impostos que poderá obter nos vários Estados candidatos à localização do investimento. Nalguns tipos de investimento de aplicação de capitais, em que não há o exercício directo de uma actividade produtiva (e que, portanto, não são influenciados pela maioria dos outros aspectos acima aludidos), o aspecto fiscal é ainda mais determinante na escolha da localização do investimento.

É neste contexto que a tributação é vista como fonte de distorções ao fluxo mais eficiente de capitais, podendo fazer com que os investimentos sejam canalizados para Estados onde a carga fiscal é menor, em detrimento daqueles onde os investimentos seriam mais necessários ou mais eficientes em termos económicos.

É comummmente aceite que a produtividade a nível mundial seria mais elevada e, consequentemente, a eficiência económica superior, se a distribuição dos factores de produção de rendimento ocorresse por força da actuação dos mecanismos de mercado, com uma influência tão reduzida quanto possível do factor fiscal. Assim, um sistema fiscal seria eficiente quando permitisse tal objectivo. Para o atingir, os impostos deveriam ser, tanto quanto possível, neutrais – ou seja, não deveriam influenciar o investimento internacional em qualquer direcção.

Num mercado perfeitamente competitivo, a eficiência económica global seria atingida através de impostos que não distorcessem as decisões dos investidores, ou seja, impostos que fossem neutrais. De acordo com um princípio de neutralidade, a tributação não deveria interferir na escolha entre diversos investimentos ou formas alternativas de organização dos negócios[93]. Todavia, na realidade, o que sucede é a existência de decisões

---

[93] Conforme refere FERNANDO ARAÚJO, "a «neutralidade económica» do imposto, a não-discriminação do tratamento de actividades economicamente equivalentes, é um dos aspectos essenciais da eficiência do sistema tributário". Refere ainda o mesmo autor que "a preocupação com a «neutralidade» começa onde acabam as preocupações com as «perdas absolutas de bem-estar» resultantes dos impostos: é que, para além da actividade que deixa de se desenvolver e das trocas que deixam de se realizar, os indivíduos e as empresas moldam muitas das suas iniciativas (de poupança, de investimento, de endividamento, de assunção de riscos, de compra e venda, de antecipação ou adiamento de ganhos de mais-valias, de distribuição de dividendos, de admissão ou despedimento de trabalhadores, de constituição de estruturas empresariais ou de recurso

dos investidores com base na perspectiva de rendimento líquido (após imposto) dos investimentos que podem realizar.

O que foi referido *supra* torna patente que a neutralidade deve ser um dos objectivos prosseguidos pelo DFI, constituindo um dos seus princípios estruturais. Devendo os princípios mais abstractos do DFI inspirar os princípios com um menor grau de abstracção e as próprias regras jurídicas, transmitindo-lhes determinados valores e orientações gerais, tanto a articulação entre os princípios operativos do DFI (*maxime* os princípios da fonte e da residência) como os regimes fiscais consagrados devem ser norteados por preocupações de neutralidade.

Assim, o DFI deve procurar não interferir na afectação óptima, em termos económicos, dos recursos produtivos existentes, tentando reduzir ao mínimo as distorções provocadas por aspectos fiscais nas decisões dos agentes económicos.

Tendo em conta o facto de os sistemas fiscais nacionais serem diferentes, parece ser inevitável que a sua interacção gere distorções. Não sendo, assim, realista esperar atingir-se uma absoluta neutralidade dos regimes fiscais, o objectivo a prosseguir no contexto do DFI deve ser o de alcançar o maior grau possível de neutralidade[94].

A este propósito, há ainda que considerar o "conflito de fundo [...] que se regista entre os valores da *eficiência* e da *justiça*"[95]. Os objectivos

---

ao mercado, até de acatamento do quadro normativo ou de «passagem à clandestinidade») em função de resultados tributários e não em função da maximização do bem-estar, o que pode dar origem a resultados medíocres em termos de eficiência, novamente com desperdício de recursos e de oportunidades de enriquecimento". FERNANDO ARAÚJO, *Introdução à Economia*, 3.ª ed., Almedina, Coimbra, 2005, p. 522.

[94] Referindo-se a diversas formas possíveis de encarar a neutralidade, RAMON J. JEFFERY alude à noção de neutralidade como um ideal inatingível. Nesta perspectiva, o objectivo da análise relativa à neutralidade seria contribuir para evitar que os regimes fiscais acarretassem factores adicionais de não neutralidade, para além daqueles que inevitavelmente decorrem da interacção entre os sistemas fiscais. Todavia, o autor acaba por optar por um conceito de neutralidade relativa, de natureza instrumental. Assim, o conceito de neutralidade deveria, fundamentalmente, contribuir para a identificação dos problemas e para a sugestão de melhorias a este nível. RAMON J. JEFFERY, *The Impact of State...*, pp. 4-9.

[95] Utilizamos aqui a expressão de FERNANDO ARAÚJO, que enquadra a problemática em apreço da seguinte forma: "a prioridade dada à eficiência significa que o emprego de meios é avaliado em termos de maximização, ou seja, de capacidade de obter o

70 Princípios do Direito Fiscal Internacional

de neutralidade a prosseguir pelo DFI devem, pois, ser articulados com as exigências da equidade entre sujeitos passivos e da equidade entre Estados. Deste modo, as linhas de orientação seguidas pelo DFI, no que toca aos regimes fiscais consagrados, deveriam conjugar os valores da neutralidade e da eficiência (visando a melhor afectação dos recursos, em termos económicos, com o mínimo de distorções provocadas pelo factor tributário) com critérios de justiça/equidade ao nível da repartição entre os Estados do poder de tributar e da situação relativa dos sujeitos passivos.

Antecipando um aspecto que será mencionado em diversos pontos do presente trabalho, refira-se, por exemplo, que as soluções consagradas no MC OCDE, caracterizadas por uma prevalência dos valores associados à neutralidade na exportação de capitais, têm vindo a ser acusadas de negligenciarem os valores da equidade entre Estados, prejudicando o Estado da fonte em termos de repartição do poder de tributar e da receita fiscal inerente às situações tributárias internacionais.

3.2. Princípios da Neutralidade na Exportação e na Importação de Capitais

Sendo reconhecidamente impossível atingir uma absoluta neutralidade fiscal no plano internacional, a neutralidade é aferida na perspectiva do Estado da residência do investidor e do Estado onde é realizado o investimento. Note-se, a este propósito, que a análise e o debate relativos aos efeitos dos sistemas fiscais na alocação internacional de factores de produção tem sido centrada, fundamentalmente, no movimento de capitais.

Efectua-se, assim, uma distinção entre neutralidade na exportação de capitais (*capital export neutrality* – CEN) e neutralidade na importação

---

maior rendimento possível a partir de um determinado conjunto de meios (caracterizando-se genericamente a *eficiência* como a afectação de recursos aos seus empregos com o máximo valor relativo); e essa prioridade implica orientações políticas muito diversas daquelas que seriam ditadas por uma primazia conferida à justiça, na qual o que conta é primordialmente a forma como o rendimento é repartido, a forma como a igualdade é verificada nas comparações intersubjectivas de resultados distribuídos, independentemente da dimensão total daquele rendimento cuja maximização é o alvo da eficiência". FERNANDO ARAÚJO, *Introdução à Economia...*, p. 38.

de capitais (*capital import neutrality* – CIN), conceitos introduzidos por
RICHARD MUSGRAVE no campo da tributação internacional[96].

Nos termos da **neutralidade na exportação de capitais**, aferida na
perspectiva do Estado da residência, os sujeitos passivos que obtenham
rendimentos noutros Estados devem ficar abrangidos por um tratamento
fiscal similar ao aplicável àqueles cujos rendimentos sejam obtidos
exclusivamente no Estado de residência. Nestes termos, a tributação não
deve influenciar a decisão do sujeito passivo de investir no Estado da
residência ou no estrangeiro, pagando este o mesmo montante total de
imposto (incluindo imposto nacional e imposto estrangeiro), independentemente de receber o rendimento de fontes domésticas ou internacionais.

Com efeito, se o sujeito passivo vir os seus rendimentos tributados
a uma mesma taxa de imposto, independentemente da localização do
investimento, os rendimentos com origem no Estado da residência ou no
estrangeiro terão um valor líquido de imposto semelhante. Existindo neutralidade na exportação de capitais, existe incentivo para a deslocação dos
investimentos de um país para outro até que se verifique o equilíbrio da
rentabilidade do investimento antes de imposto. Assim, os sujeitos passivos
determinam a localização dos seus investimentos em função de perspectivas
de maior rentabilidade, independentemente do regime fiscal de cada país.

A tributação na residência (associada a uma tributação do rendimento
mundial dos residentes, e a um crédito pelo imposto pago no estrangeiro)
é o sistema considerado mais adequado em termos da neutralidade na
exportação de capitais, dado o idêntico tratamento fiscal aplicado ao
rendimento no Estado de residência do investidor, independentemente da
sua obtenção nesse Estado ou no estrangeiro. Assim, as decisões dos
investidores quanto ao local de realização dos investimentos, no Estado
de residência ou noutros Estados, não seriam afectadas pelos sistemas
fiscais de cada Estado, o que, teoricamente, permitiria alcançar uma alocação dos investimentos entre os vários países mais eficiente de um ponto
de vista económico.

---

[96] Cfr. KLAUS VOGEL, *Which method should the European Community adopt for the
avoidance of double taxation?,* Bulletin for International Fiscal Documentation, n.º 1,
Janeiro 2002, p. 4, e também KLAUS VOGEL, *Worldwide vs. source taxation of income
– A review and re-evaluation of arguments (Part II),* Intertax, n.º 10, 1988, p. 311.

72   *Princípios do Direito Fiscal Internacional*

Deste modo, imputa-se à neutralidade na exportação de capitais a vantagem de incentivar a tomada de decisões de investimento baseadas fundamentalmente em razões económicas e comerciais, contribuindo para reduzir a evasão fiscal e a concorrência fiscal internacional[97]. O motivo seria o facto de, existindo sempre tributação do rendimento no Estado da residência, a realização de investimentos em zonas de baixa tributação teria como única consequência a redução, nesse mesmo Estado da residência, do valor do crédito pelo imposto pago no estrangeiro, mas com o correspondente aumento do imposto a pagar no Estado da residência. Deste modo, o resultado em termos de tributação global seria exactamente o mesmo que se obteria se o investimento no estrangeiro fosse realizado numa zona de alta tributação (mas com um nível de tributação não superior ao do Estado de residência).

Em contrapartida, segundo o princípio da **neutralidade na importação de capitais**, todos os investidores que desenvolvem a sua actividade num determinado Estado deverão estar sujeitos à mesma carga fiscal nesse Estado, independentemente da sua residência fiscal. Assim, a neutralidade na importação de capitais significa que os capitais originários de diversos países deveriam competir em igualdade de termos no mercado de capitais de qualquer país.

Desta forma, o sistema que contempla a neutralidade na importação de capitais é o da tributação na fonte, devendo o Estado da fonte tributar do mesmo modo o rendimento aí obtido por residentes e não residentes[98].

---

[97] Sobre o tema da evasão e da fraude fiscal no plano internacional, *vide* Luís Manuel Teles de Menezes Leitão, *Evasão e fraude fiscal internacional*, in *A Internacionalização da Economia e a Fiscalidade*, Centro de Estudos Fiscais, Lisboa, 1993, pp. 299-330; e também Luís Manuel Menezes Leitão, *Estudos de Direito Fiscal*, Almedina, Coimbra, 1999. Igualmente sobre o tema, José Luís Saldanha Sanches, *Os Limites do Planeamento Fiscal – Substância e Forma no Direito Fiscal Português, Comunitário e Internacional*, Coimbra Editora, Coimbra, 2006, pp. 259-446.

[98] Note-se que uma efectiva neutralidade na importação de capitais apenas se verificaria no âmbito de uma tributação exclusiva no Estado da fonte, abstendo-se o Estado da residência de tributar os rendimentos obtidos pelos seus residentes no âmbito de actividades desenvolvidas noutros Estados. Tal neutralidade também ocorreria, na prática, caso a tributação no Estado da residência fosse mais baixa do que a aplicada no Estado da fonte e, portanto, inteiramente consumida por esta, no caso concreto, em virtude do crédito de imposto concedido pelo Estado da residência relativamente ao

Parte I – IV. Princípios Estruturais do Direito Fiscal Internacional

Naturalmente que as perspectivas dos Estados relativamente à questão da neutralidade serão distintas consoante se trate de Estados predominantemente importadores ou, pelo contrário, predominantemente exportadores de capitais.

Quanto à doutrina, esta tem geralmente dado preferência à neutralidade na exportação de capitais, subalternizando a neutralidade na importação de capitais enquanto requisito para a afectação eficiente dos recursos.

Importa, contudo, salientar o facto de diversos autores terem formulado sérias críticas às próprias noções de neutralidade na exportação de capitais e neutralidade na importação de capitais, bem como ao respectivo papel na promoção da eficiência económica.

KEMMEREN critica o facto de a análise dos efeitos da fiscalidade sobre a alocação de factores de produção a nível internacional tomar em conta exclusivamente a questão do movimento de capitais. Assim, o factor de produção trabalho não é considerado nas definições de neutralidade comummente consideradas – restritas à exportação e à importação de capitais. Discordando de tal enquadramento, o autor sugere que o factor de produção trabalho seja também considerado em ambas as noções, a par do capital. Deste modo, propõe uma noção de neutralidade na exportação de capitais e trabalho (*capital and labour export neutrality* – CLEN), de acordo com a qual um sujeito passivo deveria pagar o mesmo imposto em termos globais (considerando imposto nacional e estrangeiro), quer os rendimentos do trabalho ou de investimento por ele recebidos sejam de fonte nacional ou estrangeira. A esta noção contrapunha-se uma outra, de neutralidade na importação de capitais e trabalho (*capital and labour import neutrality* – CLIN), segundo a qual o trabalho e o capital provenientes de outros Estados deveriam competir em termos de igualdade nos mercados de determinado Estado, independentemente da residência do trabalhador ou investidor[99].

Por outro lado, a própria distinção entre neutralidade na exportação e na importação de capitais é criticada por KLAUS VOGEL, sustentando este autor que distinguir entre dois tipos de neutralidade que são opostos um

---

imposto pago no Estado da fonte. A efectiva neutralidade na importação verificar-se-ia, ainda, caso o Estado da residência adoptasse o método da isenção integral para efeitos da eliminação da dupla tributação internacional.

[99] ERIC KEMMEREN, *Principle of Origin...*, p. 524.

74 Princípios do Direito Fiscal Internacional

ao outro é uma contradição. Na sua opinião, se a neutralidade significa ausência de todas, ou quase todas, as influências externas, então a ausência de apenas algumas dessas influências, enquanto outras se fazem sentir, não é neutralidade[100]. VOGEL sustenta, portanto, que a neutralidade deve ser interestadual, devendo verificar-se num contexto internacional e não apenas num contexto nacional (no Estado da fonte ou no Estado da residência). Assim, para o autor, a questão fundamental para que se atinja a neutralidade tem a ver com as condições preliminares que devem existir em cada um dos Estados envolvidos, de forma a evitar que o efeito combinado das respectivas legislações fiscais favoreça o investimento num dos Estados, em detrimento do outro.

Para VOGEL – quer a distinção entre neutralidade na exportação de capitais e neutralidade na importação de capitais seja aceite ou rejeitada – a efectiva neutralidade implica que um sujeito passivo não seja tributado mais gravosamente, nem no Estado da fonte nem considerando também a tributação no Estado da residência, do que outro investidor que desenvolva um negócio no Estado da fonte e seja aí residente. Nestes termos, para o autor citado, só existe eficiência económica caso o investidor estrangeiro não pague, em termos globais (ou seja, conjugando a tributação na fonte e a tributação na residência), mais imposto do que aquele que incide sobre investidores residentes no Estado da fonte. Ora, para VOGEL, só é possível assegurar tal objectivo se se limitar o direito de tributar de cada Estado ao rendimento de fonte nacional. Deveria, portanto, no que toca ao investimento directo, prevalecer a tributação na fonte. A tributação de base mundial no Estado da residência é, para VOGEL, inconsistente com o princípio de neutralidade que deve existir no plano internacional[101].

Por seu turno, ALEX EASSON salienta também a impossibilidade de se alcançar simultaneamente a neutralidade na exportação de capitais e na importação de capitais, e desvaloriza a contribuição destes princípios para a adequada repartição do poder de tributar entre Estado da fonte e Estado da residência. O autor justifica a aludida impossibilidade com o reduzido nível de harmonização dos sistemas fiscais e das taxas de imposto[102].

---

[100] Cfr. KLAUS VOGEL, Which method should..., p. 5.

[101] KLAUS VOGEL, Worldwide vs. source taxation... (Part II)..., pp. 310-320.

[102] ALEX EASSON, Fiscal degradation and the inter-nation allocation of tax jurisdiction, EC Tax Review, n.º 3, 1996, p. 112.

Quanto a Rui Duarte Morais, salienta a dificuldade, neste contexto, em se atingir uma neutralidade na exportação de capitais[103].

Note-se, no âmbito da referida problemática, que, seguindo a maioria dos países um método da imputação normal (por contraposição a um método de imputação integral), só é possível atingir-se a neutralidade na exportação de capitais se a tributação no Estado da fonte for mais baixa do que a tributação no Estado da residência ou equivalente a esta.

Com efeito, se a tributação no Estado da fonte for mais elevada do que a tributação no Estado da residência, e seguindo-se o método de imputação normal, não é possível obter, no Estado da residência, crédito de imposto relativamente ao excesso de imposto pago no Estado da fonte. Desta forma, não se verifica a neutralidade na exportação de capitais.

Em contrapartida, verificando-se o pressuposto fundamental da neutralidade na exportação de capitais, ou seja, a existência de uma tributação mais elevada no Estado da residência do que no Estado da fonte, os agentes económicos que investem no estrangeiro estarão a ser colocados em desvantagem competitiva em relação aos agentes locais. Designadamente, a neutralidade na exportação de capitais origina uma discriminação contra os investimentos em Estados de baixa tributação (em particular nos países em desenvolvimento). Na realidade, a eficiência económica requer que a carga tributária total a que são sujeitos os investidores noutros países não seja mais alta do que a carga tributária a que estão

---

[103] Refere o autor que "tal [*a perfeita neutralidade*] implicaria: a) a "absorção" do imposto cobrado neste último país pelo imposto do país da residência através do recurso a um método de imputação integral; b) simultaneidade da tributação no país da residência dos rendimentos obtidos interna e externamente, o que implicaria a anulação da vantagem económica do diferimento da tributação dos lucros até ao momento da sua distribuição aos sócios residentes; c) identidade de regras de determinação da base tributável, independentemente do local onde o rendimento é produzido, o que implicaria que o montante do rendimento colectável obtido no estrangeiro fosse apurado no país da residência por aplicação das regras do respectivo direito interno, inclusive as relativas a benefícios fiscais a que o contribuinte teria acesso caso esse investimento tivesse lugar no território do país da residência; d) integral comunicabilidade das perdas sofridas no estrangeiro. Como veremos, estas condições nunca são totalmente preenchidas, nomeadamente em relação aos lucros de actividades empresariais prosseguidas no estrangeiro, pelo que só tendencialmente se poderá falar de uma neutralidade na exportação de capitais". In Rui Duarte Morais, *Imputação de Lucros...*, p. 149.

76 *Princípios do Direito Fiscal Internacional*

sujeitas as empresas nacionais nesses países. De outra forma, verifica-se a aludida desvantagem competitiva dos investidores estrangeiros em relação aos agentes locais.

4. Outros Princípios

Existem diversos outros princípios relativamente aos quais se pode debater se devem ou não ser considerados como princípios fundamentais de DFI, entre os quais se incluem o princípio do benefício, o princípio da capacidade contributiva, o princípio do Estado de Direito, o princípio da consideração económica e o princípio da boa fé.

O que está em causa é ponderar se os aludidos princípios correspondem ou não a valores essenciais do DFI, e se exercem ou não uma influência decisiva na estruturação deste, designadamente estabelecendo linhas gerais de orientação seguidas ao nível dos princípios operativos e dos regimes tributários consagrados no âmbito do DFI. Apenas em caso afirmativo se justificaria a identificação de tais princípios como princípios fundamentais de DFI[104].

4.1. Princípio do Benefício

O princípio do benefício tem sido tradicionalmente invocado para defender a tributação na fonte, tanto em relação a residentes como a não residentes. Como argumento fundamental, refere-se que é graças ao enquadramento político, legal e económico do Estado da fonte e aos bens e serviços públicos aí disponíveis que se torna possível efectuar investimentos nesse Estado e obter o correspondente rendimento. O benefício retirado pelos investidores de tal enquadramento e a utilização dos aludidos bens e serviços públicos justificam a tributação no Estado da fonte dos rendimentos aí obtidos, fundamentando a tributação dos não residentes relativamente aos mesmos.

---

[104] Adiantando as nossas conclusões acerca da questão, consideramos que os referidos princípios não constituem, efectivamente, princípios fundamentais de DFI.

Parte I – IV. Princípios Estruturais do Direito Fiscal Internacional   77

Todavia, esta visão tradicional tem, sobretudo nos últimos anos, enfrentado sérias críticas. RUI DUARTE MORAIS, por exemplo, põe em causa a ideia de que a tributação pelo Estado da fonte e pelo Estado da residência tenham a sua justificação no princípio do benefício e no princípio da capacidade contributiva, respectivamente[105].

Concordamos com este autor, quando sustenta que o princípio do benefício é apto a fundamentar também a tributação no Estado da residência, argumentando que os impostos serão a contrapartida do uso dos bens e serviços públicos por parte dos residentes, pessoas singulares ou colectivas com uma presença física dotada de constância no Estado da residência. A estes, enquanto utentes regulares de tais bens e serviços, caberia financiá-los, independentemente da qualquer conexão directa com a obtenção de rendimento no Estado da residência[106].

Também MANUEL PIRES refere que tanto o Estado da fonte como o Estado da residência proporcionam vantagens ao investidor, sendo válido relativamente a ambos os Estados o argumento da sujeição a tributação do rendimento (obtido no território do Estado, num caso, ou pelos seus residentes, no outro) como forma de custear os serviços públicos indivisíveis[107].

Em suma, o princípio do benefício seria susceptível de fundamentar a legitimidade de tributar quer do Estado da fonte quer do Estado da residência[108]. Por outro lado, é actualmente clara a rejeição do princípio do benefício como critério de repartição dos impostos[109-110].

---

[105] RUI DUARTE MORAIS, *Imputação de Lucros...*, pp. 141 ss.

[106] RUI DUARTE MORAIS, *Imputação de Lucros...*, pp. 141-142.

[107] MANUEL PIRES, *Da Dupla Tributação...*, p. 287.

[108] Note-se, aliás, que o princípio do benefício se encontrava também subjacente a uma das linhas de defesa da legitimidade tributária do Estado da nacionalidade, nos termos da qual a tributação dos nacionais não residentes se justificava pelo facto de estes beneficiarem do poder, prestígio e protecção diplomática do país de nacionalidade, mesmo enquanto residissem no estrangeiro.

[109] Conforme refere CASALTA NABAIS: "não é possível conhecer, nem ao menos de maneira aproximada, o benefício que cada indivíduo recebe dos bens públicos e, portanto o preço (ou o imposto que lhe há-de ser cobrado) pela unidade de cada um desses bens, uma vez que, dirigindo-se tais bens à satisfação de necessidades colectivas, estas são satisfeitas de modo passivo e, por isso, independentemente de qualquer procura". In JOSÉ CASALTA NABAIS, *O Dever Fundamental...*, pp. 450-451.

[110] A situação é distinta quanto às taxas e às contribuições. A este propósito, *vide* SÉRGIO VASQUES, *O Princípio da Equivalência...*, pp. 372 ss e pp. 441-694.

Desta forma, a relevância do princípio do benefício é reduzida no plano da discussão da legitimidade dos Estados para tributar (uma vez que argumentos muito similares, baseados no princípio do benefício, permitem sustentar a legitimidade de tributar quer do Estado da fonte quer do Estado da residência), e é nula no que diz respeito à medida dessa tributação.

Face ao exposto, consideramos que o princípio do benefício não assume um papel de relevo no que toca aos valores essenciais do DFI, nem tem um contributo significativo para a estruturação do DFI. Por tais motivos, concluímos ser de rejeitar a inclusão do princípio do benefício entre os princípios fundamentais de DFI.

4.2. Princípio da Capacidade Contributiva

O princípio da capacidade contributiva tem sido tradicionalmente invocado em prol da tributação na residência. Refere-se, a este propósito, que um determinado nível de rendimento obtido por um residente deveria ser sujeito a igual tributação, independentemente de o investimento e as actividades subjacentes à obtenção de tal rendimento terem lugar no Estado de residência ou no estrangeiro. Com efeito, um certo nível de rendimento é uma indicação da mesma capacidade contributiva, quer esse rendimento tenha sido obtido no Estado de residência quer noutro Estado. De outro modo, o princípio da igualdade fiscal seria violado[111]. Ora este tipo de enquadramento, determinado pelo respeito ao princípio da capacidade contributiva, pressupõe a tributação no Estado da residência do rendimento obtido tanto nesse Estado como no estrangeiro.

---

[111] Princípio da igualdade fiscal no âmbito do qual podemos distinguir uma igualdade horizontal, nos termos da qual devem ser sujeitos a igual tributação os que têm igual capacidade contributiva, e uma igualdade vertical, que pressupõe uma diferente tributação dos que têm diferente capacidade contributiva (devendo tal diferença de tributação ocorrer na proporção da diferente capacidade contributiva). Para uma abordagem bastante desenvolvida do princípio da igualdade fiscal, *vide* José Casalta Nabais, *O Dever Fundamental...*, pp. 435-524; e Sérgio Vasques, *O Princípio da Equivalência...*, pp. 23-94.

Parte I – IV. Princípios Estruturais do Direito Fiscal Internacional 79

Adicionalmente, a adopção de uma tributação do rendimento por meio de um imposto único, sustentada por muitos como elemento fundamental da adopção do princípio da capacidade contributiva, apenas seria possível no contexto da tributação na residência.

Assim, a plena observância do princípio da capacidade contributiva[112] envolveria a adopção do princípio da residência e também do princípio da tributação universal ou ilimitada nesse Estado.

Esta visão tradicional tem, todavia, sobretudo nos últimos anos, enfrentado sérias críticas, sendo posta em causa a ideia de que a tributação pelo Estado da residência e pelo Estado da fonte encontrariam a sua justificação em princípios distintos: a primeira, no princípio da capacidade contributiva, e a segunda, no princípio do benefício[113].

No que diz respeito à relação entre o princípio da capacidade contributiva e a tributação na residência, pensamos que importa, em primeiro lugar, traçar uma distinção fundamental. Considerando os termos em que o princípio da capacidade contributiva tem sido apontado como fundamento da tributação na residência, parece estar em causa o princípio da capacidade contributiva na sua acepção de critério ou parâmetro da tributação, e não na de pressuposto ou condição da tributação[114]. Com efeito, a atribuição do poder de tributar ao Estado da residência, no plano internacional, tem sido sustentada não devido à capacidade contributiva dos seus residentes (situação em que estaríamos perante a capacidade contributiva na sua acepção de pressuposto ou condição da tributação), mas sim devido à melhor posição do Estado da residência para assegurar uma igualdade de tratamento dos sujeitos passivos, independentemente do local de origem do respectivo rendimento (ou seja, para implementar um sistema de tributação que tenha por parâmetro a capacidade contributiva, aqui na sua acepção de critério ou parâmetro da tributação).

---

[112] Para uma construção jurídica que sustenta a importância do princípio da capacidade contributiva na ordem jurídico-tributária europeia, *vide* JOACHIM LANG / JOACHIM ENGLISCH, *A European legal tax order based on ability to pay*, in ANDREA AMATUCCI (Ed.) – *International Tax Law*, Kluwer Law International, The Netherlands, 2006, pp. 251--335.

[113] Designadamente, RUI DUARTE MORAIS, *Imputação de Lucros...*, pp. 141 ss.

[114] Quanto à distinção, no que toca ao significado da capacidade contributiva, entre pressuposto ou condição da tributação, por um lado, e critério ou parâmetro da tributação, por outro, *vide* JOSÉ CASALTA NABAIS, *O Dever Fundamental...*, pp. 462 e ss.

80 *Princípios do Direito Fiscal Internacional*

Poder-se-á vislumbrar um reflexo da admissão da capacidade contributiva como critério ou parâmetro de tributação no modo como o MC OCDE procede à repartição do poder de tributar entre os Estados, atribuindo-o, na maior parte dos tipos de rendimento, apenas a um dos Estados. O direito a tributar é, geralmente, atribuído ao Estado da residência[115], assumindo este a obrigação de proceder à eliminação da dupla tributação internacional, mediante a aplicação de um dos métodos para o efeito consagrados. Esta forma de estruturar a atribuição do poder de tributar dos Estados, adoptada pelo MC OCDE, permite, ao nível do Estado da residência, a adopção de uma tributação única (incluindo rendimentos com origem nacional e internacional) e baseada no princípio da capacidade contributiva.

Note-se, contudo, que a forma como o Estado da residência conforma o seu sistema fiscal é essencialmente uma questão de direito interno. O facto de se optar pela consagração do princípio da residência não significa que, no caso concreto, o tipo de tributação adoptado pelo Estado da residência siga como parâmetro o princípio da capacidade contributiva, nem tal é imposto pelo DFI. De facto, um Estado ao qual, perante uma situação tributária internacional, seja concedido o poder de tributar enquanto Estado da residência do titular dos rendimentos, poderá depois, nos termos do seu sistema tributário, aplicar aos seus residentes uma tributação de natureza real.

No que toca à capacidade contributiva na sua acepção de pressuposto ou condição da tributação, concordamos com Rui Duarte Morais quando refere que "à actual estrutura da repartição internacional do poder tributário entre os diferentes Estados, assente numa visão cedular da tributação, é indiferente a ideia de uma concreta capacidade contributiva"[116]. De facto, as regras previstas no MC OCDE para os vários tipos de rendimento – a exemplo do que sucede, aliás, com outros Modelos de Convenção – não tomam em consideração o princípio da capacidade contributiva. A atribuição do poder de tributar ao Estado da fonte ou ao Estado da residência,

---

[115] Mesmo que, nalguns casos, cumulativamente com o direito de tributar do Estado da fonte, como sucede, por exemplo, com os rendimentos ou as mais-valias relativos a bens imóveis situados no Estado da fonte, com os lucros imputáveis a um estabelecimento estável situado neste Estado, ou com os dividendos e juros.

[116] Rui Duarte Morais, *Imputação de Lucros...*, p. 143.

Parte I – IV. Princípios Estruturais do Direito Fiscal Internacional   81

relativamente a determinado tipo de rendimento, nos termos do MC OCDE, não depende da existência de capacidade contributiva do sujeito passivo em questão. E a tributação de certo rendimento no Estado da fonte mantém--se mesmo que, subsequentemente, se venha a verificar no Estado da residência do sujeito passivo, em resultado da consideração da globalidade dos seus rendimentos e da sua concreta situação pessoal ou familiar, que este não tem capacidade contributiva, não apurando sequer um rendimento mínimo tributável[117].

Face ao exposto, consideramos que a tributação de acordo com a capacidade contributiva não corresponde a um valor essencial do DFI, nem tem, em si mesma, um efeito directo determinante ao nível dos respectivos princípios operativos e regras jurídicas – pelo que não se afigura pertinente a inclusão do princípio da capacidade contributiva entre os princípios fundamentais de DFI.

4.3. Princípio do Estado de Direito e Outros

No elenco de princípios de DFI traçado por OTTMAR BUHLER, incluem--se o princípio do Estado de Direito, o princípio da consideração económica e o princípio da boa fé, classificados pelo autor como "princípios gerais" de DFI[118].

A propósito do princípio do Estado de Direito, OTTMAR BUHLER salienta os aspectos da vinculação ao Direito do Estado e dos seus órgãos, da concessão aos cidadãos de protecção contra a actuação do Estado, da inexistência de pretensões fiscais sem base legal, da submissão do Direito Fiscal ao controlo dos tribunais, bem como diversos aspectos relativos ao princípio da legalidade[119].

Tendo em conta os valores associados ao princípio do Estado de Direito – e não obstante a sua grande relevância, em termos gerais –

---

[117] RUI DUARTE MORAIS, *Imputação de Lucros...*, p. 144.

[118] OTTMAR BUHLER, *Principios de Derecho Internacional...*, pp. 173-268.

[119] Para um tratamento desenvolvido das questões relativas ao princípio da legalidade, *vide* ANA PAULA DOURADO, *O Princípio da Legalidade Fiscal – Tipicidade, Conceitos Jurídicos Indeterminados e Margem de Livre Apreciação*, Almedina, Coimbra, 2007.

notamos que estes não correspondem a valores que sejam especialmente destacados no contexto do DFI actual, nem exercem uma influência decisiva na estruturação deste, designadamente estabelecendo linhas gerais de orientação seguidas ao nível dos princípios operativos ou dos regimes tributários consagrados no âmbito do DFI.

Aliás, pode mesmo salientar-se que o DFI beneficiaria grandemente caso as vertentes do princípio do Estado de Direito acima referidas fossem desenvolvidas, no seu contexto, numa perspectiva verdadeiramente internacional – por exemplo, mediante a criação de um tribunal internacional especialmente dedicado à resolução de litígios associados a situações jurídico-tributárias internacionais. Contudo, a preponderância do princípio da soberania continua a manter os instrumentos e mecanismos do DFI fortemente centrados na vontade e iniciativa dos Estados[120]. Também a vertente das garantias dos sujeitos passivos em relação aos Estados se encontra muito pouco desenvolvida no contexto do DFI[121], assentando fundamentalmente no que se encontra consagrado a tal propósito na legislação interna de cada Estado.

Deste modo – sem prejuízo da grande importância do princípio do Estado de Direito, em termos gerais – não nos parece que este, na fase actual de evolução do DFI, e nos termos em que é caracterizado por OTTMAR BUHLER, corresponda a valores centrais do DFI ou tenha uma tal importância na estruturação deste que seja sustentável erigi-lo a princípio fundamental do DFI.

Em relação ao princípio da consideração económica – cujo núcleo essencial consiste, para o citado autor, na "prevenção face a uma interpretação formalista das leis fiscais", na "consideração permanente das suas finalidades económicas"[122] –, somos da opinião de que o papel por este assumido no âmbito do DFI é similar ao que tem no direito fiscal

---

[120] Veja-se, designadamente, que a negociação e celebração das CDT é dominada pela vontade dos Estados (não considerando, neste contexto, as limitações impostas pelo Direito Fiscal Europeu), e que a resolução de questões mediante procedimento amigável é desenvolvida entre as autoridades competentes dos Estados.

[121] Contrariamente ao que sucede no contexto do Direito Fiscal Europeu, no qual existe uma já extensa jurisprudência em defesa das liberdades fundamentais dos sujeitos passivos na sua vertente fiscal, face a regimes fiscais nacionais ou convencionais que limitavam o exercício de tais liberdades ou tinham um carácter discriminatório.

[122] OTTMAR BUHLER, *Principios de Derecho Internacional...*, p. 209.

Parte I – IV. Princípios Estruturais do Direito Fiscal Internacional   83

em geral. De resto, nos termos em que o princípio é definido pelo aludido autor, a sua influência centra-se na questão da interpretação das normas jurídicas. Deste modo, na nossa opinião, carece de sentido incluí-lo entre os princípios fundamentais do DFI.

No que toca ao princípio da boa fé, também não nos parece que a sua importância seja significativamente maior (ou, simplesmente, maior) no âmbito do DFI do que no âmbito de sistema jurídico em geral, pelo que, a nosso ver, não se justifica a sua eleição como um princípio fundamental do DFI.

Nestes termos, discordamos da designação como princípios fundamentais de DFI dos princípios do Estado de Direito, da consideração económica e da boa fé. Com efeito, sem prejuízo do reconhecimento da grande importância dos aludidos princípios no âmbito de sistema jurídico em geral, ou do direito fiscal em particular, não nos parece que estes correspondam a valores essencias ao DFI ou que tenham uma tal importância na estruturação deste que se justifique a sua autonomização e recondução a princípios de DFI.

V. PRINCÍPIOS OPERATIVOS DO DIREITO FISCAL INTERNACIONAL

1. Princípios Relativos ao Fundamento e à Extensão do Poder de Tributar

1.1. Princípios Relativos ao Fundamento do Poder de Tributar – Princípio da Fonte e Princípio da Residência

Seria possível, em termos abstractos, configurar múltiplos elementos de conexão das situações tributárias internacionais mais complexas com o ordenamento jurídico-tributário dos Estados envolvidos. Contudo, tratando-se de determinar conexões relevantes para efeitos fiscais entre as aludidas situações internacionais e um Estado, os aspectos escolhidos deverão corresponder a pontos de contacto entre a situação tributária internacional e os elementos constitutivos do Estado: povo, território e poder político próprio[123].

Recorde-se, a este propósito, a noção de soberania tributária proposta[124]: uma manifestação específica da soberania do Estado que lhe permite criar e implementar a sua própria política fiscal, exercendo os seus poderes tributários relativamente a situações tributárias internas e a situações tributárias internacionais com elementos de conexão relevantes com esse Estado, bem como negociando em matéria tributária com outros Estados.

---

[123] ANDRÉ GONÇALVES PEREIRA e FAUSTO DE QUADROS, *Manual de Direito Internacional...*, p. 308 e p. 328; MARCELO REBELO DE SOUSA / SOFIA GALVÃO, *Introdução ao Estudo...*, p. 22.

[124] *Vide* o ponto 1. do capítulo IV, da parte I do presente trabalho.

Assim, relativamente às situações tributárias internacionais, a definição do alcance da soberania tributária do Estado depende, fundamentalmente, dos elementos de conexão com esse Estado que forem considerados relevantes, quer nos termos da legislação tributária interna quer dos tratados internacionais que vinculem o Estado.

Fica, assim, patente a extrema importância – em termos da incidência e da eficácia efectivas da soberania tributária – que assume a escolha dos elementos de conexão aos quais é atribuída relevância para efeitos de tributação.

De resto, a soberania tributária é uma manifestação específica da soberania do Estado, encontrando-se delimitada em termos que coincidem, em grande medida, com os da delimitação da sua soberania política.

Deste modo, os elementos de conexão da situação tributária internacional com um determinado Estado, que são considerados relevantes para efeitos tributários, devem reportar-se a elementos constitutivos desse Estado, determinantes da sua soberania política.

Conforme refere ALBERTO XAVIER, "da mesma forma que o Estado tem, como elementos, a população e o território, assim também a soberania se distingue numa soberania pessoal (*Personalhoheit*) e numa soberania territorial (*Gebietshoheit*); a soberania pessoal é o poder de legislar sobre as pessoas que, pela nacionalidade, se integram no Estado, seja qual for o território em que se encontrem; a soberania territorial é o poder do Estado de legislar sobre pessoas, coisas ou factos, que se localizam no seu território. Sendo estas as duas facetas da soberania, o Direito Internacional Público reconhece automaticamente aos Estados o poder de tributar até aos limites onde ela se estende, mas recusa-lhes tal poder na medida em que esses limites forem ultrapassados, de tal modo que se um Estado tributar estrangeiros em função de situações que não tenham qualquer conexão com o seu território, estará violando o Direito Internacional, com todas as consequências que daí advêm, desde a invalidade da lei, à responsabilidade internacional"[125].

Assim, com base nos aspectos determinantes da soberania estadual, é possível identificar elementos de conexão – das situações tributárias internacionais com a jurisdição tributária de um Estado – de natureza

---

[125] ALBERTO XAVIER, *Direito Tributário...*, p. 14.

Parte I – V. Princípios Operativos do Direito Fiscal Internacional 87

objectiva, relativos ao facto tributável, e de natureza subjectiva, referentes ao titular do rendimento.

Os elementos de conexão em referência, respectivamente a fonte do rendimento e a residência[126] do titular do rendimento, permitem chegar aos dois grandes princípios actualmente aceites no que toca à fundamentação do poder tributário dos Estados: o princípio da fonte e o princípio da residência (também por vezes designados como princípio da tributação na fonte e princípio da tributação na residência)[127].

Gerou-se, tanto ao nível dos Estados como das organizações internacionais, um notável consenso em torno da relevância destes dois princípios. Podemos mesmo classificá-los como uma das traves-mestras ou bases da construção de um sistema fiscal internacional, dotado de padrões largamente seguidos no que toca à legitimidade do poder tributário dos Estados envolvidos numa situação tributária internacional e à amplitude do poder de tributar desses Estados[128].

Sem esquecer o quanto o aludido consenso deve ao persistente labor de diversas organizações internacionais, como a SDN, a OCDE e a ONU[129], cabe também salientar a importância do acordo dado pelos Estados, uma vez que a auto-limitação das suas pretensões de tributar, no que toca a situações tributárias internacionais, acaba por redundar em perda de receitas fiscais para esses Estados. Todavia, essa auto-limitação das pretensões

---

[126] Uma vez que o elemento de conexão "residência" suplantou, em termos gerais, o outro elemento de conexão de natureza subjectiva, a "nacionalidade".

[127] Cfr., entre outros autores, MANUEL PIRES, *Da Dupla Tributação...*, pp. 260-293; ALBERTO XAVIER, *Direito Tributário...*, pp. 226-230; ANA PAULA DOURADO, *A Tributação dos Rendimentos...*, pp. 59-92; VICTOR UCKMAR, *I trattati internazionali in materia tributaria*, in *Corso di Diritto Tributario Internazionale*, 2.ª ed., CEDAM, Pádua, 2002, p. 100; KLAUS VOGEL et al., *Klaus Vogel on Double...*, pp. 9-10.

[128] Naturalmente que o facto de os princípios da fonte e da residência constituírem uma das bases do sistema fiscal internacional, tal como este se apresenta actualmente, não deve fazer esquecer as divergências existentes entre os Estados quanto à desejável preponderância de um ou de outro dos princípios em questão, nem a contestação doutrinal existente relativamente aos mesmos. De um e outro destes aspectos, daremos conta ao longo do presente trabalho.

[129] Quanto a este aspecto, *vide* o ponto 1. do capítulo II, da parte I do presente trabalho.

tributárias estaduais é fundamental no sentido de prevenir ou eliminar a dupla tributação internacional[130].

Perante uma situação tributária internacional, cabe, assim, com recurso aos elementos de conexão relevantes, determinar o Estado onde se localizam a actividade ou o investimento e no qual o rendimento é produzido (o Estado da fonte) e o Estado no qual reside o titular do rendimento de origem estrangeira (Estado da residência).

Os princípios da residência e da fonte não se excluem mutuamente, sendo que a legislação interna da maioria dos Estados, bem como as CDT, têm subjacente a aplicação cumulativa de ambos os princípios, embora geralmente com uma prevalência do princípio da residência[131].

---

[130] Este aspecto é salientado por RUI DUARTE MORAIS, que subscreve o entendimento de AVI-YONAH, "para quem o actual sistema fiscal internacional é um autêntico milagre, pois este seria provavelmente o último campo em que seria de esperar um certo grau de acordo entre estados soberanos. Se um rendimento é auferido por um residente de um Estado de fontes situadas noutro Estado e ambos os Estados têm legitimidade para o tributar e condições para executar as suas pretensões, então cada Estado estará a abdicar voluntariamente de receitas ao limitar as suas pretensões tributárias, ao reconhecer prioridade ao direito de outro Estado em tributar esse rendimento. O regime fiscal internacional existente, baseado no consenso, é, por tais razões, qualificado por este Autor como uma das maiores realizações do Direito Internacional neste século [século XX]". RUI DUARTE MORAIS, *Imputação de Lucros...*, p. 132, referindo-se a REUVEN S. AVI-YONAH, *The structure of international taxation: a proposal for simplification*, Texas Law Review, n.º 74, 1996, p. 1301.

[131] Esta situação é criticada por diversos autores. A este propósito, KLAUS VOGEL refere que "há tempo demais que tem sido tomado como garantido que os impostos sobre o rendimento deveriam basear-se na residência (ou na nacionalidade, como nos Estados Unidos) e, adicionalmente, na fonte. As opiniões dissonantes não têm merecido muita atenção. Têm sido discutidas brevemente, quando discutidas, e depois esquecidas". Cfr. KLAUS VOGEL, *Worldwide vs. source taxation... (Part I)...*, p. 216. Cfr. ainda as críticas de diversos outros autores à actual situação de prevalência do princípio da residência no DFI, em detrimento do princípio da fonte: ERIC KEMMEREN, *Principle of Origin...*, pp. 36 e ss, pp. 521 e ss.; MANUEL PIRES, *Da Dupla Tributação...*, pp. 266 e 273; PASQUALE PISTONE, *The Impact of Community Law on Tax Treaties: Issues and Solutions*, EUCOTAX Series on European Taxation, Kluwer Law International, London, 2002, pp. 200-222; FRANS VANISTENDAEL, *Reinventing source taxation*, EC Tax Review, n.º 3, 1997, pp. 155-161; ALEX EASSON, *Fiscal degradation...*, pp. 112-113. Esta problemática será abordada com maior detalhe no ponto 1.6. (especialmente, no ponto 1.6.2.) do capítulo V, da parte I deste trabalho, para onde remetemos.

Não se verifica, portanto, em termos gerais, a atribuição exclusiva do direito de tributar ao Estado da fonte ou ao Estado da residência. Tal sucede apenas relativamente a tipos específicos de rendimento.

1.2. Princípios Relativos à Extensão do Poder de Tributar – Princípio da Universalidade e Princípio da Limitação Territorial

Após determinado o poder de tributar de um Estado, com base numa ou em ambas as **conexões** relevantes – ou seja, com recurso aos princípios da fonte e da residência – coloca-se uma questão complementar. Diz respeito à **extensão** do poder de tributar desse Estado, isto é, ao alcance do âmbito de incidência da legislação fiscal interna.

Nos sistemas fiscais actualmente vigentes, a tributação pelo Estado da residência tende a obedecer a um **princípio da universalidade** (também designado por princípio da tributação universal ou ilimitada). Nos termos deste princípio, as pessoas singulares ou colectivas residentes num Estado ficam, nesse Estado, sujeitas a uma **obrigação tributária ilimitada**, sendo tributáveis relativamente a todos os seus rendimentos, tanto obtidos no Estado da residência como no estrangeiro (*worldwide income*). Ocorre, assim, uma extensão "extra-territorial" da lei interna.

Todavia, em certos sistemas fiscais, o princípio da residência pode conjugar-se com uma tributação dos residentes apenas em relação aos rendimentos de fonte interna (obrigação tributária limitada). Nestes casos, o Estado de residência abstém-se de tributar os rendimentos obtidos no estrangeiro pelos seus residentes ou por certas categorias de residentes.

No que diz respeito ao Estado da fonte, a regra que prevalece nos actuais sistemas fiscais é a da tributação dos não residentes apenas relativamente aos rendimentos obtidos de fontes localizadas no seu território. Trata-se de uma **obrigação tributária limitada**, muitas vezes designada por princípio da territorialidade. Contudo, em rigor, o princípio da territorialidade (em sentido real, restrito ou da fonte) refere-se ao fundamento do poder tributário, e não à extensão do mesmo. Não é, portanto, rigoroso contrapô-lo ao princípio da universalidade (este sim, referente à amplitude do poder de tributar)[132]. Assim, atendendo à falta de rigor da contraposição

---

[132] Cfr. ALBERTO XAVIER, *Direito Tributário...*, pp. 231-232.

90 Princípios do Direito Fiscal Internacional

entre princípio da universalidade e princípio da territorialidade, e de modo a evitar a confusão terminológica com o "princípio da territorialidade" enquanto fundamento da tributação[133], propomos, no que diz respeito à amplitude ou extensão do poder de tributar, a utilização do termo "princípio da limitação territorial". A nosso ver, este termo exprime bem a existência de uma limitação da obrigação tributária numa base territorial, ou seja, limitação da obrigação tributária aos rendimentos obtidos de fontes localizadas em determinado território. Deste modo, relativamente à extensão do poder de tributar dos Estados, contrapomos o princípio da universalidade ao **princípio da limitação territorial**[134].

Ainda quanto à amplitude do poder de tributar do Estado da fonte, é pacífico, em termos conceptuais, que esta não poderia ser maior, uma vez que a extensão do âmbito espacial de aplicação das leis de um Estado a rendimentos auferidos fora do seu território, por pessoas sem uma conexão subjectiva relevante com esse Estado (residência ou, eventualmente, nacionalidade), seria contrária a princípios basilares do Direito Internacional Público. Note-se que, no caso da tributação por um Estado de rendimentos auferidos fora do seu território, por pessoas com uma conexão subjectiva relevante com esse Estado (residência ou, eventualmente, nacionalidade), a legitimidade tributária adviria de uma conexão subjectiva e já não da posição de Estado da fonte.

1.3. Questões Preliminares

1.3.1. *Elemento de conexão subjectivo – Substituição da nacionalidade pela residência*

Baseando-se a legitimidade de tributar dos Estados num elemento de conexão objectivo ou real e num elemento de conexão subjectivo ou

---

[133] Aliás, conforme teremos oportunidade de referir em maior detalhe, o significado do termo "princípio da territorialidade" tornou-se bastante equívoco, sendo utilizado pela doutrina em diversas acepções distintas – motivo pelo qual preferimos não o utilizar.

[134] Manteremos a utilização do termo "princípio da territorialidade", a propósito da amplitude do poder de tributar dos Estados, apenas quando nos estivermos a referir a doutrina ou a jurisprudência onde tal termo seja especificamente utilizado.

Parte I – V. Princípios Operativos do Direito Fiscal Internacional   91

pessoal, coloca-se a questão de saber porquê e em que termos é que a residência substituiu a nacionalidade enquanto elemento de conexão subjectivo por excelência[135].

Anteriormente à Primeira Guerra Mundial, muitos Estados não tributavam os estrangeiros residentes em relação aos rendimentos por estes obtidos no seu país de origem. No tocante às CDT, as primeiras que foram celebradas previam, geralmente, a sua aplicação aos cidadãos dos Estados contratantes. Verificou-se, portanto, uma significativa alteração deste quadro, até se chegar à tributação dos residentes, mesmo que sejam estrangeiros, pelo seu rendimento mundial – regra vigente na maioria dos sistemas fiscais actuais – e à aplicação das CDT aos residentes dos Estados contratantes, independentemente da sua nacionalidade.

A utilização da nacionalidade como elemento de conexão baseava-se numa série de argumentos, sustentados quer pela doutrina quer pelos Estados, quanto às vantagens deste critério.

Em primeiro lugar, a nacionalidade corresponde a uma "ligação jurídico-política" de grande importância com um Estado. Esta atribui ao nacional, mesmo residente no estrangeiro, um conjunto de direitos e deveres. Por um lado, o indivíduo mantinha certos direitos políticos no Estado da sua nacionalidade. Por outro lado, enquanto residente no estrangeiro, beneficiava do poder e prestígio do país de que era nacional, o qual tinha o dever de lhe assegurar a protecção pessoal e do seu património, através dos mecanismos diplomáticos ou do recurso à força armada, quando necessário. Em contrapartida destes direitos, o nacional tinha o dever de contribuir para o financiamento das despesas estaduais. Esta tese era comummente defendida pela doutrina, na Europa do final do século XIX.

Naturalmente que os aludidos serviços do Estado da nacionalidade não poderiam assumir a natureza de uma contrapartida específica relativamente aos impostos pagos pelos nacionais, uma vez que tal tributação seria aplicável mesmo que, no caso concreto, a nacionalidade não se concretizasse em qualquer vantagem ou utilização de serviços por parte do nacional residente no estrangeiro. Adicionalmente, a existência de uma contrapartida específica a este nível não seria consentânea com a

---

[135] Relativamente à questão da nacionalidade enquanto elemento de conexão e ao declínio da sua importância, cfr., entre outros, MANUEL PIRES, *Da Dupla Tributação...*, pp. 212-220 e 255-260; RUI DUARTE MORAIS, *Imputação de Lucros...*, pp. 133-141.

natureza jurídica dos impostos, que são prestações de carácter unilateral, não sinalagmático. Contudo, a tributação dos nacionais podia ser defendida, ultrapassando-se as referidas dificuldades, com base no argumento de que a mera existência de nacionais residentes no estrangeiro cria obrigações especiais ao Estado, cujos encargos justificariam, só por si, a imposição de tributação sobre os mesmos. Ou, simplesmente, com o argumento de que o dever de financiar as despesas estaduais se inclui no acervo de deveres e direitos que o nacional mantém, mesmo que resida no estrangeiro.

Um argumento distinto, apresentado em prol do recurso à nacionalidade como elemento de conexão, tem a ver com o facto de o vínculo jurídico da nacionalidade ser susceptível de alteração, por vontade das partes, apenas em circunstâncias muito restritas. Este facto constituiria uma vantagem sobre a residência, enquanto elemento de conexão subjectivo, pela maior facilidade de alteração desta última pelo sujeito passivo, como forma de se subtrair às obrigações fiscais vigentes num determinado Estado.

Quando comparada com os elementos de conexão objectivos, a nacionalidade teria ainda a vantagem da facilidade de determinação, obviando a sua aplicação exclusiva às dificuldades em determinar a origem dos rendimentos.

Contudo, a evolução das circunstâncias políticas e sócio-económicas, bem como argumentos de natureza teórica, contribuíram para que a nacionalidade deixasse, em termos gerais, de ser adoptada como elemento de conexão relevante para efeitos de tributação do rendimento, sendo substituída por conexões objectivas (princípio da fonte) ou conexões subjectivas relacionadas com a permanência no território do Estado (princípio da residência).

Mesmo as tentativas doutrinais de continuar a sustentar a utilização da nacionalidade como o elemento de conexão subjectivo por excelência defrontaram-se com uma dificuldade de relevo: a evolução da prática internacional em sentido oposto. Com efeito, generalizou-se entre os Estados a tributação dos estrangeiros residentes no seu território e, em contrapartida, a não tributação dos seus nacionais residentes noutros países.

A tributação dos estrangeiros, acolhida pelos Estados por motivos económicos e de obtenção de receita fiscal, constituiu uma primeira grande brecha no critério da nacionalidade, demonstrando que esta não constituía um elemento fundamental no que toca à atribuição aos Estados do poder de tributar. De facto, a tributação dos estrangeiros num Estado distinto do

Parte I – V. Princípios Operativos do Direito Fiscal Internacional   93

da nacionalidade, com base na permanência e na obtenção de rendimentos no seu território, é uma excepção de tal modo significativa ao princípio da nacionalidade que põe em causa a própria subsistência do mesmo.

Contribuiu para a aludida tendência – de os Estados tributarem os estrangeiros residentes no seu território e de se absterem de tributar os seus nacionais residentes noutros países – o ambiente político, social e económico que se vivia. Entre as circunstâncias mais importantes, podemos referir as seguintes: a fixação de uma parte significativa da população europeia fora do seu país de origem, resultante, em grande medida, das deslocações forçadas pelas duas Guerras Mundiais; a crescente mobilidade das pessoas, decorrente do desenvolvimento dos meios de transporte e da maior internacionalização das empresas e dos negócios; o forte movimento de emigração registado ao longo do século XX, em busca de trabalho.

Multiplicaram-se, neste cenário, as situações de residência e de desenvolvimento de uma actividade económica fora do país de naciona-lidade, bem como os casos de dupla nacionalidade. Ambas as circunstân-cias, associadas a um conjunto de argumentos que se foi fortalecendo, contribuíram para sublinhar a desadequação da nacionalidade enquanto fundamento do poder tributário dos Estados.

Pode, ainda, salientar-se uma tendência para a diminuição do controlo político dos Estados sobre os seus cidadãos, e um fortalecimento do controlo económico sobre os seus residentes, particularmente sensível no âmbito dos espaços de integração económica[136].

A par das aludidas circunstâncias, um dos principais argumentos esgrimidos em detrimento da nacionalidade prende-se com o facto de esta não envolver nem pressupor a existência de uma efectiva ligação económica ao território de um Estado. Tal permite pôr em causa a razoabilidade da utilização da nacionalidade como elemento determinante de tributação, especialmente quando comparada com os elementos de conexão fonte e residência, nos quais existe uma ligação económica ou sócio-económica, respectivamente, com o território do Estado que se arroga o direito de tributar.

Efectivamente, tais ligações de natureza económica ou sócio-econó-mica, típicas da fonte e da residência, afiguram-se mais adequadas à

---

[136] GIUSEPPE MARINO, *La residenza*, in *Corso di Diritto Tributario Internazionale*, 2.ª ed., CEDAM, Pádua, 2002, p. 258.

94   *Princípios do Direito Fiscal Internacional*

definição do poder de tributar do que uma ligação jurídico-política como a nacionalidade – de natureza mais distante do facto tributário do que a fonte e mais abstracta do que a residência.

Por outro lado, a tributação pelo Estado da nacionalidade apresenta um significativo inconveniente prático: a grande dificuldade na cobrança efectiva do imposto aos nacionais não residentes. Tal dificuldade é maior do que para o Estado da fonte – no qual o rendimento é obtido ou pelo qual é pago – que se encontrará, geralmente, em condições de assegurar a cobrança do imposto através de retenção na fonte sobre o rendimento ou da execução de bens ou direitos que o titular do mesmo tenha no seu território, associados à obtenção do rendimento. A dificuldade do Estado da nacionalidade na cobrança do imposto é, também, superior à sentida pelo Estado da residência, que poderá recorrer a medidas de coacção sobre o titular dos rendimentos, que aí reside, designadamente visando o seu património, que normalmente estará situado no território do Estado da residência.

Refira-se que os inconvenientes associados à utilização do princípio da nacionalidade eram pouco significativos num quadro de economia fechada, em que a deslocação de população para fora do seu Estado de nacionalidade era reduzida, e o desenvolvimento de investimentos e actividades no estrangeiro era escasso. Num panorama como este, o princípio da nacionalidade chegava a resultados não muito distintos dos que decorreriam da aplicação dos princípios da residência e da origem dos rendimentos – uma vez que a origem dos rendimentos e a residência do seu titular se verificavam fundamentalmente no Estado de nacionalidade do titular dos mesmos.

Contudo, à medida que tal quadro se foi alterando, com uma crescente mobilidade das pessoas e dos capitais, e com uma internacionalização das actividades produtivas, foi-se tornando cada vez mais patente a inadequação do critério da nacionalidade enquanto elemento de conexão e base da legitimidade de tributar dos Estados. Conforme foi já referido, este critério ignorava totalmente a realidade económica associada à obtenção dos rendimentos objecto de tributação. Adicionalmente, também não considerava as relações de facto e de direito dos indivíduos com outros países que não o da respectiva nacionalidade.

Por todos estes motivos, a importância da nacionalidade enquanto base da legitimidade tributária dos Estados reduziu-se drasticamente, aca-

Parte I – V. Princípios Operativos do Direito Fiscal Internacional   95

bando este critério por ser abandonado pela generalidade dos países (com as excepções dos Estados Unidos e das Filipinas).

Em resultado do abandono da nacionalidade como elemento de conexão, alterou-se profundamente o seu papel no contexto do DFI. A nacionalidade deixou de fundamentar directamente o poder de tributar dos Estados (com as excepções acima apontadas), mas mantém, não obstante, relevância em diversas circunstâncias, embora de carácter acessório, no âmbito do DFI.

Refira-se, em primeiro lugar, que o MC OCDE recorre à nacionalidade para determinar o Estado contratante no qual uma pessoa singular deverá ser considerada residente, no caso de conflito positivo de residências que não possa ser solucionado através dos outros critérios previstos no artigo 4.º, n.º 2 do MC OCDE. De acordo com tais critérios, a pessoa singular deverá ser considerada residente apenas: no Estado em que tenha uma habitação permanente à sua disposição, ou no Estado com o qual sejam mais estreitas as suas relações pessoais e económicas – centro dos interesses vitais –, ou no Estado em que permanece habitualmente. Os referidos critérios são de aplicação sucessiva, passando-se ao critério subsequente apenas no caso de impossibilidade de resolução do conflito positivo de residência através do critério anterior. É de salientar que o recurso à nacionalidade, como "regra de desempate", está previsto apenas em último lugar – após os critérios acima referidos (sendo, portanto, susceptível de aplicação somente no caso de estes não permitirem a resolução do problema) e imediatamente antes do recurso às autoridades competentes dos Estados contratantes. Estas resolverão o assunto de comum acordo, caso a pessoa singular seja nacional de ambos os Estados ou não seja nacional de nenhum deles.

A nacionalidade funciona, igualmente, como elemento de delimitação de certas regras de cortesia internacional em matéria tributária. É o caso do artigo 19.º do MC OCDE, referente à tributação de remunerações públicas. Embora se estabeleça, na aludida disposição legal, que a tributação dos rendimentos derivados da prestação de serviços de natureza pública ao Estado, suas subdivisões políticas e autarquias locais deve ocorrer exclusivamente no Estado que paga tais rendimentos, são excluídos deste regime os rendimentos cujos titulares sejam nacionais do outro Estado contratante onde é desenvolvida a prestação de serviços (ou, no caso de pensões, quando o respectivo titular seja residente e nacional do outro Estado contratante).

96   *Princípios do Direito Fiscal Internacional*

Um aspecto de DFI relativamente ao qual a nacionalidade continua a desempenhar um papel fulcral, é o princípio da não discriminação. O artigo 24.º do MC OCDE proíbe a discriminação fiscal com base na nacionalidade. Sendo a residência o elemento determinante da incidência de imposto e da extensão da obrigação tributária em cada Estado contratante – e ficando, consequentemente, residentes e não residentes em situação fiscal *a priori* distinta – o princípio da não discriminação fica dependente da nacionalidade, enquanto critério aferidor da existência de discriminação. Não aprofundamos, neste ponto, as questões atinentes ao princípio da não discriminação, uma vez que este será objecto de tratamento autónomo neste trabalho[137].

Um outro campo do DFI no qual a nacionalidade ganhou relevância foi o da luta contra a evasão fiscal. Nos termos das medidas anti-abuso introduzidas por alguns Estados, os seus nacionais que deixaram de ser residentes no território do Estado, para se fixaram em países de regime fiscal privilegiado, ficam, em certas circunstâncias e durante um período determinado, sujeitos a uma tributação de base universal ou ilimitada no Estado da nacionalidade.

Sem prejuízo do papel a desempenhar pela nacionalidade no campo da tributação internacional, consideramos que as pertenças económica e sócio-económica – nas quais assentam os princípios da fonte e da residência, respectivamente – se afiguram mais adequadas à fundamentação da legitimidade do poder de tributar do que a pertença jurídico-política, subjacente ao critério da nacionalidade. Com efeito, a conexão do vínculo político com a produção do rendimento objecto de tributação é geralmente menor, ou mesmo inexistente, dependendo das circunstâncias.

1.3.2. *Elemento de conexão objectivo – Princípio da territorialidade ou princípio da fonte?*

O princípio da territorialidade – relativo à conexão de uma situação tributária internacional com o território de determinado Estado, ou seja, ao fundamento do poder tributário deste – assumia tradicionalmente um sentido real e um sentido pessoal.

---

[137] *Vide* o ponto 5. do capítulo V, da parte I do presente trabalho.

Na territorialidade em sentido real (também designada por territorialidade em sentido restrito ou da fonte, ou por territorialidade objectiva ou real), a conexão relevante com o território nacional era determinada pelos elementos materiais ou objectivos da situação tributária internacional – por exemplo, a localização dos bens, o local de exercício de uma actividade ou o local de pagamento de um rendimento – ao passo que, na territorialidade em sentido pessoal (também designada por territorialidade pessoal ou subjectiva), tal conexão era determinada pelos elementos subjectivos da situação tributária internacional – como a sede, o domicílio ou a residência do titular do rendimento, com exclusão da nacionalidade. Assim, o princípio da territorialidade teria simultaneamente uma vertente real ou objectiva e uma vertente pessoal ou subjectiva, cada uma delas suficiente para atribuir legitimidade tributária ao Estado cujo território apresentava a aludida conexão real ou pessoal com a situação.

Diversos autores continuam a referir-se a um princípio da territorialidade pessoal ou subjectiva, a par de um princípio da territorialidade objectiva ou real. Veja-se, por exemplo, CASALTA NABAIS[138].

Também ANGEL SCHINDEL refere que "embora o termo «territorialidade» seja frequentemente visto como um sinónimo de fonte, deve notar-se que, em termos gerais, aquele se refere à ligação geográfica, quer seja na base de um critério objectivo (fonte – localização da propriedade) quer de um critério subjectivo (pessoas domiciliadas ou nacionais)"[139].

Em contrapartida, uma parte da doutrina limitou o alcance do princípio da territorialidade a uma territorialidade real, assimilando-o, assim, a um princípio da fonte[140]. De acordo com este entendimento, a um critério territorial ou princípio da realidade, de tradição europeia e latino-americana, contrapunha-se um critério pessoal ou princípio da pessoalidade, de tradição anglo-saxónica.

Em defesa da limitação do princípio da territorialidade a uma conexão de natureza real, sustenta ALBERTO XAVIER que "continuar a falar-se de um

---

[138] JOSÉ CASALTA NABAIS, *Direito Fiscal...*, p. 232.

[139] ANGEL SCHINDEL / ADOLFO ATCHABAHIAN, *General report...*, p. 29.

[140] Por exemplo, GLÓRIA TEIXEIRA alude a um princípio da territorialidade (identificado pela autora com os poderes jurisdicionais fiscais de um Estado sobre os não residentes), por contraposição a um princípio da residência (referente ao exercício da jurisdição fiscal pelo Estado da residência do contribuinte). GLÓRIA TEIXEIRA, *Manual de Direito Fiscal,* Almedina, Coimbra, 2008, pp. 56-57.

98 *Princípios do Direito Fiscal Internacional*

princípio da territorialidade quando os critérios de ligação ao território não são já reais, mas pessoais, significa pelo menos uma radical alteração do sentido tradicionalmente conferido ao conceito e, indubitavelmente, uma quebra do seu valor dogmático". Refere, ainda, o mesmo autor que "se o princípio da territorialidade material se limita à exigência de uma qualquer conexão da situação da vida internacional com o território, tenha ela natureza real ou pessoal, para que as leis deste tenham aplicação, então ele deixa de funcionar como critério positivo quanto ao âmbito de aplicação das leis internas, para desempenhar tão só uma dupla função negativa: impedir o arbítrio resultante da tributação por um Estado de situações que com ele não têm qualquer conexão [...] e afastar a nacionalidade como elemento de conexão exclusivo". ALBERTO XAVIER acaba por afirmar que "o princípio da territorialidade, pela ambiguidade do seu sentido, tem hoje pouca valia na construção dogmática do Direito Tributário Internacional, o qual radica os seus alicerces nos princípios – estes de conteúdo preceptivo mais denso – da residência e da fonte"[141].

Do mesmo modo, também KLAUS VOGEL evita a utilização do termo "princípio da territorialidade", em virtude da multiplicidade de significados que lhe foram atribuídos, preferindo utilizar o termo "princípio da fonte"[142].

Pela nossa parte, de forma a evitarmos os equívocos decorrentes da utilização de um termo que tem vindo a assumir múltiplos significados, optámos, ao longo do presente trabalho, por nos reportarmos ao princípio da fonte e ao princípio da residência, não baseando a nossa construção no princípio da territorialidade (em sentido real ou em sentido pessoal)[143].

1.4. O Princípio da Residência

1.4.1. *Enquadramento*

De acordo com o princípio da residência, a conexão relevante para fundamentar o poder tributário de um Estado é a residência no seu território

---

[141] ALBERTO XAVIER, *Direito Tributário...*, p. 30.

[142] KLAUS VOGEL et al., *Klaus Vogel on Double...*, p. 10.

[143] Manteremos a utilização do termo "princípio da territorialidade" apenas quando nos estivermos a referir a doutrina ou a jurisprudência onde tal termo seja especificamente utilizado.

do titular dos rendimentos em apreço. Nos termos deste princípio, o Estado tem o direito de tributar os rendimentos dos seus residentes. O princípio da residência assegura, assim, a ligação do rendimento a determinado Estado com base num elemento de conexão pessoal ou subjectivo. No que toca à extensão do poder tributário do Estado da residência, o princípio da residência aparece, na maioria dos casos, associado a um princípio de tributação universal ou ilimitada. Neste caso, o Estado tem o direito de tributar os rendimentos obtidos pelos seus residentes tanto no seu território como no estrangeiro.

Embora a legitimidade da tributação pelo Estado da residência seja comummente reconhecida, não atribui a este Estado, em relação a diversos tipos de rendimento, um direito exclusivo de tributação. O poder de tributar do Estado da residência tem, portanto, em muitos casos, de conjugar-se com o poder cumulativo de tributar, com ou sem limitações, atribuído ao Estado da fonte.

Podemos classificar a residência como uma ligação de natureza "sócio-económica" a um Estado, por contraposição à ligação de natureza "jurídico-política" existente no caso da nacionalidade[144-145].

1.4.2. *Noção e regras de determinação da residência*

A questão da determinação da residência tem uma importância fundamental no DFI, tendo em conta tanto o papel do princípio da residência na atribuição aos Estados do poder de tributar, como o modo específico de funcionamento das CDT, assente na distinção entre o Estado da residência e o "outro Estado".

---

[144] Sem prejuízo do facto de também a residência constituir uma ligação jurídica com um Estado, tanto em virtude da previsão legal das condições cujo preenchimento é necessário para que exista residência, como pelos efeitos jurídicos decorrentes da residência. Todavia, parece-nos que os aspectos "sócio-económicos", por terem a ver com os fundamentos e a substância da própria noção de residência, devem ser tidos como preponderantes.

[145] Cfr. MANUEL PIRES, *Da Dupla Tributação...*, p. 220, que fala em "«pertença» de carácter sócio-económico" a propósito da residência; RUI DUARTE MORAIS, *Imputação de Lucros...*, p. 137, contrapõe uma "cidadania de facto" (a residência) a uma "cidadania de direito" (a nacionalidade).

De facto, no que diz respeito às CDT, a residência simultaneamente define o seu âmbito pessoal de aplicação[146] e distingue a posição dos Estados para efeito da aplicação das normas reguladoras do poder de tributar e da eliminação da dupla tributação.

O artigo 4.º do MC OCDE remete para o direito interno dos Estados contratantes, no que toca à determinação concreta da residência, tanto de pessoas singulares como colectivas. Estabelece, todavia, limitações à natureza da conexão adoptada pelos Estados, a qual só será relevante para efeitos da aplicação do MC OCDE se corresponder ao domicílio, à residência, ao local de direcção ou a qualquer outro critério de natureza similar. Exclui-se, portanto, a legitimidade, para efeitos do MC OCDE, da atribuição de residência por um Estado em virtude da localização no seu território da fonte do rendimento ou do património.

1.4.2.1. *Pessoas singulares*

A legislação interna dos Estados, ao definir as circunstâncias nas quais alguém será considerado residente no seu território, pode ser predominantemente influenciada por uma concepção objectivista ou por uma concepção subjectivista de residência[147].

Para a **concepção objectivista**, a residência num certo Estado decorre da simples presença física ou permanência da pessoa singular no território desse Estado, durante um determinado período mínimo de tempo estabelecido (*corpus*), independentemente da existência ou não de quaisquer indícios de uma vontade de permanecer no Estado em questão.

Em contrapartida, para a **concepção subjectivista,** a residência resulta da presença física ou permanência no território do Estado (*corpus*), mas acompanhada de circunstâncias que revelem a intenção de o sujeito estabelecer o lugar permanente de habitação nesse Estado (*animus*). Portanto, a concepção subjectivista, embora menos exigente no que diz respeito à

---

[146] Nos termos do artigo 1.º do MC OCDE, a Convenção aplica-se às pessoas residentes de um ou de ambos os Estados contratantes.

[147] Cfr. ALBERTO XAVIER, *Direito Tributário...*, pp. 283-284; MANUEL PIRES, *Da Dupla Tributação...*, pp. 222-224.

Parte I – V. Princípios Operativos do Direito Fiscal Internacional   101

duração da permanência no território do Estado, faz depender a aquisição da residência da conjugação da presença física com uma intenção de permanência nesse Estado. Tal intenção é aferida tendo em conta determinados critérios e presunções *iuris tantum* ou *iuris et de iure*, de aplicação cumulativa ou alternativa, que permitem distinguir uma pessoa em trânsito de um residente. A título de mero exemplo, a manutenção de uma habitação no território do Estado, a presença no mesmo de família, a existência de bens pessoais, a participação na vida social ou a inscrição do próprio ou de elementos do agregado familiar em instituições de ensino ou desportivas locais, são alguns dos critérios reveladores da intenção de permanecer no território desse Estado e, consequentemente, determinantes da residência.

Certos ordenamentos jurídicos consagram, ainda, conceitos especiais de residência. É vulgar a qualificação como residentes de tripulantes de navios ou aeronaves que estejam ao serviço de entidades residentes desse Estado, bem como de pessoas que desempenhem no estrangeiro funções ou comissões de carácter público ao serviço desse Estado. É, igualmente, comum a consagração de uma residência de dependência, nos termos da qual os membros de um agregado familiar são considerados residentes no Estado em que reside qualquer das pessoas a quem incumbe a sua direcção, independentemente da sua residência efectiva.

Refira-se, também, que a legislação interna de alguns Estados distingue domicílio e residência, correspondendo-lhes regimes jurídicos distintos.

1.4.2.2. *Pessoas colectivas*

No que diz respeito à determinação da residência das pessoas colectivas, a lei interna dos Estados baseia-se, em geral, na sede social, na direcção efectiva e, nalguns ordenamentos jurídicos, no local sob cujas leis a sociedade foi constituída.

A direcção efectiva corresponde ao lugar no qual decorre a gestão global da empresa, onde se reúnem os seus órgãos sociais.

1.4.2.3. *Conflito positivo de residência*

Sendo a determinação da residência das pessoas singulares e colectivas feita de acordo com a legislação interna dos Estados em presença, para

102 *Princípios do Direito Fiscal Internacional*

a qual o MC OCDE remete, pode verificar-se que uma pessoa seja considerada residente no território de vários Estados, suscitando-se um problema de "dupla residência" ou "conflito positivo de residências".

A "dupla residência" ocorre quando, atenta a diversidade de critérios nos quais as legislações dos vários Estados se baseiam, a pessoa preencha simultaneamente os critérios de determinação de residência previstos em mais do que um Estado. Note-se que, em situações tributárias internacionais especialmente complexas, a pessoa poderá mesmo ser considerada residente por mais de dois Estados. Nestas situações, também será potencialmente aplicável mais do que uma CDT.

Nos casos em que não exista uma CDT aplicável à situação, cada um dos Estados que considera a pessoa, singular ou colectiva, residente no seu território poderia querer tributá-la pelo seu rendimeto mundial, gerando um grave problema de dupla tributação internacional. Existindo uma CDT aplicável, o papel desta consiste, antes do mais, em eliminar a raiz do problema, ou seja, resolver a questão prévia da "dupla residência". As CDT começam, portanto, por prever a aplicação de critérios, distintos para pessoas singulares e colectivas, que determinarão a prevalência de apenas uma das residências, para efeitos tributários.

O funcionamento das CDT assenta, deste modo, num princípio da unicidade da residência, nos termos do qual cada pessoa só pode ter residência fiscal num único Estado. A pessoa em questão é tratada como "não residente fiscal" no outro Estado, não obstante a atribuição de residência pela lei interna deste.

Assim, quando uma pessoa singular for considerada residente em ambos os Estados contratantes, de acordo com a respectiva legislação interna, o artigo 4.º n.º 2 do MC OCDE prevê critérios de "desempate", que permitem estabelecer a prevalência de uma das residências em detrimento da outra. De acordo com tais critérios, a pessoa singular deverá ser considerada residente apenas: no Estado em que tenha uma habitação permanente à sua disposição, no Estado com o qual sejam mais estreitas as suas relações pessoais e económicas (centro dos interesses vitais), no Estado em que permanece habitualmente, ou no Estado da sua "nacionalidade". Os referidos critérios são de aplicação sucessiva, passando-se ao critério subsequente apenas no caso de impossibilidade de resolução do conflito positivo de residência através do critério anterior. Por último, se nenhum dos aludidos critérios permitir resolver a questão, então caberá

Parte I – V. Princípios Operativos do Direito Fiscal Internacional   103

às autoridades competentes solucionar o problema por comum acordo, definindo a residência relevante para efeitos fiscais.

No tocante às pessoas colectivas consideradas residentes em mais do que um Estado (*"dual resident companies"*), o MC OCDE estabelece, no seu artigo 4.°, n.° 3, a prevalência do critério do local da direcção efectiva[148]. Tenta, assim, evitar-se a relevância de sedes fictícias.

1.4.3. *Rendimentos tributáveis no Estado da residência no âmbito das CDT*

Na generalidade dos casos, o MC OCDE atribui ao Estado da residência o poder de tributar, embora umas vezes exclusivamente e outras em concorrência com o Estado da fonte. É o que decorre das normas reguladoras de competência (artigos 6.° a 22.°).

Podemos, portanto, constatar que, embora o MC OCDE tenha consagrado os dois princípios – princípio da fonte e princípio da residência – concedeu nítida prevalência ao princípio da residência.

O caminho para um sistema onde o princípio da residência prevalece, em termos da distribuição entre os Estados do poder de tributar, foi, aliás, logo aberto pelo Relatório dos Economistas de 1923, apresentado à SDN. As ideias dos autores deste relatório terão influenciado significativamente as posteriores abordagens do princípio da fonte e do princípio da residência, levando a que o primeiro destes princípios perdesse terreno em benefício do segundo.

---

[148] Todavia, o parágrafo 24.1 dos Comentários ao artigo 4.° do MC OCDE – introduzido na última actualização ao MC OCDE, aprovada pelo Conselho da OCDE em 17 de Julho de 2008 – alude ao facto de alguns Estados considerarem que os casos de dupla residência de pessoas colectivas são relativamente raros e que, como tal, deveriam ser analisados caso a caso. Alguns Estados consideram, a este propósito, que a abordagem casuística constitui a melhor forma de enfrentar as dificuldades na determinação do local de direcção efectiva de uma pessoa colectiva que decorrem, designadamente, do uso das novas tecnologias de comunicação. Tais Estados são livres de deixar a resolução da questão da residência das pessoas colectivas às autoridades competentes, para o efeito substituindo a regra prevista no MC OCDE por uma disposição distinta, prevista no parágrafo 24.1 dos Comentários. O aludido parágrafo indica, ainda, diversos factores que deveriam ser tidos em consideração pelas autoridades competentes na resolução da questão em apreço.

i) Rendimentos tributáveis exclusivamente no Estado da residência

São os seguintes os principais tipos de rendimentos relativamente aos quais o MC OCDE atribui ao Estado da residência competência exclusiva para tributar:

- lucros da empresa não imputáveis a estabelecimento estável situado no outro Estado contratante;
- mais-valias na alienação de bens mobiliários que não integrem o activo de um estabelecimento estável situado no outro Estado;
- rendimentos de emprego exercido no Estado da residência do trabalhador;
- rendimentos de emprego exercido no outro Estado, desde que se verifiquem cumulativamente as seguintes condições:

  (a) o trabalhador permaneça no outro Estado durante um período ou períodos que não excedam, no total, 183 dias em qualquer período de 12 meses com início ou termo no ano fiscal em causa;
  (b) as remunerações sejam pagas por ou em nome de uma entidade patronal não residente do outro Estado; e
  (c) as remunerações não sejam suportadas por um estabelecimento estável ou por uma instalação fixa da entidade patronal no outro Estado;

- rendimentos não expressamente tratados na Convenção, quando não sejam gerados por direito ou propriedade ligados a estabelecimento estável utilizado no outro Estado para o exercício de uma actividade industrial ou comercial.

1.5. O Princípio da Fonte

1.5.1. *Enquadramento*

De acordo com o princípio da fonte, a conexão relevante para fundamentar o poder tributário de um Estado é o local de origem ou proveniência dos rendimentos. Nos termos deste princípio, o Estado tem o direito de tributar os factos ocorridos no seu território, independentemente

Parte I – V. Princípios Operativos do Direito Fiscal Internacional   105

de os titulares do rendimento serem nacionais ou estrangeiros, residentes ou não. O princípio da fonte assegura, assim, a ligação do rendimento a determinado território com base em elementos de conexão reais ou objectivos.

Parte da doutrina refere-se ao princípio da territorialidade em sentido real, a propósito da tributação no Estado da fonte. Contudo, atenta a polémica doutrinal que rodeia actualmente o princípio da territorialidade, cujo alcance se tornou equívoco, preferimos falar em princípio da fonte.

A legitimidade da tributação pelo Estado da fonte é comummente reconhecida, concretizando-se, na maior parte dos casos, mediante a aplicação de uma retenção na fonte sobre o valor do rendimento. Todavia, no presente, o princípio da fonte geralmente não atribui um direito exclusivo de tributação ao Estado da fonte[149].

No que diz respeito à extensão do poder tributário do Estado da fonte, esta corresponde a uma tributação limitada aos rendimentos derivados de fontes localizadas no território desse Estado.

1.5.2. *Noção e regras de determinação da fonte*

A localização da fonte ou origem de um rendimento nem sempre é simples, sobretudo para certos tipos de rendimentos[150].

---

[149] Os casos de atribuição ao Estado da fonte de um direito exclusivo de tributação são, nos termos do MC OCDE, bastante restritos e relativos apenas a tipos de rendimento muito específicos. *Vide* o artigo 19.º do MC OCDE.

[150] KLAUS VOGEL salienta as dificuldades da definição da noção de "fonte do rendimento", referindo que "a «Fonte» é inequívoca apenas naquilo que exclui: a tributação com base na «fonte» é diferente da tributação baseada na residência ou na nacionalidade. A única afirmação positiva que se pode fazer, por outro lado, é que «fonte» se refere a um Estado que, de um modo ou de outro, está ligado à produção do rendimento em questão, ao Estado no qual existe acréscimo de valor a um determinado bem. Em contrapartida, o tipo de conexão que determina a «fonte» do rendimento não pode ser definido em termos gerais". O citado autor aponta, ainda, que "tanto a legislação actual como a mais antiga – quer doméstica quer estrangeira – tem definido o conceito [de fonte do rendimento] de muitas formas diferentes". Cfr. KLAUS VOGEL, *Worldwide vs. source taxation... (Part I)..., p. 223.

106 *Princípios do Direito Fiscal Internacional*

Em virtude das dificuldades práticas sentidas, nalguns casos, em determinar o lugar do exercício da actividade, tornou-se necessário recorrer a dois conceitos de fonte[151]:

Fonte (de produção) do rendimento ou fonte em sentido económico – trata-se da fonte de rendimento propriamente dita. É um conceito económico, referente à produção do rendimento. O Estado da fonte é determinado pela utilização dos factores de produção. Corresponde ao lugar da produção do rendimento, o qual, por seu turno, se identifica com o lugar onde se encontra o capital (em sentido amplo) e em que é exercida a actividade.

Fonte de pagamento ou fonte em sentido financeiro – é um conceito financeiro, relativo à realização do rendimento e não à sua produção. O Estado da fonte é aquele onde o rendimento é disponibilizado ou pago.

A distinção acima referida gera alguma ambiguidade no uso da expressão "fonte". Importa, igualmente, notar que "só aparentemente estes conceitos são espécies de um género comum"[152], dada a existência, na fonte do rendimento, de um nexo causal directo entre o rendimento e o facto que lhe dá origem, ao passo que, na fonte de pagamento, a expressão fonte não está ligada a um nexo causal mas sim a uma ideia de origem dos recursos que representam o rendimento pago.

Pareceria, *a priori*, mais adequado seguir o conceito da fonte do rendimento (local da produção do rendimento). Efectivamente, a disponibilidade do rendimento só surge porque este foi anteriormente produzido, no mesmo Estado ou num outro. Contudo, a determinação da fonte do rendimento pode suscitar dificuldades intransponíveis, levando, em termos práticos, à adopção do critério da fonte de pagamento. É o que sucede, nas CDT, com os dividendos e juros, assumindo-se como local da sua fonte o Estado da residência do devedor (e não o lugar onde o investimento foi realizado, o qual é, na maior parte dos casos, insusceptível de ser determinado).

Para além das duas acepções de fonte acima referidas, os elementos de conexão objectivos compreendem ainda **elementos de conexão reais**

---

[151] Manuel Pires, *Da Dupla Tributação...*, pp. 234-235; Alberto Xavier, *Direito Tributário...*, pp. 297-298.

[152] Alberto Xavier, *Direito Tributário...*, p. 298.

(também designados por elemento de conexão "*lex rei sitae*"). Os elementos de conexão reais respeitam à localização de bens móveis e imóveis, em função da qual determinam o âmbito espacial de aplicação do imposto. Relevam quer no caso de impostos em que os bens são o elemento central da norma de incidência, quer no caso de impostos sobre o rendimento em que este seja imputável aos aludidos bens móveis ou imóveis. Nestes termos, a localização de bens móveis e imóveis contribui também para a determinação da fonte do rendimento imputável aos referidos bens.

A expressão "fonte" não é, habitualmente, utilizada pela legislação fiscal nem pelas CDT. Também o MC OCDE, seguido pela maioria das CDT, não usa o termo "Estado da fonte". O MC OCDE designa um Estado contratante através da referência a um factor de conexão e chama ao outro Estado simplesmente "o outro Estado".

As regras de distribuição do poder de tributar presentes no MC OCDE, nas quais estão patentes os aludidos factores de conexão, referem--se, designadamente, a rendimentos de bens imóveis situados em deter-minado Estado (artigo 6.º do MC OCDE), lucros de uma empresa pela actividade exercida num dado Estado através de um estabelecimento estável aí situado (artigo 7.º do MC OCDE), lucros provenientes da exploração de navios ou de aeronaves no tráfego internacional por empresa com direcção efectiva em certo Estado (artigo 8.º do MC OCDE), dividendos pagos por sociedade residente de um determinado Estado (artigo 10.º do MC OCDE), juros provenientes de um certo Estado (artigos 11.º do MC OCDE), ganhos auferidos da alienação de bens imóveis situados num dado Estado (artigo 13.º do MC OCDE), salários, vencimentos e outras remunerações similares obtidos de um emprego exercido num determinado Estado (artigo 15.º do MC OCDE).

Todavia, a expressão Estado da fonte aparece nos Comentários ao MC OCDE, sendo o termo Estado da fonte usado frequentemente em oposição ao termo Estado da residência.

1.5.3. *Rendimentos tributáveis no Estado da fonte no âmbito das CDT*

Nem sempre o Estado da fonte tem o poder de tributar. E mesmo quando o tem, ele não é exclusivo (salvo em situações muito restritas) e é, nalguns casos, sujeito a limitações. Donde se poderá concluir que, conforme já foi apontado, embora o MC OCDE tenha consagrado os dois princípios (princípio da fonte e princípio da residência), concedeu nítida prevalência ao princípio da residência.

i) *Rendimentos tributáveis exclusivamente no Estado da fonte*

A tributação exclusiva no Estado da fonte verifica-se, nos termos do MC OCDE, apenas relativamente:

– aos salários, vencimentos e outras remunerações similares, pagos por um Estado ou por uma sua subdivisão política ou autoridade local a um indivíduo, em relação a serviços públicos àqueles prestados, desde que não se verifique cumulativamente serem os serviços em apreço prestados no Estado de residência e o indivíduo ser nacional desse Estado ou não se ter tornado residente do mesmo unicamente para o efeito de prestação desses serviços;
– às pensões e outras remunerações similares, pagas por um Estado ou por uma sua subdivisão política ou autoridade local, quer directamente, quer através de fundos por ele constituídos, a um indivíduo, em consequência de serviços públicos àquele prestados, desde que o indivíduo não seja residente e nacional do outro Estado[153].

Este regime de tributação exclusiva no Estado da fonte não é aplicável relativamente a serviços prestados em ligação com uma actividade comercial ou industrial exercida pelo Estado ou por uma sua subdivisão política ou autoridade local.

ii) *Rendimentos tributáveis cumulativamente no Estado da fonte e no Estado da residência*

São os seguintes os principais tipos de rendimentos relativamente aos quais o MC OCDE atribui competência para tributar, cumulativamente, ao Estado da fonte e ao Estado da residência:

---

[153] *Vide* artigo 19.º da Convenção Modelo da OCDE.

Parte I – V. Princípios Operativos do Direito Fiscal Internacional 109

- rendimentos dos bens imóveis situados no Estado da fonte;
- lucros da empresa imputáveis a estabelecimento estável situado no Estado da fonte;
- mais-valias na alienação de bens imóveis situados no Estado da fonte;
- mais-valias na alienação de bens mobiliários que integram o activo de um estabelecimento estável situado no Estado da fonte e ganhos provenientes da alienação do próprio estabelecimento estável;
- rendimentos de emprego exercido no Estado da fonte, desde que não se verifique alguma das três condições previstas cumulativamente para que o rendimento seja tributável somente no Estado da residência;
- rendimentos não expressamente tratados na Convenção, quando gerados por direito ou propriedade ligados a estabelecimento estável utilizado no Estado da fonte para o exercício de uma actividade industrial ou comercial.

iii) Rendimentos tributáveis cumulativamente no Estado da fonte, embora com limites máximos, e no Estado da residência

O MC OCDE atribui competência para tributar, cumulativamente, ao Estado da fonte e ao Estado da residência, embora a tributação no Estado da fonte esteja sujeita a limites máximos, nos seguintes casos:

- dividendos;
- juros[154].

---

[154] No que diz respeito a *royalties*, apesar de o MC OCDE prever a tributação deste tipo de rendimentos apenas no Estado da residência do seu beneficiário efectivo, Portugal apresentou uma reserva nos termos da qual mantém o direito de tributar este tipo de rendimentos também na fonte.

110 *Princípios do Direito Fiscal Internacional*

1.6. Ponderação da Tributação na Residência Versus Tributação na Fonte

1.6.1. *Argumentos a favor e contra os dois princípios*

1.6.1.1. *Argumentos a favor do princípio da residência*

A aplicação do princípio da residência, conjugado com o princípio da tributação universal ou ilimitada e com a aplicação do método da imputação ou crédito de imposto no Estado da residência, tem-se fundamentado num conjunto variado de argumentos[155].

Em prol do princípio da residência, tem sido sustentado que este permite alcançar uma neutralidade na exportação de capitais, evitando que as decisões sobre o local de realização dos investimento sejam afectadas pelas diferenças de tributação existentes entre os Estados[156].

Por outro lado, o princípio da residência teria a vantagem de permitir uma tributação conforme com o princípio da capacidade contributiva, aferida em função de todos os rendimentos apurados por um sujeito passivo residente, independentemente da sua origem. De outro modo, os sujeitos passivos apenas com rendimentos internos seriam tributados de forma mais gravosa do que aqueles que auferissem rendimentos com origem no estrangeiro. Argumentou-se, ainda, que apenas o Estado da residência estaria em condições de tributar o rendimento global do sujeito passivo e de atender às suas circunstâncias pessoais e familiares, no contexto de um imposto pessoal e com taxas progressivas de tributação do rendimento[157].

---

[155] Para uma enumeração detalhada dos argumentos a favor e contra a tributação no Estado da residência, *vide* MANUEL PIRES, *Da Dupla Tributação...*, pp. 260-273.

[156] As vantagens e desvantagens da tributação no Estado da fonte ou no Estado da residência foram discutidas, relativamente a diversos tipos de rendimentos, no contexto da conferência levada a cabo na Universidade de Viena, entre 8 e 10 de Novembro de 2007, com a designação "Fonte *versus* Residência – A alocação dos direitos tributários nas Convenções de Dupla Tributação". Cfr. FLORIAN BRUGGER et al., *Vienna University Conference 2007 – Source versus residence – The allocation of taxing rights in tax treaty law*, Intertax, n.º 5, Maio 2008, pp. 233-237.

[157] Diferentemente, sustenta MANUEL PIRES que "a consideração da globalidade do rendimento também pode ser obtida na tributação na fonte, mediante a taxa corres-

Parte I – V. Princípios Operativos do Direito Fiscal Internacional   111

Uma outra vantagem de relevo, na perspectiva dos Estados predominantemente exportadores de capitais, consiste em salvaguardar a respectiva obtenção de receitas tributárias.

Em termos de política económica e orçamental dos Estados, a não tributação dos rendimentos de fonte estrangeira implicaria uma significativa perda de receitas para o Estado da residência.

Por outro lado, a não tributação no Estado da residência dos rendimentos obtidos no estrangeiro fomentaria, em determinados casos, a exportação de capitais. Com efeito, caso o Estado da fonte tivesse uma tributação mais reduzida do que a do Estado da residência, os rendimentos de origem estrangeira, ao serem tributados apenas no Estado da fonte, beneficiariam de uma tributação mais leve do que a dos rendimentos obtidos no Estado da residência.

1.6.1.2. *Argumentos contra o princípio da residência*

Dentro do pressuposto de que mais facilmente se poderá alterar a residência do que o local da fonte dos rendimentos[158], a tributação fundada no princípio da residência tem sido acusada de facilitar a evasão fiscal e o uso abusivo das CDT[159]. Está em causa, nomeadamente, a mudança de

---

pondente à totalidade do rendimento e com atenção às deduções, desde que conhecidos os elementos necessários". Admitindo já uma vantagem do Estado da residência a este nível, refere o mesmo autor que "é certo, porém, que, sendo o Estado da residência a coligir a informação – o que não é indispensável, embora seja mais difícil operar-se de outro modo –, não terá necessidade de retorno da informação para os outros Estados. Igualmente a favor do Estado da residência, pode invocar-se a necessidade de acordo entre os Estados para a consideração das deduções. Não existe, todavia, impossibilidade do procedimento antes indicado, embora seja mais complexo do que o necessário para se proceder à tributação na residência". In Manuel Pires, *Da Dupla Tributação...*, p. 271.

[158] O que, actualmente, é extremamente contestável, se se tomar em linha de conta a facilidade de escolha do local da fonte de alguns tipos de rendimento, designadamente os relativos a certas prestações de serviços desmaterializadas ou à maioria dos investimentos financeiros. Em todo o caso, em grande parte dessas situações de mudança deliberada da localização da fonte do rendimento, existirá, não obstante, uma deslocação real das aplicações de capitais para outro Estado.

[159] Conforme saliente Luís Menezes Leitão, referindo-se ao uso abusivo das CDT, "ironicamente, as convenções que os Estados celebram, cujo objectivo principal é evitar

residência de indivíduos ou da sede de sociedades para um Estado com tributação reduzida, ou a interposição de uma pessoa colectiva residente num outro Estado, de forma a alcançar a aplicação de determinadas CDT (*treaty shopping*) e de regimes fiscais mais favoráveis.

Seguindo uma linha de argumentação análoga, tem sido apontado ao princípio da residência o inconveniente de poder incentivar o êxodo dos residentes – sobretudo na vertente da deslocalização das empresas – de modo a evitar as altas taxas de tributação vigentes no Estado da residência. Outra situação incentivada seria a manutenção dos rendimentos no exterior, de forma a subtraí-los à tributação do Estado da residência.

Por outro lado, a tributação no Estado da residência[160] seria susceptível de afectar a competitividade dos respectivos investidores nos países menos desenvolvidos, tendo em conta o facto de estes investidores verem o rendimento aí gerado sujeito à tributação, normalmente mais elevada, do Estado da residência.

Assim, a tributação na residência – que supostamente asseguraria a neutralidade na exportação de capitais – pode, na realidade, desencorajar os fluxos de capitais para os países menos desenvolvidos. De facto, a tributação no Estado da residência[161] é susceptível de eliminar algum do interesse da saída dos capitais para o exterior, que seria a sua tributação somente às taxas, em grande parte dos casos mais baixas, do Estado da fonte.

Adicionalmente, a tese de uma certa correspondência (pelo menos tendencial) entre o nível de tributação num dado Estado e o nível de bens

---

a dupla tributação, mas que acessoriamente visam também reprimir a evasão e fraude fiscal internacional, podem igualmente ser utilizadas pelo contribuinte para escapar ao imposto. Basta para isso que esse contribuinte se insira nos benefícios de um tratado fiscal que normalmente não lhe estariam disponíveis, o que normalmente se consegue através da interposição de uma pessoa colectiva residente num país que tenha um vantajoso tratado fiscal". Luís MENEZES LEITÃO, *Estudos de Direito Fiscal...*, pp. 134-135.

[160] Note-se que, na ausência de indicação expressa em contrário, nos reportamos à tributação no Estado da residência de acordo com o princípio da universalidade, no que toca à sua extensão – ou seja, tributação no Estado da residência do rendimento obtido a nível mundial pelo sujeito passivo residente (normalmente conjugada com a atribuição de um crédito de imposto relativo à tributação no Estado da fonte).

[161] *Vide* nota de rodapé anterior.

Parte I – V. Princípios Operativos do Direito Fiscal Internacional   113

públicos e infra-estruturas por este proporcionados corrobora a aludida ideia. Com efeito, assumindo-se tal correspondência, podemos pensar no seguinte exemplo: um investidor é tributado às taxas mais altas aplicáveis no Estado de residência, não obstante estar a usufruir de menos bens públicos e infra-estruturas, proporcionados pelo Estado da fonte (contra-partida da tributação mais baixa que vigora no Estado da fonte, mas da qual, em termos finais, o investidor acaba por não aproveitar). Tal circuns-tância poderá afectar a decisão relativamente ao país onde investir. Desta forma, a diferença de imposto para menos, existente no Estado da fonte, não reverte a favor do investidor que, ao pagar o mesmo em termos de imposto final, considerando a tributação no Estado da residência, poderá perder o interesse em investir noutro Estado com menor tributação mas também menos bens públicos e infra-estruturas.

Dentro desta linha de pensamento, o princípio da residência é acusado de desprezar os riscos e as dificuldades dos investimentos no exterior.

Os vários argumentos expostos contra o princípio da residência culminam na crítica de que a tributação do rendimento mundial no Estado da residência, conjugada com a concessão de um crédito pelo imposto pago no Estado da fonte, acaba por não assegurar a neutralidade na exportação de capitais nem na importação de capitais[162].

No que diz respeito à obtenção de receitas fiscais, e conforme foi já referido, a tributação na residência favorece a posição dos países predo-minantemente exportadores de capitais (em regra, os países mais desenvol-vidos).

Em contrapartida, a tributação na residência invalida as políticas de atracção de investimento estrangeiro pelo Estado da fonte que se baseiem na adopção de taxas de tributação reduzidas. Com efeito, um valor reduzido de imposto pago no Estado da fonte corresponderá a um reduzido crédito de imposto no Estado da residência, mas o valor final de imposto a suportar pelo investidor será o mesmo.

Deste modo, o beneficiário efectivo dos incentivos fiscais concedidos pelo Estado da fonte não será o investidor, mas sim o seu Estado de residência. Verifica-se, portanto, uma mera transferência de receita fiscal

---

[162] Neste sentido, cfr. KLAUS VOGEL, *Worldwide vs. source taxation... (Part II)...*, p. 312.

114 *Princípios do Direito Fiscal Internacional*

do Estado da fonte para o Estado da residência, sem que aquele atinja, em contrapartida, os objectivos de atracção de investimento estrangeiro visados pela política fiscal adoptada[163].

Por último, o princípio da residência é de complexa administração, requerendo troca de informações com outras jurisdições fiscais no que diz respeito aos rendimentos obtidos no estrangeiro e ao imposto aí pago.

1.6.1.3. *Argumentos a favor do princípio da fonte*

A "fonte" é o elemento que revela a ligação mais evidente de um rendimento a determinado território[164]. Seria ao nível do Estado da fonte que se encontraria uma mais forte conexão com a actividade económica geradora do rendimento tributável e, portanto, uma mais sólida fundamentação do poder de tributar.

Razões de equidade entre Estados e de justiça têm sido aduzidas em defesa do poder tributário dos Estados relativamente ao rendimento originado no seu território. A tributação na fonte assume especial importância para os Estados predominantemente importadores de capitais (geralmente países menos desenvolvidos), salvaguardando a respectiva obtenção de receitas tributárias. Quanto à renúncia total ou parcial de receita tributária que isso implica para o Estado da residência (em virtude da concessão, por este último, de uma isenção ou de um crédito relativamente ao imposto suportado no Estado da fonte), considera-se que esta é, em geral, menos gravosa do que a perda de receita tributária pelo Estado da fonte, atento o facto de o Estado da residência ser, geralmente, um Estado exportador de capitais.

---

[163] Esta situação pode ser alterada mediante o recurso ao crédito de imposto fictício (*tax sparing*). Este consiste na concessão, pelo Estado da residência, de um crédito de montante correspondente ao imposto que teria sido pago no Estado da fonte, caso o rendimento não estivesse aí isento de imposto ou sujeito a tributação reduzida. Verifica-se, contudo, uma tendência para evitar este tipo de mecanismo, pelas utilizações abusivas de que pode ser objecto.

[164] Para uma enumeração detalhada dos argumentos a favor e contra a tributação no Estado da fonte, *vide* MANUEL PIRES, *Da Dupla Tributação...*, pp. 273-291.

Parte I – V. Princípios Operativos do Direito Fiscal Internacional   115

Por outro lado, o princípio da fonte permite ao Estado da fonte criar benefícios fiscais destinados a atrair investimentos ao seu território e estimula a competição internacional.

O princípio do benefício aparece também, habitualmente, entre os fundamentos da tributação na fonte. A produção de quaisquer rendimentos beneficia das infra-estruturas e serviços públicos disponibilizados pelo Estado onde tais rendimentos têm origem, devendo os investidores comparticipar no respectivo financiamento por via fiscal.

Por outro lado, a tributação pelos Estados de um rendimento com origem no seu território facilita o controlo pela respectiva administração fiscal e melhora as perspectivas de cobrança efectiva do imposto (designadamente através da consagração de mecanismos de retenção na fonte), em comparação com o que sucede com a tributação de um rendimento originado fora desse Estado[165].

Foi ainda argumentado que, face à maior dificuldade em transferir a fonte dos rendimentos do que em alterar a residência fiscal, a tributação no Estado da fonte limitaria as situações de evasão fiscal. Importa notar, de resto, que o que estaria em causa, na generalidade dos casos de transferência da fonte dos rendimentos, seria um planeamento fiscal propiciado pela falta de neutralidade dos sistemas fiscais, e não propriamente uma situação de evasão fiscal, na medida em que se verificasse uma transferência efectiva do local de produção do rendimento.

No que toca à aplicação conjugada dos dois princípios, note-se que o princípio da residência seria insuficiente se não fosse acompanhado por uma tributação na fonte que abrangesse os não residentes, uma vez que parte considerável dos investimentos e das actividades desenvolvidas num Estado pertencem a não residentes nesse Estado. Seria, portanto, considerável a perda de receita fiscal para o Estado que tributasse apenas os seus residentes, prescindindo da tributação na fonte relativamente ao rendimento obtido no seu território por não residentes.

---

[165] Esta última situação ocorre para o Estado da residência, no que toca a rendimentos obtidos no estrangeiro pelos seus residentes.

1.6.1.4. *Argumentos contra o princípio da fonte*

No contexto do DFI, a tributação na fonte é, muitas vezes, apontada como uma das barreiras à liberdade de investimento. Designadamente no âmbito da UE, a tributação na fonte tem sido encarada como um dos principais obstáculos ao estabelecimento de uma plena União Económica e Monetária, sendo múltiplas as recomendações e as medidas tendentes à eliminação da retenção na fonte, em especial relativamente a dividendos, juros e *royalties*[166].

Por outro lado, a aplicação do princípio da fonte é dificultada pelas disparidades existentes entre os vários Estados no que toca à definição de fonte do rendimento. As CDT têm, a esse nível, um contributo a dar.

O princípio da fonte apresenta também a desvantagem de não assegurar a neutralidade na exportação de capitais. Não assegura, igualmente, a equidade da tributação nem o respeito pela capacidade contributiva, pois muito dificilmente este princípio permite tributar o rendimento de um sujeito passivo atendendo às suas circunstâncias pessoais e familiares ou a aplicação de taxas progressivas de tributação.

Outro argumento habitualmente aduzido contra a tributação na fonte tem a ver com o facto de esta poder diminuir o afluxo ou encarecer o custo de capitais e tecnologia de origem estrangeira no Estado da fonte, caso a tributação na fonte seja efectivamente suportada pela entidade estrangeira beneficiária do rendimento. A consequente raridade de capital e tecnologia poderá acarretar um aumento dos custos de produção no Estado da fonte e comprometer o respectivo desenvolvimento económico.

Em contrapartida, caso a tributação na fonte seja repercutida sobre a entidade devedora do rendimento, será esta (e não a entidade estrangeira) a suportar o encargo correspondente à tributação. Contudo, tal repercussão da tributação na fonte sobre o devedor irá operar, igualmente, um encarecimento do capital ou da tecnologia na perspectiva deste.

---

[166] Ao nível dos Estados, a consagração de impostos progressivos sobre o rendimento global em muitos deles relegou a tributação na fonte para o papel de um pagamento por conta do imposto progressivo devido a final. Contudo, esta situação registou posteriormente uma modificação, verificando-se uma tendência, em diversos Estados, para utilizarem a tributação na fonte como uma tributação final, especialmente no que toca aos rendimentos de capitais. Cfr. FRANS VANISTENDAEL, *Reinventing source taxation...*, p. 152.

1.6.2. Balanço relativamente aos princípios da residência e da fonte

Os princípios a utilizar para a repartição do poder de tributar entre os Estados são objecto de debate ao nível das instituições internacionais e também entre a doutrina, em particular no que toca à ponderação entre o princípio da fonte e o princípio da residência.

Os interesses dos países são distintos a este propósito. Enquanto os países mais desenvolvidos (predominantemente exportadores de capital) privilegiam o princípio da residência, os países predominantemente importadores de capital defendem, em geral, a aplicação do princípio da fonte, de forma a assegurarem o seu poder tributário relativamente a factos ocorridos no respectivo território. Note-se, contudo, que alguns países importadores de capitais reduziram a tributação na fonte, com o objectivo de atrair ao país capitais estrangeiros.

Não obstante as divergências existentes, podemos falar de um consenso alargado, a nível internacional, quanto à admissibilidade de ambos os elementos de conexão justificativos da tributação num determinado Estado: a fonte e a residência. É reconhecida legitimidade para tributar tanto ao Estado da residência como ao Estado da fonte do rendimento. Assim, o debate e as discordâncias a este propósito centram-se, fundamentalmente, na importância relativa a atribuir a cada um dos princípios (da fonte e da residência), nos termos da repartição do poder de tributar e nos métodos de eliminação da dupla tributação.

Em termos gerais, os países seguem, quer na sua legislação interna, quer no regime aplicável de acordo com as CDT celebradas, uma conjugação dos princípios da residência e da fonte. As principais diferenças surgem, pois, ao nível da maior ou menor abrangência da aplicação do princípio da fonte, ou seja, no que diz respeito aos tipos de rendimentos sujeitos a tributação no Estado da fonte. Os países tomam opções distintas também ao nível do método escolhido para a eliminação da dupla tributação.

Ao nível do MC OCDE, conforme foi já referido, reconhece-se o poder de tributar do Estado da residência, quanto à generalidade das categorias de rendimento, e ao Estado da fonte, quanto a determinados tipos de rendimento em que a conexão económica com este Estado é mais forte. Verifica-se, portanto, uma prevalência do princípio da residência sobre o princípio da fonte.

Importa não esquecer, no presente contexto, que o MC OCDE foi estruturado tendo em conta o ambiente económico da primeira metade do século XX, quando o comércio internacional se centrava na venda de mercadorias, as transacções sobre bens incorpóreos, designadamente as relativas a propriedade industrial, tinham menos peso, e a presença física no território de determinado país era essencial para o desenvolvimento de uma actividade comercial ou de prestação de serviços relativamente ao mesmo[167].

Existia, por outro lado, uma menor dificuldade em identificar a residência, tanto de pessoas singulares como de pessoas colectivas, em virtude da menor mobilidade das primeiras e da menor complexidade das segundas. Também a identificação da existência de um estabelecimento estável envolvia menos dificuldades.

No referido contexto, a tributação dos rendimentos de operações internacionais e a aplicação dos princípios da residência e da fonte eram consideravelmente mais simples do que actualmente.

---

[167] CHARLES E. MCLURE descreveu da seguinte forma o mundo para o qual grande parte das normas fiscais ainda vigentes foram criadas, na primeira metade do século XX:

O comércio internacional consistia principalmente em bens tangíveis;

A maior parte do comércio internacional era feita entre empresas não relacionadas;

Os serviços de telecomunicações eram prestados por monopólios estatais ou em regime de concessão, operando os prestadores desses serviços num único país;

As comunicações eram relativamente lentas;

Uma presença física era geralmente exigida para a condução dos negócios e para a prestação de quase todos os serviços;

Os bens intangíveis eram relativamente pouco importantes;

Embora existisse investimento internacional, o capital tinha pouca mobilidade internacional;

Havia certeza quanto ao país de residência de determinada empresa;

A quase totalidade dos investimentos eram feitos no país de residência do investidor;

Juros e dividendos eram perfeitamente distinguíveis uns dos outros;

Os paraísos fiscais eram, quando muito, um problema menor;

Os Estados Unidos detinham a incontestável liderança económica e política do mundo; a União Europeia ainda não existia; os países europeus e o Japão ainda estavam a recuperar-se da devastação da II Guerra Mundial.

Cfr. CHARLES E. MCLURE, *Globalization, Tax Rules and National Sovereignty*, Bulletin for International Fiscal Documentation, n.º 8, Agosto 2001, p. 333.

Parte I – V. Princípios Operativos do Direito Fiscal Internacional   119

O novo quadro económico do final do século XX e do começo do século XXI fez surgir, no plano tributário internacional, problemas que no passado não existiam ou tinham menor importância[168].

Uma circunstância que contribuiu fortemente para a alteração do panorama económico tradicional foi o advento do comércio electrónico, no contexto do qual se torna muito mais difícil aferir, relativamente a uma empresa ou a um rendimento, a ligação a um determinado Estado em termos que justifiquem a atribuição de poderes tributários ao mesmo[169].

---

[168] Actualmente, a economia mundial difere significativamente daquela que caracterizava a primeira metade do século XX, altura em que grande parte das normas fiscais ainda vigentes foram criadas. CHARLES E. MCLURE refere-se aos pontos principais da evolução registada:

Verificou-se o aumento substancial do comércio internacional de bens intangíveis e serviços;

A maior parte do comércio internacional ocorre entre empresas relacionadas;

A presença física deixa de ser necessária para a condução dos negócios, principalmente no que se refere a intangíveis e serviços prestados por via digital;

Os intangíveis tornaram-se essenciais para as empresas, muitas vezes são produzidos especificamente para elas e distintos de tudo o que é comercializado no mercado (é o caso do *software* dedicado);

Os serviços de telecomunicações são prestados por empresas privadas e são operados internacionalmente;

As comunicações são instantâneas;

O capital tem uma grande mobilidade a nível internacional;

Em razão da maior complexidade das aplicações financeiras e, designadamente, do desenvolvimento de derivados financeiros, juros e dividendos muitas vezes são de difícil distinção;

O Estado de residência de uma empresa pode não ser facilmente determinável ou ser facilmente mudado;

Muitos investidores fazem investimentos fora dos seus países de residência; investimentos substanciais em empresas provêm de fora do Estado de residência dessas empresas;

Os paraísos fiscais passaram a representar uma séria ameaça às receitas fiscais e à equidade e neutralidade dos sistemas fiscais de países com tributação efectiva;

Regista-se uma crescente importância da União Europeia no plano mundial, em termos políticos e económicos.

Cfr. CHARLES E. MCLURE, *Globalization, Tax Rules...*, p. 334.

[169] O comércio electrónico, pelas suas características específicas, é particularmente ilustrativo da globalização das actividades económicas. No campo tributário, origina profundas dúvidas na aplicação dos regimes fiscais em vigor, afectando a consistência da maioria dos princípios de tributação internacional existentes. Tornam-se particular-

A maior complexidade das transacções e das estruturas empresariais origina dificuldades, respectivamente, na classificação dos rendimentos quanto ao seu tipo e na identificação da residência fiscal das empresas.

Um outro aspecto a ter em conta, prende-se com o enfraquecimento nalguns Estados da figura tradicional do imposto global e progressivo na tributação das pessoas singulares, principalmente no que diz respeito aos rendimentos de capitais. Na tributação deste tipo de rendimentos, verifica--se a tendência para utilizar taxas proporcionais, independentemente das características e da residência do titular do rendimento.

Tendo em conta a mobilidade do capital, muitos Estados promovem o seu afluxo ao respectivo território através da concessão de isenções fiscais aplicáveis a não residentes. Muitos investimentos e transacções são desenvolvidos através de paraísos fiscais e de jurisdições de baixa tributação. Neste contexto, surge, na parte final do século XX, uma pre-ocupação das organizações internacionais no sentido de tentar controlar a concorrência fiscal prejudicial. Mas enquanto isto acontece, os países continuam, em muitos casos, a desenvolver medidas fiscais tendentes a atrair os capitais estrangeiros ao seu território.

Neste contexto, não obstante a existência de um determinado consenso internacional no que toca ao recurso aos princípios da residência e da fonte – expresso, em grande medida, no MC OCDE – não pode esquecer--se que, conforme resulta da análise dos relatórios nacionais ao Congresso da IFA de 2005, organizado em Buenos Aires, "a prevalência das dispo-sições do MC OCDE quanto ao tratamento fiscal de cada tipo de rendi-mento não é absoluta e tanto os países desenvolvidos como os países em vias de desenvolvimento adoptam diferenças específicas no que diz respeito a essas provisões, como é demonstrado nas suas respectivas convenções

---

mente complexas, no âmbito do comércio electrónico, a aplicação dos princípios da fonte e da residência e a configuração do conceito de estabelecimento estável. Cfr. RUBÉN O. ASOREY, *El impacto del cibercomercio en los principios fiscales y en libertad de comercio*, in *Corso di Diritto Tributario Internazionale*, 2.ª ed., CEDAM, Pádua, 2002, pp. 1123-1156, e a abundante bibliografía europeia e americana sobre o tema aí listada. Pela sua grande amplitude, a problemática em apreço não pode ser tratada no contexto do presente estudo. Assim, não obstante a sua extrema importância, não iremos analisar o impacto do comércio electrónico sobre os princípios fundamentais do DFI – sem prejuízo de algumas referências pontuais à questão.

de dupla tributação"[170]. Designadamente, alguns países atribuem, nas suas CDT, mais poderes tributários ao Estado da fonte, relativamente a certos tipos de rendimentos, em comparação com o que está previsto no MC OCDE.

Por seu turno, diversos autores criticam o sistema actualmente consagrado no MC OCDE, em particular no que toca à preponderância do princípio da residência na repartição do poder de tributar entre os Estados, em detrimento do princípio da fonte.

Alguns autores põem mesmo em causa a validade dos argumentos que tradicionalmente sustentavam o princípio da residência e o princípio da fonte, defendendo que o sistema vigente, iniciado nos anos 20 do século passado e consolidado na segunda parte desse século, já não é, em grande medida, adequado ao panorama económico mundial.

É posta em dúvida a distinção tradicionalmente efectuada entre neutralidade na exportação de capitais e neutralidade na importação de capitais, considerando-se mesmo que tal distinção está ultrapassada.

Também a aplicação dos conceitos clássicos de fonte e de residência se torna bastante complexa, dado o enfraquecimento da ligação das actividades empresariais a determinado território, em resultado do progresso tecnológico e da desmaterialização de muitas transacções.

KLAUS VOGEL contesta a própria forma como a terminologia é frequentemente utilizada, saliantando que o Estado da residência e o Estado da fonte não são opostos e que, com efeito, nas regras de distribuição do poder tributário, o Estado da residência pode ser também o Estado da fonte. Aprofundando as suas críticas, este autor afirma que a designação como Estado da fonte requer que certas regras legais de alocação de tributação sejam aplicáveis ao Estado em questão e que, portanto, desde que a situação não envolva mais de dois Estados – e, logo, não mais do que uma CDT – o termo Estado da fonte é redundante[171]. Por outro lado, VOGEL sustenta que, mesmo que o Estado da residência não seja igualmente o Estado da fonte, dois Estados podem ser designados como Estado da fonte ao abrigo do mesmo conjunto de factos, como resultado de

---

[170] ANGEL SCHINDEL / ADOLFO ATCHABAHIAN, *General report...*, p. 83.

[171] KLAUS VOGEL, *"State of residence" may as well be "State of source" – There is no contradiction*, IBFD – Bulletin for International Fiscal Documentation, n.º 10, Outubro 2005, p. 422.

122   *Princípios do Direito Fiscal Internacional*

diferentes CDT. Nestes casos, o conceito de Estado da fonte não seria redundante mas seria variável em função das CDT aplicáveis (ou seja, seria *"treaty-relative"*, na terminologia do autor)[172].

VOGEL critica a tributação do rendimento de base mundial, mesmo que seja mitigada pela concessão de um crédito de imposto estrangeiro, sustentando que tal tipo de tributação não permite atingir uma adequada neutralidade. Este autor sustenta que a neutralidade deve ser interestadual, devendo verificar-se num contexto internacional e não apenas num contexto nacional. Assim, a questão fundamental para que se atinja a neutralidade tem a ver com as condições preliminares que devem existir em cada um dos Estados envolvidos, de forma a evitar que o efeito combinado das respectivas legislações fiscais favoreça o investimento num dos Estados, em detrimento do outro.

Para VOGEL – quer a distinção entre neutralidade na exportação de capitais e neutralidade na importação de capitais seja aceite ou rejeitada – a efectiva neutralidade implica, no que toca aos investimentos directos que um sujeito passivo realize noutro Estado, que este não seja tributado mais gravosamente, nem no Estado da fonte nem considerando também a tributação no Estado da residência, do que outro investidor que desenvolva um negócio naquele mesmo Estado e seja aí residente.

---

[172] A este propósito, VOGEL apresenta um exemplo destinado a demonstrar como o Estado da fonte varia em função das convenções para evitar a dupla tributação aplicáveis ao caso concreto: "Considere-se um empresário residente no Estado R, que tem um estabelecimento estável no Estado P. O único rendimento do estabelecimento estável consiste em dividendos pagos por uma empresa do Estado C. Os três lados deste triângulo que podem ser cobertos por convenções fiscais bilaterais conformes ao Modelo OCDE são as convenções R-P, R-C e P-C. Considere-se ainda que o Estado P não é um Estado-membro da UE, de forma a que a decisão do Tribunal de Justiça no caso Saint--Gobain não seja relevante. De acordo com a prática corrente, o estabelecimento estável não qualifica para efeitos da aplicação das convenções fiscais, ou seja, a convenção P--C não é aplicável. Nos termos da convenção R-P, o Estado P tem direito a tributar a totalidade do montante de dividendos relativamente aos quais, se a convenção tiver uma disposição similar ao artigo 23-B, o Estado R tem que conceder um crédito sujeito à limitação de crédito de imposto. Adicionalmente, o Estado C pode sujeitar a retenção na fonte os dividendos relativamente aos quais o Estado R tem também que conceder um crédito". Face ao exemplo apresentado, nos termos da convenção R-P, o Estado da fonte é o Estado da localização do estabelecimento estável. Em contrapartida, face à convenção R-C, o Estado da fonte é o Estado C. KLAUS VOGEL, *"State of residence" may...*, p. 423.

Parte I – V. Princípios Operativos do Direito Fiscal Internacional 123

Assim, para o autor citado, só existe eficiência económica caso o investidor estrangeiro não pague, em termos globais (ou seja, conjugando a tributação na fonte e a tributação na residência), mais imposto do que aquele que incide sobre investidores residentes. Ora isto apenas poderá ser alcançado, defende VOGEL, limitando-se o direito de tributar de cada Estado ao rendimento de fonte nacional. Deveria, portanto, no que toca ao investimento directo, prevalecer a tributação na fonte. A tributação de base mundial no Estado da residência é, para VOGEL, inconsistente com o princípio de neutralidade que deve existir no plano internacional[173].

No que diz respeito aos investimentos indirectos[174], para VOGEL existe neutralidade quando não sejam alteradas as condições de mercado de acordo com as quais a entidade devedora do outro Estado opera. Note--se que a tributação no Estado de residência do investidor pode afectar também a posição do devedor do rendimento. Tal sucederá na medida em que os impostos devidos pelo investidor, no seu Estado de residência, sejam repercutidos sobre o devedor do rendimento, constituindo um encargo para este. Refira-se, a título de exemplo, o aumento da taxa de juro cobrada pelo mutuante relativamente ao financiamento concedido a um mutuário do outro Estado, em consequência do aumento da tributação incidente sobre o mutuante no seu Estado da residência[175].

Note-se que, num mercado de capitais perfeito, o mutuante em causa não poderia proceder a este aumento da taxa de juro, uma vez que investidores de outros Estados estariam preparados para entrar naquele mercado e conceder empréstimos à taxa de juro normal. Todavia, a situação será diferente se o Estado do mutuante for suficientemente grande para influen-

---

[173] KLAUS VOGEL, *Worldwide vs. source taxation... (Part II)...*, pp. 310-320.

[174] Entendendo-se por investimento indirecto, no presente contexto, aquele que for realizado sem o estabelecimento de uma empresa no outro Estado, ou seja, um investimento não empresarial. São exemplos de investimento indirecto a concessão de um empréstimo ou a aquisição de capital social numa empresa de outro Estado.

[175] KLAUS VOGEL dá o seguinte exemplo: um investidor do país A concede um empréstimo a um devedor no país B, à taxa de juro normal para aquele mercado (por exemplo, 5%). O Estado A não tributava os juros recebidos pelos seus residentes, mas decide, subsequentemente, impor tal tributação numa base mundial, a uma taxa de 10%. O investidor, tentando manter o seu lucro líquido de impostos, irá aumentar a taxa de juro que cobra pelo empréstimo. KLAUS VOGEL, *Worldwide vs. source taxation... (Part II)...*, pp. 316-317.

124   *Princípios do Direito Fiscal Internacional*

ciar, através das suas regras tributárias, o mercado internacional de capitais, ou se todos ou a maior parte dos países exportadores de capitais passarem a impor, relativamente aos juros recebidos pelos seus residentes, uma tributação de base mundial com níveis idênticos de carga fiscal. Nestes casos, tenderá a registar-se um aumento da taxa de juro no mercado, sendo o aumento da carga fiscal no Estado de residência dos investidores repercutido sobre os devedores do rendimento.

KLAUS VOGEL salienta, a este propósito, que o alto nível de tributação no Estado da residência dos investidores indirectos, associado ao princípio da tributação de base mundial, torna a obtenção de financiamento mais dispendiosa, em particular para os agentes económicos dos países onde o risco do investimento seja acrescido. Esta dificuldade far-se-á sentir, principalmente, nos países em desenvolvimento.

O autor refere ainda que "se pensarmos num sistema de tributação mundial do juro que apenas inclua na base tributável a taxa normal de juro, excluindo o prémio de risco, esse imposto ainda poderia ser neutral. Ser ou não ser neutral, nesse caso, dependeria da disponibilidade de capital suficiente para ser mutuado, proveniente de países que não tributam numa base mundial. [...] Considerando que os países credores são, actualmente, na sua maioria, países de alto nível de tributação, e que o juro derivado de investimentos indirectos normalmente não está isento de tributação nesses países, pelo menos não de uma forma unilateral, temos como consequência que a tributação mundial deste tipo de juro não é, normalmente, neutral, ou seja, é adversa ao investimento estrangeiro e, consequentemente, adversa à eficiência económica"[176].

Por fim, VOGEL conclui que "tanto as razões de eficiência como as razões de equidade, em regra, sustentam uma tributação exclusiva pelo Estado da fonte. Por outras palavras, em geral deveria ser dada preferência a um sistema de tributação territorial"[177].

Diversos outros autores criticam a actual preponderância do princípio da residência na repartição do poder de tributar entre os Estados, em detrimento do princípio da fonte.

---

[176] KLAUS VOGEL, *Worldwide vs. source taxation... (Part II)...*, p. 317.
[177] KLAUS VOGEL, *Worldwide vs. source taxation... (Part III)...*, p. 401.

Parte I – V. Princípios Operativos do Direito Fiscal Internacional

MANUEL PIRES defende uma conjugação da tributação na fonte e na residência, mas critica a preponderância assumida por esta última[178].

ANGEL SCHINDEL E ADOLFO ATCHABAHIAN, no Relatório Geral relativo ao Congresso da IFA de 2005, salientam que o sistema actual de atribuição do poder de tributar, bem como os mecanismos desenvolvidos para reconciliar a aplicação dos princípios da fonte e da residência, se baseiam na neutralidade na exportação de capitais e na equidade inter-individual dos contribuintes no Estado da residência, em detrimento dos aspectos da equidade entre nações e do princípio da eficiência[179].

Note-se ainda que o desenvolvimento do comércio electrónico contribuiu para pôr em causa o sistema clássico de distribuição do poder tributário. A possibilidade de desenvolver uma actividade de transmissão de bens ou prestação de serviços sem uma presença física no território em causa está, igualmente, a enfraquecer as bases do conceito de estabelecimento estável. Conforme é referido no Relatório Geral do Congresso da IFA de 2005, no que toca ao estabelecimento estável, "o conceito tem sido útil para uma economia internacional baseada essencialmente no comércio de bens corpóreos ou na prestação de serviços, com actividade humana no local. Tendo em conta os novos modos de operação dos negócios, em particular os resultantes do comércio electrónico, e as possibilidades permitidas pela internet, o conceito clássico já não traz respostas satisfatórias. A crise do conceito de estabelecimento estável, arrancando da falta de respostas satisfatórias à desmaterialização da riqueza, intensificou-se com o advento do comércio electrónico"[180].

A evolução tecnológica permitiu a criação de novos tipos de negócio, no âmbito dos quais podem ser desenvolvidas actividades empresariais de vulto sem que sejam necessários equipamentos ou infra-estruturas signifi-

---

[178] MANUEL PIRES afirma que "os argumentos mencionados a favor da tributação na residência não parecem procedentes quer no sentido da tributação exclusiva na residência quer como razões que conduziriam à prevalência desta tributação". Refere o mesmo autor, mais adiante, que "os argumentos invocados em desfavor do princípio da tributação na residência afiguram-se por sua vez e na generalidade procedentes no sentido da não consagração exclusiva daquele princípio, mostrando nalguns casos a necessidade de coordenação de actuações". MANUEL PIRES, *Da Dupla Tributação...*, pp. 266 e 273.

[179] ANGEL SCHINDEL / ADOLFO ATCHABAHIAN, *General report...*, p. 50.

[180] ANGEL SCHINDEL / ADOLFO ATCHABAHIAN, *General report...*, p. 51.

cativos num determinado território. Poderá, portanto, dizer-se que hoje em dia o objectivo subjacente à consagração do conceito de estabelecimento estável se subverteu, na medida em que, em vez de assegurar a determinação de uma base tributável no Estado da fonte, o estabelecimento estável acaba, mercê do regime consagrado em seu torno, por facilitar a inexistência de tributação neste Estado, relativamente a determinados negócios de grande importância económica e geradores de lucro.

Por outro lado, a actual ponderação entre os princípios da residência e da fonte, do modo como está consagrada nas CDT, apresenta desvantagens para os países em vias de desenvolvimento, no que diz respeito à obtenção de receitas fiscais, em virtude da prevalência do princípio da residência. Acresce que, em muitos casos, a privação do direito de tributar no Estado da fonte rendimentos que aí foram gerados não será compensada pelo aumento do poder de atracção de investimento estrangeiro resultante da celebração da CDT.

Não obstante considerarem desejável uma alteração dos parâmetros actualmente seguidos no que toca à repartição do poder de tributar entre os Estados – defendendo um fortalecimento do princípio da fonte – Angel Schindel e Adolfo Atchabahian salientam a dificuldade de tal alteração: "A abordagem do domicílio ou nacionalidade, baseada na neutralidade na exportação de capitais e no princípio da capacidade contributiva dos residentes (ou dos nacionais), está profundamente enraizada e não é fácil de alterar"[181]. Referem os mesmos autores, mais adiante, que "estabelecer a linha divisória com parâmetros científicos não é uma tarefa fácil, tal como não o é desafiar critérios profundamente enraizados na maioria dos Estados-membros da OCDE"[182].

Os autores do Relatório Geral do Congresso da IFA de 2005 afirmam, ainda, o seguinte: "Enquanto que o poder tributário «primário» é conceptualmente atribuído ao Estado da fonte, na prática o Estado da residência tende a prevalecer. Os argumentos que desde há muito têm sustentado essa prevalência, baseados na igualdade entre residentes do mesmo país na base da sua capacidade contributiva, perderam parte do seu peso conceptual. Por outro lado, do ponto de vista da equidade entre Estados e da

---

[181] Angel Schindel / Adolfo Atchabahian, *General report...*, p. 37.
[182] Angel Schindel / Adolfo Atchabahian, *General report...*, p. 57.

Parte I – V. Princípios Operativos do Direito Fiscal Internacional   127

eficiência, a tributação exclusiva ou predominante na fonte está a tomar forma como a base de tributação mais razoável"[183].

Achando que é necessário introduzir mudanças, diversos autores fizeram sugestões concretas para a reformulação do actual sistema de repartição do poder tributário entre os Estados.

KEMMEREN refere-se a quatro princípios qualitativos, no que toca à atribuição aos Estados do poder de tributar: 1) princípio da origem/localização económica; 2) princípio da fonte; 3) princípio da residência; e 4) princípio da nacionalidade. O autor afasta, desde logo, os princípios da nacionalidade e da residência do papel primordial no que toca à repartição do poder tributário, argumentando que a nacionalidade e a residência, enquanto tais, não contribuem para a produção de rendimento. Apesar de começar por admitir que a residência, de um ponto de vista económico, daria uma base razoável para a atribuição de poder tributário – devido ao facto de ser o local de consumo do rendimento, não da sua produção – KEMMEREN acaba por reconhecer que o local de consumo não constitui uma base válida para a alocação do poder tributário relativo ao rendimento. O princípio da fonte é também afastado, com o argumento de que o rendimento pode ser produzido num Estado distinto daquele no qual surge[184].

Para KEMMEREN, a repartição entre os Estados do poder de tributar o rendimento deve ser realizada de acordo com o princípio da origem. Este princípio, nos termos em que é delineado por KEMMEREN, distingue--se do princípio da fonte. Com efeito, para o autor, o aspecto fundamental para a atribuição de um direito de tributar não reside no local físico no qual o rendimento foi formalmente gerado, mas sim no local de origem do rendimento. A origem do rendimento situa-se onde está o elemento intelectual (definido em termos de uma actividade humana geradora de rendimento). O princípio da origem determina a atribuição do poder de tributar ao Estado no qual se verifica uma actividade substancial de produção de rendimento. Trata-se, portanto, de uma tributação baseada numa pertença económica a determinado Estado[185].

---

[183] ANGEL SCHINDEL / ADOLFO ATCHABAHIAN, *General report...*, pp. 39-40.
[184] ERIC KEMMEREN, *Principle of Origin...*, pp. 521 e ss.
[185] ERIC KEMMEREN, *Principle of Origin...*, pp. 36 e ss, pp. 521 e ss.

KEMMEREN analisa os modelos actuais de CDT, apontando-lhes uma série de deficiências e incoerências. Na sua opinião, estas são geradas pela aplicação do princípio da fonte e do princípio da residência na atribuição aos Estados do poder de tributar.

O autor recomenda, assim, a alteração dos actuais modelos de CDT e a implementação de CDT baseadas no princípio da origem. Sugere quais deveriam ser, nos termos do aludido princípio, as regras determinantes do âmbito de aplicação das CDT, bem como as regras de atribuição do poder de tributar relativamente aos diversos tipos de rendimento[186]. Quanto à eliminação da dupla tributação, para KEMMEREN esta deveria alcançar-se mediante a atribuição de uma competência exclusiva para tributar ao Estado da origem, conjugada com a concessão de uma isenção (*tax base exemption*) pelo outro Estado contratante na CDT.

KEMMEREN considera que a determinação da CDT aplicável, a atribuição do poder de tributar e a eliminação da dupla tributação, tudo com base em regras inspiradas no princípio da origem, reduziriam significativamente as deficiências e os problemas actualmente decorrentes da aplicação das CDT. Justifica-o com a circunstância de, face ao princípio da origem, a aplicação de determinada CDT e a alocação entre os Estados do direito de tributar o rendimento dependerem da localização das actividades substanciais de produção do rendimento. Uma outra vantagem do princípio da origem seria o facto de dificultar a aplicação abusiva de uma CDT, pois a tentativa de alterar a jurisdição competente para tributar envolveria a alteração da localização da própria actividade produtora do rendimento. O princípio em causa também melhoraria a neutralidade na importação de capitais e de trabalho, contribuindo para uma mais eficiente alocação dos factores produtivos trabalho e capital[187].

Por seu turno, PASQUALE PISTONE, após lançar uma interrogação relativamente à adequação da tributação na residência para lidar com a com-

---

[186] Por exemplo, relativamente aos juros, KEMMEREN considera que estes deveriam ser tributados no lugar onde o capital é investido, pois para ele quem cria o rendimento é quem recebe o empréstimo e o aplica, e não quem empresta o capital. Quanto aos *royalties* referentes à propriedade intelectual ou industrial, estes seriam tributados no Estado onde foram criados, que não é necessariamente o Estado da residência do seu criador. ERIC KEMMEREN, *Principle of Origin...*, pp. 537 e ss.

[187] ERIC KEMMEREN, *Principle of Origin...*, pp. 537 e ss.

Parte I – V. Princípios Operativos do Direito Fiscal Internacional 129

plexidade dos problemas tributários actuais, em particular ao nível europeu, prognostica que a tributação do rendimento no âmbito da UE evoluirá no sentido da tributação no Estado de origem[188]. Afirma, todavia, que tal constituirá o final de um longo percurso evolutivo. Neste contexto, o autor alerta para os problemas colocados pelo reforço dos poderes tributários do Estado da fonte relativamente ao modo de conceder deduções de natureza pessoal ou subjectiva, bem como para a difícil compatibilidade entre o fraccionamento do rendimento e o respeito pelos princípios da capacidade contributiva e da tributação progressiva dos indivíduos[189-190].

Também VANISTENDAEL considera desejável um reforço da tributação na fonte em geral, e da utilização da retenção na fonte em particular. Para o autor, tal permitiria um desejável aumento da tributação incidente sobre os rendimentos de capitais, de forma a permitir uma redução da carga fiscal sobre os rendimentos do trabalho. Asseguraria, igualmente, uma maior justiça na distribuição da receita tributária entre Estado da fonte e Estado da residência[191].

---

[188] Ora, importa salientar que, até ao momento actual – e não antevemos uma alteração significativa para o futuro – a evolução da tributação do rendimento no âmbito da UE continua a evoluir exactamento no sentido contrário, ou seja, no sentido da preponderância do princípio da residência. Veja-se, por exemplo, a atribuição de um poder tributário exclusivo ao Estado da residência e a eliminação de quaisquer retenções na fonte, no que diz respeito aos dividendos, juros e *royalties* cujo pagamento se enquadra no âmbito de aplicação das correspondentes directivas europeias.

[189] PASQUALE PISTONE, *The Impact of Community...*, pp. 200-222.

[190] Não nos debruçamos, neste ponto, sobre as implicações da tributação na residência ou na fonte em termos de conflito entre CDT e Direito da UE, uma vez que tais problemáticas serão abordadas na Parte II do presente trabalho.

[191] Para VANISTENDAEL, "mesmo uma taxa de retenção na fonte reduzida, desde que geral e efectiva, de não mais de 5 por cento, incidente sobre a generalidade dos rendimentos de capitais (dividendos, juros, *royalties* e ganhos em híbridos financeiros) e 0,5 por cento, incidente sobre juros pagos a instituições financeiras, aumentaria dramaticamente a justiça económica e social na distribuição internacional de receita tributária entre países da fonte e países da residência. A dupla tributação deveria ser eliminada, relativamente a estas retenções na fonte reduzidas, mediante créditos efectivos (não reembolsáveis, mas susceptíveis de reporte), deixando ainda bastante rendimento para ser tributado no país de residência. É desta forma que a eliminação da dupla tributação deve ser alcançada, e não através da eliminação total das retenções na fonte, pois esta última alternativa implica roubar aos países da fonte uma parte legítima da sua receita". FRANS VANISTENDAEL, *Reinventing source taxation...*, pp. 155-158. Refere, ainda, o mesmo

ALEX EASSON sustenta que as actuais regras de repartição do poder tributário entre os Estados, tal como se encontram consagradas no MC OCDE, são insatisfatórias. O autor valoriza o papel da tributação no Estado da fonte, referindo diversos argumentos em prol da sua salvaguarda – como sejam, não comprometer a obtenção de receita fiscal pelos países importadores de capitais, normalmente mais pobres, e ultrapassar as dificuldades práticas na tributação de rendimento obtido noutros Estados[192].

Todavia, não obstante a ampla defesa doutrinal do reforço da tributação no Estado da fonte, as tendências recentes – principalmente entre os países mais desenvolvidos – são no sentido de restringir a tributação e as retenções no Estado da fonte, de forma a que o país da residência possa exercer os seus poderes de tributação exclusivamente. É esta a tendência que prevalece também ao nível da harmonização fiscal europeia, com a eliminação das retenções na fonte no pagamento de dividendos e de juros e *royalties*, nas situações enquadráveis no âmbito de aplicação das respectivas directivas europeias[193].

Note-se ainda que as características normalmente assumidas pelos impostos pessoais sobre o rendimento implicam que tal tipo de impostos deva estar associado, no que diz respeito à extensão do poder de tributar do Estado da residência, ao princípio da universalidade ou da tributação

---

autor (*Reinventing source taxation...*, p. 161) que "os argumentos em favor de uma taxa de retenção na fonte geral e única sobre todas as formas de rendimento de capitais podem parecer antiquados de um ponto de vista científico e dissonantes da crescente globalização dos mercados financeiros mundiais. Contudo, tal como o trânsito, o imposto sobre o rendimento é uma aventura de massas, na qual a plena liberdade e a sobrevivência do mais forte não podem ser a norma, na qual nem sempre é possível aplicar as regras cientificamente mais correctas, e na qual, tal como na política, tal como no trânsito, a tributação é a arte do possível".

[192] ALEX EASSON, *Fiscal degradation...*, pp. 112-113. Este autor considera que "as empresas multinacionais e os investidores internacionais não estão a pagar a parcela de imposto que seria justa e, na medida em que paguem imposto, não o estão a pagar ao país «certo»".

[193] Directiva 90/435/CEE de 23 de Julho de 1990, relativa ao regime fiscal comum aplicável às sociedades-mães e sociedades afiliadas de Estados-membros diferentes (também designada por Directiva sociedades-mães/sociedades afiliadas) e Directiva 2003/49/CE de 3 de Junho de 2003, relativa a um regime fiscal comum aplicável aos pagamentos de juros e *royalties* efectuados entre sociedades associadas de Estados-membros diferentes (também designada por Directiva dos juros e *royalties*).

do rendimento mundial. Efectivamente, os impostos pessoais sobre o rendimento, adoptados por muitos países, pautam-se pelos princípios da igualdade e da progressividade da tributação. No âmbito deste tipo de impostos, a tributação incide sobre o rendimento global líquido das pessoas singulares, sujeitando-o a taxas progressivas. Com impostos deste tipo, se o Estado se abstivesse de tributar os rendimentos obtidos no estrangeiro pelos seus residentes (ou seja, se não seguisse o princípio da universa-lidade), violaria os princípios da igualdade e da progressividade subjacentes ao imposto pessoal sobre o rendimento. Tal violação decorreria da tribu-tação bastante mais gravosa a que estariam sujeitos os residentes cujos rendimentos fossem de fonte interna, em comparação com a situação dos residentes que obtivessem (exclusiva ou principalmente) rendimentos de fonte estrangeira não tributados no Estado da residência.

1.7. Princípio do Estabelecimento Estável

A repartição entre os Estados do poder de tributar rendimentos empre-sariais assenta, de acordo com a legislação de alguns países, numa alocação segundo a natureza do rendimento (ou seja, mediante regras específicas aplicáveis a rendimentos derivados da produção industrial, de vendas, empréstimos, etc.) e, noutros, na alocação dos rendimentos empresariais de acordo com uma regra global e única, sem distinguir entre diferentes tipos de rendimentos empresariais, recorrendo ao uso do conceito de estabelecimento estável.

Não obstante a referida dicotomia, o princípio do estabelecimento estável é hoje amplamente aceite em termos internacionais[194].

O conceito de estabelecimento estável e a sua relevância para efeitos da repartição do poder tributário entre os Estados foram delineados progres-sivamente, sobretudo graças aos estudos e à elaboração desenvolvidos no quadro das organizações internacionais. O primeiro grande contributo para precisar a definição de estabelecimento estável deve-se à SDN, tendo culminado na exaustiva exemplificação contida no artigo V do Protocolo anexo aos Modelos das Convenções do México (1943) e de Londres

---

[194] KLAUS VOGEL et al., *Klaus Vogel on Double...*, p. 401.

132 Princípios do Direito Fiscal Internacional

(1946). Após a Segunda Guerra Mundial, com o crescimento do número de CDT celebradas e a progressiva diferenciação das noções aí adoptadas, o Comité Fiscal da OCDE considerou fundamental repensar integralmente o conceito de estabelecimento estável. Na sequência de tal análise, elaborou um conceito próprio de estabelecimento estável, partindo de elementos comuns às variadas CDT celebradas pelos Estados-membros, de forma a obter um resultado que merecesse o acordo do maior número possível de Estados[195].

O conceito de estabelecimento estável actualmente previsto no artigo 5.º do MC OCDE merece amplo consenso na prática internacional[196]. Pode, assim, afirmar-se que existe uma certa harmonização a este nível, ainda que subsistam definições algo distintas nas diversas CDT[197], interpretações díspares, e a necessidade de adequar o conceito previsto às profundas mudanças sentidas no comércio internacional[198].

---

[195] ANTONIO LOVISOLO, La "stabile organizzazione", in VICTOR UCKMAR (Coord.), Corso di Diritto Tributario Internazionale, 2.ª ed., CEDAM, Pádua, 2002, pp. 298-299.

[196] Não iremos, no presente estudo, proceder a uma análise do conceito de estabelecimento estável. Efectivamente, a complexidade deste conceito justificaria um estudo aprofundado, do maior interesse, mas que se afasta do âmbito definido para este trabalho. Fazendo apenas uma breve referência ao artigo 5.º do MC OCDE, este define, no seu n.º 1, estabelecimento estável como uma instalação fixa através da qual a empresa exerce toda ou parte da sua actividade. O n.º 2 enuncia, a título exemplificativo, um conjunto de instalações fixas susceptíveis de constituírem um estabelecimento estável. O n.º 3 refere-se, em particular, à questão dos estaleiros de construção ou projectos de construção ou de montagem, que constituem um estabelecimento estável apenas se a sua duração exceder doze meses. Por seu turno, o n.º 4 prevê um conjunto de instalações que são excepcionadas do conceito de estabelecimento estável, fundamentalmente pelo carácter preparatório ou auxiliar das actividades desenvolvidas com recurso às mesmas. O n.º 5 determina que uma pessoa que actue por conta de uma empresa, e que não seja um agente independente, constitui um estabelecimento estável dessa empresa apenas se tiver e habitualmente exercer poderes para concluir contratos em nome da empresa. O n.º 6 clarifica que a actividade de um agente independente não constitui um estabelecimento estável da empresa, desde que o aludido agente actue no âmbito normal da sua actividade. Por fim, o n.º 7 inclui uma regra relativa a empresas associadas, referindo que a relação de controlo existente entre estas não basta para fazer de qualquer das sociedades estabelecimento estável da outra.

[197] Algumas inspiradas pelo alargamento do conceito de estabelecimento estável previsto no MC ONU, em resposta às especificidades dos países em vias de desenvolvimento.

[198] ANTONIO LOVISOLO, La "stabile organizzazione"..., p. 299.

Parte I – V. Princípios Operativos do Direito Fiscal Internacional   133

A respeito da importância do estabelecimento estável no campo da tributação internacional, refere ALBERTO XAVIER que "o conceito de estabelecimento estável é um dos conceitos fulcrais em torno do qual se articula todo o Direito Fiscal Internacional, revestindo neste domínio alcance comparável com o conceito de domicílio no Direito Internacional Privado"[199]. Por seu turno, CELESTE CARDONA salienta que "o conceito de estabelecimento estável é nuclear e fundamental, quer no âmbito do direito interno para efeitos de tributação de entidades não residentes pelos seus rendimentos comerciais, industriais ou agrícolas, quer a nível internacional a propósito da regulamentação de normas de repartição do poder de tributar pelo Estado da fonte e pelo Estado da residência, com o fim de evitar a dupla tributação jurídica internacional"[200].

O princípio do estabelecimento estável[201] ocupa um ponto fulcral na dialéctica entre o princípio da fonte e o princípio da residência.

Por um lado, ele limita a regra da tributação do lucro das empresas exclusivamente no Estado da sua residência, atribuindo uma competência tributária cumulativa ao Estado da fonte, no caso de lucros imputáveis a um estabelecimento estável situado no seu território. Nesta perspectiva, o princípio do estabelecimento estável constitui uma concessão ao princípio da fonte, evitando o reconhecimento de competência exclusiva para a tributação dos lucros ao Estado do qual as empresas são residentes. O regime em apreço encontra-se previsto no artigo 7.º do MC OCDE[202].

Em contrapartida, o princípio do estabelecimento estável corresponde a uma formulação restrita do princípio da fonte, na medida em que faz depender a tributação no Estado da fonte da existência de um estabeleci-

---

[199] ALBERTO XAVIER, *Direito Tributário...*, pp. 306-307.

[200] MARIA CELESTE CARDONA, *O conceito de estabelecimento estável – Algumas reflexões em torno deste conceito*, in *Estudos em Homenagem à Dra. Maria de Lourdes Órfão de Matos Correia e Vale*, Centro de Estudos Fiscais, Lisboa, 1995, p. 249.

[201] KLAUS VOGEL considera que "princípio da residência e do estabelecimento estável" seria uma designação mais rigorosa para o princípio previsto no artigo 7.º do MC OCDE. KLAUS VOGEL et al., *Klaus Vogel on Double...*, p. 400.

[202] Estabelece o n.º 1 do artigo 7.º do MC OCDE que "os lucros de uma empresa de um Estado contratante só podem ser tributados nesse Estado, a não ser que a empresa exerça a sua actividade no outro Estado contratante através de um estabelecimento estável aí situado. Se a empresa exercer a sua actividade deste modo, os seus lucros podem ser tributados no outro Estado, mas unicamente na medida em que sejam imputáveis a esse estabelecimento estável".

mento estável no seu território e limita tal tributação aos lucros que sejam imputáveis a esse estabelecimento estável. Assim, no que toca aos lucros das empresas, a existência de fonte – em termos relevantes para a atribuição de poder tributário ao Estado da fonte – é, neste caso, restringida, atenta a delimitação do conceito de estabelecimento estável. Tal regime representa, nesta medida, uma concessão ao princípio da residência, permitindo a tributação exclusiva no Estado da residência de todas as situações de lucros empresariais que não sejam imputáveis a um estabelecimento estável existente noutro Estado. É, portanto, afastada a competência do Estado da fonte para tributar os rendimentos derivados de actividades desenvolvidas no seu território sem recurso a um estabelecimento estável aí localizado[203]. Esta regra afasta a tributação dos rendimentos ocasionais, determinando que as actividades económicas serão tributadas por um Estado apenas quando existirem laços económicos significativos entre a empresa e esse Estado.

---

[203] Este facto tem motivado sérias críticas dos países em vias de desenvolvimento, e em particular de alguns países da América Latina, que acusam o princípio do estabelecimento estável de favorecer os países industrializados, privando os países em desenvolvimento de receitas tributárias. Estes países consideram mais justo e mais adequado um sistema de tributação no qual o princípio da fonte tenha maior preponderância, permitindo-lhes tributar lucros auferidos no seu território por não residentes, ainda que aí não disponham de um estabelecimento. O MC ONU, tomando em consideração algumas das aludidas críticas, alarga a definição de estabelecimento estável e admite, embora na sua forma restrita, o princípio da força atractiva do estabelecimento estável. Nos termos do princípio da força atractiva restrita do estabelecimento estável, este é tributável não apenas relativamente aos lucros que lhe sejam efectivamente imputáveis em virtude da sua actividade, mas também relativamente aos lucros de transacções desenvolvidas no Estado do estabelecimento estável, directamente pela sociedade matriz (ou seja, pela sociedade à qual o estabelecimento estável pertence e da qual este é parte integrante) ou por outro estabelecimento estável localizado num terceiro Estado, desde que tais transacções sejam do mesmo tipo ou de um tipo similar àquelas que o estabelecimento leva a cabo. Outra concessão do MC ONU, em resposta às particularidades dos países em vias de desenvolvimento, consiste em permitir a tributação no Estado da fonte dos rendimentos não expressamente previstos na convenção (ao invés da regra da tributação desses rendimentos apenas no Estado da residência do seu beneficiário, prevista no artigo 21.º n.º 1 do MC OCDE). Por seu turno, certas convenções celebradas com países em vias de desenvolvimento ou admitem a tributação independentemente da existência de um estabelecimento ou, ao menos, alargam a definição de estabelecimento no sentido de aceitar, por exemplo, a tributação em razão da existência de instalações de armazenagem ou de exposição de mercadorias.

Parte I – V. *Princípios Operativos do Direito Fiscal Internacional*   135

O princípio do estabelecimento estável impõe, consequentemente, em relação aos lucros das empresas não residentes, uma importante limitação do conceito de fonte do rendimento para efeitos de tributação – tornando irrelevantes, *per se*, aspectos como a localização do fornecimento dos bens e da prestação dos serviços no território de um Estado ou a residência da pessoa singular ou colectiva pagadora dos rendimentos resultantes dessa actividade.

A legitimidade do Estado da fonte para tributar os lucros empresariais depende, portanto, do modo como a actividade que os origina é exercida no seu território e da estrutura material ou pessoal de que a empresa estrangeira aí dispõe para o seu exercício. Deste modo, escapam ao poder tributário do Estado da fonte os lucros de actividades que, embora exercidas no seu território, não recorram a uma estrutura que corporize um estabelecimento estável aí existente[204].

---

[204] Esta conclusão foi reforçada e detalhada, no que toca às prestações de serviços, pela última actualização ao MC OCDE, aprovada pelo Conselho da OCDE em 17 de Julho de 2008. Esta actualização acrescentou aos Comentários ao artigo 5.º do MC OCDE um novo título designado "Tributação de serviços", compreendendo os parágrafos 42.11 a 42.48. Os parágrafos em questão reforçam a ideia da tributação exclusiva no Estado da residência da empresa no caso de rendimentos, decorrentes da prestação de serviços no território de outros Estados, que não sejam imputáveis a um estabelecimento estável situado nesses outros Estados. Refere o parágrafo 42.11 dos Comentários ao artigo 5.º que "o efeito combinado deste artigo [artigo 5.º do MC OCDE] e do artigo 7.º é que os rendimentos de serviços prestados no território de um Estado contratante por uma empresa do outro não sejam tributáveis no primeiro Estado referido, se não forem imputáveis a um estabelecimento estável aí situado (desde que não sejam cobertos pelo disposto noutros artigos da CDT que autorizem tal tributação). Este resultado, nos termos do qual tais rendimentos são tributáveis apenas no outro Estado, encontra fundamento em diversas razões de ordem política e administrativa. É consistente com o princípio do artigo 7.º, nos termos do qual, até que uma empresa de um Estado crie um estabelecimento estável noutro Estado, não deve ser considerada como participando na vida económica desse outro Estado, nem ficar sujeita à jurisdição tributária desse outro Estado. Também a prestação de serviços deveria, regra geral – apenas com algumas excepções, para certos tipos de serviços (por exemplo, os cobertos pelos artigos 8.º e 17.º) – ser tratada da mesma forma que outras actividades empresariais, aplicando-se-lhe, portanto, o mesmo requisito da existência de estabelecimento estável para que exista tributação". Os Comentários referem-se, todavia, à relutância de alguns Estados na adopção de um princípio de tributação exclusiva no Estado da residência relativamente a rendimentos de serviços não imputáveis a um estabelecimento estável situado no Estado da fonte, mas que se referem a serviços prestados no território desse Estado. Os

136   *Princípios do Direito Fiscal Internacional*

Em suma, o conceito de estabelecimento estável tem um papel fundamental na delimitação do poder de tributar do Estado da fonte, no que diz respeito a rendimentos empresariais, permitindo que estes só sejam objecto de tributação nesse Estado quando existirem laços económicos significativos entre a empresa e o referido Estado da fonte.

Todavia, preenchido o requisito da existência desses laços económicos significativos com o Estado da fonte, corporizados na existência de um estabelecimento estável no seu território, o Estado da fonte fica legitimado

---

Comentários admitem que os Estados que sustentam esta posição utilizem mecanismos já existentes para assegurar a tributação de serviços prestados no seu território, mesmo que não sejam imputáveis a um estabelecimento estável aí localizado. Tais mecanismos consistem, por exemplo, na imposição aos sujeitos passivos residentes de uma obrigação de efectuar uma retenção na fonte, nos pagamentos de serviços por estes efectuados a não residentes, quando se trate de serviços prestados no território do Estado (*vide*, a este propósito, o parágrafo 42.17 dos Comentários ao artigo 5.º do MC OCDE). Sem prejuízo do referido, os Comentários salientam, todavia, que não deverá existir um direito de tributação, por parte do Estado da fonte, relativamente a prestações de serviços que ocorram fora do território desse Estado. Designadamente, os factos de o pagador dos serviços ser residente num determinado Estado, de o pagamento dos serviços ser suportado por um estabelecimento estável localizado nesse Estado, ou de o resultado dos serviços ser utilizado nesse Estado, não constituem nexo suficiente para justificar a atribuição de poderes tributários sobre esse rendimento ao Estado em questão. Para que tal se justifique, na perspectiva dos Estados que pretendem manter a tributação de prestações de serviços no Estado da fonte, é necessário que se trate de serviços prestados no território desse Estado. É ainda referido que a tributação no Estado da fonte deve incidir apenas sobre o rendimento decorrente dos serviços, e não sobre o montante bruto pago por tais serviços (*vide* parágrafos 42.18 e 42.19 dos Comentários ao artigo 5.º do MC OCDE). Em conjugação com as limitações impostas à tributação no Estado da fonte de rendimentos de serviços prestados por empresas não residentes, os Comentários consagram ainda, no parágrafo 42.23, uma extensão da definição de estabelecimento estável. Assim, autoriza-se a tributação no Estado da fonte do rendimento de prestação de serviços, mas apenas quando exista um nível mínimo de presença do prestador dos serviços nesse Estado. É esse nível mínimo de presença que é determinado na referida extensão da definição de estabelecimento estável, agora incluída nos Comentários. Nos termos dos parágrafos 42.23 e seguintes, introduzidos pela última actualização ao MC OCDE, presume-se a existência de um estabelecimento estável, para tal efeito, em situações nas quais este não existiria nos termos da definição tradicional de estabelecimento estável prevista no MC OCDE. Os Comentários ilustram, com variados exemplos, a aplicação deste conceito alternativo de estabelecimento estável, a ter em conta nos casos em que o mesmo seja incluído numa CDT.

Parte I – V. Princípios Operativos do Direito Fiscal Internacional 137

para tributar o não residente de forma bastante semelhante à aplicável aos seus residentes.

O preenchimento do conceito de estabelecimento estável permite, no caso concreto, assumir a existência de uma estrutura utilizada no desenvolvimento de uma actividade económica regular no território em questão, determinando a tributação nesse Estado como se de uma entidade jurídica autónoma se tratasse. Conforme refere RUI DUARTE MORAIS, "o recurso à noção de estabelecimento estável traduz-se como que na equiparação de uma realidade económica (uma unidade empresarial) a uma realidade jurídica (um sujeito passivo de imposto)"[205].

Assiste-se, desta forma, a uma "personalização" da tributação das entidades não residentes com estabelecimento estável, ou seja, a uma tributação baseada num nexo pessoal de conexão, idêntico ao aplicável em relação às pessoas colectivas residentes.

Face ao que foi referido, podemos concluir que o princípio do estabelecimento estável envolve, no seu âmbito de aplicação, uma mudança dos termos usuais da ponderação entre o poder de tributar do Estado da fonte e o do Estado da residência. No que toca aos rendimentos empresariais, e de acordo com o aludido princípio, o direito de tributar do Estado da fonte encontra-se dependente do preenchimento de requisitos mais exigentes, relacionados com a existência de um estabelecimento estável. Em contrapartida, preenchidos tais requisitos, o direito de tributar do Estado da fonte pode atingir uma amplitude bastante próxima da que habitualmente caracteriza o direito de tributar do Estado da residência (baseada num elemento de conexão pessoal)[206].

Pode, assim, falar-se num tipo específico de não residente (o não residente com estabelecimento estável), cujas características e presença no território do Estado da fonte são similares às dos seus residentes – o

---

[205] RUI DUARTE MORAIS, *Imputação de Lucros...*, p. 154.

[206] Conforme refere MANUELA DURO TEIXEIRA, "a dicotomia tributação por conexão pessoal (no caso dos residentes) e tributação por conexão real (no caso dos não residentes) é afectada por estes desenvolvimentos. Alguns autores consideram que se poderá já adicionar àquelas duas formas de tributar uma terceira, a dos não residentes tributados por conexões pessoais, ou seja, os não residentes com estabelecimento estável no Estado da fonte, mediante uma "personalização" do estabelecimento estável". MANUELA DURO TEIXEIRA, *A Determinação do Lucro Tributável dos Estabelecimentos Estáveis de Não Residentes,* Almedina, Coimbra, 2007, pp. 33-34.

138 *Princípios do Direito Fiscal Internacional*

que justifica uma sujeição, em grande medida, a regras tributárias seme-lhantes às aplicáveis a estes últimos. Todavia, em virtude de se tratar de um sujeito passivo não residente, sem personalidade jurídica autónoma, integrado numa entidade mais ampla e exterior ao Estado da fonte, o regime fiscal do estabelecimento estável apresenta, normalmente, distinções relativamente ao aplicável aos sujeitos passivos residentes.

Um dos elementos reveladores do fortalecimento da conexão pessoal, no caso dos estabelecimentos estáveis, é o facto de, nos termos das CDT, estes poderem ser tributados relativamente aos rendimentos obtidos por seu intermédio num terceiro Estado[207], distinto quer do Estado da sociedade matriz[208] quer do Estado da localização do estabelecimento estável. Desta forma, a tributação do estabelecimento estável pelo Estado da respectiva localização, relativamente a rendimentos obtidos por seu intermédio num terceiro Estado, deixa de assentar numa conexão exclusivamente territorial, relacionada com o lugar da fonte dos rendimentos, para se basear também numa conexão de natureza pessoal.

A tendencial equiparação do estabelecimento estável a uma sociedade residente do Estado no qual se situa, para efeitos de tributação, dá corpo ao princípio da neutralidade na importação de capitais, alcançando-se, assim, a sujeição a uma carga tributária similar de todas as empresas que desenvolvem a sua actividade num determinado Estado[209].

No que diz respeito ao regime previsto no MC OCDE, este determina que o estabelecimento estável seja assimilado a uma empresa independente, para efeitos do apuramento do respectivo lucro tributável[210].

---

[207] Referimo-nos sempre, neste contexto, a "terceiro Estado". De forma a evitar equívocos, reservamos a expressão "Estado terceiro" apenas para os casos em que nos referimos a um Estado que não integra a UE.

[208] Designamos por "sociedade matriz" a sociedade à qual o estabelecimento estável pertence e da qual este é parte integrante.

[209] Note-se, todavia, que a aludida neutralidade é, em grande parte dos casos, prejudicada pela tributação do estabelecimento estável também no Estado de residência da sua sociedade matriz, ou seja, da sociedade a que pertence. Por outro lado, e conforme teremos oportunidade de referir na Parte II do presente trabalho, o ideal de igualdade, de um ponto de vista fiscal, entre estabelecimentos estáveis e sociedades residentes atinge um nível bastante superior no âmbito do Direito Fiscal Europeu.

[210] O n.º 2 do artigo 7.º do MC OCDE prevê que "quando uma empresa de um Estado contratante exerce a sua actividade no outro Estado contratante através de um estabelecimento estável aí situado, serão imputados, em cada Estado contratante, a esse

Parte I – V. Princípios Operativos do Direito Fiscal Internacional 139

O regime fiscal de assimilação a uma empresa independente implica a rejeição do princípio da força atractiva do estabelecimento estável, sendo este objecto de tributação apenas relativamente aos lucros que lhe forem de facto imputáveis[211]. Implica, por outro lado, a dedutibilidade fiscal das despesas realizadas para a prossecução dos fins do estabelecimento estável, incluindo as despesas de direcção e as despesas gerais de administração – sem exclusão das efectuadas fora do território em que o estabelecimento estável se situa.

---

estabelecimento estável os lucros que este obteria se fosse uma empresa distinta e separada que exercesse as mesmas actividades ou actividades similares, nas mesmas condições ou em condições similares, e tratasse com absoluta independência com a empresa de que é um estabelecimento estável". Note-se que os Comentários ao artigo 7.º sofreram uma série de alterações, na sequência da última actualização ao MC OCDE, aprovada pelo Conselho da OCDE em 17 de Julho de 2008. As alterações prendem-se, fundamentalmente, com a preocupação de assegurar uma interpretação e uma aplicação mais consistentes das regras do artigo 7.º do MC OCDE, dado que a falta de uma interpretação comum deste artigo poderia desencadear problemas, quer de dupla tributação quer de não tributação. Não obstante o trabalho já desenvolvido neste campo pelo Comité de Assuntos Fiscais da OCDE, reconheceu-se que continuavam a existir divergências ao nível da interpretação do artigo 7.º e das práticas dos Estados relativamente à imputação de lucros aos estabelecimentos estáveis. O Comité reconheceu ainda a existência de divergências entre algumas das directrizes estabelecidas no relatório da OCDE de 2008, intitulado *Attribution of Profits to Permanent Establishments*", e a interpretação do artigo 7.º previamente definida nos Comentários ao MC OCDE. Por todos estes motivos, procedeu-se – no contexto da última actualização ao MC OCDE, aprovada pelo Conselho da OCDE em 17 de Julho de 2008 – a uma alteração dos Comentários ao artigo 7.º, incorporando neles um conjunto de conclusões do aludido relatório da OCDE. Desta forma, após a alteração em apreço, os Comentários ao artigo 7.º do MC OCDE desenvolvem com maior rigor a problemática da imputação de lucros ao estabelecimento estável, tentando ainda salientar os aspectos relativamente aos quais existe consenso internacional nesta área, e quais as perspectivas que devem ser rejeitadas neste campo, em termos de prática internacional das CDT. Adicionalmente, encontram--se já em estudo uma alteração à redacção do artigo 7.º do MC OCDE e novas modificações aos respectivos Comentários. A OCDE divulgou uma versão preliminar destas alterações para discussão pública, a qual decorreu entre 7 de Julho e 31 de Dezembro de 2008.

[211] É o que se encontra expressamente consagrado na parte final do n.º 1 do artigo 7.º do MC OCDE, quando refere que os lucros da empresa de um Estado contratante "podem ser tributados no outro Estado, mas unicamente na medida em que sejam imputáveis a esse estabelecimento estável", ou seja, ao estabelecimento estável de que a aludida empresa disponha no outro Estado contratante.

Apesar de o estabelecimento estável não ser uma entidade juridicamente distinta da sua sociedade matriz, a respectiva autonomia para efeitos tributários pressupõe uma autonomia patrimonial e a assimilação das relações do estabelecimento estável com terceiros a verdadeiras relações jurídicas[212]. No âmbito destas relações, o estabelecimento estável apura rendimentos tributáveis e incorre em custos dedutíveis, com base nos quais é apurado o seu lucro tributável. O lucro do estabelecimento estável é, então, sujeito a uma tributação independente no Estado onde se situa.

Refira-se, a este propósito, que o MC OCDE aborda, nos parágrafos 40 a 72 dos Comentários[213] ao n.º 3 do artigo 24.º do MC OCDE, as implicações específicas do princípio da igualdade de tratamento (no qual o princípio da não discriminação se concretiza) ao nível da tributação de um estabelecimento estável de uma empresa não residente. Os aludidos Comentários abarcam o domínio da incidência do imposto (cobrindo aspectos atinentes à determinação da base tributável), o regime especial dos dividendos recebidos em conexão com participações detidas pelos estabelecimentos estáveis, a estrutura e taxa do imposto, o regime da retenção na fonte sobre os dividendos, juros e *royalties* recebidos por um estabelecimento estável, a imputação dos impostos estrangeiros e a extensão aos estabelecimentos estáveis das CDT celebradas com terceiros Estados.

Quanto aos rendimentos que o estabelecimento estável obtenha num terceiro Estado, o Estado da localização do estabelecimento estável pode tributá-los (com excepção dos rendimentos dos bens imóveis situados nesse terceiro Estado), nos termos do n.º 2 do artigo 21.º do MC OCDE. Quando tal suceda, o Estado de residência da sociedade matriz deve conceder um desagravamento em relação ao rendimento que já foi tributado na esfera do estabelecimento, de acordo com o previsto nos artigos 23.º-A e 23.º-B do MC OCDE. Todavia, não se prevê, no texto do MC

---

[212] A questão é mais delicada no que toca às relações entre o estabelecimento estável e a sociedade matriz, tendo dado origem à separação de duas grandes linhas doutrinais: as teorias da independência absoluta e da independência restrita do estabelecimento estável. *Vide*, a este propósito, o ponto 3.1. do capítulo V, da parte I do presente trabalho, referente à caracterização do princípio da tributação como entidades independentes.

[213] Já com a numeração dos Comentários resultante da última actualização ao MC OCDE, aprovada pelo Conselho da OCDE em 17 de Julho de 2008.

OCDE, a concessão de qualquer desagravamento por parte do Estado de localização do estabelecimento estável em relação à tributação já suportada no terceiro Estado do qual provém o rendimento. Assim, neste tipo de situações triangulares, o estabelecimento estável apenas poderá beneficiar de algum desagravamento previsto na legislação interna do Estado onde se localiza, de acordo com o n.º 3 do artigo 24.º do MC OCDE, e não de qualquer desagravamento previsto numa CDT que exista entre o Estado do estabelecimento estável e o aludido terceiro Estado[214].

Quanto à aplicação do desagravamento previsto na legislação interna do Estado de localização do estabelecimento estável, do qual possam beneficiar as empresas desse Estado, esta revela-se como uma decorrência do princípio da não discriminação dos estabelecimentos estáveis. Neste sentido, refere o parágrafo 67 dos Comentários[215] ao artigo 24.º n.º 3 do MC OCDE que "quando os rendimentos de fonte estrangeira são incluídos nos lucros imputáveis a um estabelecimento estável, justifica-se, por força do mesmo princípio [o princípio da não discriminação], acordar a esse estabelecimento estável a imputação dos impostos estrangeiros relativos a esses rendimentos quando a legislação interna concede esse crédito às empresas residentes".

Todavia, o problema torna-se mais complexo quando, no Estado onde se localiza o estabelecimento estável de uma sociedade do outro Estado contratante, a imputação dos impostos cobrados no terceiro Estado da fonte do rendimento não possa efectuar-se com recurso à legislação interna, mas apenas ao abrigo das CDT. Neste caso, a resolução da questão fica dependente da resposta ao complexo problema, de índole mais geral, do eventual alargamento aos estabelecimentos estáveis das CDT celebradas com terceiros Estados.

Tendo em conta a sua situação particular – não residentes do Estado onde se localizam, mas com uma presença substancial no território desse Estado – os estabelecimentos estáveis suscitam questões particularmente difíceis de resolver ao nível da aplicação das CDT.

No que toca ao âmbito subjectivo de aplicação das CDT, importa notar que, sendo estas aplicáveis às pessoas que sejam residentes de um

---

[214] *Vide* o parágrafo 5 dos Comentários ao artigo 21.º do MC OCDE e os parágrafos 9 e 10 dos Comentários ao artigo 23.º do MC OCDE.

[215] Já com a numeração dos Comentários resultante da última actualização ao MC OCDE, aprovada pelo Conselho da OCDE em 17 de Julho de 2008.

142 *Princípios do Direito Fiscal Internacional*

ou de ambos os Estados contratantes, nos termos do artigo 1.º do MC OCDE, os estabelecimentos estáveis não beneficiam da protecção das CDT. De facto, os estabelecimentos estáveis não são "pessoas" nem são considerados residentes do Estado em que se localizam.

Deste modo, quando uma sociedade residente em determinado Estado tem um estabelecimento estável noutro Estado, através do qual recebe rendimentos provenientes de um terceiro Estado, distinto quer do Estado onde o estabelecimento se localiza quer do Estado da sociedade matriz[216], ele pode não beneficiar, nem no terceiro Estado nem no Estado do estabelecimento estável, das previsões da CDT celebrada entre esses dois Estados[217]. Desta forma, pode ocorrer dupla tributação jurídica internacional mesmo que exista uma CDT entre o Estado de localização do estabelecimento estável e o terceiro Estado.

Efectivamente, conforme é reconhecido pelos Comentários ao MC OCDE[218], uma situação triangular como a descrita não é contemplada pela aludida CDT, uma vez que as CDT são aplicáveis apenas às pessoas residentes de um ou de ambos os Estados contratantes, o que, conforme foi já referido, não abrange os estabelecimentos estáveis localizados nos Estados contratantes.

Os Comentários ao MC OCDE propõem, todavia, alguns progressos ao nível da extensão aos estabelecimentos estáveis dos benefícios das CDT, nos termos que passamos a referir.

Quando um estabelecimento estável localizado num Estado contratante de uma sociedade residente do outro Estado contratante recebe dividendos, juros ou *royalties* provenientes de um terceiro Estado, coloca--se a questão de saber se e em que medida o Estado contratante onde está situado o estabelecimento estável deverá imputar o imposto não recuperável do terceiro Estado. De facto, nestas situações ocorre dupla tributação, sendo necessário proceder ao seu desagravamento.

Relativamente aos Estados que não concedem a imputação do imposto suportado pelo estabelecimento estável no terceiro Estado – nem com base na respectiva legislação interna, nem por força do princípio da não discriminação dos estabelecimentos estáveis tal como este se encontra

---

[216] Existindo, portanto, uma situação triangular.
[217] KLAUS VOGEL et al., *Klaus Vogel on Double...*, p. 88.
[218] *Vide* o parágrafo 11 dos Comentários ao artigo 23.º do MC OCDE.

Parte I – V. Princípios Operativos do Direito Fiscal Internacional   143

previsto no n.º 3 do artigo 24.º do MC OCDE – os Comentários ao MC OCDE sugerem a introdução de um texto adicional no âmbito do aludido número do artigo 24.º, no sentido de permitir a resolução da questão em apreço[219].

A inclusão do referido texto adicional, no n.º 3 do artigo 24.º da CDT entre o Estado de localização do estabelecimento estável e o Estado de residência da sua sociedade matriz, permitiria ao Estado do estabelecimento estável a imputação do imposto por este pago no terceiro Estado (Estado da fonte), num montante que não excedesse aquele que as empresas residentes do Estado contratante onde o estabelecimento estável está situado poderiam imputar com base na CDT desse Estado com o terceiro Estado. Caso o imposto recuperável nos termos da CDT entre o terceiro Estado e o Estado da residência da sociedade matriz fosse inferior ao previsto nos termos da CDT celebrada entre o terceiro Estado e o Estado do estabelecimento estável, apenas deveria ser imputado aquele valor mais baixo do imposto pago no terceiro Estado.

Sem prejuízo do referido *supra* quando à importância da resolução das situações de dupla tributação nos casos triangulares, estes prestam-se, por outro lado, a situações de abuso. Nos casos em que o Estado contratante de residência da sociedade matriz isenta os lucros do estabelecimento estável situado no outro Estado contratante, existe o risco de as sociedades

---

[219] O parágrafo 70 dos Comentários (já com a numeração dos Comentários resultante da última actualização ao MC OCDE, aprovada pelo Conselho da OCDE em 17 de Julho de 2008) sugere o aditamento pelos Estados, nas CDT celebradas, do seguinte texto, a ser incluído após a primeira frase do n.º 3 do artigo 24.º: "Quando um estabelecimento estável de um Estado contratante de uma empresa do outro Estado contratante receba dividendos ou juros provenientes de um Estado terceiro e a participação ou crédito geradores dos dividendos ou dos juros estão efectivamente associados a esse estabelecimento estável, o primeiro Estado concede um crédito de imposto relativamente ao imposto pago no Estado terceiro sobre os dividendos ou juros, consoante o caso, mas o montante desse crédito não poderá exceder o montante calculado mediante a aplicação da taxa correspondente prevista na Convenção em matéria de impostos sobre o rendimento e o património entre o Estado de que a empresa é residente e o Estado terceiro". Note-se que as referências a "Estado terceiro" incluídas na citação acima transcrita correspondem, na terminologia por nós adoptada, a um "terceiro Estado", uma vez que, de forma a evitar equívocos, reservamos a expressão "Estado terceiro" apenas para os casos em que nos referimos a um Estado que não integra a UE.

144   *Princípios do Direito Fiscal Internacional*

transferirem activos (principalmente acções, obrigações ou patentes) para estabelecimentos estáveis sitos em Estados que prevejam um tratamento fiscal particularmente favorável. Em resultado dessa situação, e desde que reunidas determinadas circunstâncias, os rendimentos daí resultantes poderiam acabar por não ser sujeitos a tributação em nenhum dos três Estados em causa.

Poderia obviar-se a tais situações mediante a inclusão, na CDT entre o Estado de residência da sociedade matriz e o terceiro Estado (Estado da fonte), de uma disposição que previsse que a sociedade matriz só poderia requerer os benefícios da CDT se os rendimentos obtidos pelo estabelecimento estável situado no outro Estado fossem sujeitos a uma tributação normal no Estado do estabelecimento estável.

Quanto a outras relações triangulares distintas da situação triangular "clássica" envolvendo três Estados – veja-se, por exemplo, o caso em que o Estado da sociedade matriz é também o Estado de onde provêm os rendimentos imputáveis ao estabelecimento estável situado no outro Estado – os Comentários ao MC OCDE sugerem a respectiva resolução pelos Estados, através de negociações bilaterais.

Não podemos deixar de apontar o forte contraste existente entre a já referida "personalização" da tributação dos estabelecimentos estáveis, por um lado, e, por outro, a impossibilidade de estes beneficiarem das CDT celebradas pelo Estado no qual se localizam, em termos similares aos das entidades aí residentes.

Deste modo, concordamos com RUI DUARTE MORAIS quando afirma que faria sentido ponderar-se a possibilidade de, ao menos em determinadas situações, o Estado da localização do estabelecimento estável assumir a posição de Estado da residência para efeitos da aplicação das CDT – ultrapassando-se, assim, a ocorrência de dupla tributação internacional em muitas situações "triangulares" envolvendo estabelecimentos estáveis[220].

Por último, apenas uma brevíssima referência à crescente desadequação do princípio do estabelecimento estável face às novas formas de obtenção de rendimentos empresariais[221].

---

[220] RUI DUARTE MORAIS, *Imputação de Lucros...*, pp. 155-156.

[221] Não desenvolvemos a aludida questão, uma vez que esta, embora de inegável relevância, não integra o objecto do presente trabalho. Neste – sob pena de nos desviarmos

De facto, o conceito de estabelecimento estável, bem como a sua importância em termos de determinação da legitimidade tributária dos Estados, surgiram quando o panorama do comércio internacional era bastante diferente do que existe actualmente[222]. A presença física num determinado território era, então, efectivamente relevante para efeitos do desenvolvimento de uma actividade empresarial nesse território. Daí que tal presença tenha sido consagrada como o elemento revelador da existência de uma relação económica substancial da empresa com determinado Estado, justificativa da atribuição a este de poder tributário sobre aquela.

Contudo, com o actual panorama do comércio internacional – pautado pelas novas formas de desenvolvimento de actividades económicas, pela evolução tecnológica e das comunicações e, em particular, pelo comércio electrónico – as empresas podem, de forma reiterada, obter avultados rendimentos empresariais originados num determinado território, sem necessitarem de ter aí qualquer presença física estável, quer em termos de uma instalação fixa, quer em termos de pessoal.

Pode, consequentemente, ser questionada a adequação do conceito tradicional de estabelecimento estável – baseado na presença física estável num território – para continuar a determinar a repartição do poder tributário entre os Estados, no que toca a rendimentos empresariais.

---

da linha condutora inicialmente definida –, abordamos os princípios que se encontram actualmente consagrados no âmbito do DFI e relativamente aos quais continua a existir amplo consenso. Mesmo que tal consenso se baseie numa certa dose de inércia dos Estados e das instituições internacionais, tendo em conta o relativo desajustamento dos princípios em causa face às realidades actuais. Quando considerarmos que tal desajustamento se verifica, daremos uma breve nota da referida problemática, mas procurando não nos desviarmos do objecto definido para o trabalho e da respectiva linha condutora.

[222] A este propósito, ALBERT J. RÄDLER salienta o facto de o conceito de estabelecimento estável ter vindo a ser lentamente desenvolvido desde há 150 anos. Em contrapartida, a economia tem-se alterado a um ritmo bastante mais rápido. Cfr. ALBERT J. RÄDLER, *Recent trends in European and international taxation*, Intertax, n.º 8/9, Agosto/Setembro 2004, p. 370.

146   *Princípios do Direito Fiscal Internacional*

2. Princípio da Eliminação da Dupla Tributação no Estado da Residência

2.1. Métodos de Eliminação da Dupla Tributação

A aplicação dos métodos de eliminação da dupla tributação torna-se necessária caso exista um reconhecimento de competência cumulativa para tributar, ou seja, quando as regras de repartição do poder tributário previstas nos artigos 6.º a 22.º do MC OCDE permitem que os rendimentos sejam tributados simultaneamente no Estado da residência de quem os aufere e no Estado da fonte.

Consideramos, assim, que os métodos de eliminação da dupla tributação internacional constituem uma última etapa no processo idealizado pelo MC OCDE para a resolução deste problema. Estes métodos operam como complemento de outros mecanismos previstos no mesmo MC OCDE com o intuito de eliminar a dupla tributação – como são as regras de distribuição do poder tributário, previstas nos artigos 6.º a 22.º do MC OCDE – quando estes não permitam, apenas por si, evitar a ocorrência da dupla tributação[223].

Por uma questão de comodidade de referência, utilizamos as expressões "eliminação da dupla tributação internacional no Estado da residência" ou "aplicação de métodos de eliminação da dupla tributação internacional" para nos referirmos à derradeira fase de resolução da questão da dupla tributação. Mas isto sem prejuízo do reconhecimento da existência de momentos anteriores no processo de evitar e eliminar a dupla tributação, como são a resolução de conflitos positivos de residência e a repartição entre os Estados do poder de tributar relativamente aos vários tipos de rendimento.

---

[223] Neste sentido, KLAUS VOGEL et al., *Klaus Vogel on Double...*, p. 1130. O autor considera mesmo que o título do Capítulo V do MC OCDE é enganador, pois dá a impressão que as formas de eliminação da dupla tributação são exclusivamente abordadas nos artigos 23.º A e 23.º B. Deste modo, VOGEL sugere, como um título mais adequado para o Capítulo V do MC OCDE, "Métodos de eliminação da dupla tributação residual". Cfr. também CALDERÓN CARRERO, *La Doble Imposición...*, pp. 108-109.

Parte I – V. Princípios Operativos do Direito Fiscal Internacional 147

A atribuição ao Estado da residência da responsabilidade última pela eliminação da dupla tributação internacional (e, portanto, a obrigação de aplicar o método seleccionado para tal efeito) é um dos pontos de consenso do actual DFI. Existe também um alargado consenso internacional no que diz respeito aos métodos a que o Estado da residência poderá recorrer para efeitos desta eliminação da dupla tributação internacional: o método da isenção e o método da imputação ou do crédito de imposto[224].

Todavia, não foi possível chegar-se a acordo, no âmbito da OCDE, relativamente à consagração de apenas um método de eliminação de dupla tributação, devido ao facto de a filosofia subjacente aos dois métodos em causa ser bastante diferente.

O método da isenção assenta no pressuposto de que o Estado onde o rendimento é obtido tem maior legitimidade para tributar, tendo, portanto, o Estado da residência que ceder o seu direito de tributar mediante a concessão da isenção. Em contrapartida, o método da imputação foi concebido, em termos mais pragmáticos, com o objectivo de evitar que a carga fiscal resultante do reconhecimento da legitimidade de ambos os Estados para tributar atingisse níveis excessivos, injustos ou desvantajosos em termos económicos[225].

Os métodos em apreço enquadram-se, portanto, em diferentes opções de política fiscal, tendo efeitos díspares tanto em termos económicos como ao nível da arrecadação de receita fiscal. Cada Estado irá dar preferência ao método de eliminação da dupla tributação internacional que seja mais adequado aos seus interesses.

Deste modo, em virtude da referida falta de acordo entre os Estados no que toca à consagração de um único método, o MC OCDE prevê ambos os métodos em alternativa, nos artigos 23.º-A e B.

Nos termos do **método da isenção**, o Estado da residência isenta de imposto os rendimentos de origem estrangeira que, de acordo com a

---

[224] Para um tratamento particularmente detalhado dos métodos de eliminação da dupla tributação, cfr. MANUEL PIRES, *Da Dupla Tributação...*, pp. 338-412; KLAUS VOGEL et al., *Klaus Vogel on Double...*, pp. 1118-1272. Sobre este assunto *vide*, também, ALBERTO XAVIER, *Direito Tributário...*, pp. 741-755; JOSÉ CASALTA NABAIS, *Direito Fiscal...*, pp. 237-240; MANUEL PIRES, *Direito Fiscal – Apontamentos,* 3.ª ed., Almedina, Coimbra, 2008, pp. 194-198.

[225] KLAUS VOGEL et al., *Klaus Vogel on Double...*, p. 1131.

Convenção, possam ser tributados no outro Estado contratante (o Estado da fonte).

O método da isenção tem duas modalidades. De acordo com a primeira, o **método da isenção integral**, o rendimento isento não é tomado em consideração na determinação da taxa de imposto aplicável, no Estado da residência, ao restante rendimento do sujeito passivo. Em contrapartida, nos termos do **método da isenção com progressividade**, o rendimento de fonte estrangeira, embora isento, é tomado em consideração, conjuntamente com os de fonte interna, na determinação da taxa de imposto aplicável, no Estado da residência, ao resto do rendimento global do sujeito passivo.

Naturalmente que o método da isenção com progressividade (também designado por método da isenção qualificada ou da taxa efectiva) só se justifica e só tem alcance prático quando exista, ao nível do Estado da residência, um imposto progressivo. Perante um imposto desta natureza, a isenção integral dos rendimentos de fonte estrangeira limitaria a progressividade do imposto, gerando uma situação de desigualdade entre contribuintes, consoante os seus rendimentos fossem de origem predominantemente (ou até exclusivamente) interna ou estrangeira. De facto, os contribuintes com rendimentos originados no estrangeiro ficariam sujeitos a taxas de imposto mais reduzidas relativamente aos seus rendimentos domésticos, em comparação com os contribuintes com idêntico nível de rendimento global mas apenas de fonte interna.

O artigo 23.º-A do MC OCDE consagra o método da isenção com progressividade, conjugado com a imputação normal no que toca a dividendos, juros e, no caso de Portugal, também *royalties*[226]. Prevê-se que o Estado da residência isentará de imposto os rendimentos que, em conformidade com o disposto na Convenção, possam ser tributados no outro Estado contratante (Estado da fonte), mas que manterá o direito de tomar em consideração os rendimentos assim isentos para efeitos da determinação do imposto que incidirá, no Estado da residência, sobre os outros rendimentos desse sujeito passivo.

---

[226] Em virtude da reserva apresentada por Portugal ao MC OCDE, que lhe permite tributar os *royalties* também no Estado da fonte.

Parte I – V. Princípios Operativos do Direito Fiscal Internacional   149

Note-se que, conforme resulta do parágrafo 34 dos Comentários ao artigo 23.°-A do MC OCDE, o Estado da residência deve conceder a isenção quer o direito de tributar seja ou não efectivamente exercido pelo outro Estado. Assim, a concessão de isenção pelo Estado da residência deve ocorrer mesmo que o Estado da fonte não tenha efectivamente tributado o rendimento em apreço (quer por ausência de regra de incidência na sua legislação interna, quer em virtude da atribuição de uma isenção prevista no seu direito interno), bastando para tal que este Estado tenha poderes tributários nos termos da CDT[227].

Este método é considerado o mais prático, dado que dispensa o Estado da residência de efectuar averiguações sobre o regime fiscal efectivamente aplicado no outro Estado. Ressalvam-se, todavia, as situações previstas no n.° 4 do artigo 23.°-A, de acordo com o qual o Estado da residência não está obrigado a isentar o rendimento quando o Estado da fonte interprete as disposições da CDT no sentido de não ter competência para tributar o referido rendimento. Importa salientar que, conforme refere ALBERTO XAVIER, o n.° 4 do artigo 23.°-A "apenas se aplica à dupla não--tributação em razão de conflitos de interpretação ou qualificação, mas não à dupla não-tributação por razões de lei interna"[228].

O método da isenção com progressividade apresenta as virtualidades de incentivar o investimento no estrangeiro e de assegurar a neutralidade fiscal na importação de capitais.

Conforme referimos *supra*, no que toca aos dividendos, juros e *royalties*, mesmo no contexto do artigo 23.°-A do MC OCDE estes encontram-se excluídos da aplicação do método da isenção com progressividade, aplicando-se-lhes o método da imputação normal. O regime em apreço visa assegurar a obtenção de receita fiscal pelo Estado da residência

---

[227] Note-se, contudo, que os Estados contratantes de uma CDT poderão optar por convencionar expressamente que o Estado da residência não fica obrigado a conceder a isenção se o rendimento em causa não for tributável nos termos da legislação interna do Estado da fonte, ou se este rendimento não for efectivamente sujeito a tributação no Estado da fonte. Trata-se de uma forma de obviar à não tributação do rendimento. A propósito da dupla não tributação do rendimento, cfr. INTERNATIONAL FISCAL ASSOCIATION, *Double Non-Taxation* – Cahiers de Droit Fiscal International, vol. 89a, Sdu Fiscale & Financiele Uitgevers, Amersfoort, 2004.

[228] ALBERTO XAVIER, *Direito Tributário...*, p. 747.

150   *Princípios do Direito Fiscal Internacional*

relativamente a este tipo de rendimentos, ao mesmo tempo que se conjuga com os limites máximos introduzidos à tributação dos mesmos no Estado da fonte e que alcança uma distribuição entre ambos os Estados do custo da eliminação da dupla tributação internacional.

O outro método ao qual o Estado da residência poderá recorrer, nesta derradeira fase da eliminação da dupla tributação internacional, é o **método da imputação ou do crédito de imposto**. Nos termos deste método, o Estado da residência tributa o rendimento global do sujeito passivo, incluindo os rendimentos de fonte estrangeira, mas permite a dedução, ao respectivo imposto, de importância equivalente ao imposto pago no Estado da fonte[229].

Este método tem duas modalidades. Uma primeira modalidade corresponde ao **método da imputação integral**, no âmbito do qual o Estado da residência permite a dedução do valor total do imposto pago no Estado da fonte. Em contrapartida, no **método da imputação normal**, a dedução permitida pelo Estado da residência é limitada à fracção do respectivo imposto correspondente aos rendimentos com origem no outro Estado. Nestes termos, caso o imposto do Estado da fonte seja mais elevado do que o imposto devido no Estado da residência relativamente aos mesmos rendimentos, a imputação normal permitirá apenas uma dedução parcial do imposto estrangeiro.

O artigo 23.º-B do MC OCDE consagra o método da imputação normal, prevendo que – no caso de rendimentos que, em conformidade com o disposto na Convenção, possam ser tributados no Estado da fonte – o Estado da residência deduzirá do respectivo imposto uma importância igual ao imposto pago no Estado da fonte. Contudo, a importância deduzida não pode exceder a fracção do imposto do Estado da residência, calculado antes da dedução, correspondente ao rendimento tributado no Estado da fonte.

Graças ao referido limite máximo de dedução, a aplicação do método da imputação normal nunca resulta, para o Estado da residência, numa perda de receita tributária superior àquela que sofreria se aplicasse o método da isenção com progressividade. Por outro lado, o método da imputação normal permite que o Estado da residência tire vantagem das situações em que o Estado da fonte tem taxas de tributação mais baixas.

---

[229] Desde que, naturalmente, o imposto pago no Estado da fonte seja de natureza idêntica ao imposto a pagar no Estado da residência.

Parte I – V. Princípios Operativos do Direito Fiscal Internacional

O método da imputação é o método de eliminação da dupla tributação internacional que beneficia de maior aceitação entre os Estados. É, contudo, aquele cuja aplicação é mais complexa.

Entre as vantagens apontadas a este método, destaca-se o facto de assegurar um razoável respeito pelo princípio da igualdade entre contribuintes e, em particular, pelo princípio da capacidade contributiva. O método da imputação normal visa assegurar a neutralidade fiscal na exportação de capitais e reduzir o custo fiscal suportado pelo Estado da residência, em termos de privação de receitas fiscais, na eliminação da dupla tributação internacional.

Em contrapartida, o funcionamento do método da imputação no Estado da residência tem um efeito de neutralização das políticas fiscais do Estado da fonte, destinadas a estimular o afluxo de capitais estrangeiros através da redução das taxas de imposto aplicáveis neste Estado. O método da imputação elimina, portanto, o impacto efectivo para o beneficiário do rendimento das taxas de imposto mais baixas que vigorem no Estado da fonte. O aludido método origina, nestes casos, uma transferência de receitas fiscais do Estado da fonte (que prescinde delas ao consagrar taxas de imposto mais reduzidas) para o Estado de residência do beneficiário do rendimento (que, ao ter de conceder um crédito de imposto de valor mais reduzido, recupera receita fiscal)[230].

No âmbito do método da imputação ou do crédito de imposto, os Estados contratantes podem, ainda, adoptar modalidades de crédito de imposto fictício (*tax sparing credit*) ou de crédito de imposto presumido (*matching credit*).

O crédito de imposto fictício (*tax sparing credit*) consiste na concessão, pelo Estado da residência, de um crédito de montante correspondente ao imposto que teria sido pago no Estado da fonte, caso o rendimento não estivesse aí isento de imposto ou sujeito a tributação reduzida. Esta moda-

---

[230] Este é um dos motivos pelos quais KLAUS VOGEL manifesta a sua preferência pelo método de isenção com uma cláusula de sujeição a imposto. Este último método evita um sério inconveniente do método da imputação, que consiste no facto de uma taxa de imposto mais elevada no Estado da residência frustrar os objectivos, designadamente de atracção de capital estrangeiro, prosseguidos pelo Estado da fonte mediante a consagração de taxas reduzidas de imposto. KLAUS VOGEL, *Which method should...*, p. 6.

lidade de crédito de imposto tem como objectivo preservar os incentivos fiscais concedidos pelo Estado da fonte ao rendimento obtido no seu território, normalmente com o intuito de atrair investimento estrangeiro.

O crédito de imposto presumido (*matching credit*) corresponde à atribuição, no Estado da residência, de um crédito de imposto mais elevado do que aquele que corresponderia à aplicação da taxa de imposto vigente no Estado da fonte, tendo em conta as disposições da CDT e da legislação interna deste Estado. O crédito de imposto é, portanto, previsto pela CDT tendo em consideração uma determinada taxa fixada para o efeito, sem qualquer preocupação de correspondência com a taxa do Estado da fonte.

A consagração pelos Estados do crédito de imposto fictício ou do crédito de imposto presumido não é muito comum, ocorrendo principalmente em CDT celebradas com países em vias de desenvolvimento. Verifica-se, todavia, uma tendência crescente para evitar este tipo de mecanismo, pelas utilizações abusivas de que pode ser objecto[231].

Por último, cabe aludir à distinção entre imputação directa e indirecta. Nos termos da imputação directa, o sujeito passivo pode deduzir, ao imposto sobre o rendimento devido no seu Estado de residência, o imposto retido no Estado da fonte dos rendimentos. Quanto à imputação indirecta (*indirect tax credit* ou *underlying tax credit*), esta permite ao sujeito passivo, cujo Estado de residência adoptou este método, que deduza não só o imposto retido na fonte sobre os dividendos, mas também parte do imposto incidente sobre os lucros da sociedade que deram origem aos dividendos distribuídos[232].

---

[231] Conforme salienta MARIA MARGARIDA CORDEIRO MESQUITA, "reconhecendo embora a importância destas cláusulas por forma a impedir que convenções que incluam o método da imputação ponham em causa as vantagens fiscais oferecidas por um país aos investidores estrangeiros – mediante a consagração do regime de "tax sparing credit", que determina a atribuição ao investidor de um crédito de imposto ao abrigo do regime de incentivos no Estado da fonte, o Estado da residência reconhece efectivamente o direito daquele Estado a estruturar o seu sistema fiscal de acordo com os seus objectivos –, há cada vez mais países a mudar a sua atitude em relação a este regime, dado o aproveitamento destas cláusulas em conjugação com esquemas de concorrência desleal por parte de investidores de alguns países". In MARIA MARGARIDA CORDEIRO MESQUITA, *As Convenções...*, p. 296.

[232] A imputação indirecta, que assume várias designações no campo internacional (*indirect credit, indirect foreign tax credit, underlying tax credit*), pode ser resumidamente

Parte I – V. Princípios Operativos do Direito Fiscal Internacional   153

Embora a imputação indirecta se encontre já prevista nalgumas CDT, sobretudo nas mais recentes, a maioria das CDT continua a prever apenas a imputação directa[233]. Nestes termos, a imputação indirecta não se encontra ainda consagrada de modo generalizado nas CDT – situação que contrasta, no que toca à tributação dos dividendos no contexto da UE, com a respectiva previsão na Directiva sociedades-mães / sociedades afiliadas.

2.2. Ponderação dos Métodos de Eliminação da Dupla Tributação

Em resultado da aplicação do método da isenção, o imposto incidente sobre um determinado rendimento proveniente do estrangeiro corresponde ao nível de imposto vigente no Estado da fonte do rendimento[234].

Pelo contrário, o método da imputação eleva a carga fiscal suportada relativamente aos rendimentos com origem no estrangeiro ao nível da tributação existente no Estado da residência, se esta for mais elevada. Se a carga fiscal no Estado da residência for mais baixa do que a aplicável no Estado da fonte, então o nível de tributação suportado será o vigente no Estado da fonte do rendimento. Portanto, no caso de a carga fiscal no Estado da residência ser mais baixa do que a aplicável no Estado da fonte, o resultado da aplicação do método da imputação é semelhante ao resultado da aplicação do método da isenção.

---

apresentada da seguinte forma: "Em relação a um dividendo, pode ser concedido um crédito indirecto pelo imposto cobrado sobre os lucros da empresa a partir dos quais os dividendos foram pagos (também designado como *"underlying tax"*). Quando os dividendos passam através de uma cadeia de empresas, o crédito pode também ser concedido pelo imposto cobrado sobre os lucros de cada empresa nessa cadeia. Nalguns casos, isto está limitado a um determinado número de níveis. Tal crédito pode ser concedido quer nos termos de uma convenção fiscal, quer de acordo com disposições unilaterais". In *IBFD International Tax Glossary*, 5.ª ed., IBFD, Amesterdão, 2005, p. 101. Cfr., ainda, ALBERTO XAVIER, *Direito Tributário...*, p. 755.

[233] No que respeita às CDT celebradas por Portugal, algumas das mais recentes prevêem o método da imputação indirecta.

[234] Ao qual acresce, no caso da isenção com progressividade, o efeito do aumento do imposto devido no Estado da residência relativamente ao resto do rendimento global do sujeito passivo.

154 Princípios do Direito Fiscal Internacional

De um ponto de vista económico, o método da isenção permite iguais condições de competitividade no Estado da fonte entre investidores de diversos países (neutralidade fiscal na importação de capitais).

Por outro lado, o método da imputação proporciona um igual tratamento no Estado da residência de todos os investimentos, quer sejam realizados nesse Estado ou no estrangeiro (neutralidade fiscal na exportação de capitais)[235].

O método da imputação é o método de eliminação da dupla tributação internacional que beneficia de maior aceitação entre os Estados. Assegura um razoável respeito pelo princípio da capacidade contributiva e, na perspectiva dos Estados, geralmente reduz o custo fiscal suportado pelo Estado da residência com a eliminação da dupla tributação internacional, ao limitar a privação de receitas fiscais.

Este método tende a favorecer o Estado com o nível de tributação mais elevado, fazendo com que as taxas de tributação mais reduzidas aplicadas no Estado da fonte beneficiem o Estado de residência, e não o sujeito passivo. Assim, a aplicação deste método de eliminação da dupla tributação no outro Estado contratante é particularmente desvantajoso para os países em desenvolvimento, uma vez que retira efeito útil a uma política fiscal de redução da tributação que seja eventualmente prosseguida por tais países em desenvolvimento com o objectivo de atrair investimento estrangeiro.

3. Princípio da Tributação como Entidades Independentes

Os grupos multinacionais de empresas encontraram solo fértil para o seu desenvolvimento no ambiente de crescente internacionalização da economia, de liberalização do investimento transfronteiriço e de existência de um mercado a nível mundial, que caracterizou a segunda metade do século XX[236]. O fenómeno é particularmente notório em espaços onde vigora uma integração económica e onde se procura eliminar os obstáculos,

---

[235] KLAUS VOGEL et al., *Klaus Vogel on Double...*, pp. 1131-1132.

[236] Sobre a influência do actual sistema económico, caracterizado pela globalização da economia, no advento dos grupos de sociedades, *vide* JOSÉ ENGRÁCIA ANTUNES, *Os Grupos de Sociedades*, 2.ª ed., Almedina, Coimbra, 2002, pp. 31-50.

Parte I – V. Princípios Operativos do Direito Fiscal Internacional   155

da mais diversa natureza, à livre circulação de serviços e de capitais entre os Estados e ao exercício do direito de estabelecimento em Estados distintos do de origem, como é o caso da UE.

O crescimento exponencial, em termos de número e de importância económica, dos grupos multinacionais de empresas tem originado um grande aumento do número de relações comerciais e financeiras entre entidades relacionadas e, como tal, um significativo acréscimo de importância da problemática relacionada com o seu tratamento fiscal, pelo grande impacto que assume em termos de receita fiscal dos Estados.

Neste contexto, prevalece, a nível internacional, a opção pela tributação das unidades empresariais integradas em grupos multinacionais de empresas como se fossem entidades independentes, nos termos de um princípio que optámos por designar como "princípio da tributação como entidades independentes".

3.1. Caracterização

O princípio da tributação como entidades independentes determina a tributação de empresas associadas e mesmo de empresas não juridicamente distintas (caso dos estabelecimentos estáveis em relação à empresa de que são estabelecimento estável, ou seja, à respectiva sociedade matriz) como se fossem entidades independentes. Nos termos respectivamente do artigo 9.º n.º 1 e do artigo 7.º n.º 2, ambos do MC OCDE[237], este princípio norteia a determinação do lucro tributável tanto de empresas associadas como de estabelecimentos estáveis.

---

[237] O artigo 9.º n.º 1 do MC OCDE (Empresas associadas) estabelece o seguinte: "Quando:

a) uma empresa de um Estado contratante participa, directa ou indirectamente, na direcção, no controlo ou no capital de uma empresa do outro Estado contratante; ou

b) as mesmas pessoas participam, directa ou indirectamente, na direcção, no controlo ou no capital de uma empresa de um Estado contratante e de uma empresa do outro Estado contratante,

e, em ambos os casos, as duas empresas, nas suas relações comerciais ou financeiras, estão ligadas por condições aceites ou impostas que difiram das que seriam estabelecidas entre empresas independentes, os lucros que, se não

156   *Princípios do Direito Fiscal Internacional*

Assim, nos termos das referidas disposições do MC OCDE, o rendimento tributável de empresas associadas e de estabelecimentos estáveis (adiante também indistintamente designados, aquelas e estes, como "entidades relacionadas", por uma questão de facilidade de referência) deve ser calculado de acordo com o princípio da tributação como entidades independentes.

O princípio da tributação como entidades independentes cria, no caso de situações tributárias internacionais protagonizadas por entidades relacionadas, as condições de base que permitem, depois, a conjugação com os princípios relativos ao fundamento e à extensão do poder de tributar dos Estados.

Podemos dizer que o princípio da tributação como entidades independentes pretende regular, no contexto das situações tributárias internacionais envolvendo entidades relacionadas, a divisão das receitas tributárias entre os vários Estados nos quais as partes da empresa multinacional (sejam elas estabelecimentos estáveis ou empresas associadas) desenvolvem a sua actividade[238]. O aludido princípio contribui, ainda, para impedir a evasão fiscal e para evitar a dupla tributação internacional de lucros, articulando-se com os métodos de eliminação da dupla tributação previstos nos artigos 23.º-A e 23.º-B do MC OCDE.

---

existissem essas condições, teriam sido obtidos por uma das empresas, mas não o foram por causa dessas condições, podem ser incluídos nos lucros dessa empresa e, consequentemente, tributados".

Por seu turno, o artigo 7.º n.º 2 do MC OCDE (Lucros das empresas) prevê o seguinte:

"Com ressalva do disposto no número 3, quando uma empresa de um Estado contratante exerce a sua actividade no outro Estado contratante através de um estabelecimento estável aí situado, serão imputados, em cada Estado contratante, a esse estabelecimento estável os lucros que este obteria se fosse uma empresa distinta e separada que exercesse as mesmas actividades ou actividades similares, nas mesmas condições ou em condições similares, e tratasse com absoluta independência com a empresa de que é estabelecimento estável".

[238] Consideramos que é este o papel fundamental atribuído ao princípio da tributação como entidades independentes, no âmbito do DFI. Isto sem prejuízo de se poder contestar, como faz, por exemplo, ANA PAULA DOURADO, a efectiva adequação do aludido princípio para tal efeito. Cfr. ANA PAULA DOURADO, *A Tributação dos Rendimentos...*, pp. 102 ss.

Parte I – V. Princípios Operativos do Direito Fiscal Internacional   157

Nos termos do princípio da tributação como entidades independentes, os lucros imputáveis a um estabelecimento estável de uma empresa de outro Estado ou a uma empresa associada são os lucros que teriam sido obtidos por esse estabelecimento estável ou empresa associada se, exercendo as mesmas actividades, nas mesmas condições (ou actividades similares, em condições também similares), fosse uma empresa totalmente distinta e separada e tratasse com absoluta independência, nas relações comerciais ou financeiras, com a sociedade matriz (no caso do estabelecimento estável) ou com a empresa detentora, outras empresas associadas ou estabelecimentos estáveis destas (no caso quer das empresas associadas quer do estabelecimento estável).

As condições vigentes em tais relações comerciais ou financeiras devem, para efeitos de apuramento do lucro tributável, ser as que seriam estabelecidas entre empresas independentes.

Contudo, relativamente aos estabelecimentos estáveis, o MC OCDE permite que os lucros a estes imputáveis sejam determinados com base numa repartição dos lucros totais da empresa entre as suas diversas partes, se tal método for o adoptado na legislação de um determinado Estado. O método de repartição adoptado deve, todavia, conduzir a um resultado conforme com o princípio da tributação como entidades independentes[239].

No que diz respeito ao alcance da ficção de independência dos estabelecimentos estáveis, a questão relaciona-se com a problemática da natureza jurídica do estabelecimento estável no direito tributário, podendo ser identificadas duas grandes linhas doutrinais a este propósito[240].

A primeira, designada por *teoria da independência absoluta* do estabelecimento estável (*absolute hypothetical independence*), assume-se como a única visão compatível com o princípio da plena concorrência.

---

[239] O artigo 7.º n.º 4 do MC OCDE prevê o seguinte: "Se for usual num Estado contratante determinar os lucros imputáveis a um estabelecimento estável com base numa repartição dos lucros totais da empresa entre as suas diversas partes, o disposto no número 2 não impedirá esse Estado contratante de determinar os lucros tributáveis de acordo com a repartição usual; o método de repartição adoptado deve, no entanto, conduzir a um resultado conforme com os princípios enunciados no presente Artigo".

[240] Cfr. Alberto Xavier, *Direito Tributário...*, pp. 328-336 e pp. 612-613; Klaus Vogel et al., *Klaus Vogel on Double...*, pp. 428 e ss; Maria Margarida Cordeiro Mesquita, *As Convenções...*, p. 127.

158 *Princípios do Direito Fiscal Internacional*

Considera que, para efeitos de determinação do lucro tributável, o tratamento do estabelecimento estável deveria ser totalmente similar ao tratamento conferido a uma entidade dotada de personalidade jurídica distinta, como é o caso de uma subsidiária. Assim, esta linha doutrinal defende que os contratos entre um estabelecimento estável e a sua sociedade matriz, embora inexistentes enquanto tais face ao direito civil, deviam, para efeitos fiscais, ser tratados como se fossem contratos entre empresas independentes. Deste modo, os proveitos resultantes das actividades em causa deveriam ser repartidos em termos similares aos aplicáveis nas relações entre entidades independentes. Quanto a juros relativos a empréstimos, *royalties*, rendas, pagamentos de prestações de serviços e outras remunerações similares acordadas entre o estabelecimento estável e a sua sociedade matriz, estes deveriam ter, para efeitos fiscais, uma relevância similar à dos derivados de contratos celebrados pelo estabelecimento estável ou pela sociedade matriz com uma terceira entidade independente. Como tal, os aludidos pagamentos entre um estabelecimento estável e a sua sociedade matriz deveriam ser dedutíveis na esfera do seu pagador e tributáveis na esfera do seu beneficiário, tal como se derivassem de transacções entre entidades independentes[241].

Em contrapartida, para os defensores da *teoria da independência restrita* do estabelecimento estável (*restricted independence*), o facto de este e a sociedade matriz, sendo partes de uma mesma empresa, não poderem, na realidade, desenvolver transacções entre si como se fossem entidades distintas e não relacionadas, tinha de constituir uma limitação à aludida independência. Assim, para a linha doutrinal em questão, não existiam, nem em termos de direito civil, nem para efeitos fiscais, verdadeiros contratos entre estabelecimentos estáveis de uma mesma empresa, relativos, por exemplo, a vendas, rendas, empréstimos e cedências de tecnologia. Ficava, consequentemente, excluída a relevância tributária dos pagamentos efectuados entre o estabelecimento estável e a sua sociedade matriz, os quais – representando meras alocações internas e não pagamentos relativos a autênticas transacções – não seriam dedutíveis na esfera do seu pagador nem tributáveis na esfera do beneficiário[242].

---

[241] *Vide*, a este propósito, KLAUS VOGEL et al., *Klaus Vogel on Double...*, p. 428.
[242] *Vide* KLAUS VOGEL et al., *Klaus Vogel on Double...*, p. 428.

Parte I – V. Princípios Operativos do Direito Fiscal Internacional 159

Refira-se, a propósito da aludida divergência quanto ao alcance da independência do estabelecimento estável, que as orientações mais recentes ao nível da OCDE vão no sentido da prevalência da *teoria da independência absoluta* do estabelecimento estável[243].

Em termos gerais, o MC OCDE permite ao estabelecimento, para efeitos do apuramento do seu lucro tributável, a dedução das despesas que tiverem sido feitas para realização dos fins prosseguidos por esse estabelecimento estável, incluindo as despesas de direcção e as despesas gerais de administração, quer no Estado em que o estabelecimento estável estiver situado quer fora dele[244].

Assim, o estabelecimento estável pode deduzir, para efeitos fiscais, não só as despesas contraídas junto de terceiros que sejam necessárias à realização dos fins do estabelecimento estável, conforme previsto no artigo 7.º n.º 3 do MC OCDE, mas também as despesas decorrentes de transacções desenvolvidas no âmbito da própria empresa. Todavia, conforme é explicitado nos Comentários ao artigo 7.º n.º 3 do MC OCDE, nem sempre é admitida a dedução fiscal, pelo estabelecimento estável, de débitos que lhe sejam efectuados pela sociedade matriz ou de outros débitos internos existentes ao nível da empresa (veja-se o caso de certos débitos de juros efectuados ao estabelecimento estável que não desenvolve uma actividade bancária ou financeira).

A questão da amplitude da independência do estabelecimento estável coloca-se também a propósito da tributação ou não de lucros internos não realizados pela empresa. É o caso da tributação dos lucros ficcionados na esfera do estabelecimento (por exemplo, em resultado de uma venda de produtos pelo estabelecimento à sua sociedade matriz), mas ainda não realizados pela empresa porque os produtos em causa ainda não foram vendidos a terceiros fora do grupo empresarial.

---

[243] Cfr. ALBERTO XAVIER, *Direito Tributário...*, pp. 328-329.

[244] Dispõe o artigo 7.º n.º 3 do MC OCDE o seguinte: "Na determinação do lucro de um estabelecimento estável, é permitido deduzir as despesas que tiverem sido feitas para realização dos fins prosseguidos por esse estabelecimento estável, incluindo as despesas de direcção e as despesas gerais de administração, efectuadas com o fim referido, quer no Estado em que esse estabelecimento estável estiver situado quer fora dele".

160   *Princípios do Direito Fiscal Internacional*

Uma aplicação irrestrita do princípio, extraindo todas as consequências da ficção de independência das entidades, possibilitaria ao Estado de localização do estabelecimento estável a sua tributação pelos lucros que lhe fossem imputáveis, mesmo quando não efectivamente realizados pela empresa.

Em contrapartida, uma aplicação restritiva do princípio da tributação como entidades independentes implica a tributação dos lucros apenas quando forem efectivamente obtidos pela empresa, fazendo-se então a sua imputação às várias entidades (juridicamente autónomas ou não) do grupo empresarial para efeitos de tributação[245].

ANA PAULA DOURADO refere, quanto à polémica em apreço, que "se existir uma convenção bilateral, e forem adoptadas as disposições dos n.os 1 e 2 do artigo 7.º do Modelo de Convenção da OCDE, a interpretação conjunta destes números parece indicar que ambos os Estados (o Estado onde está situado o estabelecimento e o Estado da residência da empresa), só deverão incluí-los na base tributária quando os lucros forem realizados, isto é, quando forem apurados lucros para o conjunto da empresa". A opção por este entendimento restritivo do princípio baseia-se no pressuposto de que "o escopo do princípio das entidades independentes é o de assegurar a distribuição dos lucros de uma empresa multinacional pelas diferentes partes da empresa"[246].

3.2. Aplicação do Princípio da Tributação como Entidades Independentes

O apuramento dos lucros das entidades relacionadas de acordo com o princípio da tributação como entidades independentes é uma tarefa complexa, pois implica determinar quais seriam os termos convencionados entre entidades independentes, em relações comerciais ou financeiras similares às desenvolvidas entre as entidades relacionadas. Trata-se, portanto, de dar conteúdo prático a uma ficção de independência nas relações existentes entre entidades relacionadas.

---

[245] A este propósito, cfr. os parágrafos 11 e seguintes dos Comentários ao artigo 7.º do MC OCDE, com a redacção introduzida pela última actualização ao MC OCDE, aprovada pelo Conselho da OCDE em 17 de Julho de 2008.

[246] ANA PAULA DOURADO, *A Tributação dos Rendimentos...*, p. 110.

Parte I – V. Princípios Operativos do Direito Fiscal Internacional 161

A dificuldade da tarefa é acrescida, em virtude do seu impacto no que toca à repartição da base tributável entre os Estados com legitimidade para tributar.

O princípio da tributação como entidades independentes entronca na problemática dos preços de transferência[247], ficando, portanto, a concretização do aludido princípio dependente, em larga medida, da aplicação dos princípios e métodos de enquadramento e resolução das questões de preços de transferência – em particular do princípio dos preços de plena concorrência.

Conforme refere GLÓRIA TEIXEIRA, "o regime dos preços de transferência visa desde logo evitar a manipulação da base tributável, através do aumento ou diminuição dos preços acordados entre partes relacionadas entre si, com o fim de redução ou eliminação da carga fiscal"[248].

Os princípios e métodos de enquadramento e resolução das questões de preços de transferência decorrem, fundamentalmente, do estudo e da análise desenvolvidos, ao longo dos anos, pela OCDE nesta matéria. A OCDE publicou, em 1979, o relatório denominado *Preços de Transferência e Empresas Multinacionais*[249], o qual veio a complementar em 1984 com a publicação do relatório denominado *Preços de Transferência e Empresas Multinacionais: Três Estudos Fiscais*[250].

---

[247] Adopta-se a noção de preços de transferência proposta por MARIA TERESA VEIGA DE FARIA, considerando como tal "os valores atribuídos a bens e serviços" pelas empresas relacionadas, "nas trocas que efectuam entre si, incluindo as transferências de bens e prestações de serviços que têm lugar no âmbito dos estabelecimentos e divisões independentes que integram a mesma unidade económica". MARIA TERESA VEIGA DE FARIA, *Preços de transferência. Problemática geral*, in *A Internacionalização da Economia e a Fiscalidade*, Centro de Estudos Fiscais, Lisboa, 1993, p. 401. Em sentido idêntico, refira-se também a definição utilizada por DUARTE BARROS: "a questão dos preços de transferência, respeita à valorização das contrapartidas de negócio relativamente a quantitativos de retribuição que sejam praticados em transacções que respeitem a operações comerciais nas quais os intervenientes exibam em simultâneo um qualquer laço de ligação de interesses, que permitam viabilizar a possibilidade de gestão económica extra negócio, das respectivas condições comerciais". In GLÓRIA TEIXEIRA / DUARTE BARROS (Coord.), *Preços de Transferência e o Caso Português*, Vida Económica, Porto, 2004, p. 44.

[248] GLÓRIA TEIXEIRA / DUARTE BARROS (Coord.), *Preços de Transferência...*, p. 20.

[249] Cfr. *Preços de Transferência e Empresas Multinacionais* – Relatório do Comité dos Assuntos Fiscais da OCDE de 1979.

[250] Cfr. *Preços de Transferência e Empresas Multinacionais: Três Estudos Fiscais* – Relatórios do Comité dos Assuntos Fiscais da OCDE de 1984.

162 *Princípios do Direito Fiscal Internacional*

Face às consideráveis dificuldades colocadas pelas questões de preços de transferência – designadamente no tocante à determinação dos preços a utilizar por empresas relacionadas, à detecção de situações de manipulação de tais preços, à realização de correcções por parte das autoridades fiscais dos países interessados aos preços praticados pelas empresas, bem como à resolução de situações de dupla tributação que surjam em resultado de tais correcções –, a análise da OCDE sobre as referidas questões prosseguiu, levando à reformulação do relatório da OCDE de 1979 sobre preços de transferência. Deste modo, em 1995, a OCDE publicou um novo relatório sobre o tema dos preços de transferência, denominado *Transfer Pricing Guidelines for Multinational Enterprises and Tax Administrations*[251]. Este último relatório tem sido objecto de actualizações e desenvolvimentos[252]. Mais recentemente, em 2008, a OCDE publicou o relatório *"Attribution of Profits to Permanent Establishments"*.

A tarefa da OCDE, no que toca ao estabelecimento de princípios e métodos que possam ser utilizados como base para a tributação das entidades relacionadas como se fossem entidades independentes, é extremamente complexa. Atente-se, desde logo, à multiplicidade de situações possíveis, à especificidade dos produtos, serviços ou tecnologia objecto das transacções, aos diversos tipos de relação entre as empresas envolvidas, à diversidade das leis e princípios fiscais vigentes nas várias jurisdições conexas com a situação.

Apesar da natureza genérica das directrizes contidas nos referidos relatórios da OCDE sobre preços de transferência, os princípios e métodos aí consagrados continuam a constituir o ponto de partida para a análise e resolução das questões de preços de transferência na generalidade dos

---

[251] Cfr. *Transfer Pricing Guidelines for Multinational Enterprises and Tax Administrations*, Serviço de Publicações da OCDE, Paris, 1995.

[252] Refira-se, pela sua especial relevância, a publicação pela OCDE, em Outubro de 1999, de uma actualização às suas *Transfer Pricing Guidelines for Multinational Enterprises and Tax Administrations* de 1995. Não obstante assumir a forma de um Anexo às *Guidelines*, a referida actualização faz parte integrante das mesmas, conforme resulta da decisão do Conselho da OCDE de 28 de Outubro de 1999. A actualização de 1999 contém orientações para a celebração de acordos prévios sobre preços de transferência ao abrigo do procedimento amigável.

Parte I – V. Princípios Operativos do Direito Fiscal Internacional   163

países, incluindo os Estados-membros da UE[253]. Verifica-se que, na prática, tanto as administrações fiscais como os tribunais dos diversos países fazem referência aos princípios e métodos previstos nos relatórios da OCDE sobre preços de transferência, que utilizam para fundamentar as posições assumidas. Tais princípios e métodos são, igualmente, utilizados pelos próprios contribuintes na defesa dos preços de transferência por si praticados.

3.3. Princípio da Plena Concorrência

O princípio da plena concorrência, bem como os diversos métodos de determinação dos preços de transferência nos quais aquele princípio se concretiza, constituem o instrumento essencial de aplicação prática do princípio da tributação como entidades independentes. Efectivamente, a perspectiva subjacente ao princípio da plena concorrência baseia-se no tratamento dos membros de um grupo multinacional de empresas como entidades distintas, e não como partes de um todo[254].

---

[253] Em 2002, a Comissão criou um Fórum para a análise e discussão das questões de preços de transferência na UE. O referido Fórum é composto por peritos pertencentes às administrações fiscais nacionais e por representantes da comunidade empresarial e económica. O seu principal objectivo consiste no desenvolvimento de iniciativas tendentes à redução dos elevados encargos suportados pelos sujeitos passivos para efeitos de justificação da sua política de preços de transferência, bem como à eliminação da dupla tributação que frequentemente surge no contexto de transacções intra-grupo envolvendo mais do que um Estado-membro. Entre os trabalhos já desenvolvidos pelo Fórum da UE para os preços de transferência, contam-se a preparação de orientações para a celebração de acordos prévios sobre preços de transferência entre as administrações ficais e os sujeitos passivos, no âmbito da UE, a serem implementadas na legislação dos Estados--membros. As recomendações do Fórum a este nível foram objecto de aceitação pela Comissão, em Fevereiro de 2007, e também pelo Conselho, em Junho de 2007. O Fórum procedeu, igualmente, na sequência da sua reunião de 21 de Fevereiro de 2008, à formulação de recomendações quanto a uma interpretação comum dos diversos Estados--membros relativamente a diversas disposições e tópicos da Convenção 90/436/CEE relativa à eliminação da dupla tributação em caso de correcção de lucros entre empresas associadas (comummente designada por Convenção de Arbitragem).

[254] Contrariamente ao que sucede no âmbito do princípio da tributação unitária ou global.

O aludido princípio da plena concorrência e os métodos recomendados pela OCDE determinam, em grande medida, tanto as opções seguidas na legislação dos diversos Estados como as orientações prevalecentes a nível internacional (veja-se, desde logo, o artigo 9.º do MC OCDE) quanto ao problema dos preços de transferência. De resto, a preferência pelo princípio da plena concorrência e a recomendação da sua utilização pelos grupos multinacionais e pelas administrações fiscais foram expressas no relatório da OCDE sobre preços de transferência de 1979, tendo sido reafirmadas pelo relatório da OCDE de 1995.

Pode, assim, afirmar-se que o princípio da plena concorrência é objecto de alargado consenso a nível internacional, merecendo uma ampla aceitação por parte dos Estados no que diz respeito à fixação e correcção dos preços de transferência e sendo crucial na concretização do princípio da tributação como entidades independentes.

De acordo com o princípio da plena concorrência, o preço utilizado nas transacções comerciais e também nas relações financeiras entre empresas relacionadas deve ser aquele que seria praticado em transacções semelhantes que fossem realizadas no âmbito de um mercado concorrencial, ou seja, deve ser o preço que seria convencionado entre empresas independentes, em transacções comparáveis e em circunstâncias semelhantes.

O princípio da plena concorrência centra-se, portanto, na comparação entre o preço e as condições de uma transacção entre empresas relacionadas e os praticados numa transacção entre empresas independentes, sendo estes últimos utilizados como padrão de referência. A análise a efectuar é, portanto, realizada numa base individual, ou seja, de comparação de transacções específicas. O princípio da plena concorrência serve, assim, simultaneamente, para aferir se os preços praticados nas transacções entre empresas associadas estão correctos, e para realizar a respectiva correcção, quando os preços praticados estejam desconformes com este princípio.

A determinação ou correcção dos preços de transferência, mediante a comparação com transacções similares realizadas entre empresas independentes, só é possível, todavia, quando tais transacções sejam comparáveis com as levadas a cabo pelas empresas associadas, no que diz respeito às respectivas características económicas. Desta forma, importa ter em consideração os factores que influenciam os preços nas transacções desenvolvidas num contexto de plena concorrência, e que se prendem com as características dos bens e serviços transaccionados, com o papel desempenhado pelos intervenientes na transacção – designadamente, no que

Parte I – V. Princípios Operativos do Direito Fiscal Internacional   165

toca aos riscos, responsabilidades e obrigações assumidos –, com a situação económica das partes e com a respectiva estratégia de mercado. A importância dos factores a ter em conta para aferir da comparabilidade das transacções depende da natureza de cada transacção e dos métodos de fixação dos preços a utilizar.

Nos termos do relatório da OCDE de 1995 sobre preços de transferência[255], a comparabilidade entre transacções realizadas por entidades relacionadas e por entidades independentes depende dos seguintes factores:

– Características dos bens ou serviços;
– Funções desempenhadas pelas partes na transacção[256];
– Termos contratuais da transacção;
– Circunstancialismo económico e de mercado[257];
– Estratégias das empresas[258].

---

[255] OCDE, *Transfer Pricing Guidelines for Multinational Enterprises and Tax Administrations*, Serviço de Publicações da OCDE, Paris, 1995, parágrafos 1.19 a 1.35.

[256] A importância da análise funcional era já salientada no relatório da OCDE sobre preços de transferência de 1979 (*Preços de Transferência e Empresas Multinacionais*). Este relatório, no seu parágrafo 17, ilustra do seguinte modo a questão da análise funcional: "Poderá revelar-se importante não só conhecer quais as entidades que exercem as diferentes funções (fabrico, montagem, investigação e desenvolvimento, serviços, distribuição, comercialização e venda, transporte, publicidade, etc.), quais as detentoras de marcas de fabrico e demais bens incorpóreos, mas também apurar a que título exercem essas funções – por exemplo, quando se trate de vendas, se o fazem a título de comitente (que aceita todos os riscos e tem direito a todos os lucros da actividade) ou a título de mandatário (com limitação dos riscos e das receitas)".

[257] A OCDE aponta diversas circunstâncias económicas como relevantes, quando se pretende aferir a existência ou não de comparabilidade entre os mercados em análise. Refiram-se, designadamente, a localização geográfica, a dimensão dos mercados, o nível de competição existente nos mesmos, a posição concorrencial relativa das partes na transacção, a disponibilidade de fornecedores alternativos dos bens e serviços em causa, o nível de procura e oferta nos mercados, a natureza e âmbito de regulamentação, e os custos dos vários factores de produção. Efectivamente, todos estes factores influenciam o preço praticado entre entidades independentes, pelo que devem também ser considerados para efeitos da determinação do preço de referência.

[258] Refira-se, a título de exemplo, que quando uma empresa tenta penetrar num novo mercado ou aumentar a sua quota de mercado pode, temporariamente, praticar preços inferiores aos que são praticados para produtos ou serviços similares, no mesmo mercado. Particularidades como esta devem ser respeitadas, pelo que o preço de plena concorrência utilizado como preço de referência não tem, necessariamente, de coincidir com o "justo valor de mercado" (*fair market value*).

166 *Princípios do Direito Fiscal Internacional*

Em suma, concluiu-se, tomando em consideração os vários factores determinantes da comparabilidade entre transacções, que a comparação entre uma transacção realizada entre entidades independentes e uma transacção entre empresas associadas é admissível: i) caso não existam, entre as transacções a comparar ou entre as empresas que realizam tais transacções, diferenças susceptíveis de influenciar significativamente o preço ou a margem de lucro praticados numa delas e, portanto, capazes de afectar a comparabilidade das transacções; ou ii) caso tais diferenças existam, mas sejam determináveis e o respectivo efeito possa ser quantificado.

No que toca, concretamente, à determinação do preço de transferência de acordo com o princípio da plena concorrência, esta pode ser efectuada mediante três métodos alternativos (conhecidos por métodos tradicionais baseados na transacção):

– Método do preço comparável de mercado[259] (*Comparable uncontrolled price method*);

---

[259] O método do preço comparável de mercado é, nos termos das directrizes da OCDE, o método a utilizar prioritariamente. Em termos teóricos, trata-se de um método de fácil utilização. Permite determinar o preço de plena concorrência relativamente a uma transacção intra-grupo, mediante a comparação do preço praticado na referida transacção entre empresas relacionadas com o preço praticado em transacções comparáveis entre empresas independentes. Entende-se que constituem transacções entre empresas independentes, para efeitos da aplicação deste método, aquelas que sejam levadas a cabo entre entidades que não integrem o mesmo grupo de empresas, e que não estejam, portanto, submetidas a um centro de decisão comum. Se, em resultado da referida comparação, se verificar a existência de uma diferença, conclui-se que as condições praticadas na transacção entre empresas relacionadas não são as de plena concorrência. Neste caso, o preço praticado na transacção intra-grupo deve ser substituído pelo preço que seria praticado entre empresas independentes.

A aplicação do método do preço comparável de mercado pressupõe uma análise prévia quanto à comparabilidade entre a transacção intra-grupo e a transacção do mesmo tipo, efectuada entre entidades independentes, que se pretende utilizar como padrão de referência. As referidas transacções são consideradas como comparáveis desde que não existam diferenças entre elas, relativamente ao tipo de bens ou serviços objecto da transacção ou às circunstâncias da mesma, ou desde que tais diferenças, a existirem, não sejam susceptíveis de afectar materialmente o preço ou as condições da transacção. Se as diferenças entre as transacções a comparar forem susceptíveis de influenciar os preços ou condições praticados, é necessário identificar e quantificar o impacto de tais

Parte I – V. Princípios Operativos do Direito Fiscal Internacional

– Método do preço de revenda minorado[260] (*Resale price method*);
– Método do custo majorado[261] (*Cost plus method*).

---

diferenças em termos de preços. Todavia, caso a determinação e quantificação de tais diferenças seja difícil, a aplicação do método do preço comparável de mercado torna--se pouco fiável e deve ser substituída pela aplicação de um método alternativo.

[260] A aplicação do método do preço de revenda minorado permite determinar o preço de plena concorrência, relativo aos bens previamente adquiridos pela empresa a uma empresa relacionada, por referência ao preço de revenda desses bens a uma empresa independente, após a dedução a esse preço de revenda da margem de lucro apropriada. Com efeito, o preço de revenda, deduzido da margem de lucro da empresa revendedora e de custos incorridos aquando da aquisição do bem, corresponde ao preço de plena concorrência que deveria ter sido aplicado à transferência do bem entre as empresas relacionadas.

O preço de transferência de um bem numa transacção intra-grupo é, portanto, determinado em função do preço de revenda do mesmo bem, pela empresa adquirente a uma entidade independente, deduzido da margem de lucro daquela empresa. Nestes termos, no caso de uma transacção entre "A" e "B", empresas relacionadas, tendo por objecto determinado bem, a determinação do preço de plena concorrência de tal transacção, através do método do preço de revenda minorado, é efectuada tomando como referência o preço de revenda do mesmo bem por "B" a uma empresa não relacionada "C", deduzido da margem de lucro de "B".

Uma vez que os métodos de determinação do preço de plena concorrência baseados na transacção são de aplicação sequencial, o método do preço de revenda minorado só é aplicável se não for possível utilizar o método de comparação com preços não controlados.

O método do preço de revenda minorado é mais adequado à determinação do preço de plena concorrência em transacções comerciais de venda de bens, obtendo-se resultados mais fiáveis quando a maior parte do valor do bem tenha sido criada pelo seu vendedor originário e o revendedor tenha funções somente de distribuição do produto. A aplicação deste método torna-se substancialmente mais complexa quando, anterior-mente à revenda, os bens sofrem alterações importantes ou são incorporados noutros produtos, perdendo a respectiva identidade.

Nos casos em que não seja possível determinar um preço de revenda (por exemplo, porque só são efectuadas transacções intra-grupo, não ocorrendo qualquer venda a uma entidade independente), ou quando o valor acrescentado pela empresa revendedora (ou pelas várias empresas, no caso de uma sequência de transacções internas anterior à venda a uma empresa independente) é relevante e não é apurável com rigor, o método do preço de revenda minorado não pode ser aplicado.

[261] A determinação do preço de plena concorrência, de acordo com o método do custo majorado, é efectuada utilizando como referência o preço de custo, acrescido de um montante correspondente a uma margem de lucro apropriada. Assim, o preço de custo do bem suportado pela empresa vendedora, acrescido da margem de lucro desta,

Os três métodos referidos são recomendados pela OCDE, que os considera preferíveis a quaisquer outros métodos, quando se verifiquem as condições necessárias à sua aplicação[262]. Os métodos tradicionais baseados na transacção constituem a forma mais directa de determinar se as condições de transacções comerciais e financeiras entre empresas relacionadas obedecem ou não ao princípio da plena concorrência[263].

Todavia, quando a aplicação dos métodos tradicionais baseados na transacção não permita obter resultados fiáveis ou estes métodos não sejam, de todo, aplicáveis, a OCDE recomenda que o preço de plena concorrência seja determinado mediante a aplicação dos métodos baseados no lucro da transacção (*Transactional profit methods*)[264]. Estes são métodos cujo ponto de partida é a análise dos lucros resultantes de transacções específicas entre empresas relacionadas. Os dois métodos baseados no lucro da transacção que são aceites pela OCDE são os seguintes[265]:

---

corresponde ao preço de plena concorrência que deveria ser praticado na transacção entre esta e uma empresa relacionada.

No caso de uma transacção entre "A" e "B", empresas relacionadas, tendo por objecto determinado bem, a determinação do preço de plena concorrência de tal transacção, através do método do custo majorado, é efectuada tomando como referência o preço de custo do mesmo bem para "A", acrescido da margem de lucro de "A". O preço de custo é o preço suportado na aquisição ou produção do bem, nos termos dos métodos contabilísticos aceites no ordenamento jurídico-tributário em causa.

Este método levanta algumas dificuldades no que diz respeito à determinação e alocação dos custos, principalmente custos indirectos ou suportados a nível central e imputados à empresa. Por outro lado, o presente método ignora a situação do mercado e a pressão exercida pela concorrência, assumindo sempre a existência de um lucro, o que não se verifica necessariamente, na realidade.

[262] Cfr. OCDE, *Transfer Pricing Guidelines for Multinational Enterprises and Tax Administrations*, Serviço de Publicações da OCDE, Paris, 1995, parágrafos 2.5 e 2.49.

[263] Estes métodos são igualmente aqueles cuja utilização é consagrada como preferencial pela legislação portuguesa sobre preços de transferência introduzida pela Lei n.º 30-G/2000, de 29 de Dezembro – *vide* o actual artigo 58.º do Código do IRC. Sobre as extensas alterações introduzidas ao regime português dos preços de transferência pela referida Lei, *vide*, entre outros, PAULA ROSADO PEREIRA, *O novo regime dos preços de transferência*, Fiscalidade, n.º 5, Janeiro 2001, pp. 23-47.

[264] Cfr. OCDE, *Transfer Pricing Guidelines...*, parágrafos 2.49-3.2.

[265] Cfr. OCDE, *Transfer Pricing Guidelines...*, parágrafo 3.1.

Parte I – V. Princípios Operativos do Direito Fiscal Internacional　169

– Método do fraccionamento do lucro[266] (*Profit split method*);
– Método da margem líquida da transacção[267] (*Transactional net margin method*).

3.4. Correcção dos Lucros pela Administração Fiscal

Caso as administrações fiscais dos Estados com legitimidade para tributar entendam que o apuramento do lucro tributável efectuado pelo estabelecimento estável ou pela empresa associada não seguiu o princípio da tributação como entidades independentes, poderão introduzir unilateralmente correcções destinadas a apurar os lucros que o estabelecimento estável ou a empresa teria obtido se as suas relações comerciais ou financeiras com entidades relacionadas não tivessem sido pautadas por condições distintas das que teriam sido convencionadas entre entidade independentes.

Ou seja, as correcções efectuadas pelas administrações fiscais destinam-se a reconduzir o apuramento do lucro dos estabelecimentos estáveis e das empresas associadas à conformidade com o princípio da tributação como entidades independentes, caso se verificassem desvios relativamente

---

[266] Este método assenta na repartição dos lucros nos mesmos termos em que tal repartição teria sido efectuada por empresas independentes, numa transacção similar. Deste modo, é realizada uma alocação de parte do lucro global da transacção a cada empresa, em função da sua contribuição real para a transacção. Esta partilha de lucros deve aproximar-se o mais possível da que teria lugar numa transacção realizada em termos de plena concorrência. A determinação do contributo de cada parte para a transacção implica a realização de uma análise funcional, devendo a alocação da parte do lucro depender das funções desempenhadas por cada uma das empresas na transacção, dos activos utilizados e dos riscos assumidos por cada uma delas.

[267] Este método consiste na avaliação da margem líquida normal obtida por empresas similares, comparando-a, depois, com a margem líquida obtida pelas empresas relacionadas. O preço conforme ao princípio da plena concorrência é aquele cuja prática permite às empresas relacionadas obter um nível de lucro, em resultado da transacção, que seja similar ao nível de lucro normal de empresas independentes em transacções comparáveis.

A aplicação do método implica uma análise funcional detalhada relativamente às empresas relacionadas e às empresas independentes utilizadas como referência, para aferir da comparabilidade das situações e, eventualmente, efectuar as correcções necessárias.

170 Princípios do Direito Fiscal Internacional

a tal princípio no apuramento do lucro efectuado pelo estabelecimento estável ou pela empresa. Note-se, a este propósito, que a realização da correcção pelos Estados não depende da existência de uma intenção de evasão fiscal por parte do sujeito passivo.

Importa salientar, a este propósito, que a correcção de lucros por parte de um Estado poderá conduzir a situações de dupla tributação económica, em virtude de a correcção efectuada num dos Estados não ser acompanhada por uma correcção simétrica ou ajustamento correlativo[268] no outro Estado envolvido. Tal não sucederia se a correcção fosse efectuada no contexto de um processo que envolvesse as administrações fiscais dos vários Estados com conexões relevantes com a situação jurídico-tributária internacional. Todavia, em grande parte dos casos, as correcções são realizadas unilateralmente pela administração fiscal de um dos Estados.

Também a ocorrência da referida correcção simétrica no outro Estado envolvido está longe de ser automática ou mesmo comum. Como o Estado que efectua a primeira correcção aos preços de transferência praticados é, normalmente, o Estado que sofreu uma perda de receita fiscal em virtude da manipulação de tais preços, a realização da correcção simétrica implica, normalmente, uma perda de receita fiscal para o Estado que a efectue. Tal facto dificulta, portanto, a aceitação dos Estados em realizar ajustamentos correlativos a correcções feitas noutros Estados.

Por outro lado, mesmo que o outro Estado acordasse em realizar o ajustamento correlativo, poderia, ainda assim, subsistir um certo nível de dupla tributação económica resultante da utilização de métodos diferentes para efeitos de tal ajustamento. Apenas a cooperação internacional nesta matéria permite estabelecer procedimentos susceptíveis de ultrapassar este tipo de dificuldades.

Saliente-se que o procedimento de ajustamento correlativo previsto no n.º 2 do artigo 9.º do MC OCDE para a eliminação da dupla tributação não tem carácter imperativo.

---

[268] Figura distinta do ajustamento correlativo é a do ajustamento secundário. Sobre a questão dos ajustamentos secundários, cfr. INTERNATIONAL FISCAL ASSOCIATION, *Secondary Adjustments and Related Aspects of Transfer Pricing Corrections*, IFA Congress Seminar Series, vol. 19b, Kluwer Law International, The Hague, 1996.

Parte I – V. *Princípios Operativos do Direito Fiscal Internacional*   171

O MC OCDE prevê, ainda, no seu artigo 25.º, o "procedimento amigável". Todavia, este procedimento limita-se a estabelecer, para as autoridades competentes dos Estados, uma obrigação de negociar com vista à resolução do problema de dupla tributação decorrente de correcções realizadas pela administração fiscal de um dos Estados – e não a obrigação de resolver efectivamente o problema da dupla tributação.

Neste contexto, o procedimento de arbitragem tendente à eliminação da dupla tributação em caso de correcção de lucros entre empresas associadas representa um avanço considerável. Este procedimento foi instituído pela Convenção 90/436/CEE, assinada em 23 de Julho de 1990, comummente designada por Convenção de Arbitragem[269].

A Convenção de Arbitragem aplica-se quando estejam em causa correcções de lucros ocorridas em Estados incluídos no respectivo âmbito de aplicação, prevendo-se duas formas de eliminar a dupla tributação dos lucros: o procedimento amigável e o procedimento arbitral.

No que diz respeito ao procedimento amigável, este funciona na sequência de reclamação apresentada pela empresa interessada, consistindo num acordo entre as autoridades competentes dos Estados interessados.

Caso as autoridades competentes não cheguem a acordo, e não seja possível eliminar a dupla tributação por esta via, recorre-se ao procedimento arbitral. O procedimento arbitral assenta numa comissão consultiva, composta por representantes das autoridades competentes dos países interessados e por personalidades independentes, designadas de comum acordo de entre as constantes de uma lista existente para o efeito. Quando as autoridades competentes envolvidas no procedimento não cheguem a acordo quanto à forma de eliminar a dupla tributação, ficam vinculadas a seguir o parecer da comissão consultiva.

Verifica-se, portanto, que – contrariamente ao que sucede com o procedimento amigável previsto no artigo 25.º do MC OCDE – os pro-

---

[269] Convenção 90/436/CEE de 23 de Julho de 1990, relativa à eliminação da dupla tributação em caso de correcção de lucros entre empresas associadas. A Convenção de Arbitragem entrou em vigor em 1 de Janeiro de 1995, tendo sido alterada através de um Protocolo de 25 de Maio de 1999. O Protocolo, ao alterar o artigo 20.º da Convenção de Arbitragem, alargou o período inicialmente previsto de cinco anos da respectiva aplicação, passando a prever-se a prorrogação por novos períodos de cinco anos.

172 Princípios do Direito Fiscal Internacional

cedimentos instituídos pela Convenção de Arbitragem culminam necessariamente na eliminação da dupla tributação[270].

Não pode, contudo, deixar de referir-se que o regime previsto na Convenção de Arbitragem apresenta ainda diversas limitações[271]. A Convenção é um instrumento bastante específico, de funcionamento moroso, e que desempenha um papel apenas *a posteriori*, ou seja, num momento em que já existe efectivamente dupla tributação internacional[272].

---

[270] Há contudo que salientar, relativamente ao procedimento amigável previsto no artigo 25.º do MC OCDE, o facto de – no âmbito da última actualização ao MC OCDE, aprovada pelo Conselho da OCDE em 17 de Julho de 2008 – ter sido introduzido um número adicional no artigo 25.º, prevendo o recurso à arbitragem no contexto da resolução de disputas pelas autoridades competentes dos Estados. É também inserido um Anexo exemplificativo de acordo quanto ao recurso à arbitragem, que poderá ser utilizado pelas autoridades competentes dos Estados como base para um acordo a este nível. Procurou-se, assim, mediante a previsão do recurso à arbitragem nas situações em que as disputas fiscais não tivessem ainda sido resolvidas pelas autoridades competentes, reforçar os meios para se atingir a pretendida resolução.

[271] No que se refere, por exemplo, às dificuldades que as situações triangulares colocam ao funcionamento da Convenção de Arbitragem, cfr. MONIQUE VAN HERKSEN, *How the Arbitration Convention lost its lustre: the threat of triangular cases*, Intertax, n.º 8/9, Agosto / Setembro 2008, pp. 332-345.

[272] O papel da Convenção de Arbitragem e a melhor forma de proceder à sua aplicação têm estado frequentemente em debate. Refira-se, desde logo, o "Código de Conduta para a Efectiva Implementação da Convenção de Arbitragem", de 31 de Março de 2005. O seu principal objectivo consistiu em assegurar uma aplicação mais uniforme da Convenção de Arbitragem pelos Estados-membros, mediante a recomendação de procedimentos comuns destinados a permitir a resolução das disputas num período máximo de três anos. O aludido Código de Conduta assumiu a natureza de um compromisso político. Veja-se, mais recentemente, o *"Discussion Paper on Draft Joint Transfer Pricing Forum Recommendations Related to the Interpretation of Some Provisions on the Arbitration Convention"*, de 28 de Janeiro de 2008, que foi objecto de debate na reunião de 21 de Fevereiro de 2008 do Fórum da UE para as questões de Preços de Transferência. Na base dos trabalhos levados a cabo pelo referido Fórum, esteve a constatação da necessidade de os Estados-membros chegarem a uma interpretação comum de diversas disposições e tópicos da Convenção de Arbitragem, tendo o Fórum avançado com diversas conclusões e recomendações a este nível.

Parte I – V. Princípios Operativos do Direito Fiscal Internacional

3.5. Dificuldades da Aplicação do Princípio da Tributação como Entidades Independentes

O princípio da tributação como entidades independentes baseia-se, conforme referimos já, na utilização, relativamente às transacções comerciais e financeiras entre entidades relacionadas, dos preços e condições que seriam praticados entre entidades independentes.

Trata-se, contudo, de uma ficção que, na maioria dos casos, não tem correspondência com a actuação efectiva dos grupos multinacionais de empresas. Estes tendem a ser dotados de estratégias próprias, verificando--se uma actuação integrada das várias empresas em termos de produção, comercialização, investigação e desenvolvimento. Tais grupos caracterizam--se, portanto, tendencialmente, pela especialização das empresas que os compõem em termos de tipo de actividade e de funções desempenhadas dentro do grupo, bem como por uma gestão centralizada.

Efectivamente, apesar da dispersão geográfica das suas unidades, os grupos multinacionais tendem a ser geridos de uma forma integrada[273]. Existe, regra geral, uma preocupação de optimizar o funcionamento do grupo em termos globais, localizando as várias fases de produção ou as diversas actividades de modo a aproveitar os aspectos mais favoráveis dos países onde o grupo actua. Assim, certas fases de produção são concen-tradas em países com mão-de-obra mais barata, enquanto que a comer-cialização é efectuada a partir de empresas localizadas em países com melhores meios de comunicação e acesso aos mercados, ou com um regime fiscal mais favorável.

Em virtude das aludidas particularidades da estrutura e da actividade dos grupos multinacionais de empresas, são múltiplas as relações comer-

---

[273] Importa referir, a este propósito, que a gestão interna dos grupos multinacionais de empresas pode seguir diversos métodos diferenciados. Alguns grupos permitem às suas subsidiárias uma considerável autonomia, tanto a nível da gestão da actividade desenvolvida como a nível financeiro. Em contrapartida, noutros grupos existe um controlo central bastante rigoroso quanto à generalidade dos aspectos de gestão e de estratégia das subsidiárias, permitindo-se que estas decidam somente algumas questões de gestão corrente. Existem, para além dos referidos, múltiplos modelos de gestão que podem ser seguidos pelos grupos multinacionais, devendo o modelo seguido adaptar--se ao tipo de países nos quais são detidos investimentos e ao tipo de actividades desen-volvidas dentro do grupo.

174   *Princípios do Direito Fiscal Internacional*

ciais e financeiras entre as entidades que os integram (empresas relacionadas) cujos termos se afastam, frequentemente, dos que seriam estabelecidos entre entidades independentes. O número e volume das referidas transacções intra-grupo representam, em muitos casos, uma percentagem considerável do total das transacções do grupo.

As empresas multinacionais deveriam, portanto, seguir o princípio da tributação como entidades independentes na fixação dos preços dos bens e serviços que são transaccionados no âmbito do grupo de empresas, bem como na valorização das transferências e afectações de bens corpóreos ou incorpóreos que ocorrem no âmbito do mesmo grupo.

Quanto ao âmbito de aplicação do princípio da tributação como entidades independentes, os Relatórios do Comité dos Assuntos Fiscais da OCDE são ilustrativos, dedicando especial atenção a determinados tipos de transacções relativamente aos quais a questão dos preços de transferência assume particular relevância[274].

---

[274] O Relatório de 1979, *Preços de Transferência e Empresas Multinacionais*, após uma perspectiva geral do problema dos preços de transferência (no capítulo I do referido relatório), aborda especificamente os seguintes tipos de transacções:
– transferência de mercadorias (capítulo II);
– transferência de tecnologia e do direito à utilização de elementos de propriedade industrial, e ainda custos comuns de investigação e de desenvolvimento (capítulo III);
– prestação de determinados serviços no âmbito de um grupo de sociedades (capítulo IV); e
– empréstimos entre sociedades (capítulo V).
O Relatório de 1984, *Preços de Transferência e Empresas Multinacionais – Três Estudos Fiscais*, após um primeiro estudo dedicado aos ajustamentos correlativos e ao procedimento amigável no âmbito dos preços de transferência, inclui dois outros estudos que abordam tipos específicos de transacções:
– operações desenvolvidas por empresas bancárias multinacionais;
– repartição dos custos de gestão e dos serviços assegurados de forma centralizada.
O Relatório de 1995, *Transfer Pricing Guidelines for Multinational Enterprises and Tax Administrations* (que corresponde a uma revisão do Relatório de 1979), com as suas subsequentes actualizações, após diversos capítulos gerais, dedica capítulos específicos aos seguintes tipos de transacções:
– transacções relativas a bens incorpóreos;
– prestações de serviços entre entidades pertencentes a um grupo multinacional; e
– acordos de partilha de custos (*"cost contribution arrangements"*).

Parte I – V. Princípios Operativos do Direito Fiscal Internacional   175

São, assim, múltiplos os campos nos quais pode suscitar-se a questão da determinação ou fixação dos preços de transferência: desde a gestão e administração do grupo, a investigação e desenvolvimento, a produção, a comercialização e prestação de serviços, até ao financiamento. Em todos estes campos existe a necessidade de atribuir um valor (preço) às diversas transacções ou imputações de custos e proveitos entre entidades do grupo multinacional.

Todavia, sobretudo nas transacções mais complexas ou relativamente às quais não existe paralelo em termos de mercado, a tarefa pode revelar--se extremamente difícil.

Um aspecto que introduz complexidade adicional na matéria dos preços de transferência tem a ver com a possível manipulação do valor das transacções intra-grupo pelas empresas multinacionais, com os mais diversos objectivos. Tal situação coloca sérias dificuldades à aplicação do princípio da tributação como entidades independentes, podendo mesmo pôr em causa a adequação do princípio para nortear a determinação do resultado tributável nas transacções entre entidades relacionadas.

Refira-se que a manipulação dos preços de transferência pode ser efectuada relativamente aos valores atribuídos a quaisquer bens ou serviços objecto de transacção intra-grupo ou, ainda, no caso de imputação às empresas do grupo de custos ou proveitos gerados a nível central ou numa empresa distinta daquela a que devem imputar-se.

Não obstante os diversos tipos de motivos que podem determinar a manipulação dos preços de transferência no âmbito dos grupos multina-cionais de empresas[275], assume especial importância o objectivo de reduzir a carga fiscal suportada pelo grupo no seu conjunto[276].

---

[275] A manipulação dos preços de transferência pode ocorrer por diversos motivos, designadamente de natureza comercial, referentes à gestão do grupo empresarial, ou decorrentes do quadro legal vigente no país de estabelecimento, assim reduzindo ou aumentando artificialmente, consoante a finalidade prosseguida, os resultados de uma determinada empresa do grupo.

No que toca aos motivos de natureza comercial, avultam a obtenção de vantagens concorrenciais, mediante a entrada num determinado mercado com bens ou serviços a preços artificialmente baixos. Quanto aos motivos referentes à gestão do grupo, podem referir-se os seguintes, a título meramente exemplificativo: i) melhoria da motivação e, consequentemente, da produtividade de dirigentes e trabalhadores; ii) financiamento de determinada empresa pelo grupo ou melhoria da respectiva capacidade de obter financia-

176   *Princípios do Direito Fiscal Internacional*

Habituados a enfrentar as dificuldades originadas pela convivência com diferentes sistemas fiscais, os grupos multinacionais aprenderam também a utilizar em seu proveito as disparidades dos vários ordenamentos jurídico-tributários e as características da estrutura do grupo multinacional. Neste contexto, os preços de transferência constituem um campo privilegiado para actuações tendentes à redução da carga fiscal suportada pelo grupo, tirando proveito da sujeição das várias empresas que o integram a regimes fiscais distintos (com diferentes regras de incidência, benefícios fiscais, taxas de imposto e isenções) nos diversos Estados onde se encontram instaladas. Nalguns casos, a dispersão das empresas que integram o grupo multinacional por diversos Estados deve-se a motivos puramente operacionais, sendo concomitantemente efectuado o aproveitamento fiscal

---

mento exterior ao grupo (v.g. financiamento bancário); iii) limitação dos salários e da distribuição de lucros a sócios minoritários. Em virtude do quadro legal vigente no país de estabelecimento, os preços de transferência podem ser manipulados, designadamente, com as seguintes finalidades: i) manutenção do mínimo de fundos necessários em países caracterizados por instabilidade política e económica, convulsões sociais, instabilidade cambial ou inflação elevada, ou, ainda, restrições à distribuição de lucros e à transferência de capitais para o estrangeiro; ii) obtenção da confiança ou de benefícios junto das autoridades locais; iii) contornar regulamentações restritivas, impondo limites ao valor das importações, bem como à transferência de capitais e distribuição de lucros para o estrangeiro; iv) obtenção de vantagens fiscais, sobretudo ao nível dos impostos sobre o rendimento das sociedades e dos direitos aduaneiros. Importa salientar, todavia, que, não obstante a diversidade de motivos que podem determinar a manipulação dos preços de transferência pelos grupos multinacionais, existem, igualmente, aspectos que limitam a margem de manipulação de preços ou que, inclusivamente, impossibilitam a prática de preços de transferência "artificiais". Entre as consequências indesejáveis da manipulação dos preços de transferência contam-se: i) As dificuldades geradas para a gestão do grupo, ao exigir uma grande complexidade administrativa e a manutenção de uma estrutura pesada em termos de meios técnicos e humanos; ii) Redução da autonomia operacional das empresas do grupo; iii) Distorção da apreensão dos resultados efectivamente obtidos e da análise da real evolução dos negócios; iv) Redução da motivação e da produtividade, motivada pela falta de poder decisório ao nível local e pela redução artificial dos resultados; v) Desincentivo à melhoria da rentabilidade, motivado pelo empolamento artificial dos resultados; vi) Comprometimento da imagem da empresa no país de instalação; vii) Oposição dos sócios locais.

[276] Refira-se, aliás, que mesmo a manipulação de preços de transferência determinada por motivos de outra índole, que não a fiscal, implica, na grande maioria dos casos, alterações dos resultados sujeitos a impostos nos vários Estados onde se localizam as empresas envolvidas nas transacções cujos preços foram manipulados.

Parte I – V. Princípios Operativos do Direito Fiscal Internacional   177

de tal situação, mediante os preços de transferência praticados. Todavia, noutros casos, são constituídas empresas em zonas de baixa ou nula tributação, expressamente para efeitos de manipulação dos preços de transferência e de redução da carga fiscal do grupo.

A manipulação dos preços de transferência nas transacções intra-grupo permite, assim, aos grupos multinacionais transferirem indirectamente resultados das empresas localizadas em territórios de alta tributação para outras empresas do grupo instaladas em territórios de menor ou mesmo nula tributação[277]. Os grupos multinacionais actuam, deste modo, numa óptica global, procurando diminuir a carga fiscal a que o grupo fica sujeito no conjunto dos ordenamento jurídico-tributários com os quais tem conexões relevantes, mediante a transferência de lucros de jurisdições fiscais de mais alta tributação para outras de tributação mais reduzida[278].

Em suma, num panorama marcado pela expansão dos grupos multinacionais de empresas, pelo consequente aumento do volume de transacções internacionais realizadas entre empresas do mesmo grupo, e pela existência de diferenças (às vezes consideráveis) entre os preços praticados nessas transacções intra-grupo e os que seriam estabelecidos entre entidades

---

[277] A transferência indirecta dos resultados provoca a redução da matéria colectável da empresa localizada no território de alta tributação, não sendo, portanto, tais resultados tributados nesse país. Cfr. MARIA TERESA VEIGA DE FARIA, *Preços de transferência. Problemática geral*, in *A Internacionalização da Economia e a Fiscalidade*, Centro de Estudos Fiscais, Lisboa, 1993, p. 408: "Contrariamente às transferências directas (distribuição de lucros, etc.), que são normalmente tributadas, as transferências indirectas de lucros processam-se de forma oculta, antes da tributação dos lucros".

[278] Existe um conjunto de transacções comummente utilizadas para a transferência indirecta de lucros de uma empresa do grupo localizada numa zona de alta tributação para outra situada num Estado com tributação menos gravosa, mediante a manipulação de preços de transferência. Podem referir-se, designadamente, a prática pela primeira dos seguintes tipos de transacções com a segunda: i) aquisições de bens ou serviços a preços artificialmente acrescidos; ii) vendas de bens ou prestação de serviços a preços artificialmente reduzidos; iii) pagamento de *royalties* ou de juros, normalmente de valor superior ao que seria praticado entre entidades independentes. Por seu turno, a contraparte nas referidas transacções, instalada no país de tributação menos gravosa, realiza os lucros decorrentes da transmissão a entidades não relacionadas, a preços de mercado, dos bens ou serviços adquiridos abaixo do seu preço real a entidades do grupo. Para um maior desenvolvimento quanto a exemplos concretos de manipulação intra-grupo dos preços de transferência, tratados de forma sistematizada, cfr. THIERRY LAMORLETTE / PATRICK RASSAT, *Stratégie Fiscale Internationale*, 3.ª ed., Maxima – Laurent du Mesnil, Paris, 1997, pp. 25-44.

178　　*Princípios do Direito Fiscal Internacional*

independentes, verificam-se importantes transferências de lucros de uns Estados para outros, com elevadas perdas de receita fiscal para os Estados de mais alta tributação. Este é, naturalmente, um problema que preocupa tanto os Estado como as organizações internacionais e que permite questionar a adequação do princípio da tributação como entidades independentes.

3.6. Dificuldades Específicas de Aplicação do Princípio da Plena Concorrência

A determinação do preço de plena concorrência em transacções comerciais ou financeiras desenvolvidas entre entidades relacionadas é dificultada por múltiplos factores.

No que respeita ao método do preço comparável de mercado (aquele cuja aplicação deve ser privilegiada, de acordo com as recomendações da OCDE), a sua utilização é fácil quando se trata de determinar o preço de plena concorrência relativamente a transacções de tipos de bens ou de serviços que sejam comummente transaccionados no mercado, com qualidade idêntica e no mesmo estádio de produção ou de distribuição, pois, nesse caso, não será difícil dispor de transacções de referência.

Todavia, é comum suscitarem-se dificuldades na aplicação deste método, por falta de elementos de comparação. A complexidade de algumas transacções e a especificidade dos bens ou serviços objecto da transacção, principalmente no caso de *royalties*, cedência de *know-how* e assistência técnica, faz com que, por vezes, não existam transacções comparáveis entre entidades independentes – por um lado, porque a empresa em questão apenas cede os referidos elementos ou presta serviços a empresas do grupo e, por outro, porque não há outras empresas no mercado a transaccionar elementos semelhantes.

A falta de transacções comparáveis entre empresas independentes pode resultar, também, da estrutura do mercado, designadamente no caso da existência de oligopólios ou de monopólios.

Noutros casos, mesmo que existam transacções comparáveis, a complexidade destas e dos produtos ou serviços transaccionados[279] impede, muitas vezes, a determinação e quantificação fiável e rigorosa das dife-

---

[279] Principalmente no caso de transacções que incidam sobre bens imateriais.

Parte I – V. Princípios Operativos do Direito Fiscal Internacional 179

renças que afectam, de forma substancial, o valor das transacções ou das margens de lucro em comparação.

Uma fonte de dificuldades prende-se, ainda, com a falta de disponibilidade, por parte das empresas e das próprias autoridades fiscais, de informação com a abrangência e o rigor necessários.

Por outro lado, quando não seja possível aplicar o método do preço comparável de mercado, e, na sequência de uma primeira análise, se afigure que existem dificuldades sérias na aplicação quer do método do preço de revenda minorado quer do método do custo majorado, é possível efectuar ainda uma análise mais profunda da situação. Na sequência desta, poderá optar-se pela aplicação de um destes dois últimos métodos, consoante as soluções que for possível encontrar para a resolução das dificuldades iniciais.

Um risco associado a este tipo de análise, subjacente à aplicação dos métodos tradicionais baseados na transacção a situações mais complexas, consiste em as autoridades fiscais efectuarem uma aplicação demasiado casuística dos mesmos, com os inerentes riscos de arbitrariedade na resolução das questões de preços de transferência. Ora, tal situação viola o princípio da certeza e da segurança jurídicas, trazendo evidentes prejuízos às empresas – em virtude do risco da superveniência de contingências fiscais – e comprometendo seriamente a fluidez das transacções entre entidades relacionadas.

Quando não estejam, efectivamente, reunidas as condições de que depende a aplicabilidade dos métodos tradicionais baseados na transacção ou não possam ser ultrapassadas com sucesso as dificuldades que se colocam à respectiva aplicação, a utilização destes métodos tem que ser posta de lado. Neste caso, deve determinar-se o preço de transferência com recurso a outro tipo de métodos. Os métodos a que, em primeira linha, se recorre para este efeito são os baseados no lucro da transacção. Contudo, estes métodos partilham de muitas das dificuldades acima apontadas, sendo mesmo a sua aplicação rejeitada por diversos países.

Refira-se, por fim, que o risco de contingências fiscais para as empresas, em resultado das dificuldades existentes ao nível da fixação dos preços de transferência, pode ser minorado mediante o recurso a acordos prévios sobre preços de transferência entre as empresas e as autoridades fiscais, caso tal seja legalmente admitido[280].

---

[280] O acordo prévio sobre preços de transferência estabelece, previamente à realização de determinadas transacções entre empresas relacionadas, um conjunto de critérios

para a determinação dos preços de transferência aplicáveis a tais transacções, durante um período de tempo previamente fixado. O objectivo do acordo prévio sobre preços de transferência é, por um lado, garantir certeza e segurança jurídicas às empresas relativamente aos preços de transferência praticados e, por outro, salvaguardar os direitos de tributação das autoridades fiscais dos Estados relacionados com as transacções, em termos de cooperação entre ambas as partes.

A celebração do acordo prévio sobre preços de transferência entre uma empresa e as autoridades fiscais é antecedida por um processo próprio, desencadeado por iniciativa da empresa, no âmbito do qual as partes têm oportunidade de discutir os métodos e os critérios a utilizar pela empresa para a determinação dos preços de transferência. O acordo prévio sobre preços de transferência não fixa, geralmente, os preços de transferência directamente, mas apenas o método de acordo com o qual eles serão determinados durante um certo período de tempo.

Trata-se, portanto, de um processo voluntário de resolução antecipada de questões relativas aos preços de transferência, de forma a evitar futuros problemas com as autoridades fiscais, mediante a fixação prévia do método de determinação de preços de transferência que a empresa vai utilizar.

Procura-se, através deste mecanismo, resolver problemas decorrentes de preços de transferência, em complemento à utilização dos meios tradicionais, administrativos, judiciais ou convencionais, sobretudo nos casos em que tais mecanismos tradicionais falham ou são de difícil aplicação.

Este mecanismo permite, por um lado, às empresas obter uma maior segurança relativamente aos preços de transferência praticados nas transacções intra-grupo levadas a cabo. Permite, por outro lado, uma actuação preventiva das autoridades fiscais, uma vez que podem efectuar uma análise das transacções intra-grupo, pronunciando-se quanto à adequação ou não dos métodos de valorização das transacções que as empresas pretendem empregar. Desta forma, será possível evitar, em grande parte, a necessidade de as autoridades fiscais virem, após a realização das transacções em apreço, a corrigir os preços praticados pelas empresas.

Existem dois tipos de acordos prévios sobre preços de transferência:

– unilaterais: quando são estabelecidos entre o contribuinte e as autoridades fiscais do respectivo país; ou

– bilaterais ou multilaterais: quando envolvem, para além do contribuinte e das autoridades fiscais do respectivo país, igualmente outra ou outras autoridades fiscais de países distintos, com alguma conexão fiscalmente relevante com as transacções objecto do acordo prévio sobre preços de transferência.

Só este último tipo de acordo permite evitar que haja uma posição distinta das autoridades fiscais do outro Estado interessado, o que comprometeria a segurança e certeza jurídicas pretendidas pelas empresas com o recurso a este mecanismo. Com efeito, os acordos prévios sobre preços de transferência bilaterais ou multilaterais apre-

3.7. Princípio da Tributação Unitária ou Global

3.7.1. *Enquadramento*

Em virtude das dificuldades na aplicação do princípio da tributação como entidades independentes, em geral, e na aplicação do princípio da plena concorrência, em particular, tem já sido defendido o respectivo abandono, em prol da aplicação de um princípio de tributação unitária ou global quanto às entidades relacionadas, integradas em grupos de sociedades. Procedemos, em primeiro lugar, à contraposição entre os dois princípios.

O princípio da tributação como entidades independentes, subjacente ao regime previsto nos artigos 7.º e 9.º do MC OCDE, pressupõe que cada unidade de um grupo de empresas seja tratada como uma entidade distinta e independente das restantes. Verifica-se o apuramento do lucro tributável e o pagamento do correspondente imposto relativamente a cada empresa associada ou estabelecimento estável, independentemente da sua integração num grupo empresarial europeu.

O princípio da tributação unitária ou global, em contrapartida, considera o grupo de empresas como uma unidade económica e as várias empresas e estabelecimentos estáveis que o integram como meros com-

---

sentam a vantagem de, para além de garantirem ao contribuinte uma maior segurança jurídica relativamente aos métodos de preços de transferência adoptados, reduzirem o risco da ocorrência de dupla tributação económica internacional. Esta forma de dupla tributação resulta, no contexto em que nos situamos, das correcções efectuadas pelas autoridades fiscais de um país, relativamente aos preços de transferência utilizados por uma empresa em transacções intra-grupo, e da inexistência de correcção simétrica efectuada no outro país. Outra vantagem dos acordos prévios sobre preços de transferência bilaterais ou multilaterais consiste em terem maiores probabilidades de atingir uma solução equitativa para todas as partes envolvidas, uma vez que abarcam o conjunto das empresas e das administrações fiscais afectadas.

Para um tratamento mais detalhado do assunto dos acordos prévios sobre preços de transferência bilaterais, cfr. Monique Van Herksen / Yi-Wen Hsu, *Avoiding double taxation by way of advance pricing agreements and competent authority assistance*, International Transfer Pricing Journal, Vol. 4, n.º 3, Maio-Junho 1997, pp. 132-136; José Antonio Rodríguez Ondarza, *Una Revisión Global de la Aplicación de los Acuerdos Previos sobre Precios de Transferencia y sus Implicaciones para España*, Instituto de Estudios Fiscales, Madrid, 1998, pp. 8-9.

182 Princípios do Direito Fiscal Internacional

ponentes sem individualidade económica. Nos termos deste princípio, o lucro de cada empresa, enquanto mera parcela de uma unidade económica mais vasta constituída pelo grupo, deve corresponder a uma parte do lucro total do grupo, determinada em função de critérios de proporcionalidade.

Deste modo, para efeitos da aplicação do princípio da tributação unitária ou global, há que calcular os lucros globais do grupo multinacional de empresas, mediante a consolidação dos resultados das diversas empresas e estabelecimentos que o integram, e proceder depois à imputação às empresas do grupo da parte do lucro global que lhes corresponda. Tal imputação é efectuada segundo um critério de proporcionalidade, baseado na utilização de uma fórmula estabelecida para o efeito, normalmente assente num ou vários de entre quatro elementos fundamentais: custos, activos, salários e vendas.

O cerne do princípio da tributação unitária consiste, portanto, na substituição do cálculo directo dos lucros de uma empresa ou de um estabelecimento estável pelo cálculo da parcela dos lucros globais do grupo que deve ser imputada a essa empresa ou estabelecimento.

A favor do princípio da tributação unitária ou global, pode argumentar--se que este modo de tributar é mais coerente com a realidade económica, uma vez que todas as empresas integradas num grupo são mutuamente dependentes e contribuem para o "negócio global".

Evitam-se, assim, as múltiplas dificuldades inerentes à ficção de que as relações envolvendo empresas associadas e estabelecimentos estáveis podem ser reconduzidas a relações entre entidades independentes, para efeitos da determinação do lucro tributável de cada uma dessas empresas ou estabelecimentos. Esta constitui outra das grandes vantagens do princípio da tributação unitária ou global[281].

Igualmente em defesa do princípio da tributação unitária ou global, tem sido sustentado que este princípio oferece uma maior facilidade de aplicação, bem como maior comodidade administrativa e segurança aos contribuintes no que diz respeito ao apuramento do montante das suas obrigações tributárias.

---

[281] Neste sentido, entre outros, SOL PICCIOTTO, *International Business Taxation, A Study in the Internationalization of Business Regulation*, Weidenfeld and Nicolson, Londres, 1992, pp. 33 ss.

Parte I – V. Princípios Operativos do Direito Fiscal Internacional 183

Tal argumento é fortemente contestado pelos detractores do princípio da tributação unitária ou global. Estes argumentam que, no quadro internacional actual, o estabelecimento de uma tributação unitária redundaria numa extrema complexidade administrativa para as empresas e para as autoridades fiscais, exigindo um nível de cooperação internacional na área fiscal que está muito longe de existir. Tem ainda sido dito que a aplicação do referido princípio, no contexto actual, teria como resultado, por um lado, uma multiplicação de situações de dupla tributação económica e, por outro, a criação de brechas propícias à evasão fiscal.

A propósito da problemática dos preços de transferência, a OCDE rejeita que um método unitário de tributação constitua uma alternativa aos métodos baseados no princípio da plena concorrência[282], posição que é secundada por diversos autores.

Face ao exposto, importa, pois, apreciar a questão da coerência económica e da viabilidade da aplicação do princípio da tributação unitária ou global, e designadamente considerar se este poderá substituir-se ao princípio da tributação como entidades independentes, no que diz respeito às situações tributárias internacionais que envolvam entidades relacionadas.

A este propósito, consideramos que o princípio da tributação unitária ou global é mais coerente com a realidade económica dos grupos multinacionais, a qual se caracteriza pela dependência mútua entre as empresas que os integram. Os referidos grupos caracterizam-se, na maioria dos casos, por uma actuação integrada das várias empresas em termos de produção, comercialização, investigação e desenvolvimento, cabendo a cada empresa tarefas que são parcelares face à actividade do grupo. Uma estrutura deste tipo contribui para a ocorrência de um elevado número de transacções entre as empresas do grupo, cujos preços e condições podem ser fixados centralmente, de acordo com critérios de maximização dos resultados e de economia fiscal a nível global. Pode mesmo suceder que toda a gestão das várias empresas do grupo seja desenvolvida a nível central, sendo o objectivo primordial na tomada das decisões a optimização do funcionamento do grupo em termos globais.

Há, ainda, que tomar em consideração que, em muitos casos, as despesas com investigação e desenvolvimento, propriedade industrial ou

---

[282] Cfr. OCDE, *Transfer Pricing Guidelines...*, parágrafo 3.63. Cfr., no mesmo sentido, o parágrafo 3.74.

publicidade são realizadas a nível central. Nalguns grupos, verifica-se o desenvolvimento a nível central de determinados serviços dos quais beneficiam as várias empresas do grupo, ou uma gestão integrada de tesouraria. Tais circunstâncias contribuem para que as relações entre as empresas do grupo assumam uma maior interdependência e complexidade.

Neste quadro, o apuramento do lucro tributável ou do prejuízo de cada entidade do grupo (e, consequentemente, da receita fiscal que cabe a cada um dos Estados onde estas são residentes ou desenvolvem a sua actividade) constitui uma tarefa extremamente complexa. De tal forma complexa, que se torna possível apenas mediante o recurso a variadas ficções, tais como a aplicação às relações entre entidades do grupo dos preços e das condições que seriam praticados entre entidades independentes. Tendo em conta os aspectos aludidos, o princípio da tributação unitária ou global afigura-se, realmente, mais consentâneo com a realidade económica dos grupos multinacionais.

Assim, concordamos com ANA PAULA DOURADO, quando, a propósito da aplicação do princípio da tributação como entidades independentes às empresas associadas e aos estabelecimentos estáveis, salienta a "dificuldade em aplicar um princípio que não é adequado para traduzir as relações existentes entre as partes de uma empresa multinacional"[283]. Refere, ainda, a mesma autora que "sejam ou não declarados preços que correspondem aos praticados, a concretização do princípio da tributação como entidades independentes é de duvidosa exactidão no caso de empresas integradas, conduzindo a uma distribuição de receitas entre Estados pouco criteriosa"[284].

Em suma, o princípio da tributação unitária ou global apresenta a considerável vantagem de evitar muitas das dificuldades que se levantam no tocante à aplicação do princípio da plena concorrência – elemento basilar no contexto da tributação das empresas como entidades independentes.

---

[283] In ANA PAULA DOURADO, *A Tributação dos Rendimentos...*, p. 102. No mesmo sentido, REUVEN AVI-YONAH, no contexto da conferência levada a cabo na Universidade de Viena, entre 8 e 10 de Novembro de 2007, com a designação "Fonte versus Residência – A alocação dos direitos tributários nas Convenções de Dupla Tributação". Cfr. FLORIAN BRUGGER et al., *Vienna University Conference 2007 – Source versus residence – The allocation of taxing rights in tax treaty law*, Intertax, n.º 5, Maio 2008, p. 233.

[284] In ANA PAULA DOURADO, *A Tributação dos Rendimentos...*, p. 116.

Parte I – V. Princípios Operativos do Direito Fiscal Internacional   185

Cabe, todavia, formular sérias reservas quanto ao argumento de alguns defensores do princípio da tributação unitária ou global no sentido de que este princípio oferece às administrações fiscais maior facilidade de aplicação, e às empresas maior comodidade administrativa e segurança no tocante ao valor das suas obrigações tributárias.

Por um lado, tais vantagens não podem ser atribuídas, em abstracto, ao princípio em causa, dependendo da forma como este for concretizado. Por outro lado, a aparente simplicidade da aplicação do princípio da tributação unitária ou global, concretizado num método unitário de tributação, é enganadora – conforme se referirá em maior detalhe.

Com efeito, a hipotética adopção do princípio da tributação unitária ou global a nível internacional depara-se com múltiplas dificuldades e com obstáculos complexos, os quais, pelo menos num futuro próximo – e principalmente em relação às transacções desenvolvidas fora de espaços económicos integrados – a inviabilizam.

Uma primeira dificuldade prende-se com o facto de a aplicação do método unitário de tributação apenas nalguns Estados – continuando os restantes a tributar as empresas residentes para efeitos fiscais no seu território pelo lucro por estas obtido, independentemente do lucro global do grupo – poder gerar dois tipos de problemas. Por um lado, obrigaria as empresas a manterem dois sistemas totalmente distintos de cálculo dos lucros, com os encargos administrativos daí resultantes. Por outro lado, a duplicidade de critérios aplicados nos diversos países originaria situações de dupla tributação ou de inexistência de tributação[285] entre as várias empresas do grupo multinacional. Deste modo, seria necessária a existência de um consenso internacional alargado na consagração do método unitário de tributação, para que este pudesse ser aplicado.

Também a delimitação do grupo de empresas que seria abrangido pelo método unitário de tributação envolveria sérias dificuldades, atenta a diversidade e a complexidade das estruturas dos grupos multinacionais existentes, bem como a previsível inexistência de acordo entre os diversos Estados quanto aos critérios de definição do grupo unitário.

Importa ainda notar que os interesses distintos e as situações específicas dos vários Estados tenderiam a gerar discórdia entre estes, relativa-

---

[285] Este aspecto é salientado na análise efectuada pela OCDE. Cfr. OCDE, *Transfer Pricing Guidelines...*, parágrafo 3.64.

186 *Princípios do Direito Fiscal Internacional*

mente ao cálculo da base tributável e à fórmula de imputação dos lucros globais do grupo às diversas empresas[286].

Por outro lado, nos termos actuais da troca de informações entre autoridades fiscais de vários Estados, seria difícil a cada Estado aceder a toda a informação necessária ao apuramento e ao controlo do lucro do grupo de empresas – bem como à imputação de parte desse lucro à entidade ou entidades localizadas no seu território. Aliás, baseando-se a informação referente a diversos países em sistemas contabilísticos diferentes, haveria, muito provavelmente, dificuldades na sua compatibilização.

Uma outra dificuldade tem a ver com o facto de as fórmulas de imputação de lucros às empresas de um grupo tenderem a ignorar a situação particular de cada empresa, a realidade económica do país onde esta se localiza e o contexto, designadamente concorrencial e de mercado, em que se insere. O sistema padeceria, portanto, muito provavelmente, de alguma arbitrariedade e rigidez.

Efectivamente, o método unitário de tributação poderia culminar, no caso de o grupo ser lucrativo em termos globais, na atribuição de lucro tributável a uma empresa que efectivamente tivesse tido prejuízos fiscais, ou na atribuição de um lucro tributável superior ao que a empresa apuraria enquanto unidade económica separada. Tal facto poderia gerar dificuldades e contestação dentro do próprio grupo de empresas, especialmente nos casos em que existisse efectivamente alguma autonomia de gestão por parte das várias empresas que o integrassem e em que não fossem instituídos, no âmbito do grupo, mecanismos adequados de compensação quanto ao imposto pago num determinado Estado por uma empresa que, enquanto unidade económica separada, não pagaria imposto, por se encontrar em situação de prejuízo, ou pagaria um imposto bastante inferior.

O que ficou referido demonstra que são consideráveis as dificuldades associadas à adopção, no plano internacional, de um método de tributação baseado no princípio da tributação unitária ou global. Efectivamente, a viabilidade da utilização a nível internacional de um método unitário de

---

[286] Cfr. ROBIN MURRAY (org.), *Multinationals Beyond the Market: Intra-Firm Trade and the Control of Transfer Pricing*, The Harvester Press, Brighton, 1981, p. 179; e PHILIP WOOLF BAKER, *A Comparative Study of the Tax Treatment of International Commercial Transactions*, PhD 638, Institute of Advanced Legal Studies, Londres, 1985, p. 218.

Parte I – V. Princípios Operativos do Direito Fiscal Internacional   187

tributação dependeria da existência de um grau de cooperação e de sintonia de interesses entre os diversos países que não se verifica actualmente, nem se pode esperar atingir num futuro próximo[287].

No âmbito de um espaço de integração económica, como a UE, em virtude de uma maior comunhão de interesses entre os Estados e da existência de uma estrutura institucional, será, eventualmente, possível ultrapassar as principais dificuldades apontadas e, pelo menos como regime opcional, implementar um método unitário de tributação[288].

Contudo, para que tal seja possível, terá, naturalmente, de existir vontade política por parte dos Estados e um detalhado trabalho técnico, no sentido de se alcançar o acordo necessário ao adequado funcionamento deste modelo de tributação.

Deste modo, primeiro é necessário que os Estados-membros cheguem a um consenso quanto à consagração na UE de um método unitário de tributação[289]. Adicionalmente, têm de chegar a acordo quanto aos múltiplos aspectos relativos ao regime e ao funcionamento do modelo de tributação em apreço, tais como, por exemplo, a delimitação do grupo unitário a ser abrangido pela aplicação do modelo, a sujeição do grupo unitário ao regime fiscal de um dos Estados-membros ou a criação de um regime fiscal novo e comum aos vários Estados-membros, a fórmula de imputação dos lucros globais do grupo às diversas empresas (e, portanto, aos vários Estados que integram o sistema), e os mecanismos de troca de informações a instituir entre as autoridades fiscais dos vários Estados.

---

[287] Cfr. OCDE, *Transfer Pricing Guidelines...*, parágrafo 3.66.

[288] Cfr., a este propósito, ANA PAULA DOURADO que considera que a adopção de um "método indirecto" de tributação (método nos termos do qual se verifica "o lançamento pelo Estado da fonte do rendimento total da empresa, incluindo o rendimento com fonte noutros territórios, e a subsequente distribuição de receitas entre Estados de acordo com uma regra de distribuição") "é irrealista no plano mundial, mas o mesmo não se pode dizer no quadro de uma União Económica e Monetária". A autora adianta, todavia, que "a utilização deste método apenas seria apropriada perante a harmonização de bases tributárias porque, caso contrário, não haveria garantia contra a dupla tributação ou omissões". ANA PAULA DOURADO, *A Tributação dos Rendimentos...*, pp. 114-115.

[289] Poder-se-ia, alternativamente, prever a adopção de um método unitário de tributação por parte de apenas alguns dos Estados-membros, através de um mecanismo de cooperação reforçada.

188   *Princípios do Direito Fiscal Internacional*

Conclui-se, portanto, que a viabilidade da implementação de um método unitário de tributação depende da existência de vontade política e de consenso entre os Estados nesse sentido, de iniciativas institucionais suficientemente fortes ao nível da UE e da existência de uma cooperação profunda e sistemática entre os Estados envolvidos, bem como entre as respectivas autoridades fiscais[290]. Desta forma, e não obstante as diversas iniciativas da Comissão nesta matéria[291], duvidamos que seja possível a consagração de um método unitário de tributação, aplicável em termos generalizados, a breve trecho, mesmo no seio da UE[292].

3.7.2. *Modelos de tributação*

Surgiram, há alguns anos, no âmbito da UE, propostas de modelos de tributação das sociedades caracterizados pelo apuramento de uma base tributável única em relação às várias empresas que integram o grupo multinacional de empresas, de acordo com o princípio da tributação unitária ou global.

A Comissão promoveu o debate e a avaliação deste tipo de modelos de tributação das sociedades na UE, designadamente na Comunicação da Comissão ao Conselho, ao Parlamento Europeu e ao Comité Económico e Social sobre política fiscal na UE – Prioridades para os anos vindouros, de 23 de Maio de 2001[293]. Ainda maior destaque merece o *Estudo da*

---

[290] No tocante à questão de uma cooperação sistemática entre as autoridades fiscais dos Estados-membros, veja-se o que se passa actualmente na UE ao nível do IVA, com o controlo cruzado dos vários Estados-membros sobre as transacções intra-comunitárias, sistema que só foi possível implementar na sequência de um longo processo de harmonização deste imposto.

[291] *Vide* o ponto 3.7.2. do capítulo V, da parte I deste trabalho, e as respectivas notas de rodapé, onde se dá conta de algumas das iniciativas desenvolvidas, no âmbito da UE, quanto ao estudo, análise e debate de propostas relativas à consagração de um método unitário de tributação.

[292] Estas dúvidas são fortalecidas pelo desfecho do projecto da Comissão de apresentar, até ao final de 2008, uma proposta de directiva referente à matéria colectável comum consolidada no Imposto sobre as Sociedades. Tal apresentação não chegou a concretizar-se, em virtude da oposição de alguns Estados-membros. *Vide*, a este propósito, o ponto seguinte do presente trabalho.

[293] COM (2001) 260 final.

Comissão sobre a Fiscalidade das Empresas no Mercado Interno, de 23 de Outubro de 2001[294], no qual são propostos os seguintes modelos de tributação das sociedades na UE, baseados no princípio da tributação unitária ou global:

– a Tributação do Estado de Origem[295] (*"Home State Taxation"*);

---

[294] COM (2001) 582 final. Este Estudo foi publicado em língua inglesa: *Company Taxation in the Internal Market*, Edição da Comissão Europeia, Bruxelas, 2002. O documento em apreço é o resultado de um estudo analítico da tributação das sociedades preparado pelos serviços da Comissão Europeia, auxiliados por dois grupos de especialistas. A preparação do referido Estudo foi efectuada na sequência de um mandato formal nesse sentido, dirigido à Comissão pelo Comité de Representantes Permanentes, em Julho de 1999.

[295] A Tributação do Estado de Origem (*"Home State Taxation"*) corresponde a um modelo de tributação idealizado, inicialmente, por MALCOLM GAMMIE e desenvolvido por um grupo de individualidades designado por "Grupo de Estocolmo" – composto por SVEN-OLOF LODIN (Suécia), ROBERT BACONNIER (França), MALCOLM GAMMIE (Reino Unido), HUGH AULT (EUA), ALBERT RÄDLER (Alemanha), AD DER KINDEREN (Holanda), JIM HAUSMAN (Canadá) e DAVID TILLINGHAST (EUA). O grupo manteve, entre 1993 e 1999, reuniões regulares de discussão acerca da tributação das sociedades nos respectivos países, a nível internacional e, em particular, na Europa.

O modelo da Tributação do Estado de Origem tem como característica essencial o facto de um grupo de empresas europeias ficar sujeito às regras fiscais de apenas um Estado-membro – o Estado-membro de residência da sociedade-mãe, também designado por Estado da sede do grupo – para efeitos da determinação do lucro tributável de todas as suas empresas, ou seja, tanto subsidiárias como sucursais, localizadas nos vários Estados-membros.

De acordo com o aludido modelo de tributação, por exemplo os lucros de todas as sucursais e subsidiárias de uma sociedade portuguesa na UE, independentemente dos Estados-membros onde aquelas se situassem, seriam calculados de acordo com a legislação fiscal portuguesa.

O modelo da Tributação do Estado de Origem baseia-se, portanto, num reconhecimento mútuo, por parte dos Estados-membros, dos regimes de tributação das sociedades dos outros Estados-membros, conferindo-lhes um estatuto equivalente ao do seu próprio regime tributário. Efectivamente, cada Estado-membro teria de reconhecer a aplicação a subsidiárias e sucursais localizadas no seu território de regimes de tributação de outros Estados-membros, nos quais tivesse residência fiscal a sociedade-mãe de tais subsidiárias e sucursais.

Em virtude desta concepção, a Tributação do Estado de Origem dispensa a criação de um regime fiscal novo, baseando-se na aplicação dos regimes fiscais já existentes nos Estados-membros e nas correspondentes regulamentação e interpretação. A sua

190   *Princípios do Direito Fiscal Internacional*

– a Tributação de Base Comum Consolidada[296] (*"Common Consolidated Corporate Tax Base"*);

---

implementação implica, todavia, uma certa similitude entre os sistemas fiscais dos Estados-membros que adiram ao modelo de tributação em causa.

Tratando-se de um modelo de tributação inspirado por um princípio de tributação unitária ou global, há lugar ao cálculo de uma base tributável única para todo o grupo europeu de empresas, sendo o lucro do grupo, calculado nos termos acima referidos, repartido entre a sede e os diversos estabelecimentos estáveis e subsidiárias e sujeito a tributação nos Estados-membros onde estes se localizam, à taxa de imposto sobre as sociedades aí em vigor.

O sistema de Tributação do Estado de Origem depende, pois, de um acordo entre os Estados quanto aos factores utilizados para definir a parte do lucro tributável do grupo a atribuir a cada empresa que o integra e, consequentemente, a cada Estado.

[296] O sistema da Tributação de Base Comum Consolidada (*"Common Consolidated Corporate Tax Base"*) possibilita a um grupo empresarial europeu a adopção de uma base tributável única, calculada em termos consolidados, para todas as suas empresas, sejam subsidiárias ou estabelecimentos estáveis, nos diversos Estados-membros que adiram ao modelo de tributação.

O cálculo da base tributável comum seria administrado por cada Estado-membro em relação aos grupos empresariais que nele tivessem sede, abrangendo toda a actividade desenvolvida por esses grupos no âmbito da UE.

Num segundo momento, o funcionamento da Tributação de Base Comum Consolidada implicaria a imputação aos Estados-membros da sua parte nos lucros tributáveis do grupo, de acordo com uma fórmula de imputação. Após a referida imputação, cada Estado-membro definiria a taxa de imposto a aplicar às empresas localizadas no seu território.

Para que fosse possível aplicar o modelo da Tributação de Base Comum Consolidada, seria necessário proceder-se à criação de um novo conjunto de regras fiscais em matéria de tributação das sociedades, comum a nível da UE ou dos Estados-membros que aderissem ao modelo de tributação em apreço. Este novo conjunto de regras fiscais seria aplicável ao cálculo da base tributável das empresas dedicadas a actividades intra UE, ficando, assim, o grupo de empresas europeias sujeito a um único conjunto de regras fiscais. Paralelamente, os Estados-membros poderiam continuar a aplicar as suas regras fiscais nacionais às empresas que desenvolvessem apenas transacções internas.

Tomando o exemplo de uma sociedade alemã e da sua subsidiária portuguesa, o lucro tributável consolidado de ambas as sociedades seria calculado de acordo com as regras fiscais criadas para efeitos do funcionamento do sistema da Tributação de Base Comum Consolidada, e ficaria sujeito à fiscalização das autoridades fiscais alemãs. O lucro tributável apurado nos termos acima referidos seria imputado à Alemanha e a Portugal, de acordo com uma fórmula de imputação a estabelecer, e cada uma das empresas pagaria imposto no Estado onde se localiza, à taxa de imposto sobre as sociedades aí vigente.

Parte I – V. Princípios Operativos do Direito Fiscal Internacional   191

- o Imposto Europeu sobre o Rendimento das Empresas[297] (*"European Union Company Income Tax"* ou "EUCIT"); e
- a Base Tributária Harmonizada Única[298] (*"Single Compulsory Harmonised Tax Base"*).

As abordagens referidas no aludido Estudo da Comissão correspondem a modelos de tributação das sociedades que se encontravam já, mesmo antes deste Estudo, identificados pela comunidade científica e empresarial internacional. Constituem modelos de tributação inicialmente formulados pelos principais especialistas internacionais na matéria em apreço[299], alguns dos quais auxiliaram a Comissão nesta parte do Estudo.

Nos anos seguintes, as atenções centraram-se especialmente no modelo da Tributação de Base Comum Consolidada, tendo ocorrido, no âmbito da UE, variadas iniciativas de debate e análise de aspectos relacionados com uma matéria colectável comum consolidada no Imposto sobre

---

[297] O Imposto Europeu sobre o Rendimento das Empresas (*"European Corporate Income Tax"* ou, abreviadamente, "EUCIT") corresponde a uma tributação das sociedades de natureza supranacional, incidente sobre o resultado consolidado das várias empresas localizadas em Estados-membros que integrem grupos empresariais europeus. Este modelo de tributação seria implementado a nível da UE e baseado num único conjunto de regras fiscais, vigente em todos os Estados-membros.

A liquidação, administração e cobrança deste imposto seria, em princípio, levada a cabo a nível da UE, sendo, para tal, criado um órgão europeu com funções de administração fiscal. Alternativamente, poder-se-ia considerar a possibilidade – quer de modo transitório, quer permanente – de as administrações fiscais dos Estados-membros continuarem a administrar e a cobrar o Imposto Europeu sobre o Rendimento das Empresas, dividindo entre si essa competência. A receita fiscal cobrada faria parte dos recursos próprios da UE ou, alternativamente, seria realocada aos Estados-membros mediante a aplicação de uma fórmula entre estes acordada.

Importa referir que este modelo de tributação representaria uma lesão da soberania fiscal dos Estados-membros maior do que a associada aos demais modelos de tributação baseados no princípio da tributação unitária ou global anteriormente referidos. A sua implementação seria também previsivelmente mais complexa e morosa, em virtude de assentar na criação de um conjunto de regras fiscais inteiramente novo.

[298] Esta última abordagem, embora não defendida por nenhum dos especialistas convidados pela Comissão, foi também considerada no respectivo Estudo, para efeitos de comparação com as restantes.

[299] Refiram-se, a título de exemplo, Lorence Bravenec, Malcolm Gammie, Luc Hinnekens, Sven-Olof Lodin E M. Tabaksblat, bem como diversos investigadores do Institute for Fiscal Studies.

192 *Princípios do Direito Fiscal Internacional*

as Sociedades[300]. A Comissão propunha-se apresentar uma proposta de directiva referente a matéria até ao fim de 2008[301]. Todavia, por motivos políticos, relacionados com a oposição de alguns Estados-membros, tal projecto não chegou a concretizar-se.

---

[300] Para aludirmos apenas a algumas das iniciativas mais recentes nesta matéria, refira-se que a Comissão Europeia divulgou, em Maio de 2007, uma Comunicação intitulada *"Realização do programa comunitário para a melhoria do crescimento e do emprego e para o reforço da competitividade das empresas da UE: progressos realizados em 2006 e etapas seguintes, em vista da proposta de uma matéria colectável comum consolidada para o imposto das sociedades"*. As iniciativas de análise e debate da questão da matéria colectável consolidada prosseguiram em 27 e 28 de Setembro de 2007, datas em que teve lugar a reunião do Grupo de Trabalho (criado em 2004) que se debruçou sobre estas matérias. A Comissão elaborou, ainda, um documento de trabalho denominado *"Matéria Colectável Consolidada no Imposto sobre as Sociedades – Esboço de um quadro técnico"*. Este documento avançou com uma alternativa possível para os princípios que iriam reger a definição de uma matéria colectável comum consolidada, partindo de um conjunto coerente de regras previstas para o efeito. O já referido Grupo de Trabalho continuou a sua análise nos dias 10, 11 e 12 de Dezembro de 2007, tendo surgido para sua análise mais dois documentos relativos à problemática em apreço: *"Matéria Colectável Consolidada no Imposto sobre as Sociedades – Esboço de um mecanismo de repartição"*, relativo às regras de base da repartição da matéria colectável consolidada entre as diferentes entidades dos grupos consolidados, e *"Matéria Colectável Consolidada no Imposto sobre as Sociedades – Esboço de um quadro Administrativo*. Este último apresentava algumas propostas no tocante a regras fundamentais para a administração da matéria colectável consolidada no imposto sobre as sociedades.

Nesta fase, a Comissão atribuiu grande prioridade à questão em apreço, desejando apresentar uma proposta de directiva referente à matéria colectável comum consolidada no Imposto sobre as Sociedades até ao final de 2008. Contudo, em Março de 2008 as discussões sobre a matéria continuavam difíceis, com cerca de doze ou treze Estados--membros a favor (incluindo a França, a Alemanha, a Itália e Espanha), quatro ou cinco Estados-membros contra (incluindo o Reino Unido e a Irlanda), e os restantes indecisos. As discussões sobre a questão em apreço continuaram ao longo do ano de 2008. Numa outra iniciativa – de natureza mais ampla, mas ainda relativa à área da tributação das sociedades – a Comissão encomendou um estudo sobre os efeitos económicos do desenvolvimento, ao nível da UE, de reformas dos sistemas de tributação do rendimento das sociedades.

[301] Neste contexto, surgiu abundante doutrina relativamente às diversas vertentes da questão da matéria colectável comum consolidada no Imposto sobre as Sociedades. Refiram-se, entre outros: KRISTER ANDERSSON, *An optional and competitive common consolidated corporate tax base – a comprehensive measure towards a better functioning internal market*, EC Tax Review, n.º 3, 2008, pp. 98-99; VIERI CERIANI, *CCCTB and the*

4. Princípio da Tributação Distinta e Sucessiva de Sociedades e Sócios

4.1. Enquadramento

A questão da tributação distinta e sucessiva de sociedades e sócios entronca numa outra problemática, que a antecede em termos lógicos: a da tributação das pessoas colectivas.

Relativamente a esta, FERNANDO ARAÚJO afirma que "a tributação das pessoas colectivas é um mero expediente de liquidação e cobrança, que não desmente o facto de todos os impostos, como é óbvio, serem suportados em última análise por pessoas individuais – quer se trate dos sócios ou accionistas, no caso de a pessoa colectiva não conseguir repercutir os impostos, quer se trate daqueles que fornecem os factores produtivos ou dos destinatários da produção, no caso de poder haver repercussão a montante ou a jusante destes impostos"[302].

---

financial sector, EC Tax Review, n.º 4, 2008, pp. 159-168; ERNST CZAKERT, *Administrative issues and CCCTB*, EC Tax Review, n.º 4, 2008, pp. 169-172; LORENZ JARASS / GUSTAV M. OBERMAIR, *Tax on earnings before interest and taxes instead of profit – fair, simple and competitive: a conceivable initiative of EU Member States for a common consolidated corporate tax base*, EC Tax Review, n.º 3, 2008, pp. 111-117; ERIC KEMMEREN, *Exemption method for PEs and (major) shareholdings best services: the CCCTB and the internal markets concerned*, EC Tax Review, n.º 3, 2008, pp. 118-136; KATHARINA KUBIK / / CHRISTIAN MASSONER, *Common consolidated corporate tax base – the possible content of community law provisions*, EC Tax Review, n.º 3, 2008, pp. 137-141; PAULUS MERKS, *Corporate tax and the European Commission*, Intertax, n.º 1, Janeiro 2008, pp. 2-13; JOANN MARTENS WEINER, *Formula one. The race to find a common formula to apportion the EU tax base*, EC Tax Review, n.º 3, 2008, pp. 100-110.

[302] FERNANDO ARAÚJO, *Introdução à Economia...*, p. 523. Refere ainda o mesmo autor que "na verdade, uma das formas mais subtis e elaboradas de repercussão (de disparidade entre incidência jurídica e incidência económica, de divergência entre aquele que a lei prevê formalmente como devedor do imposto e aquele que efectivamente o suporta como um custo) é a que decorre da tributação das pessoas colectivas, visto que quem suporta os impostos são, em última análise, sempre e exclusivamente as pessoas singulares: os sócios da empresa, os seus trabalhadores, os seus fornecedores, os seus credores, os seus clientes – bem podendo a lei, por razões de simplicidade, fazer recair formalmente o dever de imposto sobre a pessoa colectiva, porque na realidade nunca terminará nela o suporte económico do tributo". Sustenta igualmente que "a tributação do rendimento das pessoas colectivas poderá nalguns casos ser justificada em termos de simplificação dos procedimentos tributários – uma pessoa colectiva pode representar

194 Princípios do Direito Fiscal Internacional

Assim, por diversas ordens de motivos (designadamente, a simplificação administrativa da liquidação e cobrança do imposto, bem como a anestesia fiscal – as «ilusões de óptica» de que fala FERNANDO ARAÚJO[303]), tanto a generalidade dos sistemas fiscais nacionais como o DFI têm vindo a optar pela tributação das sociedades. Opera-se, deste modo, uma tributação das sociedades distinta da dos respectivos sócios.

Todavia, a aludida tributação distinta e sucessiva de sociedades e sócios gera uma dupla tributação económica (que será dupla tributação económica internacional se estiver em causa a tributação em Estados distintos), a não ser que a legislação fiscal dos Estados ou as CDT prevejam mecanismos específicos para a evitar ou eliminar.

Um dos aspectos fundamentais de qualquer sistema fiscal é a "extensão na qual o princípio da dupla tributação é aceite como parte da lógica do sistema ou, alternativamente, a extensão na qual o sistema fiscal tenta integrar, totalmente ou parcialmente, a sujeição fiscal da sociedade com a sujeição fiscal do sócio. Diferentes sistemas fiscais adoptam diferentes perspectivas quanto a esta questão"[304].

---

um feixe de relações tributárias, reduzindo o número de interlocutores da administração fiscal, ao menos para certos efeitos e actividades –, noutros sê-lo-á por razões puramente políticas, na medida em que *aparenta* aliviar parcialmente os contribuintes individuais do peso dos tributos:

- o que é pago pelas empresas parece não ser pago por ninguém em particular, parece provir de um recurso comum sobre o qual é possível externalizar os custos individuais (primeira ilusão de óptica);
- as empresas parecem absorver essa carga fiscal sem a repercutirem sobre os indivíduos com os quais têm relações económicas (segunda ilusão de óptica, conhecida por «*flypaper theory*», segundo a qual os impostos ficariam «agarrados» àquele que fosse formalmente designado como devedor pela norma de incidência, sem possibilidade de repercussão)".

"O conjunto destas duas «ilusões de óptica» bastaria para justificar a popularidade, e a relevância política, da tributação das pessoas colectivas – mas também as penumbras político-jurídicas da concorrência fiscal internacional em matéria de tributação das pessoas colectivas: sejam as «corridas para o fundo» em matéria de desagravamento tributário, seja especificamente o recurso às «zonas francas»". FERNANDO ARAÚJO, *Introdução à Economia...*, p. 523.

[303] FERNANDO ARAÚJO, *Introdução à Economia...*, p. 523.
[304] ADRIAN OGLEY, *Principles of International Tax...*, p. 16.

Parte I – V. *Princípios Operativos do Direito Fiscal Internacional* 195

Nos sistemas fiscais de muitos Estados, as sociedades são tratadas, em termos de tributação, como entidades totalmente distintas e separadas dos respectivos sócios. Assim, os lucros de uma sociedade são primeiro tributados na esfera jurídica desta e, subsequentemente, aquando da sua distribuição, os mesmos lucros são novamente tributados na esfera dos sócios. Contudo, apenas alguns dos sistemas fiscais em apreço incluem mecanismos destinados a evitar ou eliminar a dupla tributação económica daí decorrente.

Nos sistemas fiscais baseados no denominado "sistema clássico", verifica-se uma tributação da sociedade e uma tributação distinta e sucessiva dos sócios. Assim, os lucros apurados pelas sociedades são sujeitos a tributação duas vezes: primeiro na esfera da sociedade, na qual são sujeitos ao imposto relativo aos lucros das sociedades, e depois na esfera dos sócios a quem são distribuídos – dando origem a uma dupla tributação económica. No sistema clássico não existe atenuação ou eliminação dessa dupla tributação económica, uma vez que os sócios são tributados quanto aos lucros recebidos sem que na sua esfera se tenha em conta o imposto já pago pela sociedade[305].

Frequentemente, a sujeição a tributação dos sócios ocorre (ou, pelo menos, inicia-se) mediante uma retenção na fonte efectuada pela sociedade aquando da distribuição dos lucros.

O sistema clássico – caracterizado pela subsistência de dupla tributação económica – tem sido acusado de criar um conjunto de distorções económicas[306], uma vez que, dada a sujeição a duas tributações dos lucros apurados pelas sociedades e distribuídos aos sócios, os sujeitos passivos envolvidos tentarão evitar pelo menos uma delas.

---

[305] SVEN-OLOF LODIN, *The imputation systems and cross-border dividends – The need for new solutions*, EC Tax Review, n.º 4, 1998, p. 229; ADRIAN OGLEY, *Principles of International Tax...*, pp. 17-18; RICHARD J. VANN, *General report*, in INTERNATIONAL FISCAL ASSOCIATION, *Trends in Company / Shareholder Taxation: Single or Double Taxation?*, Cahiers de Droit Fiscal International, vol. 88a, Kluwer Law International, The Hague, 2003, pp. 43 ss.

[306] Sobre esta questão, cfr. ANTÓNIO MANUEL FERREIRA MARTINS, *A Fiscalidade e o Financiamento das Empresas – A Influência da Reforma Fiscal de 1988 na Estrutura de Capital das Sociedades Anónimas Portuguesas da Indústria Transformadora (Dissertação para Doutoramento apresentada à Faculdade de Economia da Universidade de Coimbra),* Coimbra, 1998 (policopiado), pp. 107-108.

Uma das referidas distorções tem a ver com o facto de o sistema clássico, regra geral, encorajar níveis elevados de endividamento das sociedades, criando uma dependência destas relativamente à obtenção de financiamento com capitais alheios. Com efeito, o financiamento das sociedades mediante o recurso ao endividamento e não ao aumento do capital social permite evitar a dupla tributação, uma vez que os juros relativos ao financiamento com capitais alheios são fiscalmente dedutíveis, ao passo que os dividendos não o são. Assim, como os pagamentos de juros constituem uma dedução para efeitos do cálculo do lucro tributável da sociedade, a tributação desse tipo de rendimento ocorre apenas uma vez, na esfera do beneficiário do juro.

Por outro lado, o objectivo de evitar a segunda incidência de imposto, que ocorre na distribuição dos lucros, pode encorajar a retenção desses lucros pelas sociedades, restringindo a sua distribuição aos sócios. Outra situação fomentada pelo sistema clássico é a retirada de lucros das sociedades mediante tipos alternativos de débitos, como sejam altos níveis de remuneração para administradores e gerentes que sejam simultaneamente sócios.

O sistema clássico pode, ainda, distorcer a escolha relativamente à forma de desenvolvimento da actividade económica, em termos de recurso a uma forma societária ou a outras alternativas.

Contrapondo-se ao sistema clássico, existem diversos sistemas que procuram eliminar ou, pelo menos, atenuar a dupla tributação económica sofrida ao nível dos sócios, quanto aos lucros por estes recebidos de uma sociedade.

No denominado "sistema de imputação", o dividendo pago aos sócios beneficia de um crédito de imposto. O sistema de imputação pode ser de dois tipos: imputação integral ou imputação parcial. No sistema de imputação integral, o crédito fiscal equivale à parte do imposto suportado pela sociedade que, proporcionalmente, equivale ao lucro distribuído a cada sócio. Assim, no sistema de imputação integral, o imposto pago ao nível da sociedade é concedido na íntegra aos sócios, aquando da distribuição dos lucros, como um crédito fiscal. Em contrapartida, no sistema de imputação parcial, o crédito fiscal representa apenas uma parte do imposto suportado pela sociedade. Deste modo, nos termos de um sistema de imputação integral ou parcial, tanto a sociedade como o sócio são tributados. Contudo, o sócio beneficia, na tributação dos lucros recebidos, de

Parte I – V. Princípios Operativos do Direito Fiscal Internacional 197

um crédito integral ou parcial relativamente ao imposto já pago pela sociedade, vendo correspondentemente reduzida a sua obrigação fiscal[307].

A atenuação da dupla tributação económica relativa aos dividendos, na esfera do sócio, pode também ser obtida mediante a dedução fiscal de uma percentagem fixa do valor dos dividendos por este recebidos ou, alternativamente, mediante a aplicação aos dividendos de uma taxa de imposto mais baixa do que a aplicável a outros tipos de rendimento. Pode ainda referir-se o sistema de taxas múltiplas, nos termos do qual os lucros da sociedade que são distribuídos estão sujeitos a uma taxa de imposto mais baixa do que os lucros não distribuídos (justificando-se tal diferença pelo facto de os lucros distribuídos serem sujeitos a uma tributação adicional, na distribuição, ou seja, a uma tributação na esfera do sócio). Um outro sistema possível reside na concessão de uma dedução referente a dividendos distribuídos, para efeitos do cálculo do lucro tributável da sociedade[308].

4.2. Tributação de Sociedades e Sócios no Plano Internacional

As questões relativas à tributação das sociedades e dos sócios começaram por ser vistas apenas numa perspectiva nacional, e só mais tarde passaram a ser consideradas na óptica do DFI.

Refira-se, aliás, que a análise da problemática em apreço torna-se ainda mais complexa no plano internacional do que no plano doméstico. Em primeiro lugar, pelo facto de serem ainda mais numerosas as variantes possíveis em termos de forma de realização dos investimentos[309]. Por

---

[307] Sven-Olof Lodin, *The imputation systems...*, p. 229; Adrian Ogley, *Principles of International Tax...*, p. 18.

[308] Adrian Ogley, *Principles of International Tax...*, p. 19. Também António Manuel Ferreira Martins se debruçou sobre a questão, abordando os métodos de atenuação da dupla tributação que operam ao nível societário (método da dedução dos dividendos, método das duas taxas) e os que operam na esfera da tributação dos sócios (método da dedução dos dividendos recebidos, método das duas taxas, método do crédito parcial de imposto), bem como os métodos de eliminação da dupla tributação (método da integração total ou pura transparência fiscal). Cfr. António Manuel Ferreira Martins, *A Fiscalidade e o Financiamento...*, pp. 108-112.

[309] Refiram-se apenas alguns exemplos de formas possíveis de efectuar investimentos transfronteiriços: i) uma pessoa singular pode investir numa sociedade nacional

198 Princípios do Direito Fiscal Internacional

outro lado, a complexidade é maior em virtude de se conjugarem dois tipos distintos de dupla tributação: a dupla tributação económica do rendimento do sócio e da sociedade, por um lado, e a dupla tributação internacional, por outro.

Um motivo adicional para a complexidade da questão, nas situações tributárias internacionais, prende-se com o facto de estarem envolvidos pelo menos dois Estados. Ora, na prática, existe a possibilidade de os Estados em presença aplicarem diferentes sistemas relativamente à questão da tributação das sociedades e dos sócios. Torna-se, portanto, necessário considerar a questão de duas perspectivas: a do Estado da fonte do rendimento da sociedade e a do Estado da residência do sócio.

Refira-se, ainda, que a grande preocupação relativamente às situações tributárias internacionais era, tradicionalmente, apenas com a dupla tributação internacional. Somente mais tarde as atenções se alargaram também à questão da dupla tributação económica no contexto internacional.

Contudo – não obstante o aumento da importância da problemática da dupla tributação económica internacional – o sistema tributário internacional continua actualmente a pautar-se, em grande medida[310], pelo sistema clássico, no que diz respeito à tributação das sociedades e dos respectivos sócios[311].

Assim, no MC OCDE e em muitas das CDT encontram-se previstas uma tributação dos lucros da sociedade e uma tributação distinta e sucessiva dos sócios relativamente aos dividendos recebidos, sem que se prevejam mecanismos de atenuação ou eliminação da dupla tributação económica daí resultante. O MC OCDE e muitas das CDT em vigor estabelecem, portanto, apenas regras de atenuação ou eliminação da dupla tributação

---

que, por seu turno, investe num negócio noutro Estado (por exemplo, tendo um estabelecimento estável nesse outro Estado); ii) o sujeito passivo pode investir numa sociedade estrangeira que, depois, investe num negócio no Estado de localização da sociedade; iii) a pessoa singular pode investir numa sociedade nacional, a qual investe numa sociedade estrangeira que, por seu turno, investe num negócio no Estado da sociedade. Cfr. RICHARD J. VANN, General report..., pp. 43-44.

[310] Mas não totalmente, como o demonstram os aspectos referidos infra quanto à existência em legislação interna de Estados e em CDT de disposições para atenuar ou eliminar a dupla tributação económica dos dividendos.

[311] RICHARD J. VANN, General report..., pp. 43 ss.

Parte I – V. Princípios Operativos do Direito Fiscal Internacional   199

jurídica internacional, mas não da dupla tributação económica relativa à tributação distinta e sucessiva da sociedade e dos sócios[312].

A eliminação da dupla tributação económica dos dividendos recebidos pelos sócios continua, em grande medida, a depender das disposições previstas para esse fim na legislação interna dos Estados (que, embora sendo amplamente consagradas, nem sempre são aplicáveis às situações tributárias internacionais). Todavia, importa referir que – não obstante a ausência deste tipo de previsões no MC OCDE – verifica-se a inclusão de disposições de eliminação da dupla tributação económica dos dividendos nalgumas das CDT celebradas pelos Estados[313].

Dedicaremos, seguidamente, particular atenção às questões relacionadas com a atenuação ou eliminação de cada um dos tipos de dupla tributação (jurídica internacional e económica), no campo da tributação da sociedade e dos sócios.

Quanto à atenuação ou eliminação da dupla tributação jurídica internacional sobre os dividendos, importa começar por referir que o MC OCDE atribui competência, cumulativamente, ao Estado da fonte e ao Estado da residência para tributarem os dividendos, embora a tributação no Estado da fonte esteja sujeita a limites máximos. No sentido de atenuar ou eliminar a dupla tributação jurídica internacional relativa aos dividendos, o MC OCDE prevê a aplicação, pelo Estado da residência do beneficiário do dividendo, do método da imputação normal. Nos termos deste método, consagrado no artigo 23.º-B do MC OCDE, no caso de rendimentos que, em conformidade com o disposto na Convenção, possam ser tributados no Estado da fonte, o Estado da residência deduzirá do respectivo imposto

---

[312] Conforme salienta KLAUS VOGEL, o artigo 10.º do MC OCDE referente a dividendos segue ainda, totalmente, os parâmetros do sistema clássico de tributação das sociedades e dos sócios. Baseia-se, portanto, numa concepção de sujeição do rendimento obtido por uma sociedade e do rendimento distribuído aos respectivos sócios a tributações distintas e separadas. Nestes termos, tanto o artigo 10.º como o artigo 23.º do MC OCDE se revelam desapropriados para efeitos da realização dos ajustamentos a efectuar entre Estados que considerem, para efeitos da tributação dos sócios, o imposto já pago pela sociedade. KLAUS VOGEL et al., *Klaus Vogel on Double...*, p. 583.

[313] É o caso de algumas das CDT celebradas por Portugal, nas quais se prevê a eliminação da dupla tributação económica relativamente a dividendos, mediante a aplicação do método da imputação indirecta.

uma importância equivalente ao imposto pago no Estado da fonte. Contudo, a importância deduzida não pode exceder a fracção do imposto do Estado da residência, calculado antes da dedução, correspondente ao rendimento tributado no Estado da fonte[314]. Nestes termos, caso o imposto do Estado da fonte seja mais elevado do que o imposto devido no Estado da residência relativamente aos mesmos rendimentos, a imputação normal permitirá apenas uma dedução parcial do imposto estrangeiro.

Note-se que, mesmo quando o método de atenuação ou eliminação da dupla tributação jurídica internacional aplicável pelo Estado da residência em relação à generalidade dos tipos de rendimento for o método da isenção com progressividade – previsto no artigo 23.º-A do MC OCDE, em alternativa ao método da imputação normal –, os dividendos[315] encontram-se excluídos da aplicação daquele método, aplicando-se-lhes o método da imputação normal.

No que diz respeito à dupla tributação económica, o próprio MC OCDE reconhece, nos seus Comentários, que as disposições dos artigos 23.º-A e 23.º-B não impedem a existência de uma dupla tributação económica, no que toca aos lucros distribuídos. Os Comentários do MC OCDE referem-se à subsistência de "uma tributação «em cascata» em sede de imposto de sociedades", reconhecendo ainda que "tais tributações em cascata são susceptíveis de criar um obstáculo considerável ao desenvolvimento dos investimentos internacionais"[316].

Chegou a ponderar-se, no âmbito da OCDE, a modificação do artigo 23.º do MC OCDE no sentido da inclusão de uma disposição destinada à eliminação da dupla tributação económica relativa a dividendos. Porém, tal iniciativa viu-se confrontada com diversas dificuldades, resultantes, designadamente, da diversidade de concepções dos vários Estados e da multiplicidade de soluções possíveis. Alguns Estados, receando a fraude fiscal, preferiram manter a sua liberdade de acção e resolver a questão em apreço através da sua legislação interna.

---

[314] Em contraposição ao que sucede no método da imputação integral, no âmbito do qual o Estado da residência permite a dedução do valor total do imposto pago no Estado da fonte.

[315] Tal como os juros e, na sequência da reserva apresentada por Portugal mantendo o direito de tributar na fonte os *royalties*, também este tipo de rendimento.

[316] Cfr. parágrafo 50 dos Comentários ao artigo 23.º do MC OCDE.

Face às aludidas dificuldades, a OCDE considerou preferível abster-se de incluir no artigo 23.º do MC OCDE qualquer previsão quanto à questão em apreço, deixando que fossem os Estados a optar pela solução a dar ao problema. Relativamente aos Estados que desejem prever a situação nas suas CDT, a solução para a dupla tributação económica dos dividendos poderia basear-se na aplicação de um dos seguintes métodos pelo Estado da residência da sociedade-mãe: a) Isenção com progressividade (isenção de tributação dos dividendos, que seriam, todavia, tomados em consideração para a determinação da taxa de imposto aplicável à sociedade-mãe quanto ao restante rendimento); b) Imputação dos impostos subjacentes (ou seja, concessão de crédito de imposto não apenas em relação ao imposto pago na fonte sobre o dividendo, mas também em relação ao imposto pago pela sociedade sobre os lucros depois distribuídos); c) Assimilação a uma participação numa afiliada nacional (aplicação do mesmo regime fiscal a que ficariam sujeitos os dividendos obtidos de uma afiliada residente no mesmo Estado da sociedade-mãe)[317].

Note-se que, ao não se envolver na questão da dupla tributação económica na tributação de sociedades e sócios, o sistema clássico simplifica a concepção e negociação das CDT. Como vimos, o MC OCDE distingue entre a tributação dos lucros das empresas e a tributação dos dividendos distribuídos ao sócio, consagrando regras específicas destinadas a prevenir e eliminar a dupla tributação jurídica internacional em cada um dos casos – mas sem que a tributação sofrida pela sociedade seja tomada em consideração a propósito da tributação do sócio relativamente aos dividendos recebidos.

A inexistência de uma ligação entre a tributação das sociedades e dos sócios favorece a posição do país exportador de capitais. Este tem apenas que se preocupar, na negociação das CDT, com moderar a pretensão do país importador de capitais a uma parte do imposto relativo aos dividendos (prevendo-se limites máximos para a tributação dos dividendos no Estado da fonte, na maioria das CDT)[318]. Subsequentemente, nos termos do MC OCDE, o país exportador de capitais deverá deduzir, do respectivo imposto sobre os dividendos, uma importância equivalente à tributação

---

[317] Cfr. parágrafos 51-52 dos Comentários ao artigo 23.º do MC OCDE.
[318] ADRIAN OGLEY, *Principles of International Tax...*, p. 27.

202 *Princípios do Direito Fiscal Internacional*

destes ocorrida no Estado importador de capitais – mas não da tributação sofrida pela sociedade, localizada neste último Estado, que procedeu à distribuição dos dividendos.

Todavia, e conforme já referimos *supra*, importa salientar que um número considerável de Estados tem vindo a inserir na respectiva legislação interna disposições destinadas a evitar a dupla tributação económica, sendo que se torna também frequente a inclusão de disposições com este objectivo nas CDT celebradas.

5. Princípio da Não Discriminação Tributária

5.1. Enquadramento

O princípio da não discriminação tributária tem subjacente a preocupação fundamental de evitar que os Estados discriminem, para efeitos fiscais, determinadas categorias de contribuintes, no âmbito de situações tributárias internacionais[319].

Em termos gerais, existe discriminação no campo fiscal quando determinados contribuintes são sujeitos a uma tributação distinta, geralmente mais gravosa, do que a aplicável a outros contribuintes, sem que exista uma justificação relevante para tal diferença[320]. Trata-se, portanto,

---

[319] O princípio da não discriminação tem um papel extremamente importante no comércio internacional, âmbito a partir do qual se desenvolveu, tendo subjacentes à sua consagração razões de justiça, de cooperação internacional e de ordem económica. Conforme refere EDISON FERNANDES, "a par da discussão de cunho mais filosófico [...], que vislumbra na *não-discriminação tributária* um elemento de prática da Justiça, esse conceito tem relevância também na discussão meramente económica, especialmente no que diz respeito ao comércio internacional. Qualquer teoria económica relacionada com esse tema, que sustenta a regulamentação das condutas (daí o Direito), apresenta a norma de *não-discriminação tributária* como um dos pilares de sustentação de uma relação internacional vantajosa e consistente". In EDISON CARLOS FERNANDES, *A Não- -Discriminação Tributária nos Acordos Multilaterais do Comércio – A Disciplina do Mercado Comum do Sul*, Editora Quartier Latin do Brasil, São Paulo, 2006, p. 51.

[320] A este propósito, importa referir que KEES VAN RAAD, ao proceder a uma análise dos termos "discriminação" e "não discriminação", começa por salientar que o termo discriminação tinha, nas suas origens, um sentido neutro. Contudo, o mesmo autor reconhece que, na linguagem moderna, o sentido neutro da palavra discriminação

Parte I – V. Princípios Operativos do Direito Fiscal Internacional 203

de evitar, no âmbito de situações tributárias internacionais, um tratamento fiscal diferenciado em prejuízo de certas categorias de contribuintes, motivado apenas pelos interesses do Estado que tributa.

No contexto do DFI reconhece-se como um ideal fundamental a inexistência de discriminação tributária, isto é, a proibição de um tratamento fiscal desfavorável e arbitrário nas situações tributárias internacionais[321]. Contudo, uma proibição de discriminação cujo conteúdo não fosse definido por via legal, convencional ou jurisprudencial – interditando simplesmente a discriminação, sem qualquer referência expressa aos comportamentos proibidos ou aos fundamentos não admitidos como base para um diferente tratamento fiscal – geraria considerável incerteza e dificilmente poderia ser aplicada às situações concretas[322].

---

praticamente desapareceu. Face ao significado do termo que prevalece actualmente, alguém ser discriminado significa ser tratado de forma menos favorável, e ainda que os fundamentos para esse diferente tratamento não são razoáveis, são arbitrários ou irrelevantes. O autor refere, mais adiante, que "tradicionalmente, a «discriminação» é definida como «tratamento desigual de casos idênticos ou similares». De forma mais geral, pode ser definida como «tratamento desigual com um fundamento que não apresente ligação suficiente com a natureza de tratamento envolvido». A primeira definição tem subjacente o facto de os casos não serem diferentes, ou pelo menos não diferirem num grau relevante. A segunda definição refere-se directamente ao fundamento para a diferenciação como sendo «irrelevante»". Kees Van Raad, *Nondiscrimination in International Tax Law*, Kluwer Law and Taxation Publishers, Deventer, The Netherlands, 1986, pp. 8-11.

[321] Note-se que, conforme refere Maria Margarida Cordeiro Mesquita, "ao nível dos textos jurídicos internacionais, a discriminação não tem sido recusada, em regra, globalmente, mas apenas em certas circunstâncias, quando assume determinadas características. Se excluirmos as referências à não discriminação nas convenções internacionais sobre direitos do homem – v., designadamente, a Convenção Europeia para a Protecção dos Direitos do Homem e das Liberdades Fundamentais (1950) e o seu 1.º Protocolo, a Convenção Internacional sobre os Direitos do Homem e os Direitos Políticos (1966) e a Convenção Internacional sobre os Direitos Económicos, Sociais e Culturais (em vigor após 1976) –, que encontram a sua justificação em fundamentos de ordem ética, as disposições sobre não discriminação em matéria de tributação internacional explicam--se pelos seus efeitos ao nível das relações económicas internacionais – neste sentido, as cláusulas sobre não discriminação constantes das convenções sobre dupla tributação, do Tratado da Comunidade Europeia ou dos acordos ligados ao comércio e ao investimento internacionais". In Maria Margarida Cordeiro Mesquita, *As Convenções...*, pp. 302-303.

[322] Quanto a esta questão, Kees Van Raad refere que, em alternativa a uma cláusula aberta e abstracta de não discriminação, uma opção mais plausível consiste em

Face ao exposto, resulta clara a importância da forma como o princípio da não discriminação é previsto no âmbito do DFI, pois tal determina o nível de aplicação que o princípio em apreço conseguirá atingir, nas situações jurídico-tributárias internacionais concretas.

O princípio da não discriminação encontra-se previsto no artigo 24.º do MC OCDE. De acordo com este princípio, as discriminações com base na nacionalidade são proibidas no campo fiscal, não podendo os nacionais de um determinado Estado ser tratados no outro Estado de modo menos favorável do que os respectivos nacionais que se encontrem em situação idêntica.

Conforme é referido nos próprios Comentários ao artigo 24.º, "o princípio da não discriminação, sob designações diferentes e com um alcance mais ou menos amplo, era aplicado nas relações fiscais internacionais muito antes do surgimento, em finais do século XIX, das convenções de dupla tributação de tipo clássico. Ressaltam, de facto, num grande número de acordos de diversa natureza (convenções consulares, tratados de amizade, comerciais, etc.) celebrados designadamente no século XIX pelos Estados com o propósito de reforçar ou de alargar a protecção diplomática dos seus nacionais, qualquer que fosse o local de residência, cláusulas ao abrigo das quais cada um dos Estados contratantes se compromete a conceder aos nacionais do outro Estado igualdade de tratamento face aos seus próprios nacionais. O facto de tais cláusulas terem sido, posteriormente, retomadas nas convenções de dupla tributação não altera em nada a razão de ser nem o alcance que tinham originalmente"[323].

---

estabelecer-se numa disposição legal ou convencional quais são as diferenças específicas de tratamento fiscal que são proibidas e quais são os fundamentos que não são admitidos como base para a previsão de um tratamento diferenciado. Tal alternativa – que foi, aliás, a seguida em DFI, mediante a previsão do artigo 24.º do MC OCDE – permite diminuir a arbitrariedade na aferição da existência de discriminação. Deste modo, não é admissível um tratamento diferenciado com base em fundamentos que são especificamente mencionados como proibidos enquanto base de justificação de um tratamento diferenciado, e, por outro lado, um tratamento diferenciado é admitido sempre que não se baseie num dos fundamentos proibidos de distinção expressamente previstos. Reduz-se, assim, a subjectividade e o arbítrio na aplicação do juízo relativamente à não discriminação. Cfr. KEES VAN RAAD, *Nondiscrimination in International...*, pp. 9-10.

[323] Parágrafo 6 dos Comentários ao artigo 24.º n.º 1 MC OCDE (já com a numeração dos Comentários resultante da última actualização ao MC OCDE, aprovada pelo Conselho da OCDE em 17 de Julho de 2008).

Parte I – V. Princípios Operativos do Direito Fiscal Internacional   205

Foi nos Modelos de Convenção do México e de Londres, respectivamente de 1943 e de 1946, que foi incluída pela primeira vez, em modelos de convenção para evitar a dupla tributação desenvolvidos pela SDN, uma cláusula contra o tratamento discriminatório de estrangeiros no campo fiscal.

As cláusulas de não discriminação dos Modelos do México e de Londres, que eram similares, referiam que um contribuinte com o seu domicílio fiscal num dos Estados contratantes não deveria ser sujeito, no outro Estado contratante, em relação a rendimentos que obtivesse nesse Estado, a uma tributação mais elevada ou a outros impostos para além dos aplicáveis relativamente ao mesmo rendimento obtido por um contribuinte que tivesse o seu domicílio fiscal neste último Estado, ou que tivesse nacionalidade deste Estado.

Nos Comentários a estes dois modelos de convenção, referia-se que o objectivo da cláusula de não discriminação consistia em evitar um tratamento discriminatório, num dos Estados contratantes, dos contribuintes que tivessem o seu domicílio fiscal no outro Estado, fossem ou não nacionais desse Estado. A cláusula de não discriminação dos Modelos de Convenção do México e de Londres era extremamente lata, quando comparada com as cláusulas de não discriminação previstas no actual MC OCDE. Para não residentes, previa um tratamento fiscal que não deveria ser menos favorável que o tratamento concedido aos residentes.

O artigo 24.º, contendo uma cláusula de não discriminação, existe no MC OCDE desde a sua versão inicial de 1963.

Enquanto que os Modelos de Convenção do México e de Londres incluíam uma cláusula de não discriminação bastante sucinta mas com um âmbito de aplicação extremamente amplo, conforme foi já referido, o MC OCDE inclui uma cláusula de não discriminação bastante extensa e detalhada, mas mais limitada quanto aos seus efeitos e às suas implicações.

O artigo 24.º do MC OCDE inclui, na realidade, quatro regras distintas de proibição de discriminação fiscal por parte dos Estados contratantes:

i) Proibição da discriminação em razão da nacionalidade do contribuinte, conferindo protecção contra a discriminação aos nacionais de cada Estado contratante e a apátridas (artigo 24.º n.os 1 e 2);

ii) Proibição de discriminação dos estabelecimentos estáveis mantidos no território de um Estado contratante por uma empresa residente do outro Estado contratante (artigo 24.º n.º 3);

206 *Princípios do Direito Fiscal Internacional*

iii) Proibição de discriminação contra uma empresa que pague juros, *royalties* e outras importâncias a um residente do outro Estado contratante (artigo 24.º n.º 4); e, por último

iv) Proibição de discriminação contra uma empresa cujo capital seja detido ou controlado por um residente do outro Estado contratante (artigo 24.º n.º 5).

Não é, portanto, demais voltar a salientar que os vários números que integram o artigo 24.º estabelecem regras de não discriminação distintas e dirigidas a situações específicas. Cada uma das aludidas regras de não discriminação tem um campo de aplicação autónomo e existe em paralelo com as demais, não se verificando uma relação hierárquica entre elas[324]. O artigo 24.º acaba, portanto, por constituir não apenas uma, mas um conjunto de regras relativamente restritas de não discriminação.

As várias regras do artigo 24.º visam evitar diferenças de tratamento fiscal que se baseiem exclusivamente em determinados fundamentos específicos (por exemplo a nacionalidade, no caso do n.º 1 do artigo). Deste modo, para que as proibições de discriminação previstas nas várias regras do artigo 24.º sejam aplicáveis, os outros aspectos relevantes da situação dos sujeitos passivos devem ser iguais. Os vários números do artigo 24.º usam diferentes expressões para assegurar tal igualdade (por exemplo "que se encontrem na mesma situação", nos n.ºs 1 e 2 do artigo; "que exerçam as mesmas actividades", no n.º 3; "outras empresas similares", no n.º 5)[325].

No que diz respeito ao âmbito subjectivo de aplicação das várias regras do artigo 24.º, note-se que, enquanto o n.º 1 deste artigo se aplica tanto a pessoas singulares como colectivas, os n.ºs 3, 4 e 5 do mesmo artigo referem-se apenas a empresas (não se encontrando abrangidas pela sua protecção pessoas singulares que não possuam uma empresa).

Quanto ao Estado perante o qual pode ser invocado o princípio da não discriminação, existem diferenças entre as várias regras do artigo 24.º. O n.º 1, consistindo num princípio da não discriminação em razão

---

[324] Cfr. KLAUS VOGEL et al., *Klaus Vogel on Double...*, p. 1280.

[325] Cfr. parágrafo 3 dos Comentários ao artigo 24.º do MC OCDE, com a redacção introduzida pela última actualização ao MC OCDE, aprovada pelo Conselho da OCDE em 17 de Julho de 2008.

da nacionalidade, não oferece protecção aos nacionais de um Estado em relação ao seu próprio Estado de nacionalidade. Visa somente proteger os nacionais de um Estado contratante contra a discriminação perpetrada pelo outro Estado contratante.

De forma similar, mas no que toca à residência, a protecção do n.º 3 do artigo 24.º não pode ser invocada por uma empresa residente de um Estado contratante em relação ao seu próprio Estado de residência. A protecção contra a discriminação pode ser invocada pela empresa residente de um Estado contratante apenas contra o outro Estado contratante no qual tenha um estabelecimento estável.

Em contrapartida, no que diz respeito à proibição de discriminação contra as empresas de um Estado contratante pagadoras de juros, *royalties* e outras importâncias a um residente do outro Estado contratante (n.º 4 do artigo 24.º) e contra as empresas cujo capital seja possuído ou controlado por residentes noutro Estado contratante (n.º 5 do artigo 24.º), o princípio de não discriminação pode ser invocado por estas empresas perante o seu próprio Estado de residência[326].

Um outro aspecto a salientar relativamente ao princípio da não discriminação, prende-se com o facto de este se aplicar a todos os impostos, independentemente da sua natureza ou denominação, e não apenas aos impostos visados pela Convenção (impostos sobre o rendimento e sobre o património, nos termos previstos pelo artigo 2.º do MC OCDE). É o que decorre do n.º 6 do artigo 24.º do MC OCDE.

Refira-se, ainda, que a aplicação do princípio da não discriminação se encontra sujeita a reciprocidade, de acordo com o princípio geral da reciprocidade vigente no âmbito do direito internacional público. Efectivamente, o parágrafo 5 dos Comentários[327] ao artigo 24.º n.º 1 do MC OCDE menciona a questão da reciprocidade, relativamente à aplicação da regra de não discriminação. Tem-se entendido, a este propósito, que a aludida referência remete para o princípio geral de reciprocidade vigente no direito internacional público. Este implica que um Estado contratante

---

[326] GERALD TOIFL, *EC fundamental freedoms and non-discrimination provisions in tax treaties*, in WOLFGANG GASSNER / MICHAEL LANG / EDUARD LECHNER (Ed.s) – *Tax Treaties and EC Law*, Kluwer Law International, London, 1997, p. 134.

[327] Já com a numeração dos Comentários resultante da última actualização ao MC OCDE, aprovada pelo Conselho da OCDE em 17 de Julho de 2008.

208 *Princípios do Direito Fiscal Internacional*

possa deixar de cumprir a regra de não discriminação em apreço se o outro Estado contratante também não a aplicar e mantiver as situações de discriminação[328]. Assim, a menção do parágrafo 5 dos Comentários à reciprocidade significa que a obrigação do Estado A, de não discriminar contra os nacionais do Estado B, se encontra dependente da não discriminação pelo Estado B de nacionais do Estado A.

As dúvidas quanto ao real alcance da reciprocidade começam, todavia, a suscitar-se quando pensamos na sua aplicação a casos concretos. Por exemplo, se o Estado A discriminar, numa situação específica, contra nacionais do Estado B, será que o Estado B fica legitimado a ignorar a sua obrigação de não discriminação dos nacionais do Estado A? Diversos autores entendem que não deve haver uma comparação específica e muito rigorosa dos graus e do impacto da discriminação nas situações concretas, devendo antes aferir-se, em termos gerais, se cada Estado contratante está a respeitar o princípio da não discriminação de forma a que exista reciprocidade[329].

5.2. Princípio da Não Discriminação em Razão da Nacionalidade

5.2.1. *Aspectos gerais*

Nos termos do n.º 1 do artigo 24.º do MC OCDE, proíbe-se a sujeição de pessoas singulares ou colectivas nacionais de um Estado a uma tributação ou obrigação com ela conexa, no outro Estado, que sejam diferentes ou mais gravosas do que as aplicáveis aos nacionais desse outro Estado que se encontrem na mesma situação, em especial no que diz respeito à residência. A aludida disposição aplica-se, portanto, no que respeita à tributação de nacionais de um dos Estados contratantes no outro Estado contratante.

O termo "nacional", tal como se encontra definido na alínea g) do n.º 1 do artigo 3.º do MC OCDE, engloba quer as pessoas singulares que

---

[328] Cfr. KLAUS VOGEL et al., *Klaus Vogel on Double...*, p. 1297.

[329] Cfr., designadamente, KEES VAN RAAD, *Nondiscrimination in International...*, p. 79.

Parte I – V. Princípios Operativos do Direito Fiscal Internacional 209

tenham a nacionalidade ou a cidadania de um Estado, quer as pessoas colectivas, sociedades de pessoas ou associações constituídas de harmonia com a legislação desse Estado.

Deste modo, não foi necessário dedicar uma disposição própria às pessoas colectivas para que pudessem beneficiar do princípio da não discriminação, mesmo estando este princípio configurado em torno da nacionalidade. Com efeito, a assimilação das pessoas colectivas constituídas ao abrigo da legislação de determinado Estado a nacionais desse Estado permite a existência de uma única disposição (o n.º 1 do artigo 24.º do MC OCDE) que, utilizando o vocábulo "nacionais" de um Estado contratante, atribui a protecção do princípio da não discriminação em razão da nacionalidade quer a pessoas singulares quer a pessoas colectivas.

Todavia, como na maioria dos Estados a grande distinção no que toca à tributação dos indivíduos se baseia na residência e não na nacionalidade, a regra da não discriminação com base na nacionalidade tem muito pouco significado prático quanto aos indivíduos[330].

A cláusula de não discriminação em função da nacionalidade é invocada principalmente quanto a empresas, em virtude de muitos Estados definirem o seu poder de tributar relativamente às pessoas colectivas em função da constituição destas de harmonia com a legislação em vigor nesse Estado[331].

Importa salientar o facto de o princípio da não discriminação derrogar o artigo 1.º do MC OCDE, no que toca ao âmbito de aplicação das CDT. Com efeito, o campo de aplicação do n.º 1 do artigo 24.º do MC OCDE não se restringe aos nacionais que sejam residentes de um (ou de ambos) os Estados contratantes da CDT. A referida disposição aplica-se a todos os nacionais de cada um dos Estados contratantes, quer sejam residentes de um desses Estados quer não[332].

---

[330] KLAUS VOGEL et al., *Klaus Vogel on Double...*, p. 1289.

[331] KEES VAN RAAD, *Nondiscrimination in International...*, p. 75.

[332] Conforme se encontra previsto na segunda parte do artigo 24.º n.º 1 do MC OCDE, "Não obstante o estabelecido no Artigo 1.º, esta disposição aplicar-se-á também às pessoas que não são residentes de um ou de ambos os Estados contratantes". Esta segunda parte foi acrescentada ao artigo 24.º n.º 1 em 1977, determinando que a limitação do artigo 1.º do MC OCDE quanto ao âmbito pessoal de aplicação da Convenção não se aplica à cláusula da não discriminação em razão da nacionalidade.

Deste modo, todos os nacionais de cada um dos Estados contratantes podem invocar no outro Estado contratante o princípio da não discriminação, previsto na CDT celebrada entre ambos os Estados, mesmo que se trate de nacionais não residentes em qualquer desses Estados, mas sim num terceiro Estado[333].

Adicionalmente, e por força do n.º 2 do artigo 24.º do MC OCDE, também os apátridas residentes num Estado contratante beneficiam do princípio da não discriminação, em termos idênticos aos previstos para os nacionais de um Estado contratante. Note-se, contudo, que esta disposição raramente é incluída nas CDT.

O MC OCDE faculta protecção contra a discriminação aos apátridas dentro do seu campo normal de aplicação subjectiva, previsto no seu artigo 1.º. Aplica-se, portanto, aos apátridas residentes de um dos Estados contratantes[334]. Assim, contrariamente ao que sucede com os nacionais, os apátridas devem residir num Estado contratante de forma a poderem beneficiar da protecção da CDT contra a discriminação.

A regra da não discriminação prevista para os apátridas, no artigo 24.º n.º 2, aplica-se em ambos os Estados contratantes. Um apátrida pode, assim, invocar a regra de não discriminação perante as autoridades fiscais tanto do outro Estado como do seu próprio Estado de residência[335].

Quanto à escolha da nacionalidade como o elemento central do princípio da não discriminação, esta pode suscitar algumas questões. Com efeito, a maioria dos Estados fundamenta o seu poder de tributar nos elementos de conexão residência ou fonte, e apenas mais raramente na nacionalidade. Assim, o elemento relevante no que toca à cláusula de não discriminação dos tratados não corresponde aos critérios mais utilizados para a determinação da jurisdição que pode tributar: residência e fonte. Como vimos, é a nacionalidade o principal fundamento de diferenciação proibido, no âmbito do princípio da não discriminação previsto no MC OCDE.

---

[333] Contrariamente ao que sucede quanto às demais disposições das CDT – aplicáveis apenas às pessoas residentes de um ou de ambos os Estados contratantes, conforme previsto no referido artigo 1.º do MC OCDE.

[334] O termo "residentes", aplicado aos apátridas, assume o seu significado normal, previsto no artigo 4.º do MC OCDE.

[335] A regra relativa à protecção dos apátridas refere-se apenas a indivíduos. Cfr. KLAUS VOGEL et al., *Klaus Vogel on Double...*, p. 1303.

Parte I – V. Princípios Operativos do Direito Fiscal Internacional

Face ao exposto, resta concluir que a escolha da nacionalidade como critério principal no que toca à proibição da discriminação não está relacionada com o seu uso como fundamento do poder de tributar, mas sim com a tradição centenária da utilização da nacionalidade para efeitos de não discriminação nos instrumentos do comércio internacional[336]. Apenas em circunstâncias muito específicas (v.g. as previstas nos n.os 3, 4 e 5 do artigo 24.º do MC OCDE) é que as CDT proíbem a discriminação com base na residência. Por outro lado, a fonte, ou outro grande elemento de conexão, quase nunca são empregues como base para a definição de um princípio de não discriminação[337].

---

[336] Também neste sentido, refere KEES VAN RAAD que "o aparecimento de uma cláusula de não discriminação em função da nacionalidade nas modernas convenções de dupla tributação pode ser considerado surpreendente. Os objectos de tributação, nas convenções de dupla tributação, têm a sua fonte num Estado mas são obtidos por uma pessoa que reside no outro Estado. Têm poder para tributar o Estado da fonte ou o Estado da residência; alternativamente, o tratado pode dividir o direito de tributar entre os dois Estados. Portanto, poder-se-ia esperar que uma típica cláusula de não discriminação de uma convenção de dupla tributação assegurasse que itens de rendimento recebidos por um residente do Estado A, mas atribuídos pelo tratado à autoridade tributária do Estado B, não pudessem ser tributados pelo Estado B de uma forma menos favorável do que rendimento similar recebido por um residente do Estado B". "Isto, contudo, não corresponde ao conteúdo da típica cláusula de não discriminação. A cláusula de não discriminação habitual nas convenções de dupla tributação protege, em primeiro lugar, contra o tratamento diferenciado em virtude de uma nacionalidade estrangeira. No que diz respeito à discriminação em função da residência, as convenções de dupla tributação oferecem protecção apenas contra algumas formas específicas de tratamento diferenciado: tributação de actividades empresariais exercidas por um não residente através de um estabelecimento estável, de juros e *royalties* pagos a um não residente e de empresas residentes controladas por não residentes". "A posição proeminente da cláusula da nacionalidade na disposição da Convenção Modelo da OCDE relativa à não discriminação tem que ser explicada como uma continuação de uma prática convencional tradicional". In KEES VAN RAAD, *Nondiscrimination in International...*, pp. 77-78.

[337] A este propósito, KEES VAN RAAD contesta a pertinência da selecção da nacionalidade para elemento fundamental da cláusula de não discriminação das CDT. O autor refere que lhe parece dúbio que haja justificação para a adopção, nas modernas CDT, de uma cláusula de não discriminação em função da nacionalidade similar às que existiam nos tratados comerciais anteriores. Justificando tal contestação, o autor sustenta que "enquanto que na regulamentação legal do comércio internacional a nacionalidade das empresas pode constituir um factor importante, no campo da tributação a naciona-

212 Princípios do Direito Fiscal Internacional

Conforme salienta ALBERTO XAVIER, "o princípio da não discriminação é corolário do princípio geral da igualdade no que tange ao critério da nacionalidade. Da mesma forma que este consiste na obrigação de tratar igualmente os iguais e desigualmente os desiguais, assim também o princípio da não discriminação proclama a irrelevância da nacionalidade para fundar um tratamento desigual entre sujeitos que se apresentem objectivamente em situação idêntica, ficando vedada qualquer discriminação tributária, quer esta se traduza numa tributação «mais onerosa», quer numa mera tributação «diferente»"[338].

Note-se, contudo, que o princípio foi formulado por uma via negativa (não discriminação), dado o seu objectivo essencial de impedir, num determinado Estado, a existência de discriminações de natureza tributária contra os nacionais do outro Estado. O aludido princípio não impede, portanto, a concessão de um tratamento fiscal mais favorável aos nacionais de outro Estado contratante[339]. Ou seja, em vez de se impor uma igualdade de tratamento entre nacionais e estrangeiros, deixa-se em aberto a possibi-

---

lidade geralmente tem apenas um papel menor. Tirando os poucos Estados nos quais a nacionalidade se inclui entre as bases para atribuição da jurisdição tributária, a nacionalidade só raramente é um factor relevante para a aplicabilidade de regimes especiais". KEES VAN RAAD, *Nondiscrimination in International...*, p. 78.

[338] ALBERTO XAVIER, *Direito Tributário...*, p. 268.

[339] Cfr. o parágrafo 14 dos Comentários ao artigo 24.º do MC OCDE – com a numeração resultante da última actualização ao MC OCDE, aprovada pelo Conselho da OCDE em 17 de Julho de 2008 – nos termos do qual "o número 1 foi intencionalmente redigido na forma negativa. Ao estabelecer que os nacionais de um Estado contratante não poderão ficar sujeitos no outro Estado contratante a nenhuma tributação ou obrigação com ela conexa diferente ou mais gravosa do que aquelas a que estejam ou possam estar sujeitos os nacionais desse outro Estado contratante que se encontrem na mesma situação, esse número possui a mesma força vinculativa que teria se impusesse aos Estados contratantes a obrigatoriedade de conceder tratamento idêntico aos respectivos nacionais. Mas uma vez que o objectivo essencial desta disposição é o de impedir num Estado discriminações contra os nacionais do outro Estado, nada impede que o primeiro Estado mencionado, por razões particulares ou para dar cumprimento a uma cláusula específica constante de uma convenção de dupla tributação, como seja a tributação dos lucros dos estabelecimentos estáveis segundo o método da contabilidade separada, conceda determinadas regalias ou facilidades a pessoas de nacionalidade estrangeira, de que não beneficiam os seus próprios nacionais. Tal como se encontra redigido, o número 1 não levanta qualquer impedimento".

Parte I – V. Princípios Operativos do Direito Fiscal Internacional 213

lidade de um Estado conceder um tratamento mais favorável (discriminação positiva) aos nacionais do outro Estado contratante do que aos seus próprios nacionais[340].

5.2.2. Aplicação do regime

O artigo 24.º n.º 1 – tal como sucede com as disposições das CDT, em geral – diz respeito à relação entre os dois Estados contratantes em matéria fiscal. Assim, o aludido artigo aplica-se apenas no que toca à tributação de nacionais de um dos Estados contratantes no outro Estado contratante. Um nacional de um dos Estados contratantes não pode invocar a regra contra o seu próprio Estado de nacionalidade.

O termo de comparação usado no artigo 24.º n.º 1 para aferir da existência ou não de discriminação é o tratamento fiscal conferido aos nacionais do Estado contratante que tributa. Assim, o ponto de partida para detectar uma eventual discriminação parte de uma comparação entre o tratamento fiscal conferido, pelo Estado que tributa, aos nacionais de outro Estado contratante e aos seus próprios nacionais. Verificando-se a existência de diferenças pertinentes, a análise relativa à eventual existência de discriminação pressupõe, ainda, uma outra comparação: há que verificar se os nacionais do Estado que tributa e os nacionais de outro Estado contratante se encontram na mesma situação, em especial no que se refere à residência. Só quando se verifique tal identidade de situações, é que poderá apontar-se a existência de uma discriminação.

Nos termos dos Comentários ao MC OCDE, "a expressão «que se encontrem na mesma situação» refere-se a contribuintes (pessoas singulares, pessoas colectivas, sociedades de pessoas e associações) que, do ponto de vista da aplicação da legislação e da regulamentação fiscal de direito

---

[340] Embora o parágrafo 3 dos Comentários ao artigo 24.º do MC OCDE – com a redacção introduzida pela última actualização ao MC OCDE, aprovada pelo Conselho da OCDE em 17 de Julho de 2008 – refira que o propósito do artigo 24.º consiste em eliminar distinções de tratamento fiscal com determinados fundamentos referidos no artigo, não sendo seu objectivo atribuir aos sujeitos de nacionalidade estrangeira (nem às demais categorias de sujeitos passivos visadas pelas várias regras do artigo 24.º) um tratamento fiscal mais vantajoso do que o dos nacionais.

214   *Princípios do Direito Fiscal Internacional*

comum, se encontram em circunstâncias similares quer de direito quer de facto"[341].

Nestes termos, a verificação da existência de identidade entre as situações de nacionais de um e de outro dos Estados contratantes – a qual constitui um dos pressupostos da aplicação do princípio da não discriminação – implica uma análise a efectuar caso a caso, tendo em conta os elementos de facto e de direito da situação que sejam decisivos no que toca à tributação[342]. Não devem ser tomados em consideração outros factores, por exemplo circunstâncias económicas que tenha a ver com o risco ou a forma de exercício da actividade e que não sejam especificamente relacionadas com o aspecto tributário[343].

No que toca, em particular, à questão da residência, note-se que, conforme resulta da própria redacção do artigo 24.º n.º 1, quando se afere se os nacionais de um e de outro Estado contratante se encontram "na mesma situação, em especial no que se refere à residência", esta última assume uma importância fundamental para efeitos do funcionamento da regra da não discriminação em razão da nacionalidade.

Segundo referem os Comentários ao MC OCDE, "a expressão «em especial no que se refere à residência» visa clarificar que a residência do contribuinte é um dos factores que entram em linha de conta quando se trata de determinar se os contribuintes se encontram na mesma situação. A expressão «que se encontrem na mesma situação» permitiria concluir que um contribuinte residente de um Estado contratante e um contribuinte não-residente deste Estado não se encontram na mesma situação. De

---

[341] Parágrafo 7 dos Comentários ao artigo 24.º n.º 1 MC OCDE (já com a numeração dos Comentários resultante da última actualização ao MC OCDE, aprovada pelo Conselho da OCDE em 17 de Julho de 2008).

[342] Para uma análise mais detalhada do que deve entender-se por "na mesma situação", *vide* KEES VAN RAAD, *Nondiscrimination in International...*, pp. 88-92. Este autor analisa, designadamente, até que ponto é que a consagração expressa deste requisito seria redundante, debruçando-se ainda sobre as outras circunstâncias com relevância fiscal, para além da residência, que caracterizariam essa "mesma situação" dos nacionais do outro Estado. O autor alerta também para a possibilidade de perversão do requisito da "mesma situação", no caso de se exigir, para que os nacionais de um Estado contratante e os do outro Estado contratante se encontrem na mesma situação, o preenchimento de determinadas condições que, em si mesmas, acabariam por ter um efeito discriminatório.

[343] KLAUS VOGEL et al., *Klaus Vogel on Double...*, p. 1296.

Parte I – V. Princípios Operativos do Direito Fiscal Internacional   215

facto, a expressão «em especial no que se refere à residência» não figurava nem no Projecto de Convenção de 1963 nem no Modelo de Convenção de 1977. Contudo, os países Membros, na aplicação e na interpretação da expressão «que se encontrem na mesma situação», entenderam sistematicamente que a residência do contribuinte deveria ser tomada em consideração. Aquando da revisão do Modelo de Convenção, o Comité dos Assuntos Fiscais entendeu que uma referência explícita à residência dos contribuintes constituiria uma clarificação útil na medida em que permitia evitar toda e qualquer eventual incerteza quanto à interpretação a dar, a este respeito, à expressão «que se encontrem na mesma situação»"[344].

Assim, dado que o n.º 1 do artigo 24.º impede um tratamento fiscal distinto em razão da nacionalidade, mas apenas no que toca a pessoas ou entidades "na mesma situação, em especial no que se refere à residência", torna-se importante distinguir, para efeitos da regra de não discriminação em apreço, as diferenças de tratamento fiscal baseadas exclusivamente na nacionalidade das diferenças de tratamento fiscal relacionadas com outras circunstâncias, e, em particular, com a residência.

O tratamento fiscal diferenciado de residentes e não residentes é um aspecto fundamental dos sistemas fiscais nacionais e das CDT. Quando o artigo 24.º é visto no contexto dos outros artigos do MC OCDE, a maioria dos quais prevê um tratamento fiscal diferente de residentes e não residentes, verifica-se que dois sujeitos passivos que não sejam residentes para efeitos fiscais num mesmo Estado (nos termos do artigo 4.º do MC OCDE) não se encontram normalmente na mesma situação para efeitos do n.º 1 do artigo 24.º[345].

Em suma, a residência é um elemento fundamental a ter em consideração para aferir se dois sujeitos passivos estão ou não na mesma situação, podendo concluir-se que um sujeito passivo residente de um Estado contratante e um sujeito passivo não residente desse Estado não se encontram na mesma situação[346].

---

[344] Parágrafo 7 dos Comentários ao artigo 24.º n.º 1 MC OCDE (já com a numeração dos Comentários resultante da última actualização ao MC OCDE, aprovada pelo Conselho da OCDE em 17 de Julho de 2008).

[345] Cfr. parágrafo 17 dos Comentários ao artigo 24.º, com a redacção introduzida pela última actualização ao MC OCDE, aprovada pelo Conselho da OCDE em 17 de Julho de 2008.

[346] Todavia, o parágrafo 18 dos Comentários ao artigo 24.º – com a redacção introduzida pela última actualização ao MC OCDE, aprovada pelo Conselho da OCDE

Deste modo, se dois sujeitos passivos não estiverem na mesma situação no que toca à residência (ou seja, se forem residentes em Estados diferentes), a sujeição a um tratamento fiscal diferente não viola o princípio da não discriminação em razão da nacionalidade.

É, assim, legítimo, face ao n.º 1 do artigo 24.º do MC OCDE, que um Estado preveja para os nacionais do outro Estado contratante, quando não sejam residentes no seu território, um tratamento fiscal diferente ou mais gravoso do que o previsto para os sujeitos passivos que sejam simultaneamente seus nacionais e residentes no seu território. Um Estado contratante já não pode, todavia, face ao disposto no n.º 1 do artigo 24.º do MC OCDE, prever um tratamento fiscal diferente ou mais gravoso para os nacionais do outro Estado contratante que não sejam seus residentes (mas residam no outro Estado contratante, ou seja, no respectivo Estado de nacionalidade), em comparação com o regime fiscal aplicável aos seus próprios nacionais que também residam no outro Estado contratante[347].

A segunda frase do artigo 24.º n.º 1, ou seja, a indicação de que a disposição em apreço se aplica também às pessoas que não são residentes de nenhum dos Estados contratantes, abre ainda a possibilidade de se comparar a situação de dois não residentes no Estado X, ambos residentes

---

em 17 de Julho de 2008 – ressalva que, apesar de residentes e não residentes não se encontrarem normalmente na mesma situação para efeitos do n.º 1 do artigo 24.º, tal não é o caso quando a residência não tenha qualquer relevância no que respeita ao diferente tratamento fiscal em análise.

[347] *Vide*, a este propósito, o parágrafo 8 dos Comentários ao artigo 24.º do MC OCDE (já com a numeração dos Comentários resultante da última actualização ao MC OCDE, aprovada pelo Conselho da OCDE em 17 de Julho de 2008): "se um Estado contratante estabelecer uma distinção entre os seus nacionais para a concessão de benefícios relativos aos respectivos encargos familiares consoante residam ou não no seu território, esse Estado não pode ser obrigado a conceder aos nacionais do outro Estado que não residem no seu território o tratamento que reserva aos seus nacionais residentes, comprometendo-se porém a tornar extensivo a eles o tratamento de que beneficiam os seus nacionais que residem no outro Estado. De igual modo, o número 1 não é aplicável quando um nacional de um Estado contratante (Estado R) que é também residente do Estado R é tributado de modo menos favorável no outro Estado contratante (Estado S) do que um nacional do Estado S residente num país terceiro (por exemplo, em resultado da aplicação de disposições destinadas a desincentivar a utilização de paraísos fiscais), dado que esses dois indivíduos não se encontram nas mesmas circunstâncias no que diz respeito à residência".

Parte I – V. Princípios Operativos do Direito Fiscal Internacional   217

num terceiro Estado, sendo um nacional do Estado X e o outro nacional do Estado Y. Neste caso, o nacional do Estado Y poderia, com base na CDT entre os Estados X e Y, invocar a existência de discriminação no Estado X, caso fosse aí sujeito a um tratamento fiscal diferente do aplicável ao nacional do Estado X[348].

Deste modo, quando a situação em que se encontram os nacionais de um e de outro Estado contratante seja a mesma, designadamente no que se refere à residência, qualquer discriminação fiscal será inadmissível face ao artigo 24.º n.º 1. Por outro lado, dois não residentes num determinado Estado mas que tenham residência em Estados diferentes não serão, em princípio, considerados como estando na mesma situação no que se refere à residência e, portanto, à tributação pelo Estado da fonte. Apesar de serem ambos não residentes, poderão não se encontrar na mesma situação em virtude do previsto nas CDT entre o Estado de residência de cada um e o Estado da fonte.

Podemos concluir que um determinado tratamento fiscal discrimina em função da nacionalidade se uma nacionalidade estrangeira for o factor determinante da atribuição de um regime fiscal menos favorável. Todavia, não existe violação do princípio da não discriminação se um nacional estrangeiro for, por outros motivos que não a sua nacionalidade estrangeira, tratado de uma forma menos favorável. Portanto, se um Estado aplicar um tratamento fiscal diferente a residentes e a não residentes, um não residente que também seja nacional de outro Estado não pode invocar o princípio da não discriminação em razão da nacionalidade, uma vez que a diferenciação do tratamento fiscal que lhe é aplicável não resulta da sua nacionalidade estrangeira mas sim da sua não residência[349].

Pode considerar-se que existe uma situação de discriminação com base na nacionalidade apenas quando a nacionalidade – e nenhum outro facto – for o critério decisivo para que um contribuinte tenha um tratamento fiscal menos favorável. Pelo contrário, não se verificará uma violação da não discriminação em razão da nacionalidade quando um Estado fundamente um tratamento fiscal mais favorável num critério ou numa combi-

---

[348] Note-se, todavia, que o artigo 24.º n.º 1 não permitiria que um nacional de um terceiro Estado (ou seja, alguém que não fosse nacional do Estado contratante X ou do Estado contratante Y) invocasse a respectiva regra de não discriminação.

[349] KEES VAN RAAD, *Nondiscrimination in International...*, p. 76.

nação de vários critérios que praticamente, e como regra, possam ser preenchidos apenas por nacionais desse Estado, desde que nada se refira directamente à nacionalidade. Portanto, a discriminação indirecta não é proibida pelo artigo 24.° n.° 1[350].

Note-se, por outro lado, que o objectivo de uma diferenciação de regime fiscal é irrelevante, sendo esta considerada como discriminatória independentemente do seu propósito. Assim, não adianta ao Estado contratante argumentar que a tributação em causa se norteou por qualquer objectivo específico, por exemplo de natureza económica ou de promoção da actividade empresarial doméstica.

Face ao exposto, a discriminação proibida no artigo 24.° do MC OCDE é a discriminação em razão da nacionalidade. Todavia, note-se que se indivíduos nacionais do outro Estado contratante forem tratados de forma menos favorável por outras razões que não a nacionalidade, ou seja, se o critério legal decisivo for outro que não a nacionalidade, então não há violação do artigo 24.° n.° 1.

Em contrapartida, o artigo 24.° n.° 1 não proíbe um tratamento fiscal diferenciado em função da residência. O princípio da não discriminação em razão da nacionalidade não envolve, consequentemente, qualquer proibição de um tratamento fiscal diferenciado de residentes e não residentes[351].

---

[350] In KLAUS VOGEL et al., *Klaus Vogel on Double...*, p. 1290.

[351] Conforme destaca KLAUS VOGEL, "uma das circunstâncias particulares que não cai no âmbito do artigo 24.° n.° 1 é a do tratamento menos favorável de não residentes mesmo que, no caso em apreço, eles sejam nacionais do outro Estado contratante. O texto do artigo 24.° n.° 1 do Modelo de Convenção expressamente clarifica, na sua versão de 23 de Julho de 1992, que o local de residência constitui um critério essencial para se determinar se dois contribuintes estão «nas mesmas circunstâncias». Duas conclusões decorrem disto: em primeiro lugar, que a jurisprudência do Tribunal de Justiça relativa a discriminação baseada na residência não pode ser aplicada às regras de não discriminação das convenções de dupla tributação [...]; em segundo lugar, apenas nacionais do outro Estado contratante que sejam residentes no mesmo Estado que o contribuinte ao qual se aplica a regra de não discriminação qualificam para utilização como base de comparação. [...] Um residente nacional de um Estado contratante X pode, portanto, ser comparado a um nacional do outro Estado contratante que seja também residente no Estado X. A alteração no texto do Modelo de Convenção e dos Comentários ao Modelo de Convenção serve meramente para clarificar a regra, e não altera a situação legal". In KLAUS VOGEL et al., *Klaus Vogel on Double...*, p. 290.

Parte I – V. Princípios Operativos do Direito Fiscal Internacional   219

Considerando a questão numa outra perspectiva, o n.º 1 do artigo 24.º do MC OCDE redunda numa proibição de os Estados contratantes tratarem duas pessoas residentes no mesmo Estado de modo distinto pelo simples facto de terem nacionalidade diferente.

Relativamente ao alcance da não sujeição dos nacionais do outro Estado contratante a "nenhuma tributação ou obrigação com ela conexa diferente ou mais gravosa"[352] do que a que recai sobre os nacionais do próprio Estado, importa notar o facto de a disposição em apreço incluir a proibição de uma tributação e obrigações com ela conexas meramente diferentes das que impenderiam sobre nacionais do outro Estado. Portanto, a regra da não discriminação aplicar-se-á mesmo que a tributação por um Estado contratante de um nacional do outro Estado contratante seja meramente diferente da que impende sobre os nacionais do primeiro Estado. Não será necessário que tal diferença se traduza, em todos os casos, numa tributação mais gravosa, para que possa ser accionada a proibição de discriminação do artigo 24.º n.º 1.

Verifica-se, portanto, que a existência de tributação ou obrigação com ela conexa diferente ou, em contrapartida, mais gravosa, são situações alternativas abrangidas pelo artigo 24.º n.º 1. O que se encontra, portanto, proibido pelo artigo 24.º n.º 1 é que o nacional de um Estado contratante seja sujeito, no outro Estado contratante, a uma tributação ou obrigação com ela conexa diferente ou mais gravosa do que aquelas a que estejam ou passam estar sujeitos os nacionais desse outro Estado que se encontrem na mesma situação, em especial no que se refere à residência.

Precisam os Comentários ao MC OCDE que o imposto incidente sobre os nacionais e os estrangeiros que se encontrem em situação idêntica deve revestir a mesma forma no que toca às correspondentes modalidades de liquidação e de cobrança, que a taxa deve ser a mesma e, ainda, que as formalidades relativas à tributação (designadamente declaração, pagamento e prazos) não podem ser mais gravosas para estrangeiros do que para os nacionais[353]. Os Comentários ao MC OCDE referem-se, portanto, a algumas das principais fases do processo de determinação da obrigação tributária em sede de imposto sobre o rendimento.

---

[352] Expressão utilizada pelo n.º 1 do artigo 24.º do MC OCDE.

[353] *Vide* parágrafo 15 dos Comentários ao artigo 24.º do MC OCDE (já com a numeração dos Comentários resultante da última actualização ao MC OCDE, aprovada pelo Conselho da OCDE em 17 de Julho de 2008).

220 Princípios do Direito Fiscal Internacional

Importa salientar que se revela irrelevante, não impedindo a existência de discriminação, o facto de a legislação fiscal do Estado do contribuinte estrangeiro proporcionar uma compensação ou um ajustamento relativamente à carga fiscal adicional imposta no primeiro Estado e acabar, portanto, por eliminar o efeito da tributação mais elevada aí sofrida. A possibilidade de tal ajustamento ser feito não elimina a existência de discriminação no primeiro Estado contratante[354].

Cabe, por último, referir que, no caso de um Estado conceder privilégios fiscais especiais aos seus organismos ou serviços públicos, em virtude da sua natureza, ou a instituições privadas sem fins lucrativos que prossigam objectivos de utilidade pública específicos desse Estado, não decorre do n.º 1 do artigo 24.º do MC OCDE qualquer obrigação de esse Estado conceder os mesmos privilégios fiscais aos organismos, serviços públicos ou instituições similares do outro Estado contratante[355].

---

[354] KLAUS VOGEL et al., *Klaus Vogel on Double...*, p. 1297.

[355] *Vide* parágrafos 10 a 13 dos Comentários ao artigo 24.º do MC OCDE (já com a numeração dos Comentários resultante da última actualização ao MC OCDE, aprovada pelo Conselho da OCDE em 17 de Julho de 2008). Os referidos Comentários clarificam o seguinte: "No primeiro caso, com efeito, as imunidades fiscais que um Estado concede aos seus próprios organismos e serviços públicos encontram a sua justificação no facto de tais organismos e serviços constituírem parte integrante desse Estado e de a sua situação não ser nunca equiparável à dos organismos e serviços públicos do outro Estado. Precisa-se, no entanto, que as pessoas colectivas de direito público que exploram empresas de natureza económica não são contempladas por esta reserva. Na medida em que sejam assimiláveis a empresas industriais e comerciais de direito privado, o disposto no número 1 ser-lhes-á aplicado. No segundo caso, os privilégios fiscais que um Estado consente a determinadas instituições privadas sem fins lucrativos encontram, evidentemente, a sua fundamentação na própria natureza da actividade exercida por essas instituições e no benefício que esse Estado e os seus nacionais daí retiram".

5.3. Disposições Especiais de Não Discriminação

5.3.1. *Proibição de discriminação quanto aos estabelecimentos estáveis (artigo 24.º n.º 3)*

Nos termos do n.º 3 do artigo 24.º do MC OCDE, quando uma empresa de um Estado contratante tenha um estabelecimento estável no outro Estado contratante, este estabelecimento estável não pode ser, no respectivo Estado de localização, tributado de modo menos favorável do que as empresas deste Estado que exerçam as mesmas actividades[356].

O tipo de discriminação que o n.º 3 do artigo 24.º pretende evitar é distinto do visado pelo n.º 1 da mesma cláusula convencional. Já não tem a ver com a discriminação baseada na nacionalidade, mas sim com a relativa à residência do detentor do estabelecimento estável. A protecção contra a discriminação que resulta do n.º 3 do artigo 24.º aplica-se, independentemente da nacionalidade, a todos os residentes de um Estado contratante que tenham um estabelecimento estável no outro Estado contratante. O artigo 24.º n.º 3 proíbe, portanto, a discriminação de estabelecimentos estáveis[357].

O regime do artigo 24.º n.º 3 aplica-se também aos estabelecimentos estáveis de profissionais independentes, na sequência da supressão do artigo 14.º do MC OCDE (relativo, precisamente, à tributação dos profissionais independentes).

O artigo 24.º n.º 3 visa proteger de discriminação os estabelecimentos estáveis mantidos por uma empresa de um Estado contratante no outro Estado contratante, no que toca ao tratamento fiscal que lhes é aplicável no Estado onde se localizam[358]. Naturalmente que a questão da não

---

[356] Note-se, todavia, que daí não decorre qualquer obrigação de o Estado contratante atribuir, aos residentes do outro Estado, as deduções pessoais, abatimentos e reduções de imposto atribuídas em função do estado civil ou dos encargos familiares que atribui aos seus próprios residentes.

[357] Estabelecimento estável tal como definido no artigo 5.º do MC OCDE.

[358] A protecção contra a discriminação fiscal das subsidiárias que uma empresa de um Estado contratante tenha no outro Estado contratante é assegurada pelo artigo 24.º n.º 5.

discriminação do estabelecimento estável deve conjugar-se com a aplicação do regime fiscal que se encontra previsto para este no artigo 7.º do MC OCDE.

Ao centrar-se na questão do tratamento fiscal dos estabelecimentos estáveis, o n.º 3 do artigo 24.º situa-se, precisamente, num campo bastante dado à discriminação fiscal em muitos Estados.

A protecção contra a discriminação fiscal do estabelecimento estável diz respeito à tributação total desse estabelecimento, e não apenas à tributação dos lucros que lhe sejam imputáveis.

A aferição da existência ou não de discriminação, nos termos do artigo 24.º n.º 3, faz-se mediante uma comparação entre o estabelecimento estável em causa e uma empresa juridicamente independente que desenvolva as mesmas actividades e que se encontre localizada no mesmo Estado contratante onde também o estabelecimento estável se situa.

A aludida comparação parte, assim, da ficção de que o estabelecimento estável se encontra em pé de igualdade, para efeitos fiscais, com uma empresa independente do Estado no qual se situa[359]. O artigo 7.º do MC OCDE, que traça o quadro geral da determinação do lucro dos estabelecimentos estáveis, delimita o campo dentro do qual se vai aplicar a proibição de discriminação prevista no artigo 24.º n.º 3.

---

[359] Embora cumpra salientar que o parágrafo 37 dos Comentários ao artigo 24.º n.º 3 – com a redacção introduzida pela última actualização ao MC OCDE, aprovada pelo Conselho da OCDE em 17 de Julho de 2008 – refere que, para efeitos da aplicação da regra do n.º 3 do citado artigo, o tratamento fiscal num Estado contratante de um estabelecimento estável de uma empresa de outro Estado contratante deve ser comparado com o dispensado a uma empresa do primeiro Estado contratante que tenha uma estrutura legal que seja similar à da empresa à qual o estabelecimento estável pertence (comparação esta centrada na empresa à qual o estabelecimento estável pertence, e já não no próprio estabelecimento estável). Parece-nos, atenta a redacção do n.º 3 do artigo 24.º e também do parágrafo 35 dos respectivos Comentários, que a comparação prevista no parágrafo 37 dos Comentários terá, em qualquer caso, de ser conjugada com a comparação do estabelecimento estável com empresas residentes do Estado em que se localiza pertencentes ao mesmo sector de actividade, tendo aquela (a do parágrafo 37) um carácter secundário e meramente complementar, e visando situações em que diferenças relevantes de estrutura legal afectem a comparabilidade das situações.

Parte I – V. Princípios Operativos do Direito Fiscal Internacional

Por outro lado, note-se que o tratamento dos lucros ou perdas do estabelecimento estável no Estado de residência da sua sociedade matriz é irrelevante, para efeitos da verificação ou não da existência de discriminação no Estado onde o estabelecimento estável se localiza[360].

Deste modo, um Estado contratante não pode negar, por exemplo, a dedução de perdas de exercícios anteriores apuradas pelo estabelecimento estável aí situado – quando concede tal possibilidade às empresas aí residentes – em virtude do facto de a sociedade matriz estrangeira do estabelecimento estável poder no seu Estado de residência utilizar a perda fiscal. Caberá, neste caso, ao Estado da residência da sociedade matriz do estabelecimento estável evitar que haja uma duplicação na dedução das perdas fiscais[361].

A comparação da expressão utilizada no n.º 3 do artigo 24.º ("tributação menos favorável") com as expressões utilizadas no n.º 1 e no n.º 5 do artigo 24 ("tributação ou obrigação com ela conexa diferente ou mais gravosa") permite-nos concluir que, no caso dos estabelecimentos estáveis, a tributação se refere à carga fiscal, ou seja, ao montante de imposto a pagar pelo estabelecimento estável[362].

Desta forma, quando os procedimentos e as obrigações conexas com a tributação aplicados a um estabelecimento estável forem diferentes dos aplicáveis às empresas residentes do mesmo Estado, tal não constitui uma violação do artigo 24.º n.º 3[363].

---

[360] Cfr. KLAUS VOGEL et al., *Klaus Vogel on Double...*, p. 1314-1315.

[361] Note-se que a comparação deve ser feita com uma empresa do Estado contratante no qual se situa o estabelecimento estável, e não especificamente com uma empresa desse Estado detida por uma entidade estrangeira, conforme chegou a pretender a administração fiscal do Reino Unido. Com efeito, tal interpretação reduziria a protecção concedida aos estabelecimentos estáveis, na medida em que, se prevalecesse a interpretação defendida pelas autoridades fiscais britânicas, o artigo 24.º n.º 3 limitar-se-ia a impedir que o estabelecimento estável tivesse um tratamento fiscal menos favorável do que o aplicável a subsidiárias de empresas estrangeiras. Ora, não é esse o seu objectivo, mas sim o de impedir que seja aplicado ao estabelecimento estável um tratamento fiscal menos favorável do que o previsto para as empresas desse Estado, em geral. Cfr. KLAUS VOGEL et al., *Klaus Vogel on Double...*, p. 1314.

[362] KLAUS VOGEL et al., *Klaus Vogel on Double...*, p. 1316.

[363] Cfr., neste sentido, designadamente MARIA MARGARIDA CORDEIRO MESQUITA, *As Convenções...*, p. 306.

224   *Princípios do Direito Fiscal Internacional*

Permite-se, deste modo, a existência de uma tributação diferente entre residentes e não residentes, desde que tal não afecte o quantitativo do imposto devido, mas apenas outros elementos atinentes à relação jurídico-tributária. Designadamente, a sujeição de um estabelecimento estável a retenção na fonte e não a tributação por via de pagamento do imposto devido em termos finais não constitui uma discriminação proibida pelo artigo 24.º n.º 3, desde que tal retenção na fonte não resulte num montante de imposto superior devido pelo estabelecimento estável. Portanto, o que o artigo 24.º n.º 3 efectivamente proíbe é que o estabelecimento estável fique sujeito a uma carga fiscal mais elevada.

No que concerne às implicações específicas do princípio da igualdade de tratamento (no qual o princípio da não discriminação se concretiza) ao nível da tributação de um estabelecimento estável de uma empresa não residente, estas são detalhadamente consideradas nos parágrafos 40 a 72 dos Comentários[364] ao n.º 3 do artigo 24.º do MC OCDE. Os Comentários abarcam o domínio da incidência do imposto (cobrindo aspectos atinentes à determinação da base tributável), o regime especial dos dividendos recebidos em conexão com participações detidas pelos estabelecimentos estáveis, a estrutura e taxa do imposto, o regime da retenção na fonte sobre os dividendos, juros e *royalties* recebidos por um estabelecimento estável, a imputação dos impostos estrangeiros e a extensão aos estabelecimentos estáveis das CDT celebradas com terceiros Estados[365].

---

[364] Já com a numeração dos Comentários resultante da última actualização ao MC OCDE, aprovada pelo Conselho da OCDE em 17 de Julho de 2008.

[365] ALBERTO XAVIER pronuncia-se relativamente a diversos destes aspectos, referindo o seguinte: "têm-se suscitado sérias dúvidas quanto à compatibilidade de certos regimes jurídicos de direito interno relativos às sucursais, com o princípio da não discriminação, assim como quanto à obrigação de estender às sucursais (estabelecimentos estáveis) certos regimes próprios das sociedades, em homenagem àquele mesmo princípio".

Salienta, também, o mesmo autor que "o problema da existência ou não, de uma obrigação de estender aos estabelecimentos estáveis certos preceitos referentes a sociedades, tem-se colocado sobretudo quanto às regras que, no plano do direito interno, visam atenuar a dupla imposição económica dos dividendos quando distribuídos entre sociedades [...]. Poderão aplicar-se às relações sede-sucursal as mesmas regras que disciplinam as relações entre sociedades juridicamente distintas, ainda que coligadas? Trata-se de um tema quanto ao qual ainda não se conseguiu um acordo. Uns invocam que essa aplicação é decorrência necessária do princípio geral da assimilação a empresa independente. Outros, porém, alegam que essa assimilação tem como limites a unidade

Parte I – V. Princípios Operativos do Direito Fiscal Internacional

Designadamente, nos casos em que o estabelecimento estável tenha participações societárias no seu activo, o princípio da não discriminação implica que este possa beneficiar do um regime de eliminação da dupla tributação económica nos lucros que lhe sejam distribuídos, nos mesmos termos em que este seja concedido relativamente aos lucros distribuídos a empresas nacionais (seja através de isenção total ou parcial, ou de um sistema de imputação)[366].

Porém, os Estados contratantes não assumem uma posição uniforme a este respeito, o que se encontra patente no parágrafo 49 dos próprios Comentários[367] ao artigo 24.º n.º 3 do MC OCDE.

Alguns Estados consideram que, nos termos do referido artigo, existe a obrigação de permitir a aplicação dos regimes consagrados para a eliminação da dupla tributação económica também aos estabelecimentos estáveis localizados no seu território, quanto a lucros por estes recebidos que provenham de participações sociais que se encontrem afectas ao estabelecimento estável.

Em contrapartida, outros Estados negam a existência de tal obrigação, entendendo que a assimilação dos estabelecimentos estáveis a empresas

---

da pessoa colectiva e ainda que essa equiparação acabaria por privilegiar indevidamente as sociedades que detivessem participações em estabelecimentos estáveis localizados no estrangeiro, relativamente às que detivessem participações em sociedades, ao menos, nos casos em que a distribuição dos lucros da sucursal à sede, não sofresse retenção de imposto na fonte, ao invés do que sucede com a distribuição dos lucros de uma sociedade para outra que participa no seu capital".

Sublinha, igualmente, o autor que "uma rigorosa neutralidade dos estabelecimentos estáveis exige ainda: (i) que, em relação aos dividendos, juros e *royalties* recebidos por estabelecimentos estáveis localizados num certo país, seja assegurado o tratamento de lucros de empresas (previsto no artigo 7.º do Modelo OCDE), não incidindo o imposto sobre o rendimento na fonte sobre não residentes; (ii) que, em relação aos rendimentos de origem estrangeira obtidos pelos estabelecimentos estáveis, seja assegurado um *tax credit* similar ao concedido a entidades residentes; (iii) que sejam assegurados aos estabelecimentos estáveis os benefícios das convenções celebradas com terceiros países, nomeadamente o aproveitamento do *tax credit* relativo a juros, dividendos e *royalties* de origem estrangeira que lhes sejam pagos". In Alberto Xavier, *Direito Tributário...*, pp. 274-276.

[366] Klaus Vogel et al., *Klaus Vogel on Double...*, pp. 1318-1319.

[367] Já com a numeração dos Comentários resultante da última actualização ao MC OCDE, aprovada pelo Conselho da OCDE em 17 de Julho de 2008.

226   *Princípios do Direito Fiscal Internacional*

não implica a obrigatoriedade de lhes conceder os aludidos regimes de eliminação da dupla tributação económica[368].

Entre os vários argumentos aduzidas para justificar tal recusa, conta-se o de, estando em causa regimes de eliminação da dupla tributação económica de dividendos, ser ao Estado da residência da sociedade beneficiária e não ao Estado do estabelecimento estável que cabe suportar o encargo de tais regimes, dado ser o mais interessado no regime aplicado.

Outro argumento invocado diz respeito à repartição das receitas fiscais entre os Estados. As perdas de receitas fiscais face a um determinado Estado, decorrentes da aplicação desses regimes especiais, são em parte compensadas pela tributação dos dividendos efectuada no momento da redistribuição pela sociedade que beneficiou desses regimes (ao nível do imposto retido na fonte sobre os dividendos / imposto sobre os accionistas). Pelo contrário, no caso da concessão do benefício dos regimes em apreço aos estabelecimentos estáveis, o Estado da localização do estabelecimento estável não beneficiaria dessa contrapartida em termos de tributação, uma vez que o estabelecimento estável é apenas uma parte de uma sociedade de outro Estado e, portanto, não efectua distribuição de dividendos. Uma outra razão, aduzida pelos Estados que sustentam que o n.º 3 do artigo 24.º não implica a obrigatoriedade de alargar os regimes em apreço aos estabelecimentos estáveis, consiste no risco de transferência pelas sociedades de um Estado das suas participações em sociedades de um outro Estado para os respectivos estabelecimentos estáveis nesse outro Estado, com o objectivo único de beneficiarem deste tratamento mais favorável[369].

Face às referidas divergências quanto à aplicação dos regimes de eliminação da dupla tributação económica aos estabelecimentos estáveis localizados no território dos Estados, os Comentários ao MC OCDE consideram ser desejável que os Estados contratantes indiquem qual a interpretação que fazem da primeira parte do n.º 3 do artigo 24.º, ao celebrarem as suas CDT[370].

---

[368] No âmbito do Direito da UE, uma diferença de tratamento a este nível seria violadora do disposto no artigo 49.º do TFUE.

[369] Cfr. parágrafo 50 dos Comentários ao artigo 24.º n.º 3 MC OCDE (já com a numeração dos Comentários resultante da última actualização ao MC OCDE, aprovada pelo Conselho da OCDE em 17 de Julho de 2008).

[370] Cfr. parágrafo 52 dos Comentários ao artigo 24.º n.º 3 MC OCDE (já com a numeração dos Comentários resultante da última actualização ao MC OCDE, aprovada pelo Conselho da OCDE em 17 de Julho de 2008).

Parte I – V. Princípios Operativos do Direito Fiscal Internacional   227

No que toca à questão, mais ampla, da possibilidade ou não de extensão aos estabelecimentos estáveis das CDT celebradas com terceiros Estados – a qual também assume relevo no que respeita ao princípio da não discriminação dos estabelecimentos estáveis –, remetemos para a análise efectuada em ponto anterior deste trabalho[371].

Um outro problema a referir, no presente contexto, tem a ver com o facto de alguns Estados criarem impostos especiais incidentes sobre os lucros dos estabelecimentos estáveis de empresas estrangeiras. Trata-se de situações de *"branch profit taxes"*, que pretendem equivaler à retenção na fonte efectuada nas distribuições de lucros feitas pelas subsidiárias de empresas estrangeiras e que não existe no caso dos estabelecimentos estáveis. Contudo, para todos os efeitos, os lucros da sucursal são, nestes casos, sujeitos a uma tributação mais elevada, em virtude do *"branch profit tax"*, do que a tributação que incide sobre as empresas nacionais.

A situação é, portanto, contrária ao princípio da não discriminação previsto no n.º 3 do artigo 24.º, na medida em que o imposto em causa não seja aplicável aos lucros de estabelecimentos de empresas nacionais[372].

Todavia, os Estados contratantes podem fazer uma reserva ao artigo 24.º, de modo a salvaguardarem a aplicação de um imposto especial sobre os rendimentos das sucursais, derrogando, assim, expressamente o disposto no artigo 24.º n.º 3. Neste caso, não obstante o n.º 3 do artigo 24.º estabelecer a concessão ao estabelecimento estável do mesmo trata-

---

[371] *Vide* o ponto 1.7. do capítulo V, da parte I do presente trabalho.

[372] Este entendimento é expressamente confirmado pelo parágrafo 60 dos Comentários ao artigo 24.º n.º 3 do MC OCDE (com a redacção introduzida pela última actualização ao MC OCDE, aprovada pelo Conselho da OCDE em 17 de Julho de 2008): "Nalguns Estados, os lucros de um estabelecimento estável de uma empresa de outro Estado contratante são tributados a uma taxa de imposto mais elevada do que os lucros de empresas desse Estado. Este imposto adicional, por vezes referido como *"branch tax"*, pode ser explicado pelo facto de que, se uma subsidiária de uma empresa estrangeira apurasse os mesmos lucros do que o estabelecimento estável, e subsequentemente distribuísse esses lucros como dividendos, um imposto adicional seria cobrado sobre esses dividendos, nos termos do n.º 2 do artigo 10.º. Quando este imposto é simplesmente expresso como um imposto adicional devido em relação aos lucros do estabelecimento estável, deve ser considerado como um imposto cobrado sobre os lucros das actividades do próprio estabelecimento estável, e não como um imposto sobre a empresa, na sua qualidade de detentora do estabelecimento estável. Tal imposto seria, portanto, contrário ao n.º 3 do artigo 24.º"".

228 Princípios do Direito Fiscal Internacional

mento fiscal que o aplicável a uma empresa nacional que exerça a mesma actividade, os Estados contratantes podem utilizar o aludido expediente, que lhes permite, na prática, tratarem os estabelecimentos estáveis de forma distinta[373].

Importa salientar que o n.º 3 do artigo 24.º diz respeito apenas à tributação do próprio estabelecimento estável, não conferindo protecção à empresa do outro Estado contratante que detém o estabelecimento estável nem aos sócios dessa empresa.

Por último, quanto ao disposto na segunda parte do n.º 3 do artigo 24.º, verifica-se que as deduções pessoais, abatimentos e reduções para efeitos fiscais, atribuídos aos seus próprios residentes, não terão de ser concedidos aos residentes do outro Estado contratante. Portanto, as circunstâncias pessoais do empresário residente no outro Estado contratante não serão tidas em consideração para efeitos de atribuição de vantagens fiscais de natureza pessoal no Estado de localização do estabelecimento estável. Trata-se, a exemplo do que referimos no parágrafo anterior, de um aspecto relativo exclusivamente à tributação de um indivíduo enquanto detentor de um estabelecimento estável noutro Estado. Não se trata, nesta segunda parte do n.º 3 do artigo 24.º, de uma regra que vá afectar a tributação do próprio estabelecimento estável e a sua protecção em termos de não discriminação fiscal.

5.3.2. Proibição de discriminação quanto a pagamentos a residentes do outro Estado (artigo 24.º n.º 4)

Nos termos do n.º 4 do artigo 24.º do MC OCDE, os juros, *royalties* e outras importâncias pagos por uma empresa de um Estado contratante a um residente do outro Estado contratante devem ser dedutíveis, para efeitos da determinação do lucro tributável desta empresa, nos mesmos termos em que o seriam se tivessem sido pagos a um residente do Estado da empresa.

A regra em apreço salvaguarda, porém, o disposto no artigo 9.º, n.º 1 sobre empresas associadas, no artigo 11.º, n.º 6 sobre juros e no

---

[373] Estas situações, para efeitos de Direito da UE, constituem discriminações não permitidas.

artigo 12.º, n.º 4 sobre *royalties* – os quais permitem, respectivamente, a correcção dos lucros em transacções entre empresas relacionadas que não tenham seguido os termos de mercado, e a exclusão do regime de limitação da dupla tributação no Estado da fonte, previsto na CDT, relativamente aos juros e *royalties* cujo montante seja excessivo em virtude da existência de relações especiais entre o respectivo devedor e o beneficiário.

A possibilidade de efectuar os ajustamentos referidos no parágrafo anterior não é limitada pelo disposto no n.º 4 do artigo 24.º. Contudo, note-se que o regime deste preceito continua a ser aplicável quanto à parte dos pagamentos em causa que teria sido feita entre entidades independentes.

Ainda nos termos do artigo 24.º n.º 4, as dívidas de uma empresa de um Estado contratante a um residente do outro Estado contratante devem ser dedutíveis para efeitos de imposto sobre o património, nos mesmos termos que se fossem dívidas contraídas junto de um residente do Estado da empresa.

A entidade que se pretende proteger, nesta disposição especial de não discriminação, é a sociedade residente num Estado contratante que efectua pagamentos a não residentes, e não o residente no outro Estado que recebe os pagamentos em questão.

O disposto no n.º 4 do artigo 24.º não impede o Estado do mutuário de assimilar os juros a dividendos, em aplicação de um regime de subcapitalização que seja previsto na legislação nacional – desde que tal regime seja compatível com o n.º 1 do artigo 9.º do MC OCDE (relativo à correcção dos lucros em transacções entre empresas relacionadas que não seguiram os termos de mercado) ou com o n.º 6 do artigo 11.º do MC OCDE (relativo ao regime aplicável aos juros excessivos, decorrentes da existência de relações especiais). Todavia, fora destas situações, se o regime de subcapitalização nacional for aplicável apenas a credores não residentes, excluindo os credores residentes, então a aplicação de tal regime é proibida pelo n.º 4 do artigo 24.º.

5.3.3. *Proibição de discriminação quanto a empresas com capital estrangeiro (artigo 24.º n.º 5)*

O n.º 5 do artigo 24.º impede um Estado contratante de sujeitar uma empresa residente nesse Estado, cujo capital seja detido ou controlado, total ou parcialmente, directa ou indirectamente, por um ou mais residentes do outro Estado contratante, a uma tributação ou obrigação com ela conexa diferentes ou mais gravosas do que as aplicáveis a outras empresas similares desse primeiro Estado.

O n.º 5 do artigo 24 MC OCDE protege as empresas em apreço de um tratamento fiscal desfavorável no seu Estado de residência, em comparação com o tratamento fiscal aplicável às empresas totalmente detidas ou controladas por residentes do mesmo Estado da empresa.

O objectivo fundamental do preceito consiste, assim, em assegurar um tratamento fiscal idêntico para as diversas empresas residentes do mesmo Estado, independentemente da origem ou da detenção do respectivo capital.

Para a comparação a realizar entre empresas detidas ou controladas por um ou mais residentes do outro Estado contratante e empresas totalmente detidas ou controladas por residentes do mesmo Estado da empresa – no sentido de aferir se são ou não empresas similares – é importante a forma legal que estas revistam. A actividade desenvolvida pelas empresas será relevante, para efeitos da aludida comparação, apenas se, no Estado em causa, existir uma tributação diferenciada em função do tipo de actividade.

Em contraste com a regra de proibição da não discriminação contra estabelecimentos estáveis, a regra de proibição da não discriminação contra subsidiárias de empresas estrangeiras, prevista no n.º 5 do artigo 24.º – tal como sucede também no n.º 1 do artigo 24.º, quanto ao princípio da não discriminação em razão da nacionalidade – refere-se a uma tributação ou obrigação com ela conexa diferentes ou mais gravosas, cobrindo, assim, toda a relação jurídico-tributária entre a empresa e o Estado.

Cabe salientar o facto de a protecção contra a discriminação prevista no n.º 5 do artigo 24.º do MC OCDE dizer respeito apenas à tributação das próprias empresas e não à tributação dos sócios. Com efeito, a disposição em apreço é dirigida somente às empresas de um Estado contratante cujo capital seja possuído ou controlado por residentes do outro Estado contratante (fundamentalmente, as subsidiárias de empresas estrangeiras), e não aos respectivos sócios não residentes.

Como tal, entende-se que estão fora do âmbito de aplicação do preceito em apreço os regimes fiscais que se refiram à relação entre uma empresa residente e outras empresas residentes (por exemplo, os regimes de consolidação fiscal, os referentes à comunicabilidade de perdas fiscais

Parte I – V. Princípios Operativos do Direito Fiscal Internacional 231

ou à transferência de propriedade sem encargos fiscais entre empresas pertencentes ao mesmo grupo). Designadamente, quando a legislação fiscal interna de um Estado permita que uma sociedade residente consolide o seu rendimento com o de uma sociedade-mãe residente, o n.º 5 do artigo 24.º não pode ser interpretado como impondo a esse Estado que permita tal consolidação entre uma sociedade residente e uma sociedade--mãe não residente. Tal pressuporia uma comparação do tratamento fiscal conjugado de uma sociedade residente e da sociedade não residente que detém o seu capital com o tratamento fiscal conjugado de uma sociedade residente do mesmo Estado e da sociedade residente que detém o seu capital – algo que, segundo o parágrafo 77 dos Comentários ao artigo 24.º n.º 5, ultrapassa claramente a questão da tributação da empresa residente em si mesma[374].

Também pelo facto de o n.º 5 do artigo 24.º ter como objectivo assegurar que todas as empresas residentes sejam tratadas de igual modo, independentemente da residência fiscal de quem seja proprietário ou controle o seu capital, mas não se dirigir aos respectivos sócios, o rendimento que seja distribuído a sócios não residentes pode ser objecto de tratamento diferente do rendimento distribuído aos sócios residentes. Assim, a sujeição a retenção na fonte de dividendos pagos aos sócios não residentes, mas não dos dividendos pagos aos sócios residentes, não pode ser considerada como uma violação ao n.º 5 do artigo 24.º. Nesse caso, as diferenças de tratamento fiscal não estão dependentes do facto de o capital da empresa ser detido ou controlado por não residentes, mas sim do facto de os dividendos pagos a não residentes serem tributados de forma diferente[375].

5.4. Conclusões

O artigo 24.º do MC OCDE parte de uma contraposição clara entre os conceitos de nacionalidade e de residência.

---

[374] Cfr. parágrafo 77 dos Comentários ao artigo 24.º n.º 5 do MC OCDE (com a redacção introduzida pela última actualização ao MC OCDE, aprovada pelo Conselho da OCDE em 17 de Julho de 2008).

[375] Cfr. parágrafo 78 dos Comentários ao artigo 24.º n.º 5 do MC OCDE (com a redacção introduzida pela última actualização ao MC OCDE, aprovada pelo Conselho da OCDE em 17 de Julho de 2008).

O n.º 1 do artigo 24.º do MC OCDE proíbe a discriminação fiscal com base na nacionalidade. Todavia, a distinção entre residentes e não residentes é permitida pelo n.º 1 do artigo 24.º, nos termos do qual o tratamento fiscal diferenciado de residentes e não residentes não constitui uma violação ao princípio de não discriminação.

A diferenciação de tratamento fiscal das situações pelo facto de envolverem não residentes só se encontra proibida nos casos especificamente previstos nos n.ᵒˢ 3, 4 e 5 do artigo 24.º do MC OCDE.

Pode, assim, fazer-se uma contraposição entre os n.ᵒˢ 1 e 2 do artigo 24.º, que se referem à não discriminação em razão da nacionalidade, e os n.ᵒˢ 3 a 5 do mesmo artigo, os quais pretendem assegurar a neutralidade da residência no que toca ao tratamento fiscal a conferir em diversas situações.

Importa ainda salientar que, enquanto o artigo 24.º n.º 1 estabelece com **grande amplitude** que a nacionalidade não pode influenciar o tratamento fiscal, já no que toca à residência, esta não pode motivar uma diferenciação fiscal apenas nas **situações específicas** previstas nos n.ᵒˢ 3, 4 e 5 do artigo 24.º, ou seja, no que diz respeito à tributação de estabelecimentos estáveis (n.º 3), ao pagamento de juros e *royalties* e outras importâncias por uma empresa residente (n.º 4), e à tributação de uma empresa cujo capital seja detido por residentes do outro Estado contratante (n.º 5)[376].

Note-se também que, nos termos do n.º 1 do artigo 24.º, um tratamento desfavorável dos não residentes não fica abrangido por uma proibição de discriminação indirecta em razão da nacionalidade[377]. Este aspecto encontra-se bem patente nos Comentários ao artigo 24.º do MC OCDE, os quais referem expressamente que não poderá retirar-se do artigo 24.º n.º 1 MC OCDE a proibição de uma discriminação indirecta correspondente

---

[376] Para a análise e discussão do alcance da proibição de discriminação do artigo 24.º do MC OCDE em diversos casos práticos – no contexto do seminário conjunto da IFA e da OCDE, levado a cabo durante o Congresso da IFA em Kyoto, em Outubro de 2007 – *vide* JOHN AVERY JONES / CATHERINE BOBBETT, *Interpretation of the non-discrimination article of the OECD Model*, Bulletin for International Taxation, n.º 2, Fevereiro 2008, pp. 50-55.

[377] O mesmo não se passa, em termos gerais, no âmbito do Direito da UE. Assim, os Estados-membros da UE, não dispondo de inteira liberdade neste campo, terão nalguns casos de optar por um tratamento igual entre residentes e não residentes.

Parte I – V. Princípios Operativos do Direito Fiscal Internacional 233

a um tratamento distinto em função da residência[378]. Nega-se, assim, expressamente a admissibilidade, face ao princípio da não discriminação em razão da nacionalidade previsto no MC OCDE, da construção europeia da discriminação indirecta por tratamento fiscal distinto de residentes e não residentes em determinadas circunstâncias.

Face ao exposto, cabe notar que, não impedindo os Estados contratantes de tratar os não residentes de forma mais gravosa para efeitos fiscais, fora das situações específicas previstas nos n.ºs 3, 4 e 5 do artigo 24.º, o princípio da não discriminação do MC OCDE acaba por ter um impacto prático bastante reduzido. Sobretudo tendo em consideração que, na maioria dos Estados, as diferenciações de tratamento fiscal assentam na residência e não na nacionalidade.

Um outro aspecto fundamental, que merece ser sublinhado, tem a ver com a falta de carácter unitário do princípio da não discriminação do MC OCDE. O aludido princípio consubstancia-se, no MC OCDE, num conjunto de regras avulsas, sem uma relação hierárquica entre si, e ao qual falta um critério norteador fundamental. Com efeito, enquanto o n.º 1 do artigo 24.º proíbe a discriminação em razão da nacionalidade (e admitindo sem restrições o diferente tratamento fiscal em razão da residência – critério este da residência que é, aliás, utilizado para reduzir o âmbito de aplicação da não discriminação em função da nacionalidade), nos n.ºs 3, 4 e 5 do artigo 24.º as proibições de discriminação centram-se na questão da residência.

Importa, por último, salientar o facto de o artigo 24.º do MC OCDE ter diversas particularidades que lhe atribuem uma natureza própria em

---

[378] O parágrafo 1 dos Comentários ao artigo 24.º do MC OCDE (com a redação introduzida pela última actualização ao MC OCDE, aprovada pelo Conselho da OCDE em 17 de Julho de 2008) refere o seguinte: "O artigo [24.º do MC OCDE] não deve ser indevidamente alargado para cobrir a denominada discriminação «indirecta». Por exemplo, enquanto que o n.º 1, que trata da discriminação em razão da nacionalidade, impediria um tratamento distinto que seja na realidade uma forma camuflada de discriminação baseada na nacionalidade, como um tratamento diferenciado de indivíduos, dependente do facto de estes terem ou não direito a um passaporte emitido por certo Estado, não poderia argumentar-se que os não residentes de um determinado Estado incluem principalmente pessoas que não são nacionais desse Estado, para concluir que um tratamento fiscal distinto em razão da residência é uma discriminação indirecta baseada na nacionalidade para efeitos desse preceito [o artigo 24.º n.º 1]".

234   *Princípios do Direito Fiscal Internacional*

termos de combate à discriminação fiscal, bastante distinta da natureza da proibição da discriminação vigente no âmbito do Direito Fiscal Europeu. Em primeiro lugar, pela diferente forma como o artigo 24.º se posiciona, no contexto da proibição da discriminação fiscal, relativamente às diferenças em razão da nacionalidade e da residência, em comparação com o modo como o Direito Fiscal Europeu encara a questão. A este propósito, referimos já o facto de não se poder retirar do artigo 24.º n.º 1 MC OCDE uma proibição de discriminação indirecta correspondente a um tratamento distinto em função da residência, numa clara contraposição à construção europeia da discriminação indirecta por tratamento fiscal distinto de residentes e não residentes em determinadas circunstâncias. Uma segunda diferença fundamental reside na relativamente menor importância da problemática da não discriminação no contexto do DFI, em comparação com o Direito Fiscal Europeu. Com efeito, as CDT poderiam alcançar os seus objectivos fundamentais de evitar a dupla tributação e prevenir a evasão fiscal mesmo sem a regra de não discriminação prevista no artigo 24.º do MC OCDE[379].

---

[379] Conforme salienta, a este propósito, KLAUS VOGEL, "diversas razões militam contra a aplicação da jurisprudência do Tribunal de Justiça relativa ao artigo 6.º do Tratado CE à interpretação do artigo 24.º do Modelo de Convenção da OCDE [...]. Em particular, as diferentes funções das duas disposições devem ser consideradas. Enquanto que a não discriminação tem um papel central coadjuvante do avanço da CE em direcção aos seus objectivos económicos, previstos no Tratado CE, de atingir um mercado único europeu, o artigo 24.º do Modelo de Convenção da OCDE é uma das regras especiais do Modelo de Convenção que não é necessária para atingir o objectivo principal dos tratados de evitar a dupla tributação e prevenir a evasão fiscal. Isto conduz a uma interpretação mais limitada da regra. Adicionalmente, o Modelo de Convenção enuncia em detalhe os casos nos quais proíbe a discriminação com base na residência, ao passo que nos termos do Tratado CE toda a protecção contra a discriminação tem que ser retirada do critério "nacionalidade". Assim, por exemplo, no caso Bachman, os factos são discutidos na medida em que dizem respeito a uma discriminação baseada na nacionalidade, a qual, nos termos do Modelo de Convenção, seria atribuída a um aspecto bastante diferente da regra da não discriminação, designadamente a regra da não discriminação relativa a deduções prevista no artigo 24.º n.º 4 do Modelo de Convenção. Finalmente, a maior importância dos princípios jurídicos anglo-americanos para a interpretação do artigo 24.º do Modelo de Convenção deve ser considerada, em particular no que toca à discriminação contra pessoas jurídicas". In KLAUS VOGEL et al., *Klaus Vogel on Double...*, p. 1283. Note-se que o que é referido pelo autor a propósito do Tratado CE continua a ser pertinente no âmbito do TFUE.

6. Questão da Cláusula da Nação Mais Favorecida

6.1. Enquadramento

Dada a natureza bilateral das CDT, resultantes de um processo de negociação entre os Estados contratantes, os regimes fiscais nelas previstos variam em função de circunstâncias de natureza económica e até política, atinentes à relação entre os aludidos Estados. Assim, ainda que inspiradas num mesmo Modelo de Convenção (*maxime* o MC OCDE), as diversas CDT podem apresentar, umas em relação às outras, diferenças substanciais de regime no que respeita à tributação de determinados tipos de rendimento.

Neste contexto, pode questionar-se se o DFI obriga, de algum modo, os Estados a concederem tratamento de nação mais favorecida no que toca aos benefícios previstos nas CDT.

O que está em causa, na prática, é a eventual possibilidade de um residente / nacional de um Estado exigir de um outro Estado os benefícios de uma CDT por este último celebrada com um terceiro Estado, quando esta seja mais favorável do que a CDT concluída entre o primeiro Estado e o segundo. Na perspectiva do Estado, a questão centra-se na eventual obrigação de conceder a um não residente / não nacional um benefício contido numa CDT por si concluída com outro Estado diferente do Estado de residência / nacionalidade do contribuinte que invoca o benefício.

6.2. Tratamento da Nação Mais Favorecida no Direito Fiscal Internacional e nas CDT

A origem das cláusulas da nação mais favorecida situa-se no direito do comércio internacional, sendo os seus objectivos fundamentais assegurar a liberdade de trocas e a não discriminação entre parceiros comerciais, num contexto de multilateralização das relações económicas internacionais.

Importa, assim, analisar se o DFI em geral, e a aplicação das CDT em particular, seguem ou não o princípio do tratamento de nação mais favorecida.

Com esse propósito, e tendo em conta o facto de as CDT serem a principal fonte internacional de DFI[380], cabe aferir se elas impõem uma cláusula da nação mais favorecida – analisando para tal o MC OCDE.

---

[380] ALBERTO XAVIER, *Direito Tributário...*, p. 97.

236   *Princípios do Direito Fiscal Internacional*

Na sequência da última actualização ao MC OCDE, aprovada pelo Conselho da OCDE em 17 de Julho de 2008, os Comentários ao artigo 24.º[381] voltaram a prever que as disposições deste artigo não impõem o tratamento de nação mais favorecida.

Os referidos Comentários afirmam que, tendo um Estado concluído uma CDT que concede vantagens fiscais a nacionais ou residentes do outro Estado contratante dessa CDT, os nacionais ou residentes de um terceiro Estado, que não é parte na CDT em causa, não podem reclamar as vantagens fiscais em apreço invocando uma disposição de não discriminação contida na CDT celebrada entre esse terceiro Estado e o Estado primeiramente mencionado. Ainda de acordo com os aludidos Comentários, como as CDT se baseiam no princípio da reciprocidade, um tratamento fiscal que é concedido por um Estado contratante, nos termos de uma CDT, a um residente ou nacional de outro Estado contratante parte nessa CDT, em virtude das relações económicas específicas existentes entre esses Estados contratantes, não pode ser alargada a um residente ou nacional de um terceiro Estado, nos termos da disposição de não discriminação da CDT entre o primeiro Estado e o terceiro Estado[382].

Note-se que até 1992 a inaplicabilidade de uma cláusula generalizada da nação mais favorecida no âmbito das CDT estava expressamente referida nos Comentários ao MC OCDE[383]. Os Comentários aceitavam, todavia, que os Estados, em casos particulares, acordassem entre si a inclusão de cláusulas da nação mais favorecida nas CDT celebradas.

Porém, na revisão dos Comentários do MC OCDE levada a cabo em 1992, o comentário relativo à inaplicabilidade de uma cláusula generalizada da nação mais favorecida foi eliminado, sem que para tal fosse apresentada uma justificação. A remoção do aludido comentário originou alguma especulação quanto a uma eventual mudança no DFI e à existência de uma cláusula generalizada da nação mais favorecida. Diversos autores questionaram se poderia ser este o efeito da revisão dos Comentários. Em nossa opinião, tal interpretação não tinha qualquer fundamento, o que

---

[381] Concretamente, o parágrafo 2 dos Comentários ao artigo 24.º do MC OCDE, já com a numeração dos Comentários resultante da última actualização ao MC OCDE, aprovada pelo Conselho da OCDE em 17 de Julho de 2008.

[382] Cfr. parágrafo 2 dos Comentários ao artigo 24.º do MC OCDE.

[383] Nos parágrafos 54 e seguintes dos Comentários ao artigo 24.º do MC OCDE, na sua versão de 1977.

Parte I – V. Princípios Operativos do Direito Fiscal Internacional 237

veio a ser confirmado pela reintrodução, nos Comentários ao artigo 24.º do MC OCDE, de uma referência expressa ao facto de o artigo em questão não requerer o tratamento de nação mais favorecida.

Não se pode, igualmente, extrair a obrigatoriedade de um tratamento de nação mais favorecida no DFI do costume internacional, uma vez que, manifestamente, não se encontram preenchidos os requisitos geralmente exigidos para que haja um costume internacional: a *longa consuetudo* e a *opinio iuris vel necessitatis*[384].

A International Law Commission (doravante abreviadamente designada por "ILC"), uma estrutura autónoma das Nações Unidas composta por peritos em direito internacional, desenvolveu entre 1967 e 1979 os mais importantes estudos sobre a cláusula da nação mais favorecida, nomeadamente no que diz respeito à sua natureza jurídica e às condições legais que governavam a sua aplicação. A ILC concluiu em 1978 um Relatório sobre a cláusula da nação mais favorecida[385], destinado a permitir a codificação da regulamentação internacional nesta área. Este Relatório, conjuntamente com os artigos propostos[386], continua a ser uma das fontes mais importantes para a análise das questões relacionadas com o tratamento de nação mais favorecida no âmbito do DFI[387].

Para a ILC, não pode extrair-se do direito genérico à não discriminação uma obrigação de tratamento de nação mais favorecida, nem existem evidências de que esta obrigação decorra do costume internacional. A ILC conclui, assim, que apenas existe um direito ao tratamento de

---

[384] ALBERTO XAVIER, *Direito Tributário...*, pp. 193-194.

[385] Este Relatório baseou-se em 14 anos de investigação e análise, designadamente da jurisprudência do *International Court of Justice*, bem como em contribuições dos Estados-membros da ONU e de diversas organizações internacionais. A apresentação do Relatório da ILC foi consecutivamente adiada entre 1979 e 1991, até que a Assembleia Geral decidiu finalmente divulgá-lo aos Estados-membros da ONU.

[386] O estudo da ILC culminou na preparação de um articulado sobre cláusulas da nação mais favorecida, destinado à conclusão de uma convenção multilateral que, todavia, nunca chegou a existir.

[387] MIGUEL CORTEZ PIMENTEL, *"D"istortion of the Common Market? Analysis and future perspectives of the MFN clause within EC law*, Intertax, n.º 10, Outubro 2006, pp. 493-498; DENNIS WEBER, *Most-favoured-nation treatment under tax treaties rejected in the European Community: Background and analysis of the D Case – A proposal to include a most-favoured-nation clause in the EC Treaty*, Intertax, n.º 10, Outubro 2005, pp. 429-430.

nação mais favorecida quando haja uma cláusula, incluída numa convenção internacional, mediante a qual um Estado expressamente conceda a outro (ou outros) tal direito. Nestes termos, e segundo o Relatório da ILC, os Estados podem conceder um tratamento fiscal mais favorável a algum ou alguns outros Estados, com base numa especial ligação de natureza geográfica, política ou outra, mas não se encontram obrigados a alargar esse tratamento mais favorável a todos os outros Estados. Este é, aliás, o regime que se afigura mais consentâneo com o princípio da soberania dos Estados e com a sua liberdade de acção.

No artigo 4.º da Proposta de Convenção da ILC de 1979, esta definiu a cláusula da nação mais favorecida como "uma disposição de uma convenção através da qual um Estado assume uma obrigação perante outro Estado de conceder tratamento de nação mais favorecida". Por seu turno, o artigo 5.º da mesma Proposta de Convenção refere que "o tratamento de nação mais favorecida é o tratamento acordado pelo Estado concedente a um Estado beneficiário, ou a pessoas ou coisas que tenham uma determinada relação com esse Estado, não menos favorável do que o tratamento dado pelo Estado concedente a um terceiro Estado, ou a pessoas ou coisas que tenham uma relação semelhante com esse terceiro Estado".

Face ao exposto, e tendo em linha de conta o MC OCDE, o costume internacional e o Relatório da ILC, podemos concluir que o DFI não prevê nem impõe qualquer cláusula da nação mais favorecida aplicável de forma generalizada. O tratamento de nação mais favorecida existe apenas quando uma cláusula formal incluída numa convenção (a cláusula da nação mais favorecida) o atribua ao outro Estado contratante.

6.3. Tratamento da Nação Mais Favorecida no Direito do Comércio Internacional

A análise da questão da cláusula da nação mais favorecida em relação às CDT deve, ainda, ter em consideração o direito do comércio internacional. Recorde-se, aliás, que foi no âmbito deste que a cláusula da nação mais favorecida surgiu.

Importa, assim, aferir se as disposições dos acordos comerciais internacionais são aplicáveis relativamente aos impostos directos e, em particular, se podem alterar ou acrescentar o regime fiscal previsto nas CDT em matéria de tributação directa.

Parte I – V. Princípios Operativos do Direito Fiscal Internacional   239

A análise da questão em apreço assume grande complexidade e envolve uma multiplicidade de fontes – acordos multilaterais, acordos bilaterais e extensa jurisprudência – merecendo ser objecto de estudo aprofundado. Evidentemente que tal estudo, pela sua dimensão e autonomia temática, escapa completamente ao âmbito do presente trabalho, não sendo possível desenvolvê-lo sem nos afastarmos do rumo traçado.

Todavia, também não quisemos, por razões de ordem sistemática, abster-nos de toda e qualquer referência ao direito do comércio internacional, no contexto da cláusula da nação mais favorecida. Desta forma, iremos limitar-nos a algumas breves referências quanto ao GATT (*General Agreement on Tariffs and Trade* – Acordo Geral sobre Tarifas e Comércio[388]) e ao GATS (*General Agreement on Trade in Services* – Acordo Geral sobre o Comércio de Serviços), advertindo que seguiremos de perto as conclusões alcançadas na conferência sobre "Organização Mundial do Comércio e Tributação Directa" – ocorrida em Rust, na Áustria, entre 8 e 11 de Julho de 2004 – e remetendo oportunamente para o Relatório Geral elaborado por SERVAAS VAN THIEL, no qual se sintetizam as conclusões da aludida conferência.

Seguindo, portanto, este rumo, refira-se que tanto o GATT como o GATS incluem uma cláusula geral da nação mais favorecida[389], obrigando os Estados a conceder tratamento de nação mais favorecida relativamente a todos os outros Estados signatários. A cláusula da nação mais favorecida (que, juntamente com a obrigação de tratamento nacional, constitui a trave mestra quer do GATT quer do GATS) concretiza uma noção de não discriminação no que diz respeito às importações dos mesmos bens e serviços de diferentes origens[390]. Os Estados não podem, portanto, discriminar entre bens ou serviços dos vários parceiros comerciais.

---

[388] O Acordo Geral sobre Tarifas e Comércio – GATT foi assinado em 1947, com a natureza de um acordo internacional multilateral. Este passaria a estar associado a um organismo, a criar, cujo objectivo seria regular o comércio internacional – a Organização Internacional do Comércio – OIC. Todavia, a não ratificação do Tratado de Havana gorou a constituição da OIC. O GATT continuou a ser a peça central da regulamentação do comércio internacional, até à constituição da Organização Mundial do Comércio – OMC. As normas do comércio internacional previstas pelo GATT continuaram a vigorar, mas sob administração da OMC.

[389] Ver artigo I do GATT e artigo II do GATS.

[390] Bens, no caso do GATT, e serviços, no caso do GATS.

240 *Princípios do Direito Fiscal Internacional*

Tendo em conta o âmbito do GATT, relativo ao comércio de bens, a sua influência a nível fiscal centra-se principalmente na tributação indirecta. Assim, e uma vez que também a cláusula da nação mais favorecida do GATT se refere ao comércio de bens, o seu potencial impacto no campo dos impostos sobre o rendimento é remoto.

Quanto ao impacto do GATT sobre as CDT, pode sustentar-se que, sendo o objectivo destas a repartição entre os Estados do poder de tributar e não tendo elas um efeito positivo em termos de criação de incidência tributária, dificilmente poderiam ser afectadas pela cláusula da nação mais favorecida do GATT, nos termos em que esta se encontra prevista[391].

No que concerne ao GATS, e dado que o acordo versa sobre a prestação de serviços, confirma-se a sua relevância em matéria de tributação directa. Em particular, as regras de não discriminação contidas no GATS têm um âmbito de aplicação bastante amplo, pelo que, em princípio, se aplicam aos impostos directos. As aludidas regras proibiriam uma discriminação fiscal entre serviços e prestadores de serviços de Estados diferentes. Contudo, o impacto das aludidas regras de não discriminação em matéria de tributação directa afigura-se, na prática, limitado, uma vez que apenas afectariam as medidas fiscais que diferenciassem os contribuintes não residentes em função do seu Estado de residência.

No que respeita à cláusula da nação mais favorecida do GATS, esta exclui expressamente do seu campo de aplicação as situações em que um tratamento distinto "resulte de um acordo para a eliminação da dupla tributação". Embora se possa questionar se a letra da aludida disposição pode ser interpretada de forma a excluir automaticamente do âmbito de aplicação da cláusula da nação mais favorecida do GATS todas as disposições das CDT, esta parece ser a interpretação mais plausível. Assim, as CDT estariam excluídas do âmbito de aplicação da cláusula da nação mais favorecida do GATS[392].

Face ao exposto, pode dizer-se que os acordos comerciais multilaterais visados (GATT e GATS) não afectam, em termos gerais, as CDT celebradas pelos Estados e não criam, em particular, uma obrigação geral de tratamento

---

[391] SERVAAS VAN THIEL, *General report*, in MICHAEL LANG / JUDITH HERDIN / INES HOFBAUER (Ed.s) – *WTO and Direct Taxation*, Kluwer Law International, The Hague, 2005, p. 45.

[392] SERVAAS VAN THIEL, *General report...*, p. 41-47.

Parte I – V. Princípios Operativos do Direito Fiscal Internacional 241

de nação mais favorecida a favor dos Estados signatários desses acordos comerciais, no campo da tributação directa.

Concluímos, assim, que o DFI – tendo em linha de conta o MC OCDE, o costume internacional e o Relatório da ILC – não integra uma obrigação geral de tratamento de nação mais favorecida. Também as cláusulas da nação mais favorecida presentes em acordos comerciais multilaterais não se aplicam às CDT celebradas pelos Estados signatários desses acordos comerciais multilaterais.

6.4. Cláusulas da Nação Mais Favorecida Presentes nas CDT

Concluímos já que o tratamento de nação mais favorecida existe apenas quando uma cláusula formal incluída numa convenção (a cláusula da nação mais favorecida) o atribua ao outro Estado contratante.

Com efeito, muitas CDT incluem cláusulas da nação mais favorecida relativamente a regras tributárias específicas, negociadas entre os Estados contratantes. Este mecanismo permite que um Estado assegure que os seus residentes terão sempre acesso, em condições de igualdade com os residentes de um terceiro Estado, ao regime fiscal mais favorável concedido pelo outro Estado contratante relativamente a um determinado objecto ou tipo de rendimento identificado na cláusula da nação mais favorecida.

Era apontada a existência, em 2005, de cerca de 567 cláusulas da nação mais favorecida em CDT, devendo ter-se em conta que algumas CDT incluíam mais do que uma cláusula deste tipo. No que respeita à incidência geográfica das aludidas cláusulas, a maioria das situações (representando 102 cláusulas) verificava-se em CDT celebradas entre um Estado contratante Europeu e outro Asiático. Em segundo lugar (com 98 cláusulas), encontravam-se as CDT celebradas entre dois Estados contratantes Europeus[393].

---

[393] Cfr. INES HOFBAUER, *Most-favoured-nation clauses in double taxation conventions – A worldwide overview*, Intertax, n.º 10, Outubro 2005, pp. 445-449. A mais antiga cláusula da nação mais favorecida encontrada numa CDT pertencia à Convenção entre o Japão e o Sri Lanka, assinada a 12 de Dezembro de 1967. A aludida cláusula referia--se ao direito de o Estado da fonte tributar os *royalties* pagos a partir do seu território. A CDT previa uma redução da tributação aplicável no Estado da fonte para metade,

Muitas cláusulas da nação mais favorecida existentes em CDT têm a sua origem numa relação especial existente entre os Estados contratantes – por exemplo, por um dos Estados contratantes ser uma antiga colónia do outro, e com o propósito de contribuir para o desenvolvimento económico do primeiro, ou por as economias dos dois Estados contratantes se encontrarem em profunda interdependência. A cláusula da nação mais favorecida pode também surgir em resultado da imposição de um dos Estados contratantes, sustentada pela sua supremacia económica ou política[394].

Em termos gerais, as cláusulas da nação mais favorecida incluídas nas CDT restringem-se a benefícios relativos à tributação de um determinado tipo de rendimento ou a aspectos particulares do regime tributário internacional, claramente definidos na cláusula em apreço.

Parece-nos importante salientar que o tratamento de nação mais favorecida, nos termos acima referidos, não constitui uma brecha à aplicação bilateral das CDT. Com efeito, uma cláusula da nação mais favorecida é o resultado de uma negociação bilateral[395] e vincula apenas os

---

sendo que, nos termos da cláusula da nação mais favorecida, tal regime seria modificado se o Governo do Sri Lanka viesse a conceder, a outro Estado, algum regime de tributação mais favorável do que aquele. Nesse caso, o regime mais favorável concedido ao outro Estado no tocante à tributação dos *royalties* seria concedido ao Japão nos mesmos termos. Em 1970, outra cláusula da nação mais favorecida foi incluída numa CDT celebrada entre o Japão e a Holanda, referindo-se à tributação na fonte de dividendos, juros e *royalties*. Nos anos seguintes, o número de cláusulas da nação mais favorecida incluídas em CDT foi aumentando rapidamente, sendo tal crescimento mais acentuado ao longo da década de 1990.

[394] Neste sentido, PASQUALE PISTONE, *The Impact of Community...*, pp. 208-209. Esta visão é, porém, bastante contestada por INES HOFBAUER. De acordo com a autora, PISTONE parte de uma visão demasiado simplificada de um domínio que é influenciado por um grande número de factores. A autora afirma que apenas uma pequena parte das cláusulas da nação mais favorecida surge nas circunstâncias apontadas por PISTONE. Refere, também, que apenas uma parte pouco significativa dessas cláusulas surge entre países vizinhos ou países cujas economias se encontram bastante relacionadas. Cfr. INES HOFBAUER, *Most-favoured-nation clauses...*, p. 448. Não podemos, todavia, deixar de reiterar a nossa perspectiva de que as cláusulas da nação mais favorecida corresponderão, em grande parte dos casos, ou a uma imposição de um dos Estados contratantes, sustentada pela sua supremacia económica ou política, ou, em contrapartida, a um benefício concedido em prol do desenvolvimento económico do outro Estado contratante.

Parte I – V. Princípios Operativos do Direito Fiscal Internacional   243

Estados contratantes da CDT na qual tal cláusula se integra (CDT A). A CDT B – celebrada entre um dos Estados contratantes da CDT A e um terceiro Estado – na qual se encontra previsto um determinado regime fiscal mais favorável, não se aplica, na realidade, ao beneficiário da cláusula da nação mais favorecida incluída na CDT A. A CDT B funciona apenas como uma espécie de indicação por remissão do regime fiscal mais favorável que será aplicado ao Estado beneficiário da cláusula da nação mais favorecida incluída na CDT A.

---

[395] Mesmo que, na prática, sejam impostas por um Estado contratante ao outro, em virtude da supremacia política ou económica do primeiro, em termos jurídicos as cláusulas da nação mais favorecida são incluídas numa CDT em resultado de um acordo formal de vontades entre os Estados contratantes.

PARTE II

OS PRINCÍPIOS DO DIREITO FISCAL INTERNACIONAL E AS CDT NO CONTEXTO DO DIREITO FISCAL EUROPEU

I. DIREITO FISCAL EUROPEU

1. Enquadramento Geral

Antes de avançarmos com a análise da relação entre os princípios de DFI e o Direito Fiscal Europeu, começamos por traçar – a título meramente instrumental – um breve panorama do Direito Fiscal Europeu no que toca à tributação directa.

Os Estados-membros mantêm os seus poderes em matéria de tributação directa, mas devem, contudo, exercê-los em conformidade com o Direito da UE[396]. Os Estados-membros não podem, portanto – quer na sua legislação fiscal doméstica, quer nas CDT que celebram – adoptar medidas fiscais que sejam contrárias ao Direito da UE, designadamente por envolverem uma discriminação dos sujeitos passivos em razão da nacionalidade ou por colocarem entraves às liberdades de circulação consagradas no Tratado sobre o Funcionamento da União Europeia (adiante abreviadamente referido como "TFUE")[397].

---

[396] Tal princípio encontra-se referido em numerosos Acórdãos do Tribunal de Justiça, designadamente nos seguintes: Acórdão *Avoir Fiscal*, C-270/83, parágrafo 26; Acórdão *Biehl*, C-175/88, parágrafo 12; Acórdão *Schumacker*, C-279/93, parágrafo 21; Acórdão *Wielockx*, C-80/94, parágrafo 16; Acórdão *Asscher*, C-107/94, parágrafo 36; Acórdão *Futura Participations and Singer*, C-250/95, parágrafo 19; Acórdão *Safir*, C--118/96, parágrafo 21; Acórdão *ICI*, C-264/96, parágrafo 19.

[397] Com a entrada em vigor do Tratado de Lisboa, o Tratado CE passou a denominar--se "Tratado sobre o Funcionamento da União Europeia", tendo sofrido extensas

246 *Princípios do Direito Fiscal Internacional*

Face ao exposto, um primeiro aspecto a ter em linha de conta prende--se com o primado do Direito da UE sobre o direito dos Estados-membros, o qual constitui um princípio fundamental do Direito da UE[398]. Embora o princípio do primado não se encontre expressamente previsto no TFUE[399], este princípio tem sido amplamente consagrado pela jurisprudência do Tribunal de Justiça, que o considera "inerente à natureza específica da Comunidade Europeia"[400].

Um segundo aspecto a ter em consideração, para a aferição da compatibilidade dos princípios do DFI com o Direito Fiscal Europeu, é o facto de a inexistência de disposições do TFUE em matéria de tributação directa ser suprida pela consagração no Tratado de um conjunto de princípios que, pela mão do Tribunal de Justiça, delimitam o que é ou não admissível, no que respeita ao tratamento das situações tributárias internacionais no âmbito da UE. É o caso, principalmente, do princípio da não discriminação em razão da nacionalidade e das liberdades de circulação previstas no TFUE, que, não obstante não se referirem expressamente à tributação directa, têm sido utilizados pelo Tribunal de Justiça

---

alterações. O Tratado de Lisboa foi formalmente assinado em Lisboa em 13 de Dezembro de 2007, tendo entrado em vigor a 1 de Dezembro de 2009, após a conclusão dos processos de ratificação dos vários Estados-membros. Cfr., sobre o tema, PAULO DE PITTA E CUNHA (Org.), *Tratado de Lisboa*, Instituto Europeu da Faculdade de Direito de Lisboa, Lisboa, 2008; PAULO DE PITTA E CUNHA, *O Tratado de Lisboa – Génese, Conteúdo e Efeitos*, s.n., Lisboa, 2008.

[398] Sobre o tema do primado, cfr., entre outros, FAUSTO DE QUADROS, *Direito da União Europeia*, (2.ª reimpressão), Almedina, Coimbra, 2008, pp. 396-422; ANA MARIA GUERRA MARTINS, *Curso de Direito Constitucional da União Europeia*, Almedina, Coimbra, 2004, pp. 427-435.

[399] Tal como sucedia, também, com o Tratado CE, cujo texto não aludia expressamente a este princípio.

[400] A este propósito, cfr. o Parecer do Serviço Jurídico do Conselho de 22 de Junho de 2007 (Documento 11197/07 (JUR 260): "Decorre da jurisprudência do Tribunal de Justiça que o primado do Direito Comunitário é um princípio fundamental desse mesmo direito. Segundo o Tribunal, este princípio é inerente à natureza específica da Comunidade Europeia. Quando foi proferido o primeiro acórdão desta jurisprudência constante (acórdão de 15 de Julho de 1964 no processo 6/64, Costa contra ENEL), o Tratado não fazia referência ao primado. Assim continua a ser actualmente. O facto de o princípio do primado não ser inscrito no futuro Tratado em nada prejudica a existência do princípio nem a actual jurisprudência do Tribunal de Justiça".

para efectuar uma destrinça entre medidas fiscais estaduais conformes ou desconformes ao Direito da UE, designadamente em sede de tributação directa.

No ponto seguinte do presente capítulo, referiremos o TFUE e as respectivas disposições que, não obstante não se referirem expressamente à tributação directa, assumem importância relativamente a esta área da tributação. Depois, abordaremos brevemente os princípios presentes no TFUE com maior impacto em termos da tributação directa no espaço europeu. Por fim, num último ponto, abordaremos o Direito Fiscal Europeu derivado, fazendo uma breve referência às directivas europeias em matéria de tributação directa.

Salientamos, novamente, que a abordagem efectuada nos diversos pontos do presente capítulo se destina apenas a traçar um breve panorama do Direito Fiscal Europeu em matéria de tributação directa, instrumental relativamente à abordagem subsequente da relação entre os princípios de DFI e o Direito Fiscal Europeu.

Importa, ainda a título de enquadramento, referir o facto de a relação entre o contexto da UE e o contexto internacional ter sido já objecto de análise a diversos níveis, sem que se tenha concluído pela existência de uma oposição entre os dois planos[401-402].

---

[401] No que diz respeito às relações entre o então designado Direito Comunitário e o Direito Internacional Público, considera FAUSTO DE QUADROS que o Direito Comunitário constitui um estádio superior da evolução do Direito Internacional Público. O citado autor sustenta, no que se refere à natureza jurídica do Direito Comunitário, e em particular à caracterização deste face ao Direito Internacional Público, que não existe uma oposição ou antinomia entre a ordem jurídica comunitária e o Direito Internacional. Para FAUSTO DE QUADROS, "no estado actual da evolução quer do Direito Comunitário quer do Direito Internacional, não é possível afirmar-se uma antinomia, uma incompatibilidade de essência entre as duas ordens jurídicas. Antes pelo contrário, o que decorre da investigação que aqui terminamos é que se está a verificar uma dupla e convergente aproximação entre uma e outra: não só o Direito Comunitário ainda não ultrapassou a fase da *interestadualização*, que lhe permita atingir o ponto de viragem definitiva (no sentido da expressão britânica de *point of no return*, tão cara a um jurista germânico como o Professor L. Constantinesco) rumo à integração, como também o Direito Internacional vai deixando de se fundamentar exclusivamente na soberania dos Estados e desde há muito que tem vindo a deixar-se *comunitarizar*, para o que, aliás, conforme demonstrou num notável estudo o Professor Pescatore, tem recebido um forte contributo da própria elaboração do Direito Comunitário". "Por outras palavras, em vez de dois pólos extre-

248   *Princípios do Direito Fiscal Internacional*

mados e separados por uma diferença de carácter *essencial* ou *qualificativo*, que se traduzem na existência, dum lado, de um Direito integrado, de tipo estadual (vocacionalmente federal), e, doutro, de um Direito de mera coordenação de soberanias, portanto, fundado exclusivamente no individualismo internacional dos Estados, em suma, um simples "Direito de Estados soberanos", [...] temos, no momento actual, duas situações distantes desses extremos, e, portanto, mais próximas entre si, duas situações que se distinguem entre si não pela sua *essência*, pela sua *substância*, mas apenas pela sua *intensidade*, por um critério *quantitativo*, situações que consistem, de um lado, numa ordem jurídica que, sendo pelo menos teologicamente de *solidariedade*, é-o também, e hoje ainda preponderantemente, expressão dos interesses estaduais e, portanto, se nos apresenta hoje, ainda predominantemente, como uma ordem jurídica que repousa na *soberania* dos Estados e, doutro lado, numa ordem jurídica que, sendo em princípio *societária*, isto é, assentando basicamente no individualismo internacional expresso pela soberania dos Estados, é actualmente também *comunitária*, ou seja, ao lado do princípio individualista deixa hoje penetrar na sua estruturação também o princípio da solidariedade". In FAUSTO DE QUADROS, *Direito das Comunidades Europeias e Direito Internacional Público – Contributo para o Estudo da Natureza Jurídica do Direito Comunitário Europeu*, Almedina, Lisboa, 1991 (Reimpressão), p. 181 e pp. 377-379.

[402] Na sequência da análise do que é referido por RAMON J. JEFFERY a propósito da existência de uma integração económica internacional, podemos concluir que também este autor considera, agora numa perspectiva económica, que existe não uma oposição mas sim uma convergência entre o plano internacional e o da CE, no sentido de um fortalecimento da integração económica (embora, naturalmente, com graus de intensidade distintos em cada um dos casos). O autor começa por aludir à existência de uma integração económica internacional, referindo-se depois aos paradigmas específicos, de natureza regional, como é o caso da CE. Esta pode, para o autor, ser vista como um patamar mais avançado na prossecução e adaptação à nova dinâmica da economia global, adoptando uma perspectiva supranacional para lidar com um conjunto de questões de relevo face ao novo ambiente económico internacional. Contudo, mesmo no plano internacional em geral, existe, para RAMON JEFFERY, uma evolução de um "nacionalismo económico" para uma integração económica internacional. O autor afirma que "somos todos testemunhas de um processo evolutivo, alguns diriam revolução, na economia mundial, que está a ser impulsionado pelas economias de mercado do capitalismo ocidental. Isto corresponde à evolução de uma situação de nacionalismo económico para uma de integração económica internacional. A característica fundamental desta mudança na economia mundial é que a actividade económica é estruturada e tem lugar num plano internacional, e não num plano nacional. O período do nacionalismo económico era caracterizado pela existência de comércio internacional entre várias unidades económicas que se encontravam organizadas e integradas dentro das fronteiras dos Estados. A caracterização desta situação como de "nacionalismo económico" deriva do

2. Disposições do Tratado sobre o Funcionamento da UE

No presente ponto, abordamos as principais disposições do TFUE que, não obstante não se referirem expressamente à tributação directa, têm sido interpretadas como trazendo um contributo para esta área da tributação.

Contrariamente ao que sucede noutros domínios, não existe propriamente uma política da UE em matéria de fiscalidade. As disposições do TFUE relativas a questões fiscais são bastante limitadas em número e em âmbito, não contendo este Tratado quaisquer disposições que aludam expressamente à tributação directa.

Os artigos do capítulo denominado "Disposições Fiscais" do TFUE[403] (artigos 110.º a 113.º) referem-se apenas aos impostos indirectos. São normas que visam evitar a discriminação fiscal nos movimentos de bens dentro da UE e que condicionam os ajustamentos fiscais a efectuar nas fronteiras em virtude do princípio da tributação no país do destino (artigos

---

facto de o comércio internacional e a interacção terem lugar entre Estados [...]. Assim, durante o período do nacionalismo económico, os destinos dos agentes económicos eram determinados, em larga medida, pelo Estado. Com a integração económica global, as várias unidades económicas ultrapassaram as fronteiras nacionais e integraram as suas operações no plano internacional". O autor faz notar que o próprio nacionalismo económico foi sendo lenta e progressivamente consolidado ao longo de trezentos anos, em paralelo com o fortalecimento e consolidação do Estado-nação e do seu protagonismo no campo das relações económicas internacionais. De igual modo, também a actual transformação desse nacionalismo económico numa integração económica global se processa de forma gradual. A adaptação surge em resultado dos desafios que se colocam ao nível da economia internacional, que continuamente se debate em busca de novas e mais eficientes formas de actuar. Desta forma, a economia está cada vez mais globalizada e integrada a nível internacional. Verifica-se, portanto, uma mudança de paradigma do campo nacional para o campo da integração internacional, com uma diminuição e enfraquecimento dos poderes económicos nacionais. No que toca às questões da tributação internacional, o autor salienta a existência de uma ligação entre estas e os fenómenos de integração económica. Verifica-se, relativamente à tributação internacional, uma evolução reflexa da alteração de paradigma da economia a nível internacional. Cfr. RAMON J. JEFFERY, *The Impact of State...*, pp. 15-23.

[403] Parte III, Título VII, Capítulo 2 do TFUE.

250   *Princípios do Direito Fiscal Internacional*

110.º a 112.º), e ainda uma previsão expressa relativa à harmonização fiscal da tributação indirecta (artigo 113.º)[404].

Em contrapartida, conforme já referimos, não se encontram no TFUE disposições específicas relativas à tributação directa. O TFUE não contém, designadamente, limites expressos aos poderes dos Estados-membros em matéria de tributação directa nem qualquer previsão expressa quanto à harmonização fiscal neste campo da tributação.

Todavia, não obstante o facto de o TFUE não incluir normas que disponham expressamente sobre a matéria da tributação directa, integram--no diversos artigos com implicações ao nível deste tipo de tributação[405].

Uma base legal para a actuação harmonizadora no campo da tributação directa é proporcionada pelo artigo 115.º do TFUE. Nos termos deste artigo, relativo à aproximação das legislações dos Estados-membros, "o Conselho, deliberando por unanimidade, de acordo com um processo legislativo especial, e após consulta do Parlamento Europeu e do Comité Económico e Social, adopta directivas para a aproximação das disposições legislativas, regulamentares e administrativas dos Estados-membros que tenham incidência directa no estabelecimento ou no funcionamento do mercado interno"[406]. As directivas referentes à harmonização fiscal da tributação directa têm invocado este artigo (ou, mais concretamente, o

---

[404] Para uma abordagem detalhada quanto às disposições fiscais dos Tratados referentes à tributação indirecta, cfr. XAVIER DE BASTO, *A Tributação do Consumo e a sua Coordenação Internacional*, Centro de Estudos Fiscais, Lisboa, 1991, pp. 107-110; CLOTILDE CELORICO PALMA, *O IVA e o Mercado Interno. Reflexões sobre o Regime Transitório*, Centro de Estudos Fiscais, Lisboa, 1998, pp. 48-53.

[405] Cfr. M. H. DE FREITAS PEREIRA, *Fiscalidade das empresas e harmonização fiscal comunitária – Balanço e perspectivas*, in *A Internacionalização da Economia e a Fiscalidade*, Centro de Estudos Fiscais, Lisboa, 1993, pp. 55-57; MANUEL PIRES, *Harmonização fiscal face à internacionalização da economia: experiências recentes*, in *A Internacionalização da Economia e a Fiscalidade*, Centro de Estudos Fiscais, Lisboa, 1993, pp. 35-36; CLOTILDE CELORICO PALMA, *O IVA e o Mercado Interno...*, p. 48; GABRIELA PINHEIRO, *A Fiscalidade Directa na União Europeia*, Universidade Católica Portuguesa, Porto, 1998, pp. 38-41.

[406] O artigo 115.º do TFUE prevê igualmente a adopção de directivas "para a aproximação das disposições legislativas, regulamentares e administrativas dos Estados--membros que tenham incidência directa no estabelecimento ou no funcionamento do mercado interno".

artigo 94.º do Tratado CE, que corresponde ao actual artigo 115.º do TFUE) como base jurídica para a respectiva aprovação.

Refira-se que, no âmbito do TFUE, em virtude da conjugação dos respectivos artigos 114.º e 115.º, as disposições fiscais continuam a seguir uma regra de deliberação por unanimidade[407] – a exemplo do que sucedia no Tratado CE. A actuação aí prevista, relativa à aproximação de legislações, é subordinada à prossecução do objectivo do estabelecimento e "funcionamento do mercado interno"[408].

Também o artigo 352.º do TFUE assume relevância no que toca à harmonização fiscal. Este artigo atribui competência ao Conselho para, deliberando por unanimidade, adoptar as disposições adequadas para "no quadro das políticas definidas pelos Tratados, [...] atingir um dos objectivos estabelecidos", quando os Tratados não tenham "previsto os poderes de acção necessários para o efeito". Pretende-se, portanto, assegurar a prossecução dos objectivos estabelecidos no artigo 3.º do Tratado UE.

Encontra-se, assim, suficientemente assegurado o fundamento jurídico da harmonização fiscal no campo da tributação directa, não obstante a revogação pelo Tratado de Lisboa de duas das disposições que integravam o Tratado CE que, conjuntamente com as acima referidas, eram consideradas como base legal da aludida harmonização[409].

---

[407] O artigo 114.º do TFUE prevê a deliberação de acordo com o processo legislativo ordinário no sentido da adopção de "medidas relativas à aproximação das disposições legislativas, regulamentares e administrativas dos Estados-membros, que tenham por objecto o estabelecimento e o funcionamento do mercado interno". Todavia, o n.º 2 do referido artigo 114.º exclui expressamente as disposições em matéria fiscal do âmbito de aplicação do n.º 1 do preceito.

[408] Conforme refere GABRIELA PINHEIRO, esta condição "apresenta um conteúdo variável em função do grau de integração e da vontade política do momento, abrangendo, assim, tanto as situações de entrave ao mercado comum resultantes das disparidades entre legislações nacionais, como as situações em que não há qualquer discrepância material que deva ser eliminada, mas, apenas, a necessidade de remodelação das legislações nacionais em função de certos objectivos comunitários que de outro modo não seriam realizáveis". *Vide* GABRIELA PINHEIRO, *A Fiscalidade Directa...*, p. 39.

[409] Referimo-nos aos artigos 3.º n.º 1 e 293.º do Tratado CE. O artigo 3.º n.º 1, alínea h) do Tratado CE previa "a aproximação das legislações dos Estados-membros na medida do necessário para o funcionamento do mercado comum". Podendo as diferenças entre os regimes fiscais dos Estados-membros no campo da tributação directa comprometer, em certos casos, a construção do mercado comum, era legítimo concluir

252   *Princípios do Direito Fiscal Internacional*

Para além das citadas disposições dos Tratados, outras há ainda que, embora não visando directamente matéria fiscal, são susceptíveis de condicionar ou influenciar a actuação europeia e dos Estados na área da tributação directa. De entre estas, merecem particular referência os artigos referentes à proibição de discriminação em razão da nacionalidade, às questões de livre circulação de mercadorias, livre circulação de pessoas, livre prestação de serviços, livre circulação de capitais e direito de estabelecimento[410], bem como o artigo 107.º do TFUE, relativo aos auxílios de Estado.

---

que, quando as referidas diferenças dificultassem o funcionamento do mercado comum, a respectiva eliminação se encontraria prevista no artigo 3.º do Tratado CE. Todavia, o artigo 3.º n.º 1 do Tratado CE foi revogado pelo Tratado de Lisboa, embora substituído, em termos de substância, pelos artigos 3.º a 6.º do TFUE. Quanto aos objectivos da UE, anteriormente dispersos pelo artigo 2.º do Tratado da UE e pelo artigo 3.º do Tratado CE, passaram, com as alterações introduzidas pelo Tratado de Lisboa, a estar concentrados no artigo 3.º do Tratado da UE. Outro artigo do Tratado CE que se revestia de assinalável importância no campo da tributação directa era o artigo 293.º. O seu ponto segundo referia-se à eliminação da dupla tributação, dispondo que "os Estados-membros entabularão entre si, sempre que necessário, negociações destinadas a garantir, em benefício dos seus nacionais [...] a eliminação da dupla tributação na Comunidade". Era considerado como um dos fundamentos legais da harmonização fiscal, tendo especial importância no que toca à celebração de CDT pelos Estados-membros. Também o artigo 293.º do Tratado CE foi revogado pelo Tratado de Lisboa, não incluindo o TFUE qualquer disposição similar. A este propósito, afirma ERIC KEMMEREN que não são claras as razões que determinaram a revogação do artigo 293.º do Tratado CE pelo Tratado de Lisboa, nem qual o impacto efectivo do seu desaparecimento. Todavia, o autor defende que, continuando a eliminação da dupla tributação a ser um objectivo essencial do Direito da UE, este continuará a ser prosseguido, até com maior amplitude ainda, após o desaparecimento do artigo 293.º do Tratado CE. O autor baseia esta conclusão no argumento de que, nos termos do sistema anterior, na ausência de um instrumento legal comunitário ou de uma CDT, os Estados-membros não eram obrigados a eliminar a dupla tributação – o que, na sua opinião, deixa de ter base legal para ocorrer após o desaparecimento do artigo 293.º do Tratado CE. Cfr. ERIC KEMMEREN, *After repeal of Article 293 EC Treaty under the Lisbon Treaty: the EU objective of eliminating double taxation can be applied more widely*, EC Tax Review, n.º 4, 2008, pp. 156-158

[410] Pela sua importância para a problemática em análise, estes artigos serão objecto de um tratamento autónomo, no ponto seguinte do presente trabalho.

Parte II – I. Direito Fiscal Europeu

Finalmente, e para além das disposições concretas que citámos, há que ter em conta, como refere FREITAS PEREIRA, que a aplicação genérica dos Tratados Europeus tem importantes reflexos no domínio da tributação directa[411-412].

3. Princípio da Não Discriminação e Liberdades de Circulação

3.1. Relevância em Sede de Tributação Directa

Um dos princípios fundamentais em Direito Fiscal Europeu é o princípio da não discriminação em razão da nacionalidade, previsto no artigo 18.º do TFUE[413]. Este princípio tem uma grande relevância no campo da tributação directa.

É igualmente assinalável a importância, no campo de tributação directa, das liberdades económicas fundamentais previstas no TFUE[414]: livre circulação de pessoas (compreendendo a livre circulação de trabalhadores, prevista no artigo 45.º do TFUE, e o direito de estabelecimento, previsto no artigo 49.º do TFUE), livre prestação de serviços (artigo 56.º do TFUE) e livre circulação de capitais (artigo 63.º do TFUE)[415-416].

---

[411] *Vide* M. H. DE FREITAS PEREIRA, *Fiscalidade das empresas...*, p. 56.

[412] A expressão "Tratados Europeus" é, por vezes, utilizada ao longo do presente trabalho, em determinados contextos, como forma de ultrapassar as dificuldades de referência originadas pela sucessiva alteração da designação dos Tratados da UE.

[413] O princípio da não discriminação em razão da nacionalidade será abordado mais detalhadamente no ponto 5. do capítulo IV, da parte II do presente trabalho.

[414] Relativamente às "quatro liberdades", cfr., entre outros, PAULO DE PITTA E CUNHA, *Direito Europeu...*, pp. 127-137; ANA MARIA GUERRA MARTINS, *Curso de Direito Constitucional...*, pp. 537-563, bem como a numerosa bibliografia sobre o tema aí indicada.

[415] A livre circulação de pessoas, compreendendo a livre circulação de trabalhadores e o direito de estabelecimento, bem como a livre prestação de serviços e a livre circulação de capitais são consagrados no TFUE em termos fundamentalmente idênticos aos que se encontravam previstos no Tratado CE.

[416] A relevância da livre circulação de mercadorias situa-se, fundamentalmente, no campo da tributação indirecta, motivo pelo qual não nos referimos a ela no presente trabalho.

254 *Princípios do Direito Fiscal Internacional*

No que respeita à aludida proibição de discriminação em razão da nacionalidade prevista no artigo 18.º do TFUE, embora esta possa ser aplicada autonomamente, tal aplicação autónoma ocorre apenas quando não seja aplicável nenhuma das disposições mais específicas do Tratado que concretizam o princípio da não discriminação relativamente a cada uma das liberdades de circulação.

Com efeito, pode dizer-se que o princípio da não discriminação se concretiza no n.º 2 do artigo 45.º do TFUE relativamente à livre circulação de trabalhadores, no artigo 49.º do TFUE relativamente ao direito de estabelecimento, no parágrafo 3 do artigo 57.º do TFUE relativamente à livre prestação de serviços, e no artigo 63.º do TFUE relativamente à livre circulação de movimentos de capitais e pagamentos.

No que diz respeito ao reflexo do princípio de não discriminação e das liberdades de circulação em matéria de tributação directa, refira-se que, na ausência de uma referência expressa do TFUE a este tipo de tributação, também não se encontra expressa no mesmo a aplicação da proibição de discriminação ou das liberdades de circulação no âmbito dos impostos directos. Todavia, tal aplicação foi sendo consolidada pela juris-prudência do Tribunal de Justiça, uma vez que a aplicação pelos Estados-membros de medidas fiscais em sede de tributação directa – quer previstas na sua legislação interna, quer incluídas nas suas CDT – que não respeitem a proibição de discriminação em razão da nacionalidade ou que sejam susceptíveis de representar um obstáculo à livre circulação de pessoas, serviços e capitais, compromete a prossecução dos fins da UE.

Assim, o Tribunal de Justiça interpreta as normas do Tratado que consagram as aludidas liberdades de circulação como contendo um prin-cípio de não discriminação que, na prática, impede a existência de regras fiscais dos Estados-membros que sejam discriminatórias e que possam constituir um obstáculo à livre circulação de pessoas, serviços e capitais[417].

---

[417] Quanto à relação entre as liberdades europeias e a soberania fiscal dos Estados--membros, em conexão com a problemática das medidas anti-abuso nacionais, *vide* J. L. SALDANHA SANCHES, *Os Limites do Planeamento Fiscal...*, pp. 259-274.

3.2. Livre Circulação de Trabalhadores

A livre circulação de trabalhadores, prevista nos artigos 45.º do TFUE e seguintes, é uma das componentes da livre circulação de pessoas[418]. Aplica-se aos trabalhadores dependentes migrantes, ou seja, às situações em que existe uma relação laboral, caracterizada por uma prestação de trabalho sob a direcção e fiscalização de outrem, no território do Estado-membro de acolhimento, em contrapartida de uma remuneração.

Nos termos do artigo 45.º do TFUE, a atribuição aos nacionais dos Estados-membros do direito à livre circulação de trabalhadores, compreendendo o direito a tratamento igual ao dos trabalhadores nacionais do Estado-membro de acolhimento, diz respeito ao acesso a emprego no território de outro Estado-membro, à correspondente remuneração e às demais condições de trabalho.

O n.º 3 do artigo 45.º do TFUE explicita que a livre circulação dos trabalhadores compreende o direito de responder a ofertas de emprego efectivamente feitas; deslocar-se livremente, para o efeito, no território dos Estados-membros; residir num dos Estados-membros, a fim de nele exercer uma actividade laboral, em conformidade com as disposições legislativas, regulamentares e administrativas que regem o emprego dos trabalhadores nacionais; permanecer no território de um Estado-membro depois de nele ter exercido uma actividade laboral, em determinadas condições.

3.3. Direito de Estabelecimento

O direito de estabelecimento, aplicável aos agentes económicos que exercem uma actividade de forma independente, encontra-se previsto nos artigos 49.º a 55.º do TFUE. O direito de estabelecimento constitui uma das vertentes da livre circulação de pessoas[419].

---

[418] A livre circulação de pessoas compreende, igualmente, o direito de estabelecimento dos profissionais independentes, previsto nos artigos 49.º do TFUE e seguintes.

[419] Conforme foi já oportunamente referido, a livre circulação de pessoas compreende a livre circulação de trabalhadores, prevista nos artigos 45.º e seguintes do TFUE, e o direito de estabelecimento, previsto nos artigos 49.º e seguintes do TFUE.

256 *Princípios do Direito Fiscal Internacional*

Em conformidade com o disposto no artigo 49.º do TFUE, "são proibidas as restrições à liberdade de estabelecimento dos nacionais de um Estado-membro no território de outro Estado-membro. Esta proibição abrangerá igualmente as restrições à constituição de agências, sucursais ou filiais pelos nacionais de um Estado-membro estabelecidos no território de outro Estado-membro".

Refere, ainda, o citado artigo que "a liberdade de estabelecimento compreende tanto o acesso às actividades não assalariadas e o seu exercício, como a constituição e a gestão de empresas e designadamente de sociedades [...], nas condições definidas na legislação do país de estabelecimento para os seus próprios nacionais, sem prejuízo do disposto no capítulo relativo aos capitais".

Saliente-se que o direito de estabelecimento, à semelhança da livre prestação de serviços, diz respeito ao exercício de uma actividade económica independente (não assalariada) noutro Estado-membro. Contudo, enquanto que o direito de estabelecimento implica a existência de uma instalação estável e duradoura no outro Estado-membro, a livre prestação de serviços não envolve tal tipo de instalação e diz respeito a um exercício temporário da actividade económica em apreço[420-421].

O direito de estabelecimento pode ser exercido a título principal ou a título secundário. O direito de estabelecimento a título principal permite que os nacionais de um Estado-membro criem noutro Estado-membro um primeiro estabelecimento. Pode também ser exercido mediante a transferência de um estabelecimento principal existente num Estado-membro para outro Estado-membro. Em contrapartida, o direito de estabelecimento a título secundário permite que uma pessoa singular ou colectiva já estabelecida num Estado-membro crie uma filial, agência ou sucursal noutro Estado-membro[422].

---

[420] Cfr. ANA MARIA GUERRA MARTINS, *Introdução ao Estudo do Direito Comunitário – Sumários Desenvolvidos*, Lex, Lisboa, 1995, pp. 167-168: "A liberdade de estabelecimento implica a instalação profissional durável num Estado-membro a fim de aí exercer uma actividade não assalariada, quer se trate de uma actividade independente (profissionais liberais) ou da constituição e gestão de empresas (individuais ou sob a forma de sociedades). O estabelecimento pode ser, a título principal ou a título secundário, através da criação de uma filial ou de uma sucursal".

[421] Não obstante, pode revelar-se difícil, em determinados casos, fazer a distinção entre direito de estabelecimento e livre prestação de serviços.

[422] PATRÍCIA NOIRET CUNHA, *A Tributação Directa...*, p. 25.

Os nacionais de um Estado-membro têm, portanto, um direito à constituição e gestão de sociedades (quer se trate de uma primeira sociedade, quer de uma filial) no território de outro Estado-membro, nas mesmas condições em que o podem fazer os nacionais desse outro Estado. É-lhes também assegurada a possibilidade de desenvolverem actividades económicas no território do outro Estado-membro através de estabelecimentos, agências ou sucursais aí instaladas.

As agências ou sucursais são estabelecimentos estáveis desprovidos de personalidade jurídica distinta da personalidade da sua sociedade matriz (ou seja, da sociedade a que pertencem). Em contrapartida, a filial é uma sociedade dotada de personalidade jurídica própria, sendo uma sociedade de direito local face à ordem jurídico-tributária do Estado onde foi constituída.

O direito de estabelecimento num Estado-membro distinto do da nacionalidade deve ser respeitado tanto pelo Estado-membro em cujo território ocorre o estabelecimento, como pelo Estado-membro de origem da pessoa singular ou colectiva que pretende exercer o direito em apreço. Conforme assinala o Tribunal de Justiça, as disposições relativas ao direito de estabelecimento visam principalmente assegurar que os nacionais de outros Estados-membros e as sociedades constituídas em conformidade com a legislação de outros Estados-membros "sejam tratados no Estado--membro de estabelecimento da mesma forma que os nacionais deste Estado, proibindo também o Estado-membro de origem de restringir o estabelecimento noutro Estado-membro de um dos seus nacionais ou de uma sociedade constituída ao abrigo do seu direito"[423].

Sendo um elemento fundamental do direito de estabelecimento a obrigação de igual tratamento (ou seja, os nacionais do outro Estado--membro devem beneficiar de um tratamento igual ao conferido aos nacionais do Estado-membro de acolhimento), tal igualdade de tratamento deve estender-se aos aspectos fiscais. Este aspecto fiscal do direito de estabelecimento tem motivado alguns dos esforços desenvolvidos ao nível da UE no campo da harmonização da tributação directa, bem como dado lugar a diversas decisões do Tribunal de Justiça sobre a matéria.

A influência do tratamento fiscal sobre a liberdade de estabelecimento é decisiva, na medida em que a existência de situações de dupla tributação

---

[423] Acórdão *Daily Mail*, C-81/87, parágrafo 16.

258   *Princípios do Direito Fiscal Internacional*

internacional (resultantes da justaposição do direito de tributar dos diversos Estados-membros), de impossibilidade de compensar lucros e perdas apurados em vários Estados-membros, bem como de custos acrescidos associados ao cumprimento de obrigações fiscais simultaneamente no Estado-membro de origem e no de estabelecimento, desincentivam o estabelecimento noutros Estados-membros. Tal facto é particularmente sentido no que diz respeito às pequenas e médias empresas, cujas estrutura e capacidade financeira não conseguem, em muitos casos, suportar a complexidade fiscal e os encargos acrescidos resultantes de investimentos noutros Estados-membros.

3.4. Livre Prestação de Serviços

A livre prestação de serviços é consagrada nos artigos 56.º a 62.º do TFUE. Nos termos do artigo 56.º do TFUE, "as restrições à livre prestação de serviços na União serão proibidas em relação aos nacionais dos Estados--membros estabelecidos num Estado-membro que não seja o do destinatário da prestação".

O artigo 57.º do TFUE esclarece que "consideram-se «serviços» as prestações realizadas normalmente mediante remuneração", compreendendo "designadamente: a) actividades de natureza industrial; b) actividades de natureza comercial; c) actividades artesanais; d) actividades das profissões liberais". O citado artigo refere, ainda, que "sem prejuízo do disposto no capítulo relativo ao direito de estabelecimento, o prestador de serviços pode, para a execução da prestação, exercer, a título temporário, a sua actividade no Estado-membro onde a prestação é realizada, nas mesmas condições que esse Estado-membro impõe aos seus próprios nacionais".

A livre prestação de serviços apresenta um carácter residual rela-tivamente às demais liberdade de circulação, referindo o artigo 57.º do TFUE que as prestações realizadas são consideradas «serviços» "na medida em que não sejam reguladas pelas disposições relativas à livre circulação de mercadorias, de capitais e de pessoas". É ainda de referir que, nos termos do artigo 58.º do TFUE, "a liberalização dos serviços bancários e de seguros ligados a movimentos de capitais deve efectuar-se de harmonia com a liberalização da circulação dos capitais".

A liberdade em apreço implica que os nacionais de um Estado--membro possam prestar serviços que tenham como destinatárias entidades

Parte II – I. Direito Fiscal Europeu 259

ou pessoas residentes noutro Estado-membro, e possam mesmo executar a prestação de serviços no território do Estado-membro do destinatário, para tal efeito aí exercendo a sua actividade temporariamente.

Todavia, a justaposição do direito de tributar dos diversos Estados--membros e a falta de harmonização europeia da tributação directa afectam a liberdade de prestação de serviços a Estados-membros distintos, ou em Estados-membros distintos, daquele onde tem residência fiscal o prestador de serviços. Tal como foi referido a propósito da liberdade de estabelecimento noutros Estados-membros, a ocorrência de dupla tributação internacional e a sujeição a custos acrescidos associados ao cumprimento de obrigações fiscais são susceptíveis de desincentivar o exercício da liberdade de prestação de serviços noutros Estados-membros distintos do de residência[424].

3.5. Livre Circulação de Capitais

A livre circulação de capitais encontra-se prevista nos artigos 63.º a 66.º do TFUE. O artigo 63.º do TFUE proíbe as restrições aos movimentos de capitais e aos pagamentos.

Importa salientar que, contrariamente ao que sucede com as demais liberdades de circulação, a liberdade de circulação de capitais e de pagamentos é consagrada pelo TFUE tanto entre Estados-membros como entre Estados-membros e Estados terceiros[425-426].

---

[424] Cfr. ADOLFO J. MARTÍN JIMÉNEZ, *Towards Corporate Tax Harmonization in the European Community: an Institutional and Procedural Analysis*, Kluwer Law International, Londres, 1999, p. 8: "a ausência de coordenação entre a tributação de sociedades do Estado de residência de uma sociedade e o Estado onde a sociedade pretende oferecer os seus serviços pode dar origem a dupla tributação, inibindo assim a entrada num Estado-membro de uma sociedade residente noutro Estado-membro. O mesmo se passa ao nível da livre circulação de capitais e de pessoas".

[425] A expressão "Estados terceiros" é sempre utilizada na acepção de Estados que não integram a UE.

[426] Quanto à problemática das relações entre Estados-membros e Estados terceiros no campo da tributação directa, *vide* designadamente MICHAEL LANG / PASQUALE PISTONE (Ed.s), *The EU and Third Countries: Direct Taxation*, Kluwer Law International, Viena e Boston, 2007; KLAUS VOGEL / DANIEL GUTMANN / ANA PAULA DOURADO, *Tax treaties between Member States and Third States: "reciprocity" in bilateral tax treaties and*

O artigo 65.º do TFUE permite, todavia, que os Estados-membros continuem a aplicar legislação e regulamentos nacionais determinados, nomeadamente em matéria fiscal e de supervisão prudencial das instituições financeiras, apesar de estes serem susceptíveis de limitar a livre circulação de capitais[427]. Os Estados-membros podem, designadamente, aplicar as disposições pertinentes do seu direito fiscal que estabeleçam uma distinção entre sujeitos passivos que não se encontrem em idêntica situação no que se refere ao seu lugar de residência ou ao lugar em que o seu capital é investido. Contudo, o n.º 3 do artigo 65.º do TFUE determina que a possibilidade acima referida não deve constituir um meio de discriminação arbitrária, nem uma restrição dissimulada à livre circulação de capitais e pagamentos consagrada no TFUE.

A liberdade de circulação de capitais e de realização de pagamentos é essencial à efectivação das restantes liberdades económicas fundamentais, uma vez que é necessária a transferência de capital para o outro (ou outros) Estado-membro onde se pretenda exercer o direito de estabelecimento, e que os capitais constituem a contraprestação dos serviços prestados ou das mercadorias vendidas a outros Estados-membros.

A influência dos aspectos fiscais sobre a circulação de capitais é particularmente significativa, uma vez que o capital é um factor dotado de grande mobilidade. Por um lado, nas situações em que se verifique uma dupla tributação internacional do capital, a liberdade de circulação de capitais fica prejudicada. Em contrapartida, a existência de grandes disparidades entre os regimes fiscais dos diversos Estados-membros pode incentivar uma localização dos capitais motivada pelo aproveitamento de regimes fiscais mais favoráveis. Tal facto afecta a mais eficiente alocação dos recursos, em termos económicos, e pode contribuir para um aumento da concorrência fiscal entre Estados-membros, com o consequente prejuízo da neutralidade fiscal no âmbito do mercado interno.

---

non-discrimination in EC law, EC Tax Review, n.º 2, 2006, pp. 83-94; PASQUALE PISTONE, *The impact of European law on the relations with third countries in the field of direct taxation*, Intertax, n.º 5, Maio 2006, pp. 234-244; KRISTINA STAHL, *Free movement of capital between Member States and third countries*, EC Tax Review, n.º 2, 2004, pp. 47-56.

[427] Em termos mais amplos, quanto às questões de regulação na UE, *vide* LUÍS SILVA MORAIS, *A função reguladora e as estruturas de regulação na União Europeia*, in PAULO DE PITTA E CUNHA / LUÍS SILVA MORAIS (Org.), *A Europa e os Desafios do Século XXI – Conferência Internacional*, Almedina, Coimbra, 2008, pp. 323-340.

4. Direito Fiscal Europeu Derivado

Em termos de legislação da UE relativa à tributação directa, cabe destacar quatro directivas (com as alterações entretanto sofridas):

- A Directiva 90/434/CEE do Conselho, de 23 de Julho de 1990, relativa ao regime fiscal comum aplicável às fusões, cisões, cisões parciais, entradas de activos e permutas de acções entre sociedades de Estados-membros diferentes e à transferência da sede de uma Sociedade Europeia (SE) ou de uma Sociedade Cooperativa Europeia (SCE) de um Estado-membro para outro, comummente designada por Directiva das fusões;
- A Directiva 90/435/CEE do Conselho, de 23 de Julho de 1990, relativa ao regime fiscal comum aplicável às sociedades-mães e sociedades afiliadas de Estados-membros diferentes, comummente designada por Directiva sociedades-mães / sociedades afiliadas;
- A Directiva 2003/49/CE do Conselho, de 3 de Junho de 2003, relativa a um regime fiscal comum aplicável aos pagamentos de juros e *royalties* efectuados entre sociedades associadas de Estados--membros diferentes, comummente designada por Directiva dos juros e *royalties*;
- A Directiva 2003/48/CE do Conselho, de 3 de Junho de 2003, relativa à tributação dos rendimentos da poupança sob a forma de juros, comummente designada por Directiva da poupança.

A Directiva das fusões, a Directiva sociedades-mães / sociedades afiliadas, a Directiva dos juros e *royalties* e a Directiva da poupança serão abordadas mais adiante, no contexto do presente estudo[428].

Outra directiva também importante na área da tributação directa é a Directiva 77/799/CEE do Conselho, de 19 de Dezembro de 1977, relativa à assistência mútua das autoridades competentes dos Estados-membros no domínio dos impostos directos[429]. É notória, a nível da UE, a importância de institucionalizar a cooperação entre as autoridades fiscais dos

---

[428] Remetemos, assim, para o capítulo V, da parte II do presente trabalho.

[429] Alterada pela Directiva 79/1070/CEE, de 6 de Dezembro de 1979, e pela Directiva 92/12/CEE, de 25 de Fevereiro de 1992, bem como pelos Actos de adesão de novos Estados-membros.

diferentes Estados-membros, de forma a dotá-las de instrumentos que lhes permitam oporem-se de forma mais eficaz à evasão e fraude fiscais internacionais. A assistência mútua funciona ainda como um auxílio ao apuramento do imposto devido em cada Estado, em situações com conexões internacionais, consubstanciando-se na troca de informações entre as autoridades competentes dos Estados-membros, em termos de reciprocidade e de garantia de manutenção do sigilo fiscal.

II. INTEGRAÇÃO POR VIA POSITIVA E NEGATIVA

1. Harmonização da Tributação Directa na UE

1.1. Enquadramento

A tributação directa tem um impacto assinalável ao nível do exercício das liberdades económicas fundamentais previstas no TFUE, especialmente a livre circulação de trabalhadores, o direito de estabelecimento, a livre circulação de serviços e de capitais.

O desenvolvimento de um mercado interno efectivo implica, em termos gerais, a necessidade de suprimir fronteiras. Neste contexto, a subsistência de obstáculos fiscais nas situações conexas com mais de um Estado-membro (mediante a sujeição a um encargo fiscal acrescido ou a obrigações mais onerosas) poderá impedir o pleno funcionamento do mercado interno, consubstanciando "fronteiras fiscais" às vezes mais difíceis de transpor do que as fronteiras físicas já suprimidas.

A harmonização da tributação directa é, desta forma, essencial para que os princípios da livre circulação de pessoas, serviços e capitais assumam efectividade, e para que a integração económica europeia possa prosseguir[430], dado que alguns dos grandes constrangimentos às citadas liberdades económicas podem resultar do regime fiscal aplicado pelos Estados-membros a tais realidades.

---

[430] O princípio da livre circulação de pessoas, serviços e capitais tem funcionado como o grande propulsor da harmonização da tributação directa. Cfr. MARÍA TERESA MATA SIERRA, *La Armonización Fiscal en la Comunidad Europea*, 2.ª ed., Editorial Lex Nova, Valladolid, 1996, p. 146: "Da mesma forma em que o princípio da livre circulação de bens se converteu no motor fundamental de harmonização da fiscalidade indirecta, qualquer avanço no desenvolvimento de níveis superiores de harmonização da fiscalidade directa, encontra a sua razão de ser num idêntico princípio de livre circulação, mas agora de pessoas, serviços e capitais".

264   *Princípios do Direito Fiscal Internacional*

Efectivamente, a coexistência da liberdade de circulação de pessoas, serviços e capitais com uma situação de falta de harmonização fiscal entre os Estados-membros, no campo da tributação directa, pode suscitar dois tipos de problemas.

Por um lado, a falta de harmonização da tributação directa é susceptível de criar entraves de índole fiscal ou distorções fiscais impeditivas da plena realização dos referidos princípios de livre circulação – pelo facto de tornar desvantajosas, por motivos fiscais[431], situações como o exercício de uma actividade assalariada, o estabelecimento, a prestação de serviços ou a realização de investimentos noutros Estados-membros.

Em contrapartida, a falta de harmonização da tributação directa pode determinar a afectação de recursos e a localização de investimentos dentro da UE em função de critérios predominantemente fiscais, de forma a usufruir de regimes tributários mais favoráveis, em detrimento da que seria a mais eficiente afectação dos recursos em termos económicos. Esta tendência pode, por seu turno, contribuir para incentivar a concorrência fiscal entre Estados-membros.

1.2. Harmonização Fiscal – Noção e Natureza

A *harmonização fiscal* é a actuação desenvolvida pelas instituições da UE, mediante a utilização de instrumentos normativos com carácter juridicamente vinculativo para os Estados-membros, tais como regulamentos ou directivas, com o objectivo de aproximar os sistemas fiscais dos Estados-membros, de forma a suprimir discriminações, distorções e outros obstáculos de natureza fiscal ao estabelecimento e bom funcionamento do mercado interno ou aos objectivos da UE em geral[432]. A harmo-

---

[431] Por exemplo, em virtude da existência de dupla residência fiscal, dupla tributação jurídica internacional, dupla tributação económica, ou impossibilidade de compensação entre lucros e perdas apurados nos vários Estados-membros.

[432] Cfr., entre outros, MARÍA TERESA MATA SIERRA, *La Armonización Fiscal...*, p. 69 e IRENE ROCHE LAGUNA, *La Integración Europea como Límite a la Soberanía Fiscal de los Estados Miembros (Armonización de la Imposición Directa en la Comunidad Europea),* Tirant lo Blanch, Valencia, 2000, pp. 25-43. Esta última autora aborda a questão do conceito de harmonização fiscal desenvolvidamente.

Parte II – II. Integração por Via Positiva e Negativa 265

nização fiscal constitui uma limitação à soberania fiscal dos Estados-
-membros, uma vez que estes ficam vinculados ao conteúdo dos instrumentos da UE, no que toca aos respectivos regimes fiscais[433].

A uma *harmonização fiscal stricto sensu*, definida nos termos *supra*,
podemos contrapor uma *harmonização fiscal em sentido amplo*, que
corresponde a uma aproximação entre os sistemas fiscais dos Estados-
-membros desenvolvida através de qualquer forma adequada à prossecução
de tal objectivo. A *harmonização fiscal em sentido amplo* abarca, portanto,
as formas de actuação características da *harmonização fiscal stricto sensu*,
bem como da *coordenação fiscal*.

A *coordenação fiscal* abarca os processos de cooperação, debate ou
troca de informações desenvolvidos entre os Estados-membros com o
propósito de eliminar as distorções fiscais e favorecer a prossecução dos
fins da UE. A actuação europeia no âmbito da *coordenação fiscal* desen-
volve-se mediante instrumentos sem carácter juridicamente vinculativo,
tais como recomendações ou comunicações (actualmente também designados por medidas de *soft law*), os quais constituem para os Estados um
compromisso político. Os Estados concordam em adequar as respectivas
legislações à prossecução de um determinado fim, sem que a actuação
europeia implique, *per se*, uma alteração do conteúdo da legislação fiscal
nacional. Nestes termos, a *coordenação fiscal* não afecta directamente a
soberania fiscal estadual, continuando o Estado a deter o poder de determinar o conteúdo da sua legislação fiscal[434].

Os Tratados utilizam nas suas disposições os termos *harmonização*,
aproximação e *coordenação* de uma forma aparentemente indiferenciada,
não contribuindo, portanto, para dirimir a questão do alcance de cada
uma das referidas formas de actuação europeia em matéria fiscal.

Quanto à Comissão, tem mostrado uma preferência pelo termo *coordenação*, utilizando-o mesmo quando se refere a actos da UE juridicamente
vinculativos para os Estados-membros, como as directivas, e relativamente
aos quais era anteriormente utilizado o termo *harmonização*[435]. Tal pode

---

[433] Embora mantendo, no caso das directivas, liberdade quanto à forma de os
transpor e adaptar ao seu ordenamento jurídico.

[434] IRENE ROCHE LAGUNA, *La Integración Europea...*, pp. 33-34.

[435] IRENE ROCHE LAGUNA justifica nos seguintes termos a nova preferência terminológica da Comissão: "deve-se ao facto de o termo «harmonização» se ter tornado

266   *Princípios do Direito Fiscal Internacional*

ser constatado, designadamente, na *Comunicação da Comissão relativa à votação por maioria qualificada para aspectos do mercado único nos domínios da fiscalidade e da segurança social*, na qual a Comissão se debruça com algum detalhe sobre o que entende por *coordenação, adopção de prescrições mínimas* e *harmonização completa*[436]. Mais recentemente, a Comissão tem vindo a centrar a sua estratégia na *coordenação fiscal* propriamente dita, tentando fomentar a cooperação e a troca de informações entre os Estados-membros com vista à prossecução dos fins da UE[437].

---

impopular, sobretudo face às autoridades nacionais. Em comparação, o termo «coordenação» parece envolver um maior respeito pelo princípio da subsidiariedade e pela soberania estadual". IRENE ROCHE LAGUNA, *La Integración Europea...*, p. 40.

[436] Cfr. COMISSÃO DAS COMUNIDADES EUROPEIAS, *Comunicação da Comissão: Votação por maioria qualificada para aspectos do mercado único nos domínios da fiscalidade e da segurança social*, Fisco, n.º 90/91, Setembro 2000, pp. 78-79: "A intervenção comunitária com vista ao estabelecimento do mercado único pode envolver diferentes graus de regulamentação. Em termos genéricos, pode dizer-se que o Tratado CE efectua a distinção entre coordenação da legislação, adopção de prescrições mínimas e harmonização das regras".

"A **coordenação** das regras nacionais por intermédio da legislação comunitária não altera os regimes nacionais enquanto tal, mas define a interface entre os regimes nacionais em relação aos elementos transfronteiras. Os exemplos desta coordenação incluem, no domínio da segurança social, o Regulamento n.º 1408/71 e, no domínio dos impostos directos, as Directivas relativas às sociedades-mães / sociedades afiliadas e às fusões. As Directivas não alteram as regras nacionais aplicáveis a grupos de empresas e a reorganizações de empresas, limitando-se a estabelecer regras apenas para as operações que envolvem empresas de mais de um Estado-membro".

"Outra forma de intervenção é a adopção de **prescrições mínimas.** Tais prescrições mínimas limitam-se a criar uma base comum mínima de regras nas diferentes legislações nacionais. Em princípio, as prescrições mínimas, tal como a coordenação, constituem a solução para o problema de interface entre legislações nacionais diferentes. A Directiva 92/77/CEE, relativa às taxas do IVA, constitui um exemplo de prescrições mínimas. Esta Directiva estabelece as taxas mínimas, mas sem impor uma taxa específica".

"Por último, a **harmonização completa** pode revelar-se necessária em casos em que a coordenação das disposições nacionais ou as prescrições mínimas não permitam concretizar o objectivo ligado ao estabelecimento do mercado único. A Sexta Directiva IVA, embora contenha numerosas derrogações e excepções, constitui um exemplo desta harmonização".

[437] Vejam-se, a título de exemplo, a Comunicação da Comissão de 19 de Dezembro de 2006, referente à coordenação dos sistemas de tributação directa dos Estados-membros

Abordada a questão terminológica, importa referir brevemente a natureza da harmonização fiscal. Esta tem um carácter instrumental, dinâmico e progressivo, e constitui um poder condicionado atribuído à UE. Passamos a referir-nos a cada um destes aspectos.

A harmonização fiscal europeia tem um carácter instrumental relativamente aos objectivos da UE, principalmente o de integração económica, sendo justificada e legitimada pela prossecução dos mesmos. A harmonização fiscal não constitui, portanto, um fim em si mesma, mas apenas um meio (daí o seu carácter instrumental) para alcançar os fins da UE. Desta forma, o grau de harmonização é condicionado, designadamente, pelas necessidades do desenvolvimento do processo de integração económica europeia.

Verifica-se grande unanimidade entre a doutrina no que toca ao reconhecimento do carácter instrumental da harmonização fiscal[438]. Este carácter instrumental resulta, aliás, claramente das diversas disposições dos Tratados que têm sido consideradas como a base jurídica para a harmonização da tributação directa[439].

A outra característica essencial da noção de harmonização fiscal, o seu carácter dinâmico e progressivo, apresenta uma estreita conexão com o carácter instrumental acima referido. Dado que a harmonização fiscal é instrumental relativamente ao processo de integração económica, a evolução das realizações e dos objectivos europeus a este nível (união aduaneira[440], mercado interno / mercado comum[441], união económica e

---

no mercado interno – COM(2006)823 –, e as duas outras Comunicações da mesma data, relativas a *"exit taxation"* e a dedução de perdas apuradas noutros Estados-membros – COM(2006)825 e COM(2006)824.

[438] Cfr., entre outros, RICARDO CALLE SÁIZ, *La Armonización Fiscal Europea: un Balance Actual*, Editorial AC, Madrid, 1990, p. 14; MARIA LUISA ESTEVE PARDO, *El Impuesto sobre Sociedades en la Union Europea*, Tirant lo Blanch, Valencia, 1996, pp. 24-32; MARÍA TERESA MATA SIERRA, *La Armonización Fiscal...*, pp. 72-74.

[439] Quanto a este aspecto, *vide* o ponto 2. do capítulo I, da parte II do presente trabalho.

[440] Conforme refere MANUEL LOPES PORTO, *Teoria da Integração e Políticas Comunitárias*, 2.ª ed., Almedina, Coimbra, 1997, p. 211, "numa união aduaneira além da liberdade de circulação das mercadorias há uma política comercial comum, traduzida designadamente na aplicação de uma pauta única face ao exterior e na negociação conjunta de qualquer acordo com países terceiros".

[441] MANUEL LOPES PORTO caracteriza o mercado único (ou interno) "pelo afastamento não só das barreiras alfandegárias ao comércio como também pelo afastamento das

268   *Princípios do Direito Fiscal Internacional*

monetária) condiciona a harmonização fiscal em termos de uma contínua adequação a tais realizações e objectivos. Assim, o conteúdo da noção de harmonização fiscal e as necessidades de harmonização evoluem em sintonia com os avanços no processo de integração económica europeia e com as novas metas que vão sendo definidas a este nível[442].

É ainda de referir que, tendo em conta as dificuldades associadas ao processo de harmonização fiscal e as implicações que este tem para os Estados[443], o referido processo tem necessariamente que ser progressivo e gradual[444]. Até porque, de outro modo, adensar-se-iam ainda mais as dificuldades já existentes no que respeita à obtenção da concordância dos Estados-membros relativamente a medidas fiscais.

As paragens no processo de harmonização fiscal reflectem-se negativamente no desenvolvimento do mercado interno, uma vez que, quando aquela não se desenvolve, mantêm-se os constrangimentos de origem

---

"barreiras não visíveis" [...] que impedem a concorrência plena entre as economias: na linha do que se pretendeu conseguir no "mercado único de 1993", com o afastamento de barreiras técnicas e fiscais (além das barreiras físicas que se mantinham no atravessamento das fronteiras) entre os países membros". Refere, ainda, o citado autor que "tratando-se de um mercado comum há a liberdade de circulação dos factores, designadamente do trabalho e do capital. A Comunidade Europeia visa ser não só uma união aduaneira e um mercado único como um mercado comum". MANUEL LOPES PORTO, *Teoria da Integração...*, pp. 211-212.

[442] DANIEL DÉAK alarga esta ideia de progressividade, e da sua ligação com a evolução da harmonização fiscal, do campo da integração económica para o campo da integração política e dos avanços institucionais. Assim, analisa com algum detalhe a ligação que defende existir entre o desenvolvimento da harmonização fiscal e a evolução da própria UE em termos institucionais e de integração política. DANIEL DÉAK, *Harmonization in community law and enforcement of rights in tax law*, Intertax, n.º 11, Novembro 2008, pp. 478-491.

[443] Designadamente ao nível da necessidade de adaptarem a sua legislação fiscal e procedimentos administrativos, com o correspondente impacto a nível económico, financeiro e social.

[444] FAUSTO DE QUADROS refere-se a um "princípio do gradualismo", afirmando que "ele quer dizer que o processo de integração europeia deve ser paulatino e progressivo, ou seja, não deve saltar sobre fases, o que poderia pôr em risco todo o processo de integração; mas, por outro lado, ele pretende significar também que a integração não deve parar ou não se deve interromper: ela é, por definição, um processo dinâmico e evolutivo". Cfr. FAUSTO DE QUADROS, *Direito da União Europeia...*, pp. 94-96. Pensamos que tal é verdade não apenas para o processo de integração europeia, em termos gerais, mas também para o processo de harmonização fiscal, em particular.

Parte II – II. Integração por Via Positiva e Negativa   269

fiscal ao processo de integração económica, impedindo-o de avançar. Tais paragens impedem que ganhem mais conteúdo efectivo as liberdades fundamentais de circulação de mercadorias, pessoas, serviços e capitais.

Importa ter em conta que o referido carácter dinâmico e progressivo da harmonização fiscal tem a ver não só com o que tem sido a actuação europeia a este nível, mas também com as actuações que se revelam necessárias no futuro, para continuação da prossecução do processo de integração económica. O carácter dinâmico tem sido mais evidente no que respeita à harmonização dos impostos indirectos – IVA e impostos especiais de consumo. Quanto à fiscalidade directa, trata-se de um campo no qual são particularmente notórias as limitações impostas pelos Estados--membros ao desenvolvimento da harmonização fiscal. Não obstante as referidas limitações, crê-se que os avanços no processo de integração económica tenderão a imprimir algum dinamismo à harmonização da tributação directa.

Por último, refira-se que a harmonização fiscal constitui um poder condicionado atribuído à UE, que o coloca ao serviço dos seus objectivos de construção do mercado interno e de aprofundamento da integração económica a nível da UE. O carácter condicionado desse poder resulta da existência de limites de diversa natureza à harmonização fiscal, designa-damente do facto de o poder conferido em matéria fiscal à UE ser parcial, mantendo os Estados a respectiva soberania fiscal, e da natureza dos instrumentos utilizados no processo de harmonização fiscal.

1.3. Limites à Harmonização Fiscal

1.3.1. *Limites relativos aos Estados-membros*

As iniciativas de harmonização fiscal tomadas ao nível europeu têm, geralmente, um profundo impacto na esfera dos Estados, com con-sequências ao nível da receita fiscal destes e repercussões na esfera econó-mica e social. Tal actuação europeia é comummente olhada pelos Estados como uma limitação à sua autonomia, no campo da condução das políticas estaduais a nível fiscal, económico e mesmo social. Por estes motivos, tende a ser forte a reacção dos Estados contra medidas de harmonização fiscal que consideram adversas aos seus interesses.

270 *Princípios do Direito Fiscal Internacional*

Com efeito, os Estados enfrentam um dilema entre, por um lado, a defesa da sua soberania fiscal e, por outro, a colaboração em iniciativas tendentes a fortalecer o processo de integração económica e a atingir as vantagens inerentes a tal processo. A postura assumida pelos Estados--membros quanto a esta questão revela que, no contexto da dialéctica entre a manutenção da autonomia estadual na condução das respectivas políticas de tributação directa e a eficiência europeia a nível económico, os Estados têm vindo a atribuir primazia ao primeiro aspecto[445].

A este propósito, cabe salientar o facto de a regra da unanimidade nas deliberações em matéria fiscal garantir aos Estados-membros, na prática, uma posição semelhante à detenção de um "poder de veto" quanto às medidas fiscais propostas pela UE. A sujeição do processo de harmonização fiscal à regra da unanimidade[446] resulta do regime previsto nos artigos 113.º, 114.º e 115.º do TFUE, nos termos dos quais as deliberações

---

[445] Diversos autores referem, de uma forma ou de outra, esta problemática. RAMON J. JEFFERY, por exemplo, salienta que a integração económica internacional não tem sido um processo uniforme e constante, no que diz respeito à sua intensidade e natureza do seu desenvolvimento. A explicação reside, em parte, nas variações da vontade dos Estados no que respeita à sua adaptação às mudanças, mediante iniciativas de âmbito nacional ou internacional. Os fenómenos de integração regional, em especial, colocam um desafio aos Estados, em termos de escolha. Os Estados enfrentam uma escolha fulcral entre uma acção cegamente independente, por um lado, ou uma acção coordenada a nível internacional, por outro. Se os Estados escolherem a segunda via, o seu papel tem de ser ajustado, tendo em conta, designadamente, a possibilidade de certas matérias serem tratadas não ao nível nacional mas ao nível internacional, através de legislação ou acordos internacionais. Todavia, conforme refere o aludido autor, "a visão dos Estados relativamente às questões da economia internacional é frequentemente caracterizada por vestígios das ideias antigas e desadequadas, próprias do tempo do nacionalismo económico, aplicadas a um cenário totalmente diferente de integração económica". RAMON J. JEFFERY, *The Impact of State...*, pp. 15-23. Cfr. igualmente ADOLFO MARTÍN JIMÉNEZ, *Towards Corporate Tax Harmonization...*, p. 124, onde o autor, a propósito da contradição existente entre os ambiciosos planos da Comissão, designadamente nas décadas de 1960 e 1970, e a regra da unanimidade, refere o seguinte: "pode dizer-se que o que a Comissão não considerou foi a natureza especial do processo legislativo da CE: a unanimidade transpõe para o nível da CE o interesse em manter um espaço de manobra razoável no que respeita aos seus sistemas fiscais, mesmo que, numa óptica global, o sistema fiscal nacional seja ineficiente quando considerado na perspectiva da CE. Ou seja, a Comissão não tomou em consideração a existência de uma tensão similar à das formas federais de governo, entre eficiência ao nível federal e autonomia das partes constituintes do Estado federal".

Parte II – II. Integração por Via Positiva e Negativa 271

em matéria fiscal, tanto no que diz respeito à tributação indirecta como directa, devem ser tomadas por unanimidade.

Verifica-se, deste modo, um impasse quanto a muitas das propostas de harmonização efectuadas a nível da UE. Por outro lado, muitas das medidas aprovadas reflectem soluções de compromisso necessárias para ultrapassar as reservas dos Estados-membros, que pretendem defender os seus interesses específicos e preservar o seu *status quo*.

O processo de harmonização fiscal encontra-se, assim, fortemente centrado na vontade dos Estados[447], o que reduz o dinamismo da actuação europeia a este nível[448] e contribui para explicar a lentidão pela qual o processo se tem pautado[449].

Apesar de terem ocorrido tentativas no sentido de se adoptar a regra da maioria nas deliberações em questões fiscais[450], foi sempre reiterada a regra de decisão por unanimidade nesta matéria.

Refira-se, a este propósito, a tentativa realizada pela Comissão no sentido da alteração da regra da unanimidade, através da emissão, em 14 de Março de 2000, de uma *Comunicação relativa à Votação por maioria*

---

[446] Cfr. María Teresa Mata Sierra, *La Armonización Fiscal...*, p. 89, onde a autora exprime uma posição bastante crítica em relação à manutenção da regra da unanimidade.

[447] Neste sentido, cfr. María Teresa Mata Sierra, *La Armonización Fiscal...*, p. 198: "o princípio da subsidiariedade, tal como é formulado e utilizado a nível comunitário, na actualidade, associado à tomada das decisões em matéria fiscal por unanimidade, não implica, a nosso ver, senão o reconhecimento de que a actuação comunitária há-de circunscrever-se necessariamente ao alcance que os próprios Estados--membros estejam dispostos a dar ao processo integrador".

[448] Quando comparada com a actuação a outros níveis, por exemplo a referente ao estabelecimento da UEM.

[449] Note-se, contudo, a necessidade de o Direito Fiscal Europeu respeitar a diversidade jurídica, cultural, económica e social dos diversos Estados-membros. Neste sentido, Diogo Leite de Campos, *O Sistema Tributário no Estado dos Cidadãos*, Almedina, Coimbra, 2006, p. 26.

[450] Durante a fase de negociação da redacção do Acto Único Europeu, a Comissão propôs que a harmonização dos impostos indirectos se pudesse fazer por maioria qualificada, "na medida necessária para o estabelecimento e funcionamento do mercado comum", mediante derrogação ao artigo 93.º do Tratado CE [actual artigo 113.º do TFUE]. Todavia, a reacção da generalidade dos governos dos Estados-membros foi no sentido da recusa de renunciar à unanimidade para deliberações em matéria fiscal. Continuou, portanto, intocada a regra da unanimidade quanto a deliberações fiscais.

272   Princípios do Direito Fiscal Internacional

qualificada para aspectos do mercado único nos domínios da fiscalidade e da segurança social[451], na qual propôs a votação por maioria qualificada para a adopção, designadamente, dos seguintes tipos de medidas:

- medidas europeias de coordenação das disposições legislativas, regulamentares e administrativas dos Estados-membros com vista à supressão dos obstáculos directos ao exercício das quatro liberdades que decorrem de disposições fiscais e, especialmente, à prevenção da discriminação e da dupla tributação;
- medidas de coordenação das disposições legislativas, regulamentares e administrativas dos Estados-membros referentes a impostos directos com o fim de prevenir a fraude, a fraude fiscal e a evasão fiscal.

O empenho dos Estados-membros na defesa da sua soberania fiscal tem sido um factor determinante na manutenção da regra da unanimidade na aprovação de medidas em matéria tributária[452]. Efectivamente, os Estados têm considerado que a sua soberania fiscal seria afectada pelo estabelecimento de uma regra de maioria qualificada para as questões fiscais[453].

É de salientar, a este propósito, que a grande relevância que o aspecto tributário assume para os Estados justifica, em grande medida, a defesa intransigente da soberania fiscal por parte destes. Tal relevância verifica-se, em primeiro lugar, ao nível da obtenção das receitas de que os Estados necessitam. Em segundo lugar, decorre do facto de a tributação ser comummente utilizada pelos Estados como instrumento de política

---

[451] COM (2000) 114 final.

[452] Não sendo provável que a aludida regra da unanimidade na aprovação de medidas fiscais sofra alterações a curto ou a médio prazo. Cfr., neste sentido, MICHEL AUJEAN, *European Commission launches comprehensive strategy to promote tax coordination in the EU*, EC Tax Review, n.º 2, 2007, p. 63. O autor é Director na área de análise e políticas fiscais, na Comissão Europeia.

[453] Conforme refere PAULO DE PITTA E CUNHA, "perante a penetração crescente dos elementos federais, o reduto do poder dos Estados tem como componentes fundamentais as exigências de votação unânime do Conselho em determinadas áreas comunitárias, quer em forma directa, como sucede no domínio da harmonização fiscal, quer assumidas no termo de um processo, como é o caso da invocação, a propósito da cooperação reforçada, de interesses muito importantes da política nacional". PAULO DE PITTA E CUNHA, *O pendor federal da integração – a União Europeia e o Mercosul*, Revista da Ordem dos Advogados, Ano 61, Janeiro 2001, p. 38.

Parte II – II. Integração por Via Positiva e Negativa

económica e social (principalmente os impostos sobre o rendimento), por exemplo com objectivos de redistribuição de rendimento, de incentivo à poupança ou ao investimento em certos sectores ou áreas geográficas.

Desta forma, é importante para os Estados poderem continuar a dispor dos instrumentos de actuação na economia proporcionados pela condução da sua política de fiscalidade directa. E este aspecto revela-se tanto mais essencial quanto mais reduzida, ou mesmo inexistente, se torna a autonomia dos Estados a outros níveis, como o orçamental, o monetário e o cambial[454]. Também a redução da autonomia dos Estados--membros quanto à fiscalidade indirecta, dado o avançado grau de harmonização que se atingiu nesse campo, contribui para o seu forte empenho na defesa da respectiva autonomia quanto à condução das políticas de tributação directa[455].

Adicionalmente, na generalidade dos Estados-membros preside ao estabelecimento das obrigações fiscais a preocupação da defesa das garantias dos contribuintes em matéria fiscal, em virtude da qual os elementos essenciais da obrigação fiscal têm de ser aprovados e determinados pelo parlamento, órgão representativo e eleito pelos contribuintes[456]. Este facto reforça mais ainda a concepção dos Estados de que a definição das obrigações fiscais é uma manifestação importante da soberania nacional, e, portanto, um poder que não se pretende transmitir para os órgãos da UE[457].

---

[454] O que sucede efectivamente com os Estados-membros que integram a União Monetária.

[455] Cfr. BEN TERRA / PETER WATTEL, *European Tax Law*, 2.ª ed., Kluwer Law International, Haia, 1997, p. 3: "À medida que o processo de harmonização, e portanto a perda de liberdade política nacional no campo da tributação indirecta, progride, mais os Estados-membros sentirão a necessidade de defenderem a soberania fiscal que lhes resta, ou seja, a soberania no campo da tributação directa".

[456] Cfr. XAVIER DE BASTO, *A Tributação do Consumo e a sua Coordenação Internacional*, Centro de Estudos Fiscais, Lisboa, 1991, p. 111: "A regra da unanimidade nas deliberações do Conselho sobre matéria fiscal explica-se pela importância da soberania fiscal como elemento essencial das soberanias nacionais. A votação anual dos impostos nas assembleias representativas é uma das suas prerrogativas históricas, constituindo uma garantia individual dos cidadãos não pagar impostos sem a aquiescência dos seus representantes eleitos. Neste quadro político e jurídico-constitucional, a harmonização fiscal só pode fazer-se pela mediação dos parlamentos nacionais e exige naturalmente unanimidade."

[457] Neste sentido, cfr. BEN TERRA / PETER WATTEL, *European Tax Law...*, p. 3: "A harmonização fiscal, especialmente da tributação directa, é uma área muito sensível

274 Princípios do Direito Fiscal Internacional

O "défice democrático" na tomada de decisões a nível europeu – radicando o poder decisório em matéria fiscal no Conselho e não no Parlamento Europeu[458] – confere, assim, aos Estados-membros um argumento adicional no sentido da intransigência quanto à manutenção da regra da unanimidade[459].

Também uma outra ordem de factores – especificamente relacionada com o funcionamento de um sistema baseado na regra da maioria – contribui para a oposição da generalidade dos Estados à introdução da regra da maioria qualificada na aprovação de medidas de natureza fiscal. Muitos Estados receiam que a regra da maioria – mesmo que qualificada – permita a aprovação pelo Conselho de medidas fiscais contrárias aos seus objectivos e necessidades, mercê da convergência de interesses entre um grupo de outros Estados-membros que reúnam a maioria requerida. Atendendo às diferenças existentes no seio da UE, designadamente quanto aos sistemas fiscais e à situação económica e social dos vários Estados-membros, não é difícil de conjecturar a possibilidade de um determinado número de Estados conseguir a aprovação de uma certa medida do seu interesse, mas inconveniente para outros Estados-membros que se encontrem em diferentes circunstâncias[460].

---

politicamente. A soberania fiscal é uma parte fundamental da soberania nacional. Um dos direitos básicos dos parlamentos nacionais é o direito de votar os impostos".

[458] Conforme salienta José Casalta Nabais, a legislação fiscal europeia está muito longe de obedecer ao conhecido princípio de que não deve existir tributação sem representação (ou seja, de que a tributação deve ser autorizada pelos representantes directamente eleitos pelos cidadãos). A situação agrava-se ainda mais, aliás, relativamente à integração por via negativa desenvolvida pelo Tribunal de Justiça, pois "é evidente que a eliminação supranacional dos aspectos dos sistemas fiscais nacionais contrários ao direito comunitário é levada a cabo por um órgão cujo carácter democrático é reconhecidamente bem menor do que o dos órgãos legislativos da União". José Casalta Nabais, *O princípio da legalidade fiscal e os actuais desafios da tributação*, Boletim da Faculdade de Direito da Universidade de Coimbra – Volume comemorativo do 75.º tomo do Boletim da Faculdade de Direito, Faculdade de Direito da Universidade de Coimbra, Coimbra, 2003, pp. 1100-1102.

[459] Uma forma de atenuar o referido "défice democrático" consistiria na transferência, mesmo parcial, do Conselho para o Parlamento Europeu, do poder de deliberar em matérias fiscais. Cfr., neste sentido, Dominique Villemot, *L'Harmonisation Fiscale Européenne*, 2.ª ed., Presses Universitaires de France, Paris, 1995, pp. 120-121.

[460] A propósito da Comunicação da Comissão quanto à *Votação por maioria qualificada para aspectos do mercado único nos domínios da fiscalidade e da segurança*

Existe ainda o receio, por parte de muitos dos Estados-membros, de que o peso político de alguns Estados consiga influenciar ou condicionar as iniciativas da Comissão relativamente às propostas de directiva ou de regulamento a apresentar para efeitos de votação[461]. Tal circunstância poderia determinar a sujeição a votação apenas de propostas conformes aos interesses dos Estados dotados de maior peso político, em detrimento de outras propostas que interessariam principalmente a Estados mais periféricos ou pequenos, e portanto menos influentes.

1.3.2. *Limites relativos à actuação europeia*

O tipo de instrumento normativo que é utilizado – principalmente a directiva, a qual é, por natureza, genérica[462] – pode, nalguns casos, limitar o alcance da harmonização fiscal. Com efeito, no caso de algumas medidas fiscais definidas por directiva, a preocupação de garantir aos Estados-membros determinada margem de manobra no âmbito do processo de harmonização fiscal pode, de certa forma, enfraquecer esse processo. Procura-se, deste modo, obter a necessária aprovação dos Estados-mem-

---

social, e relativamente às consequências para Portugal de um sistema de maioria qualificada que venha, eventualmente, a ser introduzido após o alargamento da UE, refere CARLOS LOBO que: "numa Europa a 20 ou mais, é perfeitamente comportável a formação de maiorias sem qualquer intervenção, nem sequer numa fase inicial, de Portugal. Tal é gravíssimo, se considerarmos que nos encontramos numa fase intermédia de desenvolvimento, ou seja, fora da órbita dos países desenvolvidos do Norte, Alemanha, Reino Unido, França e Itália, bem como dos novos aderentes. Logo, um jogo de contra-balanços entre países desenvolvidos e em vias de desenvolvimento no seio da União Europeia alargada, poderá não trazer qualquer fruto a países que se encontram em grau intermédio de desenvolvimento, como é o caso paradigmático de Portugal". CARLOS LOBO, *Uma primeira reacção à proposta de alteração do artigo 93.º do Tratado CE relativamente às matérias fiscais,* Fisco, n.º 90/91, Setembro 2000, p. 95.

[461] Caso a referida competência viesse a pertencer à Comissão.

[462] Por definição, a directiva vincula os Estados-membros no que diz respeito aos fins a atingir, mas permite-lhes uma determinada flexibilidade na escolha dos meios mais adequados para atingir o fim visado. Note-se que o papel que a vontade dos Estados continua a desempenhar no âmbito da harmonização fiscal é um dos aspectos que justifica a escolha da directiva como o instrumento normativo utilizado, dada a margem de liberdade que esta permite aos Estados.

276   *Princípios do Direito Fiscal Internacional*

bros, facilitando a obtenção de consenso entre Estados com interesses, nalguns casos, contraditórios. Contudo, o carácter genérico da directiva, bem como as múltiplas opções que são, em muitos casos, facultadas aos Estados-membros no âmbito das medidas de natureza fiscal, podem dificultar o desenvolvimento da harmonização fiscal.

Também os princípios que norteiam a actuação europeia em termos gerais acabam por se reflectir na harmonização fiscal, inspirando-a, por um lado, e impondo-lhe limites e condições, por outro. Alguns dos princípios cuja influência é mais notória são os princípios da progressividade, da subsidiariedade e da proporcionalidade.

No tocante ao primeiro dos princípios referidos, note-se que a harmonização fiscal tem que ser progressiva, em virtude da natureza progressiva do próprio processo de integração económica europeia[463]. É desenvolvida em função de objectivos graduais, a atingir por etapas, tanto mais que objectivos tão ambiciosos e modificações de realidades tão complexas como aqueles que a integram não poderiam ser alcançados de outra forma que não fosse por etapas sucessivas. Por vezes, há até recuos relativamente a objectivos que tinham sido estabelecidos e que não conseguem, por motivos práticos, ser alcançados.

Cada nova etapa da harmonização fiscal tem que ser objecto de estudo e análise profundos a nível europeu, e os Estados-membros, dada a complexidade do processo de harmonização e o considerável impacto a nível interno, carecem de tempo para conformarem a legislação, instituições, políticas e práticas fiscais nacionais com as determinações europeias em matéria de harmonização fiscal.

O princípio da subsidiariedade[464] e o princípio da proporcionalidade[465] têm particular influência ao nível da actuação europeia no domínio

---

[463] Cfr. MARÍA TERESA MATA SIERRA, *La Armonización Fiscal...*, pp. 180-183.

[464] O princípio da subsidiariedade encontra-se previsto no n.º 3 do artigo 5.º do Tratado UE, nos seguintes termos: "Em virtude do princípio da subsidiariedade, nos domínios que não sejam da sua competência exclusiva, a União intervém apenas se e na medida em que os objectivos da acção considerada não possam ser suficientemente alcançados pelos Estados-membros [...], podendo contudo, devido às dimensões ou aos efeitos da acção considerada, ser mais bem alcançados ao nível da União".

[465] O princípio da proporcionalidade encontra-se consagrado no n.º 4 do artigo 5.º do Tratado UE, nos seguintes termos: "Em virtude do princípio da proporcionalidade,

fiscal[466]. Coloca-se, portanto, a questão de identificar o âmbito dentro do qual a actuação europeia em matéria fiscal se encontra justificada, e em que termos, tendo em conta, designadamente, as necessidades decorrentes do processo de integração económica.

No que diz respeito à subsidiariedade em termos gerais, esta "dá preferência aos Estados na prossecução das atribuições que os Tratados considerem concorrentes" entre a União e os Estados-membros[467]. Refere o mesmo autor que, na perspectiva da actuação europeia, o princípio da subsidiariedade "consiste na soma de dois elementos: um elemento negativo – a insuficiência da parte dos Estados-membros – e um elemento positivo – a capacidade" da União "para prosseguir melhor os objectivos do Tratado" naquele caso concreto[468].

Relativamente à actuação europeia no campo da tributação directa, o princípio da subsidiariedade determina que, previamente à adopção de qualquer medida, se pondere se, para a prossecução dos objectivos da UE – que são a razão de ser da harmonização fiscal europeia, dado o seu carácter instrumental – é eficaz e suficiente a actuação a nível nacional, ou se é necessária a actuação a nível da UE.

Por seu turno, o princípio da proporcionalidade "difere do princípio da subsidiariedade na medida em que respeita à intensidade da acção" europeia "e não à fundamentação da decisão de agir" ao nível europeu –

---

o conteúdo e a forma da acção da União não devem exceder o necessário para alcançar os objectivos dos Tratados". Exige-se, portanto, uma ponderação entre os meios utilizados e os fins prosseguidos.

[466] Estes princípios estão relacionados com o princípio da competência por atribuição, previsto nos n.º 1 e n.º 2 do artigo 5.º do Tratado UE.

[467] In FAUSTO DE QUADROS, *Direito da União Europeia...*, p. 200. Para uma abordagem quanto ao conteúdo e aplicação do princípio da subsidiariedade, *vide* a obra citada, pp. 197-211; *vide* ainda FAUSTO DE QUADROS, *O princípio da subsidiariedade no Tratado da União Europeia: contributos para a revisão do Tratado*, in *Em Torno da Revisão do Tratado da União Europeia*, Almedina, Coimbra, 1997, p. 237.

[468] In FAUSTO DE QUADROS, *O princípio da subsidiariedade na União Europeia*, in PERFECTO YEBRA MARTUL-ORTEGA (Coord.), *Sistema Fiscal Español y Armonización Europea*, Marcial Pons, Madrid, 1995, p. 222. Cfr. igualmente, quanto ao princípio da subsidiariedade, MARIA LUÍSA DUARTE, *A Teoria dos Poderes Implícitos e a Delimitação de Competências entre a União Europeia e os Estados-Membros*, Lex, Lisboa, 1997, pp. 400-411 e pp. 517-540; e ANA MARIA GUERRA MARTINS, *Curso de Direito Constitucional...*, pp. 256-259.

278   *Princípios do Direito Fiscal Internacional*

"mas são princípios complementares"[469]. No princípio da proporcionalidade encontra-se, assim, em causa o modo de actuação da UE, sendo os instrumentos utilizados ao nível fiscal e o alcance das medidas adoptadas condicionados pelo aludido princípio[470].

Refira-se que o eficaz desenvolvimento da harmonização fiscal europeia depende da ultrapassagem de diversos constrangimentos que actualmente dificultam o seu progresso. Os vários limites actualmente existentes – dos quais se destacam os princípios da subsidiariedade e da proporcionalidade e a regra da aprovação das deliberações no domínio fiscal por unanimidade[471] – deveriam ser repensados e reajustados no que

---

[469] In MARIA LUÍSA DUARTE, *A Teoria dos Poderes Implícitos...*, p. 520. Cfr. também FAUSTO DE QUADROS, *Direito da União Europeia...*, pp. 104-105; e ANA MARIA GUERRA MARTINS, *Curso de Direito Constitucional...*, pp. 259-260.

[470] Cfr. IRENE ROCHE LAGUNA, *La Integración Europea como Límite a la Soberanía Fiscal de los Estados Miembros (Armonización de la Imposición Directa en la Comunidad Europea)*, Tirant lo Blanch, Valencia, 2000, pp. 69-71: "falta determinar os efeitos que o princípio da proporcionalidade tem no processo de aproximação da fiscalidade directa que está em desenvolvimento na União Europeia: este princípio [...] implica que, na altura de exercer uma competência, se a Comunidade pode escolher entre vários modos de actuação, deve optar, sendo igual a sua eficácia, por aquele que deixe mais liberdade aos Estados, aos particulares ou às empresas. Assim, irá optar-se por uma norma vinculativa apenas na medida em que tal seja indispensável, quando haja necessidade de uniformidade atento o objectivo a atingir e atentas em particular as exigências de não discriminação e segurança jurídica, ou em virtude do grau de complexidade técnica da matéria em questão". Quanto ao princípio da proporcionalidade na jurisprudência europeia, em conexão com a problemática das normas anti-abuso nacionais, *vide* J. L. SALDANHA SANCHES, *Os Limites do Planeamento Fiscal...*, pp. 275-293.

[471] Quanto ao "poder de veto" (em sentido impróprio) dos Estados-membros em matéria fiscal, e designadamente em sede de harmonização fiscal do IVA, cfr. MÁRIO A. ALEXANDRE, *A harmonização do IVA: objectivos e estratégias*, Ciência e Técnica Fiscal, n.º 390, Abril-Junho 1998, pp. 236 e 237: "não nos podemos esquecer que uma das principais dificuldades na aprovação das propostas de directiva apresentadas pela Comissão ao Conselho é a existência da «regra da unanimidade» prevista nos artigos 99 e 100-A, n.º 2, do Tratado da União Europeia". Refere, ainda, o mesmo autor que "não se pode ignorar que a «regra da unanimidade» tem conduzido a um bloqueio quase completo no domínio legislativo no que se refere ao IVA, situação essa que se agravou com o alargamento em 1995 para 15 Estados-membros e que por certo determinará uma paralisia absoluta quando do próximo alargamento aos países da Europa de leste". E conclui salientando que "o problema que se coloca, portanto, é o de saber até que ponto os Estados-membros estão, politicamente, dispostos a prescindir do direito, que ainda

Parte II – II. Integração por Via Positiva e Negativa 279

toca às suas implicações em matéria fiscal, face à necessidade de eliminação dos constrangimentos de natureza fiscal ao pleno funcionamento do mercado interno.

Note-se, contudo, que qualquer mudança do tipo das acima referidas teria de ser levada a cabo de forma a não comprometer a estabilidade da UE[472] e o equilíbrio entre os Estados-membros e as instituições europeias, aspectos essenciais ao adequado funcionamento da UE[473].

1.4. Harmonização Fiscal e Jurisprudência do Tribunal de Justiça

O Tribunal de Justiça tem desempenhado um papel fundamental na ultrapassagem de obstáculos fiscais ao pleno funcionamento do mercado interno, contribuindo, assim, para suprir a insuficiência dos progressos alcançados nesse campo pela Comissão e pelo Conselho[474].

---

mantêm, de rejeitar qualquer proposta de carácter legislativo em matéria fiscal ou de utilizar os compromissos necessários que permitam satisfazer os seus interesses nas matérias em discussão, a favor de um aprofundamento do processo de harmonização, tendo em vista a passagem ao regime definitivo de tributação na origem".

[472] ANA MARIA G. MARTINS salienta, nos seguintes termos, a propósito da revisão dos Tratados, a importância da estabilidade ao nível da UE: "a profunda interdependência entre os Estados-membros da União, reforçada pela adopção da moeda única, não lhes permite configurarem a União Europeia como entenderem, pois só um mínimo de estabilidade no sistema permite alcançar os seus objectivos com sucesso e evitar gravíssimos problemas aos Estados-membros e aos cidadãos europeus. Ora, só através da limitação do poder de revisão se conseguirá atingir este desiderato. Se os princípios e os fundamentos da União Europeia puderem ser alterados na sua globalidade não se conseguirá a base comum que permite enfrentar os desafios mundiais". In ANA MARIA G. MARTINS, *A Natureza Jurídica da Revisão do Tratado da União Europeia*, Lex, Lisboa, 2000, pp. 645-646.

[473] DANIEL DÉAK estabelece uma ligação entre o desenvolvimento da harmonização fiscal e a evolução da própria UE em termos institucionais e de integração política, sustentando que não haverá lugar para uma política fiscal comunitária coerente – que abarque os aspectos estruturais, essenciais, da tributação directa, e não apenas alguns aspectos particulares – enquanto a UE não tiver um enquadramento constitucional. DANIEL DÉAK, *Harmonization in community law and enforcement of rights in tax law*, Intertax, n.º 11, Novembro 2008, pp. 478-480.

[474] Facto que é, aliás, reconhecido pela própria Comissão. Cfr. COMISSÃO DAS COMUNIDADES EUROPEIAS, *Estudo da Comissão sobre a Fiscalidade das Empresas*

280   *Princípios do Direito Fiscal Internacional*

Em resultado das decisões do Tribunal de Justiça – e não obstante a tenaz defesa, levada a cabo pelos Estados-membros, da sua soberania fiscal em matéria de impostos directos – diversas disposições fiscais nacionais foram consideradas inadmissíveis pelo Tribunal de Justiça, através da aplicação das disposições dos Tratados relativas ao princípio da não discriminação e à livre circulação de pessoas, serviços e capitais.

Todavia, a jurisprudência do Tribunal de Justiça não deveria substituir um esforço de harmonização fiscal no campo da tributação directa, desenvolvido pelas instituições europeias em articulação com os Estados-membros, por diversos motivos.

Em primeiro lugar, porque, limitando-se as decisões do Tribunal de Justiça aos casos concretos que são colocados à sua apreciação, a respectiva jurisprudência em matéria fiscal tem um carácter casuístico e parcelar. Por um lado, as decisões do Tribunal de Justiça limitam-se, na generalidade dos casos, à resolução de questões fiscais muito específicas. Por outro lado, a análise apenas dos casos colocados ao Tribunal de Justiça não permite uma consideração sistemática de todas as potenciais incompatibilidades da legislação fiscal dos Estados-membros com o Direito da UE. Problemas essenciais no campo da tributação directa, muitos deles geradores de distorções fiscais no âmbito da UE, continuam, assim, sem ter sido apreciados pelo Tribunal de Justiça.

Uma segunda ordem de motivos, pelos quais a eliminação dos obstáculos fiscais não pode ser confiada apenas à jurisprudência, prende-se com a existência de alguma incerteza no que diz respeito à implementação das decisões do Tribunal de Justiça pelos Estados-membros. Estes, muito frequentemente, não retiram de tais decisões todas as consequências em termos de realização das necessárias alterações à respectiva legislação fiscal interna[475].

---

no Mercado Interno, de 23 de Outubro de 2001 (COM (2001) 582 Final). Este Estudo foi publicado em língua inglesa: *Company Taxation in the Internal Market*, Edição da Comissão Europeia, Bruxelas, 2002, p. 389: "Desde a decisão do Caso *Avoir Fiscal*, a jurisprudência nesta área tem-se desenvolvido rapidamente e é talvez justo afirmar que, de todas as instituições comunitárias, o Tribunal provou até agora ser a mais eficiente na remoção de obstáculos fiscais às actividades económicas transfronteiriças na Comunidade".

[475] Quanto ao impacto das principais decisões do Tribunal de Justiça, em matéria de tributação directa, ao nível da introdução de alterações na legislação fiscal dos

Parte II – II. Integração por Via Positiva e Negativa

A actuação do Tribunal de Justiça suscita, ainda, críticas pelo facto de, tratando-se de um órgão com funções judiciais e não legislativas, a respectiva jurisprudência assumir uma natureza "quase legislativa", extrain-do da interpretação das normas dos Tratados consequências não previstas inicialmente[476]. Esta crítica é especialmente pertinente se tomarmos em consideração o facto de a maioria dos Estados-membros da UE terem sistemas de *civil law*, no âmbito dos quais o papel reservado à jurispru-dência é bastante distinto do assumido pelo Tribunal de Justiça[477].

Um crítica adicional respeita ao facto de a jurisprudência do Tribunal de Justiça afectar a soberania fiscal dos Estados-membros de um modo indirecto, sobrepondo-se à repartição de competências, consagrada nos Tratados, entre a Comunidade e os Estados-membros, em matéria fiscal[478].

Estados-membros visados pelas decisões em apreço, cfr. JACQUES MALHERBE, PHILIPPE MALHERBE, ISABELLE RICHELLE e EDOARDO TRAVERSA, *The Impact of the Rulings of the European Court of Justice in the Area of Direct Taxation* (IP/A/ECON/ST/2007-27, PE 404.888), Estudo encomendado pelo Parlamento Europeu, de Março de 2008.

[476] Discordando desta crítica, FRANS VANISTENDAEL afirma que "o que o Tribunal de Justiça está a fazer na Europa é tentar dar uma nova forma aos sistemas fiscais nacionais, de modo a que eles se tornem compatíveis com o Tratado CE em geral e com o mercado interno em particular. [...] O mandato para esta missão é o Tratado CE, e o Tribunal de Justiça está a usar o Tratado da mesma forma que outros tribunais internacionais e tribunais superiores e constitucionais nacionais usam os seus poderes para alcançarem decisões em muitos campos do direito, incluindo o fiscal. Ao fazê-lo, o Tribunal de Justiça está a actuar da mesma forma que os tribunais de *common-law* britânicos, que têm vindo a construir o sistema jurídico inglês na base dos casos con-cretos". In FRANS VANISTENDAEL, *In defence of the European Court of Justice*, Bulletin for International Taxation, n.º 3, Março 2008, p. 98. Neste artigo, o autor passa em revista e contesta as principais críticas que a doutrina tem vindo a formular à actuação do Tribunal de Justiça em matéria fiscal, acabando por considerar que elas são, na sua maioria, injustificadas.

[477] ANA PAULA DOURADO, *Do caso Saint-Gobain ao caso Metallgesellschaft: O âmbito do princípio da não discriminação do estabelecimento estável no Tratado da Comunidade Europeia e a cláusula da nação mais-favorecida*, in *Planeamento e Concor-rência Fiscal Internacional*, Lex, Lisboa, 2003, pp. 112-113.

[478] FRANS VANISTENDAEL contesta também esta crítica, acorrendo em defesa da actuação do Tribunal de Justiça. O autor afirma que "a crítica de que o Tribunal de Justiça está a ultrapassar os seus poderes previstos no Tratado CE e está a criar novos direitos de tributação é injustificada. Esta crítica baseia-se no pressuposto de que os plenos poderes de tributação, ou pelo menos de tributação directa, permanecem com os Estados-membros ou de que existe uma espécie de «exclusão fiscal internacional» no

282 Princípios do Direito Fiscal Internacional

Com efeito, a soberania fiscal em matéria de tributação directa – tão obstinadamente protegida pelos Estados-membros em termos políticos e de manutenção da regra da unanimidade nas deliberações relativas a disposições fiscais – acaba por lhes ser subtraída por via judicial, pelo Tribunal de Justiça, mediante a imposição de alterações à legislação fiscal dos Estados-membros, sem o consentimento destes[479].

Teme-se ainda, face ao número crescente e à grande frequência de acórdãos do Tribunal de Justiça em matéria de tributação directa – e

---

Tratado CE, deixando questões de dupla tributação internacional para serem decididas pelos Estados-membros. Uma análise atenta do Tratado CE demonstra que este pressuposto é infundado. A UE tem o poder legislativo na área da tributação, tal como em qualquer outra área do direito que seja relevante para o mercado interno. É verdade que os Estados-membros mantêm o seu direito de vetar legislação fiscal ao nível da UE, mas ao fazê-lo eles não exercem os seus poderes legislativos nacionais, mas os seus poderes enquanto parte de um corpo legislativo da UE, ou seja, no contexto legislativo da UE. Ao tomar as suas decisões, o Tribunal de Justiça está a actuar como os tribunais constitucionais nacionais ou os tribunais internacionais [...], quando criam novos direitos com base nas constituições e nos tratados relativamente aos quais eles têm o poder de interpretação", pelo que, entende o autor, "o Tribunal de Justiça tem competência para criar «novos direitos no que respeita à tributação» com base no seu poder de interpretar o Tratado CE". In FRANS VANISTENDAEL, *Does the ECJ have the power of interpretation to build a tax system compatible with the fundamental freedoms?*, EC Tax Review, n.º 2, 2008, p. 65. Em termos gerais, discordamos desta visão do autor, que nos parece bastante forçada face ao disposto nos Tratados Europeus. Contudo, não podemos dedicar--nos, neste contexto, a uma análise detalhada do problema em apreço, sob pena de nos afastarmos do rumo traçado para o presente estudo.

[479] Apenas em relação a este aspecto particular concordamos com FRANS VANISTENDAEL, quando salienta que os Estados-membros têm uma responsabilidade a este nível, na medida em que, ao não desenvolverem uma integração positiva, sujeitam--se ao fortalecimento do papel do Tribunal de Justiça e da integração negativa. Cfr. FRANS VANISTENDAEL, *General report on the fundamental freedoms and national sovereignty in the European Union*, in FRANS VANISTENDAEL (Ed.), *EU Freedoms and Taxation*, IBFD, Amsterdão, 2006, pp. 205-207. Em sentido idêntico, refere JOSÉ CASALTA NABAIS que "ao mesmo tempo que se obsta à construção de uma ordem jurídica fiscal positiva a montante dos estados, de uma ordem jurídica fiscal da União adequada à união económica e monetária, o TJCE vai demolindo as ordens jurídicas fiscais nacionais". "Só a (re)activação da harmonização fiscal positiva retirará ao Tribunal de Justiça o activismo e protagonismo fiscais que a referida inacção dos órgãos legislativos comunitários tem possibilitado". JOSÉ CASALTA NABAIS, *O princípio da legalidade fiscal...*, p. 1094 e p. 1103.

Parte II – II. Integração por Via Positiva e Negativa 283

tendo em conta algumas das linhas de decisão do Tribunal – que os alicerces dos sistemas fiscais nacionais dos Estados-membros e os princípios fundamentais do DFI acabem por ficar ameaçados, sendo postas em causa as respectivas integridade e coerência[480].

---

[480] Cristina García-Herrera Blanco e Pedro M. Herrera Molina sustentam a existência de uma "desintegração dos mecanismos da fiscalidade internacional" na Europa e de "uma autêntica crise da obrigação tributária de base real ou objectiva no âmbito comunitário", provocadas pela jurisprudência do Tribunal de Justiça. Quanto a este segundo aspecto, em particular, os autores aludem às decisões do Tribunal de Justiça no Caso *Gerritse* (C-234/01), no Caso *Barbier* (C-364/01), e no Caso *Bosal* (C--162/01), considerando que elas põem seriamente em perigo a tradicional configuração da obrigação de imposto com base num elemento de conexão real ou objectivo. Os autores mostram-se também preocupados com o perigo de se enveredar por aquilo que designam como "um direito fiscal primitivo", que decorreria da supressão ou, pelo contrário, de um alargamento excessivo do âmbito das cláusulas especiais anti-abuso – em resultado das reacções extremadas dos Estados, face às decisões do Tribunal de Justiça em Casos como o *Lankhorst-Hohorst* (C-324/00). A este nível, receiam que a jurisprudência do Tribunal de Justiça se converta num "motor de desarmonização fiscal", em virtude da forma díspar como os vários Estados-membros procedem à adaptação do seu direito interno face às decisões do Tribunal de Justiça, inflectindo muitas vezes em sentidos contraditórios entre si. Temem, ainda, a possibilidade de a adaptação da legislação fiscal dos Estado-membros ao Direito da UE, por estes efectuada na sequência das decisões do Tribunal de Justiça que consideram discriminatória a não concessão de certas vantagens fiscais a não residentes, se concretizar em medidas mais penalizadoras para os sujeitos passivos residentes. Cfr. Cristina García-Herrera Blanco / Pedro M. Herrera Molina, *El Tribunal de Justicia ante una encrucijada: rectificar la jurisprudencia o desintegrar la fiscalidad internacional en Europa?*, in Miguel Ángel Collado Yurrita (Dir.) – *Estudios Sobre Fiscalidad Internacional y Comunitaria*, COLEX Editor, Madrid, 2005, pp. 147-172. Também Eric Kemmeren critica o Tribunal de Justiça por, com as suas decisões em diversos casos, contribuir para a desintegração de sistemas fiscais e de mecanismos tributários em vigor nesses sistemas. Cita, a este propósito, os Casos *Lakebrink* (Caso C-182/06, de 18 de Julho de 2007) e *Amurta* (Caso C-379/05, de 8 de Novembro de 2007). O autor reconhece, todavia, que, em decisões anteriores, o Tribunal de Justiça teve a preocupação de respeitar sistemas fiscais integrados, tanto no que toca à legislação fiscal interna dos Estados-membros como às respectivas CDT. Exemplo paradigmático é, na opinião do autor, a decisão do Tribunal de Justiça no Caso *"D"* (Caso C-376/03, de 5 de Julho de 2005), no qual a recusa da concessão de um tratamento de nação mais favorecida demonstrou o respeito do Tribunal de Justiça pelo sistema das CDT. Cfr. Eric Kemmeren, *ECJ should not unbundle integrated tax systems!*, EC Tax Review, n.º 1, 2008, pp. 4-11. Em contrapartida, Frans Vanistendael, em consonância com a sua postura bastante favorável relativamente à actuação do Tribunal de Justiça, considera que o impacto da jurisprudência deste sobre a capacidade de os Estados-

284   *Princípios do Direito Fiscal Internacional*

Consideramos, face ao exposto, que a jurisprudência do Tribunal de Justiça, embora de importância fundamental, não é adequada para constituir a forma exclusiva – ou mesmo principal – de eliminação dos obstáculos de natureza fiscal que prejudicam a prossecução dos objectivos da UE[481].

-membros operarem um sistema fiscal nacional funcional, embora não seja negligenciável, é limitado. Designadamente, o controlo dos Estados-membros sobre as taxas de imposto e sobre a estrutura essencial da base tributável não foram objecto de erosão. Continuam também na mão dos Estados as regras relativas às inspecções tributárias e ao procedimento e processo tributário. Apenas a área dos incentivos fiscais assistiu a uma redução considerável dos poderes discricionários dos Estados-membros. Todavia, tal não resulta da acção do Tribunal de Justiça relativamente às liberdades fundamentais, mas sim das regras respeitantes a auxílios de Estado e concorrência fiscal prejudicial. O autor considera que a única área na qual o Tribunal de Justiça tem vindo a restringir os poderes discricionários dos Estados-membros é no que diz respeito aos efeitos discriminatórios ou restritivos, a nível internacional, de um número cada vez maior de regras fiscais nacionais. Tais decisões têm sido mal recebidas pelas administrações fiscais nacionais, por diversos motivos. Uma razão fundamental é a convicção dos Estado-membros de que, devido a tais decisões, estão a perder receita fiscal. Não existem ainda, contudo, cálculos rigorosos a este respeito. A segunda razão pela qual as autoridades fiscais nacionais têm aceite mal algumas das decisões do Tribunal de Justiça tem a ver com o facto de este ter vindo a rejeitar medidas gerais anti-abuso dos Estados-membros, com o argumento de que teriam um efeito restritivo ou discriminatório em situações que não as de abuso efectivo. Cfr. FRANS VANISTENDAEL, *General report on the fundamental...*, p. 169 e pp. 205-207. Por seu turno, RAMON J. JEFFERY, também com uma visão favorável à actuação do Tribunal de Justiça, afirma que "o Tribunal de Justiça tem, por vezes, sido criticado por alargar as fronteiras do princípio da não discriminação para além dos limites aceitáveis, ao ir contra princípios estabelecidos de tributação internacional. Contudo, é inevitável que o faça em dada medida, tendo em conta os objectivos de integração da CE. Ao fazê-lo, tem demonstrado um grande pragmatismo no reconhecimento de alguns dos limites que enfrenta na prossecução desses objectivos". In RAMON J. JEFFERY, *The Impact of State...*, p. 95.

[481] Esta perspectiva é, de resto, partilhada por diversos autores. Por exemplo, MAARTEN J. ELLIS refere que "não podemos e não devemos esperar que o Tribunal de Justiça crie soluções abrangentes e equilibradas para a complexidade multidimensional dos problemas tributários internacionais da Europa. Esta, claramente, não é a função do Tribunal". Todavia, acrescenta que, perante a dificuldade das outras alternativas possíveis, as tentativas do Tribunal de Justiça no sentido da resolução de uma "situação impossivelmente complexa como é a da tributação directa na UE" acabam por ser bastante importantes. Cfr. MAARTEN J. ELLIS, *Tax law and policy in an adolescent European Union – Response to Paul Farmer*, Bulletin for International Taxation, n.º 2, Fevereiro 2007, pp. 46-47. Em sentido similar, afirma LEIF MUTÉN que "o que está a acontecer

Impõe-se, portanto, que este objectivo seja prosseguido mediante o avanço ponderado e estruturado da harmonização fiscal europeia no campo da tributação directa.

De facto, e sem negar a importância do papel até ao momento desempenhado pelo Tribunal de Justiça na defesa das liberdades económicas fundamentais e do princípio de não discriminação, sem dúvida que a respectiva actuação não pode substituir uma harmonização das legislações fiscais dos Estados-membros realizada de forma sistemática e progressiva, nem a análise, em termos globais, dos grandes problemas tributários da UE – análise que deve ser realizada pelas instituições europeias em coordenação com os Estados-membros, e tomando em consideração os diversos aspectos e interesses em jogo.

1.5. Balanço e Perspectivas quanto à Harmonização Fiscal da Tributação Directa na UE

Após a aprovação da Directiva 90/434/CEE de 23 de Julho de 1990, relativa ao regime fiscal comum aplicável às fusões, cisões, entradas de activos e permutas de acções entre sociedades de Estados-membros diferentes, e da Directiva 90/435/CEE de 23 de Julho de 1990, relativa ao regime fiscal comum aplicável às sociedades-mães e sociedades afiliadas de Estados-membros diferentes, e a celebração da Convenção 90/436/ /CEE relativa à eliminação da dupla tributação em caso de correcção de

---

actualmente é um desenvolvimento gradual de um direito tributário europeu no qual as traves mestras consistem num número suspreendente de casos marcantes e um corpo vergonhosamente pequeno de legislação secundária. Esta não é a forma de construir um corpo de direito tributário que funcione bem e beneficie de aceitação generalizada. Portanto, para o futuro, devemos aspirar a um melhor equilíbrio entre legislação comunitária secundária e jurisprudência". In LEIF MUTÉN, *European tax law, quo vadis? – Lecture in honour of Klaus Vogel*, Bulletin for International Taxation, n.º 1, Janeiro 2008, p. 8. Também JÜRGEN LÜDICKE partilha a visão em apreço, sustentando que "reacções não coordenadas a decisões do Tribunal de Justiça não são a melhor via para um mercado comum e dificilmente ajudarão a alcançar os objectivos da Estratégia de Lisboa em 2010". In JÜRGEN LÜDICKE, *European tax law, quo vadis?- Comments*, Bulletin for International Taxation, n.º 1, Janeiro 2008, p. 12.

286   *Princípios do Direito Fiscal Internacional*

lucros entre empresas associadas, entrou-se num período de mais de uma década de impasse no processo de harmonização da tributação directa[482].

Face ao impasse existente ao nível da aprovação de medidas europeias juridicamente vinculativas em matéria de tributação directa, a então CE recorreu à utilização da denominada *"soft law"*, da qual constitui expoente máximo o compromisso político assumido pelos Estados-membros no âmbito do Código de Conduta no domínio da fiscalidade das empresas. Contudo, nem a utilização do aludido recurso permitiu alterar significativamente o panorama dominante durante o período em questão, caracterizado pela exiguidade de progressos na área da harmonização da tributação directa[483].

Posteriormente, a aprovação do denominado "Pacote Fiscal", no Conselho ECOFIN de 3 de Junho de 2003, representou mais um passo ao nível da harmonização fiscal. Pela sua relevância no que diz respeito à eliminação dos obstáculos fiscais ao adequado funcionamento do mercado interno, salientamos a aprovação da Directiva 2003/49/CE relativa a um regime fiscal comum aplicável aos pagamentos de juros e *royalties* efectuados entre sociedades associadas de Estados-membros diferentes. Foi aprovada na mesma ocasião, integrando também o denominado "Pacote Fiscal", a Directiva 2003/48/CE relativa à tributação dos rendimentos da poupança sob a forma de juros.

Todavia, apesar da importância das directivas já em vigor no campo da tributação directa, somos forçados a concluir que os resultados alcançados ao nível da harmonização da tributação directa na UE são escassos, sobretudo quando cotejados com os múltiplos estudos, relatórios, comu-

---

[482] Conforme escreveram BEN TERRA / PETER WATTEL, *European Tax Law...*, p. 146: "O processo de harmonização da tributação directa na CE, após um curto rompante em 1990, voltou à sua situação tradicional de estar totalmente parado".

[483] Importa, todavia, ter em conta a "convergência" apontada por DIOGO LEITE DE CAMPOS entre os Direitos Fiscais dos diversos Estados que integram a UE, responsável por uma certa aproximação entre os regimes nestes previstos. Conforme nota o autor, "ao longo de toda a história do Direito europeu tem havido um fenómeno de imitação entre os diversos ordenamentos jurídicos. [...] No campo do Direito fiscal este fenómeno tem-se verificado acentuadamente nos últimos decénios". Assim, "cada Estado vai recolhendo o que de melhor lhe parece encontrar nos outros Estados, para ir aperfeiçoando o seu próprio sistema jurídico-fiscal, sem perder de vista as suas necessidades e a sua diversidade". DIOGO LEITE DE CAMPOS, *O Sistema Tributário no Estado...*, pp. 19-26.

Parte II – II. Integração por Via Positiva e Negativa

nicações, iniciativas e propostas, principalmente da iniciativa da Comissão, que tiveram lugar no decurso das últimas décadas[484].

Verifica-se, também, um forte contraste entre o processo de harmonização da tributação directa e os progressos realizados em matéria de harmonização da tributação indirecta[485]. Efectivamente, a harmonização da tributação directa tem-se pautado por uma série de hesitações e recuos, que culminam na grande lentidão da obtenção de resultados. Além do mais, e contrariamente ao que sucede em matéria de impostos indirectos, as medidas desenvolvidas ao nível da tributação directa não visam uma reformulação global da tributação, permanecendo circunscritas a matérias específicas.

Por fim, nota-se igualmente um contraste entre os modestos progressos atingidos ao nível da harmonização da tributação directa e a realização, num espaço de tempo relativamente curto, de um processo complexo e envolvendo múltiplas vertentes como é o da UEM[486].

A principal dificuldade, no que respeita à actuação da UE em matéria de tributação directa, decorre do facto de os Estados-membros, embora empenhados no avanço do processo de integração económica e de

---

[484] MARTÍN JIMÉNEZ fala mesmo, a propósito da harmonização da tributação directa, de "um dos maiores fracassos na história da CE": "Durante muitos anos a Comissão Europeia idealizou a harmonização da tributação das sociedades, uma vez que este passo foi considerado crítico para se atingir um mercado comum na Europa. [...] Todavia, a política de fiscalidade directa da Comissão Europeia provou ser um dos maiores fracassos na história da CE, não obstante a constante demanda de harmonização por parte da comunidade empresarial: ao longo dos seus trinta anos de existência, as propostas da Comissão relativas à tributação das sociedades foram quase sempre rejeitadas ao nível do Conselho". In ADOLFO MARTÍN JIMÉNEZ, *Towards Corporate Tax Harmonization...*, p. xv.

[485] Todavia, mesmo na harmonização da tributação indirecta parece ter-se chegado a uma situação de impasse, com a inviabilidade de transitar para o sistema de IVA baseado na tributação no país de origem dos bens, por não estarem reunidas as condições de neutralidade necessárias.

[486] Cfr. ANTÓNIO C. DOS SANTOS / CLOTILDE PALMA, *A regulação internacional da concorrência fiscal prejudicial*, Ciência e Técnica Fiscal, n.º 395, Julho-Setembro 1999, p. 12: "Hoje, quando onze Estados da União Europeia avançam decisivamente para uma União Económica e Monetária, tornam-se mais patentes as contradições entre os objectivos e os instrumentos da política monetária e as debilidades da política de coordenação fiscal. Mais: torna-se claro que, por razões fiscais, nem sequer existe um verdadeiro mercado interno como era exigido pelo Acto Único Europeu".

288 — Princípios do Direito Fiscal Internacional

construção do mercado interno, não pretenderem abdicar da definição a nível nacional da política fiscal[487]. Pode, assim, apontar-se a existência de uma dialéctica, entre a protecção da soberania fiscal dos Estados-membros e a maior eficiência económica do espaço europeu, que até ao momento tem privilegiado a salvaguarda da soberania fiscal dos Estados[488].

---

[487] Conforme refere M. TABAKSBLAT de forma bastante ilustrativa: "No que diz respeito ao mercado interno, os Estados-membros ainda não se decidiram. Por um lado, professam o seu credo no ideal de um Mercado interno. Por outro, eles reclamam mais e mais campos como sendo áreas de política exclusivamente nacional por referência ao princípio da subsidiariedade. O perigo inerente a esta situação é que no final se chegue a um Mercado interno incompleto, que, devido a uma acumulação de regras nacionais e supranacionais, tenha mais obstáculos em vez de menos, maior complexidade, mais burocracia". In M. TABAKSBLAT, *Harmonisation of corporation tax in the EC; the views of a multinational*, Intertax, n.º 1, Janeiro 1993, p. 16. Por seu turno, SOUSA FRANCO, referindo-se especificamente à harmonização fiscal, afirma que: "Nesse domínio, como em outros, os Estados, através dos seus Governos, foram ambiciosamente federalistas, mas também ciosamente centralizadores. Avançaram para o federalismo através do Conselho, mas tiveram algum receio do federalismo através do Parlamento". In ANTÓNIO L. DE SOUSA FRANCO, *Problemas financeiros e orçamentais da União Europeia*, in *A União Europeia na Encruzilhada*, Almedina, Coimbra, 1996, p. 31.

[488] Este é apenas um dos múltiplos aspectos relativamente aos quais se verifica a existência de uma dualidade de interesses a nível europeu, resultante da natureza híbrida da UE. Quanto a este último aspecto, *vide* PAULO DE PITTA E CUNHA: "O que há de profundamente original na Comunidade Europeia (e hoje, mais ainda, na realidade mais ampla que é a União Europeia) é o seu *carácter híbrido, a presença simultânea de elementos atinentes à visão supranacional e à de cooperação intergovernamental.* Estes elementos são oscilantes, porque o processo de integração é evolutivo e dinâmico". Refere, subsequentemente, o citado autor, que "não seria de surpreender, assim, que a União Europeia viesse por muito tempo a manter a *estrutura híbrida* de que tem dimanado a sua originalidade, muito provavelmente com *reforço da vertente federal* (pelo menos nas formas mais avançadas de concretização de esquemas de geometria variável), mas sem ir ao ponto de os Estados renunciarem ao controlo que detêm em aspectos vitais, como o da aprovação unânime das revisões dos textos convencionais em que se funda a União. A manutenção da exigência de que tal aprovação seja feita por todos os membros indu-los à convicção, aparentemente tranquilizadora, de que continuam a ser os «senhores dos tratados» – convicção que todavia, se vai revelando em alguma medida ilusória, atenta a densidade e a difícil reversibilidade dos compromissos implicados na dinâmica da engrenagem da integração europeia". In PAULO DE PITTA E CUNHA, *O pendor federal da integração – a União Europeia e o Mercosul*, Revista da Ordem dos Advogados, Ano 61, Janeiro 2001, pp. 40-46.

Os Estados-membros protegem com determinação a sua soberania fiscal pois, usando as palavras de CARLOS LOBO, "com a construção da União Económica e Monetária, os Estados alienaram em órgãos exteriores a si todas as competências relativas ao condicionamento da política monetária (Banco Central Europeu), coordenaram de forma muito intensa os montantes permitidos (ou suportáveis) de défice, com as subsequentes implicações ao nível da despesa (Pacto de Estabilidade). Resta, pouco, pois, aos Estados na área da política financeira. E nessa matéria, o mais importante é, sem qualquer dúvida, a política fiscal"[489].

Todavia, os Estados-membros não se apercebem com tanta clareza que a soberania fiscal, sobretudo após a UEM, caminha no sentido de se tornar num conceito mais teórico do que efectivo[490], tantos são os condicionalismos impostos a partir do exterior que espartilham o exercício do poder nacional de determinação da política fiscal do Estado.

A concorrência fiscal prejudicial é um dos factores que contribuem para o enfraquecimento da soberania fiscal dos Estados. Com efeito, a existência de medidas de concorrência fiscal prejudicial em alguns territórios força os Estados a alterarem a sua política fiscal, de forma a evitarem a diminuição da sua base de tributação e das receitas fiscais, vendo, assim, diminuída a sua soberania fiscal[491].

Também a integração por via negativa, decorrente das decisões do Tribunal de Justiça em matéria de tributação directa, contribui significativamente para o enfraquecimento da soberania fiscal dos Estados-membros. A jurisprudência do Tribunal de Justiça assume já um papel extremamente relevante no campo da tributação directa, na prática impondo aos Estados-

---

[489] In CARLOS LOBO, *Uma primeira reacção...*, p. 94.

[490] Cfr., neste sentido, BEN TERRA / PETER WATTEL, *European Tax Law...*, p. 146.

[491] Neste sentido, JOSÉ CASALTA NABAIS, *O princípio da legalidade fiscal...*, pp. 1105-1115. *Vide* também SILVIA GIANNINI, *Mercado interno e fiscalidade: aspectos económicos*, Ciência e Técnica Fiscal, n.º 401, Janeiro-Março 2001, p. 139: "na sequência de um processo descontrolado de concorrência fiscal, os países não seriam já livres para determinar, com base nas preferências dos seus próprios cidadãos, nem o nível, nem a relação entre as suas próprias receitas e despesas. Ao contrário de ser a expressão da autonomia dos Estados, um tal processo concorrencial poderia ao contrário minar em profundidade a soberania fiscal de cada Estado e mesmo prejudicar o processo democrático".

290 Princípios do Direito Fiscal Internacional

-membros alterações à sua legislação fiscal, e substituindo-se à harmonização fiscal positiva – mas sem se encontrar sujeita, ao contrário desta última, à decisão pelos Estados-membros.

Conjectura-se, a este respeito, se a pressão exercida pela jurisprudência do Tribunal de Justiça sobre a fiscalidade dos Estados-membros poderá vir a contribuir para que estes, no futuro, se venham a mostrar mais receptivos ao avanço do processo de harmonização fiscal por via positiva[492].

Até ao momento, os Estados-membros têm vindo a assumir uma posição de firme defesa da respectiva soberania fiscal, parecendo não atribuir a necessária importância à perda de eficiência económica da UE e ao prejuízo para a sua própria soberania fiscal, nos termos acima apontados, resultantes da insuficiência do processo de harmonização fiscal da tributação directa[493].

Porém, é cada vez mais nítida a consciência existente quanto à importância, no que diz respeito às transacções e aos investimentos envolvendo diversos Estados-membros, dos constrangimentos relacionados com a tributação directa. Coloca-se, face ao exposto, a questão de saber até que ponto é possível manter a actual situação da tributação directa na UE, designadamente ao nível da tributação das empresas, a qual redunda na concretização imperfeita do mercado interno europeu – desvirtuado por entraves e distorções de origem fiscal – e numa perda de eficiência económica e de competitividade da Europa face a outros espaços económicos como os EUA.

Neste contexto, importa salientar o papel de alguns factores cuja actuação tem contribuído, nos últimos anos, para uma modificação do panorama económico internacional. Estes factores, entre os quais destacamos o processo de crescente globalização da economia, o advento do comércio electrónico e a introdução da UEM, concorrem para o lançamento de novos e mais complexos desafios à fiscalidade dos Estados e da própria

---

[492] BEN TERRA e PETER WATTEL, referindo-se à posição actual dos Estados-membros quanto ao avanço da integração positiva em matéria de tributação directa, afirmam que: "neste preciso momento [...] eles parecem não ser capazes de fazer mais nada do que rezingar contra o Tribunal por fazer numa base casuística o que eles próprios não conseguem fazer de uma forma mais coordenada". BEN TERRA / PETER WATTEL, European Tax Law..., p. 146.

[493] Cfr. BEN TERRA / PETER WATTEL, European Tax Law..., pp. 106-107.

Parte II – II. Integração por Via Positiva e Negativa 291

UE, tornando ainda mais sérias e mais visíveis as distorções de origem fiscal que perturbam as transacções e os investimentos que envolvem mais do que um Estado-membro.

Começando pela globalização da economia, refira-se que esta envolve uma mais profunda integração dos mercados internacionais, grandemente auxiliada pelos novos instrumentos que a tecnologia tem, nos últimos anos, disponibilizado em termos de comunicações e acesso à informação.

Sendo a mobilidade dos investimentos e das diversas actividades maior num contexto de globalização, também neste se acentuam os problemas quer da concorrência fiscal prejudicial entre Estados-membros, quer da competição entre grandes espaços económicos. No que toca a este último aspecto, a globalização salienta as desvantagens comparativas da UE em termos de atractividade para investimentos de países terceiros, em virtude da existência dos obstáculos fiscais às transacções transfronteiriças. Nestes termos, se a UE não conseguir ultrapassar os constrangimentos fiscais que dificultam o funcionamento do mercado interno como um verdadeiro espaço sem fronteiras para a produção e o investimento, perderá, em termos globais, competitividade no plano internacional face a outras potências económicas, como por exemplo os EUA.

Quanto ao desenvolvimento do comércio electrónico, este suscita novos desafios aos sistemas fiscais dos Estados, bem como à capacidade da UE de coordenar esforços que permitam aos Estados-membros enfrentar tais desafios da melhor forma[494]. A tributação dos lucros obtidos por entidades que desenvolvem este tipo de actividade levanta sérios embaraços aos Estados, em virtude da dificuldade em identificar, entre outros aspectos, os operadores económicos, o Estado a partir do qual a transacção é efectuada, ou os territórios onde existem estabelecimentos estáveis. Um grau adicional de dificuldade é introduzido no caso de produtos virtuais (música, filmes, programas informáticos ou diversos serviços prestados através da internet, entre outros).

---

[494] Em áreas novas e relativamente às quais os Estados-membros se encontram ainda a analisar as soluções mais adequadas, como sucede no campo do comércio electrónico, o papel de coordenação da UE afigura-se-nos fundamental. Com efeito, parece-nos preferível que as respostas para a tributação destes novos tipos de situações, tanto mais que envolvem complexas questões de tributação internacional, sejam, desde logo, estudadas e definidas de forma harmonizada, a nível da UE.

No seu *Estudo sobre a Fiscalidade das Empresas no Mercado Interno*, a Comissão mostra-se consciente dos desafios suscitados pelos desenvolvimentos económicos e tecnológicos dos últimos anos à fiscalidade dos Estados-membros e da própria UE. Salienta ainda a necessidade, por forma a enfrentar tais desafios, de uma actuação europeia no campo da tributação das sociedades na UE[495]. Todavia, a questão que se coloca tem a ver com o grau de anuência dos Estados-membros a propostas concretas, tendentes ao reforço da harmonização fiscal europeia no campo da tributação directa.

Por outro lado, também a introdução da União Monetária – cuja criação, com a introdução do Euro, merece já a qualificação de "modificação mais profunda e de maiores consequências alguma vez realizada no plano comunitário"[496] –, constitui um desafio para a fiscalidade da UE.

Contribuindo a existência de uma moeda única para uma maior transparência entre os diversos Estados-membros – no que diz respeito aos preços dos mais variados bens e serviços, à rentabilidade das empresas após tributação e à rentabilidade líquida de impostos que pode ser obtida nos vários mercados financeiros, entre muitos outros aspectos – tal transparência torna mais visíveis as diferenças entre o tratamento fiscal conferido, nos diversos Estados-membros, ao mesmo tipo de rendimento. Este facto aumenta a importância dos aspectos fiscais nas decisões de investimento e, consequentemente, a necessidade da prossecução da harmonização fiscal, sob pena de se agravarem as distorções fiscais existentes no mercado interno. Contribui também para incentivar a concorrência fiscal entre Estados-membros, com o objectivo de atrair investimentos dotados de um grau elevado de mobilidade internacional[497].

---

[495] Cfr. COMISSÃO DAS COMUNIDADES EUROPEIAS, Estudo da Comissão sobre a Fiscalidade das Empresas no Mercado Interno, Bruxelas, 2001, p. 20.

[496] *Vide* COMISSÃO DE ESTUDO DA TRIBUTAÇÃO DAS INSTITUIÇÕES E PRODUTOS FINANCEIROS, *A Fiscalidade do Sector Financeiro Português em Contexto de Internacionalização*, Centro de Estudos Fiscais, Lisboa, 1999, p. 192.

[497] Cfr. COMISSÃO DE ESTUDO DA TRIBUTAÇÃO DAS INSTITUIÇÕES E PRODUTOS FINANCEIROS, *A Fiscalidade do Sector Financeiro...*, pp. 204-205, que refere, relativamente aos mercados financeiros, que: "sendo embora um problema que não é novo [...], a introdução do euro faz acrescer grandemente o risco de situações de concorrência ou *dumping* fiscal prejudicial".

Parte II – II. Integração por Via Positiva e Negativa 293

Todavia, o facto de aumentar a necessidade da harmonização fiscal não significa que tal harmonização venha, efectivamente, a registar progressos. A harmonização fiscal não poderá ter sucesso se não houver vontade política dos Estados em assegurar à UE os poderes necessários à respectiva prossecução.

Torna-se, portanto, possível traçar vários cenários hipotéticos quanto ao futuro desenvolvimento do processo de harmonização da tributação directa, tendo em conta, designadamente, a influência nesse processo da consolidação da UEM (com particular destaque para a União Monetária).

De acordo com um primeiro cenário, mais pessimista em relação ao futuro desenvolvimento da actuação europeia em matéria de tributação directa, o facto de os Estados-membros deixarem de dispor de alguns dos seus mais importantes instrumentos de actuação ao nível da economia, a política monetária e cambial, ficando a respectiva utilização da política orçamental fortemente condicionada, pode levar esses Estados a não quererem prescindir da condução da sua política fiscal, como um dos últimos redutos do seu poder de gestão da economia nacional.

Com efeito, há que ter em conta o facto de a existência da União Monetária implicar que as políticas monetária e cambial deixem de ser conduzidas ao nível dos Estados, para passarem a ser políticas centralizadas. Adicionalmente, no âmbito da União Monetária a política orçamental dos Estados-membros encontra-se vinculada ao cumprimento de regras específicas.

Tais circunstâncias são susceptíveis de gerar ainda maior apego dos Estados-membros à sua soberania fiscal, bem como intransigência quanto à manutenção do princípio da unanimidade na aprovação de medidas em matéria fiscal, com todos os inconvenientes e dificuldades daí advenientes para o avanço do processo de harmonização fiscal[498].

O cenário acima descrito quanto à possível atitude dos Estados--membros, conjugado com a realização do alargamento da UE a novos Estados, não augura que, pelo menos a curto ou médio prazo, o processo

---

[498] Neste sentido, cfr., entre outros, CASALTA NABAIS, Direito Fiscal..., p. 191: "compreende-se que os Estados, que abriram mão da sua política monetária e cambial, se refugiem na soberania fiscal que lhes resta, mantendo a regra da unanimidade na adopção de medidas fiscais, e sendo muito cautelosos, na aceitação de novas áreas de harmonização fiscal ou de aprofundamento das áreas já existentes".

de harmonização fiscal venha a desenvolver-se a um ritmo ou a um nível diferentes dos que se verificam actualmente.

No âmbito de um cenário mais optimista, em contrapartida, pondera--se que o facto de se ter conseguido concretizar a UEM poderá colocar em evidência as vantagens do processo de integração económica europeia. Este clima poderá gerar nos Estados a vontade de avançarem para novas etapas de integração económica e de eliminarem os obstáculos que se colocam a tal desiderato, designadamente através de um aprofundamento da harmonização fiscal na área da tributação directa – área na qual existem constrangimentos susceptíveis de impedir a plena prossecução dos objectivos de integração económica da UE.

O aludido efeito de alastramento decorrente da UEM, previsto nos termos de um cenário optimista, é susceptível de contribuir para a atribuição de mais poderes em matéria fiscal à UE e para a eliminação da regra da unanimidade na tomada de deliberações fiscais. Ora qualquer destas medidas facilitaria em muito a adopção de medidas tendentes à eliminação dos entraves fiscais que actualmente impedem o pleno funcionamento do mercado interno[499].

Para já, não nos parece que o aludido cenário optimista, com o correspondente efeito de alastramento, se esteja a concretizar no que toca à harmonização fiscal da tributação directa. Note-se, aliás, que o Tratado de Lisboa não trouxe alterações significativas em matéria fiscal[500]. Designadamente, o TFUE continua a prever a unanimidade na tomada de deliberações fiscais[501].

---

[499] Cfr. MARÍA TERESA MATA SIERRA, *La Armonización Fiscal...*, p. 89, referindo--se à manutenção da regra da unanimidade em matéria fiscal, salienta o paradoxo existente a este nível: "Por um lado, apenas com o levantamento deste direito de veto concedido na actualidade aos Estados é possível avançar no terreno da integração dos respectivos sistemas fiscais; por outro lado, para conseguir ultrapassar-se esta regra da unanimidade, é necessário um grau mais avançado de integração na construção europeia".

[500] Neste sentido, cfr., entre outros, HENK VAN ARENDONK, *European cooperation after fifty years*, EC Tax Review, n.º 2, 2008, pp. 50-51.

[501] Conforme já referimos, não parece provável que a aludida regra da unanimidade na aprovação de medidas fiscais sofra alterações a curto ou a médio prazo. Cfr., neste sentido, MICHEL AUJEAN, *European Commission launches...*, p. 63. O autor é Director na área de análise e políticas fiscais, na Comissão Europeia.

Contribuindo para reforçar o prognóstico de um avanço tímido das questões da tributação directa ao nível da UE, assiste-se a uma alteração da estratégia da Comissão neste campo. Tal estratégia deixou de assentar na "harmonização" para se basear na "coordenação" entre os Estados--membros[502].

2. Papel da Jurisprudência do Tribunal de Justiça

Num primeiro momento, considerava-se que os Estados-membros mantinham uma soberania total no campo da tributação directa, dada a inexistência de regras expressas nos Tratados quanto a este tipo de tributação. Todavia, sendo tecnicamente verdade que os Estados-membros são livres de legislar nesta área, a jurisprudência do Tribunal de Justiça tem vindo a mostrar que eles devem exercer os seus poderes em matéria de tributação directa com respeito pelo Direito da UE.

A jurisprudência do Tribunal de Justiça tem desempenhado um papel fundamental na construção europeia, designadamente no tocante à articulação entre o Direito da UE e o direito nacional dos Estados-membros[503] e à salvaguarda dos princípios e liberdades consagrados nos Tratados.

---

[502] Vejam-se, a título de exemplo, a Comunicação da Comissão de 19 de Dezembro de 2006, referente à coordenação dos sistemas de tributação directa dos Estados-membros no mercado interno – COM(2006)823 –, e as duas outras Comunicações da mesma data, relativas a *"exit taxation"* e a dedução de perdas apuradas noutros Estados-membros – COM(2006)825 e COM(2006)824.

[503] MOURA RAMOS salienta que "o Tribunal tem sido um importantíssimo elemento de criação do Direito Comunitário. A prática do reenvio prejudicial deu-lhe ocasião para, a vários propósitos, ir afirmando os princípios fundamentais que regem a ordem comunitária na sua articulação com os direitos nacionais; para analisar e fazer doutrina relativamente a questões importantíssimas atinentes ao equilíbrio geral entre as Comunidades e os Estados-membros, no exercício das respectivas competências. Ao fazê-lo, o Tribunal avançou soluções que apontam para um federalismo jurídico e que confirmaram a sua natureza de instituição comunitária que se procurou mover por uma interpretação finalista e teleológica dos preceitos cuja guarda lhe estava cometida". In RUI MANUEL DE MOURA RAMOS, *Das Comunidades à União Europeia – Estudos de Direito Comunitário*, 2.ª ed., Coimbra Editora, Coimbra, 1999, p. 93. Cfr., igualmente, ANA MARIA GUERRA MARTINS, *A Natureza Jurídica da Revisão do Tratado da União Europeia*, Lex, Lisboa,

296 *Princípios do Direito Fiscal Internacional*

No campo da tributação directa, a jurisprudência do Tribunal de Justiça tem contribuído para suprir a insuficiência de harmonização fiscal positiva. Neste contexto, os cidadãos e as empresas, ao recorrerem aos tribunais para ultrapassarem situações de discriminação fiscal, têm também dado um contributo significativo para desencadear o controlo da adequação do direito dos Estados-membros ao Direito da UE[504].

A importância assumida pelas decisões do Tribunal de Justiça é possibilitada por determinadas características do ordenamento jurídico da UE, de que se destacam o efeito directo das normas dos Tratados claras e suficientemente precisas, o primado do Direito da UE sobre o direito nacional e a responsabilidade dos Estados-membros pelas violações do Direito da UE.

O envolvimento do Tribunal de Justiça pode iniciar-se com um procedimento de infracção, desencadeado quer pela Comissão quer por um Estado-membro, respectivamente nos termos dos artigos 258.º e 259.º do TFUE, quando entendam que um Estado-membro não cumpriu alguma das obrigações a que se encontra sujeito por força dos Tratados. A intervenção do Tribunal de Justiça pode, também, ocorrer em resultado de um reenvio prejudicial de um tribunal nacional para o Tribunal de Justiça[505].

O número de procedimentos de infracção lançados pela Comissão contra Estados-membros que potencialmente não estão a cumprir o Direito da UE tem vindo a registar um aumento. Todavia, a maior parte das questões relativas à conformidade da legislação dos Estados-membros com o

---

2000, p. 624: "A jurisprudência do Tribunal contribuiu para configurar a repartição de atribuições entre as Comunidades e os seus Estados, num sentido favorável às primeiras, bem como para caracterizar a ordem jurídica comunitária como autónoma tanto em relação ao Direito Internacional como aos Direitos nacionais, com todas as consequências que daí advêm para o relacionamento entre as ordens jurídicas nacionais e comunitárias, de que o princípio do primado das normas comunitárias sobre as normas jurídicas nacionais é o principal expoente".

[504] Para uma abordagem desenvolvida da questão do controlo da legalidade dos actos e das normas pelo Tribunal de Justiça, bem como da problemática da relação entre o Tribunal de Justiça e os tribunais nacionais (incluindo o processo das questões prejudiciais), cfr. ANA MARIA GUERRA MARTINS, *Curso de Direito Constitucional...*, pp. 465-496 e pp. 504-534.

[505] Sobre o tema das questões prejudiciais no contexto da interpretação do Direito da UE, cfr., entre outros, FAUSTO DE QUADROS, *Direito da União Europeia...*, pp. 456--487.

Direito da UE, no campo da tributação directa, continua a chegar ao Tribunal de Justiça através do mecanismo do reenvio prejudicial.

O mecanismo do reenvio prejudicial, previsto no artigo 267.º do TFUE, determina que os tribunais dos Estados-membros possam pedir ao Tribunal de Justiça que se pronuncie sobre a interpretação de disposições dos Tratados e sobre a conformidade com o Direito da UE de disposições legais nacionais, quando os referidos tribunais nacionais considerarem que uma decisão sobre tal questão é necessária ao julgamento da causa (no caso de órgãos jurisdicionais dos Estados-membros cujas decisões sejam susceptíveis de recurso judicial previsto no direito interno do Estado em causa). Em contrapartida, quando a questão se coloque perante um tribunal de última instância, esse tribunal está obrigado a submetê-la ao Tribunal de Justiça[506].

---

[506] O terceiro parágrafo do artigo 267.º do TFUE prevê o seguinte: "Sempre que uma questão desta natureza seja suscitada em processo pendente perante um órgão jurisdicional nacional cujas decisões não sejam susceptíveis de recurso judicial previsto no direito interno, esse órgão é obrigado a submeter a questão ao Tribunal". Verifica--se, assim, uma obrigação de reenvio prejudicial para o Tribunal de Justiça das questões de interpretação do Direito da UE que sejam necessárias para a resolução de um caso pelo tribunal nacional de última instância.

Todavia, a interpretação do aludido artigo 267.º do TFUE (então, artigo 234.º parágrafo terceiro do Tratado CE) pelo Tribunal de Justiça – patente na decisão do Caso *CILFIT* (Caso C-283/81) – permite o afastamento, em determinadas circunstâncias, da obrigatoriedade de os tribunais nacionais de última instância procederem ao reenvio prejudicial de questões para o Tribunal de Justiça. Em tais situações, os referidos tribunais nacionais podem decidir casos que envolvem a interpretação do Direito da UE sem a obrigação de submeterem previamente a questão ao Tribunal de Justiça mediante a apresentação do reenvio prejudicial.

A decisão do Tribunal de Justiça no Caso *CILFIT* prevê que os tribunais nacionais não tenham que proceder ao reenvio prejudical das questões de Direito da UE quando:

i) "decisões anteriores do Tribunal de Justiça já tenham tratado do aspecto jurídico em causa, independentemente da natureza dos procedimentos que conduziram a essas decisões, mesmo que as questões em causa não sejam estritamente idênticas" – *vide* parágrafo 14 do Caso *CILFIT*; ou

ii) "a correcta aplicação do Direito Comunitário [actualmente, Direito da UE] seja tão óbvia que não deixe campo para qualquer dúvida razoável no que toca à forma de resolver a questão de Direito Comunitário suscitada" – *vide* primeira parte do parágrafo 16 do Caso *CILFIT*.

A primeira situação é comummente conhecida por doutrina do "acto aclarado", prevendo uma excepção à obrigação imposta pelo artigo 267.º do TFUE quando o

Tribunal de Justiça já tenha anteriormente tomado decisões sobre questões similares. Surge na sequência de uma decisão anterior do Tribunal de Justiça nesta matéria, pois já no Caso *Da Costa* (Casos apensos C-28/62 e C-30/62) o Tribunal de Justiça tinha, embora com contornos distintos, dispensado os tribunais nacionais superiores do reenvio prejudicial – quando o caso fosse materialmente idêntico a uma questão que já tivesse sido sujeita a um reenvio prejudicial.

A segunda situação corresponde à designada doutrina do "acto claro", permitindo aos tribunais nacionais não submeterem uma questão ao Tribunal de Justiça mesmo que não haja um precedente constituído por uma decisão anterior do Tribunal de Justiça sobre a questão em apreço. Importa, todavia, salientar que o Caso *CILFIT*, de forma a limitar o seu alcance, inclui uma série de condições restritivas (*vide* segunda parte do parágrafo 16 e parágrafos 17 a 20), destinadas a limitar as possibilidades de os tribunais nacionais decidirem não remeter uma questão ao Tribunal de Justiça com base na doutrina do "acto claro". Quanto à doutrina do "acto aclarado", os requisitos são menos rigorosos do que os necessários para a aplicação da doutrina do "acto claro", uma vez que no "acto aclarado" a decisão do tribunal nacional se baseia no precedente constituído por uma decisão do Tribunal de Justiça e não apenas na interpretação do Direito da UE pelo tribunal nacional.

Face ao exposto, os tribunais nacionais de última instância têm a possibilidade, nos termos da doutrina do "acto claro" e "acto aclarado" prevista na decisão do Caso *CILFIT*, de aplicar o Direito da UE sem necessidade de solicitarem previamente a interpretação do Tribunal de Justiça – alterando assim a obrigação de reenvio imposta pelo artigo 267.º do TFUE, que deixou de ser incondicional. Naturalmente que todo o sistema está construído na base da confiança e da boa fé da actuação dos tribunais nacionais nas suas decisões a este nível.

No que diz respeito a questões de tributação directa, ANA PAULA DOURADO refere o seguinte: "considerando que, na ausência de uma harmonização abrangente, a aplicação do critério *CILFIT* envolve uma interpretação das liberdades fundamentais, cabe ao Tribunal de Justiça reduzir progressivamente o carácter vago desta. O carácter vago inerente aos princípios do Tratado CE relativos às liberdades fundamentais exige uma interpretação construtiva por parte do Tribunal, e é difícil pensar em acto claro sem decisões prévias do Tribunal". Deste modo, conclui a autora que, em termos gerais, "em matéria de tributação directa, um tribunal nacional ou tribunal de última instância está dispensado da obrigação de referir um caso ao Tribunal de Justiça nos termos do artigo 234.º [actual artigo 267.º do TFUE] apenas quando exista uma decisão já tomada sobre a questão (isto é, quando exista acto aclarado)". No que se refere à prática dos tribunais dos vários Estados-membros, a autora afirma, perante os diversos contributos obtidos no âmbito da conferência que deu origem à publicação, que "a doutrina do acto claro leva a uma alteração em favor dos tribunais fiscais nacionais do poder máximo de interpretação do Direito Comunitário, o qual não é utilizado de uma forma com-

A função do mecanismo do reenvio prejudicial é, essencialmente, a de assegurar uma interpretação uniforme do Direito da UE. Nos termos do primeiro parágrafo do artigo 267.º do TFUE, o reenvio prejudicial destina-se a decidir: a) sobre a interpretação dos Tratados; b) sobre a validade e a interpretação dos actos adoptados pelas instituições, os órgãos ou os organismos da União.

Note-se que a disposição em apreço não inclui qualquer referência expressa à verificação da compatibilidade da legislação dos Estados--membros com o Direito da UE. Tal facto, embora determinando a metodologia do Tribunal de Justiça, que começa habitualmente por analisar e clarificar o sentido do Direito da UE, não o impede de se pronunciar, seguidamente, quanto à questão da compatibilidade das disposições da legislação dos Estados-membros ou das CDT por estes celebradas com a ordem jurídica europeia.

Note-se ainda que, contrariamente ao que sucede nos procedimentos de infracção – nos quais o Tribunal de Justiça pode declarar regras nacionais como sendo incompatíveis com o Direito da UE – nos reenvios prejudiciais, apesar de o Tribunal de Justiça se pronunciar quanto a tal (in)compatibilidade, existe um efeito meramente indirecto sobre a legislação nacional. De facto, numa situação de reenvio prejudicial, o Tribunal de Justiça interpreta o Direito da UE na medida em que este possa afectar as disposições legais específicas em causa num processo pendente perante um tribunal nacional. Deste modo, o Tribunal de Justiça faculta aos juízes nacionais respostas que lhes permitem decidir o caso pendente no tribunal nacional.

---

pletamente correcta, fundamentalmente devido à falta de uma obrigação de justificar a não realização do reenvio prejudicial e à difícil aplicação da responsabilidade do Estado tal como resulta do critério Köbler".

Cfr. ANA PAULA DOURADO, *Is it acte clair...*, pp. 13-70 (sendo as citações das pp. 61 e 64). Cfr também DANIEL SARMIENTO, *Who's afraid of the acte clair doctrine?*, in ANA PAULA DOURADO / RICARDO DA PALMA BORGES (Ed.s) – *The Acte Clair in EC Direct Tax Law*, IBFD Publications, Amsterdam, 2008, pp. 71-83; FRANS VANISTENDAEL, *Consequences of the acte clair doctrine for the national courts and temporal effects of an ECJ decision*, in ANA PAULA DOURADO / RICARDO DA PALMA BORGES (Ed.s) – *The Acte Clair in EC Direct Tax Law*, IBFD Publications, Amsterdam, 2008, pp. 157-169. A publicação da obra referida surge na sequência da conferência internacional sobre o mesmo tema organizada pelo Instituto de Direito Económico, Financeiro e Fiscal – IDEFF, no âmbito da Faculdade de Direito da Universidade de Lisboa, que teve lugar a 17 e 18 de Setembro de 2007 em Lisboa.

300   *Princípios do Direito Fiscal Internacional*

O tribunal nacional que procedeu ao reenvio prejudicial fica vinculado pela interpretação do Tribunal de Justiça, cabendo-lhe, todavia, aplicar a decisão deste às circunstâncias concretas do caso em julgamento. A decisão do Tribunal de Justiça aplica-se apenas ao caso concreto relativamente ao qual a questão foi suscitada. Note-se, porém, que tanto o tribunal que procedeu ao reenvio prejudicial como qualquer outro tribunal dos Estados-membros devem seguir o sentido do acórdão do Tribunal de Justiça (não só quanto à decisão, mas também quanto à respectiva fundamentação), no caso de se voltarem a deparar com um caso idêntico e com a mesma questão de interpretação dos Tratados[507]. Contudo, se entenderem que subsistem dúvidas de interpretação, devem reenviar novamente a questão ao Tribunal de Justiça[508].

A maioria dos casos decididos pelo Tribunal de Justiça no campo da tributação directa refere-se à compatibilidade das disposições da legislação nacional dos Estados-membros com as liberdades económicas consagradas no TFUE, em particular a livre circulação de pessoas, de serviços e de capitais. O Tribunal de Justiça aprecia também casos relativos à aplicação e interpretação das directivas europeias existentes em matéria de tributação directa.

A actuação do Tribunal de Justiça tem vindo a dar origem a um conjunto de decisões jurisprudenciais que identificam múltiplas normas e práticas discriminatórias dos Estados-membros, contribuindo deste modo para a implementação das políticas consagradas nos Tratados. O amplo conjunto de decisões tomadas pelo Tribunal de Justiça assume já, actual-

---

[507] Conforme refere ANA MARIA GUERRA MARTINS, "o acórdão interpretativo obriga o juíz nacional que suscitou a questão, pelo que este não se pode basear, na solução do litígio principal, numa interpretação diferente da que foi dada pelo Tribunal de Justiça. Esta obrigação de respeitar a interpretação dada pelo Tribunal incide não só sobre a decisão propriamente dita, mas também sobre a sua fundamentação". "Além disso, o acórdão interpretativo obriga todos os outros juízes nacionais. [...]." "O acórdão interpretativo, tendo em conta o objectivo do artigo 234.º do Tratado da CE [actual artigo 267.º do TFUE] – a uniformidade de interpretação do Direito Comunitário – tem um alcance geral. A interpretação incorpora-se na forma interpretada, pelo que os juízes nacionais que a quiserem aplicar têm a obrigação de o fazer com o sentido e o alcance que lhe foi dado pelo acórdão". In ANA MARIA GUERRA MARTINS, *Curso de Direito Constitucional...*, pp. 523-524.

[508] Remetemos, a este propósito, para o que referimos *supra* quanto às doutrinas do "acto claro" e do "acto aclarado".

Parte II – II. Integração por Via Positiva e Negativa 301

mente, um papel importantíssimo no âmbito do Direito Fiscal Europeu, sobretudo atenta a ainda modesta dimensão da legislação europeia no campo da tributação directa[509].

No âmbito da tributação directa, a jurisprudência do Tribunal de Justiça baseia-se, fundamentalmente, no princípio da não discriminação em razão da nacionalidade[510-511] e nos princípios da liberdade de circulação de bens, pessoas, serviços e capitais. Os aludidos princípios proíbem a existência de disposições fiscais nacionais susceptíveis de colocarem obstáculos às actividades e aos investimentos transfronteiriços na UE, sobrepondo-se à legislação fiscal dos Estados-membros e, ainda, às CDT por estes celebradas.

Uma vez que os princípios relativos às diversas liberdades de circulação, tal como outras disposições dos Tratados, constituem concretizações do princípio geral da não discriminação, o Tribunal de Justiça determinou invocar expressamente a cláusula geral de não discriminação prevista no artigo 18.º do TFUE apenas quando não existam outras disposições, designadamente as relativas às aludidas liberdades de circulação, que possam ser aplicadas no caso concreto sujeito à sua apreciação.

As liberdades fundamentais previstas no TFUE apresentam, assim, duas dimensões: um direito de livre circulação e uma proibição de discriminação em função da nacionalidade. Ao aplicar as liberdades europeias, o Tribunal de Justiça analisa primeiro se a disposição fiscal nacional em apreço produz uma diferenciação ostensiva em razão da nacionalidade

---

[509] Cabe todavia salientar que, em termos práticos, se verifica uma significativa incerteza quanto ao alcance de diversas decisões do Tribunal de Justiça em matéria fiscal, fora do caso que motivou a decisão. Seria importante que existissem indicações claras e sistematizadas (eventualmente preparadas pela Comissão) quanto aos princípios decorrentes da jurisprudência do Tribunal de Justiça, bem como quanto ao seu impacto em relação aos principais aspectos da tributação directa. Cfr., neste sentido, designadamente MICHEL AUJEAN, *European Commission launches...*, p. 64.

[510] Este princípio está consagrado no artigo 18.º do TFUE.

[511] Cfr. JOSÉ CASALTA NABAIS, *Direito Fiscal...*, pp. 189-190: "o TJCE, a partir sobretudo da consolidação do mercado interno, com a adopção do Acto Único Europeu, em 1986, começou a projectar as exigências do princípio da não discriminação em razão da nacionalidade, constante do actual art. 12.º do TCE [artigo 18.º do TFUE], sobre a tributação directa dos Estados, retirando daí diversas limitações para estes e constituindo assim um primeiro segmento de harmonização fiscal em sede dos impostos directos".

302   *Princípios do Direito Fiscal Internacional*

(discriminação directa) ou, não sendo o caso, se essa disposição legal efectua uma diferenciação dissimulada que indirectamente leve ao mesmo resultado (discriminação indirecta)[512].

A tributação do rendimento levanta especiais dificuldades neste campo, uma vez que, habitualmente, se refere à residência como elemento de conexão, e não à nacionalidade. Contudo, a aplicação de critérios de diferenciação distintos da nacionalidade pode, na prática, ter o mesmo efeito discriminatório, se tais critérios incidirem principalmente sobre os nacionais de outros Estados-membros. É o que pode, eventualmente, suceder com a utilização da residência como critério de diferenciação, uma vez que frequentemente os não residentes são nacionais de outros Estados--membros.

Assim, podendo o critério da residência ser utilizado pelos Estados--membros para favorecer os seus próprios nacionais[513], a aferição da compatibilidade de determinada medida com o Direito da UE parte de uma análise quanto à existência de uma diferença injustificada de tratamento entre residentes e não residentes que estejam em situações objectivamente comparáveis.

Antes de prosseguirmos, importa salientar que não pretendemos ser exaustivos na referência que fazemos, ao longo dos próximos capítulos, às decisões do Tribunal de Justiça relativas a cada um dos princípios ou problemáticas tratados. Do mesmo modo, não aprofundaremos todos as questões apreciadas e discutidas pelo Tribunal de Justiça em cada decisão, mas apenas as mais relevantes para efeitos da análise do princípio ou da problemática sobre os quais nos debruçamos e a propósito dos quais se alude à decisão em apreço.

Com efeito, uma referência exaustiva a todas as decisões do Tribunal de Justiça e a todas as questões apreciadas em cada decisão requereria uma abordagem distinta da assumida no presente trabalho, em que as referências à jurisprudência do Tribunal de Justiça são apenas complementares em relação à linha condutora do mesmo.

Face ao grande número já existente de decisões do Tribunal de Justiça no campo da tributação directa[514], bem como à elevada comple-

---

[512] Por exemplo, Acórdão *Commerzbank*, C-330/91, parágrafos 14, 15 e 19.

[513] Acórdão *Schumacker*, C-279/93, parágrafo 28.

[514] Para uma visão completa e sistematizada das decisões do Tribunal de Justiça na área da tributação directa, bem como do impacto de tais decisões ao nível da

Parte II – II. Integração por Via Positiva e Negativa

xidade de muitas delas, tal exaustividade teria cabimento num trabalho cujo objecto fosse, precisamente, a jurisprudência do Tribunal de Justiça no campo da tributação directa. Ora, conforme já foi referido, não é esse o objecto central do presente trabalho. Neste, a jurisprudência do Tribunal de Justiça surge apenas como instrumento auxiliar da análise da relação entre os princípios fundamentais do DFI, tal como se concretizam nas CDT, e o Direito Fiscal Europeu.

Dada a inexistência de disposições expressas do Direito Europeu originário relativamente à tributação directa, bem como a ainda muito limitada[515] cobertura das questões da tributação directa efectuada pelo Direito Fiscal Europeu derivado, sem dúvida que a jurisprudência do Tribunal de Justiça[516] é um instrumento fundamental no que toca à definição e revelação da postura do Direito Fiscal Europeu face aos princípios fundamentais do DFI. Assim, no trajecto que nos propomos efectuar ao longo da Parte II do presente trabalho, procuramos analisar a posição do Direito Fiscal Europeu relativamente às CDT e aos princípios fundamentais do DFI referindo os acórdãos que entendemos terem contribuído mais para a definição de tal posição ou serem mais ilustrativos desta, mas sem objectivos de exaustividade.

---

legislação fiscal dos Estados-membros visados pelas mesmas, cfr. JACQUES MALHERBE, PHILIPPE MALHERBE, ISABELLE RICHELLE e EDOARDO TRAVERSA, *The Impact of the Rulings...*

[515] Em termos do universo de questões especificamente abordadas pelo Direito da UE derivado.

[516] Juntamente com as directivas europeias em matéria de tributação directa.

III. RELAÇÕES ENTRE CDT E DIREITO FISCAL EUROPEU NA JURISPRUDÊNCIA DO TRIBUNAL DE JUSTIÇA

1. Enquadramento

Antes de procedermos à análise das relações entre CDT e Direito Fiscal Europeu na jurisprudência do Tribunal de Justiça, importa referir o modo como os Tratados configuram tal relação.

Conforme resulta do disposto no parágrafo 1 do artigo 351.º do TFUE, as CDT concluídas por Estados-membros com Estados terceiros anteriormente à entrada em vigor dos Tratados institutivos das Comunidades ou à adesão dos Estados-membros contratantes continuam a obrigar esses Estados-membros, mesmo que incluam disposições contrárias ao Direito da UE. Com efeito, nos termos tanto da regra *pacta sunt servanda* como do disposto no artigo 351.º do TFUE, as CDT anteriores continuam a vigorar na ordem jurídica interna do Estado-membro que as celebrou e a obrigá-lo perante os Estados terceiros contratantes dessas CDT, mesmo que incluam disposições contrárias ao Direito da UE posterior. Todavia, quando as aludidas CDT não sejam compatíveis com o Direito da UE, nos termos do parágrafo 2 do artigo 351.º do TFUE, bem como do princípio da cooperação leal entre União e Estados-membros previsto no n.º 3 do artigo 4.º do Tratado UE, é imposto aos Estados-membros que as celebraram que eliminem as incompatibilidades verificadas entre tal CDT celebrada com Estado terceiro e o Direito da UE, por exemplo mediante a modificação da CDT em apreço[517].

Quanto às CDT celebradas por um Estado-membro com um Estado terceiro após a adesão daquele à UE, o Estado-membro encontra-se obrigado a não concluir CDT que violem o Direito da UE. É o que

---

[517] A este propósito, cfr., entre outros, Fausto de Quadros, *Direito da União Europeia...*, pp. 378-386.

306 *Princípios do Direito Fiscal Internacional*

decorre, designadamente, do previsto no n.º 3 do artigo 4.º do Tratado UE. Os Estados-membros que actuem de forma distinta, celebrando com Estados terceiros, após a sua adesão à UE, CDT incompatíveis com o Direito da UE, ficam sujeitos a um processo por incumprimento nos termos previstos nos artigos 258.º a 260.º do TFUE.

No que diz respeito às CDT concluídas pelos Estados-membros entre si, anteriormente à respectiva adesão às Comunidades, deve ter-se em conta o previsto no artigo 30.º n.º 3 da Convenção de Viena de 1986 sobre o Direito dos Tratados entre Estados e Organizações Internacionais ou entre Organizações Internacionais. Nos termos da aludida disposição, "quando todas as partes no tratado anterior são igualmente partes no tratado posterior [...], o primeiro tratado só se aplica na medida em que as suas disposições sejam compatíveis com as do segundo tratado". Deste modo, verifica-se a prevalência do Direito da UE sobre as CDT concluídas entre os Estados-membros anteriormente à sua adesão à UE.

Relativamente às CDT celebradas pelos Estados-membros entre si após a respectiva adesão à UE, elas não podem, naturalmente, violar o Direito da UE, conforme decorre, designadamente, do previsto no n.º 3 do artigo 4.º do Tratado UE. Os Estados-membros encontram-se obrigados a não incluir nas CDT por si celebradas quaisquer disposições que sejam contrárias ao Direito da UE, o qual prevalece sobre o disposto nas aludidas CDT[518].

O Tribunal de Justiça pronunciou-se já, por diversas vezes, sobre o complexo problema das relações entre as CDT e o Direito da UE. Nuns casos, a questão da eventual incompatibilidade de disposições de uma CDT com o Direito da UE foi colocada directamente ao Tribunal. Noutros casos, em contrapartida, as referências às CDT surgiram de forma mais ou menos lateral relativamente às questões centrais analisadas. Por vezes, neste último conjunto de situações, a questão das CDT foi trazida à colação pelos argumentos dos governos ou pelas Opiniões dos Advogados Gerais.

---

[518] Conforme refere FAUSTO DE QUADROS, "o respeito por esta regra encontra-se garantido por várias vias: pela via das questões prejudiciais, através da qual se pode colocar ao Tribunal de Justiça o problema de interpretação do Tratado CE por confronto com o acordo internacional (artigo 234.º, parágrafo 1, alínea a) do Tratado CE) [actual artigo 267.º do TFUE]; e pela via do processo por incumprimento do Direito Comunitário (artigos 226.º a 228.º do Tratado CE) [actuais artigos 258.º a 260.º do TFUE]". FAUSTO DE QUADROS, *Direito da União Europeia...*, p. 383.

Parte II – III. Relações entre CDT e Direito Fiscal Europeu ... 307

Um ponto de partida fundamental na análise desta problemática é o princípio geral, claramente apontado pelo Tribunal de Justiça, de que o exercício pelos Estados-membros dos seus poderes tributários no campo da fiscalidade directa deve respeitar o Direito da UE. Com efeito, diversos Acórdãos do Tribunal de Justiça salientam que, não obstante a tributação directa ser uma matéria que permanece na competência dos Estados-membros, estes devem exercer os seus poderes no campo da tributação directa de acordo com o Direito da UE[519].

Uma vez que o primado do Direito da UE tem consequências igualmente ao nível das CDT concluídas pelos Estados-membros, estes não podem incluir, nem nos seus regimes fiscais nacionais em matéria de tributação directa, nem nas CDT por si celebradas, regras fiscais que criem obstáculos às liberdades de circulação consagradas no TFUE[520].

Conforme foi já referido, devem ser conformes com o Direito da UE não apenas as CDT bilaterais celebradas entre Estados-membros, mas também as concluídas entre estes e Estados terceiros, na medida em que os Estados-membros não podem, mesmo fora do contexto da União, continuar vinculados por obrigações, ou assumir novas obrigações, que sejam incompatíveis com o Direito da UE. Com efeito, tal seria susceptível de afectar a prossecução dos objectivos dos Tratados[521].

Face ao exposto, importa desde já salientar que o aspecto mais complexo, no que toca à jurisprudência do Tribunal de Justiça, consiste em aferir, no caso concreto, se existe ou não uma incompatibilidade entre uma ou várias disposições de uma CDT e o Direito da UE.

Passamos a analisar os casos apreciados pelo Tribunal de Justiça que nos parecem mais relevantes em matéria de relações entre CDT e Direito da UE. De entre os múltiplos Acórdãos do Tribunal de Justiça que abordam

---

[519] Alguns dos primeiros Acórdãos onde tal princípio geral é referido são: Acórdão *Avoir Fiscal*, C-270/83, parágrafo 26; Acórdão *Biehl*, C-175/88, parágrafo 12; Acórdão *Schumacker*, C-279/93, parágrafo 21; Acórdão *Wielockx*, C-80/94, parágrafo 16; Acórdão *Asscher*, C-107/94, parágrafo 36; Acórdão *Futura Participations and Singer*, C-250/95, parágrafo 19; Acórdão *ICI*, C-264/96, parágrafo 19.

[520] Sobre este aspecto, cfr. designadamente PASQUALE PISTONE, *The Impact of Community...*, p. 103; PATRÍCIA NOIRET CUNHA, *A Tributação Directa...*, p. 268.

[521] LUC HINNEKENS, *Compatibility of bilateral tax treaties with European Community law. Applications of the rules*, EC Tax Review, n.º 4, 1995, p. 202; MARTIN JANN, *How does Community law affect benefits available to non-resident taxpayers under tax treaties?*, EC Tax Review, n.º 4, 1996, p. 169.

308   *Princípios do Direito Fiscal Internacional*

a questão das CDT, quer enquanto aspecto central da decisão quer apenas lateralmente[522], optámos por centrar a nossa análise nos casos que assumiram um papel pioneiro nesta matéria, estabelecendo os parâmetros fundamentais da relação entre CDT e Direito Fiscal Europeu.

2. Decisões e Referências Mais Relevantes

2.1. Primeiras Referências do Tribunal de Justiça às CDT

O Tribunal de Justiça pronunciou-se pela primeira vez sobre a questão das relações entre as CDT e o Direito Fiscal Europeu no âmbito do Caso *Avoir Fiscal*[523], em 1986. Não era esta a questão central do caso, mas foi abordada de forma lateral.

---

[522] Referimos *infra* aqueles que, na perspectiva de um Estudo recente sobre a Jurisprudência do Tribunal de Justiça no campo da tributação directa, são os principais casos onde este Tribunal abordou a questão das CDT, organizados em três grupos, em função do problema central tratado no Acórdão:

i) Tributação de indivíduos

Caso *Bachmann*, C-204/90; Caso *Werner*, C-112/91; Caso *Wielockx*, C-80/94; Caso *Asscher*, C-107/94; Caso *Gilly*, C-336/96; Caso *Gschwind*, C-391/97; Caso *Mertens*, C-431/01; Caso *Danner*, C-136/00; Caso *De Groot*, C-385/00; Caso *Gerritse*, C-234/01; Caso *Pusa*, C-224/02; Caso *Merida*, C-400/02; Caso *"D"*, C-376/03; Caso *Blanckaert*, C-512/03; Caso *Ritter-Coulais*, C-152/03; Caso *van Hilten-van der Heijden*, C-513/03; Caso *Scorpio*, C-290/04; Caso *Comissão v Dinamarca*, C-150/04; Caso *Talotta*, C-383/05; Caso *Comissão v Bélgica*, C-522/04; Caso *Lakebrink*, C-182/06; Caso *Jäger*, C-256/06.

ii) Tributação de sociedades

Caso *Saint-Gobain*, C-307/97; Caso *AMID*, C-141/99; Caso *CLT-UFA*, C-253/03; Caso *Denkavit Internationaal*, C-170/05; Caso *Columbus Container*, C-298/05.

iii) Tributação dos sócios

Caso *Metallgesellschaft/Hoechst*, C-397/98 e C-410/98; Caso *Weidert/Paulus*, C-242/03; Caso *Manninen*, C-319/02; Caso *Bouanich*, C-265/04; Caso *Kerckhaert-Morres*, C-513/04; Caso *Test Claimants ACT GL*, C-374/04; Caso *Test Claimants FII GL*, C-446/04; Caso *Denkavit Internationaal*, C-170/05; Caso *Amurta*, C-379/05; Caso *A*, C-101/05.

Cfr. Jacques Malherbe, Philippe Malherbe, Isabelle Richelle e Edoardo Traversa, *The Impact of the Rulings...*, pp. 117-120.

[523] Caso *Comissão v. França – Avoir Fiscal*, C-270/83, decidido pelo Tribunal de Justiça em 28 de Janeiro de 1986.

Parte II – III. Relações entre CDT e Direito Fiscal Europeu ...

A questão central do Caso *Avoir Fiscal* era a (in)compatibilidade com o Direito Fiscal Europeu de uma norma fiscal francesa que excluía as entidades não residentes, que operavam em França por meio de um estabelecimento estável aí localizado, do âmbito da dedução por dupla tributação económica relativamente a dividendos recebidos de sociedades francesas.

Assim, quando recebiam dividendos de sociedades estabelecidas em França, os estabelecimentos estáveis aí situados de sociedades não residentes não beneficiavam do crédito de imposto (*"avoir fiscal"*). Apenas podiam usufruir desta vantagem fiscal os beneficiários de dividendos que fossem sociedades residentes em França, incluindo as subsidiárias francesas de sociedades estrangeiras.

O Governo francês alegou, em defesa da sua legislação fiscal, que a diferença de tratamento entre sociedades residentes e não residentes se justificava pela falta de harmonização fiscal e que, até que existisse legislação europeia em matéria de impostos directos, deveriam seguir-se as soluções previstas nas CDT, enquanto instrumentos adequados para a eliminação da dupla tributação. Referiu, ainda, que caso a França fosse obrigada a conceder o benefício da dedução por dupla tributação económica aos estabelecimentos estáveis aí situados de sociedades não residentes, existia o risco de se alterar o equilíbrio das CDT.

O Tribunal de Justiça não acolheu estes argumentos do governo francês, afirmando que o exercício das liberdades fundamentais reconhecidas no Tratado não pode ficar condicionado pela falta de harmonização no campo em apreço. Adicionalmente, o Tribunal de Justiça salientou que "o governo francês equivoca-se ao entender que a diferença de tratamento em questão se deve às convenções para a eliminação da dupla tributação. Estas convenções não abordam os casos aqui discutidos. Além do mais, os direitos outorgados pelo artigo 52.º do Tratado são incondicionais e um Estado-membro não pode subordinar o respeito desses direitos às disposições de um acordo celebrado com outro Estado-membro"[524-525].

---

[524] Acórdão *Avoir Fiscal*, parágrafo 26.

[525] Esta jurisprudência foi mais tarde confirmada pelo Tribunal de Justiça através do Caso *Athinaiki Zythopoiia*, C-294/99, de 4 de Outubro de 2001. Nesta sentença, o Tribunal voltou a fazer uso da jurisprudência *Avoir Fiscal* em relação a um caso no qual se analisava a compatibilidade com o Direito da UE (mais concretamente, com a

310 *Princípios do Direito Fiscal Internacional*

Num outro caso relevante para a análise da problemática em apreço, o Caso *Bachmann*[526], discutia-se a (in)compatibilidade com o Direito Fiscal Europeu das disposições fiscais belgas que não permitiam a dedução dos prémios de seguro pagos a uma seguradora estrangeira (no caso em análise, uma seguradora residente na Alemanha). A argumentação do Sr. Bachmann, no sentido de que a disposição fiscal em apreço era discriminatória, baseava-se na circunstância de os prémios serem dedutíveis se tivessem sido pagos a seguradoras belgas.

O Tribunal de Justiça decidiu, contudo, no sentido da admissibilidade das disposições fiscais em apreço, em virtude de estas terem o propósito de salvaguardar a coerência do sistema fiscal belga (a qual dependia de uma correlação entre dedutibilidade dos prémios de seguro e a possibilidade de o Estado submeter posteriormente a tributação os valores recebidos das seguradoras).

Quanto ao aspecto sobre o qual nos debruçamos, o Tribunal de Justiça notou a existência de CDT entre certos Estados-membros que permitiam a dedução para efeitos fiscais dos prémios pagos num Estado-membro distinto daquele no qual a vantagem fiscal era concedida. Contudo, o Tribunal de Justiça salientou que o recurso a tal solução ocorreria apenas quando esta se encontrasse consagrada em CDT aplicável à situação em apreço, ou caso fosse prevista em medidas de coordenação ou de harmonização adoptadas pelo Conselho[527].

Directiva 90/435/CEE) de uma regra do imposto sobre sociedades grego. O governo grego argumentou que as disposições da sua legislação fiscal que geravam uma sobrecarga fiscal para as filiais, no caso de ocorrer uma distribuição de lucros às respectivas sociedades-mães residentes de Estados-membros, se encontravam justificadas pelo facto de corresponderem ao previsto nas CDT. Assim, o governo grego considerava que as disposições em apreço eram compatíveis com a Directiva 90/435/CEE, e em particular com o seu artigo 7.º n.º 2, na medida em que esta disposição da directiva salvaguardava a aplicação de disposições da legislação nacional e de CDT destinadas a eliminar a dupla tributação económica relativa a dividendos. Discordando da aludida argumentação, o Tribunal declarou que: "os direitos que decorrem para os operadores económicos do artigo 5.º n.º 1 da mesma [da Directiva 90/435/CEE], são incondicionais e um Estado-membro não pode fazer depender o seu respeito do previsto numa CDT celebrada com um outro Estado". *Vide* o Acórdão *Athinaiki Zythopoiia*, parágrafo 32.

[526] Caso C-204/90, decidido pelo Tribunal de Justiça em 28 de Fevereiro de 1992.

[527] Acórdão *Bachmann*, parágrafo 26.

Parte II – III. Relações entre CDT e Direito Fiscal Europeu ... 311

Portanto, o Tribunal de Justiça admitiu, no Caso *Bachman,* que a discriminação em causa poderia resolver-se através de normas harmonizadoras a nível comunitário ou de CDT. O verdadeiro significado desta afirmação do Tribunal parece-nos, todavia, dúbio. Se bem que tal afirmação possa interpretar-se como um reconhecimento pelo Tribunal de Justiça do importante papel que as CDT têm a nível internacional e podem ter também a nível da UE, inclusivamente suprindo a falta de harmonização europeia, as disposições das CDT e o resultado da sua aplicação podem, não obstante, ser incompatíveis com o Direito Fiscal Europeu – aspecto de que o Tribunal está bem ciente.

A relação entre as CDT e o Direito Fiscal Europeu foi também abordada nas Opiniões dos Advogados Gerais nos Casos *Commerzbank*[528] e *Futura Participations*[529], tendo sido reafirmada em ambos a primazia do Direito Fiscal Europeu sobre as CDT.

No Caso *Commerzbank,* a propósito das disposições da CDT entre o Reino Unido e os EUA, o Advogado Geral Darmon afirmou que o cumprimento do Direito da UE não deve ficar dependente do resultado da aplicação de uma CDT celebrada por um Estado-membro com um Estado terceiro[530]. O Advogado Geral afirmou ainda o seguinte: "não creio que a complexidade da repartição da jurisdição tributária entre os Estados--membros possa ser invocada em prejuízo de um sujeito passivo que tenha sido submetido a uma tributação inadequada"[531].

No seu Acórdão, o Tribunal de Justiça não aludiu especificamente a estas afirmações do Advogado Geral. Contudo, seguiu a opinião deste ao decidir a favor do demandante no Caso *Commerzbank* e contra o Reino Unido. Assim, o Tribunal pode ter evitado propositadamente abordar a melindrosa questão da supremacia do Direito da UE sobre as CDT celebradas com Estados terceiros[532].

---

[528] Caso C-330/91, decidido pelo Tribunal de Justiça em 13 de Julho de 1993.

[529] Caso C-250/95, decidido pelo Tribunal de Justiça em 15 de Maio de 1997.

[530] No âmbito da terminologia adoptada, a expressão "Estado terceiro" é sempre utilizada na acepção de um Estado que não integra a UE.

[531] Opinião do Advogado Geral no Caso *Commerzbank*, parágrafo 60.

[532] ADOLFO J. MARTÍN JIMÉNEZ, *Hacia una nueva configuración de las relaciones entre el derecho comunitario y la normativa nacional en materia de imposición directa? – El caso Gilly*, REDF, n.º 102, 1999, p. 302.

312 *Princípios do Direito Fiscal Internacional*

Também o Advogado Geral no Caso *Futura Participations* avançou pelo campo das relações entre as CDT e o Direito Fiscal Europeu, tendo sustentado que determinados artigos da CDT entre a França e o Luxemburgo eram contrários ao Direito da UE. A exemplo do que sucedeu no Caso *Commerzbank*, o Tribunal de Justiça não se pronunciou sobre a questão – desta feita em virtude de a sua decisão se afastar das conclusões do Advogado Geral.

Passamos agora a referir um conjunto de casos nos quais o Tribunal de Justiça se pronunciou de forma mais directa relativamente à (in)compatibilidade de disposições de CDT com o Direito da UE.

2.2. Caso Gilly

2.2.1. *Contornos do caso e decisão*

O Caso *Gilly*[533] foi o primeiro no qual foi expressamente pedido ao Tribunal que se pronunciasse sobre a compatibilidade de uma CDT com o Direito da UE.

O casal Gilly vivia na França, perto da fronteira com a Alemanha. Tanto o Sr. como a Sra. Gilly eram professores. O Sr. Gilly, de nacionalidade francesa, trabalhava numa escola pública francesa e a Sra. Gilly, de nacionalidade alemã, mas que também tinha a nacionalidade francesa por via do casamento, trabalhava numa escola pública alemã.

O Sr. e a Sra. Gilly argumentaram, perante os tribunais franceses, que a aplicação de um conjunto de disposições da CDT entre a França e a Alemanha os sujeitava a uma tributação discriminatória e excessiva, que era incompatível com os artigos 12.º, 39.º e 293.º do Tratado CE [actuais artigos 18.º e 45.º do TFUE, tendo o artigo 293.º do Tratado CE sido revogado pelo Tratado de Lisboa]. O tribunal francês remeteu várias questões ao Tribunal de Justiça, a título de questões prejudiciais.

O Tribunal de Justiça analisou, primeiramente, a questão do eventual efeito directo do segundo ponto do artigo 293.º do Tratado CE [entretanto revogado pelo Tratado de Lisboa]. Esta disposição referia que os Estados-

---

[533] Caso C-336/96, decidido pelo Tribunal de Justiça em 12 de Maio de 1998.

Parte II – III. Relações entre CDT e Direito Fiscal Europeu ... 313

-membros entrariam em negociações uns com os outros de forma a eliminarem a dupla tributação no âmbito da CE. O Tribunal de Justiça tinha sido questionado sobre se este objectivo constituía uma regra directamente aplicável em relação aos Estados-membros. O Tribunal, apoiando-se em jurisprudência anterior, sustentou que o artigo 293.º do Tratado CE não constituía uma regra legal com efeito directo. Assim, a referida disposição não podia, por si mesma, atribuir aos indivíduos quaisquer direitos que estes pudessem invocar perante os tribunais nacionais. A resposta a esta questão foi, portanto, que o segundo ponto do artigo 293.º do Tratado CE não tinha efeito directo[534].

Outra das questões analisadas pelo Tribunal de Justiça referia-se à compatibilidade das disposições de repartição do poder de tributar da CDT entre a França e a Alemanha com o artigo 39.º do Tratado CE [actual artigo 45.º do TFUE], relativo à livre circulação dos trabalhadores[535]. A este propósito, o governo francês sustentou que a situação da Sra. Gilly não tinha a ver com a livre circulação dos trabalhadores, uma vez que ela trabalhava na Alemanha, o seu Estado de origem. O Tribunal de Justiça rejeitou este argumento, decidindo que a situação em causa caía, efectivamente, no âmbito do artigo 39.º do Tratado CE [actual artigo 45.º do TFUE]. Apesar de a Sra. Gilly ter nacionalidade alemã, ela também tinha nacionalidade francesa e era residente em França. Portanto, ela era uma residente e nacional francesa que exerceu o seu direito de livre circulação ao trabalhar noutro Estado, e o facto de ela também ter a nacionalidade do Estado no qual era empregada (a Alemanha) não tinha particular relevância[536].

---

[534] Acórdão *Gilly*, parágrafos 15-17.

[535] O tribunal nacional questionou também a compatibilidade das disposições de repartição do poder de tributar da CDT com o artigo 12.º do Tratado CE [actual artigo 18.º do TFUE]. Concretamente, perguntou ao Tribunal de Justiça se a aplicação de uma disposição como a que estava contida na segunda frase do artigo 14.º n.º 1 da CDT entre a França e a Alemanha contrariava o disposto no artigo 12.º do Tratado CE. A este propósito, o Tribunal de Justiça afirmou que o princípio geral da proibição de discriminação, tal como se encontra no artigo 12.º do Tratado CE, foi, no que diz respeito à livre circulação de trabalhadores, especificamente implementado e incorporado no artigo 39.º do Tratado CE [actual artigo 45.º do TFUE]. Assim, o Tribunal considerou desnecessário pronunciar-se quanto ao artigo 12.º do Tratado CE, uma vez que a situação em causa se integrava no campo do artigo 39.º do Tratado CE.

[536] Acórdão *Gilly*, parágrafos 19-22.

314 Princípios do Direito Fiscal Internacional

O Tribunal passou depois à análise de diversas disposições da CDT em apreço relativas à repartição do poder de tributar entre os Estados contratantes, no que respeita aos rendimentos do trabalho, aferindo se cumpriam ou não o disposto no artigo 39.º do Tratado CE [actual artigo 45.º do TFUE]. Mais especificamente, as disposições relevantes eram os artigos 13.º n.º 5 a), 14.º n.º 1 e 16.º, todos da CDT em apreço.

De acordo com a regra geral aplicável aos rendimentos do trabalho dependente (artigo 13.º n.º 1 da CDT), os trabalhadores deviam ser tributados relativamente a esse rendimento apenas no Estado onde era exercida a actividade profissional. Contudo, o artigo 13.º n.º 5 a) da CDT continha uma excepção à referida regra, aplicável aos trabalhadores fronteiriços. De acordo com tal excepção, os trabalhadores que exercessem a sua actividade profissional na área fronteiriça de um dos Estados contratantes, mas que tivessem a sua residência permanente no outro Estado contratante e normalmente aí regressassem todos os dias, seriam tributados relativamente ao seu rendimento apenas neste último Estado (Estado da residência).

Por outro lado, a primeira frase do artigo 14.º n.º 1 da CDT afirmava que os sujeitos passivos que recebessem remuneração e pensões do sector público (rendimentos de origem pública) seriam tributáveis apenas no Estado pagador[537]. Mas, na segunda parte do artigo, o princípio do Estado pagador estava sujeito a uma excepção: a remuneração paga a pessoas que tenham a nacionalidade do Estado de residência, sem terem simultaneamente a nacionalidade do Estado pagador, será tributada apenas no Estado de residência[538].

Por último o artigo 16.º da CDT estabelecia uma regra especial de conexão aplicável a professores que, durante um período de residência temporária que não excedesse dois anos, vivessem num dos Estados contratantes e recebessem remuneração por ensinarem nesse Estado. Os sujeitos passivos aos quais se aplicasse esta regra deveriam ser tributados apenas no Estado do emprego original.

Todas as disposições da CDT acima mencionadas estabeleciam diferentes elementos de conexão, para efeitos da repartição do poder de tributar entre os dois Estados contratantes. O artigo 14.º n.º 1 da CDT

---

[537] De acordo com o denominado "princípio do Estado pagador".
[538] Acórdão Gilly, parágrafos 26-27.

Parte II – III. Relações entre CDT e Direito Fiscal Europeu ... 315

era, contudo, o mais interessante numa perspectiva de compatibilidade com o Direito da UE, uma vez que o critério decisivo na segunda parte do artigo era a nacionalidade.

A Sra. Gilly era residente em França, trabalhava numa escola pública na Alemanha, era trabalhadora fronteiriça, e tinha simultaneamente as nacionalidades alemã e francesa. Assim, em resultado da aplicação das regras de repartição do poder de tributar previstas na CDT, ela foi tributada na Alemanha em relação aos seus rendimentos do trabalho dependente alemães. Com efeito, uma vez que a Sra. Gilly tinha dupla nacionalidade, ela não coube na excepção prevista na segunda parte do artigo 14.º n.º 1 da CDT e foi, portanto, tributada no Estado pagador (a Alemanha)[539].

O Tribunal de Justiça decidiu, a este propósito, que apesar de o critério da nacionalidade aparecer no artigo 14.º n.º 1 da CDT para efeitos da repartição do poder de tributar entre os Estados, tal regra não constitui uma discriminação proibida pelo artigo 39.º do Tratado CE [actual artigo 45.º do TFUE][540].

Ao justificar a sua decisão, o Tribunal de Justiça teceu uma série de considerações cruciais no que toca à posição das CDT em relação ao Direito da UE:

i) Na ausência de medidas gerais de unificação ou de harmonização para a eliminação da dupla tributação adoptadas a nível europeu, os Estados-membros são competentes para definirem os critérios de repartição entre si dos poderes de tributar, de modo a eliminarem a dupla tributação, por exemplo concluindo entre si CDT bilaterais baseadas no MC OCDE[541].

ii) É razoável que os Estados-membros, ao decidirem quanto à repartição entre eles do poder de tributar, baseiem os seus acordos na prática internacional e no MC OCDE[542].

---

[539] Subsequentemente, os rendimentos globais do casal Gilly eram tributáveis em França, Estado da residência (com concessão de crédito de imposto em relação à tributação na Alemanha), e sendo em França que se tomavam em consideração as circunstâncias pessoais e familiares dos sujeitos passivos.

[540] Acórdão *Gilly*, parágrafo 30.

[541] Acórdão *Gilly*, parágrafos 30-31.

[542] Especial referência foi feita ao artigo 19.º n.º 1 da versão de 1994 do MC OCDE, que previa o recurso ao princípio do Estado pagador. O Tribunal de Justiça citou

316 Princípios do Direito Fiscal Internacional

iii) A escolha do elemento de conexão a aplicar para efeitos da repartição entre os Estados do poder de tributar não é, em si mesma, favorável ou desfavorável. O tratamento fiscal favorável ou desfavorável do sujeito passivo resulta do regime fiscal e das taxas de imposto previstas na legislação nacional do Estado competente para tributar, na ausência de qualquer harmonização europeia das taxas e dos níveis de tributação directa[543].

Assim, no caso em análise, a escolha do Estado pagador como o Estado competente para tributar não constitui, em si mesma, uma desvantagem para o sujeito passivo. Seguindo este raciocínio, o Tribunal de Justiça concluiu que o artigo 39.º do Tratado CE [actual artigo 45.º do TFUE] não impede a aplicação de disposições de CDT tal como as que se encontravam em análise[544].

No que diz respeito ao facto de as circunstâncias pessoais e familiares do sujeito passivo serem tomadas em consideração no Estado da residência mas não no Estado do emprego, bem como ao efeito que isto tem no montante de imposto devido, o Tribunal de Justiça considerou que essa disparidade se deve ao facto de a situação dos residentes e dos não residentes não ser, em regra, comparável no campo da tributação directa. Tal impossibilidade de comparação deve-se ao facto de o rendimento recebido no território de um Estado por um não residente ser, habitualmente, apenas parte do seu rendimento total, verificando-se o oposto no caso de um residente[545]. Deste modo, o Tribunal de Justiça não considerou que se estivesse perante uma situação de residente virtual, como a que viria, nove anos mais tarde, a ser identificada no Caso *Schumacker*[546].

---

os Comentários a esse artigo do MC OCDE, nos termos dos quais o princípio do Estado pagador se justificava pelas "regras de cortesia internacional e de respeito mútuo" entre Estados soberanos, encontrando-se incluído em tantas CDT existentes entre Estados--membros da OCDE que se podia já considerar como internacionalmente aceite. *Vide* Acórdão *Gilly*, parágrafo 31.

[543] Acórdão *Gilly*, parágrafo 34.

[544] Acórdão *Gilly*, parágrafo 35.

[545] Acórdão *Gilly*, parágrafo 49.

[546] Para uma comparação entre os Acórdãos *Schumacker* e *Gilly*, cfr. PATRÍCIA NOIRET CUNHA, *A Tributação Directa...*, pp. 275-278.

2.2.2. Ponderação do caso

A decisão do Caso *Gilly* tem importância no âmbito da problemática em apreço por diversos motivos. Por um lado, por ter sido o primeiro caso no qual as disposições de uma CDT foram especificamente analisadas quanto à sua compatibilidade com o Direito da UE. Por outro lado, pelo facto de o Tribunal se afastar, nalguns aspectos, da sua jurisprudência anterior. Por exemplo, no Caso *Gilly* o Tribunal de Justiça não seguiu o teste que habitualmente utiliza para aferir se uma medida constitui discriminação baseada na nacionalidade, ou seja, analisar se os sujeitos passivos se encontram ou não em circunstâncias objectivamente diferentes[547].

Em vez disso, o Tribunal limitou-se a afirmar que a diferenciação baseada na nacionalidade, presente na disposição de repartição do poder de tributar da CDT, não podia ser considerada como constituindo uma discriminação proibida nos termos do Tratado[548].

A falta de harmonização e o facto de as CDT se basearem em práticas internacionalmente aceites e no MC OCDE foram algumas das justificações apresentadas para o sentido da conclusão do Tribunal de Justiça. Contudo, note-se que a falta de harmonização enquanto justificação para um tratamento fiscal discriminatório tinha sido anteriormente rejeitada pelo Tribunal de Justiça, por exemplo no Caso *Avoir Fiscal*[549].

Uma das conclusões do Tribunal de Justiça no Caso *Gilly*, que tem vindo a assumir a natureza de uma regra geral, refere que as disposições das CDT que apenas repartem e atribuem o poder de tributar aos Estados são neutrais, não constituindo discriminação mesmo que contenham um critério baseado na nacionalidade. Isto deve-se ao facto de a pura atribuição do poder de tributar a um Estado não determinar, por si mesma, um tratamento fiscal favorável ou desfavorável. Este depende do tratamento fiscal efectivo no Estado competente.

Alguma doutrina explica a posição assumida pelo Tribunal de Justiça no Caso *Gilly* como sendo uma postura cautelosa face às disposições de

---

[547] MARIA HILLING, *Free Movement and Tax Treaties in the Internal Market*, Iustus Förlag, Uppsala, 2005, p. 254.

[548] Acórdão *Gilly*, parágrafo 30.

[549] PASQUALE PISTONE, *The Impact of Community...*, p. 106; MARIA HILLING, *Free Movement...*, p. 255.

Princípios do Direito Fiscal Internacional

CDT baseadas no MC OCDE, dada a sua ampla aceitação internacional. O Tribunal de Justiça habitualmente não hesita em atacar a legislação fiscal interna dos Estados-membros. Contudo, face a disposições de CDT, em particular quando estas se baseiam num modelo de convenção amplamente utilizado, como é o caso do MC OCDE, o Tribunal de Justiça torna-se mais cauteloso. Com efeito, a declaração de uma disposição deste tipo como incompatível com o Direito da UE poderia ter um alcance bastante amplo. Caso o Tribunal de Justiça rejeitasse a admissibilidade de uma disposição de uma CDT baseada no MC OCDE, o mesmo poderia acontecer em qualquer outra CDT entre Estados-membros que incluísse uma regra similar, igualmente baseada nesse Modelo. Uma vez que o uso do MC OCDE como base para as CDT bilaterais está bastante divulgado, tal procedimento do Tribunal de Justiça perturbaria profundamente a segurança jurídica e a aplicação das CDT[550].

Pelos motivos acima apontados, o Tribunal de Justiça é, assim, bastante cauteloso nas suas decisões relativas a disposições de CDT baseadas no MC OCDE. O Tribunal de Justiça acaba, inclusivamente, por recorrer a argumentos que são inconsistentes com a jurisprudência anterior, de forma a assegurar um resultado que salvaguarde a integridade da rede de CDT dos Estados-membros. Até porque, tendo em conta a fase actual da harmonização fiscal europeia no campo da tributação directa, as CDT continuam a ser, no contexto da UE, um instrumento fundamental para a eliminação da dupla tributação e, consequentemente, para a prossecução dos objectivos europeus referentes às liberdades de circulação consagradas no TFUE. Assim, a protecção da integridade das CDT acaba por ser uma medida também do interesse da UE.

Contudo, conforme se verá relativamente ao Caso *Saint-Gobain*, isto não significa que os Estados-membros que baseiem as disposições das suas CDT no MC OCDE tenham uma garantia automática de aceitação pelo Tribunal de Justiça do disposto nessas CDT, em termos de cumprimento das liberdades fundamentais de circulação.

---

[550] Cfr. MARIA HILLING, *Free Movement...*, pp. 254-256; DENNIS WEBER, *Tax Avoidance and the EC Treaty Freedoms – A Study of the Limitations under European Law to the Prevention of Tax Avoidance*, EUCOTAX Series on European Taxation, Kluwer Law International, The Hague, 2005, p. 130.

Parte II – III. Relações entre CDT e Direito Fiscal Europeu ... 319

2.3. Caso Saint-Gobain

2.3.1. *Contornos do caso e decisão*

No Caso *Saint-Gobain*[551], Saint-Gobain ZN era uma sucursal localizada na Alemanha da sociedade francesa Saint-Gobain SA. Uma vez que a Saint-Gobain SA não tinha a sua sede ou a sua direcção efectiva na Alemanha, encontrava-se sujeita neste país a uma obrigação fiscal limitada (relativa ao rendimento obtido pela sucursal Saint-Gobain ZN). A Saint-Gobain SA detinha, através do capital afecto à sua sucursal alemã, participações sociais numa sociedade dos EUA e também em duas sociedades alemãs. As sociedades alemãs, por seu turno, detinham participações sociais em sociedades domiciliadas na Áustria, Itália e Suíça. Nos termos da legislação alemã, os dividendos distribuídos pelas sociedades americana, austríaca, italiana e suíça eram incluídos no lucro tributável da sucursal Saint-Gobain na Alemanha.

As autoridades fiscais alemãs recusaram a aplicação à sucursal da Saint-Gobain SA na Alemanha de três vantagens fiscais relativas à tributação dos dividendos derivados de acções detidas em sociedades estrangeiras. À data, a concessão dessas vantagens fiscais era limitada a sociedades que estivessem sujeitas a uma obrigação fiscal ilimitada na Alemanha[552].

A sucursal Saint-Gobain na Alemanha contestou a aludida recusa perante um Tribunal alemão, o qual remeteu a questão para o Tribunal de Justiça questionando se a legislação fiscal alemã cumpria ou não o disposto nos artigos 43.º e 48.º do Tratado CE [actuais artigos 49.º e 54.º do TFUE]. As três vantagens fiscais cuja aplicação à sucursal alemã da Saint-Gobain foi recusada eram as seguintes[553]:

i) Uma isenção de imposto de sociedades alemão aplicável a dividendos recebidos de sociedades estabelecidas ou domiciliadas em Estados terceiros, prevista numa CDT concluída com um Estado terceiro. Podiam beneficiar da isenção sociedades alemãs

---

[551] Caso C-307/97, decidido pelo Tribunal de Justiça em 21 de Setembro de 1999.

[552] Acórdão *Saint-Gobain*, parágrafo 8.

[553] Refira-se que a legislação alemã foi mais tarde alterada, de forma a que os estabelecimentos estáveis também beneficiassem das vantagens fiscais em apreço.

320   *Princípios do Direito Fiscal Internacional*

e sociedades que estivessem sujeitas a uma obrigação fiscal ilimitada na Alemanha. Esta situação referia-se às CDT com a Suíça e com os EUA.

ii) Um crédito dedutível ao imposto de sociedades alemão, referente ao imposto de sociedades pago noutro Estado que não a Alemanha sobre os lucros de uma subsidiária aí estabelecida, concedido pela legislação interna alemã. Podiam beneficiar deste crédito as sociedades sujeitas a uma obrigação fiscal ilimitada na Alemanha.

iii) Uma isenção fiscal para participações detidas em sociedades estabelecidas em Estados terceiros, também prevista na legislação interna alemã. Podiam beneficiar da isenção apenas sociedades alemãs[554].

O Tribunal de Justiça começou a sua resposta sublinhando o facto de os artigos 43.º e 48.º do Tratado CE [actuais artigos 49.º e 54.º do TFUE] conferirem, aos nacionais de Estados-membros que tenham exercido a sua liberdade de estabelecimento e também às sociedades a estes equiparadas, o direito ao mesmo tratamento no Estado-membro de estabelecimento do que aquele que é dado aos nacionais desse Estado[555].

Seguidamente, o Tribunal de Justiça passou à análise da recusa da concessão de certas vantagens fiscais aos estabelecimentos estáveis situados na Alemanha de sociedades não residentes. Apesar de os estabelecimentos estáveis aos quais tais vantagens fiscais eram negadas não estarem, em contrapartida, sujeitos a uma obrigação fiscal ilimitada na Alemanha, o Tribunal de Justiça considerou que a recusa das vantagens fiscais em apreço colocava os estabelecimentos estáveis de sociedades não residentes numa situação menos favorável do que as sociedades residentes (incluindo as subsidiárias alemãs de sociedades não residentes).

Era, portanto, menos atractivo para sociedades não residentes fazerem negócio na Alemanha através de uma sucursal do que através de uma subsidiária. Nestes termos, existia uma limitação ao direito de escolha da forma legal mais apropriada para prosseguir uma actividade noutro Estado-membro, conferido aos agentes económicos pelo artigo 43.º do Tratado CE [actual artigo 49.º do TFUE][556].

---

[554] Acórdão *Saint-Gobain*, parágrafos 16-22.
[555] Acórdão *Saint-Gobain*, parágrafo 34.
[556] Acórdão *Saint-Gobain*, parágrafos 36-42.

Parte II – III. Relações entre CDT e Direito Fiscal Europeu ... 321

O Tribunal de Justiça concluiu que a diferença de tratamento entre sucursais de sociedades não residentes e sociedades residentes constituía, a par da restrição da liberdade de escolha da forma de exercício do direito de estabelecimento, uma infracção combinada aos artigos 43.º e 48.º do Tratado CE [actuais artigos 49.º e 54.º do TFUE][557].

O que importava aferir, seguidamente, era se a aludida diferença de tratamento podia considerar-se justificada face ao Direito da UE. O governo alemão apresentou um conjunto de justificações, a primeira das quais foi que, no campo da tributação directa, a situação de sociedades residentes e não residentes não é, em regra, comparável. Os estabelecimentos estáveis de sociedades não residentes na Alemanha estavam, dizia o governo alemão, numa situação objectivamente diferente da das sociedades residentes na Alemanha, devido ao facto de os primeiros estarem sujeitos a uma obrigação fiscal limitada e estas últimas estarem sujeitas a uma obrigação fiscal ilimitada.

Em resposta a este argumento, o Tribunal de Justiça sustentou que os estabelecimentos estáveis de sociedades não residentes e as sociedades residentes estavam em situações objectivamente comparáveis, no que diz respeito à sujeição a imposto dos dividendos recebidos na Alemanha, derivados de participações societárias detidas em subsidiárias estrangeiras (subsidiárias directas ou indirectas). Isto porque a sujeição a imposto relativamente a tais dividendos seria a mesma, independentemente de o respectivo beneficiário ser um estabelecimento estável ou uma sociedade residente na Alemanha. Assim, o Tribunal de Justiça considerou que, no campo em análise, as situações dos estabelecimentos estáveis e das sociedades residentes eram comparáveis[558].

O governo alemão apontou, ainda, a necessidade de prevenir a redução de receita fiscal como uma justificação para a recusa da concessão das vantagens fiscais em apreço aos estabelecimentos estáveis localizados na Alemanha. O Tribunal de Justiça não aceitou este argumento, afirmando que a redução da receita fiscal não era um dos fundamentos de justificação admissíveis, nos termos do artigo 46.º do Tratado CE [actual artigo 52.º do TFUE], para a existência de um tratamento diferenciado dos estrangeiros.

---

[557] Acórdão *Saint-Gobain*, parágrafos 43-44.
[558] Acórdão *Saint-Gobain*, parágrafos 47-48.

322 *Princípios do Direito Fiscal Internacional*

O argumento subsequente do governo alemão foi que a disparidade de tratamento, relativamente à concessão de vantagens fiscais, podia ser justificada por outras vantagens de que os estabelecimentos estáveis gozassem, em comparação com as sociedades residentes. O Tribunal de Justiça rejeitou também esta tentativa de justificação, afirmando que uma diferença de tratamento não poderia ser compensada pela existência de outras vantagens, que, mesmo que existissem, não poderiam justificar a quebra da obrigação estabelecida pelo artigo 43.º do Tratado CE [actual artigo 49.º do TFUE][559].

O governo alemão avançou, ainda, com o argumento de que a conclusão de CDT bilaterais com Estados terceiros não caía na esfera de competência europeia, e que alargar a outras situações as vantagens fiscais previstas em CDT concluídas com Estados terceiros não seria compatível com a repartição de competências prevista no Direito da UE[560]. O governo sueco acrescentou, a este respeito, que as CDT se baseiam num princípio de reciprocidade e que, se o benefício das suas disposições fosse alargado a sociedades de Estados-membros que não fossem parte nessa CDT, o equilíbrio inerente a tais CDT seria perturbado.

O Tribunal de Justiça não aceitou qualquer dos argumentos acima referidos. Pelo contrário, reafirmou a sua jurisprudência de que os Estados-membros são competentes para, na ausência de medidas de unificação ou de harmonização europeia, determinarem entre eles os elementos de conexão aplicáveis para efeitos da repartição do poder de tributar, em particular no âmbito de CDT bilaterais. Contudo, ao exercerem esses poderes de tributação, os Estados-membros devem fazê-lo em conformidade com o Direito da UE[561]. Portanto, no exercício do seu poder de tributar, os Estados-membros não podem estabelecer regras fiscais discriminatórias em relação a nacionais de outros Estados-membros.

Especificamente quanto à situação em análise, o Tribunal de Justiça sustentou que os Estados-membros que fossem parte numa CDT celebrada com um Estado terceiro deveriam, de acordo com o princípio do tratamento nacional, conceder aos estabelecimentos estáveis de sociedades não residentes as vantagens previstas nessa CDT, nas mesmas condições aplicá-

---

[559] Acórdão *Saint-Gobain*, parágrafos 51-53.
[560] Acórdão *Saint-Gobain*, parágrafo 54.
[561] Acórdão *Saint-Gobain*, parágrafos 54-57.

Parte II – III. Relações entre CDT e Direito Fiscal Europeu ...

veis às sociedades residentes. Além do mais, o Tribunal afirmou que o equilíbrio e a reciprocidade das CDT da Alemanha com a Suíça e com os EUA não seriam postos em causa por uma extensão unilateral das categorias de beneficiários da CDT na Alemanha. Tal extensão não iria, de forma alguma, na opinião do Tribunal de Justiça, afectar os direitos dos Estados terceiros partes nessas CDT nem impor-lhes novas obrigações[562].

Assim, a resposta dada pelo Tribunal de Justiça foi que os artigos 43.º e 48.º do Tratado CE [actuais artigos 49.º e 54.º do TFUE] impediam a exclusão dos estabelecimentos estáveis de sociedades residentes noutro Estado-membro do benefício de vantagens fiscais como as que estavam em causa e eram concedidas às sociedades residentes na Alemanha[563].

2.3.2. Ponderação do caso

Ao compararmos a decisão do Caso *Saint-Gobain* com a decisão do Caso *Gilly*, verifica-se que o Tribunal de Justiça empregou no Caso *Saint--Gobain* um raciocínio mais próximo da sua linha habitual. O Tribunal tomou em consideração os efeitos das disposições em análise, tendo também verificado se as situações eram comparáveis (trata-se, no Caso *Saint-Gobain*, da situação de um estabelecimento estável de uma sociedade não residente e da situação de uma sociedade residente)[564].

A comparação entre as decisões dos dois casos lança a interrogação quanto às razões determinantes da aplicação, pelo Tribunal de Justiça, de perspectivas tão diferentes. Ambos os casos se referem à questão da compatibilidade de disposições de CDT com as liberdades económicas consagradas nos Tratados, mas tanto a abordagem como os argumentos utilizados pelo Tribunal de Justiça foram bastante distintos num e noutro caso.

Uma das explicações mais plausíveis para a decisão do Tribunal no Caso *Gilly* tem a ver, conforme foi já referido, com a sua falta de vontade

---

[562] Acórdão *Saint-Gobain*, parágrafo 59.
[563] Acórdão *Saint-Gobain*, parágrafo 63.
[564] MARIA HILLING, *Free Movement...*, p. 269.

324 Princípios do Direito Fiscal Internacional

de perturbar a rede de CDT, que em grande medida se baseia no MC OCDE. Pensamos que este aspecto é também a chave para compreender a diferença entre as decisões dos Casos *Gilly* e *Saint-Gobain*. No Caso *Saint-Gobain*, era possível para o Estado do estabelecimento estável alargar os benefícios da CDT aos estabelecimentos estáveis localizados no seu território, sem que isso comprometesse as CDT relevantes ou tivesse um impacto negativo na rede de CDT em geral[565]. De facto, a solução defendida pelo Tribunal de Justiça para o tratamento dos estabelecimentos estáveis face às CDT em causa corresponde, em larga medida, ao que se encontra previsto nos Comentários ao MC OCDE[566].

Deste modo, no Caso *Saint-Gobain*, o Tribunal de Justiça – perante a possibilidade de defender os princípios decorrentes do Tratado sem, simultaneamente, perturbar de forma grave a rede de CDT dos Estados--membros da UE – não teve problema em atacar disposições de CDT contrárias às regras do Tratado.

Outro aspecto interessante do Caso *Saint-Gobain* é que o Tribunal de Justiça diferencia entre a repartição do poder de tributar e o exercício desse mesmo poder. Já anteriormente, na decisão do Caso *Gilly*, tinha sido afirmado pelo Tribunal de Justiça que os Estados-membros podem livremente convencionar entre si a repartição dos poderes de tributar.

No Caso *Saint-Gobain*, isto foi reafirmado, com o aspecto adicional de que o exercício do poder de tributar deve contudo ser desenvolvido de acordo com as regras europeias. Esta é uma distinção importante[567].

A decisão do Tribunal de Justiça no Caso *Saint-Gobain* obriga os Estados-membros a concederem aos estabelecimentos estáveis de sociedades residentes noutros Estados-membros o mesmo tratamento fiscal aplicável às sociedades residentes no seu território, mesmo que o tratamento fiscal em causa esteja previsto numa CDT aplicável apenas aos residentes dos respectivos Estados contratantes. Nesses casos, a obrigação de aplicação

---

[565] MARIA HILLING, *Free Movement...*, p. 271.

[566] *Vide* parágrafos 48 a 54 dos Comentários ao artigo 24.º do MC OCDE (já com a numeração dos Comentários resultante da última actualização ao MC OCDE, aprovada pelo Conselho da OCDE em 17 de Julho de 2008), nos quais se prevê um "Regime especial dos dividendos realizados em conexão com participações detidas pelos estabelecimentos estáveis".

[567] Acórdão *Saint-Gobain*, parágrafo 57.

Parte II – III. Relações entre CDT e Direito Fiscal Europeu ... 325

do regime em apreço aos estabelecimentos estáveis de sociedades não residentes poderá ser cumprida mediante a renegociação das CDT existentes com Estados terceiros ou com outros Estados-membros (eventualmente dispensável no caso destes últimos, em nome do princípio da cooperação leal contido no n.º 3 do artigo 4.º do Tratado UE), ou mediante a introdução na legislação interna de medidas unilaterais que alarguem aos estabelecimentos estáveis o campo de aplicação dos benefícios previstos nas CDT celebradas por esse Estado-membro[568].

Contudo, subsistem importantes dúvidas relativamente ao alcance da decisão do Caso *Saint-Gobain* para o estatuto dos estabelecimentos estáveis. De acordo com uma primeira alternativa, a decisão do Caso *Saint--Gobain* implicaria que os estabelecimentos estáveis tivessem direito a um pleno estatuto de residentes para efeitos das CDT. Isto significaria uma grande mudança na forma como os estabelecimentos estáveis são normalmente tratados para efeitos das CDT, e implicaria a obrigação de o Estado da fonte (desde que este fosse um Estado-membro da UE) aceitar o estatuto de residente do estabelecimento estável no Estado onde se localiza e, consequentemente, aplicar-lhe as limitações de tributação na fonte previstas na CDT entre o Estado da fonte e o Estado de localização do estabelecimento estável.

Uma segunda alternativa tem um alcance mais limitado, implicando simplesmente uma obrigação para o Estado do estabelecimento estável de lhe conceder os mesmos benefícios decorrentes das CDT que concede às sociedades residentes. Esta segunda alternativa não envolveria qualquer alteração de procedimento para o Estado da fonte.

Tem sido esta última alternativa a considerada como mais adequada entre a doutrina. Esta opção por um efeito mais limitado também está, de alguma forma, sustentada pelo modo como o Tribunal de Justiça abordou a questão na sua decisão do Caso *Saint-Gobain*[569].

---

[568] PASQUALE PISTONE, *The Impact of Community...*, p. 148.
[569] MARIA HILLING, *Free Movement...*, pp. 269-271.

326   *Princípios do Direito Fiscal Internacional*

2.4. Caso De Groot

2.4.1. *Contornos do caso e decisão*

No Caso *De Groot*[570], o Sr. De Groot, residente na Holanda, exerceu até 1994 actividades assalariadas na Holanda, e também na Alemanha, França e Reino Unido.

A dupla tributação do rendimento obtido nestes Estados-membros era evitada através de CDT bilaterais entre eles e a Holanda, sendo utilizado o método conhecido por método da "fracção de proporcionalidade".

Este método estava previsto nas CDT com a Alemanha e com a França, e também na legislação interna holandesa, para a qual a CDT com o Reino Unido remetia. O método da fracção de proporcionalidade operava de modo similar ao método da isenção com progressividade. Quanto aos abatimentos relacionados com as circunstâncias pessoais e familiares dos sujeitos passivos, estes eram distribuídos pelo seu rendimento global. Assim, os abatimentos eram dedutíveis em relação ao imposto devido na Holanda apenas na proporção do rendimento recebido pelo sujeito passivo na Holanda, quando comparado com o rendimento total[571].

O Sr. De Groot considerou que a aplicação do método da fracção de proporcionalidade o prejudicava do ponto de vista fiscal, pois fazia com que ele beneficiasse de uma menor dedução fiscal relativamente aos custos e responsabilidades pessoais suportados (por exemplo, os pagamentos relativos a uma obrigação de alimentos), em comparação com o que sucederia se o seu rendimento total fosse proveniente apenas da Holanda[572]. Assim, o Sr. De Groot contestou o método da fracção de proporcionalidade aplicável na Holanda, sustentando que este constituía um obstáculo à livre circulação de trabalhadores e ao direito de estabelecimento.

O tribunal holandês procedeu a um reenvio prejudicial para o Tribunal de Justiça. As questões colocadas ao Tribunal de Justiça foram, em primeiro lugar, se o artigo 39.º do Tratado CE [actual artigo 45.º do TFUE] impedia a existência de regras como as que estavam em causa, independentemente

---

[570] Caso C-385/00, decidido pelo Tribunal de Justiça em 12 de Dezembro de 2002.
[571] Acórdão *De Groot*, parágrafo 26.
[572] Acórdão *De Groot*, parágrafo 36.

Parte II – III. Relações entre CDT e Direito Fiscal Europeu ... 327

de estas serem ou não estabelecidas numa CDT, e, em segundo lugar, caso a primeira questão tivesse uma resposta afirmativa, se o Direito da UE continha alguns requisitos especiais relativamente à forma como as circunstâncias pessoais e familiares de um trabalhador dependente devem ser tomadas em consideração no seu Estado de residência[573].

O Tribunal de Justiça, na sua análise da questão da compatibilidade do método da fração de proporcionalidade com o artigo 39.º do Tratado CE [actual artigo 45.º do TFUE], começou por afirmar que não havia dúvida de que o Sr. De Groot tinha exercido o seu direito à livre circulação de trabalhadores, nos termos do aludido artigo.

O facto de a aplicação do método da fracção de proporcionalidade ter conduzido a um tratamento fiscal menos favorável do Sr. De Groot, relativamente àquele que teria se tivesse recebido todo o seu rendimento na Holanda, significava que ele tinha sofrido uma real desvantagem fiscal, passível de desencorajar um nacional holandês de exercer o seu direito de livre circulação para outro Estado-membro e aí encontrar emprego[574].

Na sua decisão, o Tribunal de Justiça referiu-se aos Casos *Gilly* e *Saint-Gobain*, a propósito da afirmação de que os Estados-membros são livres de, entre si, determinarem os factores de conexão no que toca à repartição dos poderes de tributar, mas o exercício desse poder deve ser levado a cabo em cumprimento das regras europeias. Contudo, contrariamente ao que sucedia no Caso *Gilly*, o tratamento fiscal desfavorável do sujeito passivo não se devia, no Caso *De Groot*, a disparidades existentes entre os sistemas fiscais dos Estados de residência e de emprego, nem entre os sistemas fiscais dos vários Estados onde o sujeito passivo exerceu actividades assalariadas.

Assim, o Tribunal decidiu que a regulamentação fiscal em apreço constituía um obstáculo à livre circulação de trabalhadores, proibida pelo artigo 39.º do Tratado CE [actual artigo 45.º do TFUE][575].

O governo holandês defendeu o seu regime fiscal, sustentando que a desvantagem sofrida pelo sujeito passivo era, em larga medida, compensada por uma vantagem em termos de progressividade. Este argumento foi, tal como em casos anteriores, rejeitado pelo Tribunal de Justiça, com

---

[573] Acórdão *De Groot*, parágrafo 46.
[574] Acórdão *De Groot*, parágrafos 81-84.
[575] Acórdão *De Groot*, parágrafos 93-95.

328 *Princípios do Direito Fiscal Internacional*

base na afirmação de que uma desvantagem de tratamento fiscal suficientemente séria para corresponder a uma violação das liberdades fundamentais não pode ser compensada pela existência de uma vantagem a outro nível.

Em segundo lugar, o governo holandês argumentou que era legítimo que o Estado da residência tomasse em consideração as circunstâncias pessoais e familiares do sujeito passivo apenas na medida da proporção do rendimento obtido no seu território, uma vez que o Estado da fonte iria fazer exactamente o mesmo relativamente à parte do rendimento tributável no seu território. O Tribunal de Justiça rejeitou também este argumento, referindo que, nos termos do MC OCDE, a tomada em consideração das circunstâncias pessoais e familiares do sujeito passivo é, em princípio, uma questão para o Estado da residência, e que a capacidade de um não residente para pagar impostos é mais facilmente aferida no local onde se centram os seus interesses pessoais e financeiros[576].

Foi admitida a possibilidade de o Estado da residência se libertar da sua obrigação exclusiva de tomar em consideração as circunstâncias pessoais e familiares dos sujeitos passivos residentes no seu território, caso estes trabalhem parcialmente no estrangeiro. Contudo, tal possibilidade depende da celebração de acordos internacionais nesse sentido ou de o Estado da residência verificar que as aludidas circunstâncias pessoais e familiares são tomadas em consideração no Estado da fonte, sendo concedidas vantagens ao sujeito passivo neste Estado, em função dessas circunstâncias.

O Tribunal de Justiça concluiu que, independentemente da forma como os Estados-membros repartem as obrigações entre eles, os sujeitos passivos que exercem o seu direito à livre circulação de trabalhadores têm que ter assegurada a relevância de todas as suas circunstâncias pessoais e familiares. Na opinião do Tribunal, no caso em análise tal resultado não estava assegurado[577].

O governo holandês avançou ainda com outras justificações para o regime em apreço, baseadas na perda de receita fiscal e na salvaguarda da coesão do método da isenção com progressividade. Porém, ambas as justificações foram rejeitadas pelo Tribunal de Justiça.

---

[576] Acórdão *De Groot*, parágrafo 98.
[577] Acórdão *De Groot*, parágrafos 99-102.

Parte II – III. Relações entre CDT e Direito Fiscal Europeu ... 329

Deste modo, a resposta à primeira questão colocada pelo tribunal nacional foi no sentido de que o artigo 39.º do Tratado CE [actual artigo 45.º do TFUE] impedia a existência de regras como as que estavam em análise no caso vertente[578-579].

A segunda questão colocada pelo tribunal nacional foi se o Direito da UE continha ou não alguns requisitos especiais, no tocante à forma como o Estado da residência deve tomar em consideração as circunstâncias pessoais e familiares de um trabalhador dependente que trabalhou noutro Estado-membro. A resposta do Tribunal de Justiça foi bastante directa, referindo que o Direito da UE não estabelecia tais requisitos especiais. Porém, a forma como o Estado da residência toma em consideração essas circunstâncias pessoais e familiares não pode constituir discriminação, directa ou indirecta, com base na nacionalidade, nem representar um obstáculo ao exercício das liberdades fundamentais[580].

2.4.2. *Ponderação do caso*

A decisão do Caso *De Groot* pode ser apontada como mais um exemplo confirmativo da disponibilidade do Tribunal de Justiça para condenar as disposições das CDT que violam o Direito da UE. Contudo, até ao presente, o Tribunal de Justiça apenas tem tomado tal decisão quando, ao fazê-lo, não existe um impacto negativo significativo para a aplicação das CDT em geral.

---

[578] Acórdão *De Groot*, parágrafo 110.

[579] Discordando da decisão do Tribunal de Justiça, ANTÓNIO FERNANDES DE OLIVEIRA afirma que "o Tribunal decidiu mal. Não havia qualquer discriminação neste caso, não havia, designadamente, qualquer atribuição de vantagens fiscais a contribuintes que não procurassem exercer uma actividade noutro Estado-membro quando comparada a sua tributação com a daqueles que o procurassem fazer. O Tribunal de Justiça, no entanto, baseia-se num suposto tratamento discriminatório, imputável ao Estado da residência, para decidir que as regras fiscais em questão eram incompatíveis com o Direito Comunitário. Este caso ilustra apenas um problema típico de dupla tributação, que não é eliminada pelo Estado da residência da forma (ou com a intensidade) que o contribuinte esperaria, ou desejaria". In ANTÓNIO FERNANDES DE OLIVEIRA, *Os artigos 39.º e 43.º do Tratado da Comunidade Europeia e a tributação directa – A jurisprudência do Tribunal de Justiça*, Fisco, n.º 117/118, pp. 30-31.

[580] Acórdão *De Groot*, parágrafo 115.

330 *Princípios do Direito Fiscal Internacional*

Note-se que o método da fracção de proporcionalidade, tal como este decorre da legislação holandesa, não se encontra previsto no MC OCDE, contrariamente ao que sucede com o método da isenção com progressividade[581].

As disposições em análise no Caso *De Groot* não se baseavam, portanto, directamente no MC OCDE. Assim, podiam ser declaradas pelo Tribunal de Justiça como incompatíveis com o então Tratado CE, sem risco de repercussões indesejáveis em múltiplas outras CDT entre Estados-membros. A atitude do Tribunal de Justiça relativamente a este tipo de disposições das CDT é, portanto, similar à assumida frente a disposições fiscais da legislação interna dos Estados-membros[582].

Importa salientar o facto de o Tribunal de Justiça ter, a exemplo do que sucede em diversos outros casos, feito uma referência especial ao MC OCDE, demonstrando reconhecimento da respectiva importância no campo das CDT.

2.5. Caso "D"

2.5.1. *Contornos do caso e decisão*

No contexto da sua decisão do Caso "D"[583], o Tribunal de Justiça pronunciou-se pela primeira vez de forma directa sobre a questão da eventual atribuição, pela legislação europeia aos Estados-membros, em matéria fiscal, de um direito ao tratamento de nação mais favorecida nas relações com outros Estados-membros.

O Acórdão do Caso "D" – que não abordamos em pormenor neste momento, pois será analisado no ponto do presente trabalho dedicado à questão do tratamento de nação mais favorecida no Direito da UE[584] – tem uma grande importância no que toca à problemática das relações entre CDT e Direito Europeu.

---

[581] Importa, todavia, referir que o parágrafo 37 dos Comentários aos artigos 23.º- -A e 23.º-B do MC OCDE prevê uma redacção alternativa para o artigo que apresenta alguma semelhança com o método da fracção de proporcionalidade.

[582] Maria Hilling, *Free Movement...*, pp. 276-277.

[583] Caso C-376/03, decidido pelo Tribunal de Justiça em 5 de Julho de 2005.

[584] *Vide* o ponto 6.3. do capítulo IV, da parte II do presente trabalho.

Parte II – III. Relações entre CDT e Direito Fiscal Europeu ... 331

O Tribunal de Justiça, mantendo a linha de argumentação seguida no Caso *Schumacker*, sustentou que contribuintes residentes e não residentes não se encontram numa situação comparável, em virtude do carácter limitado e ilimitado, respectivamente, da obrigação fiscal no Estado em causa. Assim, tal diferença de situações justifica um diferente tratamento fiscal.

O Tribunal de Justiça rejeitou também a aplicação do tratamento de nação mais favorecida, que permitiria a D (residente na Alemanha) ser tributado em sede do imposto sobre o património holandês nos mesmos termos que um contribuinte residente na Bélgica, mediante a aplicação do regime previsto na CDT entre a Holanda e a Bélgica.

Como base da sua argumentação, o Tribunal de Justiça sustentou que dois contribuintes, ambos não residentes na Holanda, mas residentes em Estados diferentes um do outro, não se encontram na mesma situação. Existe uma falta de similitude entre a situação de um contribuinte residente na Alemanha e a de outro residente na Bélgica, quanto à tributação do património em bens imóveis situados na Holanda[585]. A razão para os dois contribuintes não residentes não se encontrarem na mesma situação parece ser a existência de um tratamento mais favorável do residente belga previsto na CDT entre a Holanda e a Bélgica.

O Tribunal de Justiça afirmou também, no Acórdão "D", que os direitos e obrigações recíprocos previstos numa CDT são aplicáveis apenas aos residentes num dos Estados contratantes da mesma (sendo isto uma consequência inerente às CDT). Um benefício previsto numa CDT entre dois Estados contratantes não pode ser visto separadamente do resto da CDT, tem que ser considerado como uma parte integrante da mesma e contribuindo para o seu equilíbrio global. Assim, tal benefício é aplicável apenas aos sujeitos passivos residentes nos Estados contratantes da CDT, não podendo beneficiar dele um sujeito passivo residente noutro Estado[586].

Da decisão do Tribunal de Justiça no Caso *"D"* podem extrair-se diversas regras, de grande importância para a problemática das relações entre CDT e Direito da UE:

 i) é legítimo que um Estado-membro preveja para os sujeitos passivos não residentes um tratamento fiscal distinto do aplicável

---

[585] Acórdão *"D"*, parágrafo 61.
[586] Acórdão *"D"*, parágrafos 61-63.

aos seus residentes (recusando aos não residentes a aplicação de abatimentos idênticos aos que concede aos residentes), desde que estes e aqueles se encontrem em situações distintas;

ii) a situação de dois não residentes, com residência fiscal em Estados-membros distintos entre si, não é comparável;

iii) a aplicação dos benefícios previstos numa CDT encontra-se limitada aos residentes dos seus Estados contratantes, sendo isto uma consequência inerente às CDT. As regras das CDT não podem ser aplicadas isoladamente, sob pena de se comprometer o equilíbrio global das CDT;

iv) o princípio da não discriminação não atribui ao residente de um Estado-membro direito a um tratamento mais favorável previsto numa CDT na qual esse Estado não seja parte contratante.

3. Conclusões

A análise efectuada à jurisprudência do Tribunal de Justiça permite-nos identificar aquelas que consideramos como as duas traves mestras da relação entre as CDT e o Direito da UE:

i) A exigência de compatibilidade das CDT com as regras europeias referentes à livre circulação e à não discriminação; mas, em contrapartida

ii) A salvaguarda das regras estruturais das CDT e o respeito pela integridade da rede de CDT celebradas pelos Estados-membros[587].

Quanto a esta última, podemos ainda identificar no seu âmbito diversas características que espelham aspectos particulares do respeito do Direito da UE pelas regras estruturais das CDT e pelo papel destas no DFI:

---

[587] Conforme refere ANA PAULA DOURADO, "tanto o princípio da não-discriminação, como as liberdades fundamentais devem ser observados na aplicação das normas das convenções, mas não pretendem modificar o âmbito (pessoas e impostos cobertos) das mesmas, as definições (estabelecimento estável, por exemplo) e os métodos escolhidos para a repartição de receitas entre os Estados-membros (tal como, por exemplo, o princípio das entidades independentes ou o método do crédito para a eliminação da dupla tributação)". ANA PAULA DOURADO, *Do caso Saint-Gobain...*, p. 112.

Parte II – III. Relações entre CDT e Direito Fiscal Europeu ... 333

a) Liberdade de escolha dos elementos de conexão;
b) Neutralidade da repartição do poder de tributar;
c) Aceitação do MC OCDE e da prática internacional;
d) Aceitação do carácter bilateral das CDT.

Cumpre, assim, analisar em maior detalhe cada um dos aspectos acima identificados.

i) Exigência de compatibilidade das CDT com as regras europeias referentes à livre circulação e à não discriminação

A exigência de compatibilidade das CDT com as regras europeias referentes à livre circulação e à não discriminação espelha um princípio geral de subordinação das CDT ao Direito da UE. Nestes termos, as CDT encontram-se potencialmente sujeitas ao escrutínio do Tribunal de Justiça, em termos de verificação da aludida compatibilidade.

O que referimos no parágrafo anterior deve ser articulado com a existência de uma distinção entre a repartição do poder de tributar e o exercício desse mesmo poder pelos Estados-membros, devendo este último respeitar o Direito da UE[588].

Assim, no exercício do seu poder de tributar, no campo da tributação directa, os Estados-membros não podem incluir, nem nos seus regimes fiscais nacionais nem nas CDT por si celebradas, regras fiscais que criem obstáculos às liberdades de circulação consagradas no TFUE ou que sejam discriminatórias em relação a nacionais de outros Estados-membros.

Os direitos outorgados pelos Tratados Europeus são incondicionais e um Estado-membro não pode subordinar o respeito desses direitos às disposições de um acordo celebrado com outro Estado-membro[589]. Note-se, a este propósito, que devem ser compatíveis com o Direito da UE, não apenas as CDT bilaterais celebradas entre Estados-membros, mas também as concluídas entre estes e Estados terceiros[590].

---

[588] Designadamente, Acórdão *Avoir Fiscal*, parágrafo 26; Acórdão *Biehl*, parágrafo 12; Acórdão *Schumacker*, parágrafo 21; Acórdão *Saint-Gobain*, parágrafos 54-57.

[589] Acórdão *Avoir Fiscal*, parágrafo 26.

[590] Acórdão *Saint-Gobain*, parágrafo 57.

334 Princípios do Direito Fiscal Internacional

Adicionalmente, desde o Caso *Avoir Fiscal* que se encontra patente que a falta de harmonização fiscal a nível europeu não pode condicionar o exercício das liberdades fundamentais reconhecidas nos Tratados Europeus, nem justificar um tratamento fiscal discriminatório[591]. Contudo, note-se que no Acórdão *Gilly* o Tribunal de Justiça parece dizer o contrário, justificando a sua decisão do caso com a falta de harmonização e o facto de as CDT se basearem em práticas internacionalmente aceites e no MC OCDE.

ii) Salvaguarda das regras estruturais das CDT e respeito pela integridade da rede de CDT celebradas pelos Estados-membros

A análise da jurisprudência do Tribunal de Justiça mais relevante no que toca à relação entre as CDT e o Direito da UE (abordámos especificamente os Casos *Gilly*, *Saint-Gobain*, *De Groot* e *"D"*) permite-nos constatar que, sem prejuízo de uma subordinação das CDT aos princípios e regras do Direito da UE, os princípios do DFI e as suas concretizações no âmbito das CDT são amplamente reconhecidos, aceites e respeitados pelo Tribunal de Justiça.

No Caso *Gilly*, apesar de o Tribunal de Justiça se ter distanciado em diversos aspectos da jurisprudência anterior, a posição por este assumida pode ser vista como um resultado da sua falta de vontade de chegar a uma decisão que tivesse um forte impacto negativo nas CDT dos Estados--membros. Quanto à decisão do Caso *Saint-Gobain*, situando-se mais na linha da jurisprudência consagrada do Tribunal de Justiça, pode identificar--se nela o mesmo tipo de preocupação com a salvaguarda da integridade das CDT dos Estados-membros, novamente reafirmada no Caso *De Groot*.

O Tribunal de Justiça assume, nos diversos casos, uma postura cautelosa face às disposições de CDT baseadas no MC OCDE, dada a sua ampla aceitação internacional. Assim, evita pôr em causa as regras estruturais das CDT e demonstra, nas suas decisões, uma preocupação em respeitar a integridade da rede de CDT celebradas pelos Estados-membros. Nota-se, a este propósito, um contraste com a atitude do Tribunal de

---

[591] PASQUALE PISTONE, *The Impact of Community...*, p. 106; MARIA HILLING, *Free Movement...*, p. 255.

Parte II – III. Relações entre CDT e Direito Fiscal Europeu ... 335

Justiça perante a legislação fiscal interna dos Estados-membros. Com efeito, o Tribunal de Justiça habitualmente não hesita em atacar regimes e regras fiscais pertencentes à legislação interna dos Estados. Contudo, face a disposições de CDT, em particular quando estas se baseiam num modelo de convenção amplamente utilizado, como é o caso do MC OCDE, o Tribunal de Justiça torna-se mais cauteloso.

Efectivamente, caso o Tribunal de Justiça rejeitasse a admissibilidade de uma disposição de uma CDT baseada no MC OCDE, o mesmo poderia acontecer em qualquer outra CDT entre Estados-membros que incluísse uma regra similar, igualmente baseada nesse Modelo. Assim, a declaração pelo Tribunal de Justiça de uma disposição deste tipo como incompatível com o Direito da UE poderia ter um alcance bastante amplo, perturbando profundamente a segurança jurídica e a aplicação das CDT[592]. As repercussões de tal perturbação seriam bastante sentidas no plano internacional, tendo em conta que as CDT são uma fonte primordial de DFI e o uso do MC OCDE, como base para as CDT bilaterais, está extremamente divulgado.

Note-se que, tanto no Caso *Saint-Gobain* como no Caso *De Groot*, era possível defender os princípios decorrentes do então Tratado CE, sem que isso comprometesse as CDT relevantes ou perturbasse de forma grave a rede de CDT dos Estados-membros, em termos gerais. No Caso *Saint--Gobain*, tratava-se de forçar o Estado do estabelecimento estável a alargar os benefícios de CDT a estabelecimentos estáveis localizados no seu território, mas isso podia ser feito por esse Estado unilateralmente. No Caso *De Groot*, o método de eliminação da dupla tributação previsto na CDT em análise não se baseava directamente no MC OCDE, pelo que podia ser declarado pelo Tribunal de Justiça como incompatível com o então Tratado CE, sem risco de repercussões indesejáveis em múltiplas outras CDT entre Estados-membros. Portanto, nestes casos, o Tribunal de Justiça não teve problema em atacar as disposições de CDT contrárias às regras do Tratado Europeu[593].

---

[592] MARIA HILLING, *Free Movement...*, pp. 254-256.

[593] As expressões "Tratado Europeu" e "Tratados Europeus" são, por vezes, utilizadas ao longo do presente trabalho, em determinados contextos, como forma de ultrapassar as dificuldades de referência originadas pela sucessiva alteração da designação dos Tratados da UE.

A atitude do Tribunal de Justiça relativamente a este tipo de disposições das CDT (pouco generalizadas, não baseadas no MC OCDE, ou adaptáveis unilateralmente) acaba por ser similar à assumida frente a disposições fiscais da legislação interna dos Estados-membros, uma vez que, tanto num caso como noutro, a sua "adequação forçada" aos princípios do Direito da UE tem um impacto delimitado e previsível.

Importa ainda, neste contexto, ter em consideração a fase actual da harmonização fiscal europeia em sede de tributação directa. As CDT continuam a ser, no contexto da UE, um instrumento fundamental para a eliminação da dupla tributação e, consequentemente, para a prossecução dos objectivos europeus referentes às liberdades de circulação consagradas no TFUE. Deste modo, a protecção da integridade das CDT acaba por ser uma medida também de interesse para a UE.

Declarar uma disposição de uma CDT como incompatível com o Direito da UE, quando tal disposição se baseia no MC OCDE ou é amplamente utilizada em CDT bilaterais entre Estados-membros, parece, pois, ser uma espécie de "caixa de Pandora" que o Tribunal de Justiça prefere não abrir.

Em contrapartida, quando as regras em questão não estão presentes de forma generalizada nas CDT ou quando o problema pode ser tratado sem perturbar a rede de CDT (por exemplo, mediante o alargamento unilateral dos benefícios previstos nas CDT, como no Caso *Saint-Gobain*), o Tribunal de Justiça não hesita em inviabilizar a aplicação de regras de CDT, pronunciando-se no sentido da sua incompatibilidade com o Direito da UE.

Podemos, portanto, concluir que, mesmo que nalguns casos haja necessidade de adequar o conteúdo ou o âmbito de aplicação de disposições de CDT aos imperativos do Direito da UE, o Tribunal de Justiça demonstra uma preocupação de respeito pela integridade da rede de CDT celebradas pelos Estados-membros e pelas características estruturais de tais Convenções.

Passamos, agora, à abordagem de diversos aspectos particulares da salvaguarda, por parte do Direito da UE, das regras estruturais das CDT e do respeito pela integridade da rede de CDT celebradas pelos Estados--membros:

a) Liberdade de escolha dos elementos de conexão

Os Estados-membros são competentes para, na ausência de medidas de unificação ou de harmonização fiscal europeia, definirem livremente os elementos de conexão aplicáveis para efeitos da repartição entre si do poder de tributar certos tipos de rendimentos, de modo a eliminarem a dupla tributação, concluindo entre si CDT bilaterais baseadas no MC OCDE[594].

b) Neutralidade da repartição do poder de tributar

A escolha dos elementos de conexão é neutral. O tratamento fiscal favorável ou desfavorável do sujeito passivo resulta do regime fiscal e das taxas de imposto previstas na legislação nacional do Estado competente para tributar[595].

Assim, as disposições das CDT que tratam apenas da repartição e atribuição do poder de tributar certos rendimentos aos Estados são neutrais, do ponto de vista das liberdades de circulação garantidas pelo TFUE, não constituindo discriminação mesmo que utilizem a nacionalidade como critério – dado que, em si mesmas, não prevêem um tratamento fiscal menos favorável dos sujeitos passivos de outros Estados-membros, face ao que é conferido aos nacionais que se encontram na mesma situação. A existência de uma situação de discriminação em razão da nacionalidade, proibida pelo Direito da UE, só ocorre mediante a tributação de um dado rendimento[596].

Nestes termos, a pura atribuição do poder de tributar a um Estado não determina, em si mesma, um tratamento fiscal favorável ou desfavorável para um sujeito passivo. Este depende do tratamento fiscal efectivo no Estado competente.

---

[594] Acórdão *Gilly*, parágrafos 24, 30 e 31; Acórdão *Saint-Gobain*, parágrafos 54--57; Acórdão *De Groot*, parágrafo 93; Acórdão *"D"*, parágrafo 52; Acórdão *Van Hilten*, parágrafo 47; Acórdão *"N"*, parágrafos 43-44; Acórdão *ACT Group Litigation*, parágrafo 52; Acórdão *Denkavit Internationaal*, parágrafo 43.

[595] Acórdão *Gilly*, parágrafo 34.

[596] Acórdão *Gilly*, parágrafos 24 e 30; Acórdão *Saint-Gobain*, parágrafo 56.

338   *Princípios do Direito Fiscal Internacional*

c) Aceitação do MC OCDE e da prática internacional

A repartição entre os Estados-membros do poder de tributar, mediante CDT, pode basear-se na prática internacional e no MC OCDE[597].

d) Aceitação do carácter bilateral das CDT

A aplicação dos benefícios previstos numa CDT encontra-se limitada aos residentes dos seus Estados contratantes, sendo isto uma consequência inerente às CDT. As regras das CDT não podem ser aplicadas isoladamente, sob pena de se comprometer o equilíbrio global das CDT[598].

O princípio da não discriminação não atribui ao residente de um Estado-membro direito a um tratamento mais favorável previsto numa CDT na qual esse Estado não seja parte contratante[599].

Por outro lado, foi reconhecido que o artigo 293.º do Tratado CE [entretanto revogado pelo Tratado de Lisboa] não tinha efeito directo, não atribuindo, por si mesmo, quaisquer direitos que os sujeitos passivos pudessem invocar perante os tribunais nacionais[600]. Assim, o instrumento fundamental de eliminação da dupla tributação seriam as CDT celebradas entre os Estados-membros, comummente numa base bilateral.

---

[597] *Vide* Acórdão *Gilly*, parágrafo 31. Especial referência foi feita pelo Acórdão ao artigo 19.º n.º 1 da versão de 1994 do MC OCDE, que previa o recurso ao princípio do Estado pagador. O Tribunal de Justiça citou os Comentários a esse artigo do MC OCDE, nos termos dos quais o princípo do Estado pagador se justificava pelas "regras de cortesia internacional e de respeito mútuo" entre Estados soberanos, encontrando--se incluído em tantas CDT existentes entre Estados-membros da OCDE que se podia já considerar como internacionalmente aceite.

[598] Acórdão *"D"*, parágrafos 61-62.

[599] Acórdão *"D"*, parágrafo 63.

[600] Acórdão *Gilly*, parágrafos 15-17.

IV. PRINCÍPIOS FUNDAMENTAIS DO DIREITO FISCAL INTERNACIONAL *VERSUS* DIREITO FISCAL EUROPEU

1. Enquadramento da Questão

É a análise dos princípios – mais do que a de normas concretas – que nos permite, pela sua maior abstracção e pelo seu carácter estruturante, alcançar as diferenças essenciais entre os dois ordenamentos jurídico--tributários em causa, o DFI e o Direito da UE, no que respeita à tributação directa.

Pretendemos, assim, verificar se os princípios fundamentais do DFI em matéria de tributação directa (os quais se encontram subjacentes às soluções consagradas no MC OCDE) assumem igualmente um papel estruturante no âmbito do Direito Fiscal Europeu, e de que forma as regras jurídicas e a jurisprudência do Tribunal de Justiça seguem tais princípios[601]. Ou se, pelo contrário, os aludidos princípios fundamentais

---

[601] Sem prejuízo, naturalmente, da existência de princípios específicos do Direito da UE. Contudo, estes encontram-se fora do âmbito do presente trabalho, conforme já referimos. Quanto aos princípios do Direito da UE, cfr. ANA MARIA GUERRA MARTINS, *Curso de Direito Constitucional...*, pp. 248-269 e pp. 426-453. A autora enuncia os seguintes princípios constitucionais da União Europeia: i) Princípios fundamentais; ii) Princípios relativos ao relacionamento entre os Estados e a União (princípio da solidariedade, princípio do acervo comunitário, princípio do respeito das identidades nacionais); iii) Princípios relacionados com a repartição de atribuições entre a União e os Estados-membros e o seu exercício (princípio da especialidade, princípio da subsidiariedade, princípio da proporcionalidade); iv) Princípio da flexibilidade e da diferenciação; v) Princípios relativos aos órgãos (princípio do quadro institucional único, princípio da coerência, princípio do equilíbrio institucional; princípio das competências de atribuição); vi) Princípios de índole económica (princípio da coesão económica e social, princípio da não discriminação, princípio da livre circulação, princípio da "preferência comunitária", princípio da convergência das economias). A autora alude ainda

do DFI se revelam (total ou parcialmente) desadequados face à natureza do Direito Fiscal Europeu, tendo em conta as regras e os princípios específicos deste último com impacto ao nível da tributação directa, como sejam as liberdades de circulação e o princípio de não discriminação.

A análise efectuada no presente capítulo vem na sequência do que foi já referido, no capítulo anterior do presente trabalho, acerca da jurisprudência do Tribunal de Justiça quanto às relações entre CDT e Direito da UE.

Também no presente capítulo recorreremos principalmente à jurisprudência do Tribunal de Justiça, a qual constitui um instrumento fundamental no que toca à definição e revelação da postura do Direito da UE face aos princípios fundamentais do DFI, dada a inexistência de disposições expressas do Direito da UE originário relativamente à tributação directa, bem como a ainda muito limitada[602] cobertura das questões da tributação directa efectuada pelo Direito da UE derivado. À análise das directivas europeias em matéria de tributação directa dedicaremos um ponto autónomo do presente trabalho.

A jurisprudência do Tribunal de Justiça assume um papel determinante no que toca à problemática do recebimento ou, em contrapartida, limitação ou adaptação pelo Direito da UE dos princípios do DFI, pelo que importa identificar as grandes linhas de orientação dessa jurisprudência relativamente às questões em apreço. Não pretendemos, contudo, ser exaustivos em termos das referências efectuadas às decisões do Tribunal de Justiça relativamente a cada um dos princípios ou problemáticas tratados. Desta forma, aludiremos aos acórdãos que, a nosso ver, tiveram um papel pioneiro nas matérias em questão, que mais contribuíram para a definição da postura do Direito da UE relativamente às problemáticas em apreço ou que são mais ilustrativos dos contornos que os diversos princípios fundamentais do DFI assumem no Direito Fiscal Europeu.

---

aos seguintes princípios de relacionamento entre a União Europeia e os Estados: princípio da autonomia do Direito da União Europeia, princípio do primado do Direito da União Europeia sobre o Direito estadual, princípio da aplicabilidade directa do Direito da União na ordem interna dos Estados-membros, princípio do efeito directo do Direito das Comunidades Europeias, princípio da tutela judicial efectiva, princípios de relacionamento das ordens jurídicas nacionais e da União no projecto de Constituição Europeia.

[602] Em termos do universo de questões especificamente abordadas pelo Direito da UE derivado.

Procuramos, relativamente a cada princípio de DFI, salientar os aspectos que são aceites pelo Tribunal de Justiça, bem como aqueles que, em contrapartida, são objecto de limitações ou alterações relativamente ao conteúdo e alcance que o princípio tem no âmbito do DFI, com o intuito de o adaptar às particularidades e exigências acrescidas do Direito da UE.

Centramos a nossa análise nos princípios do DFI que designámos como princípios operativos, uma vez que são estes os mais determinantes quanto aos regimes fiscais aplicáveis nos casos concretos e, portanto, aqueles relativamente aos quais é mais relevante analisar a posição assumida pelo Direito da UE.

Conforme já referimos oportunamente, não pretendemos efectuar uma comparação entre os princípios do DFI e os princípios do Direito Fiscal Europeu, mas sim aferir a postura que o Direito da UE, atentas as suas especificidades, assume face aos princípios do DFI.

Refira-se, ainda, que não nos propomos aferir se o MC OCDE e as regras aí contidas são ou não juridicamente vinculativas para a UE, nem com que fundamento ou por que via podem o MC OCDE e as suas regras exercer influência na ordem jurídica europeia[603]. Partimos da perspectiva

---

[603] Cabe, a este propósito, aludir ao estudo *The OECD Model Tax Convention Commentaries and the European Court of Justice: Law, Guidance, Inspiration?*, de JAN WOUTERS e MAARTEN VIDAL, Institute for International Law, K.U. Leuven, Estudo n.º 109 de Julho de 2007, consultável na página do Instituto em www.internationallaw.be. Este estudo debruça-se sobre a questão de saber se o MC OCDE e as regras aí contidas são ou não juridicamente vinculativas para a CE, analisando vários fundamentos teoricamente possíveis para a influência das regras contidas no MC OCDE e, em particular, dos seus Comentários na ordem jurídica europeia: "a) as obrigações decorrentes da participação da CE na OCDE; b) a influência do Modelo de Convenção e dos seus Comentários sobre o direito internacional não escrito (costume internacional ou princípios gerais de direito); c) a transformação do Modelo de Convenção em princípios gerais de Direito Comunitário; d) o facto de um acto comunitário expressamente se referir ao Modelo de Convenção e aos seus Comentários (doutrina *Fediol*); e e) a perspectiva da «melhor lei»".

Quanto à primeira hipótese, os autores acabam por concluir que as ligações institucionais entre a CE e a OCDE não determinam que o MC OCDE e os seus Comentários sejam directamente invocáveis ou imperativos na ordem jurídica comunitária. A CE não se encontra directamente obrigada pelas decisões e recomendações da OCDE, pelo que quaisquer referências, por exemplo na jurisprudência do Tribunal de Justiça, ao MC OCDE ou aos seus Comentários têm que ter isso em conta. Quanto à segunda

342 *Princípios do Direito Fiscal Internacional*

de que as regras do MC OCDE são recebidos no Direito da UE pelo seu próprio mérito[604], importando então analisar (mas ao nível dos princípios do DFI, e não das suas normas) os termos dessa recepção na ordem jurídica europeia.

Antecipando o resultado da análise efectuada, constatamos que os princípios fundamentais do DFI são considerados pelo Tribunal de Justiça como conformes ou como desconformes com o Direito da UE, consoante os casos, e são por vezes alterados ou desenvolvidos no âmbito do Direito da UE, face às exigências acrescidas por este impostas a nível fiscal.

Desta forma, estamos em condições de afirmar que o Direito Fiscal Europeu se norteia, em grande medida, pelos mesmos princípios de DFI que se encontram subjacentes às soluções consagradas nas CDT, mas que, todavia, nalguns casos, o Direito Fiscal Europeu "reinventa" tais princípios, conferindo-lhes um alcance bastante distinto daquele que têm no DFI, em virtude das suas exigências e objectivos específicos.

A perspectiva bilateral que norteia a celebração das CDT, tanto entre Estados-membros como entre estes e Estados terceiros, contrapõe-se ao objectivo da UE de criação de um mercado interno pautado pelas liberdades

---

hipótese suscitada, os autores salientam ser óbvio, tendo em conta o processo de criação do MC OCDE e dos seus Comentários, que estes não podem, em si mesmos, constituir costume internacional, apesar de diversas disposições do MC OCDE poderem reflectir o costume internacional existente. Por seu turno, a doutrina *Fediol*, também invocada no estudo em apreço, tem a ver com o parágrafo 20 do caso com o mesmo nome (Caso n.º 70/87). De acordo com a doutrina *Fediol*, o Tribunal de Justiça aceita a invocabilidade de instrumentos que normalmente não seriam invocáveis na ordem jurídica europeia, caso normas jurídicas do Direito da UE explicitamente se refiram àqueles instrumentos. Os autores concluem, todavia, que o Tribunal de Justiça nunca deu efeito ao MC OCDE e aos seus Comentários com base numa perspectiva institucional relativa à colaboração estreita entre a CE e a OCDE e que, por outro lado, uma extensão da doutrina *Fediol* relativamente ao MC OCDE se afigura problemática. O estudo em apreço afirma, ainda, que relativamente aos outros três possíveis fundamentos acima referidos não é inteiramente claro qual deles é seguido pelo Tribunal de Justiça nas diversas ocasiões em que este fez referências explícitas ao MC OCDE. Os autores acabam por concluir que o MC OCDE cede perante o Direito Comunitário e que os Comentários serão eventualmente considerados pelo Tribunal de Justiça apenas com base no seu próprio mérito, não sendo portanto imperativos no Direito Comunitário [actualmente, Direito da UE].

[604] Conclusão a que acabam também por chegar os autores do estudo mencionado na nota de rodapé anterior, conforme foi aí referido.

de circulação e por um princípio de não discriminação particularmente exigente, com todas as consequentes implicações e concretizações ao nível da fiscalidade directa.

O Direito Fiscal Europeu pauta-se, assim, por objectivos mais ambiciosos. Ora a prossecução de tais objectivos, embora continuando, em termos gerais, a inspirar-se nos princípios do DFI "clássico", implica uma ascensão desses princípios a patamares superiores de elaboração e de exigência.

É nestes termos que os princípios fundamentais do DFI e os conceitos consolidados ao longo de muitas décadas sofrem alterações, nalguns casos profundas, ao nível do seu alcance e do seu conteúdo, quando as situações tributárias internacionais visadas caiem sob a alçada do Direito da UE. Podemos mesmo dizer que a problemática em apreço envolve a própria questão da sobrevivência, no espaço da UE, do DFI tal como hoje o conhecemos.

2. Residência, Nacionalidade e Fonte no Direito Fiscal Europeu

2.1. *Introdução*

Na fase actual do Direito da UE, as competências relativas à tributação directa continuam a pertencer aos Estados-membros. Assim, a definição dos elementos de conexão aplicáveis nas situações tributárias internacionais e da extensão do poder de tributar dos Estados, no campo dos impostos directos, não é efectuada a nível da UE – excepto no que decorre das directivas europeias existentes em matéria de tributação directa.

A legislação nacional e as CDT celebradas pelos Estados-membros recorrem, fundamentalmente, aos mesmos elementos de conexão: residência e fonte. O recurso à nacionalidade como elemento de conexão é, actualmente, como vimos, residual.

Ainda quanto às CDT, refira-se que, tratando-se de instrumentos cujos objectivos fundamentais são, precisamente, a repartição entre os Estados contratantes do poder de tributar e a eliminação da dupla tributação, estas fazem uma utilização particularmente intensa dos elementos de conexão – inspirando-se, para tal, nos princípios fundamentais de DFI, sobretudo naqueles que designamos por princípios operativos.

344 *Princípios do Direito Fiscal Internacional*

Importa, pois, aferir se, e em que medida, tais princípios e também os elementos de conexão em que se concretizam no DFI (residência, nacionalidade e fonte) se revelam compatíveis com a proibição da discriminação em razão da nacionalidade e com as liberdades de circulação previstas no TFUE, quando colocados no contexto da UE. Quanto aos elementos de conexão utilizados nas situações tributárias internacionais, note-se que a questão da sua admissibilidade face ao Direito da UE se coloca em termos similares, quer estes se encontrem previstos na legislação interna dos Estados-membros quer nas CDT.

Nos termos da jurisprudência do Tribunal de Justiça, existe discriminação quando as mesmas regras são aplicadas a situações diferentes ou quando regras diferentes são aplicadas a situações comparáveis[605]. Esta discriminação pode ser directa (quando a diferenciação se baseia na nacionalidade) ou indirecta (quando a utilização de outros critérios de diferenciação, distintos da nacionalidade, conduz aos mesmos resultados do que se a diferenciação se baseasse naquela). É o que sucede quando existe um tratamento fiscal diferenciado de residentes e não residentes, o qual pode operar em prejuízo dos nacionais de outros Estados-membros, uma vez que os não residentes são, na maioria dos casos, nacionais de outros Estados[606].

2.2. Liberdade de Fixação dos Elementos de Conexão

O Tribunal de Justiça referiu, no Caso *Gilly*, que, na ausência de medidas europeias de unificação ou harmonização, compete aos Estados--membros definirem os elementos de conexão para a repartição dos poderes de tributar entre si, num esforço para a eliminação da dupla tributação[607]. O Tribunal sustenta, ainda, que é razoável que os Estados-membros baseiem os seus acordos a este nível na prática internacional e no MC OCDE.

Subsequentemente, no Caso *Saint-Gobain*, o Tribunal de Justiça reiterou a posição assumida a este propósito no Caso *Gilly* e afirmou que "na ausência de medidas de unificação ou harmonização adoptadas na

---

[605] Acórdão *Schumacker*, parágrafo 30.
[606] Acórdão *Schumacker*, parágrafo 28.
[607] Acórdão *Gilly*, parágrafos 24, 30 e 31.

Comunidade, em particular ao abrigo do segundo ponto do artigo 220.º do Tratado CE [posteriormente, segundo ponto do artigo 293.º do Tratado CE[608]], os Estados-membros continuam a ser competentes para determinarem os critérios para a tributação do rendimento e do património, com vista à eliminação da dupla tributação, através, designadamente, de acordos internacionais. Neste contexto, os Estados-membros são livres, no âmbito de acordos bilaterais concluídos para evitar a dupla tributação, de definirem os elementos de conexão para efeitos da repartição dos poderes de tributar entre si"[609]. O Tribunal voltou a pronunciar-se no mesmo sentido, mais tarde[610].

Deste modo, podemos concluir que a jurisprudência do Tribunal de Justiça não considera como desconformes com o Direito da UE regras da legislação nacional dos Estados-membros e das CDT que apenas procedem à repartição do poder de tributar, e que reconhece e aceita, em termos gerais, os elementos de conexão previstos no MC OCDE.

Quanto a este último, resulta também dos acórdãos referidos que o Tribunal de Justiça tende a proteger a integridade das disposições de CDT que seguem de perto o MC OCDE.

2.3. O Princípio da Residência Face ao Direito Fiscal Europeu

2.3.1. *Reconhecimento do princípio da residência pelo Direito Fiscal Europeu*

O princípio da residência desempenha um papel fundamental no contexto do DFI – prevalecendo mesmo sobre o princípio da fonte, no panorama actual do DFI e, em particular, no MC OCDE. A residência

---

[608] Recorde-se que este artigo foi revogado pelo Tratado de Lisboa, não tendo, portanto, correspondência no TFUE. Contudo, entendemos que tal facto não envolve alterações significativas na matéria em apreço, mantendo os Estados-membros os poderes assinalados.

[609] Acórdão *Saint-Gobain*, parágrafo 56.

[610] Acórdão *De Groot*, parágrafo 93; Acórdão *"D"*, parágrafo 52; Acórdão *Van Hilten*, parágrafo 47; Acórdão *"N"*, parágrafos 43-44; Acórdão *ACT Group Litigation*, parágrafo 52; Acórdão *Denkavit Internationaal*, parágrafo 43.

346   *Princípios do Direito Fiscal Internacional*

beneficia, assim, de uma ampla consagração como elemento de conexão, tanto na generalidade das legislações fiscais nacionais como nas CDT.

No que toca ao Direito da UE, cabe referir que as directivas europeias em matéria de tributação directa utilizam a residência como elemento de conexão determinante da jurisdição tributária.

Por seu turno, o artigo 58.º n.º 1, alínea a) do Tratado CE [actual artigo 65.º do TFUE] permite que os Estados-membros prevejam na sua legislação fiscal e apliquem os critérios da residência e da fonte[611]. Esta derrogação ao princípio da livre circulação de capitais encontra-se, porém, limitada pelo n.º 3 do aludido artigo, nos termos do qual as disposições fiscais nacionais visadas pelo n.º 1 não devem constituir um meio de discriminação arbitrária, nem uma restrição dissimulada à livre circulação de capitais e pagamentos.

Em termos de referências jurisprudenciais à residência enquanto elemento de conexão, o Tribunal de Justiça afirmou, no Caso *Gschwind*, que "para efeitos fiscais a residência é o factor de conexão no qual o direito fiscal internacional, em particular o Modelo de Convenção de Dupla Tributação da Organização de Cooperação e de Desenvolvimento Económico (OCDE), se baseia normalmente para repartir os poderes tributários entre Estados em situações envolvendo elementos exteriores"[612].

O Tribunal de Justiça faz uma afirmação idêntica, mas relativamente à utilização da residência como elemento de conexão na legislação interna, no Caso *Gerritse*[613].

Pode, portanto, concluir-se que, em termos gerais, a jurisprudência do Tribunal de Justiça reconhece e aceita a residência como elemento de conexão, tanto na legislação fiscal interna dos Estados-membros como nas CDT. O princípio da residência vigente no DFI é, deste modo, aceite também no contexto do Direito da UE – sem prejuízo das limitações que abordaremos oportunamente.

---

[611] Cfr. ANA PAULA DOURADO, *A Tributação dos Rendimentos...*, p. 36.
[612] Acórdão *Gschwind*, C-391/97, parágrafo 24.
[613] Acórdão *Gerritse*, C-234/01, parágrafo 45.

2.3.2. Aceitação da distinção entre residentes e não residentes pelo Direito Fiscal Europeu

Os sistemas fiscais dos Estados-membros assentam numa distinção entre a tributação de residentes e de não residentes. Também as CDT, tanto no que se refere à delimitação do seu âmbito subjectivo de aplicação, como no que toca à repartição entre os Estados contratantes do poder tributário, gravitam em torno da residência dos sujeitos passivos.

A utilização da residência como elemento de conexão e a correspondente diferenciação entre o tratamento fiscal de residentes e de não residentes constituem, assim, elementos centrais do DFI.

O tratamento fiscal diferente de residentes e não residentes não constitui, no âmbito do DFI, uma discriminação. O artigo 24.º do MC OCDE proíbe a discriminação em razão da nacionalidade, mas não é aplicável quando exista uma diferenciação fiscal em razão de outros critérios, como o da residência.

Regra geral, os residentes têm uma obrigação fiscal ilimitada, sendo tributáveis no Estado de residência quanto à totalidade dos rendimentos por si auferidos, tanto nesse Estado (rendimentos de fonte interna) como no estrangeiro (rendimentos de fonte externa). No âmbito da tributação do rendimento global do sujeito passivo residente, o Estado da residência toma em consideração a situação pessoal e familiar deste. Em contrapartida, os não residentes têm uma obrigação fiscal limitada, sendo tributados apenas quanto aos rendimentos obtidos no território desse Estado (rendimentos de fonte interna), e sem que seja, regra geral, tomada em consideração a sua situação pessoal e familiar.

À aludida diferenciação entre residentes e não residentes corresponde uma contraposição entre o papel do Estado da residência (com poder de tributar a totalidade do rendimento obtido pelos seus residentes, tanto no seu território como no estrangeiro, mas devendo tomar em conta a situação pessoal e familiar destes) e do Estado da fonte (cujo poder de tributar, relativamente aos sujeitos passivos que não sejam seus residentes, se limita aos rendimentos por estes obtidos no seu território, não tendo geralmente que considerar a situação pessoal e familiar desses sujeitos passivos não residentes).

Em contrapartida, no contexto da UE, o princípio da não discriminação em razão da nacionalidade e as liberdades de circulação consagradas no TFUE – embora não vedando, *a priori*, a diferenciação do tratamento

348 *Princípios do Direito Fiscal Internacional*

fiscal de residentes e não residentes – implicam uma análise bastante mais cuidadosa dos casos concretos, de forma a aferir-se se, na situação em análise, tal diferenciação é admissível face ao Direito da UE.

Note-se, a este propósito, que a análise da jurisprudência do Tribunal de Justiça revela, em diversos casos, uma aceitação inicial e genérica por este da distinção entre residentes e não residentes, bem como da diferenciação do tratamento fiscal conferido a uns e a outros – vindo depois o Tribunal a concluir, na sequência da análise completa do caso concreto, que não existe uma diferença objectiva relevante entre residentes e não residentes, na situação em apreço, que possa justificar o tratamento fiscal distinto.

Salientamos pois que, por razões sistemáticas, no presente ponto iremos referir-nos apenas à parte das decisões do Tribunal de Justiça em que este manifestou expressamente a sua aceitação da distinção fiscal entre residentes e não residentes, independentemente do desfecho final do caso (frequentemente no sentido da inadmissibilidade da distinção no caso concreto).

Procuramos, através desta metodologia, salientar o facto de os pontos de partida do DFI e do Direito da UE, relativamente à problemática em análise, serem semelhantes. O distanciamento entre a perspectiva do DFI e a do Direito da UE surgem apenas num momento subsequente em termos lógicos, devido ao facto de o Direito da UE, através da jurisprudência do Tribunal de Justiça, dar um passo adicional na análise da existência ou não de justificação, no caso concreto, para a diferenciação fiscal entre residentes e não residentes.

No Caso *Avoir Fiscal*, o Tribunal de Justiça parece admitir, embora de forma pouco taxativa, a possibilidade de, em certas condições, se justificar no campo fiscal uma distinção baseada na localização da sede de uma sociedade ou da residência de um indivíduo[614].

Porém, a primeira vez em que o Tribunal de Justiça aceitou expressa e peremptoriamente a diferença de tratamento fiscal entre residentes e não residentes foi na sua decisão do Caso *Schumacker*[615].

O Tribunal, face a legislação fiscal nacional que utilizava a residência como factor de distinção, começou por sustentar que, no campo dos

---

[614] Acórdão *Avoir Fiscal*, parágrafo 19.
[615] Cfr. Dennis Weber, *Tax Avoidance and the...*, p. 131.

Parte II – IV. Princípios Fundamentais do Direito Fiscal Internacional ... 349

impostos directos, as situações de residentes e de não residentes não são, em regra, comparáveis[616].

Segundo o Tribunal, "existem diferenças objectivas entre eles, tanto do ponto de vista da fonte do rendimento como do ponto de vista da sua capacidade para pagar imposto ou da possibilidade de se tomar em conta a sua situação pessoal e familiar"[617]. A situação de residentes e não residentes apresenta, portanto, diferenças objectivas quanto à origem dos rendimentos e à possibilidade de se tomar em consideração a capacidade contributiva dos sujeitos passivos. Quando estes sejam pessoas singulares, as diferenças objectivas entre residentes e não residentes existem também quanto à possibilidade de se ter em conta a respectiva situação pessoal e familiar. Esta posição foi subsequentemente confirmada pelo Tribunal em diversos casos[618].

Na sequência destas primeiras conclusões, o Tribunal aceitou, também no Caso *Schumacker*, o princípio geral de DFI, subjacente ao MC OCDE, nos termos do qual é ao Estado da residência que cabe, em princípio, tributar o rendimento global do sujeito passivo e, ao fazê-lo, ter em conta a sua situação pessoal e familiar[619].

O Tribunal de Justiça reitera, em diversas das suas decisões, o princípio de que a situação pessoal e familiar do sujeito passivo deve ser tomada em consideração no Estado da residência, ou seja, no Estado que tributa o rendimento global do sujeito passivo[620].

Ainda no Caso *Schumacker*, o Tribunal de Justiça aceitou que o tratamento fiscal diferenciado de residentes e não residentes não é discriminatório, desde que uns e outros se encontrem em situações diferentes, o que sucede, por exemplo, por a maior parte do rendimento do não residente ser normalmente obtida no seu Estado de residência[621].

---

[616] Acórdão *Schumacker*, parágrafo 31.

[617] Acórdão *Schumacker*, parágrafo 31.

[618] A título de exemplo, Acórdão *Wielockx*, parágrafo 18; Acórdão *Asscher*, parágrafo 41. Contudo, na decisão do Caso *Asscher*, o Tribunal de Justiça determinou que os Estados-membros não podem aplicar uma taxa de imposto mais elevada aos não residentes sem uma justificação adequada (Acórdão *Asscher*, parágrafo 49).

[619] Acórdão *Schumacker*, parágrafo 32.

[620] Acórdão *Gschwind*, parágrafo 23; Acórdão *Gerritse*, parágrafo 44; Acórdão *Conijn*, parágrafo 17.

[621] Acórdão *Schumacker*, parágrafo 33.

350 *Princípios do Direito Fiscal Internacional*

Uma das justificações para a diferenciação de tratamento fiscal entre residentes e não residentes tem, assim, na perspectiva do Tribunal de Justiça, a ver com o facto de o rendimento recebido num Estado-membro por um não residente ser normalmente apenas uma parte do seu rendimento total, maioritariamente recebido no seu Estado de residência.

No Caso *ICI*, o Tribunal de Justiça alargou a jurisprudência em apreço ao campo das sociedades, aceitando a contraposição entre uma obrigação fiscal limitada das sociedades não residentes e uma obrigação fiscal ilimitada das sociedades residentes, e considerando que tal distinção decorre do princípio da soberania fiscal limitada do Estado da fonte[622].

No Caso *Royal Bank of Scotland*, o Tribunal admite novamente uma distinção entre a obrigação fiscal de sociedades residentes e não residentes[623].

No Caso *"D"*, o Tribunal de Justiça considera que é legítimo que um Estado-membro preveja para os sujeitos passivos não residentes um tratamento fiscal distinto do aplicável aos seus residentes (por exemplo, recusando aos não residentes a aplicação de abatimentos idênticos aos que concede aos residentes), desde que estes e aqueles se encontrem em situações distintas[624].

A análise da jurisprudência do Tribunal de Justiça revela, assim, que na perspectiva deste órgão, em termos genéricos, o uso da residência como elemento de conexão, bem como a diferenciação fiscal entre sujeitos passivos residentes e não residentes, tanto na legislação interna dos Estados como nas CDT, é aceitável e não contraria as liberdades de circulação consagradas no TFUE.

O Tribunal de Justiça admite, desta forma, que um tratamento fiscal diferenciado de residentes e não residentes não consubstancia, por si mesmo, uma discriminação contrária aos Tratados Europeus, em virtude de os residentes e os não residentes não se encontrarem, em geral, em situações comparáveis. Isto, naturalmente, desde que não ocorra um tratamento fiscal menos favorável de não residentes que se encontrem numa situação comparável à dos residentes e que, portanto, o uso da residência não redunde numa discriminação indirecta – aspectos que serão analisado no ponto seguinte do presente trabalho.

---

[622] Acórdão *ICI*, C-264/96, parágrafo 29.
[623] Acórdão *Royal Bank of Scotland*, C-311/97, parágrafo 27.
[624] Acórdão *"D"*, parágrafo 28.

2.3.3. Limitações à diferenciação de regime fiscal baseada na residência

Conforme foi já referido, o tratamento fiscal distinto de residentes e não residentes não constitui, no âmbito do DFI, uma discriminação. Apesar de o artigo 24.º, n.º 1 do MC OCDE proibir a discriminação em razão da nacionalidade, tal proibição não abarca os casos de uma diferenciação fiscal em razão de outros critérios, como o da residência.

Em contrapartida, no contexto da UE, o princípio da não discriminação em razão da nacionalidade e as liberdades de circulação consagradas no TFUE determinam uma abordagem bastante distinta da questão do tratamento fiscal diferenciado de residentes e não residentes. Constituem problemas fulcrais na jurisprudência fiscal do Tribunal de Justiça as questões de saber se residentes e não residentes estão numa situação comparável para efeitos fiscais e se o tratamento fiscal distinto de residentes e não residentes representa ou não uma discriminação proibida face ao Direito da UE.

Com efeito, no âmbito do Direito da UE, uma diferenciação fiscal com base em critérios distintos da nacionalidade, *maxime* a residência, pode, em determinadas circunstâncias, constituir uma discriminação indirecta em razão da nacionalidade, proibida pelo TFUE[625].

O Tribunal de Justiça reconheceu pela primeira vez no Caso *Biehl* que uma distinção fiscal com base na residência do sujeito passivo pode ser equivalente a uma discriminação em razão da nacionalidade. No caso em apreço, a residência permanente no território do Luxemburgo constituía um requisito para a concessão ao sujeito passivo do reembolso do imposto pago em excesso, no âmbito da tributação directa das pessoas singulares. Tal requisito, na prática, prejudicava os sujeitos passivos nacionais de outros Estados-membros, uma vez que eram estes que mais frequentemente deixavam o Luxemburgo ou aí se estabeleciam durante o ano fiscal, não tendo residência permanente nesse Estado[626]. Por este motivo, o Tribunal

---

[625] Designadamente, Acórdão *Sotgiu*, C-152/73, parágrafo 11; Acórdão *Biehl*, C-175/88, parágrafo 13; Acórdão *Comissão v. Reino Unido*, C-279/89, parágrafo 42; Acórdão *Comissão v. Luxemburgo*, C-111/91, parágrafo 10; Acórdão *Commerzbank*, C-330/91, parágrafo 14; Acórdão *Halliburton*, C-1/93, parágrafo 15.

[626] Acórdão *Biehl*, parágrafo 14.

352   *Princípios do Direito Fiscal Internacional*

de Justiça considerou o requisito em causa contrário à livre circulação de trabalhadores.

Quanto à comparabilidade entre as situações de residentes e de não residentes, o Tribunal de Justiça, no Caso *Schumacker*, após formular uma regra inicial segundo a qual, no campo dos impostos directos, as situações de uns e outros não são, por norma, comparáveis[627], operou uma importante limitação dessa regra. Assim, ainda na decisão do Caso *Schumacker*, o Tribunal acabou por admitir que, nalgumas circunstâncias, as situações de residentes e de não residentes podem ser comparáveis e que, portanto, uma diferenciação de tratamento fiscal em função da residência é admissível apenas se existir uma diferença objectiva relevante entre residentes e não residentes que a justifique[628].

Deste modo, apesar de o Tribunal aceitar que, regra geral, o tratamento fiscal diferenciado de residentes e não residentes não constitui uma discriminação contrária ao Direito da UE, e que cabe, em princípio, ao Estado da residência tributar o sujeito passivo de forma global, tendo em conta o conjunto dos seus rendimentos e a sua situação pessoal e familiar[629], este princípio comporta excepções.

A diferenciação de regime fiscal baseada na residência não é aceitável para o Tribunal de Justiça quando as situações de residentes e de não residentes não forem objectivamente diferentes. Assim, a existência de um tratamento fiscal distinto de residentes e não residentes, na ausência de uma diferença objectiva susceptível de justificar tal diferença de tratamento, representa, para o Direito da UE, uma discriminação.

Note-se, a este propósito, que a concessão por um Estado-membro de uma vantagem fiscal aos seus residentes, sendo esta negada a não residentes que se encontram numa situação comparável, constitui o exemplo mais clássico de incompatibilidade de disposições relativas à tributação directa, incluídas na legislação interna dos Estados-membros e nas CDT, com o Direito da UE[630]. Consequentemente, são numerosos os casos analisados pelo Tribunal de Justiça nos quais o princípio da não discri-

---

[627] Acórdão *Schumacker*, parágrafo 31.

[628] Acórdão *Schumacker*, parágrafo 37.

[629] Acórdão *Schumacker*, parágrafo 32.

[630] Cfr. JACQUES MALHERBE, PHILIPPE MALHERBE, ISABELLE RICHELLE, EDOARDO TRAVERSA, *The Impact of the Rulings...*, p. 57.

Parte II – IV. Princípios Fundamentais do Direito Fiscal Internacional ... 353

minação em razão da nacionalidade é adaptado ao campo das diferenças de tratamento fiscal entre residentes e não residentes (recorrendo-se, portanto, à proibição da discriminação indirecta).

No Caso *Schumacker*, o Tribunal, em concretização da aludida limitação da sua regra de partida, considerou que um indivíduo não residente que obteve a maior parte do seu rendimento tributável no Estado onde era empregado, não tendo obtido rendimentos significativos no seu Estado de residência, estava numa situação comparável à dos residentes no seu Estado de emprego. Devia, assim, ser tributado nesse Estado da mesma forma que os sujeitos passivos aí residentes, designadamente vendo a sua situação pessoal e familiar ser tomada em conta para efeitos fiscais no Estado de emprego[631].

Deste modo, o indivíduo não residente que obtenha a maior parte do seu rendimento tributável no Estado onde exerce a sua actividade profissional é um "residente virtual" nesse Estado, operando tal "residência virtual" uma transferência das deduções e abatimentos referentes à situação pessoal e familiar do sujeito passivo do Estado da residência para o Estado do exercício da actividade profissional[632].

Mediante a consagração da figura do "residente virtual", o Acórdão *Schumacker* – juntamente com o Acórdão *Wielockx*[633], que o secundou no mesmo entendimento – modificaram os parâmetros tradicionais da tributação no Estado da residência e no Estado da fonte, adequando assim as regras do DFI às exigências do Direito da UE.

Com efeito, quando um sujeito passivo obtém no Estado da residência apenas uma parte muito reduzida do seu rendimento tributável global, fica impossibilitado, em termos práticos, de beneficiar nesse Estado das deduções ou abatimentos relativos à sua situação pessoal e familiar. Numa situação como esta, fica esvaziado de conteúdo o papel do Estado de residência, enquanto aquele onde devem ser tomadas em consideração tais circunstâncias de natureza pessoal. Por outro lado, o indivíduo fica

---

[631] Acórdão *Schumacker*, parágrafos 36-38.

[632] Abordaremos a questão do "residente virtual" em maior detalhe *infra*, no ponto 2.5.4. do capítulo IV, da parte II do presente trabalho – ou seja, a propósito do princípio da fonte, uma vez que a "residência virtual" constitui uma significativa alteração da forma tradicional de tributar os sujeitos passivos não residentes no Estado da fonte.

[633] Acórdão *Wielockx*, parágrafos 20-22.

354   *Princípios do Direito Fiscal Internacional*

sujeito a uma carga fiscal no Estado de exercício da actividade que é mais elevada do que a dos sujeitos passivos aí residentes, em virtude de, face aos parâmetros tradicionais da tributação de não residentes no Estado da fonte, não ter aí direito às deduções ou abatimento relativos à situação pessoal e familiar. Sendo a situação do indivíduo em questão objectivamente comparável à dos residentes no Estado do exercício da sua actividade (uma vez que aí obtém a maior parte do seu rendimento), tal distinção de tratamento fiscal não é admissível para o Direito da UE, representando uma discriminação proibida pelo TFUE[634].

Quanto à tributação das sociedades, o direito de estabelecimento, previsto no artigo 43.º do Tratado CE [actual artigo 49.º do TFUE], não permite que um Estado-membro trate as sucursais ou subsidiárias de sociedades não residentes, de outros Estados-membros da UE, de modo menos favorável do que as sociedades residentes no seu território.

Uma primeira abordagem da questão da diferenciação de regime fiscal em função da residência, no que toca às sociedades, foi levada a cabo pelo Tribunal no Acórdão *Avoir Fiscal*. A legislação francesa, não obstante tributar em termos similares os lucros das sociedades com sede em França e das sucursais de sociedades com sede no estrangeiro, estabelecia uma distinção entre ambas no tocante à concessão de um crédito de imposto, o *"avoir fiscal"*. As sociedades com sede em França (incluindo as subsidiárias de sociedades com sede noutro Estado) tinham direito a um crédito de imposto quanto aos dividendos de acções detidas em sociedades francesas. Pelo contrário, as sucursais francesas de sociedades com sede noutro Estado não tinham direito ao aludido crédito de imposto para os dividendos derivados de acções detidas em sociedades francesas. O Tribunal afirmou que a distinção em apreço constituía uma discriminação contrária ao direito de estabelecimento previsto no Tratado, e sustentou que o Direito Europeu podia limitar o poder dos Estados--membros de distinguirem o tratamento fiscal de residentes e não residentes relativamente à tributação de sociedades[635].

---

[634] Acórdão *Schumacker*, parágrafo 36; Acórdão *Gschwind*, parágrafo 27; Acórdão *De Groot*, parágrafo 89; Acórdão *Gerritse*, parágrafo 48; Acórdão *Wallentin*, parágrafos 17-19; Acórdão *Lakebrink*, parágrafo 36.

[635] Acórdão *Avoir Fiscal*, parágrafo 18.

Parte II – IV. Princípios Fundamentais do Direito Fiscal Internacional ... 355

Ao tratar de forma idêntica, para efeitos de tributação dos lucros obtidos, as sociedades com sede em França e as sucursais situadas em território francês de sociedades estrangeiras, o legislador francês admitiu que não existia entre ambas uma diferença de situação objectiva que pudesse justificar, no contexto da mesma tributação, uma diferença de tratamento relativamente à concessão de uma vantagem fiscal[636].

Diversas outras decisões do Tribunal de Justiça concretizam a proibição de um tratamento fiscal distinto de sociedades residentes e não residentes.

No Caso *Royal Bank of Scotland*, a legislação fiscal grega implicava a sujeição das sucursais na Grécia de sociedades não residentes a uma taxa de imposto superior à aplicável às sociedades com sede na Grécia. O Tribunal de Justiça considerou que esta legislação era desconforme com o Direito da UE[637]. Um vez que a legislação fiscal grega não previa uma distinção entre as sociedades com sede na Grécia e os estabelecimentos estáveis em território grego de sociedades não residentes, no tocante à forma de determinação da matéria tributável, não existia entre ambos uma diferença de situação objectiva que pudesse justificar uma diferença de tratamento em termos de taxa de imposto. A conclusão do Tribunal de Justiça apresenta, portanto, bastantes semelhanças com a do Caso *Avoir Fiscal*.

Novamente em termos similares, o Tribunal de Justiça decidiu, no Caso *Saint-Gobain*, que os estabelecimentos estáveis de sociedades não residentes se encontravam numa situação objectivamente comparável à das subsidiárias residentes, no que diz respeito à tributação dos dividendos recebidos na Alemanha, derivados de participações societárias detidas em subsidiárias estrangeiras. Com efeito, a sujeição a imposto de tais dividendos seria a mesma, independentemente de o respectivo beneficiário ser um estabelecimento estável ou uma sociedade residente na Alemanha[638]. Deste modo, o Tribunal de Justiça sustentou que os artigos 43.º e 48.º do Tratado CE [actuais artigos 49.º e 54.º do TFUE] impediam que, aos estabelecimentos estáveis de sociedades residentes noutro Estado-membro,

---

[636] Acórdão *Avoir Fiscal*, parágrafos 19 e 20.
[637] Acórdão *Royal Bank of Scotland*, parágrafos 30, 33 e 34.
[638] Acórdão *Saint-Gobain*, parágrafos 47-48.

356 *Princípios do Direito Fiscal Internacional*

fosse negada a aplicação de vantagens fiscais relativas à tributação de dividendos, que eram, em contrapartida, concedidas às sociedades residentes na Alemanha[639].

Saliente-se, todavia, que, sem prejuízo do referido *supra*, quando as situações de residentes e não residentes não sejam objectivamente comparáveis, é admissível a diferenciação do regime fiscal aplicável a uma e a outra das aludidas categorias de sujeitos passivos[640].

2.3.4. *Conclusões*

Na sequência da análise efectuada, podemos concluir que a residência é aceite pelo Tribunal de Justiça, enquanto elemento de conexão utilizado para efeitos da repartição do poder tributário e determinante do Estado onde o sujeito passivo tem uma obrigação fiscal ilimitada.

O Tribunal de Justiça aceita, em termos gerais, o tratamento fiscal distinto de sujeitos passivos residentes e não residentes, nos moldes vigentes no DFI. Ao aceitar tal distinção, o Tribunal de Justiça baseia-se na premissa de que as situações de residentes e de não residentes não são, em geral, comparáveis. Existe, portanto, neste ponto, uma convergência entre o DFI e o Direito da UE.

Todavia, o Tribunal de Justiça limita a referida aceitação do tratamento fiscal distinto de sujeitos passivos residentes e não residentes aos casos em que exista uma diferença objectiva relevante entre as situações dos dois tipos de sujeitos passivos. Só quando tal condição se verifique é que a aludida distinção fiscal entre residentes e não residentes é aceitável, na perspectiva do Direito da UE.

---

[639] Acórdão *Saint-Gobain*, parágrafo 63.

[640] Veja-se, por exemplo, o recente Acórdão *Truck Center* (Caso C-282/07), no qual o Tribunal de Justiça considerou não ser objectivamente comparável a situação das sociedades beneficiárias de rendimentos de capitais estabelecidas na Bélgica e estabelecidas noutro Estado-membro (parágrafo 41). Consequentemente, o Tribunal de Justiça decidiu que não era contrária ao Direito Comunitário a legislação fiscal belga que obrigava "à retenção na fonte do imposto sobre os juros pagos por uma sociedade residente desse Estado a uma sociedade beneficiária residente de outro Estado-membro, embora isente dessa retenção os juros pagos a uma sociedade beneficiária residente do primeiro Estado-membro cujos rendimentos são tributados neste último Estado-membro a título do imposto sobre as sociedades" (parágrafo 52).

Parte II – IV. Princípios Fundamentais do Direito Fiscal Internacional ... 357

Deste modo, nos casos em que os não residentes se encontram na mesma situação objectiva que os residentes, o tratamento fiscal distinto de uns e outros constitui uma discriminação proibida pelo Direito da UE. O Tribunal de Justiça procede, nestes casos, a uma assimilação entre não residentes e residentes, tentando superar a distinção entre as duas categorias de sujeitos passivos – consagrada pelo DFI e reconhecida pelo Direito da UE, em termos gerais – quando tal se revele necessário para cumprir as superiores exigências de não discriminação que pautam o Direito da UE.

Com efeito, as divergências existentes entre o DFI e o Direito da UE no que diz respeito à diferença do tratamento fiscal aplicável a residentes e não residentes – diferença esta aceite em termos muito mais amplos pelo DFI do que pelo Direito da UE – fundamentam-se, em grande medida, na diferença de alcance do princípio da não discriminação consagrado em cada um deles.

O artigo 24.º n.º 1 do MC OCDE proíbe a discriminação em razão da nacionalidade, mas não é aplicável quando exista uma diferenciação fiscal em razão de outros critérios, como o da residência. Assim, o tratamento fiscal diferente de residentes e não residentes não constitui, em termos gerais, no âmbito do DFI, uma discriminação.

Em contrapartida, no âmbito da proibição da discriminação em razão da nacionalidade prevista no artigo 18.º do TFUE, a diferenciação do regime fiscal aplicável em razão da residência pode constituir, em determinadas circunstâncias, uma discriminação indirecta em razão da nacionalidade.

Podemos concluir, face ao exposto, que o Direito da UE, através da jurisprudência do Tribunal de Justiça, impõe ao Estado da residência uma limitação no que toca à possibilidade de prever um tratamento fiscal diferente para sujeitos passivos residentes e não residentes (estes últimos, aí tributados apenas em relação aos rendimentos obtidos no território do Estado em apreço). Em termos gerais, tais diferenças só são aceitáveis, na perspectiva do Direito da UE, quando exista uma diferença objectiva relevante entre as situações dos dois tipos de sujeitos passivos.

A jurisprudência do Tribunal de Justiça impõe ainda ao Estado da residência outras limitações e alterações do seu papel tradicional em termos de exercício do poder tributário.

Destaca-se, pela sua relevância, a consagração da figura do "residente virtual" no Caso *Schumacker*. Através dela, o Tribunal de Justiça transfere do Estado da residência para o Estado da fonte a obrigação de tomar em

358 Princípios do Direito Fiscal Internacional

consideração, para efeitos fiscais, a situação pessoal e familiar do sujeito passivo que possa ser considerado como "residente virtual" no Estado da fonte.

O regime aplicável ao "residente virtual" constitui uma modificação, operada pelo Tribunal de Justiça, aos parâmetros tradicionais da tributação no Estado da residência e no Estado da fonte, adequando assim as regras do DFI às exigências do Direito da UE.

Com efeito, quando um sujeito passivo obtém no Estado da residência apenas uma parte muito reduzida do seu rendimento tributável global, obtendo a totalidade ou quase totalidade do seu rendimento tributável no Estado do exercício da sua actividade (Estado da fonte), o sujeito passivo fica impossibilitado, em termos práticos, de beneficiar no Estado da residência das deduções ou abatimentos relativos à sua situação pessoal e familiar. Nestes casos, fica esvaziado de conteúdo o papel tradicionalmente reservado ao Estado de residência, de tomar em consideração as circunstâncias de natureza pessoal do sujeito passivo.

Em resposta a tal situação, e de modo a obviar à discriminação que a mesma acarretaria, o Tribunal de Justiça impõe, nos casos de "residência virtual", uma superação da contraposição, tradicional no DFI, do papel do Estado da residência (com poder de tributar a totalidade do rendimento obtido pelos seus residentes, tanto no seu território como no estrangeiro, mas devendo tomar em conta a situação pessoal e familiar destes) e do Estado da fonte (cujo poder de tributar, relativamente aos sujeitos passivos que não sejam seus residentes, se limita aos rendimentos por estes obtidos no seu território, não tendo geralmente que considerar a situação pessoal e familiar desses sujeitos passivos não residentes).

Note-se, por fim, que, não obstante a elaboração jurisprudencial desta matéria, subsistem ainda dúvidas quanto à abrangência da limitação imposta pelo TFUE relativamente à adopção, pelos Estados-membros, de regimes fiscais distintos para residentes e não residentes[641-642].

---

[641] Jacques Malherbe, Philippe Malherbe, Isabelle Richelle, Edoardo Traversa, *The Impact of the Rulings...*, p. 58.

[642] *Vide*, por exemplo, Acórdão *Scorpio*, parágrafos 36-38.

2.4. A Nacionalidade Face ao Direito Fiscal Europeu

2.4.1. *Utilização da nacionalidade como elemento de conexão*

A nacionalidade, tanto de pessoas singulares como de pessoas colectivas, é um dos elementos de conexão com relevância, na legislação fiscal dos Estados e nas CDT, para efeitos da repartição do poder tributário.

Apesar de se tratar de um elemento de conexão subjectiva muito menos utilizado do que a residência, é especialmente importante a análise da sua (in)admissibilidade face ao Direito da UE, tendo em conta a proibição da discriminação em razão da nacionalidade prevista no artigo 18.º do TFUE[643].

Precisamente pelo facto de se tratar de um elemento de conexão actualmente pouco utilizado no âmbito do DFI, a jurisprudência do Tribunal de Justiça que aprecia a conformidade com o Direito da UE da utilização da nacionalidade, enquanto requisito de aplicação de certos regimes ou elemento de diferenciação dos regimes aplicáveis a pessoas singulares ou colectivas, é mais comum fora do campo fiscal. Existem, entre outros, diversos casos referentes a quotas de pesca[644] e a transporte aéreo[645].

---

[643] Cabe referir que, nos termos do artigo 54.º do TFUE [correspondente ao artigo 48.º do Tratado CE], "as sociedades constituídas em conformidade com a legislação de um Estado-Membro e que tenham a sua sede social, administração central ou estabelecimento principal na Comunidade são [...] equiparadas às pessoas singulares, nacionais dos Estados-membros".

[644] Designadamente, os casos relativos a quotas de pesca britânicas (Caso *Comissão v. Reino Unido,* C-279/89, e Caso *Factortame II*, C-221/89) e a quotas de pesca irlandesas (Caso *Comissão v. Irlanda,* C-93/89). Estes casos versavam sobre medidas anti-abuso que impunham requisitos de nacionalidade para o acesso a licenças de pesca. As medidas em apreço destinavam-se a evitar que as quotas de pesca que cabiam ao Reino Unido e à Irlanda, consoante os casos, fossem tomadas por navios com a bandeira desse Estado mas sem uma ligação genuína com o mesmo. As medidas anti-abuso desenvolvidas pelos dois Estados foram contestadas por entidades interessadas e pela Comissão, sendo suscitada a questão da sua desconformidade com o Direito Comunitário. O Tribunal de Justiça considerou que a utilização do critério da nacionalidade representava, em princípio, uma discriminação directa em razão da nacionalidade proibida face ao Direito Comunitário. Por exemplo no Caso *Comissão v. Reino Unido,* a imposição de um critério de nacionalidade quanto aos empregados das empresas de pesca foi considerado pelo Tribunal de Justiça como contrariando a livre circulação de trabalhadores. Quanto ao

360 *Princípios do Direito Fiscal Internacional*

No que respeita a jurisprudência fiscal, importa salientar o Caso *Gilly*. A Sra. Gilly considerou que o disposto na CDT entre a França e a Alemanha, mediante o recurso ao critério da nacionalidade aí previsto no contexto da tributação das remunerações públicas, resultou na sua tributação excessiva e discriminatória. Ela tinha dupla nacionalidade, francesa e alemã, ensinava num estabelecimento de ensino público na Alemanha, mas residia na França. Nos termos da aludida CDT, ela era tributada na Alemanha ao abrigo do princípio do Estado pagador, em parte devido à sua nacionalidade alemã. Em consequência deste facto, ela pagou mais imposto do que pagaria se não tivesse também nacionalidade alemã – caso em que seria tributada apenas em França, onde as taxas de imposto eram menos progressivas do que as alemãs. A Sra Gilly considerou que estava a ser objecto de discriminação em razão da nacionalidade. O Tribunal de Justiça afirmou, na sua decisão, que apesar de o critério

---

Caso *Factortame II*, as medidas em causa exigiam que uma percentagem de 75% dos accionistas e gestores da empresa de pesca tivesse nacionalidade britânica. A imposição destes requisitos de nacionalidade impedia os estrangeiros de actuarem ao abrigo das quotas de pesca britânicas mediante a mera constituição de uma sociedade no Reino Unido. O Tribunal rejeitou a admissibilidade deste requisito de um nível mínimo de accionistas e gerentes com a nacionalidade britânica, com base na incompatibilidade destas medidas com o direito de estabelecimento consagrado no então Tratado CE. Nas decisões em apreço, o Tribunal de Justiça demonstrou não aceitar a imposição de requisitos relativos à nacionalidade, nem mesmo quando se incluíam em medidas anti--abuso. Cfr. DENNIS WEBER, *Tax Avoidance and the...*, pp. 126-127.

[645] Fundamentalmente, os designados Casos *Open skies*: Caso *Comissão v. Reino Unido*, C-466/98; Caso *Comissão v. Dinamarca*, C-467/98; Caso *Comissão v. Suécia*, C-468/98; Caso *Comissão v. Finlândia*, C-469/98; Caso *Comissão v. Bélgica*, C-471/98; Caso *Comissão v. Luxemburgo*, C-472/98; Caso *Comissão v. Áustria*, C-475/98; Caso *Comissão v. Alemanha*, C-476/98. Estavam em causa, nestes casos, os acordos bilaterais que diversos Estados-membros tinham concluído com os EUA na área do transporte aéreo. Nos termos destes acordos, a manutenção dos direitos de aterragem de uma companhia aérea dependia da detenção substancial ou do controlo efectivo da referida companhia pelo Estado-membro contratante ou por nacionais desse Estado-membro. O Tribunal de Justiça considerou que esta cláusula podia constituir uma discriminação contra uma companhia aérea estabelecida num Estado-membro cuja pertença substancial e controlo efectivo fossem de outro Estado-membro ou de nacionais de outro Estado--membro. Tal violava o direito de estabelecimento. Os casos em apreço demonstraram que cláusulas que discriminam abertamente em razão da nacionalidade, incluídas em tratados bilaterais com Estados terceiros, entram em conflito com o Direito da UE. Cfr. DENNIS WEBER, *Tax Avoidance and the...*, p. 127.

Parte II – IV. Princípios Fundamentais do Direito Fiscal Internacional ... 361

da nacionalidade ser utilizado para repartir o direito de tributar, tal diferenciação não podia ser vista como constituindo uma discriminação[646]. O tratamento fiscal menos favorável da Sra Gilly resultava da disparidade entre as taxas de imposto previstas nas legislações fiscais francesa e alemã, e não propriamente do elemento de conexão utilizado.

No caso em apreço, o Tribunal de Justiça aceitou a utilização da nacionalidade como elemento de conexão. Contudo, importa salientar que a decisão do Tribunal de Justiça no Caso *Gilly* se deve, em larga medida, ao facto de a disposição da CDT em causa se basear em princípios internacionalmente aceites e, em particular, no MC OCDE. Contribuiu também para a decisão o facto de o tratamento fiscal mais desfavorável resultar de uma disparidade entre os regimes fiscais de dois Estados--membros, numa área não harmonizada como é a das taxas de tributação directa.

Tais circunstâncias permitem afirmar que o Tribunal de Justiça não aceitou o critério da nacionalidade para efeitos da repartição do poder de tributar em termos gerais, mas apenas numa situação muito específica de utilização da nacionalidade numa disposição de uma CDT correspondente ao artigo 19.º do MC OCDE. Assim, a posição assumida pelo Tribunal no Caso *Gilly* tem que ser vista no contexto do caso em apreço e interpretada restritivamente, não podendo extrair-se dela uma aceitação da nacionalidade como elemento de conexão conforme com o Direito da UE, em termos gerais[647].

2.4.2. *Conclusões*

O facto de a nacionalidade ter um papel pouco importante no DFI enquanto elemento de conexão, bem como o facto de o DFI também consagrar um princípio da não discriminação em razão da nacionalidade[648],

---

[646] Acórdão *Gilly*, parágrafo 30.

[647] Neste sentido, cfr. DENNIS WEBER, *Tax Avoidance and the...*, p. 130 e p. 137.

[648] Previsto no n.º 1 do artigo 24.º do MC OCDE, embora de alcance bastante mais restrito do que o princípio da não discriminação em razão da nacionalidade consagrado no Direito da UE. Teremos oportunidade de desenvolver mais esta questão no ponto 5.2. do capítulo IV, da parte II do presente trabalho, dedicado à contraposição entre o princípio da não discriminação no DFI e no Direito da UE.

362   *Princípios do Direito Fiscal Internacional*

fazem com que a divergência entre o DFI e o Direito da UE em matéria de nacionalidade seja menos relevante, em termos práticos, do que a que se verifica quanto aos demais elementos de conexão.

A aceitação pelo Tribunal de Justiça da utilização da nacionalidade como elemento de conexão, no Caso *Gilly*, tem que ser vista no contexto do aludido caso e interpretada restritivamente, não podendo extrair-se dela uma aceitação da nacionalidade como elemento de conexão conforme com o Direito da UE, em termos gerais[649]. A aceitação do Tribunal ocorreu numa situação muito específica e deve-se, em larga medida, ao facto de a disposição da CDT em causa no Caso *Gilly* se basear em princípios internacionalmente aceites e, em particular, no MC OCDE. Contribuiu também para a decisão o facto de o tratamento fiscal mais desfavorável resultar de uma disparidade entre os regimes fiscais de dois Estados--membros, numa área não harmonizada como é a das taxas de tributação directa.

A vigência do princípio da não discriminação em razão da nacionalidade, tal como este se encontra previsto no TFUE, determina que a utilização da nacionalidade enquanto critério distintivo para efeitos fiscais será aceitável, na perspectiva do Direito da UE, em circunstâncias muito restritas.

2.5. O Princípio da Fonte Face ao Direito Fiscal Europeu

2.5.1. *Aceitação do princípio da fonte e do princípio da limitação territorial pelo Direito Fiscal Europeu*

Em termos de DFI, a fonte é um dos elementos de conexão fundamentais, a par da residência[650].

O alcance do princípio da fonte no DFI centra-se na atribuição de poder tributário ao Estado da fonte, relativamente a determinados tipos de

---

[649] Neste sentido, cfr. DENNIS WEBER, *Tax Avoidance and the...*, p. 130 e p. 137.

[650] Embora, conforme foi oportunamente referido, se verifique actualmente uma determinada prevalência do princípio da residência sobre o princípio da fonte, no contexto do DFI e, em particular, no MC OCDE.

Parte II – IV. Princípios Fundamentais do Direito Fiscal Internacional ... 363

rendimento obtidos nesse Estado por não residentes. Mercê da articulação entre o princípio da fonte e o princípio da limitação territorial, o Estado da fonte vê o seu poder de tributar limitado (enquanto Estado da fonte) aos rendimentos obtidos no seu território, exercendo-o tradicionalmente em termos objectivos (ou seja, ignorando a situação pessoal e familiar dos sujeitos passivos não residentes).

Quanto ao Direito da UE, refira-se que a fonte do rendimento pode ser a base de medidas fiscais em que exista um tratamento fiscal distinto no Estado da fonte para rendimentos aí obtidos por residentes e por não residentes – medidas essas que podem, potencialmente, resultar numa discriminação indirecta.

Em termos jurisprudenciais, o Tribunal de Justiça aceita a distinção, consagrada no DFI, entre a existência de uma obrigação fiscal ilimitada no Estado da residência e uma obrigação fiscal limitada no Estado da fonte.

No Caso *Wielockx*[651], o Tribunal de Justiça referiu que residentes e não residentes diferem objectivamente em razão da fonte do rendimento. Neste caso, o Tribunal de Justiça aceita de forma expressa o princípio da fonte e também o princípio da limitação territorial nos termos em que este se encontra previsto no DFI.

No Caso *Futura Participations*[652], tratava-se de uma sociedade residente na França (Futura Participations SA) que tinha uma sucursal no Luxemburgo. Apesar de o aspecto central do caso se referir a um requisito em termos da contabilidade da sucursal no Luxemburgo, este aludia também a disposições fiscais do Luxemburgo que não aceitavam, para efeitos da determinação da matéria colectável dos sujeitos passivos não residentes, senão os lucros e as perdas decorrentes da actividade desenvolvida no território do Luxemburgo.

Nos termos da legislação luxemburguesa, os sujeitos passivos residentes eram tributáveis relativamente ao seu rendimento de base mundial. Todavia, a aludida legislação estabelecia uma isenção total ou parcial do rendimento obtido fora do Luxemburgo por estes sujeitos passivos. Nestes termos, os residentes no Luxemburgo acabavam (à semelhança

---

[651] Caso C-80/94, parágrafo 18.
[652] Caso C-250/95.

364 *Princípios do Direito Fiscal Internacional*

dos não residentes) por ser tributados fundamentalmente sobre rendimento de fontes no Luxemburgo. Os não residentes (como é o caso de um estabelecimento estável) eram, conforme já referido, tributados apenas quanto ao rendimento apurado no território do Luxemburgo. No que diz respeito a perdas, para efeitos do cálculo da matéria colectável dos sujeitos passivos não residentes eram tomados em consideração apenas as perdas resultantes das suas actividades no Luxemburgo.

O Tribunal de Justiça não considerou, neste contexto, que existisse uma discriminação, em virtude de o Luxemburgo, para efeitos do cálculo da matéria colectável das sociedades residentes, tomar em consideração todos os lucros e prejuízos destas, enquanto que, no caso das sociedades não residentes, eram considerados somente os lucros e prejuízos das actividades desenvolvidas no Luxemburgo[653]. A decisão do Tribunal de Justiça foi, portanto, no sentido da compatibilidade com o Direito da UE da existência de normas diferentes de determinação da matéria colectável em função do princípio da limitação territorial. A este propósito, o Tribunal de Justiça referiu que "este sistema, que se encontra em conformidade com o princípio da territorialidade para efeitos fiscais, não pode ser visto como envolvendo qualquer discriminação, directa ou indirecta, proibida pelo Tratado" [654].

O Tribunal aceita, portanto, em termos gerais, a contraposição entre o princípio da limitação territorial e o princípio da universalidade, relativos à determinação da extensão do poder de tributar, respectivamente no Estado da fonte (com uma obrigação fiscal limitada) e no Estado da residência (com uma obrigação fiscal ilimitada), tal como decorrem dos princípios característicos do DFI[655].

2.5.2. *Reinvenção do princípio da fonte pelo Tribunal de Justiça*

O aspecto mais importante a ter em conta, relativamente ao princípio da fonte, diz respeito à significativa modificação do seu alcance tradicional, operada pelas decisões do Tribunal de Justiça.

---

[653] Acórdão *Futura Participations*, parágrafos 20-22.
[654] Acórdão *Futura Participations*, parágrafo 22.
[655] Cfr. DENNIS WEBER, *Tax Avoidance and the...*, p. 146.

Parte II – IV. Princípios Fundamentais do Direito Fiscal Internacional ... 365

Com efeito, o Tribunal de Justiça procede à ampliação e enriquecimento significativos do papel do Estado da fonte, no contexto de situações fiscais envolvendo mais do que um Estado-membro. As decisões do Tribunal de Justiça nesta matéria têm vindo a impor ao Estado da fonte, no que diz respeito à forma de tributar sujeitos passivos não residentes nesse Estado, preocupações e funções que não se incluem no seu papel tal como este é tradicionalmente visto pelo princípio da fonte no DFI. O Tribunal de Justiça também sujeita o Estado da fonte a diversas limitações que este tradicionalmente não tem no contexto do DFI.

Fundamentalmente, o Direito da UE rejeita a tributação distinta dos rendimentos pagos a residentes e não residentes pelo Estado da fonte quando tal constitua uma discriminação indirecta em razão da nacionalidade, proibida pelo TFUE.

Tal rejeição tem reflexos quanto à questão da retenção na fonte no pagamento a não residentes de rendimentos gerados no Estado da fonte, em comparação com o tratamento fiscal do pagamento de idênticos rendimentos a residentes desse Estado.

Tem também reflexos no que toca à dedutibilidade, para efeitos fiscais, de despesas incorridas pelo sujeito passivo não residente para a obtenção do rendimento tributável no Estado da fonte.

Por último, esta nova visão do papel do Estado da fonte, no contexto do Direito da UE, tem consequências ao nível da relevância da situação pessoal e familiar do sujeito passivo não residente, a qual era tradicionalmente ignorada pelo Estado da fonte.

Uma análise da jurisprudência do Tribunal de Justiça permite-nos, deste modo, apontar os seguintes campos de inovação do Direito da UE relativamente ao tradicional alcance do princípio da fonte, determinados pela proibição de discriminação directa ou indirecta em razão da nacionalidade e pela salvaguarda das liberdades de circulação consagradas no TFUE:

i) Admissibilidade da tributação distinta de rendimentos pagos a não residentes e a residentes apenas nos casos em que a situação de ambos apresente diferenças objectivas que justifiquem o tratamento diferenciado. Validade desta regra também quanto à retenção na fonte.

ii) Dedutibilidade fiscal, no Estado da fonte, de custos e despesas incorridas pelo sujeito passivo não residente para a obtenção do rendimento tributável nesse Estado.

366 Princípios do Direito Fiscal Internacional

iii) Obrigação de o Estado da fonte da maior parte do rendimento considerar, para efeitos fiscais, a situação pessoal e familiar do sujeito passivo, criando-se uma doutrina do "residente virtual" no Estado da fonte.

Passamos a referir-nos à jurisprudência do Tribunal de Justiça cuja análise nos permitiu identificar as grandes diferenças acima apontadas, entre o alcance do princípio da fonte característico do DFI e o seu considerável alargamento pelo Direito da UE – o qual impõe ao Estado da fonte um novo papel e responsabilidades acrescidas em termos da forma de tributar.

2.5.3. *Limitação das diferenças de tributação entre não residentes e residentes e dedutibilidade de despesas pelos não residentes*

Abordaremos conjuntamente os campos da limitação das diferenças de tributação entre não residentes e residentes e da dedutibilidade de despesas pelos não residentes, uma vez que vários dos acórdãos do Tribunal de Justiça nestas matérias se referem a ambos os aspectos.

O Tribunal de Justiça é frequentemente chamado a pronunciar-se sobre situações nas quais as sociedades ou os indivíduos enfrentam obstáculos ao exercício da livre prestação de serviços num Estado-membro distinto daquele onde são residentes.

As principais medidas impostas ao nível do Estado do exercício da actividade (Estado da fonte, no que se refere ao rendimento relativo à prestação de serviços pela sociedade não residente) que têm o efeito de restringir a liberdade de prestação de serviços por entidades não residentes, em violação do artigo 56.º do TFUE, dizem respeito à retenção na fonte imposta no Estado da fonte ou a regras que limitem a dedução nesse Estado de custos e despesas incorridos em conexão com o exercício da actividade aí desenvolvida (designadamente prevendo a sujeição a retenção na fonte sobre o valor bruto do rendimento aí obtido pelo não residente).

O Tribunal de Justiça assume posição, em diversos casos, quanto à questão da dedutibilidade fiscal no Estado do exercício da actividade (Estado da fonte) de custos incorridos por não residentes em relação com a actividade económica aí desenvolvida, geradora de rendimentos.

Nos termos da jurisprudência do Tribunal de Justiça, o Estado da fonte / Estado do exercício da actividade não deverá tributar o rendimento do não residente pelo seu valor bruto, na medida em que o rendimento proveniente da actividade desenvolvida por não residentes não pode ser tributado de forma mais pesada do que o rendimento obtido por residentes. Assim, tal como sucede relativamente aos residentes, também os não residentes deverão ter a possibilidade de deduzir custos e despesas directamente ligadas à actividade económica desenvolvida no outro Estado--membro que não a residência e que gerou o rendimento tributável.

No Caso *Schumacker*, o Tribunal de Justiça começou por referir que, no que toca à tributação directa, a situação de residentes e não residentes não é, em geral, comparável. Todavia, esta referência inicial tem que ser conjugada com a indicação de que o Estado da fonte apenas poderá tributar os não residentes de modo distinto dos residentes quando haja, efectivamente, uma diferença objectiva entre a situação de residentes e não residentes. Assim, o Tribunal implicitamente aceita que a aplicação do princípio da fonte ao rendimento auferido por sujeitos passivos não residentes pode levar a um tratamento fiscal diferente destes, em comparação com o tratamento conferido aos residentes no Estado da fonte[656].

---

[656] Neste contexto, Dennis Weber refere que: "o Tribunal, portanto, reconhece que um Estado pode romper com o princípio da origem em virtude da residência doméstica, uma vez que ao tributar o rendimento de base mundial, o rendimento de origem estrangeira pode também ser tributado". O mesmo autor afirma ainda que: "o Tribunal aceita o facto de que sujeitos passivos residentes, em conflito com o princípio da origem, são tributados sobre o seu rendimento mundial". In Dennis Weber, *Tax Avoidance and the...*, p. 145-146. Discordamos da forma como Dennis Weber se refere, nas frases acima citadas, às conclusões do Tribunal de Justiça e da perspectiva assumida por este autor quanto às relações entre o princípio da residência e o princípio da fonte (equivalente ao princípio da origem, nos termos em que este é referido por Dennis Weber). Com efeito, na nossa opinião, o princípio da residência e o princípio da fonte são dois princípios que, tanto em termos de DFI como de Direito da UE, se conjugam, sendo tradicionalmente complementares entre si. O próprio MC OCDE aplica ambos os princípios, embora atribuindo prevalência, em termos gerais, ao princípio da residência. Não nos parece, portanto, que se possa falar de um rompimento com o princípio da origem quando um Estado tributa os seus residentes relativamente ao seu rendimento de base mundial, incluindo o rendimento de fonte estrangeira. Trata-se apenas dos princípios da fonte e da residência a operarem em termos de complementariedade, cada um atribuindo ao Estado em questão o poder de tributar relativamente às situações que se incluem no âmbito desse princípio. Não nos parece, portanto, adequado que se fale, conforme faz Dennis Weber, de um conflito entre o princípio da fonte e a tributação por um Estado dos seus residentes relativamente ao rendimento universal destes. Trata-

368 Princípios do Direito Fiscal Internacional

Todavia, o Tribunal admite que, verificando-se no Estado da fonte a imposição de um encargo fiscal mais gravoso aplicável apenas a não residentes, ou a negação aos não residentes de uma vantagem fiscal concedida aos residentes, tais factos constituem uma discriminação se "não existir uma diferença objectiva entre as situações de ambos que justifique um tratamento diferente nesse aspecto"[657].

No Caso *Gerritse*, o Tribunal de Justiça considerou como incompatível com o artigo 49.º do Tratado CE [actual artigo 56.º do TFUE] a legislação alemã que excluía quase completamente a dedução de despesas do negócio, em relação ao rendimento bruto tributável obtido na Alemanha por não residentes, enquanto permitia esta dedução a residentes.

O Tribunal tomou uma decisão similar em relação ao direito de estabelecimento no Caso *Conijn*, no qual estava em causa a dedução de custos incorridos na obtenção de aconselhamento fiscal, que apenas era admitida a residentes na Alemanha[658].

O Caso *Scorpio*[659] é particularmente interessante, uma vez que analisa os dois obstáculos fiscais mais frequentes à livre prestação de serviços: a sujeição a retenção na fonte dos prestadores de serviços não residentes e a limitação quanto à dedução de despesas por estes incorridas. O Tribunal de Justiça decidiu que a sujeição a retenção na fonte apenas dos pagamentos efectuados a prestadores de serviço não residentes, não se encontrando os pagamentos a prestadores de serviços residentes sujeitos a tal retenção na fonte, constituía um obstáculo ao artigo 49.º do Tratado CE [actual artigo 56.º do TFUE][660]. No entanto, o obstáculo foi considerado justificado devido à necessidade de assegurar a tributação dos não residentes.

Contudo, ainda no Caso *Scorpio*, o Tribunal considerou como contrária ao Direito da UE a legislação alemã que permitia a dedução de despesas do negócio por parte de não residentes, mas apenas após o

---

-se antes de um efeito da aplicação conjugada do princípio da residência, o qual determina a tributação de rendimentos obtidos no estrangeiro, que não seriam tributáveis se se verificasse uma aplicação exclusiva do princípio da fonte (situação que não se verifica, em termos gerais, nem tradicionalmente no âmbito do DFI e do MC OCDE, nem no âmbito do Direito da UE).

[657] Acórdão *Schumacker*, parágrafos 36-38; Acórdão *Asscher*, parágrafo 42.

[658] Acórdão *Conijn*, parágrafos 20-25.

[659] Caso C-290/04.

[660] Acórdão *Scorpio*, parágrafos 33-34.

Parte II – IV. Princípios Fundamentais do Direito Fiscal Internacional ...   369

pagamento de imposto sobre o rendimento, mediante um procedimento de reembolso que tinha que ser desencadeado pelo sujeito passivo[661]. Para o Tribunal de Justiça, o desencadear de tal procedimento envolvia custos económicos e administrativos adicionais para o sujeito passivo não residente e, na medida em que tal procedimento era sempre necessário para o prestador de serviços não residente, a legislação em apreço constituía, na opinião do Tribunal, um obstáculo à livre prestação de serviços[662]. Deste modo, a legislação alemã foi considerada desconforme com o Direito da UE, na medida em que sujeitava os não residentes a retenção na fonte sobre o rendimento bruto obtido na Alemanha (Estado da fonte), sem direito à dedução nessa fase das despesas incorridas directamente relacionadas com o rendimento de origem alemã, contrariamente ao que sucedia com os residentes na Alemanha[663].

A questão da dedutibilidade das despesas incorridas pelo prestador de serviços não residente, para efeitos da determinação do imposto devido no Estado da fonte, é novamente analisada no Caso *Centro Equestre da Lezíria Grande*[664]. Também neste caso, o Tribunal defendeu a dedutibilidade de despesas por parte de prestadores de serviços não residentes, mas considerou como compatível com o Direito da UE a exigência de uma ligação económica directa entre a dedução de despesas operacionais e o rendimento recebido no Estado da fonte[665]. Todavia, tal como no Caso *Gerritse*, o Tribunal considerou contrária à livre prestação de serviços a condição de que as despesas operacionais excedessem metade do valor do rendimento[666].

No que diz respeito ao tratamento fiscal de dividendos, refira-se que, tradicionalmente, o Estado da sociedade que paga os dividendos (Estado da fonte dos dividendos) impõe uma retenção na fonte. Por vezes, essa retenção na fonte é dispensada no que diz respeito aos dividendos pagos a uma sociedade-mãe residente desse mesmo Estado. Na maioria dos casos, as taxas de retenção na fonte sobre dividendos são reduzidas pelas

---

[661] Acórdão *Scorpio*, parágrafo 44.
[662] Acórdão *Scorpio*, parágrafo 47.
[663] Acórdão *Scorpio*, parágrafo 49.
[664] Caso C-345/04.
[665] Acórdão *Centro Equestre da Lezíria Grande*, parágrafos 24-25.
[666] Acórdão *Centro Equestre da Lezíria Grande*, parágrafos 28-31 e 37.

CDT aplicáveis. As CDT geralmente prevêem também a concessão, pelo Estado da residência do sócio, de um crédito de imposto pela retenção de imposto ocorrida no Estado da fonte. Contudo, para o sócio não residente, esse crédito de imposto é muitas vezes ineficaz em termos de eliminação de dupla tributação. Quando o sócio se encontre isento de imposto no Estado da residência relativamente aos dividendos recebidos de fonte estrangeira, uma vez que não é devido imposto, então também não há direito ao crédito de imposto. Por outro lado, se o Estado da residência concede simultaneamente um crédito de imposto relativo à retenção na fonte sofrida aquando do pagamento dos dividendos e um crédito de imposto indirecto, referente à tributação do rendimento subjacente (pago no Estado da fonte, relativamente ao lucro da sociedade aí localizada que deu origem ao dividendo distribuído), então o crédito frequentemente excede o montante do imposto devido no Estado da residência, sendo o excesso de crédito perdido.

O Tribunal de Justiça emitiu diversas e importantes decisões relativamente à questão da compatibilidade com o Direito da UE da retenção na fonte, no Estado da fonte, sobre dividendos pagos a sócios estrangeiros.

No Caso *Denkavit Internationaal*[667], a França praticava retenção na fonte sobre os dividendos pagos a sociedades-mães estrangeiras. Os dividendos pagos a sociedades-mães nacionais não estavam sujeitos a tal retenção e, mais ainda, a dupla tributação económica relativa a esses dividendos era eliminada através de uma isenção de 95% do valor do dividendo nas mãos da sociedade-mãe. A sociedade-mãe estabelecida noutro Estado-membro era, portanto, tributada mais pesadamente do que uma sociedade-mãe nacional. O Tribunal de Justiça considerou que isto representava uma limitação do direito de estabelecimento[668]. De facto, apesar de a CDT entre os Estados da subsidiária e da sociedade-mãe prever um crédito de imposto na esfera da sociedade-mãe (no caso vertente, a Holanda) de forma a ter em conta a retenção na fonte efectuada no Estado da fonte, a limitação não era eliminada uma vez que o dividendo estava isento de tributação na Holanda, e portanto nenhum crédito de imposto podia ser efectivamente utilizado[669].

---

[667] Caso C-170/05.
[668] Acórdão *Denkavit Internationaal*, parágrafo 41.
[669] Acórdão *Denkavit Internationaal*, parágrafo 56.

No Caso *Amurta*[670], o Tribunal de Justiça analisou uma situação similar à do Caso *Denkavit Internationaal*, mas relativamente a um sócio com uma participação menor no capital social. O caso foi, portanto, analisado face à livre circulação de capitais e não face ao direito de estabelecimento. O Tribunal considerou que a livre circulação de capitais sofria uma restrição e que a diferença no tratamento de não residentes (sujeitos a retenção na fonte relativamente aos dividendos recebidos de uma sociedade residente na Holanda) e residentes (dispensados de tal retenção na fonte), no caso em apreço, não podia ser justificada[671]. O Tribunal sustentou ainda que, quando um Estado tributa residentes e não residentes quanto a dividendos distribuídos por uma sociedade residente, coloca-os numa situação comparável. Nesse caso, a coerência do sistema fiscal não justifica diferenças de tratamento tributário, desde que não haja uma ligação entre a isenção para as sociedades residentes e um imposto de compensação por elas suportado[672].

Existe uma diferença de perspectiva entre o DFI e o Direito da UE, também no que se refere ao rendimento e às mais-valias referentes a bens imóveis situados num Estado-membro distinto do Estado de residência do seu proprietário (que podemos referir como Estado da fonte do rendimento em apreço). Enquanto que o DFI se preocupa fundamentalmente com a repartição entre os Estados do direito de tributar os rendimentos em causa, o Direito da UE, em particular o artigo 63.º do TFUE, rejeita a legislação dos Estados-membros que tributa mais gravosamente as mais-valias obtidas por não residentes com a venda de bens imóveis situados nesse Estado, em comparação com a tributação que seria aplicável a tais mais-valias se fossem apuradas por um residente no Estado em questão. Veja-se, a este propósito, o Caso *Hollmann*[673].

Ainda no que diz respeito à tributação das mais-valias imobiliárias apuradas no Estado da localização dos imóveis, note-se que os regimes que prevêem um tratamento fiscal mais favorável das mais-valias relativas a imóveis destinados à habitação do sujeito passivo, mediante o reinvestimento na aquisição de propriedade imobiliária destinada ao mesmo fim,

---

[670] Caso C-379/05.
[671] Acórdão *Amurta*, parágrafo 68.
[672] Acórdão *Amurta*, parágrafo 66.
[673] Caso C-443/06.

372 *Princípios do Direito Fiscal Internacional*

mas condicionam o benefício ao reinvestimento em bens imóveis obriga-toriamente situados no seu território, constituem um obstáculo às liberdades de circulação garantidas pelo TFUE. Em dois processos por infracção, um contra Portugal[674] e outro contra a Suécia[675], o Tribunal declarou que, nos termos dos artigos 18.º, 39.º e 43.º do Tratado CE [actuais artigos 21.º, 45.º e 49.º do TFUE], estes Estados-membros não podiam impor a realização do reinvestimento em bens imóveis situados no seu território, excluindo o reinvestimento imobiliário noutros Estados-membros.

Outra situação em que se verifica um tratamento fiscal mais desfa-vorável dos sujeitos passivos não residentes, no Estado da fonte, consiste na imposição a estes de uma base tributável mínima, quando tal não se encontra previsto para os sujeitos passivos residentes.

No Caso *Talotta*, referente a um residente no Luxemburgo que, enquanto profissional independente, explorava um restaurante na Bélgica, o Tribunal de Justiça decidiu que a disposição fiscal belga que estabelecia uma base tributável mínima, aplicável apenas a negócios estrangeiros desen-volvidos na Bélgica, não era compatível com o direito de estabelecimento[676].

2.5.4. *Alteração da posição do Estado da fonte face à situação pessoal e familiar dos não residentes*

O Tribunal de Justiça tem um conjunto de decisões tomadas relati-vamente à discriminação de trabalhadores não residentes, por parte dos Estados-membros onde estes exercem a sua actividade como trabalhadores dependentes ou independentes e onde obtêm o correspondente rendimento (Estado da fonte).

No caso dos trabalhadores dependentes, as situações em apreço enquadram-se, geralmente, no artigo 39.º do Tratado CE [actual artigo 45.º do TFUE]. Adicionalmente, o artigo 7.º do Regulamento 1612/68 dispõe que os trabalhadores não residentes "devem gozar das mesmas [...] vantagens fiscais que os trabalhadores nacionais"[677].

---

[674] Acórdão *Comissão v Portugal*, C-345/05, parágrafo 43.
[675] Acórdão *Comissão v Suécia*, C-104/06, parágrafo 35.
[676] Acórdão *Talotta*, C-383/05, parágrafo 38.
[677] Regulamento 1612/68, de 15 de Outubro de 1968, relativo à livre circulação de trabalhadores na Comunidade.

Parte II – IV. Princípios Fundamentais do Direito Fiscal Internacional ... 373

O Tribunal de Justiça considerou, no Caso *Schumacker*, que a recusa da Alemanha de aplicar ao Sr. Schumacker (residente belga que trabalhava e auferia rendimentos na Alemanha) o método de *"splitting* conjugal"[678], devido ao seu estatuto de não residente na Alemanha, era contrária ao artigo 39.º do Tratado CE [actual artigo 45.º do TFUE][679]. Assim, o Tribunal de Justiça sustentou que, quando o rendimento de um sujeito passivo não residente provier exclusivamente ou quase exclusivamente do trabalho que ele exerça num Estado-membro (Estado da fonte), esse sujeito passivo não residente encontra-se numa situação comparável à dos residentes no Estado da fonte. Consequentemente, o Estado da fonte da totalidade ou quase totalidade do rendimento do não residente deve tomar em consideração, para efeitos fiscais, a respectiva situação pessoal e familiar[680-681].

Portanto, apesar de o Tribunal admitir que, regra geral, o tratamento fiscal diferenciado de residentes e não residentes não constitui uma discriminação contrária ao Direito da UE, e que cabe, em princípio, ao Estado da residência tributar o sujeito passivo de forma global, tendo em conta o conjunto dos seus rendimentos e a sua situação pessoal e familiar[682], este princípio comporta excepções.

---

[678] Este método permitia que os casais beneficiassem, em sede de imposto sobre o rendimento, de uma progressividade mais fraca, mas tal vantagem era atribuída apenas a residentes alemães.

[679] É interessante notar que a decisão do Caso *Schumacker* pelo Tribunal de Justiça, em 1995, se seguiu às tentativas infrutíferas da Comissão para avançar com a harmonização dos sistemas fiscais dos Estados-membros a este nível. A primeira tentativa ocorreu em 1979, com a proposta da Comissão para uma directiva referente à harmonização da tributação do rendimento no que toca à livre circulação de trabalhadores na CE, a qual foi retirada em 1993. A segunda ocorreu com a Recomendação da Comissão 94/79/CE, de 21 de Dezembro de 1993, referente à tributação de certos itens de rendimento recebidos por não residentes num Estado-membro distinto do seu Estado de residência (JO L 039, de 10 de Fevereiro de 1994). Cfr. JACQUES MALHERBE, PHILIPPE MALHERBE, ISABELLE RICHELLE e EDOARDO TRAVERSA, *The Impact of the Rulings...*, p. 16.

[680] Acórdão *Schumacker*, parágrafo 36; Acórdão *Gschwind*, parágrafo 27; Acórdão *De Groot*, parágrafo 89; Acórdão *Gerritse*, parágrafo 48; Acórdão *Wallentin*, parágrafos 17-19; Acórdão *Lakebrink*, parágrafo 36.

[681] Trata-se de uma excepção ao princípio de DFI, também aceite pelo Tribunal de Justiça em termos gerais, de que a situação pessoal e familiar do sujeito passivo deve ser tomada em consideração no Estado da residência, onde este tem uma obrigação fiscal ilimitada.

[682] Acórdão *Schumacker*, parágrafo 32.

374 *Princípios do Direito Fiscal Internacional*

Uma das excepções ocorre, precisamente, quando um sujeito passivo não residente obtenha a maior parte dos seus rendimentos no Estado onde exerce a sua actividade profissional (Estado da fonte). Quando tal suceda, o sujeito passivo não residente é considerado como "residente virtual" no Estado da fonte, devendo ser aí tributado da mesma forma que os sujeitos passivos residentes, designadamente tendo em conta a sua situação pessoal e familiar[683-684].

O Tribunal de Justiça procurou, desta forma, obviar à discriminação do sujeito passivo que decorria do facto de a sua situação pessoal e familiar não ser considerada nem no Estado onde exerce a sua actividade profissional (por não ser aí residente), nem no Estado de residência (por não obter aí rendimento tributável suficiente para beneficiar das deduções ou abatimentos de natureza pessoal disponíveis nesse Estado).

Adicionalmente, não existia uma diferença objectiva, entre a situação do aludido sujeito passivo não residente e a situação de um residente no Estado da fonte, que pudesse justificar uma diferença de tratamento entre ambos no tocante à consideração, para efeitos fiscais, da sua situação pessoal e familiar. Desta forma, a sujeição do sujeito passivo não residente a uma carga fiscal mais elevada no Estado da fonte, caso este Estado não atendesse, para efeitos fiscais, à sua situação pessoal e familiar, constituiria uma discriminação inaceitável face ao Direito da UE.

O sujeito passivo pode, portanto, ser considerado "residente virtual" no Estado da fonte do rendimento quando:

– a totalidade ou quase totalidade dos seus rendimentos é obtida no Estado-membro da fonte de rendimento; e
– em contrapartida, não obtém rendimentos suficientes no Estado--membro de residência para estar sujeito nesse Estado a uma tributação que tenha em conta a sua situação pessoal ou familiar[685].

---

[683] Acórdão *Schumacker*, parágrafos 36-38 e 41.

[684] Conforme refere Patrícia Noiret Cunha, "as deduções e benefícios conexos com a obtenção do rendimento devem ser concedidos pelo Estado de actividade aos não residentes nas mesmas condições em que são concedidos aos residentes. As deduções e benefícios conexos com a situação pessoal e familiar do sujeito passivo são transferidos do Estado da residência para o Estado da actividade no caso de o sujeito passivo ser um residente virtual". In Patrícia Noiret Cunha, *A Tributação Directa...*, p. 177.

[685] Patrícia Noiret Cunha, *A Tributação Directa...*, p. 169.

Parte II – IV. Princípios Fundamentais do Direito Fiscal Internacional ... 375

Os Acórdãos *Schumacker* e *Wielockx*[686], ao consagrarem a figura do residente virtual no Estado da fonte, quando o sujeito passivo aí obtenha a maior parte dos seus rendimentos do trabalho, introduzem uma nova regra nas relações tributárias entre Estados-membros. Impõem ao Estado--membro da fonte dos rendimentos do trabalho a obrigação de remediar as discriminações, de facto ou de direito, que criam obstáculos à realização dos objectivos do Tratado, mesmo que tais discriminações não sejam da sua responsabilidade[687].

Consideramos, pois, que a jurisprudência *Schumacker* traz uma alteração muitíssimo significativa do papel do Estado da fonte, face ao que resulta da conjugação do princípio da fonte com o princípio da limitação territorial, no âmbito do DFI.

A regra do "residente virtual", ao alterar os parâmetros tradicionais dos papéis do Estado da fonte e do Estado da residência, procura – mantendo o recurso aos princípios da fonte e da residência, centrais no DFI – adequá-los aos princípios do Direito da UE. A jurisprudência em apreço impõe, portanto, uma grande alteração do papel e da forma de tributação pelo Estado da fonte, tal como esta é encarada pelo DFI, em termos gerais, face aos princípios da fonte e da limitação territorial.

Na situação subjacente ao Caso *Asscher,* o Tribunal de Justiça vai ainda mais longe. Neste caso, existia também uma distinção, em função da residência, no tratamento fiscal de pessoas singulares. Mas aqui o sujeito passivo não preenchia as condições para ser considerado residente virtual no Estado da fonte, dado que não obtinha a totalidade ou quase totalidade dos seus rendimentos na Holanda. Desta forma, a denominada "fórmula *Schumacker"* não lhe podia ser aplicada. Todavia, o Tribunal de Justiça considerou que, nas circunstâncias em apreço, a aplicação de uma taxa de imposto mais elevada ao rendimentos dos não residentes, em comparação com a taxa mais baixa aplicável aos residentes na Holanda que aí desenvolviam a mesma actividade (mesmo que estes também obti-vessem menos do que 90% do seu rendimento global neste país), constituía uma discriminação indirecta, contrária ao Direito da UE[688-689].

---

[686] Caso C-80/94. Este segundo acórdão retomou a aplicação da denominada "jurisprudência *Schumacker*".

[687] PATRÍCIA NOIRET CUNHA, *A Tributação Directa...*, pp. 167 e 170.

[688] Acórdão *Asscher*, parágrafos 48-49.

[689] CALDERÓN CARRERO discorda da decisão do Tribunal de Justiça neste caso, considerando-a criticável por diversos motivos. O autor considera que não existe uma

situação comparável entre residentes e não residentes, no caso em apreço. Sustenta, ainda, que as possibilidades de se conformar a tributação de acordo com uma cláusula de progressividade são bastante diferentes para sujeitos passivos residentes e não residentes. Dado que os não residentes de um Estado têm nesse Estado uma obrigação fiscal limitada, sendo tributados apenas pelos rendimentos obtidos no respectivo território, a tributação desses sujeitos passivos não residentes não pode basear-se em critérios subjectivos, uma vez que o Estado da fonte desconhece normalmente a capacidade contributiva global dos não residentes. Assim, em termos internacionais, caberia ao Estado da residência tomar em consideração, para efeitos fiscais, os aspectos subjectivos da tributação e a situação pessoal e familiar do sujeito passivo. Desta forma, uma tributação proporcional dos contribuintes não residentes é, para CALDERÓN CARRERO, coerente com a relação deste tipo de sujeitos com Estados distintos do da sua residência fiscal, não constituindo, em princípio, um tratamento discriminatório. O autor aceita que determinados não residentes, cuja ligação com o Estado da fonte dos rendimentos é mais estreita, beneficiem de um tratamento fiscal similar aos residentes. Esta assimilação para efeitos fiscais dos não residentes a residentes encontra-se prevista na legislação fiscal de diversos Estados-membros, designadamente nos casos de não residentes com estabelecimento estável nesse Estado, ou de não residentes que desenvolvam uma actividade comercial ou de negócios no Estado da fonte, ou ainda de não residentes que obtenham a maior parte do seu rendimento no Estado da fonte. O autor defende que, fora dos casos referidos, não existe uma situação comparável entre residentes e não residentes e, portanto, o tratamento fiscal diferente de uns e outros não constitui discriminação. O autor alerta, ainda, para o facto de que nem sempre ocorre a aplicação da progressividade no Estado da residência. É o que sucede, designadamente, quando o Estado da residência aplica nas suas CDT o método de isenção sem progressividade. Para o autor, esta é mais uma das razões que determina a sua discordância face à decisão do Tribunal de Justiça. O autor afirma ainda que, para que exista discriminação proibida pelo Tratado, o Tribunal de Justiça vem exigindo – por exemplo nas decisões dos Casos *Schumacker* e *Wielockx* – que a norma nacional origine um prejuízo para o nacional de um Estado-membro que exerça uma liberdade fundamental. Tal prejuízo pode consubstanciar-se numa carga fiscal global superior à suportada pelos nacionais ou residentes do Estado-membro cuja norma se questiona. Considera CALDERÓN CARRERO que o aludido prejuízo não se verifica, em todo o caso, no Caso *Asscher*. Admite que aos não residentes é aplicável uma taxa de tributação de 25%, enquanto que os residentes podem ficar sujeitos à aplicação de uma tributação de 13% sobre o mesmo rendimento. Contudo, a taxa de tributação dos residentes eleva-se à medida que obtêm maior valor de rendimentos, coisa que não sucede com os não residentes. A tributação global superior dos não residentes (considerando a obrigação tributária no Estado da fonte e também no Estado da residência), em comparação com a dos residentes na Holanda que obtenham o mesmo rendimento – da qual depende a existência de discriminação – pode não

Parte II – IV. Princípios Fundamentais do Direito Fiscal Internacional ... 377

No Caso *Gschwind*, o Tribunal de Justiça retomou a questão analisada no Caso *Schumacker*, apreciando a legislação alemã já alterada em virtude da decisão do Tribunal quanto a este último caso. O Tribunal de Justiça considerou que a legislação em apreço já não suscitava questões de compatibilidade com o Direito da UE[690], uma vez que o tratamento dado a residentes foi alargado a casais não residentes que obtivessem pelo menos 90% do seu rendimento tributável na Alemanha ou, alternativamente, que tivessem rendimentos inferiores a 25.000 Marcos alemães fora da Alemanha[691].

A jurisprudência em causa foi aplicada também no Caso *Zurstrassen*, tendo o Tribunal considerado como incompatível com o Direito da UE o facto de ser negada, a um sujeito passivo residente que obtém a quase totalidade do rendimento do casal, a aplicação de uma liquidação conjunta do casal e, consequentemente, de taxas mais baixas de imposto, em virtude de o outro cônjuge residir num Estado-membro diferente[692].

Na decisão do Caso *Meindl*, o Tribunal de Justiça considerou que o cálculo da fracção de 90% do rendimento tributável obtido no Estado de actividade não deveria tomar em conta rendimento de um dos cônjuges que não era considerado como tributável pelo seu Estado-membro de residência[693].

Mais recentemente, no Caso *R. H. H. Renneberg*, o Tribunal de Justiça pronunciou-se pela incompatibilidade com o Direito da UE de um regime fiscal que negue a um sujeito passivo não residente no Estado-membro onde aufere a totalidade ou a quase totalidade dos seus rendimentos tributáveis (Estado da fonte), para efeitos da determinação da matéria colectável dos referidos rendimentos nesse Estado-membro, a tomada em consideração dos rendimentos negativos referentes a uma casa de habitação localizada noutro Estado-membro, quando tal é admitido aos residentes do Estado da fonte[694].

---

existir. Conforme salienta o autor, em aplicação do método da isenção ou do método da imputação no Estado da residência do sujeito passivo, o dito encargo fiscal global superior pode ser mínimo ou até não existir. CALDERÓN CARRERO, *La Doble Imposición...*, pp. 305-306.

[690] Acórdão *Gschwind,* parágrafo 6.
[691] Acórdão *Gschwind,* parágrafo 32.
[692] Acórdão *Zurstrassen*, C-87/99, parágrafo 26.
[693] Acórdão *Meindl*, C-329/05, parágrafo 32.
[694] Acórdão *R. H. H. Renneberg*, C-527/06, parágrafo 84.

378 *Princípios do Direito Fiscal Internacional*

Regista-se ainda, num caso com contornos um pouco distintos, a rejeição do Tribunal, no Caso *Wallentin*, do regime legal sueco que recusa, a um estudante alemão cujo único rendimento tributável era auferido na Suécia, a concessão naquele país de um abatimento referente ao rendimento tributável mínimo[695].

2.5.5. *Conclusões*

O Tribunal de Justiça, não obstante aceitar, em termos gerais, os princípios da fonte e da limitação territorial característicos do DFI, adapta os aludidos princípios e reinventa-os, tendo em conta as exigências acrescidas do Direito da UE – decorrentes, principalmente, da proibição europeia de discriminação directa ou indirecta em razão da nacionalidade e da necessidade de salvaguardar as liberdades de circulação consagradas no TFUE.

A actuação do Tribunal de Justiça operou, relativamente ao princípio da fonte tal como este é consagrado no DFI, uma ampliação e enriquecimento significativos do papel do Estado da fonte no contexto das situações tributárias envolvendo mais do que um Estado-membro. As decisões do Tribunal de Justiça nesta matéria têm vindo a impor ao Estado da fonte preocupações e funções que não se incluem no seu papel tal como este é tradicionalmente visto pelo princípio da fonte no DFI. O Tribunal de Justiça também sujeita o Estado da fonte a diversas limitações que este tradicionalmente não tem no contexto do DFI.

Em primeiro lugar, saliente-se que o Direito da UE, no que diz respeito à tributação no Estado da fonte, considera a diferença de tratamento fiscal dos não residentes face aos residentes nesse Estado, quando não exista uma diferença objectiva entre ambos que possa justificar a diversidade de tratamento fiscal, como uma situação de discriminação proibida pelo TFUE.

Deste modo, o Tribunal de Justiça considera desconforme com o Direito da UE que os Estados-membros, enquanto Estados da fonte, apliquem aos não residentes um tratamento fiscal diferente do que aplicam

---

[695] Acórdão *Wallentin*, C-169/03, parágrafo 20-24.

Parte II – IV. Princípios Fundamentais do Direito Fiscal Internacional ... 379

aos residentes, quando os não residentes se encontrem na mesma situação que os residentes desses Estados.

A análise da jurisprudência do Tribunal de Justiça neste campo permitiu-nos identificar diversas medidas cuja admissibilidade é, tendencialmente, rejeitada pelo Tribunal de Justiça. Salientamos, entre tais medidas, a imposição aos não residentes de uma retenção na fonte sobre o rendimento bruto obtido, a recusa aos não residentes da dedução de despesas relativas à actividade desenvolvida no Estado da fonte, e a recusa da concessão aos não residentes de abatimentos ou deduções ligadas à situação pessoal ou familiar que são concedidos aos sujeitos passivos residentes[696].

A rejeição pelo Direito da UE das aludidas medidas alicerça-se na proibição de discriminação directa ou indirecta em razão da nacionalidade e na salvaguarda das liberdades de circulação consagradas no TFUE, que impõem um alargamento e um enriquecimento (quiçá descaracterização?) do princípio da fonte, em relação ao que era o tradicional alcance deste princípio no DFI.

Sistematizando os resultados da análise às decisões do Tribunal de Justiça e às medidas fiscais por este julgadas como incompatíveis com o Direito da UE, consideramos que são as seguintes as principais inovações trazidas pelo Tribunal de Justiça relativamente ao princípio da fonte:

i) Admissibilidade da tributação distinta de rendimentos pagos a não residentes e a residentes apenas nos casos em que a situação de ambos apresente diferenças objectivas que justifiquem o tratamento diferenciado. Validade desta regra também quanto à retenção na fonte.

---

[696] Importa salientar, contudo, que o Direito da UE não obriga os Estados-membros a concederem aos não residentes, em todas as circunstâncias, as vantagens fiscais concedidas aos seus residentes. Por exemplo, no que diz respeito à concessão de abatimentos, a existência de diferenças objectivas entre residentes e não residentes – como sejam o facto de a pessoa em questão estar ou não inscrita no sistema nacional de segurança social (Caso *Blanckaert*, C-512/03), ou o facto de beneficiar de uma vantagem comparável no Estado de residência (Casos *De Groot* e *Gerritse*, respectivamente C-385/00 e C-234/01) – é susceptível de justificar uma diferença de tratamento dos não residentes. Cfr. JACQUES MALHERBE, PHILIPPE MALHERBE, ISABELLE RICHELLE e EDOARDO TRAVERSA, *The Impact of the Rulings...*, p. 18.

380 *Princípios do Direito Fiscal Internacional*

ii) Dedutibilidade fiscal, no Estado da fonte, de despesas e custos incorridos pelo sujeito passivo não residente para a obtenção do rendimento tributável nesse Estado.

iii) Obrigação de o Estado da fonte da maior parte dos rendimentos do trabalho do sujeito passivo não residente considerar, para efeitos fiscais, a situação pessoal e familiar deste, criando-se uma doutrina do "residente virtual" no Estado da fonte.

Quanto a este último aspecto, saliente-se que a jurisprudência *Schumacker* traz uma alteração muitíssimo significativa do papel do Estado da fonte tal como este resulta da conjugação do princípio da fonte com o princípio da limitação territorial, no âmbito do DFI.

A regra do "residente virtual", ao alterar os parâmetros tradicionais dos papéis do Estado da fonte e do Estado da residência, procura – mantendo o recurso aos princípios da fonte e da residência, centrais no DFI – adequá-los aos princípios do Direito da UE.

O Tribunal de Justiça impõe, portanto, uma grande alteração do papel e da forma de tributação pelo Estado da fonte, tal como esta é encarada pelo DFI, em termos gerais, face aos princípios da fonte e da limitação territorial. O Estado da fonte dos rendimentos do trabalho fica obrigado a contribuir para a eliminação de discriminações contrárias ao Direito da UE, mesmo que não lhes tenha directamente dado origem.

Em suma, podemos afirmar que o Direito da UE, pela mão do Tribunal de Justiça, procede a uma reinvenção do princípio da fonte, erguendo, sobre os alicerces deste princípio assentes pelo DFI, uma construção em grande medida inovadora.

3. O Estabelecimento Estável no Direito Fiscal Europeu

3.1. Enquadramento

A questão fulcral que se coloca, no que diz respeito aos estabelecimentos estáveis no âmbito da UE, tem a ver com a salvaguarda da liberdade de recurso à figura do estabelecimento estável, como forma de exercício do direito de estabelecimento noutro Estado-membro. Para que

Parte II – IV. Princípios Fundamentais do Direito Fiscal Internacional ... 381

tal liberdade seja efectiva, o estabelecimento estável não pode ser objecto de discriminação fiscal[697].

De facto, nos termos do artigo 49.º do TFUE, o direito de estabelecimento inclui a liberdade de escolher a forma jurídica de acordo com a qual um agente económico estabelecido num Estado-membro irá prosseguir as suas actividades noutro Estado-membro. Verifica-se uma restrição desse direito quando duas situações objectivamente comparáveis são sujeitas a um tratamento fiscal diferente (em termos de tributação do rendimento das sociedades ou de outro tipo de impostos a que estas se encontrem sujeitas).

Uma sociedade da UE pode exercer o seu direito de estabelecimento noutro Estado-membro mediante a criação de um estabelecimento estável (normalmente uma sucursal) ou mediante a constituição de uma subsidiária (uma sociedade de direito local do Estado onde exerce o direito de estabelecimento). Contudo, os estabelecimentos estáveis são, em diversos casos, sujeitos a um tratamento fiscal menos favorável – quer nos termos da legislação interna de alguns Estados, quer no que respeita à aplicação das CDT.

Importa salientar, a este propósito, que o facto de as sociedades de um Estado-membro terem a possibilidade de escolher exercer o seu direito de estabelecimento noutros Estados-membros através da constituição de uma subsidiária, podendo assim beneficiar de um regime fiscal mais favorável, não pode justificar uma diferença de tratamento dos estabelecimentos estáveis. Conforme foi referido, o TFUE dá aos agentes económicos a possibilidade de escolherem livremente a forma jurídica apropriada para o exercício das suas actividades noutro Estado-membro, e esta liberdade de escolha não deve ser limitada por disposições fiscais discriminatórias relativamente aos estabelecimentos estáveis de sociedades de outros Estados-membros – mesmo que exista a alternativa de recorrer a uma subsidiária.

Cabe igualmente salientar que a questão da não discriminação fiscal do estabelecimento estável de uma sociedade de outro Estado-membro deve ser considerada quer na perspectiva do tratamento fiscal aplicável no

---

[697] Para uma abordagem detalhada da problemática da discriminação fiscal do estabelecimento estável, *vide* ANA PAULA DOURADO, *Do caso Saint-Gobain...*, pp. 91--117.

382 *Princípios do Direito Fiscal Internacional*

Estado de localização do estabelecimento, quer na do tratamento fiscal aplicável no Estado de residência da sociedade matriz[698]. Referimo-nos, seguidamente, a cada uma destas vertentes.

3.2. Proibição de Discriminação no Estado de Localização do Estabelecimento Estável

O Tribunal de Justiça já se debruçou, em diversos casos, sobre especificidades do tratamento fiscal de um estabelecimento estável no Estado da respectiva localização, aferindo se estas assumiam ou não um carácter discriminatório.

No primeiro caso apreciado, o Caso *Avoir Fiscal*[699], o sistema de crédito de imposto concedido aos sócios foi considerado como sendo contrário ao artigo 43.º do Tratado CE [actual artigo 49.º do TFUE], na medida em que só era concedido a sociedades residentes na França e não a sucursais francesas de sociedades de outros Estados-membros. Portanto, a estas sucursais em território francês não era concedido o crédito de imposto destinado à limitação da dupla tributação económica relativamente a dividendos recebidos. O Tribunal de Justiça considerou que existia, neste caso, uma discriminação inadmissível das sucursais de sociedades não residentes, sujeitas a um regime fiscal menos favorável do que o aplicável às sociedades residentes para efeitos fiscais em França. O regime francês em apreço foi, portanto, considerado contrário às disposições do então Tratado CE relativas ao direito de estabelecimento.

Com efeito, decorre do princípio de não discriminação presente no Direito da UE que a exclusão do estabelecimento estável, no respectivo Estado de localização, do âmbito subjectivo das medidas internas de eliminação da dupla tributação constitui uma diferença de tratamento

---

[698] Sem esquecer, naturalmente, que o estabelecimento estável também não deve ser objecto de um tratamento fiscal discriminatório no Estado da fonte do rendimento. Conforme conclui ANA PAULA DOURADO, "numa perspectiva de Direito Comunitário, a não-discriminação, em casos triangulares, deve ser assegurada pelos três Estados envolvidos, e pressupõe um julgamento da carga fiscal global". ANA PAULA DOURADO, *Do caso Saint-Gobain...*, p. 99.

[699] Caso C-270/83.

Parte II – IV. Princípios Fundamentais do Direito Fiscal Internacional ... 383

fiscal injustificada[700]. Quando o estabelecimento estável se encontre sujeito a um regime fiscal semelhante ao das sociedades residentes no Estado da sua localização, então o estabelecimento estável e as sociedades residentes desse mesmo Estado estão numa situação comparável. Nestas circunstâncias, o facto de se negar ao estabelecimento estável o benefício de medidas internas de eliminação da dupla tributação aplicáveis às sociedades residentes constitui uma discriminação, limitativa do exercício do direito de estabelecimento consagrado no então Tratado CE[701].

No Caso *Saint-Gobain*[702] analisa-se uma situação similar, envolvendo também a tributação de dividendos recebidos. A Alemanha negou a aplicação a uma sucursal alemã de uma sociedade francesa de regimes fiscais – previstos quer em CDT entre a Alemanha e Estados terceiros, quer na legislação interna alemã – que estabeleciam um tratamento fiscal mais favorável para dividendos derivados de acções detidas em sociedades estrangeiras. A aplicação dos aludidos regimes fiscais mais vantajosos, referentes a dividendos recebidos, era admitida apenas para sociedades sujeitas a uma obrigação fiscal ilimitada na Alemanha – o que excluía a sua aplicação por sucursais alemãs de sociedades de outros Estados. Esta situação foi considerada pelo Tribunal de Justiça como sendo incompatível com o direito de estabelecimento, uma vez que a recusa das vantagens fiscais em apreço colocava as sucursais de sociedades de outros Estados--membros numa situação menos favorável do que as sociedades residentes na Alemanha.

---

[700] Neste sentido, designadamente CALDERÓN CARRERO, *La Doble Imposición...*, pp. 313-314.

[701] Conforme é referido no parágrafo 20 do Acórdão *Avoir Fiscal,* "a partir do momento em que as regras em questão equiparam, para efeitos da tributação dos seus rendimentos, as sociedades que têm a sua sede social em França e as sucursais e agências estabelecidas em França de sociedades com domicílio no estrangeiro, essas regras não podem, sem criar uma discriminação, tratar tais sociedades e sucursais de maneira diferente no que diz respeito à concessão de uma vantagem fiscal, como é o caso do crédito de imposto. Ao tratar de maneira idêntica as duas formas de estabelecimento, para efeitos da tributação dos respectivos rendimentos, o legislador fiscal admitiu, com efeito, que, no que toca às modalidades e às condições desta tributação, não existe entre ambas nenhuma diferença objectiva de situação que possa justificar uma diferença de tratamento".

[702] Caso C-307/97.

384 *Princípios do Direito Fiscal Internacional*

Outro caso relativo ao enquadramento fiscal do estabelecimento estável no Estado da respectiva localização, é o Caso *Royal Bank of Scotland*[703]. A Grécia aplicava aos lucros obtidos por uma sucursal de uma sociedade não residente uma taxa de imposto mais elevada do que a aplicável aos lucros obtidos por uma sociedade residente. Perante esta situação, o Tribunal de Justiça considerou que a aludida disparidade de taxa de imposto não podia ser justificada com base numa diferença objectiva entre sociedades residentes e não residentes. Com efeito, apesar de estes dois tipos de sujeitos passivos não serem geralmente comparáveis no que toca ao âmbito da sua obrigação fiscal (obrigação fiscal ilimitada para as sociedades residentes, em contraposição a uma obrigação fiscal limitada para as sucursais), o tratamento fiscal distinto das sucursais constitui uma discriminação fiscal inaceitável, caso não exista uma diferença objectiva entre estas e as sociedades residentes que permita justificá--lo. Ora, no caso em análise, tal diferença objectiva não existia, uma vez o método de determinação da base tributável era similar para as sociedades residentes na Grécia e para as sucursais de sociedades não residentes (apesar da limitação da obrigação fiscal da sucursal aos rendimentos considerados como obtidos por esta na Grécia). As sociedades residentes e as sucursais encontravem-se, portanto, em situações comparáveis, pelo que a diferença de taxa de imposto era inaceitável[704].

No Caso *CLT-UFA*[705], o Tribunal de Justiça considerou também como contrária ao Tratado a legislação alemã que sujeitava os lucros de uma sucursal de uma sociedade de outro Estado-membro a uma taxa de imposto mais elevada do que aquela que seria aplicável se essa sociedade tivesse constituído uma subsidiária na Alemanha que distribuísse a totalidade dos seus lucros à sociedade-mãe noutro Estado-membro.

No *Commerzbank*[706], o Tribunal de Justiça pronunciou-se relativamente à legislação do RU nos termos da qual eram concedidos juros no reembolso de imposto pago em excesso apenas a empresas com residência fiscal no RU, e não a estabelecimentos estáveis de empresas residentes noutros Estados-membros. O Tribunal de Justiça considerou que o critério

---

[703] Caso C-311/97.
[704] Acórdão *Royal Bank of Scotland*, parágrafos 27-29.
[705] Caso C-253/03.
[706] Caso C-330/91.

da residência fiscal, mesmo que fosse aplicado com fundamento na localização da sede da sociedade, iria em princípio colocar em desvantagem as sociedades com sede noutros Estados-membros, e portanto considerou que tal diferença de tratamento era discriminatória[707].

Refira-se que, em diversos casos, o Estado-membro envolvido tentou justificar as disposições fiscais questionadas, aludindo, por exemplo, a vantagens susceptíveis de contrabalançar as desvantagens resultantes da disposição fiscal controvertida, à ausência de harmonização da legislação fiscal a nível comunitário, ao risco de evasão fiscal, à existência de CDT ou a diferenças objectivas entre sucursais e subsidiárias[708]. Contudo, o Tribunal de Justiça geralmente não aceita os aludidos fundamentos de justificação – não os tendo aceite nos casos acima referidos.

Quanto ao tratamento de perdas no Estado de localização do estabelecimento estável, há que ter em conta o Caso *Futura Participations e Singer*[709]. Nos termos da legislação fiscal do Luxemburgo, o reporte de perdas pelas sucursais de sociedades não residentes estava sujeito a duas condições. Em primeiro lugar, as perdas tinham que ter uma ligação económica com o rendimento obtido pelo sujeito passivo no Luxemburgo. Em segundo lugar, o sujeito passivo tinha que manter contabilidade de acordo com a legislação do Luxemburgo. No que diz respeito à primeira condição, o Tribunal de Justiça considerou que um Estado-membro não impedia o direito de estabelecimento ao insistir na existência de uma ligação económica entre as perdas a reportar e o rendimento obtido no Estado-membro em questão. Tal sistema encontrava-se em conformidade com o princípio da territorialidade e não constituía discriminação[710]. Contudo, no que diz respeito à segunda condição, o Tribunal considerou que um Estado-membro não podia obrigar um sujeito passivo não residente a manter contabilidade de acordo com as regras nacionais para justificar o reporte de perdas. Deveria permitir a esse sujeito passivo outras formas de comprovar a existência das perdas a reportar.

---

[707] Acórdão *Commerzbank*, parágrafos 13-15.
[708] Acórdão *Avoir Fiscal*, parágrafo 21-26; Acórdão *Saint-Gobain*, parágrafos 53- -55; Acórdão *CLT-UFA*, parágrafos 19-30.
[709] Caso C-250/95.
[710] Acórdão *Futura Participations e Singer*, parágrafo 22.

386 Princípios do Direito Fiscal Internacional

3.3. Proibição de Discriminação no Estado de Residência da Sociedade Matriz

Conforme foi já referido, a questão do tratamento fiscal dos estabelecimentos estáveis coloca-se não apenas no Estado de localização do estabelecimento, mas também ao nível do Estado de residência da sociedade matriz deste. Passamos agora a abordar esta segunda perspectiva.

No Caso *AMID*[711], é apreciado o enquadramento fiscal, no Estado de residência da sociedade matriz, que decorre da existência de um estabelecimento estável desta noutro Estado-membro. Está em causa, mais concretamente, o tratamento fiscal dos prejuízos incorridos por uma sociedade com um estabelecimento estável noutro Estado-membro. O regime fiscal belga previa a compensação dos prejuízos da sociedade belga em relação a lucros do seu estabelecimento estável noutro Estado-membro. Este facto impedia que os prejuízos belgas pudessem ser reportados para anos seguintes, de forma a serem deduzidos ao rendimento obtido em anos subsequentes na Bélgica – contrariamente ao que sucedia no caso de sociedades belgas que tivessem apenas estabelecimentos na Bélgica. No aludido contexto, o Tribunal comparou o tratamento fiscal aplicável às sociedades belgas que tivessem estabelecimentos apenas na Bélgica com o tratamento das sociedades belgas detentoras de um ou mais estabelecimentos estáveis noutros Estados-membros, tendo considerado incompatível com o Direito da UE a legislação belga que estabelecia um regime diferente para as duas situações[712].

Outro caso relativo a estabelecimentos estáveis diz respeito à determinação do Estado-membro competente para evitar uma restrição indevida, resultante da aplicação combinada das legislações de dois Estados--membros. No Caso *Deutsche Shell*[713], uma sociedade residente na Alemanha afectou capital ao seu estabelecimento estável na Itália. O capital afecto aparecia tanto no balanço do estabelecimento estável italiano como no balanço da sociedade alemã, nas respectivas moedas. Quando o estabelecimento estável foi encerrado e o capital afecto foi repatriado para a Alemanha, a sociedade alemã, devido a modificações na

---

[711] Caso C-141/99.
[712] Acórdão *AMID*, parágrafos 23 e 31.
[713] Caso C-293/06.

Parte II – IV. Princípios Fundamentais do Direito Fiscal Internacional ... 387

taxa de câmbio, sofreu uma substancial perda cambial. Esta perda, contudo, não era dedutível fiscalmente nem na Alemanha nem na Itália. O Tribunal considerou que existia um efeito restritivo injustificado, afirmando que era inaceitável que um Estado-membro excluísse da base tributável da sociedade perdas cambiais que, pela sua natureza, não podiam ser consideradas pelo estabelecimento estável[714].

Ainda ao nível do Estado de residência da sociedade matriz, refira-se o Caso *Stahlwerk Ergste Westig*[715]. Perante uma sociedade alemã detentora de dois estabelecimentos estáveis nos EUA, os quais incorriam em perdas, a Alemanha recusou a dedução dessas perdas relativamente aos lucros tributáveis na Alemanha. A sociedade alegou que tal situação era contrária ao Tratado CE e, especialmente, à livre circulação de capitais. O Tribunal de Justiça, contudo, decidiu que a situação em apreço envolvia o direito de estabelecimento, o qual não podia ser invocado em relações com Estados terceiros.

Uma questão similar surge no Caso *Lidl Bélgica*[716], referente a uma sociedade alemã à qual foi recusada a dedução de perdas de um estabelecimento estável no Luxemburgo. Tal recusa teve por base o argumento de que, nos termos da CDT entre o Luxemburgo e a Alemanha, o rendimento do estabelecimento estável em apreço não estava sujeito a tributação na Alemanha. O Tribunal de Justiça considerou que o facto de a sociedade matriz se encontrar impedida, no seu Estado de residência, de deduzir à matéria colectável os prejuízos relativos a um estabelecimento estável detido noutro Estado-membro não violava o artigo 43.º do Tratado CE [actual artigo 49.º do TFUE], desde que tais prejuízos pudessem ser tomados em consideração no Estado de localização do estabelecimento estável, no âmbito da tributação dos rendimentos deste em exercícios futuros[717].

---

[714] Acórdão *Deutsche Shell*, parágrafo 44.
[715] Caso C-415/06.
[716] Caso C-414/06.
[717] Acórdão *Lidl Bélgica*, parágrafo 54.

388 *Princípios do Direito Fiscal Internacional*

3.4. Conclusões

O direito de estabelecimento previsto no artigo 49.° do TFUE inclui a liberdade de os agentes económicos escolherem a forma jurídica de acordo com a qual desejam estabelecer-se noutro Estado-membro. Para que tal liberdade seja efectiva, o estabelecimento estável não pode ser objecto de discriminação fiscal. De resto, tal discriminação não é admissível, mesmo que se tenha em conta o facto de as sociedades de um Estado-membro poderem optar pelo exercício do direito de estabelecimento noutros Estados-membros mediante a constituição de uma subsidiária.

Todavia, os estabelecimentos estáveis são, nalguns casos, sujeitos a um tratamento fiscal menos favorável – quer nos termos da legislação interna de alguns Estados, quer no que respeita à aplicação das CDT.

A questão da não discriminação fiscal do estabelecimento estável de uma sociedade de outro Estado-membro deve ser considerada tendo em conta o tratamento fiscal aplicável ao nível dos diversos Estados envolvidos.

Quanto ao tratamento fiscal dos estabelecimentos estáveis de sociedades de outros Estados-membros no respectivo Estado de localização, a análise da jurisprudência do Tribunal de Justiça permite-nos concluir que:

- os estabelecimentos estáveis devem beneficiar, no respectivo Estado de localização, dos mecanismos de eliminação ou redução da dupla tributação relativamente a dividendos recebidos, previstos quer na legislação interna desse Estado quer em CDT, em termos similares aos aplicáveis às sociedades aí residentes, desde que se encontrem numa situação comparável a estas[718];
- os lucros obtidos por um estabelecimento estável não devem ficar sujeitos, no Estado da localização do estabelecimento, a uma taxa de imposto mais elevada do que aquela que seria aplicável aos lucros obtidos por uma sociedade residente[719];
- o reporte de perdas pelo estabelecimento estável, no respectivo Estado de localização, só é admissível quando exista uma ligação económica entre as perdas a reportar e o rendimento obtido pelo estabelecimento no Estado-membro em questão[720]. O estabeleci-

---

[718] Caso *Avoir Fiscal,* C-270/83; Caso *Saint-Gobain,* C-307/97.
[719] Caso *Royal Bank of Scotland,* C-311/97; Caso *CLT-UFA,* C-253/03.
[720] Caso *Futura Participations e Singer,* C-250/95.

Parte II – IV. Princípios Fundamentais do Direito Fiscal Internacional ... 389

mento estável deve beneficiar de alguma margem relativamente à forma de comprovar a existência das perdas a reportar.

O tratamento fiscal dos estabelecimentos estáveis em termos distintos dos acima referidos constitui uma discriminação fiscal inadmissível, contrária às disposições do TFUE relativas ao direito de estabelecimento.

No que respeita ao tratamento fiscal conferido pelo Estado de residência da sociedade matriz em relação aos estabelecimentos estáveis desta localizados noutro Estado-membro, a análise da jurisprudência do Tribunal de Justiça permite-nos concluir que:

- é incompatível com o Direito da UE o estabelecimento de regimes diferentes de reporte dos prejuízos fiscais para sociedades residentes que tenham apenas estabelecimentos nacionais e para sociedades residentes detentoras de um ou mais estabelecimentos estáveis noutros Estados-membros[721];
- a impossibilidade de a sociedade matriz deduzir, no seu Estado de residência, os prejuízos relativos ao estabelecimento estável detido noutro Estado-membro não viola o Direito da UE, desde que tais perdas possam ser tomados em consideração no Estado de localização do estabelecimento estável, no âmbito da tributação dos rendimentos deste em exercícios futuros[722];
- é inaceitável que um Estado-membro exclua da base tributável da sociedade matriz perdas cambiais que, pela sua natureza, não podem ser consideradas pelo estabelecimento estável[723].

4. Os Métodos de Eliminação da Dupla Tributação no Direito Fiscal Europeu

A eliminação da dupla tributação constitui uma das grandes preocupações do Tribunal de Justiça no campo fiscal. Com efeito, a defesa das liberdades fundamentais consagradas no TFUE exige que a dupla tributação seja evitada ou eliminada no plano das situações tributárias internacionais.

---

[721] Caso *AMID*, C-141/99.
[722] Caso *Lidl Bélgica*, C-414/06.
[723] Caso *Deutsche Shell*, C-293/06.

390   *Princípios do Direito Fiscal Internacional*

A questão da compatibilidade dos métodos de eliminação da dupla tributação com o Direito da UE suscita-se tanto em relação aos métodos consagrados na legislação fiscal dos Estados-membros, como aos previstos nas CDT por estes celebradas.

A análise da jurisprudência do Tribunal de Justiça revela uma aceitação, por parte deste Tribunal, quer do método da isenção quer do método da imputação, para efeitos da eliminação ou atenuação da dupla tributação.

O Caso *Gilly*[724], designadamente, demonstra que os Estados-membros são livres de escolher o seu próprio sistema de eliminação ou atenuação da dupla tributação. De facto, uma das questões discutidas neste caso tinha a ver com a compatibilidade do método de eliminação da dupla tributação previsto na CDT entre a França e a Alemanha com o artigo 39.º do Tratado CE [actual artigo 45.º do TFUE][725].

Nos termos da CDT entre a França e a Alemanha, apesar de a Alemanha ter poder para tributar o rendimento da Sra. Gilly, nos termos de um princípio de tributação pelo Estado pagador, tal rendimento era também sujeito a tributação em França, o Estado da residência. De acordo com o método de eliminação da dupla tributação previsto na CDT em apreço, a Sra. Gilly tinha direito a um crédito de imposto na França, o qual se encontrava limitado ao montante do imposto francês relativo ao rendimento em causa. Como o tribunal nacional notou, o uso deste método significava que o crédito de imposto que a Sra. Gilly tinha direito a deduzir em relação ao imposto francês pagável podia ser inferior ao imposto efectivamente pago na Alemanha, caso a taxa de imposto aplicável na Alemanha fosse mais alta do que a francesa[726].

Era esta, de facto, a situação da Sra. Gilly. Como as taxas de tributação alemãs tinham um grau maior de progressividade do que as francesas, o crédito de imposto a que ela tinha direito em França, quanto aos rendimentos também tributados na Alemanha, era inferior ao montante do

---

[724] Caso C-336/96.

[725] O Caso *Gilly* refere-se ao tratamento fiscal do casal Gilly, sendo ambos os cônjuges professores e residentes em França, perto da fronteira com a Alemanha. O Sr. Gilly, de nacionalidade francesa, trabalhava numa escola pública francesa e a Sra. Gilly, de nacionalidade alemã, mas que também tinha a nacionalidade francesa por via do casamento, trabalhava numa escola pública alemã.

[726] Acórdão *Gilly*, parágrafo 10.

Parte II – IV. Princípios Fundamentais do Direito Fiscal Internacional ... 391

imposto efectivamente pago na Alemanha. Deste modo, o imposto alemão não podia ser todo deduzido em França, Estado de residência.

Assim, aqueles que exercessem a sua liberdade de circulação seriam, em circunstâncias como as da Sra Gilly, penalizados pelo mecanismo do crédito de imposto, uma vez que este permitia a subsistência de um certo grau de dupla tributação[727].

A questão colocada pelo tribunal nacional era se o artigo 39.º do Tratado CE [actual artigo 45.º do TFUE] impedia ou não a aplicação de um mecanismo de crédito de imposto como o que se encontrava previsto na CDT entre a França e a Alemanha.

Quanto às insuficiências do método em apreço, os sujeitos passivos tinham argumentado que a dupla tributação poderia ser totalmente evitada se a França concedesse um crédito de imposto igual ao montante de imposto efectivamente pago na Alemanha (ou seja, se aplicasse um método de imputação integral em vez de um método de imputação normal). Contudo, diversos governos de Estados-membros observaram a este propósito que a obrigação de o Estado da residência aplicar um método de imputação integral representaria, por um lado, uma perda de receita fiscal e, por outro, uma limitação da sua soberania fiscal em matéria de tributação directa.

Na sua apreciação da questão, o Tribunal de Justiça começou por observar que o mecanismo do crédito de imposto previsto na CDT entre a França e a Alemanha se baseava no MC OCDE. Adicionalmente, o Tribunal de Justiça afirmou que "o objectivo de uma convenção como a que está em causa é simplesmente impedir que o mesmo rendimento seja tributado em cada um dos dois Estados. Não é assegurar que o imposto ao qual o sujeito passivo está sujeito num Estado não é mais elevado do que aquele ao qual ele estaria sujeito no outro Estado"[728].

O Tribunal de Justiça salientou, ainda, que quaisquer consequências desfavoráveis produzidas pelo mecanismo do crédito de imposto previsto na CDT, implementado no contexto do sistema fiscal do Estado de residência, resultam das diferenças entre as tabelas / taxas de imposto dos Estados-membros em questão, decorrentes da falta de harmonização

---

[727] Acórdão *Gilly*, parágrafo 44.
[728] Acórdão *Gilly*, parágrafo 46.

392   *Princípios do Direito Fiscal Internacional*

fiscal[729]. Ora, na ausência de legislação europeia sobre esta matéria, cabe aos Estados-membros decidirem sobre as respectivas taxas de tributação[730]. Face ao exposto, o Tribunal de Justiça concluiu que o artigo 39.º do Tratado CE [actual artigo 45.º do TFUE] não impedia a aplicação de um mecanismo de crédito de imposto como o que se encontrava previsto na CDT entre a França e a Alemanha[731].

Alguma doutrina considera que a decisão do Tribunal de Justiça no sentido da admissibilidade do método de eliminação da dupla tributação previsto na CDT entre a França e a Alemanha, no Caso *Gilly*, se deveu a uma ponderação das consequências negativas que decorreriam para a rede de CDT se o Tribunal de Justiça decidisse que o método em apreço era contrário ao artigo 39.º do Tratado CE [actual artigo 45.º do TFUE][732]. Muitos Estados-membros aplicam um método de imputação normal nas suas CDT, e forçá-los a utilizar o método de imputação integral não seria bem recebido pelos governos. Designadamente, porque isso faria a receita fiscal dos Estados depender das taxas de imposto dos outros Estados, para além de representar uma ingerência nas competências estaduais em matéria de tributação directa. Tal situação poderia mesmo desincentivar a conclusão de CDT pelos Estados-membros, o que, em última análise, não beneficiaria nem a eliminação da dupla tributação nem o mercado interno.

Em contrapartida, no Caso *De Groot*[733], o Tribunal de Justiça decidiu que, nos termos em que era aplicado, o método de eliminação da dupla

---

[729] PASQUALE PISTONE discorda fortemente da visão assumida pelo Tribunal de Justiça, no que toca à questão dos métodos de eliminação da dupla tributação e à relação destes com a construção do mercado interno e a problemática da harmonização fiscal europeia. O autor sustenta que os problemas a este nível "poderiam ser significativamente reduzidos mediante a adopção do método da isenção para enfrentar a dupla tributação internacional. Isto significaria que a harmonização não seria necessária na presença do método da isenção, pelo que este deveria ser preferido em relação ao método do crédito de imposto, no âmbito da Comunidade". O autor refere ainda, mais adiante, que "o método da isenção parece mais compatível com o Direito Comunitário". In PASQUALE PISTONE, *The Impact of Community...*, p. 137.

[730] Acórdão *Gilly*, parágrafo 47.

[731] Acórdão *Gilly*, parágrafo 54.

[732] MARIA HILLING, *Free Movement...*, pp. 260-261.

[733] Caso C-385/00.

Parte II – IV. Princípios Fundamentais do Direito Fiscal Internacional ... 393

tributação em análise constituía um obstáculo à livre circulação de trabalhadores, proibido pelo artigo 39.º do Tratado CE [actual artigo 45.º do TFUE][734].

O Sr. De Groot, residente na Holanda, exerceu até 1994 actividades assalariadas na Holanda, e também na Alemanha, França e Reino Unido. A dupla tributação do rendimento obtido nestes Estados-membros era evitada através de CDT bilaterais entre eles e a Holanda, sendo utilizado o método conhecido por método da "fracção de proporcionalidade".

Este método estava previsto nas CDT com a Alemanha e com a França, e também na legislação interna holandesa, para a qual a CDT com o Reino Unido remetia. O método da fracção de proporcionalidade operava de modo similar ao método da isenção com progressividade. Quanto aos abatimentos relacionados com as circunstâncias pessoais e familiares dos sujeitos passivos, estes eram distribuídos pelo seu rendimento global. Assim, os abatimentos eram dedutíveis em relação ao imposto devido na Holanda apenas na proporção do rendimento recebido pelo sujeito passivo na Holanda, quando comparado com o rendimento total[735].

O Sr. De Groot considerou que a aplicação do método da fracção de proporcionalidade o prejudicava do ponto de vista fiscal, pois fazia com que ele beneficiasse de uma menor dedução fiscal relativamente aos custos e responsabilidades pessoais suportados (por exemplo, os pagamentos relativos a uma obrigação de alimentos), em comparação com o que sucederia se o seu rendimento total fosse proveniente apenas da Holanda[736]. Assim, o Sr. De Groot contestou o método da fracção de proporcionalidade aplicável na Holanda, sustentando que este constituía um obstáculo à livre circulação de trabalhadores e ao direito de estabelecimento.

O tribunal holandês procedeu a um reenvio prejudicial para o Tribunal de Justiça, sendo uma das questões colocadas ao Tribunal de Justiça se o artigo 39.º do Tratado CE [actual artigo 45.º do TFUE] impedia a existência de regras como as que estavam em causa, independentemente de estas serem ou não estabelecidas numa CDT[737].

---

[734] Acórdão *De Groot*, parágrafos 93-95.
[735] Acórdão *De Groot*, parágrafo 26.
[736] Acórdão *De Groot*, parágrafo 36.
[737] Acórdão *De Groot*, parágrafo 46.

394   *Princípios do Direito Fiscal Internacional*

O Tribunal de Justiça, na sua análise da questão da compatibilidade do método da fração de proporcionalidade com o artigo 39.º do Tratado CE [actual artigo 45.º do TFUE], começou por afirmar que não havia dúvida de que o Sr. De Groot tinha exercido o seu direito à livre circulação de trabalhadores, nos termos do aludido artigo. O facto de a aplicação do método da fracção de proporcionalidade ter conduzido a um tratamento fiscal menos favorável do Sr. De Groot, relativamente àquele que teria se tivesse recebido todo o seu rendimento na Holanda, significava que ele tinha sofrido uma real desvantagem fiscal, passível de desencorajar um nacional holandês de exercer o seu direito de livre circulação para outro Estado-membro e aí arranjar emprego[738]. Assim, o Tribunal decidiu que a regulamentação fiscal em apreço constituía um obstáculo à livre circulação de trabalhadores, proibida pelo artigo 39.º do Tratado CE [actual artigo 45.º do TFUE][739].

Todavia, o Tribunal de Justiça reitera, em casos subsequentes, a sua aceitação dos métodos da isenção e da imputação. O Tribunal permite, inclusivamente, que os dois métodos de eliminação da dupla tributação sejam aplicados lado a lado, no que respeita a dividendos, conforme decorre do Caso *Test Claimants in the FII Group Litigation*[740]. Por seu turno, resulta do Caso *Columbus Container Services*[741] que um Estado--membro pode mudar do método da isenção para um método da imputação, no que respeita ao rendimento de um estabelecimento estável originado noutro Estado-membro, desde que a dupla tributação seja evitada e a tributação não seja mais elevada do que a respeitante a situações puramente nacionais[742].

---

[738] Acórdão *De Groot*, parágrafos 81-84.
[739] Acórdão *De Groot*, parágrafos 93-95.
[740] Caso C-446/04.
[741] Caso C-298/05.
[742] Cfr. ERIC KEMMEREN, *After repeal of Article 293...*, p. 157.

5. Princípio da Não Discriminação no Direito da UE

5.1. Proibição da Discriminação em Razão da Nacionalidade no Direito Fiscal Europeu

Não se encontrando a tributação directa expressamente prevista no TFUE, também não existem disposições que abordem expressamente a questão da proibição de discriminação no âmbito dos impostos directos. Todavia, foi já amplamente reconhecido que um tratamento fiscal discriminatório no âmbito da tributação directa cria sérios obstáculos à prossecução dos fins da UE, designadamente ao nível da livre circulação de pessoas, serviços e capitais.

Assim, a extensão do princípio de não discriminação ao campo da tributação directa revela-se fundamental para a eliminação dos referidos obstáculos e para a concretização plena do mercado interno.

Dentro desta concepção, o Tribunal de Justiça desenvolveu o princípio da não discriminação no campo da tributação directa. Trata-se da extensão à área da tributação directa do princípio de não discriminação em razão da nacionalidade, previsto no artigo 18.º do TFUE e com bastante tradição a nível europeu[743].

O princípio da não discriminação tem concretizações especiais no n.º 2 do artigo 45.º do TFUE relativamente à livre circulação de trabalhadores, no parágrafo 2 do artigo 49.º do TFUE relativamente ao direito de estabelecimento, no parágrafo 3 do artigo 57.º do TFUE relativamente à livre prestação de serviços, e no artigo 63.º do TFUE relativamente à livre circulação de movimentos de capitais e pagamentos. Assim, o Tribunal de Justiça baseou o seu desenvolvimento do princípio da não discriminação no campo da tributação directa nas disposições do TFUE relativas à livre

---

[743] Conforme refere SERVAAS VAN THIEL, "a proibição de discriminação [...] em razão da nacionalidade é um princípio constitucional fundamental do Direito Comunitário. Impede um tratamento diferente (primeiro requisito), por parte de um Estado-membro (segundo requisito), de dois sujeitos passivos que se encontram em circunstâncias similares (terceiro requisito), com base num critério cujo uso afecte em particular não nacionais ou situações transfronteiriças (quarto requisito), em desvantagem destes (quinto requisito)". SERVAAS VAN THIEL, *EU Case Law on Income Tax*, IBFD Publications, Amsterdão, 2001, p. 450.

396 *Princípios do Direito Fiscal Internacional*

circulação de pessoas, serviços e capitais, dando também a estas disposições uma dimensão fiscal. As liberdades fundamentais de circulação consagradas no TFUE têm sido, portanto, a "força motriz"[744] responsável pelo avanço da aplicação do princípio da não discriminação pelo Tribunal de Justiça[745].

Deste modo, embora o artigo 18.º do TFUE, no qual se prevê em termos genéricos a proibição da discriminação em razão da nacionalidade, possa ser aplicado autonomamente, tal sucede apenas nos casos em que não seja aplicável nenhuma das acima aludidas disposições mais específicas do TFUE[746].

Nos termos da jurisprudência do Tribunal de Justiça, existe uma discriminação quando se verifica a aplicação de regras diferentas a situações comparáveis ou a aplicação da mesma regra a situações diferentes[747].

Deste modo, a comparação das situações concretas, no sentido de aferir se os sujeitos passivos estão numa situação comparável ou numa situação diferente, é fundamental para se poder concluir, face ao tratamento fiscal aplicável, se existe ou não uma discriminação proibida pelo TFUE.

---

[744] GLÓRIA TEIXEIRA, *Tax systems and non-discrimination in the European Union*, Intertax, n.º 2, Fevereiro 2006, p. 50.

[745] Em termos mais amplos, importa ter em conta o facto de o princípio da não discriminação no campo da tributação directa não ser um princípio isolado. O facto de o Tribunal de Justiça ter desenvolvido o princípio da não discriminação – o qual forma parte integrante da estrutura fundamental dos Tratados Europeus – e o ter alargado ao campo da tributação directa, designadamente com recurso às disposições referentes às liberdades fundamentais também previstas no TFUE (e, antes deste, no Tratado CE), dando-lhes uma dimensão fiscal, tem implicações importantes. Apesar das especificidades relativas ao campo tributário, naturalmente que a tarefa do Tribunal de Justiça, na adaptação do princípio geral da não discriminação ao campo tributário, foi fortemente influenciada pelos variados princípios e regimes europeus, bem como pela jurisprudência já existente quanto às liberdades de circulação. Assim, de forma a detectar-se um tratamento discriminatório no que respeita à tributação directa, importa ter em linha de conta não apenas os requisitos do princípio que são específicos do campo fiscal, mas também a estrutura e requisitos mais amplos do princípio em causa. RAMON J. JEFFERY, *The Impact of State...*, p. 76.

[746] JOSEF SCHUCH analisa esta questão em detalhe, no contexto da problemática da cláusula da nação mais favorecida. JOSEF SCHUCH, *Will EC law transform tax treaties into most-favoured-nation clauses?*, in WOLFGANG GASSNER / MICHAEL LANG / EDUARD LECHNER (Ed.s), *Tax Treaties and EC Law*, Kluwer Law International, London, 1997, pp. 106 ss.

[747] Acórdão *Wielockx*, parágrafo 17; Acórdão *Schumacker*, parágrafo 30; Acórdão *Asscher*, parágrafo 40.

Parte II – IV. Princípios Fundamentais do Direito Fiscal Internacional ... 397

O Tribunal de Justiça, em matéria de impostos directos, e dependendo do tipo de situação, pode proceder a um dos seguintes tipos de comparação:

i) Comparação entre um sujeito passivo residente e um sujeito passivo não residente;

ii) Comparação entre dois sujeitos passivos residentes, um dos quais com uma conexão com outro Estado;

iii) Comparação entre dois sujeitos passivos não residentes.

Passamos a abordar brevemente cada um dos aludidos tipos de comparação.

i) Comparação entre um sujeito passivo residente e um sujeito passivo não residente

O Tribunal de Justiça assume, como ponto de partida, que a situação de sujeitos passivos residentes (aqueles que têm uma obrigação tributária ilimitada no Estado em questão) e sujeitos passivos não residentes (os que têm uma obrigação tributária limitada nesse mesmo Estado) não é, em geral, comparável.

Todavia, o Tribunal já considerou como comparáveis as situações de empresas não residente e residentes, considerando como incompatível com o Direito da UE o seu tratamento fiscal diferenciado (v.g. nos Casos *Avoir Fiscal, Commerzbank, Halliburton, Futura Participations, Royal Bank of Scotland*[748]). Também relativamente a pessoas singulares, nos Casos *Schumacker* e *Wielockx*[749], se entendeu que a situação de um não residente é comparável à situação de um residente quando o primeiro aufere a maior parte dos seus rendimentos no Estado que não é o da residência[750].

---

[748] Casos C-270/83, C-330/91, C-1/93, C-250/95, C-311/97, respectivamente.

[749] Casos C-279/93 e C-80/94, respectivamente.

[750] Em sentido idêntico, Acórdão *Gschwind*, parágrafo 27; Acórdão *De Groot*, parágrafo 89; Acórdão *Gerritse*, parágrafo 48; Acórdão *Wallentin*, parágrafos 17-19; Acórdão *Lakebrink*, parágrafo 36.

398 Princípios do Direito Fiscal Internacional

ii) Comparação entre dois sujeitos passivos residentes, um dos quais com uma conexão com outro Estado

Trata-se da comparação da situação de dois sujeitos passivos residentes, um deles com uma conexão fiscalmente relevante com outro Estado-membro e o outro sem qualquer conexão desse tipo.

A conexão com o outro Estado-membro pode referir-se ao próprio sujeito passivo, que permaneceu no outro Estado-membro parte do período relevante para efeitos fiscais (v.g. Caso *Biehl*[751]) ou que desejava transferir a sua sede de um Estado-membro para outro (v.g. Caso *Daily Mail*[752]). Alternativamente, a conexão com o outro Estado-membro pode referir-se à fonte dos rendimentos desse sujeito passivo residente (v.g. Casos *Verkooijen, Lenz, Manninen* e *Meilicke*[753]) ou à realização nesse outro Estado-membro de despesas que se pretendem deduzir (v.g. Caso *Bachmann*[754])[755].

Neste tipo de situações, a legislação fiscal nacional tende a tratar de modo diferente os dois tipos de sujeitos passivos residentes, devido à existência da aludida conexão fiscalmente relevante com outro Estado-membro relativamente a um deles.

iii) Comparação entre dois sujeitos passivos não residentes

Outro tipo de comparação pertinente, no campo da tributação directa, é a comparação, realizada do ponto de vista de um determinado Estado-membro (A), entre a situação de dois sujeitos passivos não residentes nesse Estado – residentes, um e outro, em Estados distintos (B e C).

Perante esta situação, coloca-se a questão de saber se o Estado-membro A se encontra obrigado a conceder ao sujeito passivo residente no Estado-membro B as mesmas vantagens fiscais que concede ao sujeito passivo residente no Estado-membro C[756].

---

[751] Caso C-175/88.

[752] Caso C-81/87.

[753] Casos C-35/98, C-315/02, C-319/02 e C-292/04, respectivamente.

[754] Caso C-204/90.

[755] Para um maior desenvolvimento desta questão, *vide* JOSEF SCHUCH, *Will EC law transform...*, pp. 98 ss.

[756] Para uma abordagem mais detalhada desta questão, *vide* JOSEF SCHUCH, *Will EC law transform...*, pp. 100 ss.

Parte II – IV. Princípios Fundamentais do Direito Fiscal Internacional ... 399

O presente tipo de comparação tem a ver com a problemática do tratamento de nação mais favorecida no contexto do Direito da UE, pelo que remetemos para a abordagem mais desenvolvida efectuada a esse propósito[757].

Indicados os tipos de comparação usados em matéria de impostos directos, importa salientar que, na sequência de uma interpretação bastante ampla do princípio da não discriminação por parte do Tribunal de Justiça, é proibida tanto a discriminação directa como a discriminação indirecta.

Existe uma discriminação directa ou ostensiva quando se regista uma diferenciação fiscal em razão da nacionalidade (ou da sede, no caso das sociedades). Em contrapartida, a discriminação indirecta ou dissimulada verifica-se nos casos de diferenciação fiscal em razão de outros critérios distintos da nacionalidade (por exemplo, a residência), em que se chega a um resultado semelhante[758]. Com efeito, nalguns casos, uma diferença de tratamento fiscal em função de outros critérios distintos da nacionalidade, tal como o da residência, pode resultar principalmente em desfavor dos nacionais de outros Estados-membros (uma vez que, na maioria dos casos, os não residentes são nacionais de outros Estados-membros)[759]. Chega-se, assim, a resultados semelhantes a uma discriminação em razão da nacionalidade[760].

Tendo em conta o facto de, nos termos da generalidade dos sistemas fiscais dos Estados-membros, a nacionalidade não ser o critério decisivo para a determinação da sujeição a imposto ou do regime fiscal aplicável, no campo da tributação directa, seriam raras as situações de diferente tratamento fiscal em razão da nacionalidade. Desta forma, a proibição da discriminação indirecta é fundamental para que o princípio da discriminação tenha um efectivo alcance prático e para que desempenhe adequadamente o importante papel que lhe cabe na construção europeia.

Quanto ao âmbito de aplicação do princípio da não discriminação presente no Direito da UE, importa salientar o facto de este não poder ser

---

[757] Relativamente à questão do tratamento de nação mais favorecida no Direito da UE, *vide* o ponto 6 do capítulo IV, da parte II do presente trabalho.

[758] Acórdão *Biehl*, parágrafo 13; Acórdão *Commerzbank*, parágrafo 14; Acórdão *Halliburton*, parágrafo 15; Acórdão *Factortame II*, parágrafo 32.

[759] Entre outros, Acórdão *Asscher*, parágrafo 39.

[760] DENNIS WEBER, *Tax Avoidance and the...*, pp. 86 ss.

invocado pelos sujeitos passivos em relação ao seu próprio Estado de nacionalidade, face a diferenças de tratamento fiscal adoptadas por esse Estado-membro que lhes sejam desfavoráveis, excepto quando a situação do nacional seja conexa com o exercício de uma liberdade de circulação prevista no TFUE.

Note-se, ainda, que a proibição de discriminação do Direito da UE opera quer relativamente às disposições da legislação fiscal interna dos Estados-membros quer relativamente às CDT por estes celebradas (tanto entre si, como com Estados terceiros). O facto de uma disposição estar integrada numa CDT não pode, por si, funcionar como uma justificação para a discriminação, encontrando-se, portanto, as disposições das CDT sujeitas ao Direito da UE, tal como sucede com as disposições legais nacionais. Com efeito, não se poderia considerar aceitável que os Estados--membros tivessem o poder de contornar uma situação considerada discriminatória face ao Direito da UE mediante a sua inclusão numa CDT, pelo facto de esta ser um acordo internacional. O cumprimento do Direito da UE não pode ficar dependente da ordem jurídica na qual a disposição fiscal em apreço se integra[761].

Por último, cabe fazer uma breve referência à questão – que está longe de ser pacífica – da distrinça entre discriminação e restrição ao exercício das liberdades fundamentais consagradas no TFUE (e, anteriormente, no Tratado CE).

A este propósito, FRANS VANISTENDAEL afirma que "discriminação e restrição são as duas faces das mesmas liberdades fundamentais e não deveriam ser dissociadas uma da outra. As liberdades fundamentais não deveriam ser interpretadas ou aplicadas de diferentes formas, dependendo do uso das palavras discriminação ou restrição no Tratado CE, mas deveriam ser interpretadas e aplicadas à luz do conceito de mercado interno, um dos principais objectivos do Tratado CE". O citado autor dá, ainda, conta das divergências doutrinais existentes relativamente a este aspecto: "na aplicação do conceito de mercado interno existe um desacordo fundamental entre CORDEWENER (o mercado europeu perfeitamente integrado)

---

[761] Entre outros, MICHAEL LANG, *The binding effect of the EC fundamental freedoms on tax treaties*, in WOLFGANG GASSNER / MICHAEL LANG / EDUARD LECHNER (Ed.s), *Tax Treaties and EC Law*, Kluwer Law International, London, 1997, p. 20.

e GAMMIE (apenas harmonização dos aspectos essenciais, criando uma base comum em vinte e cinco diferentes mercados internos). LEHNER assume uma posição intermédia, com as suas conclusões de que não existe ainda um mercado juridicamente consolidado. Ao aplicar estes princípios, CORDEWENER afirma que o princípio da não discriminação deveria ter prioridade sobre o princípio da não restrição. O princípio da não restrição deveria ser utilizado apenas quando o carácter não discriminatório de uma determinada regra fiscal já tenha sido estabelecido. GAMMIE, contudo, sustenta o contrário: os princípios de acesso ao mercado deveriam ser observados primeiro e depois então as regras de não discriminação deveriam ser observadas dentro do mesmo mercado nacional"[762].

5.2. O Princípio da Não Discriminação no Direito Fiscal Internacional e no Direito Fiscal Europeu

5.2.1. *Aspectos gerais da relação entre ambos*

O conteúdo e o alcance do princípio da não discriminação variam em função da ordem jurídica onde tal princípio se integra, sendo influenciados pelas particularidades e pelos objectivos específicos de tal ordem jurídica[763-764].

Tanto o Direito da UE como o DFI consagram proibições de discriminação fiscal que, não obstante parcialmente sobrepostas, apresentam diferenças significativas de conteúdo e de exigência.

Grande parte das diferenças entre o princípio da não discriminação previsto no MC OCDE e o previsto no TFUE têm origem nas disparidades existentes, em termos de grau e de extensão, entre a integração económica

---

[762] FRANS VANISTENDAEL, *General report on the fundamental...*, p. 187.

[763] GERALD TOIFL, *EC fundamental freedoms...*, p. 127.

[764] Para uma breve análise comparativa da jurisprudência do Tribunal de Justiça e da jurisprudência dos Estados Unidos da América relativamente à proibição de discriminação fiscal, *vide* PATRÍCIA NOIRET CUNHA, *Discriminação fiscal na jurisprudência dos Estados Unidos e da União Europeia: Esboço de um estudo comparado*, in J. L. SALDANHA SANCHES / ANTÓNIO MARTINS (Org.) – *Homenagem a José Guilherme Xavier de Basto*, Coimbra Editora, Coimbra, 2006, pp. 529-545.

402 *Princípios do Direito Fiscal Internacional*

internacional existente fora e dentro do espaço da UE. O princípio da não discriminação do Direito da UE é moldado pelo avançado estádio de integração económica existente ao nível da UE e pelas exigências acrescidas que tal coloca em termos de não discriminação[765].

Dada a existência de um princípio da não discriminação diferente no Direito da UE e no DFI, um Estado-membro deve obedecer a duas obrigações de não discriminação distintas: uma prevista no TFUE e outra nas CDT celebradas por esse Estado[766]. Quanto aos sujeitos passivos, estes podem invocar a aplicação quer de uma quer de outra das regras de não discriminação, uma vez que ambas têm efeito directo.

Em muitos casos, a aplicação das duas proibições de discriminação à mesma situação não origina conflitos, na medida em que ambas prosseguem um objectivo similar e aplicam um critério análogo baseado na nacionalidade. Contudo, tal está longe de significar que as proibições de discriminação das CDT[767] e do Direito da UE coincidam.

Nestes termos, a existência de disposições de não discriminação nas CDT que sejam aplicáveis ao caso em apreço não impede que, tratando--se de Estados-membros, se aplique o princípio de não discriminação previsto no TFUE, na medida em que este imponha uma obrigação de não discriminação mais ampla do que a da CDT. Assim, se os tribunais nacionais ou as autoridades fiscais competentes dos dois Estados-membros contratantes de uma CDT não considerarem que existe discriminação fiscal nos termos do artigo 24.º da CDT (inspirado no artigo 24.º do MC OCDE), devem ainda verificar se a diferenciação fiscal em apreço viola ou não a proibição de discriminação fiscal decorrente do Direito da UE, nos termos em que esta é interpretada pelo Tribunal de Justiça.

Em contrapartida, no caso de a regra de não discriminação prevista numa CDT bilateral consagrar uma obrigação de não discriminação mais abrangente do que a decorrente do TFUE, então a regra da CDT bilateral

---

[765] RAMON J. JEFFERY, *The Impact of State...*, p. 91.

[766] Assumindo que as obrigações de não discriminação previstas nas várias CDT celebradas pelo Estado em questão são similares entre si, seguindo todas elas os termos do princípio da não discriminação previsto no MC OCDE. Se não for este o caso, então a complexidade da situação será ainda maior, com uma multiplicação dos tipos de obrigação de não discriminação a que o Estado em causa deve obedecer.

[767] Mais uma vez, assumindo que tais CDT seguem o princípio da não discriminação consagrado no MC OCDE.

Parte II – IV. Princípios Fundamentais do Direito Fiscal Internacional ... 403

continua a vincular os Estados contratantes. Embora esta situação não seja comum, existirá, por exemplo, quando se trate de CDT bilaterais que imponham abatimentos pessoais ou relativos à situação familiar, aplicáveis a indivíduos residentes no outro Estado contratante, iguais aos aplicáveis aos seus próprios residentes[768].

Conforme já referimos, a aplicação das proibições de discriminação previstas nas CDT e no TFUE à mesma situação não origina, em muitos casos, um conflito, verificando-se uma sobreposição parcial entre ambas. Porém, conforme também já apontámos, as proibições de discriminação em apreço estão longe de coincidir.

Deste modo, uma das áreas de potencial conflito entre as CDT e o Direito da UE situa-se, precisamente, neste campo, devido às diferenças entre o princípio da não discriminação da UE e o artigo 24.º do MC OCDE.

O conflito entre as CDT e o Direito da UE pode ocorrer, por exemplo, numa situação em que não exista uma discriminação face à regra da CDT, mas em que se verifique uma diferença de tratamento em função da residência – a qual é permitida pela CDT, mas é considerada como uma discriminação indirecta nos termos do Direito da UE. Outra situação de conflito entre as CDT e o Direito da UE pode ocorrer em virtude de o princípio de não discriminação previsto no artigo 24.º do MC OCDE ter sido objecto de derrogações ou de reservas por parte dos Estados contratantes da CDT[769].

5.2.2. Principais diferenças entre o princípio de não discriminação do MC OCDE e do Direito Fiscal Europeu

Face à extrema relevância da questão, importa analisar detalhadamente quais as principais diferenças entre o princípio de não discriminação do MC OCDE e o do Direito Fiscal Europeu.

Passamos, assim, a apontar as diferenças que, na sequência da análise efectuada, nos parecem mais importantes.

---

[768] Luc Hinnekens, *Compatibility of bilateral... Applications of the rules...*, pp. 224-226.

[769] Patrícia Noiret Cunha, *A Tributação Directa...*, pp. 237-238.

404 Princípios do Direito Fiscal Internacional

i) Diferenciação fiscal entre residentes e não residentes

As consequências da aplicação dos princípios de não discriminação em razão da nacionalidade do MC OCDE e do Direito Fiscal Europeu são bastante diferentes, no que se refere à questão do tratamento fiscal diferenciado de residentes e não residentes.

A proibição da discriminação do artigo 24.º n.º 1 do MC OCDE é uma proibição de discriminação com base na nacionalidade, mas não se aplica relativamente à diferenciação de tratamento fiscal em virtude de qualquer outro critério, designadamente a residência. Portanto, nos termos do n.º 1 do artigo 24.º do MC OCDE, um tratamento desfavorável dos não residentes não fica abrangido pela proibição de discriminação indirecta em razão da nacionalidade.

Em suma, sendo o tratamento fiscal diferenciado de residentes e não residentes um aspecto fundamental dos sistemas fiscais nacionais e das CDT, o artigo 24.º n.º 1 do MC OCDE admite-o plenamente.

Enquanto o artigo 24.º n.º 1 MC OCDE não considera em caso algum como discriminatória a distinção de tratamento fiscal entre residentes e não residentes, o Direito da UE, em contrapartida, recorre a um conceito de discriminação indirecta em razão da nacionalidade, proibitivo de certos casos de distinção de tratamento fiscal aplicável a residentes e não residentes.

Os Comentários ao artigo 24.º do MC OCDE tornam bem patente esta diferença fundamental entre os princípios de não discriminação do MC OCDE e do Direito da UE, pois referem expressamente que não poderá retirar-se do artigo 24.º n.º 1 MC OCDE a proibição de uma discriminação indirecta correspondente a um tratamento distinto em função da residência. Assim, os Comentários negam expressamente a admissibilidade, face ao princípio da não discriminação em razão da nacionalidade previsto no MC OCDE, da construção europeia da discriminação indirecta decorrente de um tratamento fiscal distinto de residentes e não residentes em determinadas circunstâncias[770].

---

[770] Conforme refere o parágrafo 1 dos Comentários ao artigo 24.º do MC OCDE (com a redação introduzida pela última actualização ao MC OCDE, aprovada pelo Conselho da OCDE em 17 de Julho de 2008): "O artigo [24.º do MC OCDE] não deve ser indevidamente alargado para cobrir a denominada discriminação «indirecta». Por

Parte II – IV. Princípios Fundamentais do Direito Fiscal Internacional ... 405

A este propósito, cabe salientar que, não impedindo os Estados contratantes de tratar os não residentes (ou as situações com conexões com outros Estados) de forma mais gravosa para efeitos fiscais – fora das situações específicas previstas nos n.ºˢ 3, 4 e 5 do artigo 24.º – o princípio da não discriminação do MC OCDE acaba por ter um impacto prático bastante reduzido. Sobretudo tendo em consideração que, na maioria dos Estados, as diferenciações de tratamento fiscal assentam na residência e não na nacionalidade.

Em contrapartida, nos termos da interpretação seguida pelo Tribunal de Justiça, o princípio da não discriminação em razão da nacionalidade do Direito da UE proíbe não apenas as discriminações ostensivas fundadas na nacionalidade, mas também toda a forma de discriminação, designadamente por aplicação de outros critérios de diferenciação (como é o caso da residência), que conduzam a um resultado semelhante.

Esta interpretação do princípio da não discriminação do Direito da UE – que lhe atribui um alcance bastante mais amplo do que o do artigo 24.º do MC OCDE – tem consequências importantes ao nível do tratamento fiscal dos não residentes no ordenamento jurídico-tributário internacional, dado o primado do Direito da UE e o efeito directo tanto do artigo 18.º do TFUE[771] como das normas sobre liberdades de circulação consagradas no mesmo Tratado.

ii) Âmbito de aplicação do princípio da não discriminação em razão da nacionalidade

A aplicação do artigo 24.º n.º 1 do MC OCDE depende da existência de uma similitude de circunstâncias entre os nacionais dos Estados

---

exemplo, enquanto que o n.º 1, que trata da discriminação em razão da nacionalidade, impediria um tratamento distinto que seja na realidade uma forma camuflada de discriminação baseada na nacionalidade, como um tratamento diferenciado de indivíduos, dependente do facto de estes terem ou não direito a um passaporte emitido por certo Estado, não poderia argumentar-se que os não residentes de um determinado Estado incluem principalmente pessoas que não são nacionais desse Estado, para concluir que um tratamento fiscal distinto em razão da residência é uma discriminação indirecta baseada na nacionalidade para efeitos desse preceito [o artigo 24.º n.º 1]".

[771] Anteriormente, artigo 12.º do Tratado CE.

406 Princípios do Direito Fiscal Internacional

contratantes. Com efeito, o n.º 1 do artigo 24.º do MC OCDE impede um tratamento fiscal distinto em razão da nacionalidade, mas apenas no que toca a pessoas ou entidades "na mesma situação, em especial no que se refere à residência". Assim, dois sujeitos passivos que não sejam residentes para efeitos fiscais num mesmo Estado não se encontram, normalmente, na mesma situação para efeitos do n.º 1 do artigo 24.º[772] – não beneficiando, portanto, da protecção contra a discriminação fiscal aí prevista.

Face ao exposto, pode constatar-se que o âmbito de aplicação do princípio da não discriminação previsto no n.º 1 do artigo 24.º do MC OCDE é bastante reduzido, contrariamente ao que sucede com o princípio da não discriminação em razão da nacionalidade consagrado no Direito da UE.

Por outro lado, quanto ao Estado perante o qual pode ser invocado o princípio da não discriminação, note-se que o artigo 24.º n.º 1 do MC OCDE não oferece protecção aos nacionais de um Estado em relação ao seu próprio Estado de nacionalidade. Visa somente proteger os nacionais de um Estado contratante contra a discriminação perpetrada pelo outro Estado contratante. De forma similar, mas no que toca à residência, a protecção do n.º 3 do artigo 24.º não pode ser invocada por uma empresa residente de um Estado contratante em relação ao seu próprio Estado de residência. A protecção contra a discriminação pode ser invocada pela empresa residente de um Estado contratante apenas contra o outro Estado contratante no qual tenha um estabelecimento estável[773].

---

[772] Todavia, o parágrafo 18 dos Comentários ao artigo 24.º, com a redacção introduzida pela última actualização ao MC OCDE, aprovada pelo Conselho da OCDE em 17 de Julho de 2008, ressalva que, apesar de residentes e não residentes não se encontrarem normalmente na mesma situação para efeitos do n.º 1 do artigo 24.º, tal não é o caso quando a residência não tenha qualquer relevância no que respeita ao diferente tratamento fiscal em análise.

[773] Já no que diz respeito à proibição de discriminação contra as empresas de um Estado contratante pagadoras de juros, *royalties* e outras importâncias a um residente do outro Estado contratante (n.º 4 do artigo 24.º) e contra as empresas cujo capital seja possuído ou controlado por residentes noutro Estado contratante (n.º 5 do artigo 24.º), o princípio de não discriminação pode ser invocado por estas empresas perante o seu próprio Estado de residência. Cfr. GERALD TOIFL, *EC fundamental freedoms...*, p. 134.

Parte II – IV. Princípios Fundamentais do Direito Fiscal Internacional ... 407

Em contrapartida, o princípio da não discriminação previsto no Direito da UE pode ser invocado quer por um nacional quer por um residente de um Estado-membro, face a uma regra da legislação interna desse mesmo Estado (da nacionalidade ou da residência, respectivamente) que o prejudique, desde que a situação envolva o exercício das liberdades europeias fundamentais. É o que decorre, por exemplo, da decisão do Caso *Asscher*[774-775].

iii) Diferenças estruturais entre os princípios

A estrutura do princípio da não discriminação, nos termos em que este se encontra previsto no MC OCDE e no TFUE, é bastante diferente.

O artigo 24.º do MC OCDE integra, na realidade, quatro regras de não discriminação distintas e dirigidas a situações específicas, cada uma com um campo de aplicação autónomo e existindo em paralelo com as demais[776]. O artigo 24.º do MC OCDE acaba, portanto, por constituir não apenas uma, mas um conjunto de regras relativamente restritas de não discriminação.

Verifica-se, assim, a falta de um carácter unitário do princípio da não discriminação do MC OCDE. O aludido princípio consubstancia-se, no MC OCDE, num conjunto de regras avulsas, sem uma relação hierárquica entre si, e ao qual falta um critério norteador fundamental. Com efeito, enquanto o n.º 1 do artigo 24.º proíbe a discriminação em razão da nacionalidade (e admitindo sem restrições o diferente tratamento fiscal em razão da residência – critério este da residência que é, aliás, utilizado para reduzir o âmbito de aplicação da não discriminação em função da

---

[774] Caso C-107/94.

[775] CALDERÓN CARRERO, *La Doble Imposición...*, pp. 299-300.

[776] Referimo-nos às seguintes regras: i) Proibição da discriminação em razão da nacionalidade do contribuinte, conferindo protecção contra a discriminação aos nacionais de cada Estado contratante e a apátridas (artigo 24.º n.ºs 1 e 2); ii) Proibição de discriminação dos estabelecimentos estáveis mantidos no território de um Estado contratante por uma empresa residente do outro Estado contratante (artigo 24.º n.º 3); iii) Proibição de discriminação contra uma empresa que pague juros, *royalties* e outras importâncias a um residente do outro Estado contratante (artigo 24.º n.º 4); e, ainda, iv) Proibição de discriminação contra uma empresa cujo capital seja detido ou controlado por um residente do outro Estado contratante (artigo 24.º n.º 5).

408   *Princípios do Direito Fiscal Internacional*

nacionalidade), nos n.ºs 3, 4 e 5 do artigo 24.° as proibições de discriminação centram-se na questão da residência.

Em contrapartida, nos termos do TFUE toda a protecção contra a discriminação decorre do princípio de não discriminação em razão da nacionalidade, previsto em termos bastante genéricos no artigo 18.° do TFUE. A sua adequação a variados tipos de situações é obtida através da rica elaboração jurisprudencial levada a cabo pelo Tribunal de Justiça.

iv) Diferenciação do tratamento fiscal de residentes com e sem conexão com outro Estado

No caso de dois sujeitos passivos residentes, quando um deles tenha e o outro não uma conexão fiscalmente relevante com outro Estado-membro distinto do Estado de residência, a legislação fiscal do Estado de residência trata-os frequentemente de modo diferente, devido à existência da aludida conexão fiscalmente relevante com outro Estado-membro relativamente a um deles.

A conexão com o outro Estado-membro pode referir-se, por exemplo, à fonte dos rendimentos do sujeito passivo residente. Ora, o tratamento fiscal menos favorável, no Estado da residência, de um sujeito passivo residente relativamente aos rendimentos de origem estrangeira, em comparação com o tratamento fiscal previsto para os rendimentos similares de fonte nacional, não é objecto de qualquer proibição específica de discriminação prevista no MC OCDE.

O Direito da UE, em contrapartida, procura assegurar que os sujeitos passivos residentes que apresentem algum tipo de conexão com outro Estado-membro não sejam sujeitos a um tratamento fiscal mais desfavorável em virtude dessa conexão, quando tal consubstancie uma discriminação injustificada. Assim, o Tribunal de Justiça tem apreciado em diversos casos a questão da (des)conformidade com o Direito da UE da existência de diferenças ao nível do tratamento fiscal de sujeitos passivos residentes com uma conexão com o outro Estado-membro referente ao próprio sujeito passivo, por exemplo porque permaneceu no outro Estado-membro parte do período relevante para efeitos fiscais (v.g. Caso *Biehl*[777]) ou porque desejava transferir a sua sede de um Estado-membro para outro (v.g.

---

[777] Caso C-175/88.

Caso *Daily Mail*[778]). Também apreciou casos em que a conexão com o outro Estado-membro se referia à fonte dos rendimentos desse sujeito passivo residente, pessoa singular ou colectiva (v.g. Casos *Verkooijen, Lenz, Manninen, Meilicke, Test Claimants in the FII Group Litigation, Orange European Smallcap Fund*[779]), ou à realização nesse outro Estado-membro de despesas que se pretendiam deduzir (v.g. Caso *Bachmann*[780])[781].

v) Interpretação do princípio

O princípio da não discriminação do Direito da UE é objecto de uma interpretação uniforme e vinculativa por parte do Tribunal de Justiça, em contraste com a situação do princípio de não discriminação previsto nas CDT, cuja interpretação é efectuada pelas administrações fiscais e pelos tribunais dos vários Estados contratantes.

vi) Justificação de normas nacionais discriminatórias

A proibição de discriminação do TFUE pode, eventualmente, ser afastada quando exista uma justificação, nos termos aceites pelo Direito da UE, para a norma nacional discriminatória ou restritiva das liberdades do Tratado. Conforme veremos em maior detalhe *infra*, o tratamento formalmente discriminatório de nacionais de outros Estados-membros, face ao tratamento aplicado a nacionais do próprio Estado, pode ser justificado com base nos fundamentos previstos no n.º 3 do artigo 45.º, no n.º 1 do artigo 52.º e no n.º 1 do artigo 65.º do TFUE. Por seu turno, as medidas indistintamente aplicáveis a nacionais e a não nacionais que envolvam uma restrição das liberdades de circulação podem ser justificadas em virtude das exigências imperativas de interesse geral, na condição de a medida restritiva ser adequada e proporcional ao fim de interesse público visado.

---

[778] Caso C-81/87.

[779] Casos C-35/98, C-315/02, C-319/02, C-292/04, C-446/04 e C-194/06, respectivamente.

[780] Caso C-204/90.

[781] Para um maior desenvolvimento desta questão, *vide* JOSEF SCHUCH, *Will EC law transform...*, pp. 98 ss.

410 *Princípios do Direito Fiscal Internacional*

Em contrapartida, a proibição de discriminação consagrada no artigo 24.º do MC OCDE não prevê excepções.

vii) Importância relativa da questão da discriminação

Uma diferença fundamental entre o DFI e o Direito da UE, no que toca ao princípio da não discriminação, tem a ver com o facto de a importância da problemática da não discriminação ser significativamente menor no contexto do DFI, em comparação com o Direito da UE.

Com efeito, as CDT poderiam alcançar os seus objectivos fundamentais de evitar a dupla tributação e prevenir a evasão fiscal mesmo sem a regra de não discriminação prevista no artigo 24.º do MC OCDE, ao passo que no Direito da UE o princípio da não discriminação assume um relevo fundamental na construção do mercado interno[782].

viii) Questão da reciprocidade

A aplicação do princípio da não discriminação previsto no artigo 24.º do MC OCDE encontra-se sujeita a reciprocidade, de acordo com o

---

[782] Conforme salienta KLAUS VOGEL, ao defender a inaplicabilidade da jurisprudência do Tribunal de Justiça relativa ao artigo 12.º do Tratado CE [actual artigo 18.º do TFUE] para a interpretação do artigo 24.º do MC OCDE, as duas disposições têm funções diferentes nos ordenamentos jurídicos em que se integram. Para o autor, "enquanto que a não discriminação tem um papel central coadjuvante do avanço da CE em direcção aos seus objectivos económicos, previstos no Tratado CE, de atingir um mercado único europeu, o artigo 24.º do Modelo de Convenção da OCDE é uma das regras especiais do Modelo de Convenção que não é necessária para atingir o objectivo principal dos tratados de evitar a dupla tributação e prevenir a evasão fiscal. Isto conduz a uma interpretação mais limitada da regra. Adicionalmente, o Modelo de Convenção enuncia em detalhe os casos nos quais proíbe a discriminação com base na residência, ao passo que nos termos do Tratado CE toda a protecção contra a discriminação tem que ser retirada do critério "nacionalidade". Assim, por exemplo, no caso Bachman, os factos são discutidos na medida em que dizem respeito a uma discriminação baseada na nacionalidade, a qual, nos termos do Modelo de Convenção, seria atribuída a um aspecto bastante diferente da regra da não discriminação, designadamente a regra da não discriminação relativa a deduções prevista no artigo 24.º n.º 4 do Modelo de Convenção". In KLAUS VOGEL et al., *Klaus Vogel on Double...*, p. 1283. O que é referido pelo autor quanto ao Tratado CE mantém-se pertinente no contexto do TFUE.

Parte II – IV. Princípios Fundamentais do Direito Fiscal Internacional ... 411

princípio geral da reciprocidade vigente no âmbito do direito internacional público. Isto significa que um Estado contratante pode deixar de cumprir a regra de não discriminação em apreço se o outro Estado contratante também não a aplicar e mantiver as situações de discriminação[783]. Nestes termos, a obrigação do Estado A, de não discriminar contra os nacionais do Estado B, encontra-se dependente da não discriminação pelo Estado B de nacionais do Estado A.

Pelo contrário, no contexto da aplicação do princípio da não discriminação previsto no TFUE não existe reciprocidade. Cada Estado-membro está vinculado ao cumprimento das obrigações consagradas no TFUE, independentemente do procedimento dos demais Estados. Desta forma, um Estado-membro não pode subtrair-se à observância da sua obrigação europeia de não discriminação argumentando que outros Estados-membros não estão a cumprir obrigação similar.

ix) Proibição de discriminação quanto aos estabelecimentos estáveis

Embora tanto o n.º 3 do artigo 24.º do MC OCDE como o Direito da UE proíbam a tributação de um estabelecimento estável, no Estado onde se localiza, de forma menos favorável do que as empresas desse Estado que exerçam as mesmas actividades, o Direito da UE leva a protecção dos estabelecimentos estáveis mais longe.

Por um lado, no âmbito do DFI os Estados contratantes podem formular reservas ao artigo 24.º n.º 3 do MC OCDE, salvaguardando a aplicação de uma tributação diferente aos estabelecimentos estáveis, ao passo que no Direito da UE os Estados-membros se encontram vinculados às obrigações por este impostas, sem possibilidade de formulação de reservas ou de derrogações[784].

Por outro lado, o Direito da UE protege os estabelecimentos estáveis contra a discriminação fiscal de forma bastante exigente e sofisticada (v.g. determinando a aplicação ao estabelecimento estável, no respectivo Estado de localização, dos mesmos mecanismos de eliminação da dupla

---

[783] Cfr. KLAUS VOGEL et al., *Klaus Vogel on Double...*, p. 1297.

[784] Com ressalva, apenas, para as justificações aceites pelo TFUE e pela jurisprudência do Tribunal de Justiça quanto às medidas nacionais discriminatórias ou restritivas das liberdades fundamentais previstas no Tratado, nos termos referidos *infra*.

412 *Princípios do Direito Fiscal Internacional*

tributação jurídica internacional e da dupla tributação económica aplicáveis às sociedades aí residentes, quer estes decorram da legislação interna quer de CDT celebradas pelo Estado de localização do estabelecimento estável[785]).

O quadro é bastante diferente no campo das CDT. O facto de estas serem aplicáveis apenas às pessoas residentes de um ou de ambos os Estados contratantes (o que não abrange os estabelecimentos estáveis localizados nos Estados contratantes) faz com que um estabelecimento estável que receba rendimentos provenientes de um terceiro Estado (distinto quer do Estado onde o estabelecimento se localiza, quer do Estado da sociedade matriz[786]), não possa beneficiar, nem no terceiro Estado nem no Estado do estabelecimento estável, das previsões da CDT celebrada entre esses dois Estados[787]. Pode, assim, ocorrer dupla tributação jurídica internacional mesmo que exista uma CDT entre o Estado de localização do estabelecimento estável e o terceiro Estado (caso a referida dupla tributação não seja resolvida pelos mecanismos da legislação interna, os quais, de acordo com o n.º 3 do artigo 24.º do MC OCDE, deveriam ser aplicáveis ao estabelecimento estável). Conforme é reconhecido pelos Comentários ao MC OCDE[788], uma situação triangular como a descrita não é contemplada pela aludida CDT. Os Comentários ao MC OCDE limitam-se a propor a introdução, pelos Estados-membros, nas suas CDT, de um texto adicional no âmbito do n.º 3 do artigo 24.º dessas CDT, no sentido de permitir a resolução da questão em apreço[789].

---

[785] Dispensamo-nos de desenvolver aqui esta questão, uma vez que a mesma foi já abordada no ponto 3. do capítulo IV, da parte II do presente trabalho, relativo ao estabelecimento estável no Direito Fiscal Europeu.

[786] Existindo, portanto, uma situação triangular.

[787] KLAUS VOGEL et al., *Klaus Vogel on Double...*, p. 88.

[788] *Vide* o parágrafo 11 dos Comentários ao artigo 23.º do MC OCDE.

[789] O parágrafo 70 dos Comentários (já com a numeração dos Comentários resultante da última actualização ao MC OCDE, aprovada pelo Conselho da OCDE em 17 de Julho de 2008) sugere o aditamento pelos Estados, nas CDT celebradas, do seguinte texto, a ser incluído após a primeira frase do n.º 3 do artigo 24.º: "Quando um estabelecimento estável de um Estado contratante de uma empresa do outro Estado contratante receba dividendos ou juros provenientes de um Estado terceiro e a participação ou crédito geradores dos dividendos ou dos juros estão efectivamente associados a esse estabelecimento estável, o primeiro Estado concede um crédito de imposto relativamente ao imposto pago no Estado terceiro sobre os dividendos ou juros, consoante o caso, mas

Parte II – IV. Princípios Fundamentais do Direito Fiscal Internacional ... 413

Ainda no campo das CDT, quanto à dupla tributação económica, a aplicação ao estabelecimento estável, quando este tenha participações societárias no seu activo, de um regime de eliminação da dupla tributação económica nos lucros que lhe sejam distribuídos, nos mesmos termos em que este seja concedido relativamente aos lucros distribuídos a empresas nacionais, é uma questão relativamente à qual os Estados contratantes não assumem uma posição uniforme – o que se encontra patente no parágrafo 49 dos próprios Comentários[790] ao artigo 24.º n.º 3 do MC OCDE. Alguns Estados consideram que, nos termos do 24 n.º 3, existe a obrigação de permitir a aplicação dos regimes consagrados para a eliminação da dupla tributação económica também aos estabelecimentos estáveis localizados no seu território, quanto a lucros por estes recebidos que provenham de participações sociais que se encontrem afectas ao estabelecimento estável. Em contrapartida, outros Estados negam a existência de tal obrigação, entendendo que a assimilação dos estabelecimentos estáveis a empresas não implica a obrigatoriedade de lhes conceder os aludidos regimes de eliminação da dupla tributação económica.

Voltando ao Direito da UE, nos termos da actuação do Tribunal de Justiça, a protecção contra a discriminação dos estabelecimentos estáveis abarca não só a tributação no respectivo Estado de localização mas também no Estado de residência da sociedade matriz.

x) Proibição de discriminação quanto a pagamentos a residentes do outro Estado

O artigo 24.º n.º 4 do MC OCDE prevê uma regra especial de não discriminação relativa a uma empresa residente num Estado contratante que efectua pagamentos a não residentes, determinando que esses paga-

---

o montante desse crédito não poderá exceder o montante calculado mediante a aplicação da taxa correspondente prevista na Convenção em matéria de impostos sobre o rendimento e o património entre o Estado de que a empresa é residente e o Estado terceiro". Note--se que as referências a "Estado terceiro" incluídas na citação acima transcrita correspondem, na terminologia por nós adoptada, a um "terceiro Estado", uma vez que, de forma a evitar equívocos, reservamos a expressão "Estado terceiro" apenas para os casos em que nos referimos a um Estado que não integra a UE.

[790] Já com a numeração dos Comentários resultante da última actualização ao MC OCDE, aprovada pelo Conselho da OCDE em 17 de Julho de 2008.

414   *Princípios do Direito Fiscal Internacional*

mentos devem ser dedutíveis nas mesmas condições em que o seriam se tivessem sido pagos a um residente do Estado onde se encontra a empresa pagadora. Trata-se, portanto, de uma proibição de discriminação em razão da residência aplicável a uma situação específica.

A regra em apreço visa assegurar que, no âmbito do DFI, a realização de pagamentos a não residentes não prejudica, do ponto de vista fiscal, a empresa que recorreu a serviços ou a financiamento efectuados por não residentes.

Todavia, também a este nível os Estados contratantes podem formular reservas quanto à obrigação de não discriminação prevista no MC OCDE, o que não é admissível para os Estados-membros no que se refere às obrigações decorrentes do Direito da UE.

A jurisprudência do Tribunal de Justiça tem analisado diversos casos relativos à questão da dedutibilidade fiscal das despesas incorridas noutros Estados-membros, guiando-se por uma preocupação da assegurar um tratamento fiscal idêntico para as despesas suportadas no Estado de residência e noutros Estados-membros[791].

---

[791] Veja-se, por exemplo, o Caso *Vestergaard*, C-55/98. Neste caso, um auditor dinamarquês, empregado numa empresa de que era o único sócio, viu ser-lhe negada a dedução de despesas incorridas relativamente à participação num curso de formação em Creta, com base no argumento de que, nos termos da legislação fiscal dinamarquesa, se presumia que tais cursos tinham principalmente propósitos turísticos. Em contrapartida, tal presunção não se aplicava a despesas incorridas em cursos similares desenvolvidos em zonas turísticas da Dinamarca. O Tribunal de Justiça considerou tal diferença de tratamento como sendo incompatível com a livre prestação de serviços.

Por seu turno, o Caso *Baxter*, C-254/97, refere-se à legislação francesa que não permitia a dedução de gastos com investigação científica e técnica levados a cabo fora da França, designadamente noutros Estados-membros. Na perspectiva do Tribunal de Justiça, as empresas francesas irão geralmente desenvolver as actividades de investigação na França, ao passo que as empresas de outros Estados-membros a operar na França, através, por exemplo, de uma subsidiária, irão mais provavelmente desenvolver actividades de investigação fora da França. Deste modo, a aludida limitação do sistema de deduções de gastos com investigação científica e técnica opera em prejuízo das subsidiárias francesas de sociedades não residentes (parágrafo 12). O Tribunal de Justiça rejeitou que este tratamento desigual pudesse ser justificado pela necessidade de assegurar uma supervisão fiscal (parágrafos 18-19).

Refira-se, ainda, o Caso *Eurowings*, C-294/97. Este caso diz respeito à legislação alemã nos termos da qual rendas relativas a bens do imobilizado eram totalmente dedutíveis apenas se tais rendas fossem sujeitas a tributação alemã nas mãos do locador.

Parte II – IV. Princípios Fundamentais do Direito Fiscal Internacional ... 415

Note-se ainda que o Direito da UE vai mais longe do que o DFI quanto a este aspecto específico da não discriminação. O Direito da UE visa assegurar a neutralidade do recurso a serviços prestados por não residentes não apenas na esfera das empresas, mas também na esfera dos particulares. Assim, o Tribunal de Justiça tem um conjunto de decisões relativas a situações nas quais um sujeito passivo individual que recorre a serviços prestados por uma entidade estabelecida noutro Estado-membro sofre com isso uma desvantagem fiscal, em comparação com o que sucederia se recorresse a um prestador de serviços domiciliado no mesmo Estado-membro que o adquirente dos serviços. Estas desvantagens podem dizer respeito tanto à forma de tributação do rendimento originado pelo serviço adquirido a um não residente, como à rejeição da dedutibilidade fiscal da despesa com a aquisição de serviços a um não residente.

Relativamente ao primeiro tipo de situações, podemos referir o Caso *Lindman*[792]. O Tribunal de Justiça considerou, neste caso, que a legislação que isentava do cálculo do rendimento tributável os prémios das lotarias finlandesas, mas não os prémios das lotarias de outros Estados-membros, era incompatível com a livre prestação de serviços. Por outro lado, o Tribunal decidiu, no Caso *Comissão v. França*[793], que a França não podia

---

Em consequência desta legislação, quando o locador exercia a sua actividade a partir do estrangeiro (não sendo, portanto, sujeito ao aludido imposto alemão), o locatário alemão via-se impossibilitado de deduzir, para efeitos fiscais, as rendas pagas. Assim, a dedutibilidade das rendas pagas pelo locatário dependia de a entidade locadora estar sujeita a tributação relativamente aos seus rendimentos na Alemanha ou no estrangeiro. O Tribunal de Justiça considerou que esta legislação violava a livre prestação de serviços, uma vez que, na maioria dos casos, o tratamento fiscal era diferente consoante o prestador de serviços se encontrasse estabelecido na Alemanha ou noutro Estado-membro. A legislação em apreço era menos vantajosa para os prestadores de serviços estrangeiros, uma vez que os clientes alemães eram desincentivados de a eles recorrer, em virtude do regime menos favorável a que ficavam eles prórpios sujeitos, em termos da dedutibilidade das rendas pagas. A medida em apreço tinha, portanto, efeitos desvantajosos relativamente à livre prestação de serviços. O Caso *Eurowings* ilustra, portanto, que, em geral, é incompatível com as liberdades de circulação consagradas no TFUE (então, Tratado CE) a legislação que estabelece uma ligação à fonte doméstica ou estrangeira do rendimento, em termos de a carga fiscal de um sujeito passivo residente ser mais pesada quando ele recorre a serviços prestados por não residentes.

[792] Caso C-42/02.

[793] Caso C-333/02.

416 *Princípios do Direito Fiscal Internacional*

sujeitar certos rendimentos provenientes de investimentos e contratos de seguro de vida feitos junto de empresas residentes a um regime fiscal mais favorável do que os rendimentos provenientes de contratos celebrados com empresas estabelecidas noutros Estados-membros. Tal diferença era incompatível com os artigos 49.º e 56.º do Tratado CE [actuais artigos 56.º e 63.º do TFUE].

Quanto à dedutibilidade de despesas relativas a pagamentos a entidades não residentes, os Casos *Comissão v. Alemanha*[794] *e Schwarz*[795] dizem respeito a propinas escolares pagas por pais a estabelecimentos privados de educação, relativamente à frequência dos mesmos pelos seus filhos. O Tribunal de Justiça considerou contrária aos artigos 18.º, 39.º, 43.º e 49.º do Tratado CE [actuais artigos 21.º, 45.º, 49.º e 56.º do TFUE] a legislação alemã que autorizava a dedução parcial, em certas condições, das propinas escolares pagas a estabelecimentos privados de ensino domiciliados no território alemão, mas recusava tal dedução, em todos os casos, quanto a propinas escolares pagas a estabelecimentos de ensino similares localizados noutros Estados-membros[796].

xi) *Proibição de discriminação quanto a empresas com capital estrangeiro*

A protecção contra a discriminação prevista no n.º 5 do artigo 24.º do MC OCDE é dirigida somente às empresas de um Estado contratante cujo capital seja possuído ou controlado, total ou parcialmente, por residentes do outro Estado contratante (fundamentalmente, as subsidiárias de empresas estrangeiras), e não aos respectivos sócios não residentes. A proibição de discriminação diz, assim, respeito apenas à tributação das próprias empresas e não à tributação dos sócios.

A disposição em apreço visa, designadamente, que as subsidiárias de empresas não residentes não sejam sujeitas, no Estado onde foram constituídas, a qualquer tributação ou obrigação com ela conexa diferente ou mais gravosa do que aquelas a que estejam ou possam estar sujeitas a generalidade das empresas residentes nesse Estado.

---

[794] Caso C-318/05.
[795] Caso C-76/05.
[796] Acórdão *Schwarz*, parágrafo 33.

Parte II – IV. Princípios Fundamentais do Direito Fiscal Internacional ... 417

No que diz respeito ao Direito da UE, este prossegue, em relação às subsidiárias de empresas de outros Estados-membros, o mesmo tipo de objectivo de não discriminação previsto no artigo 24.º n.º 5 do MC OCDE. Existem, assim, numerosas decisões do Tribunal de Justiça que procuram assegurar que as subsidiárias de sociedades não residentes (ou seja, cujas sociedades-mães sejam residentes em Estados-membros distintos do da subsidiária) não sejam tratadas de forma distinta das subsidiárias de sociedades residentes, uma vez que tal diferenciação é, em princípio, incompatível com as liberdades consagradas no TFUE.

Contudo, importa salientar o facto de o Direito da UE ter alcançado, relativamente a esta questão, um nível de sofisticação e de exigência bastante superior ao do DFI em geral.

Um exemplo do que referimos é a decisão do Tribunal de Justiça relativamente ao já aludido Caso *Baxter*[797]. Nos termos desta decisão, o Tribunal de Justiça considerou que a legislação francesa que não permite a dedução de gastos com investigação científica e técnica levados a cabo fora da França implica um tratamento fiscal mais gravoso para as subsidiárias francesas de sociedades não residentes, uma vez que são estas que, mais provavelmente, desenvolvem actividades de investigação fora da França.

Voltando ao n.º 5 do artigo 24.º do MC OCDE – e uma vez que este diz respeito apenas à tributação das próprias empresas e não à tributação dos sócios – entende-se que estão fora do seu âmbito de protecção contra a discriminação os regimes fiscais que se referem à relação entre uma empresa residente e outras empresas residentes (por exemplo, os regimes de consolidação fiscal, os referentes à comunicabilidade de perdas fiscais ou à transferência de propriedade sem encargos fiscais entre empresas pertencentes ao mesmo grupo). Refira-se ainda que, quando a legislação fiscal interna de um Estado permita que uma sociedade residente consolide o seu rendimento com o de uma sociedade-mãe residente, o n.º 5 do artigo 24.º não pode ser interpretado como impondo a esse Estado que permita tal consolidação entre uma sociedade residente e uma sociedade-mãe não residente. Tal pressuporia uma comparação do tratamento fiscal conjugado de uma sociedade residente e da sociedade não residente que detém o seu capital com o tratamento fiscal conjugado de uma sociedade

---

[797] Caso C-254/97.

418 *Princípios do Direito Fiscal Internacional*

residente do mesmo Estado e da sociedade residente que detém o seu capital – algo que, segundo os Comentários ao artigo 24.º n.º 5, ultrapassa claramente a questão da tributação da empresa residente em si mesma[798]. Também pelo facto de o n.º 5 do artigo 24.º do MC OCDE ter como objectivo assegurar que todas as empresas residentes sejam tratadas de igual modo, independentemente da residência fiscal de quem seja proprietário ou controle o seu capital, mas não se dirigir aos respectivos sócios, o rendimento que seja distribuído a sócios não residentes pode ser objecto de tratamento diferente do rendimento distribuído aos sócios residentes. Assim, a sujeição a retenção na fonte de dividendos pagos aos sócios não residentes, mas não dos dividendos pagos aos sócios residentes, não pode ser considerada como uma violação ao n.º 5 do artigo 24.º. Nesse caso, as diferenças de tratamento fiscal não estão dependentes do facto de o capital da empresa ser detido ou controlado por não residentes, mas, sim, do facto de os dividendos pagos a não residentes sejam tributados de forma diferente[799].

Em contrapartida, no âmbito do Direito da UE a jurisprudência do Tribunal de Justiça tem vindo a apreciar o carácter discriminatório de diversos regimes fiscais que se encontram, conforme acima aludido, fora do âmbito das proibições de discriminação consagradas pelo MC OCDE, designadamente pelo n.º 5 do artigo 24.º.

É o caso dos regimes que recusam a atribuição, a subsidiárias de sociedades não residentes, das vantagens fiscais relativas a regimes de tributação de grupo. Assim, nos termos da jurisprudência do Tribunal de Justiça, tal recusa prejudica as subsidiárias de sociedades-mães de outros Estados-membros e é, portanto, susceptível de violar o direito de estabelecimento. Refiram-se, a este propósito, as decisões do Tribunal de Justiça quanto à legislação do Reino Unido referente ao *"advance corporation tax"* (ACT), devido aquando da distribuição de dividendos, nos Casos *Metallgesellschaft/Hoechst*[800] e *Test Claimants FII Group*

---

[798] Cfr. parágrafo 77 dos Comentários ao artigo 24.º n.º 5 do MC OCDE (com a redacção introduzida pela última actualização ao MC OCDE, aprovada pelo Conselho da OCDE em 17 de Julho de 2008).

[799] Cfr. parágrafo 78 dos Comentários ao artigo 24.º n.º 5 do MC OCDE (com a redacção introduzida pela última actualização ao MC OCDE, aprovada pelo Conselho da OCDE em 17 de Julho de 2008).

[800] Casos apensos C-397/98 e C- 410/98.

Parte II – IV. Princípios Fundamentais do Direito Fiscal Internacional ... 419

Litigation[801]. Importa ainda aludir, neste contexto, ao Caso *Société Papillon*[802], no âmbito do qual o Tribunal de Justiça considerou ser contrária ao Direito da UE a legislação de um Estado-membro que concede um regime de tributação pelo lucro consolidado a uma sociedade-mãe residente desse Estado-membro cujas filiais sejam igualmente residentes no mesmo Estado, mas nega a concessão do regime em causa a essa sociedade-mãe se as suas subfiliais residentes forem detidas por intermédio de uma filial residente noutro Estado-membro.

Também os regimes mais favoráveis de transferências de activos entre empresas pertencentes ao mesmo grupo são apreciados pelo Tribunal de Justiça quanto ao seu carácter discriminatório – estando, em contra-partida, fora do âmbito das proibições de discriminação consagradas pelo MC OCDE. Refira-se, a este propósito, o Caso *X AB e Y AB*[803], no qual um regime de tributação de grupo sueco permitia a transferência de activos sem encargos fiscais, entre sociedades pertencentes ao mesmo grupo. Este regime foi considerado contrário ao direito de estabelecimento, em virtude de não se aplicar a certas situações transfronteiriças. O Tribunal de Justiça decidiu ainda, no Caso *X e Y*[804] – relativo a um regime sueco de transferências intra-grupo – que o diferimento de tributação relativa-mente a mais-valias resultantes da transferência de activos abaixo do respectivo valor de mercado para uma sociedade sueca, na qual a trans-mitente directa ou indirectamente detinha acções, não podia ser recusada quando a sociedade beneficiária da transmissão fosse uma sociedade não residente ou uma sociedade sueca detida por uma sociedade não residente, na qual a própria sociedade transmitente sueca tivesse uma participação.

Outros casos com relevo apreciados pelo Tribunal de Justiça são, designadamente, *Test Claimants Thin Cap*[805], *Lasertec*[806] e *Oy AA*[807].

De igual modo, foram também apreciados pelo Tribunal de Justiça, quanto à existência de discriminação, casos relativos à comunicabilidade

---

[801] Caso C-446/04.
[802] Caso C-418/07.
[803] Caso C-200/98.
[804] Caso C-436/00.
[805] Caso C-524/04.
[806] Caso C-492/04.
[807] Caso C-231/05.

420   *Princípios do Direito Fiscal Internacional*

de perdas fiscais em diversos tipos de situações – revelando um âmbito mais amplo de proibição de discriminação fiscal do que aquele que caracteriza o DFI em geral, bem como uma maior sofisticação do Direito da UE na aferição das situações de discriminação. Assim, quanto à matéria da comunicabilidade de perdas fiscais, podemos apontar, designadamente, os Casos *Futura Participations e Singer*[808], *ICI*[809], *AMID*[810], *Marks & Spencer*[811], *Rewe Zentralfinanz*[812] e *Stahlwerk Ergste Westig*[813].

As diferenças de âmbito e de grau de exigência entre o DFI e o Direito da UE, no que toca à proibição de discriminação, sentem-se também fortemente ao nível da tributação dos sócios não residentes. Conforme já referimos, o n.º 5 do artigo 24.º do MC OCDE não abarca a questão da tributação dos sócios não residentes – não proibindo que o rendimento que lhes é distribuído seja objecto de um tratamento fiscal diferente em relação ao rendimento distribuído aos sócios residentes, nem que haja sujeição a retenção na fonte de dividendos pagos aos sócios não residentes, mas não dos dividendos pagos aos sócios residentes. Em contrapartida, quaisquer diferenças injustificadas de tratamento fiscal a este nível podem ser objecto de análise e decisão pelo Tribunal de Justiça. Veja-se, quanto à questão da retenção na fonte relativamente a dividendos pagos a sócios não residentes, os Casos *Kerckhaert-Morres*[814], *Denkavit Internationaal*[815] e *Amurta*[816].

5.2.3. Principais similitudes entre o princípio de não discriminação do MC OCDE e do Direito Fiscal Europeu

Sem prejuízo do que foi anteriormente referido, cabe notar a existência de um campo de sobreposição entre o princípio de não discriminação do

---

[808] Caso C-250/95.
[809] Caso C-264/96.
[810] Caso C-141/99.
[811] Caso C-446/03.
[812] Caso C-247/04.
[813] Caso C-415/06.
[814] Caso C-513/04.
[815] Caso C-170/05.
[816] Caso C-379/05.

Parte II – IV. Princípios Fundamentais do Direito Fiscal Internacional ... 421

MC OCDE e o do Direito Fiscal Europeu, na medida em que este último – nos termos da sua interpretação e aplicação pelo Tribunal de Justiça – cobre a generalidade das situações de proibição de discriminação especificamente previstas no MC OCDE.

Adicionalmente, podemos ainda apontar algumas similitudes entre o princípio de não discriminação do MC OCDE e o do Direito Fiscal Europeu. Referimos seguidamente aquelas que, na sequência da análise efectuada, nos parecem mais importantes.

i) Discriminação positiva dos nacionais de outros Estados

A forma como o n.º 1 do artigo 24.º do MC OCDE se encontra redigido não impede que um Estado trate os nacionais de outro Estado contratante, em termos fiscais, de modo mais favorável do que os seus próprios nacionais[817].

Este tipo de discriminação positiva dos nacionais de outros Estados é igualmente admissível no âmbito do Direito da UE.

Contudo, importa ter em linha de conta que a discriminação negativa do nacional no seu próprio Estado de nacionalidade é proibida pelo Direito da UE quando a situação apresente conexões com o exercício de uma liberdade de circulação garantida pelo TFUE. Assim, a situação fiscal menos favorável do nacional no seu Estado de nacionalidade não é admissível, para o Direito da UE, quando apresente um elemento de conexão com o exercício de uma liberdade fundamental consagrada no TFUE. Por exemplo, no Caso *Asscher*[818], o Tribunal de Justiça decidiu que o nacional de um Estado-membro não podia ser prejudicado em termos fiscais, no seu Estado de nacionalidade, pelo facto de ter exercido uma liberdade de circulação consagrada no então Tratado CE. Apesar de a discriminação em apreço decorrer da aplicação de legislação holandesa a um nacional da Holanda, a situação surgia na sequência do exercício, pelo indivíduo em questão, de um direito consagrado no então Tratado CE – motivo pelo qual não se estava perante uma situação interna.

---

[817] *Vide* parágrafo 14 dos Comentários ao artigo 24.º do MC OCDE (já com a numeração dos Comentários resultante da última actualização ao MC OCDE, aprovada pelo Conselho da OCDE em 17 de Julho de 2008).

[818] Caso C-107/94.

422 Princípios do Direito Fiscal Internacional

ii) Determinação da nacionalidade

Tanto o MC OCDE como o Direito da UE, nas respectivas disposições de não discriminação, remetem para o direito interno dos Estados no que toca à determinação da nacionalidade dos sujeitos passivos.

iii) Exclusão das actividades ligadas ao exercício da autoridade pública

Nos termos do artigo 24.º do MC OCDE, um Estado que conceda privilégios fiscais especiais aos seus organismos ou serviços públicos, ou a instituições privadas sem fins lucrativos que prossigam objectivos de utilidade pública específicos desse Estado, não fica obrigado a conceder os mesmos privilégios fiscais aos organismos, serviços públicos ou instituições similares do outro Estado contratante[819].

Tal regime é consentâneo com o previsto no Direito da UE, no âmbito do qual se exceptuam da aplicação das disposições em matéria de livre circulação dos trabalhadores, do direito de estabelecimento e da livre prestação de serviços as actividades que estejam ligadas, mesmo ocasionalmente, ao exercício da autoridade pública[820].

---

[819] *Vide* parágrafos 10 a 13 dos Comentários ao artigo 24.º do MC OCDE (já com a numeração dos Comentários resultante da última actualização ao MC OCDE, aprovada pelo Conselho da OCDE em 17 de Julho de 2008). Os referidos Comentários clarificam o seguinte: "No primeiro caso, com efeito, as imunidades fiscais que um Estado concede aos seus próprios organismos e serviços públicos encontram a sua justificação no facto de tais organismos e serviços constituírem parte integrante desse Estado e de a sua situação não ser nunca equiparável à dos organismos e serviços públicos do outro Estado. Precisa-se, no entanto, que as pessoas colectivas de direito público que exploram empresas de natureza económica não são contempladas por esta reserva. Na medida em que sejam assimiláveis a empresas industriais e comerciais de direito privado, o disposto no número 1 ser-lhes-á aplicado. No segundo caso, os privilégios fiscais que um Estado consente a determinadas instituições privadas sem fins lucrativos encontram, evidentemente, a sua fundamentação na própria natureza da actividade exercida por essas instituições e no benefício que esse Estado e os seus nacionais daí retiram".

[820] Cfr. o n.º 4 do artigo 45.º e o primeiro parágrafo do artigo 51.º, ambos do TFUE (sendo esta última disposição aplicável aos serviços, por remissão do artigo 62.º do TFUE).

Parte II – IV. Princípios Fundamentais do Direito Fiscal Internacional ... 423

5.3. Justificação de Medidas Nacionais Discriminatórias ou Restritivas das Liberdades de Circulação

Após identificar uma medida fiscal discriminatória ou restritiva das liberdades de circulação, o Tribunal de Justiça verifica se esta poderá beneficiar de uma justificação que permita a sua subsistência. As justificações admissíveis encontram-se expressamente previstas no TFUE, sendo complementadas por outro tipo de justificações consagradas pelo próprio Tribunal de Justiça (as exigências imperativas de interesse geral, também conhecidas por *"rule of reason"*).

Existem, assim, dois tipos de justificação – as justificações expressamente previstas no TFUE e as exigências imperativas de interesse geral – cujo âmbito de aplicação é distinto[821]. Nestes termos, as medidas nacionais formalmente discriminatórias (especificamente aplicáveis a nacionais de outros Estados-membros) só podem ser consideradas admissíveis se estiverem a coberto das justificações expressamente previstas no TFUE, enquanto que as medidas indistintamente aplicáveis a nacionais e a não nacionais que envolvam uma restrição das liberdades de circulação podem beneficiar de uma justificação, criada pela própria jurisprudência do Tribunal de Justiça, referente às exigências imperativas de interesse geral[822].

Trata-se de uma matéria do maior melindre, na medida em que se tenta atingir um difícil equilíbrio entre o efectivo cumprimento das obrigações decorrentes do Direito da UE em matéria fiscal, por um lado, e a soberania fiscal dos Estados-membros, por outro.

5.3.1. *Justificações expressamente previstas no TFUE*

Regra geral, as situações de medidas nacionais formalmente discriminatórias (especificamente aplicáveis a nacionais de outros Estados-

---

[821] Para um abordagem desta matéria em conexão com a doutrina do "acto claro" no campo da tributação directa, cfr. ANA PAULA DOURADO, *Is it acte clair...*, pp. 47-53; SERVAAS VAN THIEL, *Justifications in community law for income tax restrictions on free movement: Acte clair rules that can be readily applied by national courts*, in ANA PAULA DOURADO / RICARDO DA PALMA BORGES (Ed.s) – *The Acte Clair in EC Direct Tax Law*, IBFD Publications, Amsterdam, 2008, pp. 85-131.

[822] DENNIS WEBER, *Tax Avoidance and the...*, pp. 161 ss.

424 *Princípios do Direito Fiscal Internacional*

-membros) apenas podem ser justificadas com base nos motivos expressamente previstos no artigo 45.º n.º 3, no artigo 52.º n.º 1 e no artigo 65.º n.ºs 1 e 2, todos do TFUE.

No que respeita à livre circulação dos trabalhadores, o n.º 3 do artigo 45.º do TFUE estabelece que esta pode sofrer limitações que sejam justificadas por razões de ordem pública, segurança pública e saúde pública. Por seu turno, o direito de estabelecimento e a livre prestação de serviços não prejudicam – conforme decorre, respectivamente, do artigo 52.º do TFUE e do artigo 62.º, que para ele remete – a existência de disposições nacionais que prevejam um regime especial para os estrangeiros e sejam justificadas por razões de ordem pública, segurança pública e saúde pública.

Enquanto derrogação a um princípio fundamental do Tratado, o já referido artigo 52.º do TFUE deve ser interpretado restritivamente. A sua aplicabilidade está, portanto, sujeita à existência de uma ameaça real e suficientemente grave que afecte um dos interesses fundamentais da colectividade, incluindo a prevenção de eventuais abusos e a protecção do interesse inerente à aplicação adequada da regulamentação nacional em matéria de prevenção. Está excluída, em particular, a possibilidade de justificar uma legislação nacional por considerações económicas.

Quanto à livre circulação de capitais e pagamentos, a alínea a) do n.º 1 do artigo 65.º do TFUE permite aos Estados-membros que apliquem as disposições pertinentes do seu direito fiscal que estabeleçam uma distinção entre sujeitos passivos que não se encontrem em idêntica situação no que se refere ao seu lugar de residência, bem como ao lugar em que o seu capital é investido.

Face à letra da referida disposição do TFUE, tem sido discutida a aparente admissibilidade da discriminação de não residentes. Todavia, note-se que – constituindo uma excepção ao exercício da liberdade de circulação de capitais e pagamentos prevista no TFUE – a alínea a) do n.º 1 do artigo 65.º do TFUE deve ser interpretada restritivamente, não podendo ser interpretada como autorizando qualquer discriminação. Deste modo, no que toca às distinções entre sujeitos passivos em razão do local de residência ou do local de investimento do capital, apenas devem considerar-se justificadas, face à disposição em apreço do TFUE, as medidas nacionais que forem adequadas e proporcionais à prossecução de objectivos admitidos pelo TFUE, e que sejam necessárias face à ausência de uma maior harmonização fiscal.

Por seu turno, a alínea b) do n.º 1 do artigo 65.º do TFUE permite que os Estados-membros tomem todas as medidas indispensáveis para impedir infracções às suas leis e regulamentos, nomeadamente em matéria fiscal. As medidas referidas no n.º 1 do artigo 65.º do TFUE (bem como as do n.º 2, relativas a restrições ao direito de estabelecimento) não devem constituir um meio de discriminação arbitrária, nem uma restrição dissimulada à livre circulação de capitais e pagamentos definida no artigo 63.º do TFUE.

Note-se, ainda, que a admissibilidade de uma medida nacional face ao artigo 65.º do TFUE não impede a sua sujeição às demais regras do Tratado, designadamente quanto a auxílios de Estado.

5.3.2. *Exigências imperativas de interesse geral*

Para além dos motivos expressamente previstos no Tratado, o Tribunal de Justiça admitiu ainda que os Estados-membros justifiquem, com base em exigências imperativas de interesse geral, regulamentações indistinta-mente aplicáveis a nacionais e a não nacionais que envolvam uma restrição das liberdades de circulação. Assim, tais regulamentações nacionais podem ser consideradas como compatíveis com o Direito da UE desde que se justifiquem pela necessidade de proteger determinados interesses[823].

O reconhecimento pelo Tribunal de Justiça da possibilidade de justificar medidas nacionais de aplicação indistinta susceptíveis de afectar ou de tornar menos atraente o exercício das liberdades de circulação previstas no Tratado assenta, portanto, na ideia da existência de razões imperiosas de interesse público nacional merecedoras de protecção pelo Direito da UE. Parte-se, deste modo, de uma necessidade de equilíbrio entre a salvaguarda das liberdades fundamentais e o respeito pela soberania fiscal dos Estados-membros.

Contudo, para que tais medidas nacionais restritivas das liberdades europeias possam ser justificáveis, elas têm de cumprir quatro condições[824]:

i) serem aplicadas de forma não discriminatória (ou seja, a medida deve ser aplicada a todos os indivíduos ou sociedades do Estado-

---

[823] Patrícia Noiret Cunha, *A Tributação Directa...*, p. 189.

[824] Orientação geral definida pelo Tribunal de Justiça no Caso *Gebhard* (Caso C--55/94).

426   *Princípios do Direito Fiscal Internacional*

-membro em cuja legislação se integra, de modo a não constituir uma forma de discriminação arbitrária[825]);

ii) serem justificadas por exigências imperativas de interesse geral;
iii) serem adequadas para atingir o objectivo visado;
iv) não ultrapassarem o estritamente necessário para atingir esse objectivo[826].

Ao acorrerem perante o Tribunal de Justiça em defesa das medidas fiscais nacionais contestadas, os Estados-membros têm apresentado uma série de justificações. Todavia, o Tribunal de Justiça tem rejeitado a maior parte dessas justificações, entre as quais se destacam: o estado incompleto da harmonização fiscal europeia no campo da tributação directa (v.g. Casos *Avoir Fiscal, Bachmann* e *Werner*), o risco de evasão fiscal (v.g. Caso *Avoir Fiscal*), a perda de receita fiscal (v.g. Casos *ICI, Saint-Gobain, Verkooijen*), a necessidade de manter a progressividade do sistema fiscal (v.g. Caso *Biehl*), a ausência de um tratamento recíproco numa CDT[827] (v.g. Caso *Saint-Gobain*), o facto de a discriminação ser diminuída por efeito da aplicação de uma CDT (v.g. Caso *Asscher*), a existência de outras vantagens fiscais a servirem de contrapartida para a discriminação sofrida (v.g. Caso *Commerzbank*), a existência de alternativas quanto à forma jurídica de estabelecimento noutro Estado-membro[828] (v.g. Caso *Avoir Fiscal*)[829].

---

[825] É o que decorre da doutrina formulada nos Casos apensos *Keck e Mithouard*, Casos C-267/91 e C-268/91.

[826] Estas medidas de natureza restritiva têm de obedecer ao princípio da proibição do excesso ou princípio da proporcionalidade em sentido amplo.

[827] Para o Tribunal de Justiça, os direitos relativos às liberdades de circulação são incondicionais, e um Estado-membro não pode fazer depender o seu respeito da existência de reciprocidade ou do conteúdo das CDT celebradas com outros Estados-membros ou com terceiros Estados.

[828] Assim, um Estado-membro não pode justificar a manutenção de uma discriminação contra as sucursais com base no argumento de que a criação de uma subsidiária permite escapar a tal discriminação. Tal situação comprometeria a liberdade de escolha dos agentes económicos quanto à forma jurídica de estabelecimento noutro Estado--membro.

[829] Sobre esta questão, cfr., entre outros, Servaas Van Thiel, *EU Case Law on Income Tax*, IBFD Publications, Amsterdão, 2001, pp. 487-493; Servaas Van Thiel, *Justifications in community law...*, pp. 85-131; Josef Schuch, *Will EC law transform...*, pp. 115-118.

Parte II – IV. Princípios Fundamentais do Direito Fiscal Internacional ... 427

No que diz respeito às justificações que já foram admitidas pelo Tribunal de Justiça, importa salientar que essas mesmas justificações podem ser recusadas noutros casos, dependendo das circunstâncias. Designadamente a justificação relativa ao risco de evasão fiscal, tem sido admitida pelo Tribunal de Justiça nuns casos e rejeitada noutros. Em termos gerais, o Tribunal de Justiça tende a admitir esta justificação apenas quando se trata de prevenir formas totalmente artificiais de contornar a legislação fiscal do Estado-membro em causa[830].

Outra justificação que já foi aceite pelo Tribunal de Justiça foi a da protecção da coerência do sistema fiscal nacional. Contudo, após ser admitida no Caso *Bachmann*, foi recusada pelo Tribunal de Justiça em variados outros casos onde foi invoca pelos Estados-membros.

O Tribunal de Justiça tornou-se bastante rigoroso na análise deste fundamento de justificação (v.g. nos Casos *Asscher, ICI, Verkooijen, Baars, Metallgesellschaft, Bosal Holding, Danner,* e *Lankhorst-Hohorst*[831]), eventualmente receando a invocação generalizada da coerência do sistema fiscal nacional em defesa de medidas fiscais nacionais que colocassem entraves à realização do mercado único.

---

[830] A este propósito, refira-se a Comunicação da Comissão referente à aplicação de medidas anti-abuso no campo da tributação directa na UE e em relação a Estados terceiros, de 10 de Dezembro de 2007 (COM(2007)785), que visa, designadamente, contribuir para uma revisão, por parte dos Estados-membros, das suas medidas anti--abuso em matéria de tributação directa, no sentido do respectivo alinhamento com os requisitos impostos pelo Direito da UE. Cfr., sobre a questão, LUC DE BROE, *Some observations on the 2007 communication from the Commission: "The application of anti-abuse measures in the area of direct taxation within the EU and in relation to third countries"*, EC Tax Review, n.º 3, 2008, pp. 142-148.

[831] Casos C-107/94, C-264/96, C-35/98, C-251/98, C-397/98, C-168/01, C-136/00 e C-234/00, respectivamente.

428   *Princípios do Direito Fiscal Internacional*

6. Questão do Tratamento de Nação Mais Favorecida no Direito da UE

6.1. Enquadramento

No âmbito da UE, a problemática da cláusula da nação mais favorecida – ou do Estado-membro mais favorecido – tem a ver com a existência de uma eventual obrigação de um Estado-membro conceder a todos os outros Estados-membros o tratamento fiscal mais favorável que concedeu a um determinado Estado-membro ou a um Estado terceiro.

Questiona-se, portanto, se um Estado-membro pode efectuar distinções entre residentes/nacionais dos outros Estados-membros, mediante a concessão de vantagens fiscais previstas apenas nalguma(s) CDT, ou se cada Estado-membro se encontra obrigado a alargar a concessão do tratamento mais favorável dado aos residentes/nacionais de outro Estado (quer seja membro da UE, quer não), no contexto das CDT por si celebradas, também aos residentes/nacionais de todos os outros Estados-membros.

Importa salientar que a questão da cláusula da nação mais favorecida se coloca de forma distinta no âmbito do DFI e no do Direito da UE. Efectivamente, o tratamento de nação mais favorecida, quando previsto nas CDT, é concedido apenas quanto a uma regra fiscal isolada e claramente definida, e dele beneficia somente o outro Estado contratante na CDT onde a cláusula da nação mais favorecida é prevista, na sequência de um processo bilateral de negociação da mesma. Conforme foi referido na Parte I do presente trabalho, não existe no âmbito do DFI uma obrigação geral de concessão de tratamento de nação mais favorecida.

Em contrapartida, o tratamento de nação mais favorecida no contexto do Direito da UE refere-se a uma multiplicidade de regras tributárias e implicaria que as normas fiscais mais favoráveis previstas em cada uma das CDT celebradas por um Estado-membro, quer com outros Estados--membros quer com Estados terceiros, fossem aplicáveis relativamente a todos os demais Estados-membros.

Desta forma, a questão da cláusula da nação mais favorecida deixa, no âmbito do Direito da UE, de se situar num plano bilateral para assumir a natureza de um regime multilateral. A concessão de um tratamento de nação mais favorecida relativamente a todos os Estados-membros implicaria uma multilateralização dos regimes fiscais previstos nas CDT celebradas entre cada par de Estados-membros.

Parte II – IV. Princípios Fundamentais do Direito Fiscal Internacional ... 429

No sentido de enquadrar a questão, é ainda necessário referir, por um lado, que as CDT celebradas entre Estados-membros estão sujeitas ao primado do Direito da UE, não sendo aplicáveis as correspondentes disposições que entrem em conflito com os princípios e as regras desse Direito. Por outro lado, importa dar por assente que a legislação da UE não inclui uma cláusula geral expressa de tratamento de nação mais favorecida[832].

A questão que se coloca é se, mesmo na ausência de tal consagração expressa de uma cláusula da nação mais favorecida no Direito da UE, o princípio da não discriminação e as liberdades consagradas no TFUE impõem um tratamento de nação mais favorecida no âmbito da UE[833]. Trata-se, portanto, de uma questão que se suscita a propósito da interpretação e alcance do princípio da não discriminação. Questiona-se se, ao abrigo do princípio da não discriminação, os contribuintes de um Estado-membro C podem invocar, perante um Estado-membro A, o direito a um tratamento mais favorável concedido por esse Estado A na sua CDT com o Estado B, ou em CDT com outros Estados-membros da UE (que não o Estado C) ou com Estados terceiros.

Ou, por outras palavras, se, devido à primazia do Direito da UE sobre as CDT entre os Estados-membros, o tratamento fiscal mais favorável

---

[832] É neste sentido a resposta escrita da Comissão, de 9 de Novembro de 1992, na sequência da pergunta n.º 647/92. Esta pergunta foi dirigida à Comissária Scrivener nos seguintes termos: "A Comissão concorda que depois da entrada em vigor do Acto Único, o mais tardar, o conceito de tratamento de nação mais favorecida será aplicável às convenções de dupla tributação concluídas por um Estado-membro, quer com (a) outro Estado-membro, quer com (b) um terceiro Estado, isto é, quando a convenção de dupla tributação que o Estado-membro do sujeito passivo (Estado A) concluiu com o Estado-membro B for menos favorável do que a convenção de dupla tributação que o Estado-membro B concluiu com um Estado-membro C (ou com um terceiro Estado D), então o sujeito passivo do Estado-membro A terá direito aos benefícios da disposição mais favorável da convenção de dupla tributação com a terceira parte"? A esta pergunta, a Comissária respondeu: "A Comissão considera que a Legislação Comunitária actual não obriga um Estado-membro a conceder automaticamente a taxa de retenção na fonte da sua convenção bilateral mais favorável a sujeitos passivos de outro Estado-membro que não está coberto por essa convenção".

[833] O princípio da não discriminação encontra-se previsto no artigo 18.º do TFUE, sendo desenvolvido nos artigos 45.º, 49.º, 56.º e 63.º do TFUE. Deste modo, os referidos artigos concretizam o princípio da não discriminação no campo da livre circulação de trabalhadores, do direito de estabelecimento, da livre prestação de serviços e da livre circulação de capitais, respectivamente.

430 Princípios do Direito Fiscal Internacional

concedido pelo Estado-membro A a residentes do Estado-membro B, nos termos da CDT entre A e B, tem de ser facultado também a residentes dos outros Estados-membros.

Pode, por exemplo, questionar-se a compatibilidade (ou não) com o princípio da não discriminação – bem como, em particular, com a liberdade de estabelecimento e com a liberdade de circulação de capitais – da situação em que determinado Estado-membro não concede um crédito de imposto a uma empresa residente num outro Estado-membro, mas já o faz em relação a empresas residentes noutros Estados-membros, ao abrigo de CDT celebradas com esses outros Estados[834].

A este propósito, note-se que, conforme refere DENNIS WEBER, as conclusões da ILC, acima referidas, de que apenas pode existir um tratamento de nação mais favorecida quando este tenha sido concedido por um Estado a outro, de modo expresso e formal, mediante uma cláusula da nação mais favorecida contida numa convenção, não são necessariamente válidas no que toca às relações intra UE, dada a primazia do Direito da UE. Assim, no âmbito do Direito da UE, pelo menos em termos teóricos, o Tribunal de Justiça teria a possibilidade de inferir dos princípios do Direito da UE a existência de um direito ao tratamento de nação mais favorecida, mesmo na ausência de um cláusula de nação mais favorecida expressamente concedida pelo Estado em causa (contrariamente ao que sucede no âmbito do DFI, de acordo com as conclusões da ILC)[835].

Nos termos do princípio da não discriminação, encontra-se proibida a aplicação de regras diferentes a situações semelhantes. Assim, em termos formais, seria coerente sustentar-se a exigência de um tratamento de nação mais favorecida na aplicação das CDT, sob pena de a aplicação do regime das CDT se traduzir, muitas vezes, numa aplicação de regras diferentes a situações semelhantes. Além do mais, uma cláusula da nação mais favorecida permitiria, aparentemente, assegurar melhor a efectividade dos direitos fundamentais de livre circulação no âmbito da UE[836].

---

[834] ALBERTO XAVIER, *Direito Tributário...*, pp. 277-278.

[835] DENNIS WEBER, *Most-favoured-nation...*, p. 431.

[836] ANA PAULA DOURADO, *Do caso Saint-Gobain...*, p. 105. Note-se, todavia, que a autora, após formular a referida hipótese, acaba por se pronunciar contrariamente à aplicação de uma cláusula da nação mais favorecida no Direito da UE.

Parte II – IV. Princípios Fundamentais do Direito Fiscal Internacional ... 431

A comparação relevante, no que toca à questão da cláusula da nação mais favorecida, é uma comparação entre a situação de dois sujeitos passivos não residentes no Estado da fonte (que residem em diferentes Estados-membros), ambos sujeitos a tributação limitada no Estado onde o rendimento é obtido. Poderia considerar-se que existe discriminação em virtude da existência de uma diferença de tratamento fiscal entre dois sujeitos passivos não residentes no Estado da fonte, resultante da circunstância de se aplicarem à mesma situação regras fiscais diferentes, decorrentes da aplicação de CDT diferentes, celebradas pelo Estado da fonte com cada um dos Estados de residência dos beneficiários dos rendimentos[837].

Porém, existem variados argumentos contra a aplicação de uma cláusula da nação mais favorecida às CDT dos Estados-membros da UE. Por um lado, nem sempre uma cláusula da nação mais favorecida seria relevante, pois nem sempre ela implicaria uma efectiva redução da carga fiscal global do contribuinte[838]. Mas, principalmente, a aplicação de uma cláusula da nação mais favorecida ao nível da UE subverteria a lógica bilateral das CDT, comprometeria a soberania tributária dos Estados, criaria grandes dificuldades ao nível da celebração das CDT e tornaria extremamente complexa – caótica, mesmo – a aplicação das CDT e a eliminação da dupla tributação nas situações concretas[839].

As opiniões dos autores que se dedicam às questões tributárias internacionais divergem a este propósito. Enquanto uns defendem que os Tratados envolvem a existência de uma cláusula da nação mais favorecida (por exemplo, HERZIG, DAUTZENBERG, SCHUCH, RÄDLER e VAN THIEL), outros (como HINNEKENS, VOGEL, AVERY JONES, KEMMEREN, PISTONE e GAMMIE) salientam os efeitos indesejáveis que resultariam da aceitação do tratamento de nação mais favorecida[840]. Os autores que defendem a

---

[837] PATRÍCIA NOIRET CUNHA, *A Tributação Directa...*, p. 263.

[838] ANA PAULA DOURADO ilustra o argumento com o seguinte exemplo: "no caso Saint-Gobain, os Estados-membros da CE envolvidos, teriam de aplicar, respectivamente, a retenção na fonte mais favorável e o crédito fiscal mais favorável. Mas, se, numa situação triangular, o Estado R aplicar o método do crédito, ainda não se pode garantir uma diminuição da carga fiscal, muito dependente da rede completa de convenções celebradas pelos Estados-membros implicados, e dos montantes previstos de retenções na fonte e de créditos". ANA PAULA DOURADO, *Do caso Saint-Gobain...*, p. 106.

[839] Estes argumentos serão retomados com maior detalhe *infra*.

[840] DENNIS WEBER, *Most-favoured-nation...*, p. 432.

432   *Princípios do Direito Fiscal Internacional*

aplicação da cláusula da nação mais favorecida ao abrigo do Direito da UE são, comummente, conhecidos por *"believers"*, sendo a designação de *"non-believers"* aplicada aos que sustentam a tese contrária.

6.2. Decisões do Tribunal de Justiça Anteriores ao Caso "D"

A doutrina tenta vislumbrar, em diversas decisões do Tribunal de Justiça, a posição deste relativamente à questão da existência ou não de uma cláusula da nação mais favorecida no âmbito da UE.

KEMMEREN tem, a este respeito, uma posição particular. O autor considera que o Tribunal de Justiça se pronunciou contra a existência de um tratamento de nação mais favorecida imposto pelo Direito da UE logo na sua decisão quanto ao Caso *Bachmann*[841-842].

---

[841] Caso C-204/90.

[842] O senhor Bachmann, de nacionalidade alemã, residia e trabalhava na Bélgica. Pagava a uma seguradora alemã prémios referentes a três apólices de seguro (um seguro de vida e os restantes relativos a riscos de velhice, doença e incapacidade) que tinha subscrito quando ainda residia na Alemanha. Os prémios pagos não eram dedutíveis ao abrigo da legislação fiscal belga, devido ao facto de não serem pagos a uma seguradora residente na Bélgica ou a uma sucursal neste país de uma seguradora estrangeira. Bachmann invocou que a não dedutibilidade dos prémios pagos à seguradora alemã constituía uma discriminação. Importa, para efeitos da questão em análise, referir que a Bélgica tinha concluído com a França, o Luxemburgo e a Holanda acordos nos termos dos quais os prémios de seguro pagos por nacionais franceses, luxemburgueses e holandeses, respectivamente, poderiam ser deduzidos, caso respeitassem a um seguro com determinadas características subscrito junto de uma seguradora estabelecida num destes países. A impossibilidade de obter a dedução fiscal dos prémios pagos à seguradora alemã, nos termos do sistema fiscal belga, foi, não obstante, aceite pelo Tribunal. Este concluiu que não existia, na situação em causa, outra forma de salvaguardar a coerência do sistema fiscal belga quanto ao tratamento dos prémios de seguro. Segundo KEMMEREN, o parágrafo 26 da decisão do Tribunal revela a recusa deste quanto à aplicação do princípio da nação mais favorecida, uma vez que o Tribunal reconhece a existência de convenções bilaterais entre certos Estados-membros que permitem a dedução, para efeitos fiscais, dos prémios pagos num Estado contratante distinto daquele no qual a vantagem é concedida, mas, não obstante, o Tribunal afirma que tal solução é possível apenas nos termos dessas convenções ou mediante a adopção pelo Conselho das necessárias medidas de coordenação ou harmonização. Cfr. ERIC KEMMEREN, *The termination of the "most favoured nation clause" dispute in tax treaty law and the necessity of a Euro Model Tax Convention*, EC Tax Review, n.º 3, 1997, pp. 146-148.

Parte II – IV. Princípios Fundamentais do Direito Fiscal Internacional ... 433

Anos mais tarde, a questão da cláusula da nação mais favorecida foi indirectamente suscitada no Caso *Schumacker*[843], durante as alegações orais, mas o tribunal não se pronunciou acerca do assunto.

Também no Caso *Saint-Gobain*[844], o Tribunal de Justiça procedeu à respectiva resolução sem, todavia, ter esclarecido se algum dos Estados envolvidos, de modo a respeitar a proibição de discriminação, estaria obrigado a aplicar o tratamento fiscal mais favorável que resultasse do conjunto das suas CDT (ou seja, a conceder o tratamento de nação mais favorecida).

O Tribunal de Justiça teve nova oportunidade de tomar uma posição relativamente à questão do tratamento de nação mais favorecida no campo da tributação directa, no âmbito europeu, no Caso *Metallgesellschaft / / Hoechst*[845].

Embora o pedido principal dos impugnantes fosse o alargamento do regime de tributação de grupo à Metallgesellschaft, subsidiariamente pediam que fosse concedido à sociedade-mãe alemã um crédito de imposto que compensasse o ACT pago relativamente aos dividendos recebidos. Tal crédito de imposto encontrava-se previsto em algumas CDT celebradas pelo Reino Unido. Portanto, o que se encontrava subjacente a este último pedido era um entendimento do princípio da não discriminação segundo uma cláusula da nação mais favorecida. Contudo, mais uma vez, tanto o Advogado-Geral como o Tribunal de Justiça evitaram pronunciar-se expressamente sobre a questão da cláusula da nação mais favorecida, sustentando, neste caso, que a resposta à questão em apreço já não era relevante, uma vez que a discriminação já tinha sido confirmada a outro nível. Assim, o Tribunal de Justiça não validou uma interpretação do princípio da não-discriminação que sustentasse a aplicação da cláusula da nação mais favorecida[846].

---

[843] Caso C-279/93.

[844] Caso C-307/97.

[845] Casos apensos C-397/98 e C-410/98.

[846] Cfr. ANA PAULA DOURADO, *Do caso Saint-Gobain...*, pp. 104-106. Cfr., igualmente, DENNIS WEBER, *Most-favoured-nation...*, p. 432.

434   *Princípios do Direito Fiscal Internacional*

6.3. O Caso "D"

Até ao Caso "D" o Tribunal de Justiça evitou sempre dar uma opinião explícita relativamente à questão de saber se a legislação europeia atribuía aos Estados-membros, em matéria fiscal, um direito ao tratamento de nação mais favorecida nas relações com outros Estados-membros.

Em 5 de Julho de 2005, o Tribunal de Justiça proferiu a sua decisão relativamente ao Caso "D"[847], um caso referente ao imposto sobre o património holandês. O Sr. D tinha nacionalidade alemã, sendo também residente para efeitos fiscais na Alemanha. Era proprietário de bens imóveis situados na Holanda, encontrando-se aí sujeito a um imposto sobre o património relativamente aos mesmos. D pretendia que lhe fosse concedido na Holanda um abatimento relativamente ao imposto sobre o património aí devido. Porém, uma vez que não era residente fiscal na Holanda e que os bens imóveis aí situados representavam apenas 10% do seu património total (o restante património de D encontrava-se na Alemanha, no seu Estado de residência), foi negado a D o pretendido abatimento em sede do imposto sobre o património holandês.

Perante a referida situação, D invocou a violação do princípio da não discriminação. Suscitou, também, a questão da cláusula da nação mais favorecida, pretendendo que lhe fosse aplicado o tratamento mais favorável em matéria de abatimentos no imposto sobre o património conferido aos residentes da Bélgica, nos termos da CDT entre a Holanda e a Bélgica.

O Tribunal holandês onde o caso se encontrava em discussão efectuou um pedido de decisão prejudicial ao Tribunal de Justiça. Em primeiro lugar, perguntou ao Tribunal de Justiça se as regras holandesas que impediam os contribuintes não residentes de beneficiarem do abatimento, caso o seu património se encontrasse predominantemente no respectivo Estado de residência, eram compatíveis com a livre circulação de capitais consagrada no Tratado CE. O Tribunal holandês pediu também ao Tribunal de Justiça que clarificasse se a análise seria diferente tendo em conta que aos contribuintes residentes na Bélgica era concedido o abatimento, em

---

[847] Caso C-376/03.

Parte II – IV. Princípios Fundamentais do Direito Fiscal Internacional ... 435

circunstâncias semelhantes às que se verificavam com D[848]. Na Bélgica, tal como na Alemanha, não existia tributação do património[849].

A resposta do Tribunal de Justiça à segunda questão colocada revestia--se de considerável interesse geral, uma vez que uma resposta afirmativa equivaleria à confirmação pelo Tribunal de Justiça de que o Direito da UE impunha aos Estados-membros um tratamento de nação mais favorecida.

Na sua opinião de 26 de Outubro de 2004, o Advogado Geral Colomer concluiu que as regras do imposto sobre o património holandês violavam a livre circulação de capitais. Caso o Tribunal de Justiça seguisse a opinião do Advogado Geral e resolvesse a questão desta forma, não teria, mais uma vez, de se pronunciar relativamente ao problema da cláusula da nação mais favorecida. Contudo, antevendo que tal poderia não suceder, o Advogado Geral abordou também a segunda questão colocada pelo Tribunal holandês. Pronunciou-se, assim, sobre a questão da cláusula da nação mais favorecida (embora sem utilizar expressamente esta designação), explicando os motivos pelos quais deveriam ser concedidos a D os mesmos benefícios, em termos fiscais, que seriam dados a um contribuinte residente na Bélgica ao abrigo da CDT entre a Holanda e a Bélgica[850].

Contudo, o Tribunal de Justiça não seguiu a opinião do Advogado Geral e rejeitou a pretensão de D quanto ao abatimento ao imposto sobre o património. O Tribunal de Justiça manteve a linha de argumentação seguida no Caso *Schumacker*, sustentando que contribuintes residentes e não residentes não se encontravam numa situação comparável – uma vez que um contribuinte residente era tributado em relação ao seu património global, ao passo que um contribuinte não residente era tributado apenas sobre o seu património localizado na Holanda. Assim, a diferença das situações justificava um diferente tratamento fiscal[851].

O Tribunal de Justiça rejeitou também a aplicação do tratamento de nação mais favorecida, que permitiria a D ser tributado em sede do

---

[848] Acórdão *"D"*, parágrafo 19.

[849] Para um resumo das posições assumidas pelas partes quanto às questões colocadas pelo Tribunal holandês ao Tribunal de Justiça, *vide* DENNIS WEBER, *Most-favoured--nation...*, pp. 433-437.

[850] Para uma abordagem detalhada relativamente à opinião do Advogado Geral, *vide* MIGUEL CORTEZ PIMENTEL, *"D"istortion of the Common Market...*, pp. 488-490.

[851] Acórdão *"D"*, parágrafos 34-38.

436   *Princípios do Direito Fiscal Internacional*

imposto sobre o património holandês nos mesmos termos que um contribuinte residente na Bélgica. Como base da sua argumentação, o Tribunal de Justiça sustentou que os dois contribuintes não residentes não se encontravam na mesma situação. Existia uma falta de similitude entre a situação de um contribuinte residente na Alemanha e a de outro residente na Bélgica, quanto à tributação do património em bens imóveis situados na Holanda. A razão para os dois contribuintes não residentes não se encontrarem na mesma situação tinha, em suma, a ver com a existência de um tratamento mais favorável do residente belga, previsto na CDT entre a Holanda e a Bélgica.

A outra base de defesa da posição do Tribunal de Justiça assentou no argumento de que os direitos e obrigações recíprocos previstos numa CDT são aplicáveis apenas aos residentes num dos Estados contratantes da mesma (sendo isto uma consequência inerente às CDT). No entendimento do Tribunal de Justiça, a concessão do abatimento em relação ao imposto sobre o património, prevista na CDT entre a Holanda e a Bélgica, não podia ser vista separadamente do resto da CDT, tendo de ser considerada como uma parte integrante da mesma e contribuindo para o seu equilíbrio global. Deste modo, a regra em apreço era aplicável apenas aos contribuintes residentes na Bélgica, não podendo beneficiar dela um contribuinte residente na Alemanha, como D[852-853].

As principais conclusões a extrair da decisão do Tribunal de Justiça no Caso *"D"* são, portanto, que:

> *i)* é legítimo que um Estado-membro preveja para os sujeitos passivos não residentes um tratamento fiscal distinto do aplicável

---

[852] Acórdão *"D"*, parágrafos 61-63.

[853] Conforme sintetiza ALBERTO XAVIER, relativamente à decisão do Caso *"D"*, "o Tribunal entendeu que (i) os artigos 56.º CE e 58.º CE [actuais artigos 63.º e 65.º do TFUE] não se opõem a um regime segundo o qual um Estado-membro recusa aos sujeitos passivos não residentes, que detêm o essencial da sua fortuna no Estado em que residem, os abatimentos que concede aos sujeitos passivos residentes; e (ii) os artigos 56.º CE e 58.º CE não se opõem a que uma regra prevista por uma convenção bilateral destinada a prevenir a dupla tributação, como a que está em causa no processo principal, não se estenda, numa situação e em circunstâncias como as do processo principal, ao residente num Estado-membro que não é parte na referida convenção". In ALBERTO XAVIER, *Direito Tributário...*, p. 279.

aos seus residentes (recusando aos não residentes a aplicação de abatimentos idênticos aos que concede aos residentes), desde que estes e aqueles se encontrem em situações distintas;

ii) a situação de dois não residentes na Holanda, com residência fiscal em Estados-membros distintos (Alemanha e Bélgica), não é comparável;

iii) existe uma limitação da aplicação dos benefícios previstos numa CDT aos residentes dos Estados contratantes (sendo isto uma consequência inerente às CDT). As regras das CDT não podem ser aplicadas isoladamente, sob pena de se comprometer o equilíbrio global das CDT[854];

iv) o princípio da não discriminação não atribui ao residente de um Estado-membro direito a um tratamento mais favorável previsto numa CDT na qual esse Estado não seja parte contratante.

6.4. Críticas à Decisão do Caso "D"

O Caso *"D"* teve um enorme impacto entre a doutrina, tanto na Europa como nos Estados Unidos[855], tendo suscitado reacções acaloradas de discordância de variados autores.

VAN THEL considera bastante questionáveis quer o resultado da decisão do Caso *"D"* quer a sua motivação, chamando a atenção para a dificuldade de conjugar as implicações dessa decisão com o objectivo europeu de um mercado interno sem fronteiras. Salienta que, do ponto de vista do Direito da UE, a discriminação é proibida, quer tenha origem na legislação nacional quer numa CDT, bem como que o Direito da UE deve ter primazia sobre ambas. Afirma, ainda, que "o facto de uma convenção fiscal se fundar na reciprocidade (tal como qualquer outra convenção bilateral) é irrelevante no Direito da UE, porque os direitos e obrigações comunitários, de acordo com jurisprudência assente, não se baseiam na reciprocidade, e a reciprocidade ou a ausência dela não podem ser causa justificativa do incum-

---

[854] Acórdão *"D"*, parágrafos 61-63.

[855] *Vide* a extensa lista de obras sobre o Caso *"D"* indicadas em MIGUEL CORTEZ PIMENTEL, *"D"istortion of the Common Market...*, p. 485.

438 *Princípios do Direito Fiscal Internacional*

primento do Direito da UE nem, designadamente, da existência de discriminação no mercado interno"[856].

Em sentido idêntico, Dennis Weber classifica a decisão do Tribunal de Justiça como surpreendente, e considera-a incompatível com vários princípios de Direito da UE. Critica que o Tribunal de Justiça aceite a diferença de tratamento pelo simples facto de esta decorrer de uma CDT, quando, salienta o autor, a vantagem em apreço (a concessão de um abatimento fiscal) não tem nada a ver com a repartição do poder de tributar para efeitos de eliminação da dupla tributação. Dennis Weber considera que, através desta decisão, o Tribunal de Justiça dá aos Estados-membros carta branca para concederem aos sujeitos passivos não residentes que residam num determinado Estado-membro um tratamento mais favorável, mesmo quando esse tratamento não tenha nada a ver com a eliminação da dupla tributação, desde que a vantagem tenha sido incluída numa CDT[857].

Sendo o tratamento mais favorável do residente belga autorizado essencialmente devido à CDT entre a Holanda e a Bélgica, ambos os autores citados *supra* se questionam sobre se o Tribunal de Justiça também teria permitido este diferente tratamento se ele se baseasse na legislação doméstica holandesa. A decisão suscita, assim, a dúvida quanto ao entendimento do Tribunal de Justiça face a uma situação em que um Estado-membro unilateralmente tratasse de forma diferente não residentes com residência fiscal em diferentes Estados-membros, ou investimentos de certos Estados-membros, com base na sua legislação nacional. Ambos os autores se questionam sobre se isto seria permitido, acabando por antever que não. No caso concreto, acham que o Tribunal de Justiça provavelmente decidiria que a legislação holandesa tinha de tratar ambos os sujeitos passivos não residentes (o alemão e o belga) da mesma forma – ou seja, negar o abatimento a ambos porque ambos falhavam o teste *Schumacker*, ou admitir o abatimento relativamente a ambos devido ao facto de se encontrarem numa situação similar. Concluem, portanto, que a possibilidade de os Estados-membros concederem certas vantagens fiscais

---

[856] Servaas Van Thiel, *A slip of the European Court in the D case (C-376/03): Denial of the most-favoured-nation treatment because of absence of similarity?,* Intertax, n.º 10, Outubro 2005, p. 455.

[857] Dennis Weber, *Most-favoured-nation...,* p. 440.

Parte II – IV. Princípios Fundamentais do Direito Fiscal Internacional ... 439

bilateralmente, através das CDT – mesmo que sem reciprocidade, e portanto, na prática, de modo unilateral – mas não poderem unilateralmente incluir essas vantagens na sua legislação nacional, é uma consequência estranha mas que parece resultar da decisão do Caso "*D*"[858].

DENNIS WEBER tece, ainda, sérias críticas à tese do Tribunal de Justiça quanto à aparente inevitabilidade de, existindo uma CDT, decorrer como "consequência inerente" dessa CDT a existência de regimes fiscais distintos aplicáveis a residentes de dois Estados-membros diferentes. O autor refere o seguinte: "O Tribunal de Justiça vê a referida consequência inerente no Caso "*D*" como uma consequência *necessária* (inevitável) das convenções fiscais bilaterais. Aos olhos do Tribunal de Justiça, é claramente um exercício de tudo-ou-nada: *ou* aceitar esta consequência necessária das convenções fiscais *ou* não aceitar esta consequência e portanto livrar-se das convenções fiscais". Contudo, na opinião de WEBER, esta visão não é correcta. O autor salienta que as convenções fiscais bilaterais têm como objectivo eliminar a dupla tributação e prevenir a evasão fiscal, mas que nem tudo o que integra uma CDT é necessário à prossecução desses objectivos e à conclusão da CDT. Designadamente, considera que a troca de vantagens fiscais – como o regime em questão, na CDT entre a Holanda e a Bélgica – não se encontra entre as finalidades das CDT e, portanto, contrariamente ao que o Tribunal de Justiça afirmou, não é parte incindível da CDT[859].

Culminando as suas críticas, WEBER propôs a introdução no então Tratado CE de uma disposição sobre o tratamento da nação mais favorecida, considerando que esta era necessária para a prossecução do objectivo comunitário de assegurar as liberdades de circulação de pessoas, bens, serviços e capitais. Afirmou, neste contexto, ser "altamente problemático do ponto de vista dos princípios básicos do efeito directo e da primazia, que o Tribunal de Justiça autorize uma discriminação (isto é, negue a semelhança), pelo facto de o diferente tratamento se basear numa convenção bilateral entre Estados-membros"[860].

---

[858] DENNIS WEBER, *Most-favoured-nation...*, p. 441; SERVAAS VAN THIEL, *A slip of the European Court...*, p. 455.

[859] DENNIS WEBER, *Most-favoured-nation...*, pp. 441-443.

[860] DENNIS WEBER, *Most-favoured-nation...*, p. 444.

440   *Princípios do Direito Fiscal Internacional*

SCHUCH, por seu turno, salienta as vantagens da multilateralização da rede de CDT, alcançável por meio da cláusula da nação mais favorecida – ou seja, sem que para tal houvesse necessidade de uma unificação das regras das CDT. A cláusula em apreço permitiria, na opinião do autor, que as entidades dedicadas a actividades transfronteiriças beneficiassem, no curto ou médio prazo, de um tratamento fiscal mais vantajoso[861].

Entre a doutrina portuguesa, MIGUEL CORTEZ PIMENTEL afirma que "a posição do Tribunal de Justiça é incorrecta, uma vez que as justificações avançadas não se referem a princípios ou valores que devam ser atendidos em nome da construção do Mercado Comum Europeu. O raciocínio circular assumido pelo Tribunal de Justiça na resolução do Caso "*D*" representa uma rendição, ou pelo menos um passo atrás do Direito da UE em relação ao Direito Internacional comum, uma vez que se torna possível contornar as obrigações decorrentes do Tratado CE por meio de uma convenção de dupla tributação". "Quando uma disposição de uma convenção de dupla tributação é contestada nos termos do Tratado CE, bilateralismo, reciprocidade e equilíbrio das convenções não são suficientes, só por si, para justificar uma limitação de uma liberdade fundamental"[862].

Face ao exposto, não podemos deixar de concluir que o Caso "*D*" se situa no cerne da questão do relacionamento entre as CDT e o Direito da UE. A discordância de muitos autores quanto à decisão tomada pelo Tribunal de Justiça, bem como os argumentos utilizados, são bastante reveladores de que a articulação entre as CDT e o Direito da UE constitui uma área extremamente melindrosa e com um enorme relevo prático – relativamente à qual subsistem ainda múltiplas interrogações para o futuro, quanto ao caminho que a UE pretende trilhar.

6.5. Depois do Caso "D"...

Após toda a polémica existente em torno da decisão do Caso "*D*", a doutrina aguardava com expectativa decisões do Tribunal de Justiça relativamente a outros casos nos quais também se colocasse a mesma

---

[861] JOSEF SCHUCH, *Most favoured nation clause in Tax Treaty Law*, EC Tax Review, n.º 4, 1996, p. 165; JOSEF SCHUCH, *Will EC law transform...*, p. 123.

[862] MIGUEL CORTEZ PIMENTEL, *"D"istortion of the Common Market...*, p. 491-492.

Parte II – IV. Princípios Fundamentais do Direito Fiscal Internacional ... 441

dúvida, ou seja, se os Estados-membros da UE estavam ou não obrigados a seguir uma cláusula da nação mais favorecida em matéria fiscal.

Esperava-se que o Caso *Bujura*[863] proporcionasse ao Tribunal de Justiça uma oportunidade de se pronunciar de novo quanto à questão da cláusula da nação mais favorecida – e, na perspectiva dos críticos da decisão do Caso *"D"*, de fazer evoluir a sua posição num sentido distinto. Porém, o Caso *Bujura* foi retirado pelo Tribunal que o tinha apresentado, por sugestão do Tribunal de Justiça, antes de o Advogado Geral ter chegado a pronunciar-se.

No Caso *Test Claimant of Class IV in the ACT Group Litigation* (abreviadamente referido como *ACT Group Litigation*[864]), o Tribunal de Justiça reiterou a sua posição de rejeição a um tratamento de nação mais favorecida aplicável em termos generalizados a todos os Estados-membros. Nos termos do regime controvertido, uma sociedade-mãe residente no Reino Unido tinha direito a um crédito de imposto em relação aos dividendos que recebesse, ao passo que tal crédito de imposto era negado às sociedades-mães não residentes – excepto ao abrigo de algumas CDT celebradas pelo Reino Unido. O Tribunal de Justiça considerou que o Reino Unido, ao conceder o direito a um crédito de imposto apenas às sociedades-mães estrangeiras que fossem residentes nos Estados contratantes das CDT que previssem tal crédito, e não às sociedades-mães residentes nos demais Estados-membros, não procedia a uma restrição proibida pelo Direito da UE ao direito de estabelecimento das sociedades--mães residentes em Estados aos quais tais CDT não se aplicavam[865].

6.6. Ponderação da Questão

Em primeiro lugar, saliente-se que os Estados-membros mantêm a competência para celebrar CDT, sendo estas concluídas numa base bilateral.

Ora, uma cláusula da nação mais favorecida aplicada de forma generalizada, ao nível da UE – permitindo que os contribuintes de qualquer Estado-membro invocassem, nos outros Estados-membros, os regimes

---

[863] Caso C-8/04.
[864] Caso C-374/04.
[865] Acórdão *ACT Group Litigation*, parágrafos 88-94.

442   *Princípios do Direito Fiscal Internacional*

fiscais mais favoráveis previstos em qualquer CDT celebrada por esses outros Estados-membros com contrapartes da UE ou com Estados terceiros – faria com que as CDT dos Estados-membros deixassem de ser um instrumento bilateral, convertendo-se num regime multilateral mas não harmonizado[866].

Ao obrigar os Estados a procederem à aplicação generalizada de regimes fiscais mais favoráveis – especificamente negociados apenas com as contrapartes em determinadas CDT, em virtude de decisões políticas e de circunstâncias económicas particulares –, a aplicação generalizada da cláusula da nação mais favorecida iria comprometer a soberania tributária dos Estados.

Em tal contexto, existiriam grandes dificuldades ao nível da celebração das CDT, uma vez que, subvertida a lógica bilateral das mesmas, todos os benefícios que fossem concedidos a um determinado Estado poderiam ser invocados por todos os Estados-membros. Seria, assim, praticamente impossível estimar-se o impacto orçamental, em termos de perda de receitas fiscais, decorrente da consagração de certos regimes – aspecto habitualmente tido em conta aquando da negociação bilateral dos benefícios a prever pelas CDT[867].

Para além do que foi referido, a aplicação das CDT e a eliminação da dupla tributação nas situações concretas tornar-se-ia extremamente complexa – podemos mesmo dizer, caótica.

Merece-nos inteira concordância a posição de KEMMEREN, quando salienta que "se o Tribunal de Justiça tivesse decidido a favor da aplicação do princípio da nação mais favorecida no campo das convenções de dupla tributação, teria criado um enorme caos numa parte fundamental da legislação internacional: um dos pilares das convenções de dupla tributação, o princípio da reciprocidade, teria sido demolido"[868]. Concordamos também

---

[866] JÜRGEN LÜDICKE, apesar de não se mostrar desfavorável à aplicação generalizada de uma cláusula da nação mais favorecida no âmbito da CE, reconhece que, se o Tribunal de Justiça tivesse decidido o Caso *"D"* de forma diferente, "isso teria significado o fim de diversas disposições das CDT bilaterais entre os Estados-membros" e que "na realidade isso teria forçado os Estados-membros a concluirem uma CDT Multilateral no seio da UE". In JÜRGEN LÜDICKE, *European tax law, quo vadis?- Comments*, Bulletin for International Taxation, n.º 1, Janeiro 2008, p. 10.

[867] Cfr. INES HOFBAUER, *Most-favoured-nation clauses...*, p. 449.

[868] ERIC KEMMEREN, *The termination of the...*, pp. 148-149.

Parte II – IV. Princípios Fundamentais do Direito Fiscal Internacional ... 443

com ANA PAULA DOURADO, quando refere que "caso o Tribunal exigisse a aplicação de uma cláusula de nação mais favorecida, os contornos do princípio da não-discriminação seriam ainda mais obscuros"[869].

Por seu turno, ALBERTO XAVIER refere que "no que concerne aos tratados contra a dupla tributação, importa ter presente que os mesmos têm por objectivo a aproximação dos sistemas tributários dos Estados contratantes com vista à eliminação de duplas tributações, sendo tidas em conta nas negociações as respectivas conjunturas e políticas fiscais, e sendo os Estados soberanos para decidir a repartição das suas competências tributárias, fazendo-o com base no princípio da reciprocidade. Neste contexto, a aplicação da cláusula da nação mais favorecida poderia levar a distorções incompatíveis com os equilíbrios pretendidos pelas partes"[870].

Para além dos inconvenientes apontados ao tratamento de nação mais favorecida, não se vislumbra fundamento jurídico para a aplicação generalizada de uma cláusula da nação mais favorecida.

O TFUE em particular, e a legislação da UE em geral, não integram qualquer regra ou princípio relativo à aplicação de um tratamento de nação mais favorecida às CDT celebradas pelos Estados-membros[871].

Quanto à posição do Tribunal de Justiça, esta tem, até ao momento, sido desfavorável à pretensão de uma cláusula da nação mais favorecida.

Assim, a legislação europeia, designadamente tendo em conta a respectiva interpretação pelo Tribunal de Justiça, não consagra uma cláusula da nação mais favorecida que se imponha de modo generalizado às CDT celebradas pelos Estados-membros. Não se encontrando previsto no Direito da UE, o tratamento de nação mais favorecida só é aplicável quando se encontre expressamente consagrado numa CDT, e apenas entre os Estados contratantes dessa CDT.

As CDT continuam, pois, nos termos do actual Direito Europeu, a ser instrumentos bilaterais, cujos poderes de negociação e celebração continuam a pertencer aos Estados (não obstante deverem respeitar os princípios e regras da UE, como o princípio da não discriminação e as liberdades fundamentais consagradas no TFUE).

---

[869] ANA PAULA DOURADO, *Do caso Saint-Gobain...*, p. 106.

[870] ALBERTO XAVIER, *Direito Tributário...*, p. 278.

[871] Recorde-se o que oportunamente referimos quanto à resposta escrita da Comissão, de 9 de Novembro de 1992, na sequência da pergunta n.º 647/92.

Uma CDT resulta, assim, de um processo de negociação entre os dois Estados contratantes, baseando-se nos princípios da reciprocidade e da relatividade das convenções. Cada CDT é um compromisso, resultante de uma combinação única entre benefícios e transigências mútuas dos Estados contratantes, e, por tal motivo, aplicável apenas aos residentes de cada Estado contratante.

A aplicação de uma cláusula da nação mais favorecida às CDT corresponderia a uma multilateralização "cega e automática"[872] de vantagens fiscais que foram negociadas bilateralmente.

Deste modo, a nosso ver, uma CDT celebrada por um Estado-membro, quer com outro Estado-membro quer com um Estados terceiro, não confere direitos ou vantagens fiscais a nacionais nem a residentes dos outros Estados-membros. Significa isto que os Estados-membros não se encontram obrigados a conceder aos residentes ou nacionais de outros Estados-membros os benefícios que estão previstos em CDT por si celebradas com Estados-membros distintos ou mesmo com Estados terceiros.

Não está em discussão o facto de as CDT se encontrarem submetidas à primazia do Direito da UE, devendo respeitar, designadamente, as liberdades de circulação consagradas no TFUE e o princípio da não discriminação. É que a cláusula da nação mais favorecida vai mais além do que impõe o princípio da não discriminação, limitando a liberdade dos Estados-membros de celebrarem CDT e acabando, na prática, por substituir as políticas nacionais de celebração de CDT numa base bilateral por políticas comuns – que não se encontram definidas em local algum e cuja competência não se encontra atribuída em lado algum à UE.

A aplicação da cláusula da nação mais favorecida às CDT dos Estados-membros iria ter consequências orçamentais dificilmente previsíveis para estes e introduzir distorções nas políticas fiscais nacionais, que continuam a ser uma competência dos Estados.

Note-se, ainda, que a cláusula da nação mais favorecida não deve ser encarada como uma espécie de sucedâneo de um processo de integração fiscal por uma via positiva (que envolveria a adopção pelo Conselho de medidas de harmonização fiscal). Por outras palavras, a cláusula da nação mais favorecida, que resultaria numa uniformização ao nível do tratamento

---

[872] Expressão de Luc Hinnekens, *Compatibility of bilateral tax treaties with European Community law. The rules*, EC Tax Review, n.º 4, 1994, p. 154.

Parte II – IV. Princípios Fundamentais do Direito Fiscal Internacional ... 445

fiscal previsto nas CDT, nas relações entre os Estados-membros, não deve ser vista como uma forma alternativa de fazer avançar a harmonização fiscal no campo da tributação directa, sem ter de enfrentar as hesitações dos Estados e o requisito da unanimidade que travam a evolução do referido processo de harmonização fiscal[873].

Conforme salienta LUC HINNEKENS, "enquanto os Estados-membros [...] não partilharem suficientemente regras e políticas comuns de imposto sobre o rendimento, em resultado de uma harmonização espontânea ou regulada, o multilateralismo não pode substituir o bilateralismo"[874], no campo das CDT.

De resto, atentos os aludidos inconvenientes de uma cláusula da nação mais favorecida, seria preferível ponderar-se a adopção de um Modelo de Convenção da UE que assegurasse a harmonização e a conformidade dos aspectos relevantes das CDT com o Direito da UE[875].

---

[873] Neste sentido, LUC HINNEKENS, *Compatibility of bilateral... The rules...*, p. 154. Com idêntica posição, ERIC KEMMEREN, *The termination of the...*, p. 148. Em sentido contrário, JOSEF SCHUCH, referindo-se à multilateralização da rede de CDT que seria provocada pela cláusula da nação mais favorecida, defende que "é irrelevante de um ponto de vista dogmático que essa multilateralização fosse melhor aceite e mais rigorosa se fosse implementada por via de uma directiva e não através da «aplicação cega e automática» de uma cláusula da nação mais favorecida. As empresas envolvidas em actividades transfronteiriças poderiam assim esperar obter vantagens fiscais num curto ou médio prazo". In JOSEF SCHUCH, *Most favoured nation clause...*, p. 165.

[874] LUC HINNEKENS, *Compatibility of bilateral... The rules...*, p. 154.

[875] Sobre a problemática do Modelo de Convenção da UE, *vide* o ponto 3. do capítulo VI, da parte II do presente trabalho.

V. PRINCÍPIOS DO DIREITO FISCAL INTERNACIONAL NAS DIRECTIVAS EUROPEIAS

1. Enquadramento

No plano do Direito da UE derivado, assumem relevância em matéria de tributação directa fundamentalmente as seguintes quatro directivas:

- A Directiva 90/434/CEE do Conselho, de 23 de Julho de 1990, relativa ao regime fiscal comum aplicável às fusões, cisões, cisões parciais, entradas de activos e permutas de acções entre sociedades de Estados-membros diferentes e à transferência da sede de uma Sociedade Europeia (SE) ou de uma Sociedade Cooperativa Europeia (SCE) de um Estado-membro para outro, comummente designada por Directiva das fusões[876];
- A Directiva 90/435/CEE do Conselho, de 23 de Julho de 1990, relativa ao regime fiscal comum aplicável às sociedades-mães e sociedades afiliadas de Estados-membros diferentes, comummente designada por Directiva sociedades-mães / sociedades afiliadas[877];
- A Directiva 2003/49/CE do Conselho, de 3 de Junho de 2003, relativa a um regime fiscal comum aplicável aos pagamentos de juros e *royalties* efectuados entre sociedades associadas de Estados--membros diferentes, comummente designada por Directiva dos juros e *royalties*[878];

---

[876] Alterada pela Directiva 2005/19/CE do Conselho, de 17 de Fevereiro de 2005.

[877] Alterada pela Directiva 2003/123/CE do Conselho, de 22 de Dezembro de 2003, e pelos Actos relativos às condições de adesão de novos Estados-membros.

[878] Alterada pela Directiva 2004/76/CE do Conselho, de 29 de Abril de 2004, e pelos Actos relativos às condições de adesão de novos Estados-membros.

448   *Princípios do Direito Fiscal Internacional*

– A Directiva 2003/48/CE do Conselho, de 3 de Junho de 2003, relativa à tributação dos rendimentos da poupança sob a forma de juros, comummente designada por Directiva da poupança[879].

Importa, agora, apreciar se, e em que medida, os princípios fundamentais do DFI se encontram presentes nos regimes fiscais consagrados pelas referidas directivas. Iremos também analisar brevemente a questão das relações entre as CDT e as directivas em apreço[880].

---

[879] Foi apresentada, a 13 de Novembro de 2008, uma proposta de directiva de alteração à Directiva da poupança (COM (2008) 727 final). A proposta da Comissão tem como principal objectivo o combate à evasão fiscal no contexto da aludida directiva.

[880] Quanto às relações entre as CDT e as directivas, KLAUS VOGEL distingue entre um impacto directo e indirecto das directivas ao nível das CDT. O impacto das directivas ao nível das CDT é directo quando as directivas obrigam os Estados-membros a aprovar legislação que compete com as disposições das CDT, que substitui tais disposições ou que neutraliza o seu efeito. Em contrapartida, o impacto das directivas sobre as CDT é apenas indirecto se a directiva envolve uma alteração de legislação nacional à qual a CDT expressamente ou implicitamente se refere (por exemplo, as disposições nacionais de determinação dos lucros que servem de base para a subsequente alocação desses lucros nos termos do artigo 7.º do MC OCDE). Quando uma directiva tenha um impacto directo sobre uma CDT, pode surgir (embora não necessariamente) um conflito entre a referida directiva e a CDT. Deste modo, as disposições de uma directiva podem ser compatíveis ou incompatíveis com as das CDT. As disposições de uma directiva são compatíveis com as CDT se determinarem a produção de legislação nacional que complemente as regras das CDT aplicáveis, mesmo que, em certos casos, esta possa obviar à necessidade da aplicação das CDT. Todavia, a directiva permite a aplicação das disposições das CDT quando as consequências legais destas forem para além das previstas na directiva. A CDT e a legislação nacional que transponha uma directiva são, neste caso, aplicáveis cumulativamente, sendo o tratamento fiscal da situação concreta determinado pela disposição que for mais favorável ao sujeito passivo. Em contrapartida, as regras de uma directiva são incompatíveis com as CDT quando excluem a aplicação de certas disposições das CDT, em virtude de estas serem contrárias ao regime previsto na directiva em apreço ou ao Direito da UE. Cfr. KLAUS VOGEL et al., *Klaus Vogel on Double...*, pp. 75-76. Recorde-se, ainda, o que foi referido no ponto 1. do capítulo III, da parte II do presente trabalho, quanto à relação entre o Direito da UE e as CDT concluídas pelos Estados-membros com Estados terceiros, antes e depois da adesão dos primeiros à CE, e quanto à relação entre o Direito da UE e as CDT celebradas pelos Estados-membros entre si.

2. Directiva das Fusões

A Directiva das fusões estabeleceu um regime fiscal comum aplicável às fusões, cisões, cisões parciais, entradas de activos e permutas de acções entre sociedades de Estados-membros diferentes. Na base da adopção desta directiva encontrou-se a ideia de que a possibilidade de os referidos tipos de operações serem efectuados entre sociedades de Estados-membros diferentes, sem restrições ou desvantagens decorrentes do regime fiscal aplicável nesses Estados, era essencial à plena realização do mercado comum. A directiva em apreço prevê ainda a transferência da sede de uma Sociedade Europeia (SE) ou de uma Sociedade Cooperativa Europeia (SCE) de um Estado-membro para outro, dentro do pressuposto de que tal operação não deverá ser entravada por desvantagens fiscais.

O regime consagrado na directiva pretende, assim, assegurar que a realização dos tipos previstos de operações, envolvendo sociedades de diferentes Estados-membros, seja neutra do ponto de vista fiscal. Evitam--se, deste modo, obstáculos à realização de operações de reestruturação empresarial decorrentes do respectivo enquadramento fiscal nos Estados--membros.

No âmbito do regime previsto na directiva, e desde que se encontrem preenchidas as condições aí estabelecidas, as referidas operações não ficam sujeitas a qualquer tributação sobre o rendimento ou as mais-valias no momento da sua realização, ao nível das entidades envolvidas na operação ou dos respectivos sócios.

No que diz respeito à relação entre as CDT e a Directiva das fusões, importa começar por referir que as CDT, em geral, não abordam especificamente a questão das reorganizações empresariais. Assim, o regime resultante da directiva para este tipo de operações é geralmente mais favorável do que o decorrente da aplicação das CDT.

Porém, mesmo que as CDT incluam disposições que prevejam uma isenção ou um adiamento da tributação dos ganhos decorrentes de certas operações de reestruturação, quando ambos os Estados contratantes forem Estados-membros da UE o regime fiscal previsto na directiva para a operação prevalecerá se for mais favorável do que o da CDT aplicável.

Se, em contrapartida, as disposições de uma CDT bilateral celebrada entre os Estados-membros A e B previrem para as operações de reorganização empresarial um regime fiscal mais favorável do que aquele que resultaria da aplicação da directiva, o regime fiscal da CDT prevalece nas

450   *Princípios do Direito Fiscal Internacional*

relações entre os Estados-membros contratantes. No que se refere aos demais Estados-membros, poderia suscitar-se a questão do tratamento de nação mais favorecida, ou seja, se todos eles poderiam beneficiar, no contexto de uma operação de reorganização empresarial entre uma empresa sua residente e outra do Estado-membro A (ou B), do regime fiscal mais favorável previsto na CDT celebrada entre os Estados-membros A e B. Como vimos oportunamente, pensamos que a resposta a esta questão teria que ser negativa[881].

A questão torna-se mais complexa no caso de o regime fiscal mais favorável referente às reorganizações empresariais se encontrar previsto numa CDT celebrada entre um Estado-membro C e um Estado terceiro[882]. Trata-se de uma situação que está fora do contexto de aplicação da directiva. Novamente se poderia questionar se os demais Estados-membros deveriam poder beneficiar, no contexto de uma operação de reorganização empresarial envolvendo uma empresa sua residente e outra do Estado-membro C, do regime fiscal mais favorável previsto na CDT celebrada entre o Estado--membro C e o Estado terceiro. A exemplo do que referimos atrás, também aqui nos parece que a resposta teria que ser negativa[883].

---

[881] Remetemos, a este propósito, para o ponto 6. do capítulo IV, da parte II do presente trabalho, dedicado à questão do tratamento de nação mais favorecida no Direito da UE.

[882] Era o caso do artigo 14.º n.º 8 da CDT entre os EUA e a Holanda, que previa que os Estados contratantes não considerassem como tributáveis os ganhos decorrentes de certas operações de reestruturação. A compatibilidade com a Directiva das fusões da referida disposição da CDT entre os EUA e a Holanda foi analisada por LUC HINNEKENS. Cfr. LUC HINNEKENS, *Compatibility of bilateral... Applications of the rules...*, p. 218.

[883] Cabe referir, a este propósito, que uma empresa de um Estado-membro D que pretendesse fundir-se com uma empresa do Estado terceiro em causa – perante a inexistência de disposições similares na CDT entre o Estado-membro D e esse Estado terceiro, ou mesmo a inexistência de CDT entre ambos os Estados – poderia sentir-se tentada a beneficiar da protecção da CDT entre o Estado-membro C e o Estado terceiro em apreço. Para tal, poderia estabelecer uma empresa no Estado-membro C, que depois fundiria com a empresa do Estado-membro D ao abrigo da directiva, com o intuito de depois fazer então a fusão com uma empresa do Estado terceiro ao abrigo do regime mais favorável da CDT bilateral entre o Estado-membro C e o Estado terceiro. Todavia, a aplicação da Directiva das fusões em tal esquema poderia ser restringida, de acordo com a disposição anti-abuso nesta incluída. Cfr. LUC HINNEKENS, *Compatibility of bilateral... Applications of the rules...*, p. 218.

3. Directiva Sociedades-Mães / Sociedades Afiliadas

A Directiva sociedades-mães / sociedades afiliadas estabeleceu um regime fiscal comum aplicável à distribuição de lucros efectuada por sociedades afiliadas às respectivas sociedades-mães de Estado-membro diferente[884].

O objectivo do regime estabelecido pela Directiva sociedades-mães / / sociedades afiliadas consiste em evitar a existência, a este nível, de restrições e desvantagens de natureza fiscal para os grupos de sociedades de âmbito europeu, em comparação com a situação dos grupos que integrem sociedades de apenas um Estado-membro, facilitando, portanto, a existência de grupos internacionais de sociedades no âmbito da UE.

Note-se que a distribuição de lucros entre sociedades de Estados--membros diferentes se caracterizava, face à generalidade dos sistemas fiscais dos Estados-membros, por um regime fiscal menos favorável do que a distribuição de lucros entre sociedades afiliadas e sociedades-mães de um mesmo Estado-membro. Ora, a abolição dos obstáculos fiscais à distribuição transfronteiriça de lucros, no seio de grupos de sociedades de âmbito europeu, é essencial para aperfeiçoar o funcionamento do mercado interno, especialmente no que toca à livre circulação de capitais e ao direito de estabelecimento.

A Directiva sociedades-mães / sociedades afiliadas pretende, assim, eliminar a dupla tributação jurídica internacional e a dupla tributação económica na distribuição de lucros entre sociedades afiliadas e sociedades--mães de diferentes Estados-membros – relativamente às situações que preencham os requisitos exigidos pela directiva para se integrarem no seu âmbito de aplicação. Para tal, a directiva optou pela eliminação da retenção de imposto no Estado da fonte dos lucros e, quanto ao Estado da residência / de localização do beneficiário da distribuição dos lucros, optou por permitir a aplicação alternativa do método da isenção ou do crédito de imposto indirecto.

---

[884] Apesar de a directiva se aplicar apenas às distribuições de lucros de um Estado-membro para outro, o Acordo entre a CE e a Confederação Suíça relativo à tributação das poupanças concede à Suíça a aplicação de medidas equivalentes às que se encontram na Directiva sociedades-mães / sociedades afiliadas na sua versão de 1990.

452 *Princípios do Direito Fiscal Internacional*

Deste modo, a Directiva sociedades-mães / sociedades afiliadas obriga os Estados-membros a isentarem de retenção na fonte as distribuições de lucros efectuadas por uma sociedade afiliada à sua sociedade-mãe residente noutro Estado-membro (ou os pagamentos de lucros efectuados a um estabelecimento estável da sociedade-mãe, quando a sociedade afiliada seja total ou parcialmente detida por intermédio de um estabelecimento estável da sociedade-mãe, situado num Estado-membro distinto quer do Estado-membro da sociedade-mãe quer do da sociedade afiliada[885]). O regime previsto na directiva assegura, assim, dentro do seu âmbito de aplicação, a eliminação da dupla tributação jurídica internacional na distribuição de lucros entre as sociedades dos diversos Estados-membros.

Tal eliminação da dupla tributação é feita à custa do direito de tributar do Estado da fonte relativamente às distribuições de lucros aí originadas, o qual, quando existente nos termos da legislação nacional, desaparece. Constata-se, assim, uma tendência do Direito Fiscal Europeu – presente não apenas na Directiva sociedades-mães / sociedades afiliadas, mas também na Directiva dos juros e *royalties* – para a eliminação das retenções na fonte[886].

A este propósito, podemos afirmar que o Direito Fiscal Europeu opera uma subalternização do princípio da fonte em relação ao princípio da residência ainda mais notória do que a existente no contexto do MC OCDE. Constata-se, igualmente, que a Directiva sociedades-mães / sociedades afiliadas tem subjacente a existência de uma situação tributária marcada pelo princípio da tributação distinta e sucessiva de sociedades e sócios.

Adicionalmente, nos termos da Directiva sociedades-mães / sociedades afiliadas, o Estado de residência da sociedade-mãe ou o Estado do estabelecimento estável da sociedade-mãe (quando a sociedade afiliada seja

---

[885] Em contrapartida, o regime da directiva é aplicável a situações em que a sociedade-mãe e a sociedade afiliada são do mesmo Estado-membro, desde que esta última seja detida por intermédio de um estabelecimento estável da sociedade-mãe localizado num Estado-membro diferente daquele.

[886] Relativamente aos lucros, refira-se que, na sequência do alargamento do campo de aplicação da Directiva sociedades-mães/sociedades afiliadas e do aperfeiçoamento do respectivo funcionamento, levados a cabo pela Directiva 2003/123/CE, as retenções na fonte sobre distribuições de lucros entre sociedades dos vários Estados-membros foram, em larga medida, abolidas na Europa.

Parte II – V. Princípios do Direito Fiscal Internacional nas Directivas ... 453

total ou parcialmente detida por intermédio de um estabelecimento estável da sociedade-mãe, nos termos referidos supra) é obrigado ou a isentar os lucros recebidos ou a conceder um crédito de imposto relativamente à fracção do imposto sobre as sociedades pago pela sociedade afiliada referente aos lucros distribuídos, dedutível ao imposto devido pela sociedade-mãe ou pelo estabelecimento estável. A directiva permite, portanto, aos Estados-membros que optem, para efeitos da eliminação da dupla tributação económica, pela concessão de isenção ou pela concessão de um crédito de imposto indirecto ou imputação indirecta[887].

Fazendo um paralelo com as CDT, nota-se que, embora a imputação indirecta se encontre já prevista num número considerável de CDT – sobretudo nas mais recentes[888] – a maioria continua a prever apenas a imputação directa. Assim, a imputação indirecta não se encontra ainda consagrada de modo generalizado nas CDT – situação que contrasta, no que toca à tributação das distribuições de lucros no contexto da UE, com a respectiva previsão na Directiva sociedades-mães / sociedades afiliadas.

De facto, embora bastantes CDT incluam já disposições destinadas à eliminação da dupla tributação económica internacional, podendo mesmo vislumbrar-se uma tendência neste sentido[889], a maioria das CDT continua a actuar apenas ao nível da eliminação da dupla tributação jurídica internacional, e não da eliminação da dupla tributação económica internacional. Também o MC OCDE não conseguiu avançar, em virtude da complexidade das questões suscitadas e da resistência de muitos Estados, para uma consagração no seu texto da eliminação da dupla tributação económica. Desta forma, a tendência para a consagração da imputação indirecta,

---

[887] Nos termos do crédito de imposto indirecto, igualmente designado por imputação indirecta (*indirect tax credit* ou *underlying tax credit*), o sujeito passivo pode deduzir a fracção do imposto incidente sobre os lucros da sociedade participada que corresponde aos dividendos que lhe foram distribuídos. Note-se que, de acordo com o regime previsto na Directiva sociedades-mães / sociedades afiliadas, no caso do crédito de imposto indirecto, a sociedade-mãe deve poder deduzir imposto pago por qualquer das sociedades afiliadas que integre uma cadeia de participações através da qual os lucros sejam distribuídos à sociedade-mãe, desde que sejam cumpridos os requisitos estabelecidos na directiva.

[888] No que respeita às CDT celebradas por Portugal, algumas das mais recentes prevêem o método da imputação indirecta.

[889] ERIC KEMMEREN, *Principle of Origin...*, p. 520.

454 *Princípios do Direito Fiscal Internacional*

associada à preocupação com a eliminação da dupla tributação económica, é bastante mais notória no Direito Fiscal Europeu, com a Directiva sociedades-mães / sociedades afiliadas, do que nas CDT.

Um outro aspecto que importa salientar relativamente à Directiva sociedades-mães / sociedades afiliadas tem a ver com o facto de – na sequência das alterações introduzidas pela Directiva 2003/123/CE, de 22 de Dezembro de 2003, à Directiva 90/435/CEE, de 22 de Setembro de 1990 –, o regime previsto se aplicar também, dentro de determinadas condições, e conforme já referido, aos lucros recebidos por estabelecimentos estáveis situados num Estado-membro de sociedades-mães de outros Estados-membros, quando a sociedade afiliada seja total ou parcialmente detida por intermédio do estabelecimento estável. Este aspecto do regime da directiva é ilustrativo da preocupação, que norteia o Direito da UE, de salvaguardar o direito de estabelecimento e a plena liberdade quanto à escolha da forma jurídica para o exercício de tal direito – procurando, designadamente, eliminar diversas desvantagens decorrentes, face à legislação fiscal de muitos Estados, da utilização de um estabelecimento estável para a detenção por seu intermédio de participações societárias.

Cabe ainda analisar brevemente a relação entre as CDT e a Directiva sociedades-mães / sociedades afiliadas, tendo em conta que as CDT atribuem ao Estado da fonte o direito de tributar as distribuições de dividendos, embora estabelecendo limites máximos para tal tributação (artigo 10.º do MC OCDE) e que prevêem a atenuação ou eliminação da dupla tributação na esfera do beneficiário de tal rendimento (artigo 23.º do MC OCDE). Tais disposições das CDT serão afectadas na medida em que à situação em apreço se aplique a Directiva sociedades-mães / sociedades afiliadas.

As CDT entre Estados-membros raramente estabelecem uma taxa zero de retenção na fonte para as distribuições de dividendos. O MC OCDE prevê um limite máximo de tributação no Estado da fonte de 5% do montante bruto dos dividendos, se o seu beneficiário efectivo for uma sociedade que detenha directamente pelo menos 25% do capital da sociedade que paga os dividendos, ou de 15%, nos restantes casos. Assim, nas situações em que seja aplicável a Directiva sociedades-mães / sociedades afiliadas, as taxas de retenção na fonte sobre dividendos até ao limite máximo permitido pela CDT serão substituídas pela isenção de retenção na fonte prevista na directiva. Adicionalmente, nas situações em que seja aplicável a directiva, o Estado da residência fica obrigado a

Parte II – V. Princípios do Direito Fiscal Internacional nas Directivas ... 455

eliminar a dupla tributação económica mediante a concessão de isenção relativamente aos lucros recebidos ou mediante a concessão de um crédito de imposto indirecto.

Em contrapartida, pode suceder que o artigo 10.º e o artigo 23.º de uma determinada CDT entre Estados-membros estabeleçam regras mais favoráveis do que as da directiva – designadamente no que respeite a um âmbito de aplicação mais amplo, permitindo que certas situações que se encontram fora do campo de aplicação da directiva tenham acesso a um tratamento fiscal mais favorável ao abrigo da CDT. Neste caso, as disposições da directiva não afectam a aplicação das regras das CDT relativas à tributação de dividendos que sejam mais favoráveis.

Assim, será aplicável o tratamento fiscal previsto na CDT ou na directiva (respeitado, naturalmente, o âmbito de aplicação de cada uma delas), consoante o que for mais favorável ao sujeito passivo.

Relativamente às CDT com Estados terceiros, estas nunca são afectadas pela Directiva sociedades-mães / sociedades afiliadas, uma vez que a directiva se aplica apenas relativamente às distribuições de lucros entre sociedades residentes para efeitos fiscais em Estados-membros.

4. Directiva dos Juros e *Royalties*

O principal objectivo da Directiva dos juros e *royalties* consiste em obviar às desvantagens fiscais relativas aos pagamentos transfronteiriços destes dois tipos de rendimentos dentro de grupos de sociedades. A legislação nacional, conjugada com CDT bilaterais, nem sempre assegurava uma completa eliminação da dupla tributação de tais pagamentos. A directiva procura, assim, eliminar a dupla tributação jurídica internacional e assegurar um tratamento idêntico de transacções domésticas e internacionais, na medida em que transacções entre empresas de diferentes Estados-membros não deveriam, num mercado interno, estar sujeitas a um tratamento fiscal menos favorável do que o aplicável à mesma transacção levada a cabo entre empresas do mesmo Estado-membro.

A directiva optou – relativamente às situações que preencham os requisitos exigidos para se integrarem no seu âmbito de aplicação – pela abolição da tributação no Estado da fonte dos pagamentos de juros e *royalties* (quer tal tributação se processasse mediante retenção na fonte

456   *Princípios do Direito Fiscal Internacional*

quer mediante liquidação)[890]. Deste modo, prevê-se na directiva a tributação dos juros e *royalties* pagos apenas no Estado de residência do beneficiário do rendimento, como forma de resolver as questões de dupla tributação jurídica internacional e de assegurar a igualdade de tratamento fiscal entre transacções domésticas e internacionais.

Assim, o regime previsto na directiva assegura, dentro do seu âmbito de aplicação, a eliminação da dupla tributação jurídica internacional nos pagamentos de juros e *royalties* entre sociedades associadas ou respectivos estabelecimentos estáveis de Estados-membros diferentes.

Note-se que a aludida eliminação da dupla tributação relativamente a pagamentos de juros e *royalties* é, tal como no caso das distribuições de lucros, feita à custa do direito de tributar do Estado da fonte. Reitera--se, assim, a tendência do Direito Fiscal Europeu – consagrada primeiro na Directiva sociedades-mães / sociedades afiliadas, e mais tarde também na Directiva dos juros e *royalties* – para a eliminação das retenções na fonte.

A presente directiva confirma, pois, a subalternização do princípio da fonte em relação ao princípio da residência operada pelo Direito Fiscal Europeu, mais notória ainda do que a existente no contexto do MC OCDE[891].

Por outro lado, o facto de ficarem abrangidos pelo regime previsto na directiva os pagamentos de juros e *royalties* efectuados entre sociedades associadas de Estados-membros diferentes e também entre estabelecimentos estáveis dessas sociedades é ilustrativo da preocupação do Direito Fiscal Europeu em salvaguardar o direito de estabelecimento e a plena liberdade quanto à escolha da forma jurídica para o exercício de tal direito. Assim, a directiva procura assegurar que, no que respeita ao regime fiscal aplicável

---

[890] Embora tenha sido concedido um período transitório à Grécia e a Portugal, quanto aos pagamentos de juros e *royalties*, bem como à Espanha, apenas quanto aos pagamentos de *royalties*, durante o qual estes Estados podem continuar a proceder a tributação na fonte sobre os aludidos pagamentos a uma sociedade associada de outro Estado-membro ou a um estabelecimento estável situado noutro Estado-membro de uma sociedade associada de um Estado-membro, embora com limites quanto às taxas aplicáveis.

[891] Contudo, no que toca aos tipos de rendimento em apreço, é de salientar que o MC OCDE já prevê a tributação dos pagamentos de *royalties* apenas no Estado da residência do seu beneficiário, e não no Estado da fonte.

Parte II – V. Princípios do Direito Fiscal Internacional nas Directivas ... 457

aos pagamentos de juros e *royalties* no contexto de grupos empresariais europeus, os estabelecimentos estáveis não ficam sujeitos a um regime fiscal mais desfavorável – o que desincentivaria o recurso aos mesmos e implicaria uma discriminação proibida pelo Direito da UE.

No que toca à relação entre CDT e directiva, note-se que, ao abolir a tributação no Estado da fonte relativamente a pagamentos de juros e *royalties*, a directiva substitui os artigos 11.º e 12.º das CDT bilaterais entre Estados-membros nas transacções que se encontrem no seu âmbito de aplicação.

5. Directiva da Poupança

A Directiva da poupança destina-se a assegurar uma tributação efectiva dos rendimentos da poupança sob a forma de juros pagos num Estado--membro a beneficiários efectivos que sejam pessoas singulares residentes noutro Estado-membro. Pretende-se, assim, combater o problema da evasão fiscal no Estado da residência, quanto ao rendimento da poupança recebido noutro Estado-membro. Tal situação contribuía para criar distorções nos movimentos de capitais entre Estados-membros, tendo portanto um efeito adverso sobre o mercado interno.

De modo a assegurar a efectiva tributação dos rendimentos da pou-pança sob a forma de juros no Estado da residência do indivíduo que os recebe, a directiva recorre à troca de informações. Todavia, é admitido pela directiva que alguns Estados fiquem temporariamente dispensados do intercâmbio de informações mediante a aplicação de uma retenção na fonte à taxa e nos termos previstos na directiva. A directiva prevê também um mecanismo para a efectiva eliminação da dupla tributação nesses casos.

A Directiva da Poupança demostra uma preferência pelo princípio da residência. Com efeito, o seu objectivo essencial consiste em permitir que o rendimento das poupanças sob a forma de juros, obtido num Estado--membro por beneficiários que sejam indivíduos residentes noutro Estado--membro, seja sujeito a tributação efectiva de acordo com a legislação do Estado de residência.

Não obstante este objectivo, a directiva não proíbe a realização de retenções na fonte nos termos da legislação doméstica do Estado da fonte, ainda previstas nalguns Estados-membros.

458   *Princípios do Direito Fiscal Internacional*

O problema das relações entre as CDT e a Directiva da Poupança suscita-se principalmente quanto aos Estados temporariamente dispensados do intercâmbio de informações mediante a aplicação de uma retenção na fonte à taxa e nos termos previstos na directiva, pois tal regime pode pressupor obrigações de tributação na fonte acima dos limites estabelecidos pelas CDT, ainda que se trate de uma tributação exigida pelo Estado de origem dos juros "por conta do Estado de residência"[892]. Também o mecanismo de eliminação da dupla tributação previsto na directiva para estas situações é distinto do previsto no MC OCDE e estabelecido na generalidade das CDT. Note-se, a este propósito, que as diversas disposições da Directiva da Poupança deverão prevalecer sobre as CDT aplicáveis.

6. Conclusões

As várias directivas em matéria de tributação do rendimento são bastante ilustrativas da postura do Direito Fiscal Europeu relativamente a diversos dos princípios fundamentais do DFI. As aludidas directivas dão também uma indicação de qual a direcção que o legislador europeu quer imprimir aos Estados-membros.

As escolhas feitas pelo legislador europeu em termos de política fiscal são essencialmente as seguintes: no que respeita a dividendos, proibição de retenção no Estado da fonte, conjugada com uma escolha entre método da isenção ou da imputação indirecta para a eliminação da dupla tributação económica ao nível do Estado da residência; quanto aos pagamentos de juros e *royalties*, tributação exclusiva no Estado de residência; no que toca aos pagamentos de juros a pessoas singulares, ênfase na tributação no Estado da residência, mas não vedando a subsistência de retenção no Estado da fonte.

Verifica-se, deste modo, que tanto a Directiva sociedades-mães / / sociedades afiliadas como a Directiva dos juros e *royalties* assentam no princípio da residência[893]. O princípio da fonte é totalmente afastado,

---

[892] MIGUEL ÁNGEL COLLADO YURRITA / GEMMA PATÓN GARCÍA, *Fuentes del derecho tributario internacional*, in MIGUEL ÁNGEL COLLADO YURRITA (Dir.) – *Estudios Sobre Fiscalidad Internacional y Comunitaria*, COLEX Editor, Madrid, 2005, p. 20.

[893] A aplicação do princípio da residência, conjugado com o princípio da tributação universal ou ilimitada no Estado da residência, tem-se fundamentado num conjunto

Parte II – V. Princípios do Direito Fiscal Internacional nas Directivas ... 459

sendo um dos objectivos fundamentais do regime previsto em ambas as directivas a eliminação de quaisquer retenções na fonte, nas situações que se integram no respectivo âmbito de aplicação. A eliminação da dupla tributação jurídica internacional é, assim, assegurada em ambas as directivas à custa do direito de tributar do Estado da fonte.

Também a Directiva da Poupança demostra uma preferência pelo princípio da residência, sem contudo proibir a realização de retenções na fonte nos termos da legislação doméstica do Estado da fonte.

Podemos concluir, face ao exposto, que o Direito da UE derivado, em matéria de tributação directa, leva ao extremo a prevalência de que o princípio da tributação na residência já goza no DFI, e designadamente no MC OCDE[894]. Quanto à tributação na fonte, esta tem sido, no âmbito

---

variado de argumentos. Em prol do princípio da residência, tem sido sustentado que este permite alcançar uma neutralidade na exportação de capitais, evitando que as decisões sobre o local de realização dos investimentos sejam afectadas pelas diferenças de tributação existentes entre os Estados. Por outro lado, o princípio da residência teria a vantagem de permitir uma tributação conforme com o princípio da capacidade contributiva, aferida em função de todos os rendimentos apurados por um sujeito passivo residente, qualquer que seja a sua origem. O Estado da residência estaria em condições de tributar o rendimento global do sujeito passivo e de atender às suas circunstâncias pessoais e familiares, no contexto de um imposto pessoal e com taxas progressivas de tributação do rendimento. Em contrapartida, a opção pela prevalência do princípio da residência pode ser vista como motivada pelos interesses dos Estados predominantemente exportadores de capitais, permitindo salvaguardar a respectiva obtenção de receitas tributárias. No que diz respeito aos argumentos mais comummente apresentados em detrimento do princípio da fonte, é referida a desvantagem de este não assegurar a neutralidade na exportação de capitais. Não asseguraria, igualmente, a equidade da tributação nem o respeito pela capacidade contributiva, pois muito dificilmente este princípio permite tributar o rendimento de um sujeito passivo atendendo às suas circunstâncias pessoais e familiares ou a aplicação de taxas progressivas de tributação. Contudo, razões de equidade entre Estados e de justiça têm sido aduzidas em defesa do poder tributário dos Estados relativamente ao rendimento originado no seu território. A tributação na fonte assume especial importância para os Estados predominantemente importadores de capitais (em regra, países menos desenvolvidos), salvaguardando a respectiva obtenção de receitas tributárias.

[894] O caminho para um sistema onde o princípio da residência prevalece, em termos da distribuição entre os Estados do poder de tributar, foi, aliás, logo aberto pelo Relatório dos Economistas de 1923, apresentado à Sociedade das Nações. As ideias dos autores deste relatório terão influenciado significativamente as posteriores abordagens do princípio da fonte e do princípio da residência, levando a que o primeiro destes princípios perdesse terreno em benefício do segundo.

460　　*Princípios do Direito Fiscal Internacional*

da UE, encarada como um dos principais obstáculos ao estabelecimento de uma plena União Económica e Monetária.

Note-se ainda que a Directiva sociedades-mães / sociedades afiliadas tem subjacente a existência de uma situação tributária marcada pelo princípio da tributação distinta e sucessiva de sociedades e sócios.

Quanto aos tipos de dupla tributação visados, importa salientar que a Directiva sociedades-mães / sociedades afiliadas, para além da eliminação da dupla tributação jurídica internacional, assegura também a eliminação da dupla tributação económica – para tal permitindo aos Estados-membros que optem pela concessão de isenção ou pela concessão de um crédito de imposto indirecto ou imputação indirecta[895]. A consagração da imputação indirecta, com o objectivo de eliminar a dupla tributação económica, é fulcral na concepção da Directiva sociedades-mães / sociedades afiliadas, contrastando com o regime de tributação dos dividendos e de eliminação da dupla tributação das CDT, em cujo universo a previsão da imputação indirecta não é ainda generalizada (e não se encontra, aliás, prevista no MC OCDE).

Desta forma, podemos constatar que a tendência para a consagração da imputação indirecta, associada à preocupação com a eliminação da dupla tributação económica, é bastante mais notória no Direito Fiscal Europeu do que nas CDT. Embora a imputação indirecta se encontre já prevista em bastantes CDT – sobretudo nas mais recentes[896] – a maioria continua a prever apenas a imputação directa. A maior parte das CDT actua ainda apenas ao nível da eliminação da dupla tributação jurídica internacional, e não da eliminação da dupla tributação económica internacional. Quanto ao MC OCDE, este não conseguiu avançar, conforme foi já referido, para uma consagração no seu texto da eliminação da dupla tributação económica.

É igualmente revelador das preocupações da UE, ao nível da tributação directa, o facto de os estabelecimentos estáveis ficarem abrangidos pelos

---

[895] Nos termos do crédito de imposto indirecto, igualmente designado por imputação indirecta (*indirect tax credit* ou *underlying tax credit*), o sujeito passivo pode deduzir a fracção do imposto incidente sobre os lucros da sociedade participada que corresponde aos dividendos que lhe foram distribuídos.

[896] No que respeita às CDT celebradas por Portugal, algumas das mais recentes prevêem o método da imputação indirecta.

Parte II – V. Princípios do Direito Fiscal Internacional nas Directivas ... 461

regimes fiscais previstos na Directiva sociedades-mães / sociedades afiliadas e na Directiva dos juros e *royalties*. O Direito Fiscal Europeu procura salvaguardar o direito de estabelecimento e a plena liberdade quanto à escolha da forma jurídica para o exercício de tal direito. Pretende assegurar--se que os estabelecimentos estáveis não fiquem sujeitos a um regime fiscal mais desfavorável do que as subsidiárias – o que desincentivaria o recurso ao estabelecimento estável e implicaria uma discriminação proibida pelo Direito da UE.

VI. CDT MULTILATERAL *VERSUS* MODELO DE CONVENÇÃO DA UE

1. Enquadramento

Existem diferenças fundamentais entre o contexto internacional, em geral, e o contexto da UE, em particular, no que toca ao papel das CDT e aos condicionalismos que rodeiam a sua aplicação.

O contexto da UE é mais exigente, na medida em que, em termos gerais, e tratando-se de um mercado interno, nem a discriminação nem a dupla tributação são admissíveis nas operações transfronteiriças. Um dos objectivos fundamentais do TFUE consiste em assegurar que as actividades transfronteiriças não ficam em desvantagem em comparação com as actividades puramente nacionais.

Sendo verdade que as CDT têm como objectivo, precisamente, a eliminação da dupla tributação, apenas no contexto da UE existe uma "força superior" (o TFUE) que força os Estados a chegarem efectivamente a este resultado.

Deste modo, no contexto da UE, as exigências superiores colocadas pelo princípio da não discriminação e, em particular, pelas liberdades de circulação previstas no TFUE, impõem especificidades em termos de tratamento fiscal que nem sempre são acauteladas pelas CDT baseadas no MC OCDE, conforme foi salientado pela Comissão em diversos Estudos[897].

---

[897] Cfr. *Estudo da Comissão,* de 23 de Outubro de 2001 – *Company Taxation in the Internal Market...* O documento em apreço é o resultado de um estudo analítico da tributação das sociedades preparado pelos serviços da Comissão Europeia, auxiliados por dois grupos de especialistas. A preparação do referido Estudo foi efectuada na sequência de um mandato formal nesse sentido, dirigido à Comissão pelo Comité de Representantes Permanentes, em Julho de 1999. A atribuição deste mandato, por seu turno, tinha sido decidida no âmbito das Conclusões do Conselho ECOFIN de Dezembro de 1998.

O propósito do *Estudo da Comissão sobre a Fiscalidade das Empresas no Mercado Interno* consistia em identificar as diferenças existentes quanto ao nível efectivo de

464 · Princípios do Direito Fiscal Internacional

Existem, desta forma, numerosos conflitos e inconsistências entre as disposições das CDT celebradas pelos Estados-membros e o decorrente do TFUE e das directivas europeias em matéria de tributação directa[898].

---

tributação das sociedades na UE e detectar os principais aspectos fiscais que dificultavam a actividade económica transfronteiriça no âmbito do mercado interno. Para tal efeito, procedeu-se a uma análise dos sistemas de tributação das sociedades na UE, em termos comparativos, considerando aspectos tanto quantitativos como qualitativos dos sistemas dos diversos Estados-membros. A análise subjacente ao Estudo procurou, designadamente, efectuar o cálculo das taxas efectivas de tributação das sociedades nos vários Estados--membros e aferir o modo como o regime fiscal influenciava as decisões quanto à localização da actividade económica e dos investimentos.

Para além dos aspectos acima aludidos, o Estudo analisou também a questão dos obstáculos, relacionados com a tributação das sociedades, à actividade económica trans-fronteiriça no mercado interno. Por último, o Estudo abordou a questão das medidas adequadas para ultrapassar ou atenuar os obstáculos ao mercado interno relativos à tributação das sociedades, debruçando-se sobre medidas destinadas a ultrapassar obstáculos fiscais específicos e também sobre medidas fiscais mais abrangentes, cujo objectivo consistia na alteração do sistema de tributação das sociedades em determinados casos, como forma de ultrapassar a generalidade dos obstáculos fiscais em apreço.

Cfr. igualmente *EC Law and Tax Treaties*, Estudo da Comissão Europeia, de 9 de Junho de 2005 (Ref.: TAXUD E1/FR DOC (05) 2306). O propósito desde documento da Comissão era fomentar o debate entre peritos independentes e representantes dos Estados-membros quanto à questão da inter relação entre o Direito da UE e as CDT, tendo servido como documento de trabalho num encontro de peritos realizado em Bruxelas, em 5 de Julho de 2005, por iniciativa da Comissão.

[898] O *Estudo da Comissão sobre a Fiscalidade das Empresas no Mercado Interno* aponta alguns dos ajustamentos de que poderão necessitar as CDT bilaterais celebradas entre Estados-membros nos termos do MC OCDE, de modo a ficarem em conformidade com os Tratados e com o Direito da UE em geral. Passamos a referir-nos aos principais aspectos enunciados no aludido Estudo, remetendo para os artigos do MC OCDE em causa.

Artigo 2.º (Impostos visados)

Nos termos do artigo 293.º do Tratado CE [entretanto revogado pelo Tratado de Lisboa], as CDT bilaterais entre Estados-membros deveriam cobrir outros impostos para além dos impostos sobre o rendimento e o património.

Artigo 7.º (Lucros da empresas)

De acordo com o princípio de que os estabelecimentos estáveis devem ser tratados da mesma forma do que as empresas residentes, a determinação dos lucros de estabelecimentos estáveis deveria ser efectuada da mesma maneira do que para as subsidiárias. Regras que restrinjam a dedução de despesas e de perdas às que sejam directamente relacionadas com as operações do estabelecimento estável podem ser demasiado restritivas. Seria, portanto, necessário considerar a melhor alternativa a este respeito.

Artigo 9.º (Empresas associadas)

As disposições da Convenção de Arbitragem deveriam ser tomadas em consideração neste campo. É, igualmente, importante a existência de regras comuns sobre acordos prévios sobre preços de transferência.

Artigo 10.º (Dividendos)

Este artigo deveria reflectir a Directiva sociedades-mães/sociedades afiliadas.

No que diz respeito aos artigos 10.º, 11.º e 12.º, é indesejável a previsão de diferentes taxas de retenção na fonte em diferentes CDT, celebradas quer entre Estados-membros quer entre Estados-membros e Estados terceiros.

Adicionalmente, um alargamento da concessão de crédito de imposto a alguns Estados-membros ou a Estados terceiros e não a outros Estados-membros pode ser discriminatório. Os artigos 10.º, 11.º e 12.º deveriam também incluir regras nos termos das quais o imposto retido teria que ser objecto de reembolso num período razoável de tempo.

Artigos 11.º e 12.º (Tributação de juros e tributação de *royalties*)

Estes deveriam reflectir a directiva referente à tributação de juros e *royalties* (à data em que o Estudo da Comissão a que nos reportamos foi efectuado, existia apenas a proposta de directiva).

Artigo 24.º (Não discriminação)

Este artigo deveria reflectir os princípios fundamentais da não discriminação do Tratado da CE. Isto pode implicar:

- criar uma equivalência entre nacionalidade e residência;
- tratar os estabelecimentos estáveis da mesma forma do que as subsidiárias residentes;
- requerer que as disposições aplicáveis a grupos de empresas de um Estado-membro sejam aplicáveis quando um dos membros do grupo seja residente noutro Estado-membro.

Qualquer declaração no sentido de que não é proibida, nos termos deste artigo, a existência de legislação anti-abuso teria que reflectir as restrições sobre legislação anti-abuso decorrentes do Tratado. Quaisquer outras regras especiais, acrescentadas pelos Estados-membros aos artigos 23.º e 24.º, relativas à tributação de rendimento que foi tributado a uma taxa reduzida noutro Estado teriam que sofrer um alinhamento com o disposto no Tratado.

Artigo 25.º (Procedimento amigável)

Este procedimento deveria ser adaptado de forma a reflectir as disposições da Convenção de Arbitragem. Seria também aconselhável, de forma a assegurar a completa eliminação da dupla tributação, que o Tribunal de Justiça pudesse arbitrar sobre disputas relativas a dupla tributação e casos não cobertos pela CDT, como casos triangulares.

Artigo 26.º (Troca de informações)

Aqui dever-se-ia fazer referência à Directiva da assistência mútua, que prevalece sobre este artigo.

Cfr. *Estudo da Comissão*, de 23 de Outubro de 2001 – *Company Taxation in the Internal Market...*, pp. 445-446.

466 *Princípios do Direito Fiscal Internacional*

O facto de o TFUE, as directivas europeias e a Convenção de Arbitragem prevalecerem sobre as CDT mas, em contrapartida, não se encontrarem reflectidos nas disposições das CDT, não havendo uma harmonização destas últimas com as aludidas fontes de Direito da UE, cria múltiplas dificuldades de interpretação e aplicação das CDT. Embora seja claro, em termos jurídicos, que o TFUE e as decisões do Tribunal de Justiça prevalecem sobre o disposto nas CDT, suscitam-se bastantes incertezas e dificuldades práticas quando se pretende assegurar tal prevalência nas situações concretas. Mesmo após a decisão pelo Tribunal de Justiça de determinados casos com consequências ao nível da aplicação das CDT, nem sempre é simples extrair daí directrizes claras. Por um lado, porque cada decisão do Tribunal de Justiça é influenciada pelas múltiplas circunstâncias de facto e de direito do caso concreto. Por outro lado, devido às diferenças existentes entre as disposições das várias CDT.

Refira-se ainda que, em certa medida, as diferenças existentes entre as CDT dos Estados-membros, umas em relação às outras, possibilitam distorções do comportamento dos agentes económicos e também problemas de *treaty shopping*. Especialmente em certos tipos de investimento, o regime fiscal aplicável e as taxas de tributação do rendimento a obter são determinantes na escolha do local de realização do investimento. Assim, a inexistência de CDT entre certos Estados-membros, bem como as diferenças ao nível do regime fiscal e das taxas máximas de tributação previstos nas diversas CDT, podem implicar distorções dos fluxos de investimento que seriam mais adequados em termos económicos.

Outro problema tem a ver com a dificuldade, especialmente face aos alargamentos da UE a novos Estados, de assegurar uma rede de CDT bilaterais que cubra completamente o campo da UE. Tal implica a existência de uma CDT bilateral entre cada possível combinação de dois Estados--membros, de modo a que cada Estado-membro tenha uma CDT bilateral com cada um dos outros Estados-membros. Facilmente se vê a complexidade e morosidade de tal processo, de forma a que tal rede seja concluída, cobrindo todas as possibilidades.

A inexistência de CDT entre determinado par de Estados da UE pode implicar a existência de diferenças substanciais entre a tributação, num determinado Estado-membro, de sujeitos passivos residentes noutro Estado-membro com o qual uma CDT foi concluída, em comparação com sujeitos passivos de um terceiro Estado-membro, com o qual não exista CDT. Tal situação é susceptível de gerar distorções na actividade

Parte II – VI. CDT Multilateral Versus Modelo de Convenção da UE 467

económica, entraves às liberdades de circulação consagradas no TFUE e casos de discriminação.

Importa ter em conta que, mesmo na ausência de CDT, muitos Estados têm na sua legislação interna normas de eliminação ou redução da dupla tributação. Estas prevêem, por exemplo, a concessão de crédito de imposto relativamente à tributação sofrida no estrangeiro, mesmo relativamente a imposto pago em Estados com os quais não haja CDT. Todavia, há que notar que as CDT representam mais do que um sistema de concessão de crédito de imposto por tributação sofrida no estrangeiro. Elas têm um papel fundamental na repartição do poder de tributar entre os Estados, designadamente limitando a tributação no Estado da fonte – que, se for mais elevada do que a tributação no Estado da residência, poderá não ser inteiramente compensada através do crédito de imposto, mesmo quando este exista[899].

Um outro problema tem a ver com o facto de as CDT bilaterais terem dificuldade em resolver situações triangulares, nas quais pode subsistir dupla tributação.

O *Estudo da Comissão sobre a Fiscalidade das Empresas no Mercado Interno* sublinha ainda que as CDT bilaterais baseadas no MC OCDE frequentemente deixam por resolver uma série de situações de dupla tributação, não dão uma solução definitiva ao problema da compensação de prejuízos e lucros incorridos em vários Estados, nem à questão dos custos tributários e administrativos acrescidos em situações que envolvam preços de transferência em operações transfronteiriças[900]. Note-se que, no contexto do Direito da UE, a questão da compensação de prejuízos e lucros incorridos em vários Estados continua, em larga medida, por resolver, sendo dados passos no sentido de uma mais adequada resolução das questões relativas a preços de transferência.

Conclui-se, portanto, que as CDT existentes entre os Estados-membros não permitem uma completa eliminação quer da dupla tributação

---

[899] Há que ter em conta que não está apenas em causa uma diferença de taxas, mas também o facto de a tributação no país da fonte ser geralmente aplicada ao montante bruto do rendimento, ao passo que esse rendimento pode ser tributado no país de residência apenas relativamente ao seu montante líquido, depois das deduções admissíveis.

[900] *Estudo da Comissão*, de 23 de Outubro de 2001 – *Company Taxation in the Internal Market...* Cfr. Parte III, ponto 6.3, p. 365.

468   *Princípios do Direito Fiscal Internacional*

nos casos concretos quer das situações de discriminação, e que, em particular, não dão uma solução uniforme e adequada às situações triangulares e multilaterais entre Estados-membros. Também não se encontram cobertas por CDT todas as relações bilaterais possíveis no universo dos Estados--membros, sendo que os alargamentos da UE adensam ainda mais as dificuldades nesta área.

Face aos aludidos problemas – cuja perpetuação não é admissível se se pretender explorar ao máximo as potencialidades do mercado interno[901] – revela-se necessário proceder, no âmbito da UE, a uma coordenação da política de CDT dos Estados-membros e à resolução do problema das incompatibilidades destas com o Direito da UE.

Todavia, a actuação da UE a este nível tem sido bastante reduzida, praticamente inexistindo medidas positivas concretas destinadas a debelar as aludidas situações de incompatibilidade[902]. Apesar de a actuação da UE se encontrar condicionada pelos princípios da subsidiariedade e da proporcionalidade, poderia, não obstante, ser mais activa a este nível. Do mesmo modo, também a inexistência de normas no TFUE que consagrem políticas europeias em matéria de tributação directa – quer em geral, quer quanto às CDT celebradas ou a celebrar pelos Estados-membros – não justifica a inacção da UE a este nível[903].

Deste modo, seria importante que a UE desenvolvesse algum tipo de actuação positiva no sentido de prevenir a incompatibilidade com o Direito da UE das regras decorrentes das CDT bilaterais em que intervêm os Estados-membros.

A actuação a este nível tem estado demasiado concentrada apenas no Tribunal de Justiça, o qual tem vindo, num importante conjunto de decisões, a pronunciar-se sobre a questão da compatibilidade de determinadas disposições das CDT com o Direito da UE e a assumir um papel de relevo na reconciliação entre umas e outras nos casos apreciados.

---

[901] Neste sentido, *Estudo da Comissão*, de 23 de Outubro de 2001 – *Company Taxation in the Internal Market...* Cfr. Parte III, ponto 6.3, p. 365.

[902] Ressalvados alguns estudos desenvolvidos por iniciativa da Comissão, mas que não têm, até ao momento, originado a implementação de medidas concretas a nível da UE.

[903] Neste sentido, cfr., designadamente, Luc HINNEKENS, *Compatibility of bilateral... The rules...*, pp. 163 ss.

Parte II – VI. CDT Multilateral Versus Modelo de Convenção da UE 469

Todavia, a definição de critérios para a reconciliação das disposições das CDT bilaterais com as exigências do Direito da UE e da construção do mercado interno não deveria ficar apenas nas mãos do Tribunal de Justiça, cuja actuação se baseia na apreciação das questões específicas que lhe são colocadas, e não numa análise sistemática das diversas incompatibilidades existentes entre as CDT e o Direito da UE.

Assim, justificar-se-ia uma actuação sistemática da UE, ao nível de outras instituições que não apenas o Tribunal de Justiça, relativamente à questão em apreço, no sentido de serem debeladas as incompatibilidades existentes entre as CDT celebradas pelos Estados-membros e o Direito da UE. Isto apesar de se estar numa área sensível em termos políticos, uma vez que a competência para a celebração de CDT se mantém na mão dos Estados-membros.

São duas as principais alternativas apontadas, tanto pela Comissão como por parte da doutrina, para uma melhor compatibilização entre CDT e Direito da UE[904]:

– a conclusão de uma CDT multilateral entre todos os Estados--membros da UE (adiante designada por "CDT Multilateral");
– o desenvolvimento de uma Convenção Modelo da UE, baseada no MC OCDE mas tomando em consideração os requisitos do TFUE, a qual poderia ser usada pelos Estados-membros em futuras nego-ciações de CDT, tanto entre os Estados-membros como com Esta-dos terceiros[905].

---

[904] *Estudo da Comissão*, de 23 de Outubro de 2001 – *Company Taxation in the Internal Market...* Cfr. Parte IV, ponto 9.1, pp. 442 ss.

[905] A Comissão aponta ainda uma terceira alternativa: a formulação de Reco-mendações ou disponibilização de opiniões pela Comissão aos Estados-membros. Estas incidiriam sobre aspectos e conceitos específicos com maior interesse para a UE, por exemplo nos campos da residência e da não discriminação. Poderiam privilegiar-se aspectos conexos com disposições do então Tratado CE que tivessem sido claramente interpretadas pela jurisprudência do Tribunal de Justiça. Tais Recomendações seriam depois reflectidas pelos Estados-membros, quer na sua legislação interna, quer nas CDT entre si e também com Estados terceiros. A alternativa em apreço poderia, eventualmente, assumir a forma de uma série de Comentários ou de Reservas relativamente ao MC OCDE e aos seus Comentários. Comparativamente com as outras alternativas equa-cionadas (a CDT Multilateral ou o Modelo de Convenção de CE), a presente alternativa representa um passo algo tímido quanto à compatibilização das CDT com o Tratado.

470 *Princípios do Direito Fiscal Internacional*

Qualquer destas medidas (CDT Multilateral ou Convenção Modelo da UE) representa a adopção pela UE de uma via de integração positiva no tocante às CDT. Em vez de simplesmente se deixar ao Tribunal de Justiça a tarefa de ir encontrando as falhas das CDT dos Estados-membros, iria adoptar-se uma nova solução que permitisse eliminar a dupla tributação em termos conformes com o TFUE, eliminar distorções nas relações entre os Estados-membros e entre estes e Estados terceiros no que diz respeito a transacções e investimentos, evitar entraves às liberdades fundamentais de circulação previstas no TFUE e prevenir violações ao princípio da não discriminação do Direito da UE.

Neste contexto, importa salientar que o esforço de coordenação das CDT ao nível da UE seria desenvolvido em harmonia com o trabalho da OCDE neste campo. Dada a grande complexidade e o carácter bastante técnico da área em apreço, bem como a ampla aceitação a nível internacional de que goza o MC OCDE, naturalmente que este e os respectivos Comentários continuariam a determinar o enquadramento geral das CDT, servindo de base a quaisquer instrumentos a desenvolver no seio da UE. Nestes termos, o ponto de partida dos trabalhos europeus seria constituído pelo MC OCDE e pelos seus Comentários, que teriam um importante papel nas iniciativas europeias ao nível das CDT.

2. CDT Multilateral

2.1. Introdução

A ideia de avançar com uma CDT Multilateral entre Estados-membros da UE já existe há algum tempo. Na década de 1960, o Comité Fiscal e Financeiro liderado pelo Professor Neumark estudou o problema da dupla tributação no mercado comum, salientando a importância de se reformar o sistema de CDT bilaterais no contexto comunitário. Nas suas conclusões,

---

Cfr. *Estudo da Comissão*, de 23 de Outubro de 2001 – *Company Taxation in the Internal Market...*, Parte IV, ponto 9.1, pp. 442 ss; *EC Law and Tax Treaties*, Estudo da Comissão Europeia, de 9 de Junho de 2005, parágrafo 48.

Parte II – VI. *CDT Multilateral* Versus *Modelo de Convenção da UE*   471

o Comité Fiscal e Financeiro chegou a propor a adopção de uma Convenção de dupla tributação multilateral[906].

Em 1968, a Comissão preparou um projecto de CDT multilateral da CE[907], bastante inspirada no MC OCDE de 1963. Este projecto chegou a ser discutido com os então seis Estados-membros, num grupo de trabalho da Comissão. Contudo, a inexistência de acordo relativamente a um texto e as grandes discrepâncias existentes entre os sistemas fiscais vigentes à data obrigaram ao abandono do projecto.

Anos mais tarde, em 1992, o Relatório Ruding[908] apontava a conclusão de uma CDT multilateral entre todos os Estados-membros como uma possível forma de ultrapassar os problemas de discriminação e de distorções com origem fiscal no âmbito comunitário[909].

A celebração de uma CDT Multilateral entre os Estados-membros foi também a solução preferida pelo grupo de peritos pertencente à comunidade empresarial que auxiliou na elaboração do *Estudo da Comissão sobre a Fiscalidade das Empresas no Mercado Interno*[910]. Muitos destes peritos afirmaram que as CDT bilaterais já não permitiam tratar adequadamente a crescente complexidade das estruturas empresariais internacionais e que uma CDT Multilateral entre os Estados-membros seria a solução mais desejável.

Refira-se que o próprio Comité dos Assuntos Fiscais da OCDE considerou, a dada altura, a possibilidade da adopção de uma Convenção Multilateral para substituir as CDT bilaterais existentes. Contudo, o Comité dos Assuntos Fiscais da OCDE reconheceu que a celebração de um CDT Multilateral aplicável a todos os países membros da OCDE não era uma solução exequível, tendo abandonado a ideia. O referido Comité entende, assim, que as CDT bilaterais constituem ainda o meio mais adequado de

---

[906] *Relatório do Comité Fiscal e Financeiro* (também comumente designado por *Relatório Neumark*), de Julho de 1962, Capítulo VII, Segunda Fase, Acção A-3.

[907] DOC 11.414/XIV/68-F, de 1 de Julho de 1968.

[908] *Relatório do Comité de Peritos Independentes sobre Tributação de Sociedades* (também comumente designado por *Relatório Ruding*).

[909] Alternativamente, o *Relatório Ruding* sugeria a resolução dos problemas em apreço com base em formas de acção coordenada entre os Estados-membros e a Comissão.

[910] *Estudo da Comissão*, de 23 de Outubro de 2001 – *Company Taxation in the Internal Market...*

472   *Princípios do Direito Fiscal Internacional*

garantir a eliminação da dupla tributação a nível internacional. Contudo, a OCDE não exclui a possibilidade de uma Convenção Multilateral constituir uma solução atractiva e tecnicamente viável para um grupo de Estados com sistemas fiscais similares e objectivos comuns[911].

Também parte da doutrina tem vindo a questionar se as CDT bilaterais serão ainda o instrumento mais adequado para lidar com a elevada complexidade das actuais relações económicas a nível internacional, especialmente num espaço de integração económica como é a UE. Alguns autores recomendam, assim, a celebração de uma CDT Multilateral. Na sua opinião, esta permitiria a resolução de problemas que parecem ser insolúveis no âmbito do sistema das CDT bilaterais e reduziria a complexidade actualmente existente ao nível da aplicação das CDT.

Alguns Estados-membros da UE já participam numa CDT multilateral, juntamente com outros Estados-membros da OCDE. Trata-se da CDT multilateral Nórdica relativa à tributação do rendimento e do património (designada por "Convenção Nórdica"[912]), celebrada em 1983, que envolve os países Nórdicos da UE (Finlândia, Suécia e Dinamarca[913]) e também os outros membros do Conselho Nórdico (Islândia e Noruega). A Convenção Nórdica, que substituiu as anteriores CDT bilaterais entre os cinco Estados contratantes, segue de perto as disposições do MC OCDE. Deve, contudo, ter-se em conta que a convergência entre os sistemas fiscais destes países nórdicos já estava particularmente avançada e que, não obstante, a Convenção Nórdica tem de ser frequentemente alterada através de Protocolos para manter a sua eficácia.

2.2. Vantagens e Desvantagens da CDT Multilateral

Os defensores da CDT Multilateral sustentam que esta seria um instrumento mais adequado ao contexto de integração económica da UE do que as CDT bilaterais[914]. A concretização dos objectivos da UE exigiria

---

[911] Cfr. parágrafos 37 a 40 da Introdução ao MC OCDE.

[912] A Convenção Nórdica ou *Nordiska skatteavtalet* foi assinada em Helsínquia, em 22 de Março de 1983.

[913] Esta última, incluindo as Ilhas Faroe.

[914] A designada Escola de Viena constitui um importante expoente doutrinal de defesa desta alternativa, tendo mesmo chegado a preparar um projecto de CDT Multila-

Parte II – VI. CDT Multilateral Versus Modelo de Convenção da UE   473

um instrumento unificado de eliminação da dupla tributação – mais adequado do que as CDT bilaterais para fazer face ao número crescente de relações económicas triangulares e multilaterais existente no âmbito da EU, e mais conforme do que aquelas à ideia de um mercado único europeu norteado por um princípio de não discriminação[915].

A CDT Multilateral permitiria, assim, evitar as complexidades inerentes à problemática da eventual aplicação de uma cláusula da nação mais favorecida entre os Estados-membros (solução de recurso sugerida por alguns autores, no que toca à conjugação das CDT bilaterais com o Direito da UE)[916].

---

teral da UE. *Vide* MICHAEL LANG / JOSEF SCHUCH / CHRISTOPH URTZ / MARIO ZÜGER, *Draft for a Multilateral Tax Treaty*, in MICHAEL LANG / HELMUT LOUKOTA / ALBERT J. RÄDLER et al. (Ed.s) – *Multilateral Tax Treaties – New Developments in International Tax Law*, Kluwer Law International, London, 1998, pp. 197-246.

[915] HELMUT LOUKOTA apresenta um conjunto detalhado de argumentos a favor e contra uma CDT Multilateral. Como argumentos a favor, contam-se o facto de uma CDT Multilateral permitir: i) Evitar distorções de concorrência, actualmente geradas pelas diferenças de regime existentes entre as múltiplas CDT; ii) Melhorar o grau de certeza jurídica dos sujeitos passivos, mediante uma interpretação uniforme das respectivas disposições (inexistente no caso das CDT) e um grau maior de cooperação entre as administrações fiscais dos Estados signatários; iii) Melhorar a eficiência do tratamento das situações triangulares, ultrapassando a desadequação das CDT bilaterais para lidar com este tipo de situações; iv) Efeito imediato das revisões da CDT Multilateral, contrastando com a grande morosidade do processo de revisão das múltiplas CDT bilaterais. No que toca aos aspectos que podem desaconselhar uma CDT Multilateral, o autor aponta: i) Os falhanços ocorridas no passado, aquando de tentativas pretéritas de aprovação de convenções multilaterais; ii) O volume substancial de trabalho exigido para a preparação de uma CDT Multilateral; iii) As divergências existentes entre os sistemas fiscais dos vários Estados, o que dificulta a tarefa de preparação de um regime unitário; iv) As divergências dos Estados em termos de prioridades económicas e a impossibilidade de um funcionamento do princípio da reciprocidade nos mesmos termos que nas CDT bilaterais. Note-se que o autor acaba por refutar os argumentos apontados contra a CDT Multilateral, concluindo pela sua indispensabilidade para que se possa alcançar um verdadeiro mercado único. O autor salienta que "uma convenção de dupla tributação multilateral a nível da UE tem que ser vista como uma consequência lógica e, portanto, imperativa do processo de integração Europeia em curso". Cfr. HELMUT LOUKOTA, *Multilateral tax treaty versus bilateral treaty network*, in MICHAEL LANG / / HELMUT LOUKOTA / ALBERT J. RÄDLER et al. (Ed.s) – *Multilateral Tax Treaties – New Developments in International Tax Law*, Kluwer Law International, London, 1998, pp. 88-103.

[916] JOSEF SCHUCH, embora defendendo que a aplicação da cláusula da nação mais favorecida e a multilateralização das CDT bilaterais por ela operada permitem resolver

474   *Princípios do Direito Fiscal Internacional*

O texto e as soluções consagradas na CDT Multilateral da UE poderiam basear-se no MC OCDE e nos respectivos Comentários, aproveitando o manancial de experiência e o amplo consenso internacional que rodeiam o MC OCDE. Esta opção facilitaria tanto o trabalho de preparação da aludida CDT Multilateral como a sua aceitação pelos Estados-membros[917].

---

as questões de conjugação das CDT com o então Tratado CE e os princípios de Direito da UE, acaba por admitir o potencial interesse, no futuro, de uma CDT Multilateral entre os Estados-membros da UE. Cfr. JOSEF SCHUCH, *EC law requires multilateral tax treaty*, EC Tax Review, n.º 1, 1998, pp. 36-37; JOSEF SCHUCH, *Bilateral tax treaties multilateralized by the EC Treaty*, in MICHAEL LANG / HELMUT LOUKOTA / ALBERT J. RÄDLER et al. (Ed.s) – *Multilateral Tax Treaties – New Developments in International Tax Law*, Kluwer Law International, London, 1998, p. 51. Também em defesa da aplicação da cláusula da nação mais favorecida no contexto da UE, como forma de assegurar que as CDT celebradas pelos Estados-membros não comprometam as liberdades fundamentais consagradas nos Tratados Europeus, cfr. ALBERT J. RÄDLER, *Most-favoured-nation concept in tax treaties*, in MICHAEL LANG / HELMUT LOUKOTA / ALBERT J. RÄDLER et al. (Ed.s) – *Multilateral Tax Treaties – New Developments in International Tax Law*, Kluwer Law International, London, 1998, pp. 1-14. Em sentido distinto, FRANZ WASSERMEYER defende que a celebração de uma CDT Multilateral é uma opção claramente melhor do que a aplicação de uma cláusula da nação mais favorecida. Cfr. FRANZ WASSERMEYER, *Does the EC Treaty force the member states to conclude a multilateral tax treaty?*, in MICHAEL LANG / HELMUT LOUKOTA / ALBERT J. RÄDLER et al. (Ed.s) – *Multilateral Tax Treaties – New Developments in International Tax Law*, Kluwer Law International, London, 1998, pp. 30-31.

[917] Neste sentido, MICHAEL LANG salienta a importância de a CDT Multilateral ser delineada com base na prática existente ao nível das CDT bilaterais, com a qual os Estados já estão familiarizados, de modo a facilitar a sua aceitação por estes. O autor considera que um avanço demasiado rápido, no sentido de eliminar de uma só vez todas as fraquezas do sistema de CDT bilaterais, condenaria o projecto de CDT Multilateral ao falhanço. Dever-se-ia, portanto, numa primeira fase, aproveitar a experiência acumulada com as CDT bilaterais. A CDT Multilateral teria como objectivo trazer para o nível multilateral o tipo de prática habitual nas CDT bilaterais, em vez de procurar alcançar imediatamente um regime inteiramente novo. Foi precisamente dentro desta linha de pensamento que o projecto de CDT Multilateral da UE preparado por MICHAEL LANG, juntamente com outros autores da Escola de Viena, se baseou no MC OCDE, aproveitando largamente a experiência e a análise acumuladas em torno deste, em vez de partir para soluções inteiramente novas. Cfr. MICHAEL LANG, *The concept of a multilateral tax treaty*, in MICHAEL LANG / HELMUT LOUKOTA / ALBERT J. RÄDLER et al. (Ed.s) – *Multilateral Tax Treaties – New Developments in International Tax Law*, Kluwer Law International, London, 1998, pp. 192-193.

Parte II – VI. CDT Multilateral Versus Modelo de Convenção da UE

2.2.1. *Argumentos a favor da CDT Multilateral*

Seria expectável que a interpretação e aplicação de uma única CDT Multilateral fosse mais simples e permitisse alcançar maior certeza e segurança jurídicas do que a interpretação de várias CDT bilaterais, às vezes com regras e conceitos distintos entre si (e baseadas em concepções do DFI separadas, por vezes, por décadas[918]). Actualmente, cada CDT bilateral é uma fonte de direito autónoma, que tem de ser interpretada e aplicada. O facto de muitas CDT se basearem no MC OCDE contribui, apesar de tudo, para limitar as dificuldades de interpretação e aplicação das CDT, uma vez que a OCDE recomenda que os Estados recorram aos Comentários ao MC OCDE para interpretarem as suas CDT. Contudo, existem muitas questões que não se encontram abordadas nos Comentários ao MC OCDE. Desta forma, uma disposição de uma CDT bilateral não é necessariamente interpretada da mesma forma que uma disposição comparável de outra CDT, situação que gera uma significativa incerteza jurídica. Uma CDT Multilateral mitigaria bastante este problema, uma vez que deveria corresponder-lhe uma interpretação uniforme nos vários Estados contratantes. Naturalmente que, para que tal uniformização fosse atingida, seria necessário que houvesse um nível de cooperação entre as autoridades fiscais dos Estados-membros muito superior ao actualmente existente no campo das CDT.

O facto de se prescindir da rede de CDT actualmente existente entre os vários Estados-membros permitiria ultrapassar também os problemas decorrentes das diferenças entre os regimes fiscais previstos nas várias CDT, reduzindo assim as distorções no fluxo dos investimentos e as situações de discriminação.

Seria igualmente muito menos complicado, com uma CDT Multilateral que cobrisse todos os Estados-membros, antecipar o regime fiscal aplicável às diversas situações no contexto da UE. A conjugação das múltiplas CDT bilaterais actualmente existentes entre os Estados-membros,

---

[918] Os problemas na interpretação de CDT que coexistem mas que foram celebradas com décadas de diferença – e, portanto, no contexto de fases distintas da evolução do DFI – são especialmente notórios no que diz respeito às disposições anti-abuso e, em particular, às cláusulas de limitação de benefícios, em virtude da evolução registada a este nível no DFI.

476 *Princípios do Direito Fiscal Internacional*

prevendo regimes distintos[919], dificulta a percepção pelos sujeitos passivos do regime fiscal aplicável, sobretudo nas situações triangulares ou multilaterais. Assim, a CDT Multilateral contribuiria para aumentar a previsibilidade dos regimes fiscais aplicáveis nas situações tributárias internacionais.

Adicionalmente, a renovação total operada pela CDT Multilateral evitaria a necessidade de proceder à revisão das CDT mais antigas e desactualizadas em termos técnicos, que ainda se encontram em vigor. Com efeito, o facto de algumas das CDT bilaterais em aplicação serem relativamente antigas, não correspondendo já ao tipo de análise e de regras existentes no DFI actual, faz com que seja premente a sua revisão. Note-se, contudo, que o processo de revisão das CDT é habitualmente demorado[920]. Assim, a introdução de uma CDT Multilateral – em substituição de toda a rede de CDT bilaterais actualmente existente – permitiria ultrapassar, simultaneamente, todos os problemas de revisão das CDT mais antigas e de actualização dos respectivos conceitos e regras aos resultantes da evolução mais recente do DFI e do Direito da UE.

O processo de revisão ficaria facilitado também para o futuro, uma vez que passaria a ser necessária a revisão de um único instrumento – a CDT Multilateral. O resultado dessas futuras revisões seria aplicável em todos os Estados contratantes no mesmo momento, logo após a revisão ou decorrido o espaço de tempo considerado conveniente. Tal situação traria grandes vantagens, em comparação com o cenário actual[921]. Efectivamente, verifica-se uma necessidade de revisão periódica das disposições do MC OCDE, tendo em conta os desafios colocados pela evolução da realidade económica internacional e das novas tecnologias, bem como pelo progresso do DFI. Porém, no cenário actual, com o grande número

---

[919] Apesar do importantíssimo papel desempenhado pelo MC OCDE na aproximação ou mesmo relativa uniformização dos regimes previstos nas CDT que nele se baseiam, continuam a subsistir diferenças entre os regimes fiscais previstos nas diversas CDT – desde logo, em virtude das várias opções conferidas aos Estados no próprio MC OCDE.

[920] Para um estudo referente a potenciais formas de ultrapassar os problemas da lentidão e da dificuldade que caracterizam o processo, actualmente seguido, de revisão das CDT, cfr. CATERINA INNAMORATO, *Expeditious amendments to double tax treaties based on the OECD Model*, Intertax, n.º 3, Março 2008, pp. 98-124.

[921] Cfr. HELMUT LOUKOTA, *Multilateral tax treaty...*, pp. 92-94.

Parte II – VI. CDT Multilateral Versus *Modelo de Convenção da UE* 477

de CDT bilaterais e a morosidade da sua revisão, torna-se inevitável que qualquer actualização ao MC OCDE leve muitos anos até encontrar eco nas CDT, criando assim dificuldades de interpretação e um eventual desajustamento das mesmas[922].

Entre as principais vantagens da CDT Multilateral conta-se, ainda, a cobertura de todo o universo da UE, evitando-se assim as situações de inexistência de CDT entre dois Estados-membros e as distorções na actividade económica daí decorrentes.

Por outro lado, uma CDT Multilateral seria capaz, em termos técnicos, de tratar problemas dificilmente resolúveis mediante a conjugação de várias CDT bilaterais, como é o caso das situações triangulares e de outras situações multilaterais complexas.

Uma Convenção Multilateral permitiria ainda evitar um outro problema. Dadas as diferenças entre as disposições das CDT dos vários Estados, o impacto de uma decisão do Tribunal de Justiça referente a uma determinada CDT não é muito claro relativamente às outras CDT. Este facto dificulta o recurso à jurisprudência do Tribunal de Justiça como instrumento de harmonização da interpretação e aplicação das CDT a nível da UE, pois o resultado de uma decisão do Tribunal de Justiça envolvendo uma determinada CDT não pode ser transposto para outras situações envolvendo outras CDT (ou, pelo menos, essa transposição não é clara, tendo em conta as diferenças existentes entre as várias CDT celebradas pelos vários Estados-membros).

2.2.2. *Argumentos contrários à CDT Multilateral*

Em contrapartida, existe um conjunto de argumentos contrários à conclusão de uma CDT Multilateral.

Há autores que defendem que as CDT bilaterais são mais apropriadas para enquadrar as relações entre os Estados-membros, reflectindo os seus interesses específicos e as particularidades da relação bilateral existente

---

[922] Mesmo no caso de uma alteração destinada apenas a clarificar o MC OCDE, existe o risco de as autoridades fiscais ou os tribunais considerarem, eventualmente, que se trata de uma alteração de substância, portanto só aplicável após revisão da CDT e alteração da correspondente disposição.

entre eles, dentro de parâmetros de reciprocidade. Nestes termos, a substituição de todas as CDT bilaterais existentes entre os Estados-membros por uma CDT Multilateral assinada por todos eles seria uma solução desadequada, pelo menos na fase actual de desenvolvimento da ordem jurídica europeia.

Designadamente, revelando-se possível adequar as CDT dos Estados--membros ao Direito da UE mediante a respectiva modificação com recurso a protocolos baseados no Modelo de Convenção da UE, a eliminação das CDT existentes e a sua substituição por uma CDT Multilateral da UE seria uma medida desproporcional. Além do mais, iria alterar o campo dos poderes tributários que continuam a pertencer aos Estados-membros, sem que tal fosse estritamente necessário à compatibilização das CDT com o Direito da UE[923].

Quanto ao precedente da Convenção Nórdica, os opositores à CDT Multilateral da UE salientam que os Estados que a celebraram têm características muito similares e levantam problemas fiscais homogéneos. Questionam, portanto, se uma solução deste tipo também poderia resultar no contexto de países com problemas e interesses fiscais díspares, como é o caso dos Estados-membros da UE. De resto, mesmo a Convenção Nórdica necessita frequentemente de ser alterada através de Protocolos, de forma a poder continuar a vigorar.

A existência de um significativo número de diferenças entre os regimes fiscais dos Estados-membros, bem como as diferentes etapas de desenvolvimento económico em que estes se encontram, criam especificidades que podem ser mais facilmente acauteladas numa CDT bilateral do que numa perspectiva multilateral. A este nível situam-se, por exemplo, as diferentes perspectivas de países predominantemente importadores de capitais ou exportadores de capitais. Ora, se já é frequentemente difícil resolver os problemas da interacção desses diferentes sistemas fiscais no contexto da negociação de uma CDT bilateral, será sem dúvida muito mais difícil fazê-lo num contexto multilateral.

De resto, tendo em conta a experiência existente quanto à negociação das directivas europeias em matéria de tributação directa, é fácil antever

---

[923] Neste sentido, PASQUALE PISTONE, *An EU Model Tax Convention*, EC Tax Review, n.º 3, 2002, p. 132; PASQUALE PISTONE, *The Impact of Community...*, pp. 223-224.

Parte II – VI. CDT Multilateral Versus Modelo de Convenção da UE

muitas dificuldades e uma grande morosidade na obtenção de acordo entre todos os Estados-membros relativamente ao texto de uma CDT Multilateral, no contexto actual do Direito da UE.

Face às previsíveis dificuldades na obtenção de unanimidade entre os Estados-membros para a aprovação da CDT Multilateral, a Comissão mostra-se disposta a prescindir de tal unanimidade. Neste contexto, a Comissão admite a possibilidade de uma CDT Multilateral entrar em vigor relativamente aos seus Estados signatários, sem ter de esperar pela assinatura ou ratificação de todos os Estados-membros. Reconhece, todavia, que esta solução limitaria algumas das vantagens da CDT Multilateral[924].

É igualmente previsível que só se pudesse chegar a acordo quanto a uma CDT Multilateral mediante a inclusão na mesma de um grande número de Protocolos e de Anexos, destinados a fazer face às situações específicas dos diferentes Estados signatários e a aspectos particulares atinentes à natureza das relações económicas bilaterais entre esses Estados. Isto poderia significar, na prática, que não houvesse uma redução significativa na complexidade técnica da interpretação e aplicação de tal CDT Multilateral, em comparação com o que sucede actualmente com uma multiplicidade de CDT bilaterais. Nesse caso, a CDT Multilateral seria um avanço apenas formal e aparente.

As dificuldades acima referidas indiciam que não é provável que se conseguisse dispor de uma CDT Multilateral em tempo útil para responder às necessidades da UE nesta matéria.

Face ao exposto, alguns autores defendem que a celebração de uma CDT Multilateral não é a solução mais adequada para os problemas da coordenação das CDT no âmbito da UE, pelo menos no momento actual.

3. Modelo de Convenção da UE

Uma outra alternativa seria a preparação de um Modelo de Convenção da UE, que seria utilizado pelos Estados-membros como enquadramento

---

[924] Em suma, para a Comissão a unanimidade, embora desejável, não seria indispensável. Cfr. *EC Law and Tax Treaties*, Estudo da Comissão Europeia, de 9 de Junho de 2005, parágrafo 40.

480 **Princípios do Direito Fiscal Internacional**

e como base de referência na negociação das CDT, tanto entre si como com Estados terceiros[925].

A presente alternativa deixaria intacto o sistema existente de celebração de CDT bilaterais entre os Estados-membros. Assim, a alternativa do Modelo de Convenção da UE tem a vantagem de, ao permitir que os Estados-membros continuem a celebrar as suas CDT numa base bilateral, tendo em conta as suas necessidades e preocupações específicas, ser previsivelmente melhor aceite por estes.

Simultaneamente, o enquadramento das CDT bilaterais com base no Modelo de Convenção da UE permitiria uma maior harmonização destas e uma melhor conjugação entre elas e o Direito da UE. Contudo, na prática, seriam introduzidas nas CDT as alterações estritamente necessárias ao cumprimento do TFUE, mantendo os Estados um amplo poder de decisão relativamente às demais cláusulas das suas CDT.

Esta alternativa traria, portanto, um grau menor de perturbação no campo das CDT e de intromissão nos poderes tributários dos Estados-membros do que a alternativa da CDT Multilateral.

A Comissão tem vindo, nos últimos anos, a preferir esta alternativa à da CDT Multilateral entre os Estados-membros, referindo que "sem negar as inquestionáveis vantagens que uma directiva, uma Convenção Multilateral, ou outras alternativas poderiam oferecer, parece que um Modelo de Convenção – pelo menos como uma primeira etapa – seria a solução mais fácil a aplicar. Tal projecto, aparentemente mais simples, deveria, não obstante, ser cuidadosamente preparado mediante trabalho técnico envolvendo todos os Estados-membros"[926].

O Modelo de Convenção da UE constituiria, assim, um primeiro passo, mais exequível no actual contexto da UE. Com efeito, as probabilidades de sucesso do Modelo de Convenção da UE seriam, na fase actual do Direito da UE, superiores às da CDT Multilateral. O motivo reside no facto de o primeiro dos aludidos instrumentos se limitar a

---

[925] Entre os principais defensores do Modelo de Convenção da UE contam-se PASQUALE PISTONE e ERIC KEMMEREN. Cfr., designadamente, PASQUALE PISTONE, *The Impact of Community...*, pp. 228-323; PASQUALE PISTONE, *An EU Model Tax...*, pp. 129-136; ERIC KEMMEREN, *The termination of the...*, pp. 146-152.

[926] Cfr. *EC Law and Tax Treaties*, Estudo da Comissão Europeia, de 9 de Junho de 2005, parágrafo 59.

introduzir as medidas europeias estritamente necessárias à adequação das CDT ao Direito da UE, deixando aos Estados-membros a liberdade para regularem as questões ao nível estadual. Deste forma, o Modelo de Convenção da UE seria uma medida mais consentânea com os princípios europeus da subsidiariedade e da proporcionalidade do que a CDT Multilateral. Seria também mais fácil obter o acordo dos Estados-membros relativamente a algumas questões fulcrais, a incluir no Modelo de Convenção da UE, do que conseguir a aprovação por unanimidade de um regime tributário que cobrisse todos os aspectos fiscais das situações tributárias internacionais, a incluir na CDT Multilateral[927]. Naturalmente que a opção pelo Modelo de Convenção da UE num primeiro momento não preclude o estabelecimento de metas mais ambiciosas no futuro, como a celebração de uma CDT Multilateral entre todos os Estados-membros numa fase subsequente da vida da UE[928].

---

[927] A introdução quer do Modelo de Convenção da UE quer da CDT Multilateral dependeria, em princípio, do consentimento unânime de todos os Estados-membros. Embora a natureza destes instrumentos seja relativamente atípica (conforme será referido *infra*), situando-se na fronteira entre o DFI e o Direito da UE, a situação acabaria por ser semelhante à luz de qualquer destas ordens jurídicas. No âmbito do DFI, os Estados ficam vinculados mediante a sua aceitação dos instrumentos internacionais e na medida desta. Quanto ao Direito da UE, este exige unanimidade para a aprovação das medidas fiscais, designadamente relativas à tributação directa. Assim, todos os Estados-membros da UE teriam de aprovar a adopção da medida em causa e o respectivo conteúdo, tanto no caso do Modelo de Convenção da UE como no da CDT Multilateral, para que os instrumentos em apreço vigorassem em relação a todos os Estados-membros. Face às previsíveis dificuldades na obtenção de unanimidade, a Comissão já admitiu a possibilidade de uma vigência apenas para os Estados-membros que aprovassem a medida, referindo que a unanimidade, embora desejável, não seria indispensável. Cfr. *EC Law and Tax Treaties*, Estudo da Comissão Europeia, de 9 de Junho de 2005, parágrafo 40.

[928] A este nível, PASQUALE PISTONE propõe que a adopção de um Modelo de Convenção da UE seja feita no âmbito de uma abordagem multi-faseada do problema, que acompanhe as diferentes fases de evolução do Direito da UE. O Modelo de Convenção da UE, sujeito a revisões periódicas pelos Estados-membros, corresponderia a uma primeira fase. Numa segunda fase, acompanhando a evolução do Direito da UE, poder-se-ia avançar para a celebração de uma CDT Multilateral. Esta incluiria as regras que já tinham integrado o Modelo de Convenção da UE, bem como outras que merecessem o consenso dos Estados-membros. O autor refere ainda uma terceira fase, na qual haveria lugar à emissão de normas supranacionais comuns, destinadas a regular questões fiscais transfronteiriças actualmente da competência dos Estados-membros. Cfr. PASQUALE PISTONE, *An EU Model Tax...*, p. 136.

482 *Princípios do Direito Fiscal Internacional*

A grande desvantagem que pode ser apontada à alternativa do Modelo de Convenção da UE tem a ver com o facto de, ao manter o sistema de CDT bilaterais, continuar a apresentar muitos dos inconvenientes apontados ao sistema actual. Designadamente, manter-se-ia a complexidade de uma vasta rede de CDT entre os Estados, bem como uma menor adequação ao tratamento de situações triangulares ou multilaterais.

Caso o MC OCDE tivesse a natureza de uma recomendação, não vinculando os Estados[929], então ganharia força uma outra objecção à presente alternativa: a de que esta teria uma contribuição reduzida para a resolução das incompatibilidades das CDT com o Direito da UE.

O Modelo de Convenção da UE corresponderia, em princípio, a uma adaptação do MC OCDE (ou, pelo menos, de certos artigos do MC OCDE) e dos correspondentes Comentários aos requisitos específicos do Direito da UE e às necessidades do mercado interno. O Modelo de Convenção da UE poderia, portanto, limitar-se aos artigos e aos respectivos Comentários que necessitassem de ver o seu conteúdo adaptado para assegurar a respectiva compatibilidade com o Direito da UE. Quanto ao resto das disposições, poderia simplesmente remeter para o previsto no MC OCDE[930].

O Modelo de Convenção da UE não pretende, portanto, substituir o MC OCDE ou competir com ele, mas antes adequar as soluções neste consagradas ao contexto da UE.

Note-se que, mesmo que o Modelo de Convenção da UE fosse tão estruturado e detalhado como uma directiva, este não seria legislação europeia, a não ser que fosse formalmente aprovado pelo legislador europeu[931]. Consequentemente, o Tribunal de Justiça não poderia intervir

---

[929] *Vide infra* as posições distintas da Comissão e de Pasquale Pistone quanto à questão da obrigatoriedade do Modelo de Convenção da UE no que toca às disposições das CDT celebradas pelos Estados-membros.

[930] Pasquale Pistone preparou, com grande detalhe, um projecto completo de Modelo de Convenção da UE. *Vide* Pasquale Pistone, *The Impact of Community...*, pp. 235-323. Esta obra inclui, igualmente, um Anexo com um quadro comparativo entre o MC OCDE, o projecto de Modelo de Convenção da UE proposto pelo autor e o projecto de CDT Multilateral proposto pela Escola de Viena (pp. 331-374).

[931] Quanto à escolha do instrumento mais adequado para efeitos de harmonização do regime fiscal aplicável às situações tributárias internacionais no contexto da UE (CDT Multilateral ou directiva), cfr. Christoph Urtz, *The elimination of double taxation*

Parte II – VI. CDT Multilateral Versus Modelo de Convenção da UE 483

directamente em relação ao Modelo de Convenção, mas apenas no que toca à interpretação e aplicação das CDT bilaterais baseadas em tal Modelo.

Quanto à natureza vinculativa ou não para os Estados-membros do Modelo de Convenção da UE, a Comissão defende que este não deveria ser juridicamente vinculativo. Assim, contrariamente a uma Convenção Multilateral, mas a exemplo do MC OCDE, o Modelo de Convenção da UE assumiria uma forma não vinculativa[932]. As suas disposições, a serem utilizadas na negociação de CDT tanto entre Estados-membros como entre Estados-membros e Estados terceiros, poderiam revestir a forma de uma Recomendação da Comissão. A este propósito, a Comissão pondera que autorizar os Estados-membros a formularem reservas e comentários, tal como sucede no MC OCDE, poderia facilitar a obtenção da aprovação destes relativamente ao Modelo de Convenção da UE[933].

PASQUALE PISTONE tem uma visão inteiramente distinta da questão. Defende que os Estados-membros deveriam, após a sua aceitação do Modelo de Convenção da UE, ficar obrigados a incluir as respectivas cláusulas nas suas CDT bilaterais com outros Estados da UE, não podendo derrogá-las. Para o autor, os Estados-membros não deveriam, contrariamente ao que sucede com o MC OCDE, ter liberdade de opção quanto ao conteúdo das disposições das suas CDT relativamente a questões cobertas pelo Modelo de Convenção da UE. Estariam obrigados a seguir o disposto no Modelo de Convenção da UE nas suas CDT, sob pena de se frustrarem os objectivos do Modelo em apreço[934]. Os Estados-membros continuariam, todavia, livres de convencionar o que entendessem nas suas CDT quanto aos aspectos não especificamente regulados pelo Modelo de Convenção da UE, desde que daí não resultasse uma violação indirecta do Direito da UE.

---

within the European Union and between member States and non-member States – Multilateral treaty or Directive?, in MICHAEL LANG / HELMUT LOUKOTA / ALBERT J. RÄDLER et al. (Ed.s) – *Multilateral Tax Treaties – New Developments in International Tax Law*, Kluwer Law International, London, 1998, pp. 105-118.

[932] Cfr. *EC Law and Tax Treaties*, Estudo da Comissão Europeia, de 9 de Junho de 2005, parágrafo 56.

[933] Cfr. *EC Law and Tax Treaties*, Estudo da Comissão Europeia, de 9 de Junho de 2005, parágrafo 47.

[934] PASQUALE PISTONE, *An EU Model Tax...*, p. 132 e p. 136; PASQUALE PISTONE, *The Impact of Community...*, p. 232.

484   *Princípios do Direito Fiscal Internacional*

Podemos, ainda, questionar-nos, com PASQUALE PISTONE, se o Modelo de Convenção da UE seria um instrumento de DFI, como as CDT, ou de Direito da UE. O autor acaba por afirmar que o Modelo de Convenção (pelo menos nos termos em que ele o concebe) não é, efectivamente, um instrumento tradicional de direito internacional, encarando-o "como uma solução atípica para um problema atípico, tal como a interacção entre as convenções de dupla tributação e o Direito da UE. É o resultado de um compromisso estatutário entre duas ordens jurídicas, respectivamente o direito internacional e o Direito da UE. Por este motivo, conteria elementos de direito internacional, mas também de Direito da UE. Elementos típicos de direito internacional seriam a natureza de convenção de dupla tributação, bem como a maioria das suas cláusulas. A influência do Direito da UE traduzir-se-ia em alguns dos princípios nele contidos, assim como na competência do Tribunal de Justiça e no papel da Comissão Europeia"[935].

4. Conclusões

Têm sido apontadas diversas soluções para os problemas de compatibilização entre as CDT e o Direito da UE[936]. Todavia, as duas soluções que se afiguram mais promissoras são a da CDT Multilateral e a do Modelo de Convenção da UE.

No que diz respeito à CDT Multilateral, esta permitiria ultrapassar os problemas de adequação das CDT ao Direito da UE, reduzir as distorções de concorrência e dar um tratamento mais adequado às situações triangulares, dando um contributo assinalável no sentido da construção do mercado interno. Esta alternativa traria benefícios também ao nível da aplicação prática, com uma melhoria da certeza e segurança jurídicas em resultado da existência de uma única CDT – mais fácil de interpretar, aplicar e rever do que a multiplicidade de CDT actualmente existentes.

Porém, não obstante o interesse teórico da alternativa da CDT Multilateral e das vantagens que ela apresenta, existem dúvidas sobre a

---

[935] PASQUALE PISTONE, *An EU Model Tax...*, p. 133.

[936] PASQUALE PISTONE refere-se à aplicação judicial da cláusula da nação mais favorecida, a uma solução puramente internacional, a uma solução puramente comunitária, ao fortalecimento da tributação na fonte, a uma CDT Multilateral e ao Modelo de Convenção da UE. Cfr. PASQUALE PISTONE, *The Impact of Community...*, pp. 207-222.

possibilidade da sua efectiva implementação no contexto actual da evolução do Direito da UE. As grandes diferenças que existem presentemente entre os regimes fiscais dos diversos Estados-membros tornam o acordo relativamente a um regime fiscal uniforme, aplicável a todos os Estados-membros, bastante difícil de atingir.

Haveria o risco de, com o propósito de se alcançar o acordo dos diversos Estados-membros, ter de se incluir na CDT Multilateral um conjunto de excepções e de protocolos destinados a salvaguardar interesses específicos, que acabariam por tornar o regime complexo. Tais circunstâncias contribuiriam para afastar a CDT Multilateral dos seus objectivos iniciais de simplicidade de interpretação e aplicação, de aumento da certeza e segurança jurídicas e de eliminação de distorções. Isto para além da morosidade que se antecipa na negociação deste tipo de instrumento.

Não podemos deixar de apontar que, caso se registasse um fortalecimento das tendências de harmonização fiscal na UE, as dificuldades na celebração de uma CDT Multilateral ir-se-iam reduzindo, tornando a solução mais realista. A CDT Multilateral poderia, por exemplo, ser introduzida como o segundo passo de uma evolução iniciada com um instrumento menos disruptivo, como por exemplo o Modelo de Convenção da UE. Todavia, em termos de objectivo de curto prazo, e face ao ritmo actual da harmonização fiscal europeia, a alternativa da CDT Multilateral afigura-se-nos pouco realista.

Há ainda que considerar os princípios da subsidiariedade e da proporcionalidade na actuação europeia. Existindo uma solução eficiente que é susceptível de funcionar, em grande medida, por actuação dos Estados, com uma menor intervenção europeia e menor perturbação dos procedimentos instituídos – como é o caso do Modelo de Convenção da UE, conjugável com as CDT celebradas pelos Estados-membros –, então a CDT Multilateral da UE não respeitaria os princípios da subsidiariedade e da proporcionalidade, na medida em que não seria necessária para atingir os objectivos propostos.

Quanto ao Modelo de Convenção da UE, a sua aprovação permitiria solucionar muitos dos problemas existentes ao nível da relação entre CDT e Direito da UE. O Modelo de Convenção da UE contribuiria para a harmonização das CDT dos Estados-membros e resolveria uma série de questões prementes no que toca à conformidade destas com o Direito da UE.

O Modelo de Convenção da UE teria a vantagem de permitir que os Estados-membros mantivessem a sua competência em matéria fiscal e continuassem a negociar as suas próprias CDT, tendo, simultaneamente, indicações mais claras no que diz respeito à forma de melhor adequar essas CDT ao Direito da UE.

Deste modo, o Modelo de Convenção da UE facultaria aos Estados--membros directrizes para assegurarem a conformidade das suas CDT com o Direito da UE, mas, ao mesmo tempo, possibilitaria aos Estados que reflectissem as especificidades da sua situação nas CDT celebradas. O Modelo de Convenção da UE permitiria a consagração a nível europeu de termos e conceitos que depois seriam utilizados nas CDT dos Estados--membros. Permitiria, assim, uma harmonização das CDT, maior facilidade na respectiva interpretação e aplicação, bem como a sua adequação ao Direito da UE.

A flexibilidade do Modelo de Convenção da UE seria assegurada pelo facto de este conter apenas as disposições que fossem necessárias para adaptar as CDT aos imperativos do Direito da UE, designadamente ao princípio da não discriminação e às liberdades fundamentais de natureza económica consagradas no TFUE. Relativamente a quaisquer outras questões do regime previsto nas CDT que não necessitassem de ser adequadas aos princípios do Direito da UE, estas seriam deixadas à decisão dos Estados-membros no contexto da negociação das CDT bilaterais.

Isto também significa que muitas das CDT actualmente existentes poderiam ser mantidas apenas com alguns ajustamentos ao Modelo de Convenção da UE. O facto de o Modelo de Convenção implicar muitíssimo menos alterações da situação actualmente existente relativamente às CDT significa que existiria uma menor dificuldade em negociar este instrumento, fazer um projecto e conseguir o acordo dos Estados-membros, do que no caso da CDT Multilateral, caracterizada pela eliminação de toda a rede de CDT dos Estados-membros actualmente existente.

Ponderadas as diversas vertentes da questão, consideramos que o Modelo de Convenção da UE seria a melhor solução para os problemas de adequação das CDT ao Direito da UE – pelo menos numa primeira fase, e no contexto actual da harmonização fiscal europeia. Apesar de a celebração de uma CDT Multilateral da UE ter virtualidades para garantir um resultado mais perfeito, ela é fortemente limitativa da soberania fiscal dos Estados, não obedece aos princípios da subsidiariedade e da propor-cionalidade na actuação europeia, e apresenta-se como dificilmente exe-quível num futuro próximo.

PARTE III

CONCLUSÕES GERAIS

Num primeiro momento do presente estudo, identificámos e sistematizámos os princípios fundamentais do DFI, em matéria de tributação do rendimento, que se encontram subjacentes às soluções consagradas pelas CDT neste campo.

Num segundo momento, analisámos o modo como os referidos princípios do DFI se encontram presentes no âmbito do Direito Fiscal Europeu e os contornos que assumem. Procurámos, relativamente a cada princípio de DFI, salientar os aspectos que são aceites pelo Tribunal de Justiça, bem como aqueles que, em contrapartida, são objecto de limitações ou alterações relativamente ao conteúdo e alcance que o princípio tem no DFI, com o intuito de o adaptar às particularidades e exigências acrescidas do Direito da UE.

A investigação e análise realizadas serão agora fundamentais para concluirmos, explicitando a posição defendida quanto às relações entre os princípios do DFI identificados e o Direito Fiscal Europeu. Neste contexto, incidimos, por um lado, na aceitação genérica desses princípios pelo Direito da UE e, por outro, no significado das principais alterações por este introduzidas aos princípios de DFI, em resultado dos imperativos do Direito da UE e das correspondentes exigências a nível fiscal. Terminamos com uma breve referência aos que consideramos serem os principais dilemas actualmente enfrentados pelo Direito Fiscal Europeu.

1. Princípios Fundamentais do Direito Fiscal Internacional

Os princípios fundamentais do DFI correspondem aos valores essenciais ou regras abstractas que definem as grandes linhas de orientação desta ordem jurídico-tributária, estruturando-a e inspirando as respectivas

488 *Princípios do Direito Fiscal Internacional*

regras jurídicas, e que gozam de um reconhecimento generalizado por parte dos intervenientes na ordem jurídica em apreço – Estados, instituições internacionais, agentes económicos, cidadãos, etc.

A análise das regras consagradas nas CDT e na legislação interna dos Estados incidente sobre situações tributárias internacionais, bem como a ponderação dos objectivos e dos valores subjacentes a tais regras, permitem-nos identificar diversos princípios fundamentais de DFI, no campo da tributação do rendimento. Estes princípios assumem um papel fundamental na estruturação da ordem jurídico-tributária internacional, revelando os valores essenciais e as grandes orientações do DFI.

Consideramos existirem dois tipos distintos de princípios que, em virtude da diferenciação das suas características e do papel que desempenham no contexto do DFI, importa distinguir: os princípios estruturais e os princípios operativos.

i) *Princípios estruturais*

Os princípios estruturais correspondem às grandes orientações que definem a estrutura, as características nucleares e os valores fundamentais da ordem jurídico-tributária internacional. São princípios essenciais que constituem a base desta ordem jurídica, baseando-se num ideal de Estado de Direito. Dizem respeito, fundamentalmente, aos valores essenciais que norteiam a coordenação entre os Estados, no que toca ao poder de tributar situações internacionais e à prossecução do objectivo de prevenir ou eliminar a dupla tributação internacional.

Sendo os princípios estruturais dotados de um grau de abstracção mais elevado do que os princípios operativos, devem inspirar estes últimos e as próprias regras jurídicas, transmitindo-lhes determinados valores e orientações gerais. Desta forma, tanto a articulação entre os princípios operativos do DFI como as próprias normas fiscais devem ser norteadas pelas linhas mestras decorrentes dos princípios estruturais.

Consideramos como princípios estruturais do DFI os seguintes:

- Princípio da soberania;
- Princípio da equidade;
- Princípio da neutralidade.

Parte III – Conclusões Gerais

ii) Princípios operativos

Os princípios operativos referem-se a aspectos substanciais da repartição entre os Estados do poder de tributar e da eliminação da dupla tributação. Estes princípios têm um grau de abstracção inferior ao dos princípios estruturais, sendo maior a sua proximidade relativamente às normas. Por tal motivo, os seus reflexos ao nível das regras jurídicas (tanto do direito interno dos Estados como das CDT por estes celebradas) são mais concretos do que os dos princípios estruturais.

Nestes termos, os princípios operativos norteiam as soluções concretas e os regimes consagrados no âmbito do DFI, no que toca ao tratamento fiscal das situações tributárias internacionais. A ascensão dos diversos princípios operativos ao lugar que hoje ocupam está intimamente relacionada com o processo de desenvolvimento do próprio MC OCDE, cujas regras são, aliás, expressões concretas dos aludidos princípios.

Note-se, todavia, que os princípios operativos, sendo menos abstractos, têm de ser coerentes com o conteúdo dos princípios estruturais e espelhar os valores por estes definidos.

Identificamos os seguintes princípios operativos do DFI:

a) Quanto à repartição entre os Estados do poder de tributar (respeitam aos elementos de conexão relevantes para fundamentar o poder de tributar dos Estados, no campo da tributação do rendimento)
  – Princípio da fonte
  – Princípio da residência
  – Princípio do estabelecimento estável
b) Quanto à amplitude do poder de tributar dos Estados
  – Princípio da universalidade
  – Princípio da limitação territorial[937]

---

[937] A maior parte da doutrina refere-se ao princípio da territorialidade, a propósito da amplitude do poder de tributar dos Estados. Contudo, o princípio da territorialidade diz respeito ao fundamento do poder de tributar, e não à extensão do mesmo. Não é, portanto, rigoroso contrapô-lo ao princípio da universalidade (este sim, referente à amplitude do poder de tributar). Assim, atendendo à falta de rigor da contraposição entre princípio da universalidade e princípio da territorialidade, e de modo a evitar a confusão terminológica com o "princípio da territorialidade" enquanto fundamento da

490   *Princípios do Direito Fiscal Internacional*

c) Quanto a outros aspectos substanciais da tributação
– Princípio da eliminação da dupla tributação no Estado da residência
– Princípio da tributação como entidades independentes
– Princípio da tributação distinta e sucessiva de sociedades e sócios
– Princípio da não-discriminação tributária[938]

2. Relações entre Princípios do Direito Fiscal Internacional e Direito Fiscal Europeu – Posição Defendida

Na sequência da análise realizada, concluímos que o Direito Fiscal Europeu se norteia, em grande medida, pelos mesmos princípios de DFI que se encontram subjacentes às soluções consagradas nas CDT, mas que, todavia, nalguns casos o Direito Fiscal Europeu altera ou desenvolve tais princípios, conferindo-lhes um alcance distinto daquele que têm no DFI, em virtude das suas exigências e objectivos específicos.

Deste modo, os princípios fundamentais do DFI em matéria de tributação directa (os quais se encontram subjacentes às soluções consagradas no MC OCDE) assumem igualmente um papel estruturante no âmbito do Direito Fiscal Europeu, sendo que as directivas e a jurisprudência do Tribunal de Justiça neste campo se baseiam, em larga medida, em tais princípios[939]. Os princípios fundamentais do DFI constituem, pois, a base

---

tributação, propomos, no que diz respeito à amplitude ou extensão do poder de tributar, a utilização do termo "princípio da limitação territorial". A nosso ver, este termo exprime bem a existência de uma limitação da obrigação tributária numa base territorial, ou seja, limitação da obrigação tributária aos rendimentos obtidos de fontes localizadas em determinado território. Deste modo, relativamente à extensão do poder de tributar dos Estados, contrapomos o princípio da universalidade ao princípio da limitação territorial. *Vide*, a este propósito, o ponto 1.2. do capítulo V, da parte I do presente trabalho.

[938] De modo a não alongar excessivamente as Conclusões, prescindimos de fazer, neste contexto, uma referência a cada um dos aludidos princípios. Assim, remetemos para os pontos do presente trabalho onde cada um dos princípios é caracterizado e analisado em detalhe.

[939] Sem prejuízo, naturalmente, da existência de princípios específicos do Direito da UE. Contudo, estes encontram-se fora do âmbito do presente trabalho, conforme já referimos.

Parte III – Conclusões Gerais

sobre a qual as directivas europeias em matéria de tributação directa e a jurisprudência do Tribunal de Justiça assentam, as traves mestras que sustentam a evolução e o aperfeiçoamento da regulação fiscal das situações tributárias internacionais, levados a cabo pelo Direito Fiscal Europeu sob o impulso das liberdades de circulação e do princípio de não discriminação[940].

Aliás, tendo em conta a inexistência de disposições expressas do TFUE em matéria de tributação directa, associada ao ainda reduzido número de directivas nesta área, é efectivamente natural que o Tribunal de Justiça procure uma base nos já sedimentados princípios de DFI e no *acquis* internacional existente neste campo, sem prejuízo das inovações que depois introduz nesta matéria.

Sendo os objectivos primordiais das CDT a eliminação ou redução da dupla tributação jurídica internacional e o combate à evasão fiscal, verifica-se, quanto a estes aspectos, uma convergência de objectivos com os do Direito Fiscal Europeu.

Todavia, o objectivo da UE de criação de um mercado interno pautado pelas liberdades de circulação e por um princípio de não discriminação

---

[940] KEMMEREN fala de uma "relação especial entre o Direito Comunitário e o Direito Fiscal Internacional, no âmbito da qual o Tribunal de Justiça parece valorizar bastante os princípios de Direito Fiscal Internacional". O autor baseia a referida conclusão na análise de diversos casos decididos pelo Tribunal de Justiça, sustentando que "a partir dos Casos *Schumacker*, *Wielockx*, *Asscher*, *Gilly*, *Royal Bank of Scotland*, *Geschwind*, *Saint-Gobain* e *Werkooijen*, pode concluir-se que o Tribunal de Justiça aceita as estruturas básicas das Convenções para evitar a dupla tributação. O Tribunal tem determinado (por vezes implicitamente) que residentes e não residentes, por regra, não são comparáveis, e até tem aceite a atribuição de jurisdição tributária com base na nacionalidade. Portanto, adoptar estas estruturas básicas e não adoptar o princípio da nação mais favorecida nas Convenções para evitar a dupla tributação, no caso *Bachmann*, enquadra-se no desenvolvimento de uma relação especial entre o Direito Comunitário e o Direito Fiscal Internacional, no âmbito da qual o Tribunal de Justiça parece valorizar bastante os princípios de Direito Fiscal Internacional". In ERIC KEMMEREN, *Principle of Origin...*, p. 149. Por seu turno, para CALDERÓN CARRERO, as relações existentes entre as CDT e o Direito Fiscal Europeu podem ser definidas em termos de influência mútua e complementariedade. Cfr. JOSÉ MANUEL CALDERÓN CARRERO, *Algunas consideraciones en torno a la interrelación entre los convenios de doble imposición y el derecho comunitario europeo: Hacia la "comunitarización" de los CDIS?*, Crónica Tributaria n.º 102, 2002, pp. 19 ss.

492 *Princípios do Direito Fiscal Internacional*

particularmente exigente, com todas as implicações daí decorrentes ao nível da fiscalidade directa, fazem com que a eliminação da dupla tributação e a prevenção da evasão fiscal numa óptica bilateral, nos termos em que se concretizam nas CDT, se revelem insuficientes no contexto do Direito da UE.

O Direito Fiscal Europeu pauta-se, assim, por objectivos mais ambiciosos. Ora a prossecução de tais objectivos, embora continuando, em termos gerais, a inspirar-se nos princípios do DFI "clássico", implica uma ascensão desses princípios a patamares superiores de elaboração e de exigência, bem como a sua flexibilização[941].

---

[941] A nossa posição é, assim, distinta da assumida por SALDANHA SANCHES. Com efeito, o autor afirma que não é exacto que exista "mais continuidade do que ruptura na jurisprudência do Tribunal de Justiça, e que o Direito Fiscal Internacional e os seus conceitos base" constituam "o ponto de partida da construção do Direito Fiscal Comunitário". Refere ainda o mesmo autor que "a identidade parcial do objecto explica a (pseudo-)identidade de conceitos utilizados no Direito Fiscal Internacional e no Direito Fiscal Comunitário. Trata-se, no entanto, de uma falsa identidade, dado que estamos perante conceitos que exprimem objectivos diferentes, animados por razões inteiramente distintas". J. L. SALDANHA SANCHES, *Os Limites do Planeamento Fiscal...*, pp. 397-399. Não concordamos com a citada visão de SALDANHA SANCHES, uma vez que, na sequência da análise efectuada ao longo do presente trabalho, detectámos a aceitação pelo Direito Fiscal Europeu de um conjunto relevante de princípios e de conceitos do DFI. Aliás, perante a inexistência de disposições de Direito da UE originário em matéria de tributação directa e o ainda reduzido acervo de directivas europeias neste campo, cobrindo apenas aspectos muito específicos, é perfeitamente natural que o DFI, com os seus princípios e conceitos fundamentais, constitua precisamente "o ponto de partida da construção" do Direito Fiscal Europeu. Na nossa opinião, não se trata de uma "falsa identidade de conceitos". Os conceitos utilizados pelo Direito Fiscal Europeu são essencialmente os mesmos que nasceram e se consolidaram ao longo de muitas décadas no DFI – residência, fonte, nacionalidade, dupla tributação jurídica internacional, dupla tributação económica, métodos de eliminação da dupla tributação, etc.. A nosso ver, o que difere é o grau superior de elaboração e de exigência que caracterizam a respectiva utilização pelo Direito Fiscal Europeu, principalmente no âmbito da jurisprudência do Tribunal de Justiça, em resposta aos objectivos mais ambiciosos do Direito da UE. Assim, parece--nos que a utilização que o Direito Fiscal Europeu faz actualmente dos princípios e dos conceitos originados no seio do DFI, designadamente através das decisões do Tribunal de Justiça, pode ser melhor caracterizada como uma diferença de grau de elaboração e de exigência na respectiva aplicação do que como uma ruptura – pelo menos no campo da tributação directa, aquele em que nos situamos no presente estudo.

Parte III – Conclusões Gerais 493

Nestes termos, o Direito da UE baseia-se nos princípios fundamentais e nos conceitos do DFI, consolidados ao longo de muitas décadas, mas introduz-lhes alterações, mais ou menos profundas, em termos de alcance e de conteúdo, quanto tal se revela necessário para a prossecução das exigências superiores enfrentadas pelo Direito da UE – num contexto de integração económica que justifica grande rigor na salvaguarda das liberdades de circulação consagradas pelo TFUE e a obediência a uma proibição de discriminação mais rigorosa e abrangente do que a do DFI.

Podemos, pois, afirmar que o Direito Fiscal Europeu corresponde a um estádio superior de evolução do DFI[942], alcançado sob o impulso dos desafios que o processo de integração europeia cria, ao nível do tratamento fiscal das situações tributárias internacionais.

A ordem jurídica não pode ser entendida como uma estrutura estática e acabada, mas sim como um sistema evolutivo que vai dando respostas adequadas às novas solicitações da realidade. Deste modo, o Direito Fiscal Europeu, tomando como ponto de partida os princípios fundamentais do DFI, tem vindo a adaptá-los às necessidades específicas do contexto de integração que caracteriza a UE, mediante um processo evolutivo que se encontra ainda em curso.

O Direito da UE está, assim, um passo mais adiante do que o DFI, pois é norteado pela preocupação de assegurar as liberdades económicas fundamentais da EU, ao passo que no DFI a perspectiva é mais limitada e os objectivos menos ambiciosos. Por outro lado, no plano do DFI a

---

[942] Em termos similares ao sustentado por FAUSTO DE QUADROS relativamente à relação entre o Direito Comunitário e o Direito Internacional Público. Para este autor, "o Direito das Comunidades Europeias é um estádio superior da evolução do Direito Internacional Público", e "entre o Direito das Comunidades Europeias e o Direito Internacional Público não existe uma antinomia, uma separação qualitativa, uma diferença de substância ou de essência". In FAUSTO DE QUADROS, *Direito das Comunidades Europeias e Direito...*, pp. 403-404. Também RAMON J. JEFFERY refere, agora numa perspectiva económica, que a CE pode ser vista como um patamar mais avançado na prossecução e adaptação à nova dinâmica da economia global (que, para o autor, tem vindo a evoluir de um "nacionalismo económico" para uma "integração económica internacional"), adoptando uma perspectiva supranacional para lidar com um conjunto de questões de relevo face ao novo ambiente económico internacional. Cfr. RAMON J. JEFFERY, *The Impact of State...*, pp. 15-23. Consideramos, a este propósito, que o que é referido pelos citados autores continua a ser pertinente – até mais ainda – no âmbito da UE.

494 *Princípios do Direito Fiscal Internacional*

colaboração entre os Estados é mais ténue, na ausência de uma estrutura institucional como a que existe no plano do Direito da UE.

Em suma, o Direito Fiscal Europeu continua a assentar sobre os princípios e conceitos fundamentais do DFI, que aceita e aplica, em termos gerais. Porém, em diversas circunstâncias, o Direito da UE – através do regime previsto nas directivas europeias relativas à tributação directa, e sobretudo pela mão do Tribunal de Justiça – procede à alteração e desenvolvimento dos princípios do DFI, face às exigências acrescidas colocadas pela integração europeia relativamente ao tratamento fiscal das situações tributárias internacionais.

As alterações e desenvolvimentos dos princípios do DFI, levados a cabo pelo Direito Fiscal Europeu, representam um nível superior de elaboração em termos de tratamento das situações tributárias internacionais, constituindo saltos qualitativos do Direito Fiscal Europeu em relação ao DFI. Podemos, em suma, afirmar que os objectivos mais ambiciosos do Direito Fiscal Europeu implicam uma ascensão dos princípios do DFI a patamares superiores de elaboração e de exigência.

É possível identificar saltos qualitativos de carácter valorativo e de carácter conceptual. Cabe, porém, ter em linha de conta que se verifica uma certa sobreposição entre ambos os aspectos referidos, na medida em que determinadas alterações impostas pelo Direito da UE aos princípios do DFI constituem simultaneamente um salto qualitativo no plano valorativo e no plano conceptual.

i) Saltos qualitativos de carácter valorativo

Os ganhos qualitativos de carácter valorativo ocorrem quando o Direito da UE prevê soluções que demonstram uma sensibilidade, maior do que a do DFI, ao aspecto valorativo na determinação do regime fiscal que deve ser aplicado aos casos concretos. Podemos falar, no Direito da UE, numa maior profundidade e detalhe das preocupações substanciais, valorativas e de justiça material, e num maior controlo da efectivação dos valores essenciais no caso concreto, atentas as circunstâncias particulares do mesmo[943].

---

[943] Embora, naturalmente, estes aspectos sejam mais patentes nalguns casos do que noutros. Em certos casos, face à decisão do Tribunal de Justiça, poderia mesmo

Parte III – Conclusões Gerais 495

Perante o carácter lacónico das regras do TFUE com implicações em matéria fiscal, a escassez de normas europeias no domínio da tributação directa, e a consagração genérica do princípio da não discriminação e das liberdades de circulação (os quais, aliás, não se referem expressamente à tributação directa), as decisões do Tribunal de Justiça marcam a sua diferença relativamente ao DFI "clássico", em grande medida através de uma maior preocupação com os aspectos valorativos na conciliação dos vários princípios em jogo e o aprofundamento das exigências de justiça material no caso concreto, atentas as circunstâncias deste e a situação do sujeito passivo.

A este nível, pode referir-se que, graças à preocupação de salvaguardar as liberdades de circulação consagradas pelo TFUE, o Direito da UE presta uma maior atenção à essência da proibição de discriminação, à existência de uma igualdade material e não meramente formal entre os sujeitos passivos, desenvolvendo um esforço mais intenso de articulação da proibição de discriminação com as circunstâncias do caso concreto e um maior controlo dos resultados da decisão.

Adicionalmente, note-se que as características apontadas – fazendo uma utilização muito própria dos princípios do DFI – são potenciadas pelo grande contributo da jurisprudência para o desenvolvimento do Direito Fiscal Europeu. A apreciação dos aspectos valorativos dos princípios de DFI e dos interesses concretos dos sujeitos passivos e dos Estados é decisiva no âmbito da actuação do Tribunal de Justiça.

ii) Saltos qualitativos de carácter conceptual

Quanto aos ganhos qualitativos de carácter conceptual, estes referem-se à maior flexibilidade introduzida pelo Direito da UE ao nível dos princípios e dos conceitos fundamentais do DFI. Pela mão do Tribunal de Justiça, o Direito da UE diminui a rigidez da bipartição conceptual entre residentes e não residentes ou entre Estado da fonte e Estado da residência – ultrapassando, em determinadas circunstâncias, os estereótipos consolidados ao longo de muitas décadas no âmbito do DFI.

---

duvidar-se da presença da referida tendência. Contudo, a existência de algumas decisões contraditórias não deverá encobrir as tendências gerais da jurisprudência do Tribunal de Justiça.

496 *Princípios do Direito Fiscal Internacional*

O Direito da UE ousa conferir aos não residentes determinadas benesses fiscais que, nos termos dos princípios do DFI, se encontravam estritamente reservadas aos residentes. Ousa ainda alterar os papéis tradicionalmente reservados ao Estado da fonte e ao Estado da residência, no que toca ao modo de tributar de cada um deles e às suas obrigações perante os sujeitos passivos.

Adiante, procederemos a uma síntese quanto à aceitação pelo Direito da UE dos princípios do DFI concretizados nas CDT. Num ponto subsequente, identificamos as melhorias qualitativas inerentes à alteração e desenvolvimento dos princípios do DFI no âmbito do Direito da UE, face às exigências acrescidas por este impostas a nível fiscal.

Importa salientar o facto de a referida identificação dos ganhos qualitativos do Direito da UE no tratamento fiscal das situações tributárias internacionais ser bastante ilustrativo das diferenças essenciais existentes entre o DFI e o Direito Fiscal Europeu neste campo.

3. Aceitação dos Princípios do Direito Fiscal Internacional pelo Direito Fiscal Europeu

3.1. Aspectos Gerais

Na fase actual do Direito da UE, as competências relativas à tributação directa continuam a pertencer aos Estados-membros. Deste modo, a regulação das situações tributárias internacionais neste campo não é efectuada a nível da UE, excepto no que decorre das directivas europeias existentes em matéria de tributação directa.

Face à inexistência de disposições expressas do Direito da UE originário relativamente à tributação directa, bem como à ainda muito limitada cobertura das questões da tributação directa efectuada pelo Direito da UE derivado[944], é a jurisprudência do Tribunal de Justiça que assume um papel preponderante no que toca à problemática da aceitação dos princípios do DFI pelo Direito da UE – ou, em contrapartida, à sua limitação ou adaptação pelo Direito da UE com o intuito de os adaptar às particularidades e exigências acrescidas deste.

---

[944] Em termos do universo de questões especificamente abordadas pelo Direito da UE derivado.

Conforme já referimos, a jurisprudência do Tribunal de Justiça tem vindo, em grande medida, a aceitar os princípios de DFI concretizados no MC OCDE e na generalidade dos ordenamentos tributários dos Estados--membros, inclusivamente nas CDT por estes celebradas – sem prejuízo de, nalguns casos, alterar ou desenvolver tais princípios, conferindo-lhes um alcance distinto daquele que têm no DFI, em virtude das exigências e objectivos específicos do Direito da UE.

Iremos primeiramente, ao longo dos pontos seguintes, sumariar as nossas conclusões relativamente à posição assumida pelo Direito Fiscal Europeu em termos de salvaguarda das CDT celebradas pelos Estados--membros e de aceitação dos princípios fundamentais de DFI.

Mais adiante, iremos então indicar aqueles que, na nossa opinião, constituem os principais incrementos qualitativos do Direito Fiscal Europeu relativamente ao DFI.

3.2. Salvaguarda das CDT

3.2.1. *Relação entre as CDT e o Direito da UE*

A jurisprudência do Tribunal de Justiça revela, em termos gerais, uma preocupação de salvaguarda das regras estruturais das CDT e respeito pela integridade da rede de CDT celebradas pelos Estados-membros.

A análise efectuada à jurisprudência do Tribunal de Justiça permite--nos identificar aquelas que consideramos como as duas traves mestras da relação entre as CDT e o Direito da UE:

i) A exigência de compatibilidade das CDT com as regras europeias referentes à livre circulação e à não discriminação; mas, em contrapartida

ii) A salvaguarda das regras estruturais das CDT e o respeito pela integridade da rede de CDT celebradas pelos Estados-membros.

Quanto a esta última, podemos ainda identificar no seu âmbito diversas características que espelham aspectos particulares do respeito do Direito da UE pelas regras estruturais das CDT e pelo papel destas no DFI:

a) Liberdade de escolha dos elementos de conexão;

b) Neutralidade da repartição do poder de tributar;

498 *Princípios do Direito Fiscal Internacional*

c) Aceitação do MC OCDE e da prática internacional;
d) Aceitação do carácter bilateral das CDT.

Iremos, seguidamente, deter-nos em cada um dos aspectos acima identificados.

i) *Exigência de compatibilidade das CDT com as regras da UE referentes à livre circulação e à não discriminação*

Não obstante a tributação directa ser uma matéria que permanece na competência dos Estados-membros, estes devem, no exercício dos seus poderes tributários, respeitar o Direito da UE[945]. A aludida primazia do Direito da UE tem consequências não só relativamente à legislação interna dos Estados-membros nas também ao nível das CDT por estes celebradas (quer entre si, quer com Estados terceiros).

Assim, no exercício do seu poder de tributar, no campo da tributação directa, os Estados-membros não podem incluir, nem nos seus regimes fiscais nacionais nem nas CDT por si celebradas, regras fiscais que criem obstáculos às liberdades de circulação consagradas no TFUE ou que sejam discriminatórias em relação a nacionais de outros Estados-membros.

Os direitos outorgados pelo TFUE são incondicionais e um Estado-membro não pode subordinar o respeito desses direitos às disposições de um acordo celebrado com outro Estado-membro[946] ou com um Estado terceiro[947].

ii) *A salvaguarda das regras estruturais das CDT e o respeito pela integridade da rede de CDT celebradas pelos Estados-membros*

Passamos, agora, à abordagem de diversos aspectos particulares da salvaguarda, por parte do Direito da UE, das regras estruturais das CDT e do respeito pela integridade da rede de CDT celebradas pelos Estados-membros.

---

[945] Alguns dos primeiros Acórdãos do Tribunal de Justiça onde tal princípio geral é referido são: Acórdão *Avoir Fiscal*, C-270/83, parágrafo 26; Acórdão *Biehl*, C-175/88, parágrafo 12; Acórdão *Schumacker*, C-279/93, parágrafo 21; Acórdão *Wielockx*, C-80/94, parágrafo 16; Acórdão *Asscher*, C-107/94, parágrafo 36; Acórdão *Futura Participations and Singer*, C-250/95, parágrafo 19; Acórdão *ICI*, C-264/96, parágrafo 19.

[946] Acórdão *Avoir Fiscal*, parágrafo 26.

[947] Acórdão *Saint-Gobain*, parágrafo 57.

Parte III – Conclusões Gerais

a) Liberdade de escolha dos elementos de conexão

Os Estados-membros são competentes para, na ausência de medidas europeias de unificação ou de harmonização, definirem livremente os elementos de conexão aplicáveis para efeitos da repartição entre si do poder de tributar certos tipos de rendimentos, de modo a eliminarem a dupla tributação. Podem fazê-lo concluindo entre si CDT bilaterais baseadas na prática internacional e no MC OCDE[948].

Deste modo, podemos concluir que a jurisprudência do Tribunal de Justiça não considera como desconformes com o Direito da UE regras da legislação nacional dos Estados-membros e das CDT que apenas procedem à repartição do poder de tributar, e que reconhece e aceita, em termos gerais, os elementos de conexão previstos no MC OCDE.

Quanto a este último, resulta também dos acórdãos referidos que o Tribunal de Justiça tende a proteger a integridade das disposições de CDT que seguem de perto o MC OCDE.

b) Neutralidade da repartição do poder de tributar

A escolha dos elementos de conexão é neutral. O tratamento fiscal favorável ou desfavorável do sujeito passivo resulta do regime fiscal e das taxas de imposto previstas na legislação nacional do Estado competente para tributar[949].

Assim, as disposições das CDT que tratam apenas da repartição e atribuição do poder de tributar certos rendimentos aos Estados são neutrais, do ponto de vista das liberdades de circulação garantidas pelo TFUE, não constituindo discriminação mesmo que utilizem a nacionalidade como critério – dado que, em si mesmas, não prevêem um tratamento fiscal menos favorável dos sujeitos passivos de outros Estados-membros, face ao que é conferido aos nacionais que se encontram na mesma situação. A existência de uma situação de discriminação em razão da nacionalidade, proibida pelo Direito da UE, só ocorre mediante a tributação de um dado rendimento[950].

---

[948] Acórdão *Gilly*, parágrafos 24, 30 e 31; Acórdão *Saint-Gobain*, parágrafos 54--57; Acórdão *De Groot*, parágrafo 93; Acórdão *"D"*, parágrafo 52; Acórdão *Van Hilten*, parágrafo 47; Acórdão *"N"*, parágrafo 43; Acórdão *ACT Group Litigation*, parágrafo 52.

[949] Acórdão *Gilly*, parágrafo 34.

[950] Acórdão *Gilly*, parágrafos 24 e 30; Acórdão *Saint-Gobain*, parágrafo 56.

500 *Princípios do Direito Fiscal Internacional*

Nestes termos, a pura atribuição do poder de tributar a um Estado não determina, em si mesma, um tratamento fiscal favorável ou desfavorável para um sujeito passivo. Este depende do tratamento fiscal efectivo no Estado competente.

c) Aceitação do MC OCDE e da prática internacional

A repartição entre os Estados-membros do poder de tributar, mediante CDT, pode basear-se na prática internacional e no MC OCDE[951].

d) Aceitação do carácter bilateral das CDT

A aplicação dos benefícios previstos numa CDT encontra-se limitada aos residentes dos seus Estados contratantes, sendo isto uma consequência inerente às CDT. As regras das CDT não podem ser aplicadas isoladamente, sob pena de se comprometer o equilíbrio global das CDT[952].

O princípio da não discriminação não atribui ao residente de um Estado-membro direito a um tratamento mais favorável previsto numa CDT na qual esse Estado não seja parte contratante[953].

Por outro lado, foi reconhecido que o artigo 293.º do Tratado CE [entretanto revogado pelo Tratado de Lisboa] não tinha efeito directo, não atribuindo, por si mesmo, quaisquer direitos que os sujeitos passivos pudessem invocar perante os tribunais nacionais[954]. Assim, o instrumento fundamental de eliminação da dupla tributação corresponderia às CDT celebradas entre os Estados-membros, comummente numa base bilateral.

---

[951] Acórdão *Gilly*, parágrafo 31. Especial referência foi feita pelo Acórdão ao artigo 19.º n.º 1 da versão de 1994 do MC OCDE, que previa o recurso ao princípio do Estado pagador. O Tribunal de Justiça citou os Comentários a esse artigo do MC OCDE, nos termos dos quais o princípio do Estado pagador se justificava pelas "regras de cortesia internacional e de respeito mútuo" entre Estados soberanos, encontrando--se incluído em tantas CDT existentes entre Estados-membros da OCDE que se podia já considerar como internacionalmente aceite.

[952] Acórdão *"D"*, parágrafos 61-62.

[953] Acórdão *"D"*, parágrafo 63.

[954] Acórdão *Gilly*, parágrafos 15-17.

3.2.2. *Aspectos particulares*

Importa complementar o que ficou dito com algumas referências a aspectos particulares dos casos mais relevantes, especialmente ilustrativos do tipo de relação entre as CDT e o Direito da UE.

No Caso *Gilly* (o primeiro no qual foi expressamente pedido ao Tribunal de Justiça que se pronunciasse sobre a compatibilidade de uma CDT com o Direito da UE), apesar de o Tribunal de Justiça se ter distanciado em diversos aspectos da jurisprudência anterior, a posição por este assumida pode ser vista como um resultado da sua falta de vontade de chegar a uma decisão que tivesse um forte impacto negativo nas CDT dos Estados-membros. Quanto à decisão do Caso *Saint-Gobain*, situando-se mais na linha da jurisprudência consagrada do Tribunal de Justiça, pode identificar-se nela o mesmo tipo de preocupação com a salvaguarda da integridade das CDT dos Estados-membros, novamente reafirmada no Caso *De Groot*.

O Tribunal de Justiça assume, nos diversos casos, uma postura cautelosa face às disposições de CDT baseadas no MC OCDE, dada a sua ampla aceitação internacional. Assim, evita pôr em causa as regras estruturais das CDT e demonstra, nas suas decisões, uma preocupação em respeitar a integridade da rede de CDT celebradas pelos Estados-membros. Nota-se, a este propósito, um contraste com a atitude do Tribunal de Justiça perante a legislação fiscal interna dos Estados-membros. Com efeito, o Tribunal de Justiça habitualmente não hesita em atacar regimes e regras fiscais pertencentes à legislação interna dos Estados. Contudo, face a disposições de CDT, em particular quando estas se baseiam num modelo de convenção amplamente utilizado, como é o caso do MC OCDE, o Tribunal de Justiça torna-se mais cauteloso.

Efectivamente, caso o Tribunal de Justiça rejeitasse a admissibilidade de uma disposição de uma CDT baseada no MC OCDE, o mesmo poderia acontecer em qualquer outra CDT entre Estados-membros que incluísse uma regra similar, igualmente baseada nesse Modelo. Assim, a declaração pelo Tribunal de Justiça de uma disposição deste tipo como incompatível com o Direito da UE poderia ter um alcance bastante amplo, perturbando profundamente a segurança jurídica e a aplicação das CDT[955]. As repercus-

---

[955] Maria Hilling, *Free Movement...*, pp. 254-256.

502 *Princípios do Direito Fiscal Internacional*

sões de tal perturbação seriam bastante sentidas no plano internacional, tendo em conta que as CDT são uma fonte primordial de DFI e o uso do MC OCDE, como base para as CDT bilaterais, está extremamente divulgado.

Note-se que, tanto no Caso *Saint-Gobain* como no Caso *De Groot*, era possível defender os princípios decorrentes do então Tratado CE, sem que isso comprometesse as CDT relevantes ou perturbasse de forma grave a rede de CDT dos Estados-membros, em termos gerais. No Caso *Saint--Gobain*, tratava-se de forçar o Estado do estabelecimento estável a alargar os benefícios de CDT a estabelecimentos estáveis localizados no seu território, mas isso podia ser feito por esse Estado unilateralmente. No Caso *De Groot*, o método de eliminação da dupla tributação previsto na CDT em análise não se baseava directamente no MC OCDE, pelo que podia ser declarado pelo Tribunal de Justiça como incompatível com o Tratado CE, sem risco de repercussões indesejáveis em múltiplas outras CDT entre Estados-membros. Portanto, nestes casos, o Tribunal de Justiça não teve problema em atacar as disposições de CDT contrárias às regras do Tratado CE.

A atitude do Tribunal de Justiça relativamente a este tipo de disposições das CDT (pouco generalizadas, não baseadas no MC OCDE, ou adaptáveis unilateralmente) acaba por ser similar à assumida frente a disposições fiscais da legislação interna dos Estados-membros, uma vez que, tanto num caso como noutro, a sua "adequação forçada" aos princípios do Direito da UE tem um impacto delimitado e previsível.

Importa ainda, neste contexto, ter em consideração a fase actual da harmonização fiscal europeia em sede de tributação directa. As CDT continuam a ser, no contexto da UE, um instrumento fundamental para a eliminação da dupla tributação e, consequentemente, para a prossecução dos objectivos europeus referentes às liberdades de circulação consagradas no TFUE. Deste modo, a protecção da integridade das CDT acaba por ser uma medida também do interesse da UE.

Declarar uma disposição de uma CDT como incompatível com o Direito da UE, quando tal disposição se baseia no MC OCDE ou é amplamente utilizada em CDT bilaterais entre Estados-membros, parece, pois, ser uma espécie de "caixa de Pandora" que o Tribunal de Justiça prefere não abrir.

Em contrapartida, quando as regras em questão não estão presentes de forma generalizada nas CDT ou quando o problema pode ser tratado

Parte III – Conclusões Gerais

sem perturbar a rede de CDT (por exemplo, mediante o alargamento unilateral dos benefícios previstos nas CDT, como no Caso *Saint-Gobain*), o Tribunal de Justiça não hesita em inviabilizar a aplicação de regras de CDT, pronunciando-se no sentido da sua incompatibilidade com o Direito da UE.

Podemos, portanto, concluir que, mesmo que nalguns casos haja necessidade de adequar o conteúdo ou o âmbito de aplicação de disposições de CDT aos imperativos do Direito da UE, o Tribunal de Justiça demonstra uma preocupação de respeitar a integridade da rede de CDT celebradas pelos Estados-membros e as características estruturais de tais Convenções.

3.2.3. *Questão da nação mais favorecida*

A questão da nação mais favorecida situa-se no cerne da problemática das relações entre as CDT e o Direito da UE.

Na sequência da última actualização ao MC OCDE, aprovada pelo Conselho da OCDE em 17 de Julho de 2008, os Comentários ao artigo 24.º[956] voltaram a prever que as disposições deste artigo não impõem o tratamento de nação mais favorecida.

Ainda de acordo com os aludidos Comentários, como as CDT se baseiam no princípio da reciprocidade, um tratamento fiscal que é concedido por um Estado contratante, nos termos de uma CDT, a um residente ou nacional de outro Estado contratante parte nessa CDT, em virtude das relações económicas específicas existentes entre esses Estados contratantes, não pode ser alargada a um residente ou nacional de um terceiro Estado, nos termos da disposição de não discriminação da CDT entre o primeiro Estado e o terceiro Estado[957].

Tendo em linha de conta o MC OCDE, o costume internacional e o Relatório da ILC, podemos concluir que o DFI não prevê nem impõe qualquer cláusula da nação mais favorecida aplicável de forma generalizada. Também as cláusulas da nação mais favorecida presentes em acordos

---

[956] Concretamente, o parágrafo 2 dos Comentários ao artigo 24.º do MC OCDE, já com a numeração dos Comentários resultante da última actualização ao MC OCDE, aprovada pelo Conselho da OCDE em 17 de Julho de 2008.

[957] Cfr. parágrafo 2 dos Comentários ao artigo 24.º do MC OCDE.

504   *Princípios do Direito Fiscal Internacional*

comerciais multilaterais não se aplicam às CDT celebradas pelos Estados signatários desses acordos comerciais. Assim, o tratamento de nação mais favorecida existe apenas quando uma cláusula formal incluída numa convenção (a cláusula da nação mais favorecida) o atribua ao outro Estado contratante[958].

No contexto do Direito da UE, coloca-se a questão de saber se a primazia deste sobre as CDT, em conjugação com o princípio da não discriminação e as liberdades consagradas no TFUE, impõem um tratamento de nação mais favorecida no âmbito da UE.

A problemática da cláusula da nação mais favorecida – ou do Estado--membro mais favorecido – tem a ver, no âmbito da UE, com a possibilidade de um Estado-membro efectuar distinções entre residentes/nacionais dos outros Estados-membros, mediante a concessão de vantagens fiscais previstas apenas nalguma(s) CDT ou, pelo contrário, com a existência de uma obrigação de cada Estado-membro conceder a todos os outros Estados-membros o tratamento fiscal mais favorável que concedeu aos residentes/nacionais de um determinado Estado-membro ou de um Estado terceiro no contexto de CDT com este celebrada.

Uma cláusula da nação mais favorecida aplicada de forma generalizada, ao nível da UE – obrigando os Estados a procederem à aplicação generalizada a todos os outros Estados-membros dos regimes fiscais mais favoráveis previstos em cada CDT celebrada com uma contraparte Estado--membro da UE ou com um Estado terceiro – corresponderia a uma multilateralização "cega e automática"[959] de vantagens fiscais que foram negociadas bilateralmente, subverteria completamente a lógica bilateral das CDT, converteria cada CDT dos Estados-membros num regime multilateral mas não harmonizado, comprometeria a soberania tributária dos Estados, dificultaria gravemente a celebração de novas CDT e a estimativa do impacto orçamental decorrente dos regimes aí previstos, e tornaria caótica a aplicação das CDT às situações concretas.

Para além dos inconvenientes apontados ao tratamento de nação mais favorecida, não se vislumbra fundamento jurídico para a aplicação generalizada de uma cláusula da nação mais favorecida.

---

[958] Múltiplas CDT incluem cláusulas da nação mais favorecida negociadas entre os Estados contratantes, aplicáveis quanto a uma regra tributária específica e em benefício apenas dos residentes do outro Estado contratante da CDT em apreço.

[959] Expressão de LUC HINNEKENS, *Compatibility of bilateral... The rules...*, p. 154.

Parte III – Conclusões Gerais 505

O TFUE em particular, e a legislação europeia em geral, não integram qualquer regra ou princípio relativo à aplicação de um tratamento de nação mais favorecida às CDT celebradas pelos Estados-membros[960], e a posição do Tribunal de Justiça tem, até ao momento, sido desfavorável à pretensão de uma cláusula da nação mais favorecida.

A inexistência de consagração de uma cláusula da nação mais favorecida no Direito da UE e as decisões do Tribunal de Justiça, por exemplo no Caso *"D"*, demonstram um respeito do Direito da UE pelo instrumento das CDT e pelas suas especificidades em termos de funcionamento.

No Caso *"D"*, o Tribunal aceitou que existe uma limitação da aplicação dos benefícios previstos numa CDT aos residentes dos Estados contratantes (sendo isto uma consequência inerente às CDT). As regras das CDT não podem ser aplicadas isoladamente, sob pena de se comprometer o equilíbrio global das CDT[961]; o princípio da não discriminação não atribui ao residente de um Estado-membro direito a um tratamento mais favorável previsto numa CDT na qual esse Estado não seja parte contratante.

No Caso *ACT Group Litigation*[962], o Tribunal de Justiça reiterou a sua posição de rejeição a um tratamento de nação mais favorecida aplicável em termos generalizados a todos os Estados-membros.

Deste modo, concluímos que, também relativamente à questão da cláusula da nação mais favorecida, a jurisprudência do Tribunal de Justiça evita pôr em causa as regras estruturais das CDT, respeitando a integridade da rede de CDT celebradas pelos Estados-membros e os princípios básicos nos quais assentam a sua negociação e aplicação.

Assim, tal como no DFI, o tratamento de nação mais favorecida é aplicável no contexto do Direito da UE somente quando se encontre expressamente previsto numa CDT entre Estados-membros, e apenas entre os Estados contratantes dessa CDT.

---

[960] Nos termos da resposta escrita da Comissão, de 9 de Novembro de 1992, à pergunta n.º 647/92, dirigida à Comissária Scrivener, "a Comissão considera que a Legislação Comunitária actual não obriga um Estado-membro a conceder automaticamente a taxa de retenção na fonte da sua convenção bilateral mais favorável a sujeitos passivos de outro Estado-membro que não está coberto por essa convenção".

[961] Acórdão *"D"*, parágrafos 61-63.

[962] Caso C-374/04.

506 Princípios do Direito Fiscal Internacional

As CDT continuam, pois, nos termos do actual Direito da UE, a ser instrumentos bilaterais, cujos poderes de negociação e celebração continuam a pertencer aos Estados, tal como sucede no contexto do DFI – apesar de se admitir que subsistem ainda múltiplas interrogações para o futuro, quanto ao caminho que a UE pretende trilhar.

Uma CDT resulta, assim, de um processo de negociação entre os dois Estados contratantes, baseando-se nos princípios da reciprocidade e da relatividade das convenções. Cada CDT é um compromisso, resultante de uma combinação única entre benefícios e transigências mútuas dos Estados contratantes, e, por tal motivo, aplicável apenas aos residentes de cada Estado contratante.

Não está em discussão o facto de as CDT se encontram submetidas à primazia do Direito da UE, devendo respeitar, designadamente, as liberdades de circulação consagradas no TFUE e o princípio da não discriminação. Contudo, a cláusula da nação mais favorecida vai além do que o princípio da não discriminação impõe, limitando a liberdade dos Estados-membros de celebrarem CDT e acabando, na prática, por substituir as políticas nacionais de celebração de CDT numa base bilateral por políticas comuns – que não se encontram definidas em local algum e cuja competência não se encontra atribuída em lado algum à UE[963].

Note-se, ainda, que a cláusula da nação mais favorecida não deve ser encarada como uma forma alternativa de fazer avançar a harmonização fiscal no campo da tributação directa, sem ter de enfrentar as hesitações dos Estados e o requisito da unanimidade que travam a evolução do referido processo de harmonização fiscal.

De resto, atentos os aludidos inconvenientes de uma cláusula da nação mais favorecida, seria preferível ponderar-se a adopção de um Modelo de Convenção da UE que assegurasse a harmonização e a conformidade dos aspectos relevantes das CDT com o Direito da UE.

3.3. Princípio da Residência

O princípio da residência desempenha um papel fundamental no contexto do DFI – prevalecendo mesmo sobre o princípio da fonte, no panorama actual do DFI e, em particular, no MC OCDE.

---

[963] LUC HINNEKENS, *Compatibility of bilateral... The rules...*, p. 154.

A utilização da residência como elemento de conexão e a correspondente diferenciação entre o tratamento fiscal de residentes e de não residentes constituem elementos centrais do DFI, beneficiando de uma ampla consagração tanto na generalidade das legislações fiscais nacionais como nas CDT. A legislação interna dos Estados-membros assenta numa bipartição dos sujeitos passivos em residentes e não residentes. Também as CDT, tanto no que se refere à delimitação do seu âmbito subjectivo de aplicação, como no que toca à repartição entre os Estados contratantes do poder tributário, gravitam em torno da residência dos sujeitos passivos.

Regra geral, os residentes têm uma obrigação fiscal ilimitada, sendo tributáveis no Estado de residência quanto à totalidade dos rendimentos por si auferidos, tanto nesse Estado (rendimentos de fonte interna) como no estrangeiro (rendimentos de fonte externa). No âmbito da tributação do rendimento global do sujeito passivo residente, o Estado da residência toma em consideração a situação pessoal e familiar deste. Em contrapartida, os não residentes têm uma obrigação fiscal limitada, sendo tributados apenas quanto aos rendimentos obtidos no território desse Estado (rendimentos de fonte interna), e sem que seja, regra geral, tomada em consideração a sua situação pessoal e familiar.

À aludida diferenciação entre residentes e não residentes corresponde uma contraposição entre o papel do Estado da residência (com poder de tributar a totalidade do rendimento obtido pelos seus residentes, tanto no seu território como no estrangeiro, mas devendo tomar em conta a situação pessoal e familiar destes) e do Estado da fonte (cujo poder de tributar, relativamente aos sujeitos passivos que não sejam seus residentes, se limita aos rendimentos por estes obtidos no seu território, não tendo geralmente que considerar a situação pessoal e familiar desses sujeitos passivos não residentes).

Quanto ao Direito Fiscal Europeu, podemos concluir, na sequência da análise efectuada, que este reconhece e aceita o princípio da residência. A residência é aceite pelo Tribunal de Justiça, enquanto elemento de conexão utilizado para efeitos da repartição do poder tributário e determinante do Estado onde o sujeito passivo tem uma obrigação fiscal ilimitada[964]. Também os regimes fiscais consagrados pelas directivas da UE em matéria de tributação directa assentam, fundamentalmente, no princípio da residência.

---

[964] Acórdão *Gschwind*, parágrafo 24; Acórdão *Gerritse*, parágrafo 45.

508 *Princípios do Direito Fiscal Internacional*

O Tribunal de Justiça aceita igualmente, em termos gerais, o tratamento fiscal distinto de sujeitos passivos residentes e não residentes vigente no DFI. Ao aceitar a distinção em apreço, o Tribunal de Justiça baseia-se na premissa de que as situações de residentes e de não residentes não são, em geral, comparáveis[965]. Existe, portanto, neste ponto, uma convergência genérica entre o DFI e o Direito da UE[966].

O princípio da residência vigente no DFI é, deste modo, aceite também no contexto do Direito Fiscal Europeu – sem prejuízo das adaptações por este operadas relativamente a tal princípio, as quais serão abordadas oportunamente.

3.4. Princípio da Fonte

O alcance do princípio da fonte no DFI centra-se na atribuição de poder tributário ao Estado da fonte, relativamente a determinados tipos de rendimento obtidos nesse Estado por não residentes. Mercê da articulação entre o princípio da fonte e o princípio da limitação territorial, o Estado da fonte vê o seu poder de tributar limitado (enquanto Estado da fonte) aos rendimentos obtidos no seu território, exercendo-o tradicionalmente em termos puramente objectivos (ou seja, ignorando a situação pessoal e familiar dos sujeitos passivos não residentes).

Em termos de DFI, a fonte é um dos elementos de conexão fundamentais, a par da residência[967].

---

[965] Acórdão *Schumacker*, parágrafos 31 e 33; Acórdão *Wielockx*, parágrafo 18; Acórdão *Asscher*, parágrafo 41; Acórdão *ICI*, parágrafo 29; Acórdão *Royal Bank of Scotland*, parágrafo 27.

[966] Sem prejuízo das particularidades do Direito Fiscal Europeu nesta matéria que serão apontadas mais adiante – designadamente, a análise acerca da existência ou não de justificação, no caso concreto, para a diferenciação fiscal entre residentes e não residentes, bem como a diminuição da rigidez da bipartição conceptual entre residentes e não residentes, ambas operadas pelo Tribunal de Justiça. Registe-se ainda o aumento da preponderância do princípio da residência que se verifica no Direito Fiscal Europeu, ao qual também aludiremos mais adiante.

[967] Embora, conforme foi oportunamente referido, se verifique uma prevalência do princípio da residência sobre o princípio da fonte, no contexto do DFI e, em particular, no MC OCDE.

Parte III – Conclusões Gerais

No que respeita ao Direito da UE, este reconhece, em termos gerais, o direito de tributar tanto do Estado da fonte como do Estado da residência, nos termos previstos na legislação interna dos Estados-membros e nas CDT por estes celebradas[968].

O Tribunal de Justiça aceita também, em termos gerais, a contraposição entre o princípio da limitação territorial e o princípio da universalidade – relativos à determinação da extensão do poder de tributar, respectivamente no Estado da fonte (com uma obrigação fiscal limitada) e no Estado da residência (com uma obrigação fiscal ilimitada) – tal como esta decorre do DFI[969].

3.5. Princípio da Tributação como Entidades Independentes

Prevalece, a nível internacional, a opção pela tributação de empresas associadas e mesmo de empresas não juridicamente distintas (caso dos estabelecimentos estáveis em relação à respectiva sociedade matriz) como se fossem entidades independentes, nos termos de um princípio que optámos por designar como "princípio da tributação como entidades independentes"[970].

O princípio da tributação como entidades independentes persiste tanto no contexto do DFI como no do Direito da UE, não obstante as dificuldades suscitadas pela respectiva aplicação.

Com efeito, a utilização, relativamente às transacções comerciais e financeiras entre entidades relacionadas, dos preços e condições que seriam praticados entre entidades independentes corresponde a uma ficção que, em muitos casos, não tem correspondência com a actuação efectiva dos

---

[968] Sem prejuízo, contudo, da clara prevalência atribuída à tributação no Estado da residência, nos regimes fiscais consagrados nas directivas europeias relativas à tributação do rendimento. A tributação no Estado da fonte é afastada tanto pela Directiva sociedades-mães/sociedades afiliadas como pela Directiva dos juros e *royalties*.

[969] Acórdão *Wielockx*, parágrafo 18; Acórdão *Futura Participations*, parágrafos 20-22.

[970] Decorre do artigo 9.º n.º 1 e do artigo 7.º n.º 2, ambos do MC OCDE, a utilização deste princípio na determinação do lucro tributável tanto de empresas associadas como de estabelecimentos estáveis.

510 *Princípios do Direito Fiscal Internacional*

grupos multinacionais de empresas, e revela-se por vezes extremamente difícil a determinação dos preços e condições que seriam praticados entre entidades independentes. Isto para além da possível manipulação do valor das transacções intra-grupo pelas empresas multinacionais com objectivos de redução da carga fiscal do grupo.

Em virtude dessas dificuldades, tem já sido defendido o abandono do princípio da tributação como entidades independentes, em prol da aplicação de um princípio de tributação unitária ou global quanto às entidades relacionadas, integradas em grupos de sociedades. O cerne do princípio da tributação unitária consiste na substituição do cálculo directo dos lucros de uma empresa ou de um estabelecimento estável pelo cálculo da parcela dos lucros globais do grupo que deve ser imputada a essa empresa ou estabelecimento[971].

Contudo, ao nível da OCDE, nega-se que o método unitário de tributação constitua uma alternativa aos métodos baseados no princípio da plena concorrência[972]. Também na UE, e não obstante as diversas iniciativas da Comissão nesta matéria[973], persiste a opção pelo princípio da tributação como entidades independentes.

---

[971] Entre as vantagens apontadas ao princípio da tributação unitária ou global, destacam-se a maior coerência com a realidade económica dos grupos empresariais multinacionais e o facto de evitar as múltiplas dificuldades inerentes à ficção de que as relações envolvendo empresas associadas e estabelecimentos estáveis podem ser reconduzidas a relações entre entidades independentes, para efeitos da determinação do lucro tributável de cada uma dessas empresas ou estabelecimentos.

[972] Cfr. OCDE, *Transfer Pricing Guidelines for Multinational Enterprises and Tax Administrations*, Serviço de Publicações da OCDE, Paris, 1995, parágrafo 3.63. Cfr., no mesmo sentido, o parágrafo 3.74.

[973] Surgiram no âmbito da UE, principalmente a partir de 2001, propostas de modelos de tributação das sociedades caracterizados pelo apuramento de uma base tributável única em relação às várias empresas que integram o grupo multinacional de empresas, de acordo com o princípio da tributação unitária ou global. Nos anos seguintes, as atenções centraram-se especialmente no modelo da Tributação de Base Comum Consolidada, tendo ocorrido, no âmbito da UE, variadas iniciativas de debate e análise de aspectos relacionados com uma matéria colectável comum consolidada no Imposto sobre as Sociedades. A Comissão pretendia inclusivamente apresentar, até ao final de 2008, uma proposta de directiva referente à matéria colectável comum consolidada no Imposto sobre as Sociedades. Contudo, tal apresentação não chegou a concretizar-se, em resultado da oposição de alguns Estados-membros.

Parte III – Conclusões Gerais 511

Para que fosse possível a adopção de um princípio da tributação unitária ou global no âmbito da UE, teriam de existir vontade política por parte dos Estados, iniciativas institucionais suficientemente fortes, uma cooperação profunda e sistemática entre os Estados envolvidos, bem como entre as respectivas autoridades fiscais, e um detalhado trabalho técnico, no sentido de se alcançar o acordo necessário ao adequado funcionamento deste modelo de tributação. Desta forma, duvidamos que seja possível a consagração de um método unitário de tributação, aplicável em termos generalizados, a breve trecho, mesmo no seio da UE.

3.6. Princípio da Tributação Distinta e Sucessiva de Sociedades e Sócios

Tanto no DFI como no Direito da UE prevalece, em termos gerais, a tributação distinta e sucessiva de sociedades e sócios.

Contudo, a opção pela tributação distinta e sucessiva de sociedades e sócios gera uma dupla tributação económica (que será dupla tributação económica internacional, se estiver em causa a tributação em Estados distintos).

A este propósito, referiremos *infra* a atitude mais sistemática do Direito da UE, em comparação com o DFI, no que toca à prevenção e eliminação da dupla tributação económica.

3.7. Princípio da Não Discriminação

Tanto o DFI como o Direito da UE consagram proibições de discriminação fiscal. Existe um campo de sobreposição entre o princípio de não discriminação do MC OCDE e o do Direito Fiscal Europeu, na medida em que este último – nos termos da sua interpretação e aplicação pelo Tribunal de Justiça – cobre a generalidade das situações de proibição de discriminação especificamente previstas no MC OCDE.

Assim, devido à aludida sobreposição parcial, a aplicação das proibições de discriminação previstas nas CDT[974] e no TFUE à mesma situação não origina, em muitos casos, um conflito.

---

[974] Assumindo que tais CDT seguem o princípio da não discriminação consagrado no MC OCDE.

512 *Princípios do Direito Fiscal Internacional*

A existência de disposições de não discriminação nas CDT que sejam aplicáveis ao caso em apreço não impede que, tratando-se de Estados-membros, se aplique o princípio de não discriminação previsto no TFUE, na medida em que este imponha uma obrigação de não discriminação mais ampla do que a da CDT. Deste modo, se os tribunais nacionais ou as autoridades fiscais competentes dos dois Estados-membros contratantes de uma CDT não considerarem que existe discriminação fiscal nos termos do artigo 24.º da CDT (inspirado no artigo 24.º do MC OCDE), devem ainda verificar se a diferenciação fiscal em apreço viola ou não a proibição de discriminação fiscal decorrente do Direito da UE, nos termos em que esta é interpretada pelo Tribunal de Justiça.

Como, não obstante parcialmente sobrepostas, as proibições de discriminação fiscal do Direito da UE e do DFI apresentam diferenças significativas de conteúdo, uma das áreas de potencial conflito entre as CDT e o Direito da UE situa-se, precisamente, neste campo. Teremos oportunidade, mais adiante, de referir as principais diferenças entre as proibições de discriminação fiscal em apreço, quando aludirmos aos saltos qualitativos que a proibição de discriminação do Direito da UE envolve, a diversos níveis, em relação à do artigo 24.º do MC OCDE.

4. Saltos Qualitativos do Direito Fiscal Europeu Face ao Direito Fiscal Internacional

Conforme tivemos oportunidade de referir *supra*, consideramos que o Direito Fiscal Europeu continua a assentar grandemente sobre os princípios e conceitos fundamentais do DFI, que aceita e aplica em termos gerais. Perante a falta de disposições expressas do TFUE em matéria de tributação directa, associada ao ainda reduzido número de directivas nesta área[975], é natural que o Tribunal de Justiça utilize como ponto de partida os princípios fundamentais de DFI, amplamente consolidados e concretizados na legislação fiscal nacional dos Estados-membros e nas CDT por estes celebradas.

Todavia, o contexto de integração económica e os objectivos específicos do Direito da UE impõem exigências acrescidas ao nível do

---

[975] Elas próprias, aliás, também largamente assentes sobre os princípios do DFI.

Parte III – Conclusões Gerais   513

tratamento fiscal das situações tributárias internacionais – principalmente em termos de salvaguarda das liberdades de circulação consagradas no TFUE e de obediência a uma proibição de discriminação mais rigorosa e abrangente do que a do DFI.

Deste modo, o Direito Fiscal Europeu – através do regime previsto nas directivas europeias relativas à tributação directa, e sobretudo pela mão do Tribunal de Justiça – tem necessidade de proceder à alteração e desenvolvimento dos princípios do DFI. Trata-se, conforme referimos, de uma resposta às exigências acrescidas que são impostas ao Direito Fiscal Europeu pela integração europeia, ao nível do tratamento fiscal das situações tributárias internacionais.

O Direito Fiscal Europeu tem, assim, vindo a adaptar os princípios fundamentais do DFI às necessidades específicas do contexto de integração que caracteriza a UE, mediante um processo evolutivo que se encontra ainda em curso e que conduz esses princípios a patamares superiores de elaboração e de exigência, fazendo simultaneamente uma utilização mais versátil e flexível dos conceitos que lhes estão associados.

As alterações e desenvolvimentos dos princípios do DFI levados a cabo pelo Direito Fiscal Europeu representam, pois, um nível superior de elaboração em termos de tratamento das situações tributárias internacionais, constituindo ganhos qualitativos do Direito Fiscal Europeu em relação ao DFI. Tais incrementos qualitativos podem ser de carácter predominantemente valorativo ou conceptual[976].

Nestes termos, conforme foi já sustentado *supra*, podemos afirmar que o Direito Fiscal Europeu corresponde a um estádio superior de evolução do DFI, alcançado sob o impulso dos desafios que o processo de integração europeia cria em termos de fiscalidade internacional.

Aprofundando um pouco mais a razão de ser dos aludidos saltos qualitativos do Direito da UE face ao DFI, podemos afirmar que estes se explicam, fundamentalmente, pelos diferentes objectivos de cada uma das referidas ordens jurídicas, associados às disparidades de grau e de extensão existentes entre a integração económica internacional dentro e fora do espaço da UE.

---

[976] Embora com uma certa sobreposição entre ambos, na medida em que determinadas alterações impostas pelo Direito da UE aos princípios do DFI constituem simultaneamente um salto qualitativo no plano valorativo e no plano conceptual.

514   *Princípios do Direito Fiscal Internacional*

Com efeito, tendo em conta a importância da ultrapassagem dos obstáculos de índole fiscal que podem entravar o processo de integração económica, naturalmente que só é possível atingir graus superiores de integração económica se o processo for acompanhado por um aperfeiçoamento dos instrumentos fiscais disponíveis. Ora, no caso da UE, dada a excassez de fontes legais europeias em matéria de tributação directa, o aludido aperfeiçoamento tem vindo a ser conduzido, em grande medida, por via jurisprudencial, através da actuação do Tribunal de Justiça[977].

Sendo o princípio da não discriminação a grande força motriz da actuação do Tribunal de Justiça no campo da tributação directa – embora por referência à salvaguarda das liberdades de circulação – é importante que nos detenhamos brevemente nele.

Entre as razões das distintas amplitude e sofisticação do princípio da não discriminação no DFI e no Direito da UE, podemos apontar a diferente importância da problemática da não discriminação em cada uma das aludidas ordens jurídicas, a diferença do contributo do princípio da não discriminação para a prossecução dos objectivos fundamentais de cada uma delas – resultantes, precisamente, das diferenças existentes entre ambas ao nível da integração económica. Com efeito, o princípio da não discriminação do Direito da UE foi moldado pelo avançado estádio de integração económica existente ao nível da UE e pelas exigências acrescidas que tal coloca em termos de não discriminação, designadamente no plano fiscal[978].

A extrema importância do princípio da não discriminação no âmbito do Direito da UE – grandemente justificada pela sua ligação com a salvaguarda das liberdades de circulação consagradas no TFUE, essenciais aos objectivos europeus – justifica amplamente o papel central que o princípio em causa assume na jurisprudência do Tribunal de Justiça e o

---

[977] Perante a referida constatação, pode questionar-se se será esta a forma mais adequada de proporcionar à UE os saltos qualitativos fiscais necessários a que o aspecto tributário possa acompanhar as exigências do processo de integração. Não nos parece, efectivamente, que deva existir uma tão grande prevalência da jurisprudência na prossecução do importante objectivo da adequação às necessidades de UE do tratamento fiscal das situações tributárias internacionais – conforme referimos noutros pontos do presente estudo.

[978] RAMON J. JEFFERY, *The Impact of State...*, p. 91.

elevado grau de elaboração e sofisticação a que o Tribunal chegou relativamente ao mesmo. No campo fiscal, o Tribunal de Justiça explora múltiplas facetas do princípio da não discriminação e alarga o âmbito de protecção assegurado aos sujeitos passivos a situações e a circunstâncias que não são visadas pelas regras específicas de proibição de discriminação que integram o artigo 24.º do MC OCDE.

Em contrapartida, a menor importância do princípio da não discriminação para a prossecução dos objectivos essenciais do DFI, faltando-lhe uma força motriz similar à assegurada pelas liberdades de circulação consagradas no TFUE, contribui para explicar a menor sofisticação e a progressão menos ambiciosa do DFI em termos de proibição da discriminação fiscal.

Note-se ainda que, no plano do DFI, não há paralelo institucional para o papel que, no plano do Direito da UE, o Tribunal de Justiça desempenha quanto à interpretação do princípio da não discriminação, desenvolvendo continuamente novas facetas do mesmo. A evolução do princípio assegurada pela OCDE, designadamente através dos Comentários ao MC OCDE, é bastante menos arrojada do que a induzida pelo Tribunal de Justiça quanto ao princípio da não discriminação do Direito da UE. Para além das óbvias diferenças em termos de integração económica, existentes entre a OCDE e a UE, outro motivo prende-se com a procura do consenso internacional ao nível da OCDE – questão que, no âmbito da UE, tem vindo a ser ultrapassada através da actuação a nível jurisprudencial, "deixando entrar pela janela aquilo que os Estados-membros resistem em deixar entrar pela porta".

4.1. Saltos Qualitativos de Carácter Valorativo

A utilização muito própria que o Direito Fiscal Europeu faz dos princípios do DFI é potenciada pelo grande contributo da jurisprudência para o desenvolvimento do Direito Fiscal Europeu. Com efeito, a jurisprudência, pela sua própria natureza, permite aferir se, no caso particular, se verifica (ou não) a efectivação dos valores subjacentes aos princípios de DFI, nos quais se baseia a previsão de determinado regime fiscal.

O Direito Fiscal Europeu, pela mão do Tribunal de Justiça, revela uma maior preocupação com os aspectos valorativos na conciliação dos vários princípios de DFI em jogo num caso concreto, atentas as circuns-

516   *Princípios do Direito Fiscal Internacional*

tâncias do caso e a situação do sujeito passivo. Este aspecto relaciona-se com o aprofundamento das exigências de justiça material no caso concreto.

Pode, assim, concluir-se que, graças à preocupação de salvaguardar as liberdades de circulação consagradas pelo TFUE, o Direito da UE presta uma maior atenção à essência da proibição de discriminação, à existência de uma igualdade material e não meramente formal entre os sujeitos passivos. Desenvolve, assim, um esforço mais intenso de articulação da proibição de discriminação com as circunstâncias do caso concreto, um maior controlo dos resultados da decisão, no que diz respeito à efectivação dos valores essenciais dos princípios em jogo. Em resultado desse esforço, a protecção contra a discriminação abarca, no Direito Fiscal Europeu, um conjunto de situações que não beneficiam de tal protecção no contexto do DFI.

4.1.1. *Fortalecimento da protecção no Estado da residência*

O Direito da UE avançou bastante, em comparação com o que se verifica no DFI, no campo da protecção dos sujeitos passivos contra situações de discriminação fiscal exercida pelo próprio Estado da residência.

Referimos *infra* aqueles que nos parecem os aspectos mais relevantes no que toca ao fortalecimento da protecção do sujeito passivo contra uma discriminação fiscal no Estado da residência.

i) *Tratamento fiscal de residentes com uma conexão com outro Estado*

No caso de dois sujeitos passivos residentes, quando um deles tenha e o outro não uma conexão fiscalmente relevante com outro Estado-membro distinto do Estado de residência, a legislação fiscal do Estado de residência trata-os frequentemente de modo diferente, devido à existência da aludida conexão fiscalmente relevante com outro Estado-membro relativamente a um deles.

A conexão com o outro Estado-membro pode referir-se, por exemplo, à fonte dos rendimentos do sujeito passivo residente. Ora, o MC OCDE não prevê qualquer proibição específica de discriminação a este propósito, premitindo o tratamento fiscal menos favorável, no Estado da residência, de um sujeito passivo residente relativamente aos rendimentos de origem estrangeira, em comparação com o tratamento fiscal previsto para rendimentos similares de fonte nacional.

O Direito da UE, em contrapartida, procura assegurar que os sujeitos passivos residentes que apresentem algum tipo de conexão com outro Estado-membro não sejam sujeitos a um tratamento fiscal mais desfavorável em virtude dessa conexão, quando tal consubstancie uma discriminação injustificada. Assim, o Tribunal de Justiça tem apreciado em diversos casos a questão da (des)conformidade com o Direito da UE da existência de diferenças ao nível do tratamento fiscal de sujeitos passivos residentes com uma conexão com o outro Estado-membro referente ao próprio sujeito passivo, por exemplo porque permaneceu no outro Estado-membro parte do período relevante para efeitos fiscais (v.g. Caso *Biehl*[979]) ou porque desejava transferir a sua sede de um Estado-membro para outro (v.g. Caso *Daily Mail*[980]). Também apreciou casos em que a conexão com o outro Estado-membro se referia à fonte dos rendimentos desse sujeito passivo residente, pessoa singular ou colectiva (v.g. Casos *Verkooijen, Lenz, Manninen, Meilicke, Test Claimants in the FII Group Litigation, Orange European Smallcap Fund*[981]), ou à realização nesse outro Estado--membro de despesas que se pretendiam deduzir (v.g. Caso *Bachmann*[982]).

ii) Dedutibilidade fiscal de pagamentos efectuados a não residentes

Tanto o artigo 24.º n.º 4 do MC OCDE como o Direito da UE se preocupam em assegurar a dedutibilidade fiscal de pagamentos a não residentes, nas mesmas condições do que se tais pagamentos tivessem sido efectuados a um residente.

Contudo, enquanto que o artigo 24.º n.º 4 do MC OCDE se refere apenas aos pagamentos efectuados por uma empresa residente num Estado contratante, o Direito da UE vai mais longe, procurando assegurar a neutralidade fiscal do recurso a serviços prestados por não residentes e por residentes, não apenas na esfera das empresas, mas também na esfera dos

---

[979] Caso C-175/88.
[980] Caso C-81/87.
[981] Casos C-35/98, C-315/02, C-319/02, C-292/04, C-446/04 e C-194/06, respectivamente.
[982] Caso C-204/90.

518 *Princípios do Direito Fiscal Internacional*

sujeitos passivos individuais. As desvantagens fiscais a combater podem dizer respeito tanto à forma de tributação do rendimento originado pelo serviço adquirido a um não residente[983], como à rejeição da dedutibilidade fiscal de despesas com a aquisição de serviços a um não residente[984].

iii) *Tratamento fiscal de empresas com capital estrangeiro*

Tanto o n.º 5 do artigo 24.º do MC OCDE como o Direito da UE visam proteger contra a discriminação as subsidiárias de empresas não residentes[985], evitando que estas sejam sujeitas, no Estado onde foram constituídas, a qualquer tributação ou obrigação com ela conexa diferente ou mais gravosa do que aquelas a que estejam ou possam estar sujeitas a generalidade das empresas residentes nesse Estado.

Contudo, importa salientar o facto de o Direito da UE ter alcançado, relativamente a esta questão, um nível de sofisticação e de exigência bastante superior ao do DFI em geral[986].

A preocupação do Direito da UE com a questão da discriminação, a sua abordagem à questão, é mais essencialista do que a do DFI. O Direito da UE analisa a realidade económica e social, as circunstâncias que em termos padrão rodeiam os casos concretos (v.g. o facto de as subsidiárias de sociedades não residentes irem mais provavelmente desenvolver actividades de investigação fora do Estado onde se localizam, no Caso *Baxter* – Caso C-254/97 –, ou o facto de normalmente serem os nacionais de outros Estados-membros quem não permanece no Estado de residência durante todo o ano fiscal), no sentido de acautelar que não subsistam discriminações relacionadas com esses aspectos particulares.

---

[983] Caso *Lindman*, C-42/02; Caso *Comissão v. França*, C-333/02.

[984] Caso *Comissão v. Alemanha*, C-318/05; Caso *Schwarz*, C-76/05.

[985] Mais propriamente, no que se refere à previsão do n.º 5 do artigo 24.º do MC OCDE, as empresas de um Estado contratante cujo capital seja possuído ou controlado, total ou parcialmente, por residentes do outro Estado contratante.

[986] Um exemplo do que referimos é a decisão do Tribunal de Justiça relativamente ao já aludido Caso *Baxter*, C-254/97. Nos termos desta decisão, o Tribunal de Justiça considerou que a legislação francesa que não permite a dedução de gastos com investigação científica e técnica levados a cabo fora da França implica um tratamento fiscal mais gravoso para as subsidiárias francesas de sociedades não residentes, uma vez que são estas que, mais provavelmente, desenvolvem actividades de investigação fora da França.

Parte III – Conclusões Gerais 519

No plano do DFI, entende-se que estão fora do âmbito de protecção contra a discriminação do n.º 5 do artigo 24.º do MC OCDE os regimes fiscais que se referem à relação entre uma empresa residente e outras empresas residentes (por exemplo, os regimes de consolidação fiscal, os referentes à comunicabilidade de perdas fiscais ou à transferência de propriedade sem encargos fiscais entre empresas pertencentes ao mesmo grupo)[987].

Em contrapartida, no âmbito do Direito da UE a jurisprudência do Tribunal de Justiça tem vindo a apreciar o carácter discriminatório de diversos regimes fiscais que se encontram, conforme acima aludido, fora do âmbito das proibições de discriminação consagradas pelo MC OCDE, designadamente pelo n.º 5 do artigo 24.º.

É o caso dos regimes que recusam a atribuição, a subsidiárias de sociedades não residentes, das vantagens fiscais relativas a regimes de tributação de grupo. Assim, nos termos da jurisprudência do Tribunal de Justiça, tal recusa prejudica as subsidiárias de sociedades-mães de outros Estados-membros e é, portanto, susceptível de violar o direito de estabelecimento[988].

Também os regimes mais favoráveis de transferências de activos entre empresas pertencentes ao mesmo grupo são apreciados pelo Tribunal de Justiça quanto ao seu carácter discriminatório, designadamente quando negam ou restringem a possibilidade do seu benefício a entidades não

---

[987] Cfr. parágrafo 77 dos Comentários ao artigo 24.º n.º 5 do MC OCDE (com a redacção introduzida pela última actualização ao MC OCDE, aprovada pelo Conselho da OCDE em 17 de Julho de 2008).

[988] Refiram-se, a este propósito, as decisões do Tribunal de Justiça quanto à legislação do Reino Unido referente ao *"advance corporation tax"* (ACT), devido aquando da distribuição de dividendos, nos Casos *Metallgesellschaft/Hoechst* (Casos apensos C--397/98 e C- 410/98) e *Test Claimants FII Group Litigation* (Caso C-446/04). Contudo, em sentido distinto, veja-se o Caso *Oy AA* (Caso C-231/05). Refira-se ainda, neste contexto, o Caso *Société Papillon* (Caso C-418/07), no âmbito do qual o Tribunal de Justiça considerou ser contrária ao Direito Comunitário a legislação de um Estado--membro que concede um regime de tributação pelo lucro consolidado a uma sociedade--mãe residente desse Estado-membro cujas filiais sejam igualmente residentes no mesmo Estado, mas nega a concessão do regime em causa a essa sociedade-mãe se as suas subfiliais residentes forem detidas por intermédio de uma filial residente noutro Estado--membro.

520   *Princípios do Direito Fiscal Internacional*

residentes ou a entidades detidas por não residentes – estando, em contra-partida, fora do âmbito das proibições de discriminação consagradas pelo MC OCDE[989].

De igual modo, foram também apreciados pelo Tribunal de Justiça, quanto à existência de discriminação, casos relativos à comunicabilidade de perdas fiscais em diversos tipos de situações – revelando um âmbito mais amplo de proibição de discriminação fiscal do que aquele que caracteriza o DFI em geral, bem como uma maior sofisticação do Direito da UE na aferição das situações de discriminação[990].

As diferenças de âmbito e de grau de exigência entre o DFI e o Direito da UE, no que toca à proibição de discriminação, sentem-se também fortemente ao nível da tributação dos sócios não residentes. O n.º 5 do artigo 24.º do MC OCDE não abarca a questão da tributação dos sócios não residentes – não proibindo que o rendimento que lhes é distri-buído seja objecto de um tratamento fiscal diferente em relação ao ren-dimento distribuído aos sócios residentes, nem que haja sujeição a retenção na fonte de dividendos pagos aos sócios não residentes, mas não dos dividendos pagos aos sócios residentes. Em contrapartida, quaisquer diferenças injustificadas de tratamento fiscal a este nível podem ser objecto de análise e decisão pelo Tribunal de Justiça. Veja-se, quanto à questão da retenção na fonte relativamente a dividendos pagos a sócios não resi-dentes, os Casos *Kerckhaert-Morres, Denkavit Internationaal* e *Amurta*[991].

iv) Possibilidade de invocar o princípio da não discriminação perante o próprio Estado de nacionalidade ou residência

No DFI, nos termos do artigo 24.º n.º 1 do MC OCDE, os nacionais de um Estado não podem invocar a protecção do princípio da não discriminação em relação ao seu próprio Estado de nacionalidade[992]. De

---

[989] Refiram-se, a este propósito, os Casos *X AB e Y AB*, C-200/98; *X e* Y, C-436/00; *Test Claimants Thin Cap*, C-524/04; *Lasertec*, C-492/04; e *Oy AA*, C-231/05.

[990] Quanto à comunicabilidade de perdas fiscais, podemos apontar, designadamente, os Casos *Futura Participations e Singer*, C-250/95; *ICI*, C-264/96; *AMID*, C-141/99; *Marks & Spencer*, C-446/03; *Rewe Zentralfinanz*, C-347/04; e *Stahlwerk Ergste Westig*, C-415/06.

[991] Casos C-513/04, C-170/05 e C-379/05, respectivamente.

[992] Esta disposição visa somente proteger os nacionais de um Estado contratante contra a discriminação perpetrada pelo outro Estado contratante.

Parte III – Conclusões Gerais 521

forma similar, mas no que toca à residência, a protecção do n.º 3 do artigo 24.º não pode ser invocada por uma empresa residente de um Estado contratante em relação ao seu próprio Estado de residência. A protecção contra a discriminação pode ser invocada pela empresa residente de um Estado contratante apenas contra o outro Estado contratante no qual tenha um estabelecimento estável[993].

Diferentemente, o princípio da não discriminação consagrado no Direito da UE pode ser invocado quer por um nacional quer por um residente de um Estado-membro, face a uma regra da legislação interna desse mesmo Estado (da nacionalidade ou da residência, respectivamente) que o prejudique, desde que a situação envolva o exercício das liberdades europeias fundamentais. É o que decorre, por exemplo, da decisão do Caso *Asscher*[994-995].

4.1.2. *Aprofundamento das exigências de justiça material no caso concreto*

As decisões do Tribunal de Justiça revelam, em diversos casos, um aprofundamento das exigências de justiça material no caso concreto, uma maior atenção prestada às circunstâncias do caso, um juízo valorativo mais cuidado em relação aos resultados da aplicação de determinado regime fiscal à situação concreta.

A aludida postura do Tribunal de Justiça constitui a base de novos desenvolvimentos e de graus superiores de elaboração dos princípios de DFI no plano da UE. A abordagem efectuada pelo Tribunal de Justiça relativamente à proibição de discriminação no campo fiscal é, a este propósito, bastante ilustrativa.

---

[993] Já no que diz respeito à proibição de discriminação contra as empresas de um Estado contratante pagadoras de juros, *royalties* e outras importâncias a um residente do outro Estado contratante (n.º 4 do artigo 24.º) e contra as empresas cujo capital seja possuído ou controlado por residentes noutro Estado contratante (n.º 5 do artigo 24.º), o princípio de não discriminação pode ser invocado por estas empresas perante o seu próprio Estado de residência. Cfr. GERALD TOIFL, *EC fundamental freedoms...*, p. 134.

[994] Caso C-107/94.

[995] CALDERÓN CARRERO, *La Doble Imposición...*, pp. 299-300.

522   *Princípios do Direito Fiscal Internacional*

A aplicação do princípio da não discriminação em razão da nacionalidade no contexto da UE revela uma preocupação – tendencialmente maior do que a que caracteriza o DFI – de adequar os regimes fiscais às particularidades da situação, de modo a aferir se, no caso concreto, a aplicação de determinado regime tributário redunda numa diferenciação fiscal (por exemplo, entre residentes e não residentes) inadmissível face ao Direito da UE.

Importa, aliás, salientar que a problemática da diferenciação fiscal entre residentes e não residentes constitui um campo particularmente fértil para a análise das diferentes formas de actuação do DFI e do Direito Fiscal Europeu. Designadamente, são bastante diferentes, no que se refere à questão do tratamento fiscal diferenciado de residentes e não residentes, as consequências da aplicação dos princípios de não discriminação em razão da nacionalidade do MC OCDE e do Direito Fiscal Europeu.

A este propósito, podemos desde já concluir que tais diferenças radicam, essencialmente, no facto de o Direito da UE, através da jurisprudência do Tribunal de Justiça, dar um passo adicional na análise da existência ou não de justificação, no caso concreto, para a diferenciação fiscal entre residentes e não residentes. O Direito Fiscal Europeu dedica, assim, uma maior atenção às circunstâncias da situação concreta, aferindo se, perante as suas particularidades, a diferenciação fiscal entre residentes e não residentes redundaria ou não numa discriminação injustificada. Deste modo, o Direito Fiscal Europeu pauta-se, tendencialmente, por um aprofundamento – em relação ao DFI – das exigências de justiça material no caso concreto, uma maior importância do juízo valorativo em relação aos resultados da aplicação de determinado regime fiscal à situação concreta, uma maior preocupação de justiça material e não apenas formal.

Com efeito, o artigo 24.º n.º 1 do MC OCDE limita-se a uma proibição de discriminação com base na nacionalidade, não se aplicando relativamente à diferenciação de tratamento fiscal em virtude de qualquer outro critério, designadamente a residência. Deste modo, nos termos do n.º 1 do artigo 24.º do MC OCDE, um tratamento desfavorável dos não residentes não fica abrangido pela proibição de discriminação indirecta em razão da nacionalidade. Sendo o tratamento fiscal diferenciado de residentes e não residentes um aspecto fundamental dos sistemas fiscais nacionais e das CDT, o artigo 24.º n.º 1 do MC OCDE admite-o plenamente.

Pelo contrário, o Direito da UE, face aos seus objectivos específicos, sentiu necessidade de "desafiar" esse paradigma. Sem romper com a

Parte III – Conclusões Gerais 523

distinção entre residentes e não residentes, o Direito da UE tem a preocupação de ver se a diferenciação em razão da residência se justifica ou não, tendo em conta as circunstâncias da situação em apreço, e se tal diferenciação redundaria ou não numa discriminação injustificada.

Enquanto o artigo 24.º n.º 1 MC OCDE não considera em caso algum como discriminatória a distinção de tratamento fiscal entre residentes e não residentes, o Direito da UE, em contrapartida, recorre a um conceito de discriminação indirecta em razão da nacionalidade, proibitivo de certos casos de distinção de tratamento fiscal aplicável a residentes e não residentes.

Os Comentários ao artigo 24.º do MC OCDE referem expressamente que não poderá retirar-se do artigo 24.º n.º 1 MC OCDE a proibição de uma discriminação indirecta correspondente a um tratamento distinto em função da residência, negando assim a admissibilidade, no contexto do MC OCDE, da construção europeia da discriminação indirecta decorrente de um tratamento fiscal distinto de residentes e não residentes em determinadas circunstâncias[996].

A este propósito, cabe salientar que, não impedindo os Estados contratantes de tratar os não residentes (ou as situações com conexões com outros Estados) de forma mais gravosa para efeitos fiscais – fora das situações específicas previstas nos n.ºs 3, 4 e 5 do artigo 24.º – o princípio da não discriminação do MC OCDE acaba por ter um impacto prático bastante reduzido. Sobretudo tendo em consideração que, na maioria dos Estados, as diferenciações de tratamento fiscal assentam na residência e não na nacionalidade.

Em contrapartida, nos termos da interpretação seguida pelo Tribunal de Justiça, o princípio da não discriminação em razão da nacionalidade vigente na UE proíbe não apenas as discriminações ostensivas fundadas na nacionalidade, mas também toda a forma de discriminação, designadamente por aplicação de outros critérios de diferenciação (como é o caso da residência), que conduzam a um resultado semelhante[997].

---

[996] Cfr. parágrafo 1 dos Comentários ao artigo 24.º do MC OCDE (com a redação introduzida pela última actualização ao MC OCDE, aprovada pelo Conselho da OCDE em 17 de Julho de 2008).

[997] Designadamente, Acórdão *Sotgiu*, C-152/73, parágrafo 11; Acórdão *Biehl*, C-175/88, parágrafo 13; Acórdão *Comissão v. Reino Unido*, C-279/89, parágrafo 42; Acórdão *Comissão v. Luxemburgo*, C-111/91, parágrafo 10; Acórdão *Commerzbank*, C-330/91, parágrafo 14; Acórdão *Halliburton*, C-1/93, parágrafo 15.

524   *Princípios do Direito Fiscal Internacional*

Esta interpretação do princípio da não discriminação na UE – que lhe atribui um alcance bastante mais amplo do que o do artigo 24.º do MC OCDE – tem consequências importantes ao nível do tratamento fiscal dos não residentes no ordenamento jurídico-tributário internacional, dado o primado do Direito da UE e o efeito directo tanto do artigo 18.º do TFUE como das normas sobre liberdades de circulação consagradas no mesmo Tratado.

Note-se, a este propósito, que a análise da jurisprudência do Tribunal de Justiça revela, em diversos casos, uma aceitação inicial e genérica por este da distinção entre residentes e não residentes, bem como da diferenciação do tratamento fiscal conferido a uns e a outros – vindo depois o Tribunal a concluir, na sequência da análise completa do caso concreto, que não existe uma diferença objectiva relevante entre residentes e não residentes, na situação em apreço, que possa justificar o tratamento fiscal distinto.

Um residente e um não residente frequentemente não estarão nas mesmas circunstâncias devido às suas intrinsecamente diferentes posições fiscais. Contudo, a perspectiva de que residentes e não residentes estão numa posição intrinsecamente desigual é tratada, nos termos da interpretação do princípio da não discriminação formulada pelo Tribunal de Justiça, como uma presunção ilidível – e não como um princípio absoluto, como sucede em grande medida nos termos do artigo 24 n.º 1 do MC OCDE. O facto de um sujeito passivo ser um não residente iria, por exemplo, ser irrelevante ao comparar a sua situação com a de um residente, se aquele de facto obtém todo o seu rendimento no Estado do qual ele não é residente.

Verifica-se, portanto, uma evolução do Direito da UE em relação ao DFI, quando o primeiro ultrapassa o paradigma de uma clivagem absoluta entre residentes e não residentes, analisando se, no caso concreto, as circunstâncias justificam ou não a distinção de regime fiscal entre uns e outros[998].

Deste modo, através da actuação do Tribunal de Justiça, o Direito da UE presta maior atenção às circunstâncias do caso concreto, verificando

---

[998] Acórdão *Avoir Fiscal*, parágrafos 18-20; Acórdão *Royal Bank of Scotland*, parágrafos 30-34; Acórdão *Saint-Gobain*, parágrafo 63; Acórdão *Schumacker*, parágrafos 36-38; Acórdão *Asscher*, parágrafo 42.

se existe efectivamente uma situação distinta de residentes e não residentes, num processo de aprofundamento das exigências de justiça material no caso concreto.

4.1.3. *Atribuição de maior protecção ao estabelecimento estável*

O não residente com estabelecimento estável, em virtude da natureza da sua presença no território do Estado de localização do estabelecimento, apresenta características similares às dos residentes neste Estado. Tal facto justifica uma sujeição, em grande medida, a regras tributárias semelhantes às aplicáveis aos residentes. Todavia, em virtude de se tratar de um sujeito passivo não residente, sem personalidade jurídica autónoma, integrado numa entidade mais ampla e exterior ao Estado da fonte, o regime fiscal do estabelecimento estável apresenta várias distinções relativamente ao aplicável aos sujeitos passivos residentes. Os estabelecimentos estáveis são assim, nalguns casos, sujeitos a um tratamento fiscal menos favorável – quer nos termos da legislação interna de alguns Estados, quer no que respeita à aplicação das CDT.

Embora tanto o n.º 3 do artigo 24.º do MC OCDE como o Direito da UE proíbam a tributação de um estabelecimento estável, no Estado onde se localiza, de forma menos favorável do que as empresas desse Estado que exerçam as mesmas actividades, o Direito da UE leva a protecção dos estabelecimentos estáveis mais longe.

A actuação do Direito Fiscal Europeu neste contexto assenta na preocupação de salvaguardar o direito de estabelecimento noutros Estados-membros, previsto no artigo 49.º do TFUE, bem como a plena liberdade dos agentes económicos quanto à escolha da forma jurídica para o exercício de tal direito. Pretende assegurar-se que os estabelecimentos estáveis não fiquem sujeitos a um regime fiscal mais desfavorável do que as subsidiárias – o que desincentivaria o recurso ao estabelecimento estável e implicaria uma discriminação proibida pelo Direito da UE.

Por outro lado, importa ter em conta que a questão da não discriminação fiscal do estabelecimento estável de uma sociedade de outro Estado-membro deve ser considerada tendo em conta o tratamento fiscal aplicável ao nível dos diversos Estados envolvidos.

Passamos, seguidamente, a apontar aqueles que nos parecem os aspectos mais relevantes, em termos de atribuição pelo Direito Fiscal

526 Princípios do Direito Fiscal Internacional

Europeu de maior protecção ao estabelecimento estável contra discriminações fiscais, em comparação com o que sucede no âmbito do DFI.

i) Protecção do estabelecimento estável contra a discriminação fiscal também no Estado de residência da sociedade matriz

A protecção contra a discriminação do estabelecimento estável prevista no n.º 3 do artigo 24.º do MC OCDE não pode ser invocada pela sociedade matriz deste perante o seu próprio Estado de residência. A aludida protecção pode ser invocada apenas perante o Estado contratante de localização do estabelecimento estável.

Em contrapartida, no Direito da UE, nos termos da jurisprudência do Tribunal de Justiça, a protecção contra a discriminação dos estabelecimentos estáveis abarca não só a tributação no respectivo Estado de localização mas também no Estado de residência da sociedade matriz.

ii) Inexistência de reservas relativamente à não discriminação do estabelecimento estável

No âmbito do DFI os Estados contratantes podem formular reservas ao artigo 24.º n.º 3 do MC OCDE, salvaguardando a aplicação de uma tributação diferente dos estabelecimentos estáveis, ao passo que no Direito da UE os Estados-membros se encontram vinculados às obrigações por este impostas, sem possibilidade de formulação de reservas ou de derrogações[999].

iii) Aplicação de vantagens fiscais previstas nas CDT

Em termos gerais, as CDT são aplicáveis apenas às pessoas residentes de um ou de ambos os Estados contratantes. Deste modo, os estabelecimentos estáveis não integram o âmbito subjectivo de aplicação das CDT dos Estados onde se localizam, uma vez que não têm personalidade jurídica própria (não preenchendo, portanto, o conceito de "pessoa"), nem são residentes no Estado de localização.

---

[999] Com ressalva, apenas, para as justificações aceites pelo TFUE e pela jurisprudência do Tribunal de Justiça quanto às medidas nacionais discriminatórias ou restritivas das liberdades fundamentais previstas no mesmo Tratado, nos termos referidos *infra*.

Parte III – Conclusões Gerais   527

A este propósito, não podemos deixar de apontar o forte contraste existente entre a já referida "personalização" da tributação dos estabelecimentos estáveis[1000], por um lado, e, por outro, a impossibilidade de estes beneficiarem das CDT celebradas pelo Estado no qual se localizam em termos similares aos das entidades aí residentes.

Ora, o facto de os estabelecimentos estáveis não beneficiarem, em termos gerais, das CDT do seu Estado de localização permite que sejam afectados por diversas situações de dupla tributação jurídica internacional e dupla tributação económica, no contexto das designadas "situações triangulares".

Perante este problema, o MC OCDE propõe, nos seus Comentários, a introdução pelos Estados de um texto adicional no âmbito do n.º 3 do artigo 24.º das CDT por si celebradas, no sentido de permitir a resolução da questão em apreço. A este aspecto nos referiremos na alínea seguinte.

O Tribunal de Justiça operou um avanço, a nosso ver maior, em termos de protecção dos estabelecimentos estáveis, determinando que estes devem beneficiar, em certas circunstâncias, das vantagens previstas nas CDT celebradas pelos respectivos Estados de localização.

Por exemplo, no Caso *Saint-Gobain*, o Tribunal de Justiça sustentou que os artigos 43.º e 48.º do Tratado CE [actuais artigos 49.º e 54.º do TFUE] impediam a exclusão dos estabelecimentos estáveis de sociedades residentes noutro Estado-membro do benefício de vantagens fiscais previstas nas CDT celebradas entre o Estado de localização do estabelecimento estável (neste caso, a Alemanha) e os Estados terceiros (no caso em apreço, a Suíça e os EUA) onde tinham origem os dividendos recebidos pelo estabelecimento estável alemão. Um estabelecimento estável de uma sociedade de outro Estado-membro deveria, assim, nos termos da decisão do Tribunal de Justiça, poder beneficiar, no Estado da sua localização, das aludidas vantagens fiscais das CDT deste Estado nos mesmos termos em que delas beneficiavam as suas sociedades residentes[1001].

[1000] Ou seja, a sujeição dos estabelecimentos estáveis, no Estado da sua localização, a uma tributação baseada num nexo pessoal de conexão, idêntico ao aplicável em relação às pessoas colectivas residentes.

[1001] Acórdão *Saint-Gobain*, parágrafo 63. Note-se que a obrigação imposta aos Estados-membros de alargarem os benefícios das suas CDT aos estabelecimentos estáveis, localizados no seu território, de sociedades de outros Estados-membros corresponde a

528   *Princípios do Direito Fiscal Internacional*

Há, todavia, que admitir que as decisões do Tribunal de Justiça não deram ainda o ousado passo de atribuir aos estabelecimentos estáveis um direito genérico à aplicação das CDT celebradas pelo respectivo Estado de localização, em termos similares às entidades residentes nesse Estado.

A jurisprudência do Tribunal de Justiça limita-se a determinar a aplicação aos estabelecimentos estáveis de vantagens fiscais específicas previstas nessas CDT, relativamente a situações de dupla tributação jurídica internacional e dupla tributação económica, no contexto das designadas "situações triangulares". Remetemos, assim, para o que a esse propósito referimos na alínea seguinte.

iv) Concessão ao estabelecimento estável de maior protecção contra a dupla tributação económica e jurídica internacional

Quando um estabelecimento estável receba rendimentos provenientes de um terceiro Estado (distinto quer do Estado onde o estabelecimento se localiza, quer do Estado da sociedade matriz[1002]), coloca-se a questão de saber se e em que medida o Estado contratante onde está situado o estabelecimento estável deverá imputar o imposto não recuperável do terceiro Estado.

O estabelecimento estável pode ficar sujeito a dupla tributação internacional, no caso de esta não ser eliminada ou atenuada através dos mecanismos previstos na legislação interna do Estado onde se localiza (os quais, de acordo com o n.º 3 do artigo 24.º do MC OCDE, deveriam ser aplicáveis ao estabelecimento estável[1003]).

Com efeito, o estabelecimento estável em princípio não beneficia, nem no seu Estado de localização, nem no terceiro Estado do qual provém

---

uma extensão unilateral das categorias de beneficiários dessas CDT, sem que isso comprometa as aludidas CDT ou tenha um impacto negativo na rede de CDT em geral. Conforme é salientado pelo próprio Tribunal de Justiça, o equilíbrio e a reciprocidade das CDT não seriam postos em causa por tal extensão, dado que esta não imporia novas obrigações aos Estados terceiros partes nessas CDT. *Vide*, a este respeito, Acórdão *Saint-Gobain*, parágrafo 59.

[1002] Existindo, portanto, uma situação triangular.

[1003] Note-se, contudo, que alguns Estados negam a existência, face ao artigo 24.º n.º 3 do MC OCDE, de uma obrigação de aplicar aos estabelecimentos estáveis localizados no seu território os regimes de eliminação da dupla tributação, principalmente económica, previstos na sua legislação interna.

Parte III – Conclusões Gerais 529

o rendimento, das disposições da CDT celebrada entre esses dois Estados[1004]. Os próprios Comentários ao MC OCDE reconhecem que uma situação triangular deste tipo não se encontra contemplada pela aludida CDT[1005], uma vez que as CDT são aplicáveis apenas às pessoas residentes de um ou de ambos os Estados contratantes.

Face ao exposto, relativamente aos Estados que não concedem a imputação do imposto suportado pelo estabelecimento estável no terceiro Estado – nem com base na respectiva legislação interna, nem por força do princípio da não discriminação dos estabelecimentos estáveis tal como este se encontra previsto no n.º 3 do artigo 24.º do MC OCDE – o MC OCDE limita-se a propor, nos seus Comentários, a introdução pelos Estados contratantes, nas suas CDT, de um texto adicional no âmbito do n.º 3 do artigo 24.º dessas CDT, susceptível de permitir a resolução da questão em apreço[1006].

Quanto a outras relações triangulares distintas da situação triangular "clássica" envolvendo três Estados – veja-se, por exemplo, o caso em que o Estado da sociedade matriz é também o Estado donde provêm os rendimentos imputáveis ao estabelecimento estável situado no outro Estado

---

[1004] *Vide* o parágrafo 5 dos Comentários ao artigo 21.º do MC OCDE e os parágrafos 9 e 10 dos Comentários ao artigo 23.º do MC OCDE.

[1005] *Vide* o parágrafo 11 dos Comentários ao artigo 23.º do MC OCDE.

[1006] O parágrafo 70 dos Comentários (já com a numeração dos Comentários resultante da última actualização ao MC OCDE, aprovada pelo Conselho da OCDE em 17 de Julho de 2008) sugere o aditamento pelos Estados, nas CDT celebradas, do seguinte texto, a ser incluído após a primeira frase do n.º 3 do artigo 24.º: "Quando um estabelecimento estável de um Estado contratante de uma empresa do outro Estado contratante receba dividendos ou juros provenientes de um Estado terceiro e a participação ou crédito geradores dos dividendos ou dos juros estão efectivamente associados a esse estabelecimento estável, o primeiro Estado concede um crédito de imposto relativamente ao imposto pago no Estado terceiro sobre os dividendos ou juros, consoante o caso, mas o montante desse crédito não poderá exceder o montante calculado mediante a aplicação da taxa correspondente prevista na Convenção em matéria de impostos sobre o rendimento e o património entre o Estado de que a empresa é residente e o Estado terceiro". Note- -se que as referências a "Estado terceiro" incluídas na citação acima transcrita correspondem, na terminologia por nós adoptada, a um "terceiro Estado", uma vez que, de forma a evitar equívocos, reservamos a expressão "Estado terceiro" apenas para os casos em que nos referimos a um Estado que não integra a UE.

530 *Princípios do Direito Fiscal Internacional*

– os Comentários ao MC OCDE sugerem a respectiva resolução pelos Estados, através de negociações bilaterais.

Assim, embora os Comentários ao MC OCDE se preocupem com a problemática da aplicação aos estabelecimentos estáveis dos regimes de eliminação ou atenuação da dupla tributação previstos nas CDT entre o Estado de localização do estabelecimento estável e o Estado de origem do rendimento, as soluções para esta questão limitam-se aos Comentários ao MC OCDE e estão completamente dependentes da vontade dos Estados contratantes, no que diz respeito à sua inclusão (ou não) nas CDT celebradas.

No que respeita à inclusão das soluções previstas apenas nos Comentários ao MC OCDE, há que admitir que também as disposições incluídas no próprio MC OCDE podem ser objecto de reservas por parte dos Estados, conducentes ao afastamento da sua aplicação pelo Estado que formule a reserva. Todavia, consideramos que a existência de regras quanto à questão em apreço apenas nos Comentários – sob a forma de uma indicação que os Estados podem optar por incluir nas suas CDT – em vez da inclusão de disposições no próprio MC OCDE, revela uma falta de consenso internacional a este propósito. Indicia também que, no contexto do DFI, os estabelecimentos estáveis continuarão a enfrentar, com alguma frequência, situações de dupla tributação jurídica internacional e dupla tributação económica, em particular no contexto de situações triangulares.

A situação é distinta no Direito da UE, no contexto do qual a protecção dos estabelecimentos estáveis de sociedades de outros Estados-membros contra a dupla tributação se encontra muitíssimo menos dependente do arbítrio dos Estados.

Pela nossa parte, consideramos que o princípio da proibição de discriminação, previsto no Direito da UE, impõe que o Estado-membro de localização do estabelecimento estável de uma sociedade de outro Estado-membro alargue a esse estabelecimento estável a aplicação das suas medidas internas destinadas à eliminação da dupla tributação internacional, nas mesmas condições previstas para os sujeitos passivos residentes no seu território[1007].

[1007] Também neste sentido, cfr. designadamente CALDERÓN CARRERO, *La Doble Imposición...*, p. 317; e LUC HINNEKENS, *Compatibility of bilateral... Applications of the rules...*, p. 225.

Este entendimento parece ser também o adoptado pelo Tribunal de Justiça, nos termos de cuja jurisprudência os estabelecimentos estáveis de sociedades de outros Estados-membros devem beneficiar, no respectivo Estado de localização, dos mecanismos de eliminação ou redução da dupla tributação relativamente a dividendos recebidos, previstos quer na legislação interna desse Estado quer em CDT, em termos similares aos aplicáveis às sociedades aí residentes, desde que se encontrem numa situação comparável a estas[1008]. O tratamento fiscal dos estabelecimentos estáveis em termos distintos dos referidos constitui uma discriminação fiscal inadmissível, contrária às disposições do TFUE relativas ao direito de estabelecimento.

Face ao exposto, o enquadramento do problema nos ordenamentos jurídicos em consideração revela, a nosso ver, um comprometimento do DFI na respectiva resolução menor do que o do Direito da UE.

v) Inclusão do estabelecimento estável no âmbito de aplicação das Directivas

No contexto do Direito Fiscal Europeu, os estabelecimentos estáveis ficam abrangidos pelos regimes fiscais previstos na Directiva dos juros e *royalties* e na Directiva sociedades-mães / sociedades afiliadas, o que é revelador das preocupações da UE quanto ao tratamento fiscal dos estabelecimentos estáveis.

vi) Reporte de perdas

De acordo com a jurisprudência do Tribunal de Justiça, é admissível o reporte de perdas pelo estabelecimento estável, no respectivo Estado de localização, desde que exista uma ligação económica entre as perdas a reportar e o rendimento obtido pelo estabelecimento no Estado-membro em questão[1009].

Quanto ao tratamento fiscal no Estado de residência da sociedade matriz do estabelecimento estável, a jurisprudência do Tribunal de Justiça

---

[1008] Caso *Avoir Fiscal*, C-270/83; Caso *Saint-Gobain*, C-307/97.
[1009] Caso *Futura Participations e Singer*, C-250/95.

532 *Princípios do Direito Fiscal Internacional*

determina que é incompatível com o Direito da UE a previsão de regimes diferentes de reporte dos prejuízos fiscais para sociedades residentes que tenham apenas estabelecimentos nacionais e para sociedades residentes detentoras de um ou mais estabelecimentos estáveis noutros Estados--membros[1010].

4.2. Saltos Qualitativos de Carácter Conceptual

Os saltos qualitativos de carácter conceptual traduzem-se numa maior flexibilidade, introduzida pelo Direito da UE através da jurisprudência do Tribunal de Justiça, ao nível dos princípios e dos conceitos fundamentais do DFI. As bipartições conceptuais entre residentes e não residentes e entre Estado da fonte e Estado da residência constituem as traves mestras sobre as quais assenta toda a construção do DFI. O Tribunal de Justiça, porém, em determinadas circunstâncias, ultrapassa a rigidez de tais bipartições. Continuando a utilizar os aludidos conceitos, atribui-lhes, todavia, um alcance e um papel distintos dos que tradicionalmente lhes cabiam no contexto do DFI.

O Direito da UE ousa, assim, conferir aos não residentes determinadas benesses fiscais que, nos termos dos princípios do DFI, se encontravam estritamente reservadas aos residentes. Ousa ainda alterar os papéis tradicionalmente reservados ao Estado da fonte e ao Estado da residência, no que toca ao modo de tributar de cada um deles e às suas obrigações perante os sujeitos passivos.

4.2.1. *Diminuição da rigidez da bipartição conceptual entre residentes e não residentes*

As posições fiscais de um residente e de um não residente são intrinsecamente diferentes, pelo que, em geral, eles não estarão nas mesmas circunstâncias. Isto resulta do facto de, no Estado da fonte, a obrigação fiscal dos não residentes ser limitada, ao passo que a obrigação fiscal dos residentes nesse Estado é normalmente ilimitada. Resulta também do facto de os não residentes estarem ainda sujeitos a imposto no seu Estado de residência.

[1010] Caso *AMID*, C-141/99.

Parte III – Conclusões Gerais

Contudo, a perspectiva de que residentes e não residentes estão numa posição intrinsecamente desigual é encarada pelo Tribunal de Justiça como uma presunção ilidível, uma presunção que subsistirá ou não dependendo dos factos da situação concreta.

Verifica-se, portanto, uma evolução do Direito da UE relativamente ao DFI, no sentido da ultrapassagem de uma presunção inilidível de diferenciação entre a situação de residentes e não residentes. O Direito da UE supera o paradigma de absoluta distinção entre residentes e não residentes, analisando se no caso concreto as circunstâncias justificam ou não a diferenciação de regime fiscal entre uns e outros. O Direito da UE presta, assim, atenção às circunstâncias do caso concreto, verificando se existe efectivamente uma situação distinta de residentes e não residentes.

O Tribunal de Justiça limita a aceitação de um tratamento fiscal distinto de sujeitos passivos residentes e não residentes aos casos em que exista uma diferença objectiva relevante entre as situações dos dois tipos de sujeitos passivos. Só quando tal condição se verifique é que a aludida diferenciação fiscal entre residentes e não residentes é aceitável, na perspectiva do Direito da UE.

Deste modo, nos casos em que os não residentes se encontram na mesma situação objectiva que os residentes, o diferente tratamento fiscal de uns e outros constitui uma discriminação proibida pelo Direito da UE[1011]. O Tribunal de Justiça procede, nestes casos, a uma assimilação entre não residentes e residentes, tentando superar a distinção entre as duas categorias de sujeitos passivos – consagrada pelo DFI e reconhecida pelo Direito da UE, em termos gerais – quando tal se revele necessário para cumprir as superiores exigências de não discriminação que pautam o Direito da UE.

As divergências existentes entre o DFI e o Direito da UE no que diz respeito à diferença do tratamento fiscal aplicável a residentes e não residentes – diferença esta aceite em termos muito mais amplos pelo DFI do que pelo Direito da UE – fundamentam-se, em grande medida, na diferença de alcance do princípio da não discriminação consagrado em cada um deles.

O artigo 24.º n.º 1 do MC OCDE proíbe a discriminação em razão da nacionalidade, mas não é aplicável quando exista uma diferenciação

---

[1011] Acórdão *Avoir Fiscal*, parágrafos 19-20; Acórdão *Royal Bank of Scotland*, parágrafos 30-34; Acórdão *Saint-Gobain*, parágrafo 63.

534   *Princípios do Direito Fiscal Internacional*

fiscal em razão de outros critérios, como o da residência. Assim o tratamento fiscal diferente de residentes e não residentes não constitui, no âmbito do DFI, uma discriminação, fora das situações muito restritas expressamente previstas noutros números do artigo 24.º do MC OCDE. Em contrapartida, no âmbito da proibição da discriminação em razão da nacionalidade prevista no artigo 18.º do TFUE, a diferenciação do regime fiscal aplicável em razão da residência pode constituir, em determinadas circunstâncias, uma discriminação indirecta em razão da nacionalidade[1012].

Podemos concluir, face ao exposto, que o Direito da UE, através da jurisprudência do Tribunal de Justiça, impõe ao Estado da residência uma limitação no que toca à possibilidade de prever um tratamento fiscal diferente para sujeitos passivos residentes e não residentes (estes últimos, aí tributados apenas em relação aos rendimentos obtidos no território do Estado em apreço, mas usualmente privados de deduções relacionadas com a obtenção do rendimento e, no caso de indivíduos, de deduções ou abatimentos relacionados com a sua situação pessoal e familiar). Em termos gerais, tais diferenças só são aceitáveis, na perspectiva do Direito da UE, quando exista uma diferença objectiva relevante entre as situações de sujeitos passivos residentes e não residentes.

A ultrapassagem pelo Direito da UE de uma bipartição rígida entre residentes e não residentes encontra-se também patente na consagração da figura do "residente virtual", inicialmente prevista no Caso *Schumacker*. Trata-se de uma espécie de "terceiro género", de um não residente cuja situação é, em determinada medida, similar à de um residente – e que, portanto, nos termos da jurisprudência do Tribunal de Justiça, deve beneficiar de um tratamento fiscal similar ao conferido aos residentes[1013].

Note-se, por fim, que, não obstante a elaboração jurisprudencial desta matéria, subsistem ainda dúvidas quanto à abrangência da limitação imposta pelo TFUE relativamente à adopção, pelos Estados-membros, de regimes fiscais distintos para residentes e não residentes[1014-1015].

[1012] Conforme foi já referido, Acórdão *Sotgiu*, C-152/73, parágrafo 11; Acórdão *Biehl*, C-175/88, parágrafo 13; Acórdão *Comissão v. Reino Unido*, C-279/89, parágrafo 42; Acórdão *Comissão v. Luxemburgo*, C-111/91, parágrafo 10; Acórdão *Commerzbank*, C-330/91, parágrafo 14; Acórdão *Halliburton*, C-1/93, parágrafo 15.

[1013] A questão do "residente virtual" é abordada em maior pormenor *infra*.

[1014] JACQUES MALHERBE, PHILIPPE MALHERBE, ISABELLE RICHELLE, EDOARDO TRAVERSA, *The Impact of the Rulings...*, p. 58.

4.2.2. Diminuição da rigidez da bipartição conceptual entre atribuições do Estado da fonte e do Estado da residência

O Tribunal de Justiça operou uma modificação dos parâmetros tradicionais da tributação no Estado da residência e no Estado da fonte, adequando assim as regras do DFI às exigências do Direito da UE.

Podemos afirmar, todavia, que a actuação do Tribunal de Justiça operou uma ampliação e um enriquecimento ainda mais significativos do papel do Estado da fonte do que do papel do Estado da residência, no contexto do enquadramento fiscal de situações tributárias envolvendo mais do que um Estado-membro.

As decisões do Tribunal de Justiça nesta matéria têm vindo a impor ao Estado da fonte, no que diz respeito à forma de tributar sujeitos passivos não residentes nesse Estado, preocupações e funções que não se incluem no seu papel tal como este é tradicionalmente visto pelo princípio da fonte no DFI. O Tribunal de Justiça também sujeita o Estado da fonte a diversas limitações que este tradicionalmente não tem no contexto do DFI.

A análise da jurisprudência do Tribunal de Justiça neste campo permitiu-nos identificar diversas medidas cuja admissibilidade é, tendencialmente e em determinadas circunstâncias, rejeitada pelo Tribunal de Justiça. Salientamos, entre tais medidas, a imposição aos não residentes de uma retenção na fonte sobre o rendimento bruto obtido (não aplicável aos residentes), a recusa aos não residentes da dedução de despesas relativas à actividade desenvolvida no Estado da fonte (dedutíveis para os residentes), e a recusa em determinadas circunstâncias da concessão aos não residentes de abatimentos ou deduções ligados à situação pessoal ou familiar (concedidos aos sujeitos passivos residentes)[1016].

[1015] *Vide*, por exemplo, Acórdão *Scorpio*, parágrafos 36-38.

[1016] Importa salientar, contudo, que o Direito da UE não obriga os Estados--membros a concederem aos não residentes, em todas as circunstâncias, as vantagens fiscais concedidas aos seus residentes. Por exemplo, no que diz respeito à concessão de abatimentos, a existência de diferenças objectivas entre residentes e não residentes – como sejam o facto de a pessoa em questão estar ou não inscrita no sistema nacional de segurança social (Caso *Blanckaert*, C-512/03), ou o facto de beneficiar de uma vantagem comparável no Estado de residência (Casos *De Groot* e *Gerritse*, respectivamente C-385/00 e C-234/01) – é susceptível de justificar uma diferença de tratamento dos não residentes. Cfr. JACQUES MALHERBE, PHILIPPE MALHERBE, ISABELLE RICHELLE e EDOARDO TRAVERSA, *The Impact of the Rulings...*, p. 18.

536 *Princípios do Direito Fiscal Internacional*

A rejeição pelo Direito da UE das aludidas medidas alicerça-se na proibição de discriminação directa ou indirecta em razão da nacionalidade e na salvaguarda das liberdades de circulação consagradas no TFUE, que impõem um alargamento e um enriquecimento (eventualmente uma descaracterização?) do princípio da fonte, em relação ao que era o tradicional alcance deste princípio no DFI.

Sistematizando os resultados da análise às decisões do Tribunal de Justiça e às medidas fiscais por este julgadas como incompatíveis com o Direito da UE, consideramos que são as seguintes as principais inovações trazidas pelo Tribunal de Justiça relativamente ao princípio da fonte e aos termos tradicionais da tributação no Estado da fonte:

i) Limitação da admissibilidade da tributação distinta de rendimentos pagos a não residentes e a residentes. A admissibilidade de tal diferenciação verifica-se apenas nos casos em que a situação de ambos apresente diferenças objectivas que justifiquem o tratamento diferenciado[1017]. Esta regra é válida também quanto à retenção na fonte[1018].

Deste modo, o Tribunal de Justiça considera desconforme com o Direito da UE que os Estados-membros, enquanto Estados da fonte, apliquem aos não residentes um tratamento fiscal diferente do que aplicam aos residentes, quando os não residentes se encontrem na mesma situação que os residentes desses Estados.

ii) Dedutibilidade fiscal, no Estado da fonte, de custos e despesas incorridas pelo sujeito passivo não residente para a obtenção do rendimento tributável nesse Estado[1019].

iii) Obrigação de o Estado da fonte da maior parte dos rendimentos do trabalho do sujeito passivo não residente considerar, para

---

[1017] Acórdão *Avoir Fiscal*, parágrafos 18-20; Acórdão *Royal Bank of Scotland*, parágrafos 30-34; Acórdão *Saint-Gobain*, parágrafo 63; Acórdão *Schumacker*, parágrafos 36-38; Acórdão *Asscher*, parágrafo 42.

[1018] Acórdão *Denkavit Internationaal*, parágrafo 41; Acórdão *Amurta*, parágrafos 66-68.

[1019] Acórdão *Conijn*, C-346/04, parágrafos 20-25; Acórdão *Scorpio*, C-290/04, parágrafos 44-49; Acórdão *Centro Equestre da Lezíria Grande*, C-345/04, parágrafos 24-25.

Parte III – Conclusões Gerais

efeitos fiscais, a situação pessoal e familiar deste, criando-se uma doutrina do "residente virtual" no Estado da fonte[1020].

O sujeito passivo pode, portanto, ser considerado "residente virtual" no Estado da fonte do rendimento quando:

– a totalidade ou quase totalidade dos seus rendimentos é obtida no Estado-membro da fonte de rendimento; e
– em contrapartida, não obtém rendimentos suficientes no Estado-membro de residência para estar sujeito nesse Estado a uma tributação que tenha em conta a sua situação pessoal ou familiar.

Com efeito, quando um sujeito passivo obtém no Estado da residência apenas uma parte muito reduzida do seu rendimento tributável global, obtendo a totalidade ou quase totalidade do seu rendimento tributável no Estado do exercício da sua actividade (Estado da fonte), o sujeito passivo fica impossibilitado, em termos práticos, de beneficiar no Estado da residência das deduções ou abatimentos relativos à sua situação pessoal e familiar. Nestes casos, fica esvaziado de conteúdo o papel tradicionalmente reservado ao Estado de residência, de tomar em consideração as circunstâncias de natureza pessoal do sujeito passivo.

Em resposta a tal situação, e de modo a obviar à discriminação que a mesma acarretaria, o Tribunal de Justiça impõe, nos casos de "residência virtual", uma superação da contraposição, tradicional no DFI, do papel do Estado da residência (com poder de tributar a totalidade do rendimento obtido pelos seus residentes, tanto no seu território como no estrangeiro, mas devendo tomar em conta a situação pessoal e familiar destes) e do Estado da fonte (cujo poder de tributar, relativamente aos sujeitos passivos que não sejam seus residentes, se limita aos rendimentos por estes obtidos no seu território, não tendo geralmente que considerar a situação pessoal e familiar desses sujeitos passivos não residentes).

Os Acórdãos *Schumacker* e *Wielockx*[1021], ao consagrarem a figura do residente virtual no Estado da fonte, quando o sujeito passivo aí obtenha

---

[1020] Acórdão *Schumacker*, parágrafos 36-38 e 41. Em sentido similar, Acórdão *Gschwind*, parágrafo 27; Acórdão *De Groot*, parágrafo 89; Acórdão *Gerritse*, parágrafo 48; Acórdão *Wallentin*, parágrafos 17-19; Acórdão *Lakebrink*, parágrafo 36.

[1021] Casos C-279/93 e C-80/94. Este segundo acórdão retomou a aplicação da denominada "jurisprudência *Schumacker*".

538   *Princípios do Direito Fiscal Internacional*

a maior parte dos seus rendimentos do trabalho, introduzem uma nova regra nas relações tributárias entre Estados-membros.

A regra do "residente virtual", ao alterar os parâmetros tradicionais dos papéis do Estado da fonte e do Estado da residência, procura – mantendo o recurso aos princípios da fonte e da residência, centrais no DFI – adequá-los aos princípios do Direito da UE. A jurisprudência em apreço impõe, portanto, uma grande alteração do papel e da forma de tributação pelo Estado da fonte, tal como esta é encarada pelo DFI, em termos gerais, face aos princípios da fonte e da limitação territorial.

O Estado da fonte dos rendimentos do trabalho fica obrigado a contribuir para a eliminação de discriminações contrárias ao Direito da UE, mesmo que não lhes tenha directamente dado origem.

Em suma, podemos afirmar que o Direito da UE, pela mão do Tribunal de Justiça, procede a uma reinvenção do princípio da fonte, erguendo, sobre os alicerces deste princípio assentes pelo DFI, uma construção em grande medida inovadora.

4.2.3. *Eliminação da dupla tributação económica*

Embora a imputação indirecta se encontre já prevista em bastantes CDT – sobretudo nas mais recentes[1022] – a maioria continua a prever apenas a imputação directa. A maioria das CDT continua a actuar apenas ao nível da eliminação da dupla tributação jurídica internacional, e não da eliminação da dupla tributação económica internacional. Quanto ao MC OCDE, perante a complexidade das questões que o tema suscita e a oposição manifestada por diversos Estados, este não conseguiu avançar para uma consagração no seu texto da eliminação da dupla tributação económica[1023].

[1022] No que respeita às CDT celebradas por Portugal, algumas das mais recentes prevêem o método da imputação indirecta.

[1023] O MC OCDE limita-se a incluir nos seus Comentários a indicação de alguns métodos que podem ser seguidos pelos Estados que desejem prever nas suas CDT a solução para a dupla tributação económica dos dividendos. Cfr. parágrafos 51-52 dos Comentários ao artigo 23.º do MC OCDE.

Desta forma, podemos constatar que a tendência para a consagração da imputação indirecta, associada à preocupação com a eliminação da dupla tributação económica, é bastante mais notória no Direito Fiscal Europeu do que nas CDT.

Efectivamente, a Directiva sociedades-mães / sociedades afiliadas, para além da eliminação da dupla tributação jurídica internacional, assegura também a eliminação da dupla tributação económica – para tal permitindo aos Estados-membros que optem pela concessão de isenção ou pela concessão de um crédito de imposto indirecto ou imputação indirecta[1024]. A consagração da imputação indirecta, com o objectivo de eliminar a dupla tributação económica, é fulcral na concepção da Directiva sociedades-mães / sociedades afiliadas, contrastando com o regime de tributação dos dividendos e de eliminação da dupla tributação das CDT, em cujo universo a previsão da imputação indirecta não é ainda generalizada (e não se encontra, aliás, prevista no MC OCDE).

Também a jurisprudência do Tribunal de Justiça se preocupa com a eliminação ou redução da dupla tributação económica relativa a dividendos, recebidos quer por sucursais[1025], quer por sociedades[1026].

4.2.4. *Aumento da preponderância do princípio da residência*

Ao nível do MC OCDE reconhece-se o poder de tributar do Estado da residência quanto à generalidade das categorias de rendimento, e do Estado da fonte quanto a determinados tipos de rendimento em que a conexão económica com este Estado é mais forte. Verifica-se, portanto, uma prevalência do princípio da residência sobre o princípio da fonte[1027].

[1024] Nos termos do crédito de imposto indirecto, igualmente designado por imputação indirecta (*indirect tax credit* ou *underlying tax credit*), o sujeito passivo pode deduzir a fracção do imposto incidente sobre os lucros da sociedade participada que corresponde aos dividendos que lhe foram distribuídos.

[1025] Caso *Avoir Fiscal*, C-270/83; Caso *Saint-Gobain*, C-307/97.

[1026] Caso *Verkooijen*, C-35/98; Caso *Manninen*, C-319/02; Caso *Meilicke*, C-292//04.

[1027] O caminho para um sistema onde o princípio da residência prevalece, em termos da distribuição entre os Estados do poder de tributar, foi, aliás, logo aberto pelo Relatório dos Economistas de 1923, apresentado à Sociedade das Nações. As ideias dos

540   *Princípios do Direito Fiscal Internacional*

A legislação interna da maioria dos Estados, bem como as CDT, têm subjacente a aplicação cumulativa dos princípios da residência e da fonte, mas geralmente com uma prevalência do princípio da residência.

No que respeita ao Direito da UE derivado em matéria de tributação directa, este leva ao extremo a prevalência de que o princípio da tributação na residência já goza no DFI, e designadamente no MC OCDE[1028]. Quanto à tributação na fonte, esta tem sido, no âmbito da UE, encarada como um dos principais obstáculos ao estabelecimento de uma plena União Económica e Monetária.

Com efeito, verifica-se que tanto a Directiva sociedades-mães / sociedades afiliadas como a Directiva dos juros e *royalties* assentam no princípio da residência. O princípio da fonte é totalmente afastado, sendo um dos objectivos fundamentais do regime previsto em ambas as directivas a eliminação de quaisquer retenções na fonte, nas situações que se integram no respectivo âmbito de aplicação. A eliminação da dupla tributação jurídica internacional é, assim, assegurada em ambas as directivas à custa do direito de tributar do Estado da fonte. Também a Directiva da Poupança demonstra uma preferência pelo princípio da residência, sem contudo proibir a realização de retenções na fonte nos termos da legislação doméstica do Estado da fonte.

5. Alguns Dilemas do Direito Fiscal Europeu

Começando pelo DFI, um dilema fundamental tem a ver com o equilíbrio entre o princípio da fonte e o princípio da residência na repartição entre os Estados do poder de tributar.

---

autores deste relatório terão influenciado significativamente as posteriores abordagens do princípio da fonte e do princípio da residência, levando a que o primeiro destes princípios perdesse terreno em benefício do segundo.

[1028] As escolhas feitas pelo legislador europeu em termos de política fiscal são essencialmente as seguintes: relativamente a dividendos, proibição de retenção no Estado da fonte, conjugada com uma escolha entre método da isenção ou da imputação indirecta para a eliminação da dupla tributação económica ao nível do Estado da residência; quanto aos pagamentos de juros e *royalties*, tributação exclusiva no Estado de residência; quanto aos pagamentos de juros a pessoas singulares, ênfase na tributação no Estado da residência, mas não vedando a subsistência de retenção no Estado da fonte.

Parte III – Conclusões Gerais

Diversos autores criticam a actual preponderância do princípio da residência na repartição do poder de tributar entre os Estados, em detrimento do princípio da fonte, e, com base em argumentos quer de eficiência quer de equidade entre Estados, consideram desejável um reforço da tributação na fonte. É o caso, designadamente, de VANISTENDAEL[1029], ALEX EASSON[1030], VOGEL[1031], ANGEL SCHINDEL e ADOLFO ATCHABAHIAN[1032], KEMMEREN[1033], MANUEL PIRES[1034]. Alguns destes autores reconhecem, todavia, a extrema dificuldade de desafiar os parâmetros actualmente seguidos no que toca à repartição do poder de tributar entre os Estados, profundamente enraizados na maioria dos Estados-membros da OCDE[1035] e incorporados igualmente no Direito Fiscal Europeu.

Também alguns Estados se têm vindo, ao longo dos anos, a insurgir contra a preponderância de que o princípio da residência goza em termos de repartição entre os Estado do direito de tributar, por exemplo nos termos do MC OCDE.

Contudo, não obstante a ampla defesa do reforço da tributação no Estado da fonte a nível doutrinal e também por parte de alguns Estados, as tendências recentes são no sentido de restringir a tributação e as retenções no Estado da fonte, relativamente a certos tipos de rendimento, de forma a que o Estado da residência possa exercer os seus poderes de tributação exclusivamente. É esta a tendência que prevalece ao nível da harmonização fiscal europeia, com a eliminação das retenções na fonte no pagamento de dividendos, juros e *royalties*, nas situações enquadráveis no âmbito de aplicação das respectivas directivas europeias[1036].

Assim, contrariamente ao que foi afirmado por PASQUALE PISTONE (este prognosticava que a tributação do rendimento no âmbito da UE

[1029] FRANS VANISTENDAEL, *Reinventing source taxation...*, pp. 155-158.

[1030] ALEX EASSON, *Fiscal degradation...*, pp. 112-113.

[1031] KLAUS VOGEL, *Worldwide vs. source taxation... (Part III)...*, p. 401.

[1032] ANGEL SCHINDEL / ADOLFO ATCHABAHIAN, *General report...*, p. 50.

[1033] Este autor refere-se ao princípio da origem, distinto do princípio da fonte na medida em o rendimento pode ser produzido num Estado distinto daquele no qual surge. ERIC KEMMEREN, *Principle of Origin...*, pp. 521 e ss.

[1034] MANUEL PIRES, *Da Dupla Tributação...*, pp. 266 e 273.

[1035] ANGEL SCHINDEL / ADOLFO ATCHABAHIAN, *General report...*, p. 37 e p. 57.

[1036] Referimo-nos à Directiva sociedades-mães/sociedades afiliadas e à Directiva dos juros e *royalties*.

542 Princípios do Direito Fiscal Internacional

evoluiria no sentido da tributação no Estado de origem[1037]), a tributação do rendimento no âmbito da UE tem vindo a evoluir no sentido da cada vez maior preponderância do princípio da residência.

No plano do Direito da UE, um aspecto fulcral consiste na manutenção pelos Estados-membros dos seus poderes em matéria de tributação directa, mas com a obrigação de os exercerem em conformidade com o Direito da UE. O primado do Direito da UE sobre o Direito dos Estados-membros constitui um princípio fundamental do Direito da UE[1038], amplamente consagrado pela jurisprudência do Tribunal de Justiça, que o considera inerente à natureza específica da Comunidade Europeia[1039].

Na inexistência de disposições do TFUE em matéria de tributação directa, o princípio da não discriminação em razão da nacionalidade[1040] e as liberdades de circulação previstas no TFUE[1041] têm sido utilizados pelo Tribunal de Justiça como base para destrinçar as medidas fiscais – previstas quer na legislação interna dos Estados-membros, quer nas suas CDT – admissíveis e não admissíveis face ao Direito da UE, no que respeita ao tratamento das situações tributárias internacionais no âmbito da UE.

Os Estados-membros não podem, portanto – quer na sua legislação fiscal doméstica, quer nas CDT que celebram – adoptar medidas fiscais

---

[1037] PASQUALE PISTONE, *The Impact of Community...*, pp. 200-222. O autor afirmava, todavia, que tal constituiria o final de um longo percurso evolutivo e alertava para os problemas colocados pelo reforço dos poderes tributários do Estado da fonte relativamente ao modo de conceder deduções de natureza pessoal ou subjectiva, bem como para a difícil compatibilidade entre o fraccionamento do rendimento e o respeito pelos princípios da capacidade contributiva e da tributação progressiva dos indivíduos.

[1038] Entre outros, ANA MARIA GUERRA MARTINS, *Curso de Direito Constitucional...*, Almedina, Coimbra, 2004, pp. 427-435.

[1039] Conforme foi já referido, tal princípio está consagrado em numerosos Acórdãos do Tribunal de Justiça, designadamente nos seguintes: Acórdão *Avoir Fiscal*, C-270/83, parágrafo 26; Acórdão *Biehl*, C-175/88, parágrafo 12; Acórdão *Schumacker*, C-279/93, parágrafo 21; Acórdão *Wielockx*, C-80/94, parágrafo 16; Acórdão *Asscher*, C-107/94, parágrafo 36; Acórdão *Futura Participations and Singer*, C-250/95, parágrafo 19; Acórdão *Safir*, C-118/96, parágrafo 21; Acórdão *ICI*, C-264/96, parágrafo 19.

[1040] Previsto no artigo 18.º do TFUE.

[1041] Referimo-nos, fundamentalmente, à livre circulação de pessoas (compreendendo a livre circulação de trabalhadores, prevista no artigo 45.º do TFUE, e o direito de estabelecimento, previsto no artigo 49.º do TFUE), à livre prestação de serviços (artigo 56.º do TFUE) e à livre circulação de capitais (artigo 63.º do TFUE).

Parte III – Conclusões Gerais

que sejam contrárias ao Direito da UE, designadamente por envolverem uma discriminação ou por colocarem entraves às liberdades de circulação consagradas no TFUE.

Um problema crucial do Direito Fiscal Europeu tem a ver com o temor de que, face ao número crescente e à grande frequência de acórdãos do Tribunal de Justiça em matéria de tributação directa – e tendo em conta algumas das linhas de decisão do Tribunal – os alicerces dos sistemas fiscais nacionais dos Estados-membros e os princípios fundamentais do DFI acabem por ficar ameaçados, sendo postas em causa as respectivas integridade e coerência. Todavia, se o Tribunal de Justiça abrandasse o ritmo e moderasse o sentido das suas decisões, muito provavelmente existiria um retrocesso na salvaguarda da vertente fiscal das liberdades fundamentais previstas no TFUE[1042].

Pela nossa parte, pensamos que é inegável que o Tribunal de Justiça tem desempenhado um papel fundamental na ultrapassagem de obstáculos fiscais ao pleno funcionamento do mercado interno, contribuindo, assim, para suprir a insuficiência dos progressos alcançados nesse campo pela Comissão e pelo Congresso[1043]. O Tribunal de Justiça tem sido o responsável por uma série de ganhos qualitativos do Direito Fiscal Europeu, tanto de carácter valorativo como conceptual, permitindo-lhe fazer face às exigências específicas da UE no tocante ao enquadramento fiscal das situações tributárias internacionais.

Quanto à ameaça aos princípios fundamentais do DFI, alegadamente perpetrada pelo Tribunal de Justiça, não negamos que se trate de uma preocupação pertinente.

Vimos oportunamente que existe um nível assinalável de consenso internacional em torno de um conjunto de princípios de DFI, que formam o "adquirido" tributário internacional, e que se foram moldando no contexto

---

[1042] Neste sentido, entre outros, cfr. FRANS VANISTENDAEL, *General report on the fundamental...*, p. 169.

[1043] Facto que é, aliás, reconhecido pela própria Comissão. Cfr. COMISSÃO DAS COMUNIDADES EUROPEIAS, *Estudo da Comissão*, de 23 de Outubro de 2001 – *Company Taxation in the Internal Market...*, p. 389: "Desde a decisão do Caso *Avoir Fiscal*, a jurisprudência nesta área tem-se desenvolvido rapidamente e é talvez justo afirmar que, de todas as instituições comunitárias, o Tribunal provou até agora ser a mais eficiente na remoção de obstáculos fiscais às actividades económicas transfronteiriças na Comunidade".

544 *Princípios do Direito Fiscal Internacional*

dos trabalhos de preparação dos Modelos de Convenção das organizações internacionais – com destaque para a SDN, a OCDE e a ONU.

Até que ponto a actuação do Tribunal de Justiça fragiliza os princípios e os conceitos resultantes desse consenso, não os substituindo por outros claramente definidos – uma vez que a criação jurisprudencial está sempre relativamente ligada ao caso concreto sujeito a apreciação e que não tem havido, pela parte dos Estados-membros, uma rigorosa e célere aplicação das directrizes decorrentes das decisões do Tribunal de Justiça?

Consideramos, é verdade, que o Direito Fiscal Europeu aceita e aplica, em grande medida, os princípios e conceitos fundamentais do DFI, dando-lhes uma formulação e um alcance próprio apenas em situações específicas nas quais o DFI não responde plenamente às exigências acrescidas em matéria fiscal de um espaço de integração económica como a UE. Contudo, não negamos também que algumas das alterações impostas pelo Tribunal de Justiça relativamente ao conteúdo e ao alcance usual dos princípios do DFI – pela sua profundidade, pelo seu grau de inovação e pelo afastamento relativamente ao princípio de base – implicam um certo risco de descaracterização dos aludidos princípios do DFI no contexto da UE.

Se o grau de demarcação do Direito Fiscal Europeu relativamente aos princípios e soluções do DFI for aumentando significativamente, designadamente por via das decisões do Tribunal de Justiça, pensamos que poderá, efectivamente, ser posta em causa a integridade e a coerência do ordenamento jurídico-tributário internacional no contexto da UE – com todos os inconvenientes daí adveniente, designadamente quanto à previsibilidade do regime fiscal aplicável às situações tributárias internacionais e à certeza e segurança para os sujeitos passivos.

Neste caso, o Direito Fiscal Europeu, ao aumentar o seu afastamento face ao DFI, seria obrigado a substituir por outros os princípios, conceitos e mesmo regimes fiscais de DFI que rejeitasse, sob pena de se tornar fragmentário, imprevisível ou mesmo caótico.

Aliás, já na fase actual, seria importante que os saltos qualitativos protagonizados pelo Tribunal de Justiça, no sentido da adaptação do enquadramento fiscal às necessidades da integração europeia, fossem sistematizados e articulados de forma clara com os princípios e regras de DFI que continuariam a aplicar-se no contexto da UE.

Portanto, a nosso ver, um afastamento profundo e radical dos regimes fiscais considerados conformes com o Direito da UE, relativamente ao enquadramento fiscal que decorreria do DFI para idênticas situações – ou seja, um maior afastamento ou mesmo um abandono pelo Direito Fiscal Europeu dos valores essenciais de alguns dos princípios do DFI, um abandono das traves mestras do DFI – embora eventualmente conjecturável, no futuro, agravaria ainda mais a necessidade de um esforço europeu de coordenação fiscal entre os Estados-membros ou de criação legislativa e dogmática em matéria fiscal, não podendo ficar-se pela acumulação de decisões do Tribunal de Justiça, fragmentárias e mesmo, por vezes, aparentemente contraditórias.

Consideramos, neste contexto, que o cerne da questão reside no facto de as decisões do Tribunal de Justiça se limitarem aos casos concretos que são colocados à sua apreciação – motivo pelo qual a respectiva jurisprudência em matéria fiscal tem um carácter casuístico e parcelar, não permitindo uma consideração sistemática de todas as potenciais incompatibilidades da legislação fiscal dos Estados-membros com o Direito da UE. Problemas essenciais no campo da tributação directa, muitos deles geradores de distorções fiscais no âmbito da UE, continuam, assim, sem ter sido apreciados pelo Tribunal de Justiça.

Verifica-se também alguma incerteza no que diz respeito à implementação das decisões do Tribunal de Justiça pelos Estados-membros que, frequentemente, não retiram de tais decisões todas as consequências em termos de realização das necessárias alterações à respectiva legislação fiscal interna[1044].

Face ao exposto, somos da opinião que a jurisprudência do Tribunal de Justiça não deveria constituir a forma exclusiva – ou, mesmo, principal – de eliminação dos obstáculos de natureza fiscal que prejudicam a prossecução dos objectivos da UE.

Sem negar a importância do papel até ao momento desempenhado pelo Tribunal de Justiça na defesa das liberdades económicas fundamentais e do princípio de não discriminação, a respectiva actuação não deve substituir um esforço ponderado, estruturado e sistemático de harmonização fiscal no campo da tributação directa, nem a análise global dos grandes

---

[1044] Quanto ao impacto das principais decisões do Tribunal de Justiça, em matéria de tributação directa, ao nível da introdução de alterações na legislação fiscal dos Estados-membros visados pelas decisões em apreço, cfr. JACQUES MALHERBE, PHILIPPE MALHERBE, ISABELLE RICHELLE e EDOARDO TRAVERSA, *The Impact of the Rulings...*

546   *Princípios do Direito Fiscal Internacional*

problemas tributários da UE – análise que deve ser realizada pelas instituições europeias em coordenação com os Estados-membros, e tomando em consideração os diversos aspectos e interesses em jogo.

Importa salientar que o Direito Fiscal Europeu coloca um problema de resolução complexa: como encontrar um critério de equilíbrio em matéria fiscal que permita salvaguardar simultaneamente quer os interesses dos Estados-membros, em termos de obtenção de receita fiscal e de manutenção da coerência do respectivo sistema fiscal, quer as liberdades europeias essenciais à construção do mercado interno.

Ora tal tarefa – bastante complexa, além de crucial para o destino da UE – deveria, a nosso ver, ser desenvolvida pelas várias instituições europeias em conjunto com os Estados-membros, de modo sistematizado e ponderando os diversos interesse em jogo, em vez de ser deixada em tão grande medida nas mãos do Tribunal de Justiça, ao sabor das situações que a este vão sendo colocadas.

Recorde-se, contudo, a grande dificuldade, no que respeita à actuação europeia em matéria de tributação directa, decorrente do facto de os Estados-membros, embora empenhados no avanço do processo de integração económica e de construção do mercado interno, não pretenderem abdicar da definição a nível nacional da política fiscal nem comprometer a sua soberania fiscal. A manutenção da regra da unanimidade na aprovação de medidas em matéria tributária garante aos Estados-membros, na prática, uma posição semelhante à detenção de um "poder de veto" quanto às medidas fiscais propostas pela UE[1045].

Nestes termos, verifica-se, por um lado, um impasse quanto a muitas das propostas de harmonização efectuadas a nível da UE[1046] e, por outro, que muitas das medidas aprovadas reflectem soluções de compromisso

---

[1045] Muitos Estados receiam que a regra da maioria – mesmo que qualificada – permita a aprovação de medidas fiscais contrárias aos seus objectivos e necessidades, mercê da convergência de interesses entre um grupo de outros Estados-membros que reúnam a maioria requerida.

[1046] Veja-se, por exemplo, o que ocorreu recentemente quanto à questão da matéria colectável comum consolidada no Imposto sobre as Sociedades. Na sequência de múltiplos estudos e iniciativas de debate, a Comissão pretendia apresentar uma proposta de directiva referente a matéria até ao fim de 2008. Todavia, por motivos políticos, relacionados com a oposição de alguns Estados-membros, tal projecto não chegou a concretizar-se.

Parte III – Conclusões Gerais

necessárias para ultrapassar as reservas dos Estados-membros[1047]. O processo de harmonização fiscal encontra-se, assim, fortemente centrado na vontade dos Estados, o que reduz o dinamismo da actuação europeia a este nível[1048]. Perante as dificuldades sentidas com a harmonização fiscal *stricto sensu*, a Comissão tem vindo a apostar na alternativa da coordenação fiscal, tentando fomentar a cooperação e a troca de informações entre os Estados-membros com vista à prossecução dos fins da UE. Contudo, mesmo esta via, pautada por resultados por vezes ténues, não é isenta de dificuldades e delongas.

Quanto às principais alternativas apontadas, tanto pela Comissão como por parte da doutrina, para uma melhor compabilização entre CDT e Direito da UE[1049], note-se que qualquer destas medidas (CDT Multilateral ou Convenção Modelo da UE) representa a adopção pela UE de uma via de integração positiva no tocante às CDT. Em vez de simplesmente se deixar ao Tribunal de Justiça a tarefa de ir encontrando as falhas das CDT dos Estados-membros, iria adoptar-se uma nova solução que permitisse eliminar a dupla tributação em termos conformes com o TFUE.

Dada a grande complexidade e o carácter bastante técnico da área em apreço, bem como a ampla aceitação a nível internacional de que goza o MC OCDE, naturalmente que esta e os respectivos Comentários continuariam a determinar o enquadramento geral das CDT, servindo de base a quaisquer instrumentos a desenvolver pela UE.

Ponderadas as diversas vertentes da questão, consideramos que o Modelo de Convenção da UE seria a melhor solução para os problemas de adequação das CDT ao Direito da UE – pelo menos numa primeira fase, e na fase actual da harmonização fiscal europeia. Apesar de a celebração de uma CDT Multilateral da UE ter virtualidades para garantir um

---

[1047] Nota-se um contraste entre os relativamente modestos progressos atingidos ao nível da harmonização da tributação directa e a realização, num espaço de tempo relativamente curto, de um processo complexo e envolvendo múltiplas vertentes como é o da UEM. Existe, também, um contraste entre o processo de harmonização da tributação directa e os progressos realizados em matéria de harmonização da tributação indirecta.

[1048] Quando comparada com a actuação a outros níveis, por exemplo a referente ao estabelecimento da UEM.

[1049] *Estudo da Comissão*, de 23 de Outubro de 2001 – *Company Taxation in the Internal Market....* Cfr. Parte IV, ponto 9.1, pp. 442 ss.

resultado mais perfeito, ela é fortemente limitativa da soberania fiscal dos Estados, não obedece aos princípios da subsidiariedade e da proporcionalidade na actuação europeia, e apresenta-se como dificilmente exequível num futuro próximo.

O Modelo de Convenção da UE teria a vantagem de previsivelmente enfrentar uma menor oposição dos Estados-membros, ao permitir que estes mantivessem a competência para negociar as suas próprias CDT, mas dotando-os de directrizes claras quanto à forma de melhor adequar essas CDT ao Direito da UE.

BIBLIOGRAFIA

AHIJADO QUINTILLÁN, MANUEL – *vide* ALCÁNTARA ALEJO, CARLOS

AIGNER, DIETMAR – *ECJ – The Bosal Holding BV case: Parent-subsidiary directive and freedom of establishment*, Intertax, n.º 3, Março 2004, pp. 148-151.

AIGNER, HANS-JÖRGEN / SCHEUERLE, ULRICH / STEFANER, MARKUS – *General report,* in LANG, MICHAEL / AIGNER, HANS-JÖRGEN / SCHEUERLE, ULRICH / STEFANER, MARKUS (Ed.s) – *CFC Legislation, Tax Treaties and EC Law*, Kluwer Law International, The Hague, 2004, pp. 13-52.

AIGNER, HANS-JÖRGEN / LOUKOTA, WALTER (Ed.s) – *Source Versus Residence in International Tax Law*, Linde Verlag Wien, Viena, 2005.

ALBI IBÁÑEZ, EMILIO – *Posibilidades de armonización en la imposición europea sobre sociedades*, in *La Armonización Fiscal en la Unión Europea*, Instituto de Estudios Fiscales, Madrid, 1997, pp. 81-85.

ALBREGTSE, DIRK / HEITHUIS, EDWIN – *Towards a strategic programme for the internal market: a working document of the Commission of the European Communities*, EC Tax Review, n.º 1, 1994, pp. 7-19.

ALCÁNTARA ALEJO, CARLOS / AHIJADO QUINTILLÁN, MANUEL – *Diccionario de la Unión Europea*, Ediciones Pirámide, Madrid, 2000.

ALEMANNO, LAURO – *vide* SACCHETTO, CLAUDIO

ALEMANY SÁNCHEZ DE LEÓN, LUIS FERNANDO – *La armonización de la fiscalidad en la Unión Europea. Perspectivas ante la tercera fase de la Unión Económica y Monetaria*, in *La Armonización Fiscal en la Unión Europea*, Instituto de Estudios Fiscales, Madrid, 1997, pp. 159-176.

ALEXANDRE, MÁRIO A. – *A harmonização do IVA: objectivos e estratégias*, Ciência e Técnica Fiscal, n.º 390, Abril-Junho 1998, pp. 221-237.

ALMEIDA, ANÍBAL – *Estudos de Direito Tributário*, Almedina, Coimbra, 1996.

ALMENDRAL, VIOLETA RUIZ – *Tax avoidance and the European Court of Justice: What is at stake for European general anti-avoidance rules?*, Intertax, n.º 12, Dezembro 2005, pp. 562-583.

ALONSO GONZÁLEZ, LUIS MANUEL / CORONA RAMÓN, JUAN FRANCISCO / VALERA TABUEÑA, FRANCISCO – *La Armonización Fiscal en la Unión Europea*, CEDECS Editorial, Barcelona, 1997.

550   *Princípios do Direito Fiscal Internacional*

AMATUCCI, ANDREA – *La normativa comunitaria quale fonte per l'ordinamento tributario interno*, in UCKMAR, VICTOR (Coord.) – *Corso di Diritto Tributario Internazionale*, 2.ª ed., CEDAM, Pádua, 2002, pp. 845-871.

____ (Ed.) – *International Tax Law*, Kluwer Law International, The Netherlands, 2006.

AMATUCCI, FABRIZIO – *La discriminazione di trattamento nel Modello OCSE (art. 24)*, in UCKMAR, VICTOR (Coord.) – *Corso di Diritto Tributario Internazionale*, 2.ª ed., CEDAM, Pádua, 2002, pp. 599-641.

ANDEL, NORBERT – *Problems of government expenditure harmonization in a Common Market*, in SHOUP, CARL S. (Ed.) – *Fiscal Harmonization in Common Markets, Volume I: Theory*, Columbia University Press, Nova Iorque, 1967, pp. 311-352.

____ *Determination of company profits*, in CNOSSEN, SIJBREN (Coord.) – *Tax Coordination in the European Community*, Kluwer Law and Taxation Publishers, Deventer, 1987, pp. 287-304.

ANDERSSON, KRISTER – *An optional and competitive common consolidated corporate tax base – a comprehensive measure towards a better functioning internal market*, EC Tax Review, n.º 3, 2008, pp. 98-99.

Antunes, José A. Engrácia – *Os Grupos de Sociedades*, 2.ª ed., Almedina, Coimbra, 2002.

APARICIO PÉREZ, ANTONIO – *La armonización fiscal y el Impuesto de Sociedades en la Unión Europea*, Noticias de la Unión Europea, n.º 174, Julho 1999, pp. 67-92.

ARAÚJO, FERNANDO – *O Ensino da Economia Política nas Faculdades de Direito (e Algumas Reflexões sobre Pedagogia Universitária)*, Almedina, Coimbra, 2001.

____ *Adam Smith – O Conceito Mecanicista de Liberdade*, Almedina, Coimbra, 2001.

____ *Introdução à Economia*, 3.ª ed., Almedina, Coimbra, 2005.

____ *Teoria Económica do Contrato*, Almedina, Coimbra, 2007.

ARENDONK, HENK VAN – *European cooperation after fifty years*, EC Tax Review, n.º 2, 2008, pp. 50-51.

ARGINELLI, PAOLO / GUSMEROLI, MICHELE – *The 2007 Leiden alumni forum on recent and pending direct taxation cases before the European Court of Justice*, Intertax, n.º 6/7, Junho/Julho 2008, pp. 312-325.

ASCENSÃO, JOSÉ DE OLIVEIRA – *O Direito – Introdução e Teoria Geral*, 13.ª ed., Almedina, Coimbra, 2005.

ASOREY, RUBÉN O. – *El impacto del cibercomercio en los principios fiscales y en libertad de comercio*, in UCKMAR, VICTOR (Coord.) – *Corso di*

Diritto Tributario Internazionale, 2.ª ed., CEDAM, Pádua, 2002, pp. 1123-1156.

AUJEAN, MICHEL – *Los sistemas fiscales en la Unión Europea: competencia o coordinación*, in *La Armonización Fiscal en la Unión Europea*, Instituto de Estudios Fiscales, Madrid, 1997, pp. 73-79.

_____ *European Commission launches comprehensive strategy to promote tax coordination in the EU*, EC Tax Review, n.º 2, 2007, pp. 63-64.

AULT, HUGH J. / ARNOLD, BRIAN J. – *Comparative Income Taxation – A Structural Analysis*, 2.ª ed., Kluwer Law International, The Hague, 2004.

AZEVEDO, MARIA EDUARDA – *A política da empresa e a fiscalidade na União Europeia – Alguns aspectos*, in *Estudos em Homenagem à Dra. Maria de Lourdes Órfão de Matos Correia e Vale*, Centro de Estudos Fiscais, Lisboa, 1995, pp. 279-316.

_____ *A fiscalidade e a competitividade empresarial no quadro do Mercado Único Europeu*, Fisco, n.º 74-75, Janeiro-Fevereiro 1996, pp. 3-8.

BAJO RUBIO, OSCAR / VEGARA FIGUERAS, DAVID – *Federalismo Fiscal y Unión Monetaria en Europa*, Instituto de Estudios Fiscales, Madrid, 1998.

BAKER, PHILIP WOOLF – *A Comparative Study of the Tax Treatment of International Commercial Transactions*, PhD 638, Institute of Advanced Legal Studies, Londres, 1985.

BARASSI, MARCO – *vide* SACCHETTO, CLAUDIO

BASTO, JOSÉ GUILHERME XAVIER DE – *A Tributação do Consumo e a sua Coordenação Internacional*, Centro de Estudos Fiscais, Lisboa, 1991.

BECKER, HELMUT – *Tax progression and tax justice*, Intertax, n.º 1, Janeiro 1993, pp. 2-3.

BENNETT, MARY C. / DUNAHOO, CAROL A. – *The attribution of profits to a permanent establishment: Issues and recommendations*, Intertax, n.º 2, Fevereiro 2005, pp. 51-67.

BERLIN, DOMINIQUE – *Droit Fiscal Communautaire*, 1.ª ed., Presses Universitaires de France, Paris, 1988.

_____ *vide* MALHERBE, JACQUES

BERNARDI, LUIGI / PROFETA, PAOLA (Ed.s) – *Tax Systems and Tax Reforms in Europe*, Routledge, Oxon, 2004.

BERNHARDT, RUDOLF – *As fontes do direito comunitário: a "Constituição" da Comunidade*, in *Trinta Anos de Direito Comunitário*, Comissão das Comunidades Europeias, Bruxelas, 1981, pp. 73-86.

BEZZINA, JUANITA et al. – *The 2005 Leiden forum on recent and pending direct taxation cases before the European Court of Justice*, Intertax, n.º 4, Abril 2006, pp. 199-226.

552   *Princípios do Direito Fiscal Internacional*

BIRD, RICHARD M. – *Regional Policies in a Common Market*, in SHOUP, CARL S. (Ed.) – *Fiscal Harmonization in Common Markets, Volume I: Theory*, Columbia University Press, Nova Iorque, 1967, pp. 385-456.

____ *Corporate-personal tax integration*, in CNOSSEN, SIJBREN (Coord.) – *Tax Coordination in the European Community*, Kluwer Law and Taxation Publishers, Deventer, 1987, pp. 227-251.

BISCHEL, JON E. / FEINSCHREIBER, ROBERT – *Fundamentals of International Taxation*, Practising Law Institute, New York, 1977.

BIZIOLI, GIANLUIGI – *Impact of the freedom of establishment on tax law*, EC Tax Review, n.º 4, 1998, pp. 239-247.

BOEKHORST, PAUL J. TE – *Tax discrimination permitted for reasons of coherence of tax system*, European Taxation, n.º 8, Agosto 1992, pp. 284-286.

____ *A further limitation in the application of EEC Treaty non-discrimination rules*, European Taxation, Vol. 33, n.º 6/7, Junho/Julho 1993, pp. 220--223.

BOIXAREU CARRERA, ANGEL – *El principio de subsidiariedad*, Revista de Instituciones Europeas, Vol. 21, n.º 3, 1994, pp. 771-808.

BOKOBO MOICHE, SUSANA – *Codigo de Conducta Fiscal en el Ámbito de las Empresas: la Armonización de la Imposición Directa en la Unión Europea*, Instituto de Estudios Fiscales, Madrid, 2000.

BOLKESTEIN, FRITS – *Taxation and competition: the realization of the Internal Market*, EC Tax Review, n.º 2, 2000, pp. 78-82.

BOON, ROBERT – *To withhold or not to withhold, that is the question*, European Taxation, Vol. 34, n.º 9, Setembro 1994, pp. 290-293.

BORGES, RICARDO HENRIQUES DA PALMA / RESENDE, RAQUEL MARIA MAYMONE – *Tax treaty interpretation in Portugal*, Fiscalidade, n.º 6, pp. 85-115.

BOURGEOIS, JACQUES H. J. – *EC or EU: More than a question of semantics?*, EC Tax Review, n.º 4, 1995, pp. 188-189.

BOVENBERG, A.L. / CNOSSEN, S. / VANISTENDAEL, F.J.G.M. / WESTERBURGEN, J.W.B. – *Harmonization of Company Taxation in the European Community: Some Comments on the Ruding Committee Report*, Kluwer, Deventer, 1992.

BRACEWELL-MILNES, BARRY – *Measuring the tax burden*, Intertax, n.º 12, Dezembro 2002, pp. 484-485.

BRAVENEC, LORENCE L. – *Corporate income tax coordination in the 21st century*, European Taxation, Outubro 2000, pp. 450-465.

BROE, LUC DE – *Some observations on the 2007 communication from the Commission: "The application of anti-abuse measures in the area of direct taxation within the EU and in relation to third countries"*, EC Tax Review, n.º 3, 2008, pp. 142-148.

BROKELIND, CÉCILE – *The evolution of international income tax law applied to global trade*, Intertax, n.º 3, Março 2006, pp. 126-131.

____ (Ed.) – *Towards a Homogeneous EC Direct Tax Law,* IBFD Publications, Amsterdam, 2007.

BRUGGER, FLORIAN et al. – *Vienna University Conference 2007 – Source versus residence – The allocation of taxing rights in tax treaty law*, Intertax, n.º 5, Maio 2008, pp. 233-237.

BUHLER, OTTMAR – *Principios de Derecho Internacional Tributario (version Castellana de Fernando Cervera Torrejon)*, Editorial de Derecho Financiero, Madrid, 1968.

BURGIO, MARIO B. – *Recenti orientamenti in materia di imposte dirette nella Comunità Europea*, in UCKMAR, VICTOR (Coord.) – *Esperienze Straniere e Prospettive per l' Ordinamento Tributario Italiano*, CEDAM, Pádua, 1989, pp. 79-103.

____ *L'Union Européenne et la fiscalité directe des entreprises*, Revue des Affaires Européennes, n.º 2, 1995, pp. 20-29.

BURGSTALLER, EVA / HASLINGER, KATHARINA – *Place of effective management as a tie-breaker-rule-concept, developments and prospects*, Intertax, n.º 8/9, Agosto/Setembro 2004, pp. 376-387.

CABO, S. GONÇALVES DO – *vide* FRANCO, ANTÓNIO L. DE SOUSA

CADOSCH, ROGER M. / FONTANA, RENATA / RUSSO, RAFFAELE / SZUDOCZKY, RITA – *The 2006 Leiden alumni forum on taxation of cross-border dividends in Europe and the relation with third countries: the cases pending before the European Court of Justice*, Intertax, n.º 12, Dezembro 2006, pp. 622-635.

CALDERÓN CARRERO, JOSÉ MANUEL – *La Doble Imposición Internacional en los Convenios de Doble Imposición y en la Unión Europea*, Editorial Aranzadi, Pamplona, 1997.

____ *Algunas consideraciones en torno a la interrelación entre los convenios de doble imposición y el derecho comunitario europeo: Hacia la "comunitarización" de los CDIS?,* Crónica Tributaria n.º 102, 2002, pp. 19- -65 e Crónica Tributaria n.º 103, 2002, pp. 9-30.

____ *vide* MARTÍN JIMÉNEZ, ADOLFO J.

CALDERÓN CARRERO, JOSÉ MANUEL / MARTÍN JIMÉNEZ, ADOLFO J. – *Las Normas Antiparaíso Fiscal Españolas y su Compatibilidad con el Derecho Comunitario: El Caso Específico de Malta y Chipre Tras la Adhésion a la Unión Europea*, Instituto de Estudios Fiscales, Madrid (doc. n.º 11/04, on-line, 2006).

CALHEIROS, JOSÉ MARIA DE ALBUQUERQUE – *Harmonização de legislações – Que futuro?*, in *Em Torno da Revisão do Tratado da União Europeia*, Almedina, Coimbra, 1997, pp. 131-144.

―― vide FRANCO, ANTÓNIO L. DE SOUSA

CALLE SÁIZ, RICARDO – *La Armonización Fiscal Europea: un Balance Actual*, Editorial AC, Madrid, 1990.

―― *La Coordinación Internacional de las Políticas Monetaria y Fiscal: una Controversia Actual*, Editorial AC, Madrid, 1991.

―― *Balance y perspectivas de la armonización fiscal en la Unión Europea*, in *La Armonización Fiscal en la Unión Europea*, Instituto de Estudios Fiscales, Madrid, 1997, pp. 125-148.

CÂMARA, FRANCISCO DE SOUSA DA – *O regime fiscal comum aplicável às sociedades-mães e sociedades afiliadas de diferentes Estados membros da Comunidade Europeia (comentário à Directiva 90/435/CEE)*, Fisco, n.º 43/44, Junho 1992, pp. 40-58.

―― *A dupla residência das sociedades à luz das convenções de dupla tributação*, in *Planeamento e Concorrência Fiscal Internacional*, Lex, Lisboa, 2003, pp. 213-283.

CAMPOS, DIOGO LEITE DE – *A harmonização fiscal na CEE*, in *O Direito Comunitário e a Construção Europeia* (Colóquio), Faculdade de Direito de Coimbra / Coimbra Editora, Coimbra, 1999, pp. 135-141.

―― *O Sistema Tributário no Estado dos Cidadãos*, Almedina, Coimbra, 2006.

―― *As três fases de princípios fundamentantes do Direito Tributário*, O Direito, Ano 139.º, n.º I 2007, pp. 9-33.

―― (Coord.) – *Estudos de Direito Fiscal*, Almedina, Coimbra, 2007.

CAMPOS, DIOGO LEITE DE / ANDRADE, JOÃO COSTA – *Autonomia Contratual e Direito Tributário – A Norma Geral Anti-Elisão*, Almedina, Coimbra, 2008.

CAMPOS, JOÃO MOTA DE – *Direito Comunitário, Vol. II – O Ordenamento Jurídico Comunitário*, 4.ª ed., Fundação Calouste Gulbenkian, Lisboa, 1994.

―― *Direito Comunitário, Vol. I – O Direito Institucional*, 7.ª ed., Fundação Calouste Gulbenkian, Lisboa, 1996.

―― *Direito Comunitário, Vol. III – O Ordenamento Económico*, 2.ª ed., Fundação Calouste Gulbenkian, Lisboa, 1997.

―― *Manual de Direito Comunitário*, Fundação Calouste Gulbenkian, Lisboa, 2000.

CANO, HUGO GONZÁLEZ – *A Harmonização Tributária nos Processos de Integração Económica*, Escola de Administração Fazendária, Brasília, 1986.

CANOTILHO, GOMES – *Direito Constitucional e Teoria da Constituição*, 6.ª ed., Almedina, Coimbra, 2002.

CARDONA, MARIA CELESTE – *O papel dos acordos de dupla tributação na internacionalização da economia*, in *A Internacionalização da Economia e a Fiscalidade*, Centro de Estudos Fiscais, Lisboa, 1993, pp. 207-235.

―――― *O conceito de estabelecimento estável – Algumas reflexões em torno deste conceito*, in *Estudos em Homenagem à Dra. Maria de Lourdes Órfão de Matos Correia e Vale*, Centro de Estudos Fiscais, Lisboa, 1995, pp. 247-277.

CARREIRA, MEDINA – *Concentração de Empresas e Grupos de Sociedades. Aspectos Históricos, Económicos e Jurídicos*, Edições Asa, Porto, 1992.

CARTOU, LOUIS – *Droit Fiscal International et Européen*, 2.ª ed., Dalloz, Paris, 1986.

CARVALHO, MARIA GRAÇA SIMÕES – *Aplicação das Convenções sobre a Dupla Tributação*, Rei dos Livros, Lisboa, 2000.

CAYÓN GALIARDO, ANTONIO / FALCÓN Y TELLA, RAMÓN / HUCHA CELADOR, FERNANDO DE LA – *La Armonización Fiscal en la Comunidad Economica Europea y el Sistema Tributario Español: Incidencia y Convergencia*, Ministerio de Economia y Hacienda, Instituto de Estudios Fiscales, Madrid, 1990.

CERIANI, VIERI – *CCCTB and the financial sector*, EC Tax Review, n.º 4, 2008, pp. 159-168.

CNOSSEN, SIJBREN – *Introduction*, in CNOSSEN, SIJBREN (Coord.) – *Tax Coordination in the European Community*, Kluwer Law and Taxation Publishers, Deventer, 1987, pp. 1-15.

―――― *Quale è il grado di armonizzazione nella Comunità Europea?*, in UCKMAR, VICTOR (Coord.) – *Esperienze Straniere e Prospettive per l' Ordinamento Tributario Italiano*, CEDAM, Pádua, 1989, pp. 105-124.

―――― vide BOVENBERG, A.L.

COLLADO YURRITA, MIGUEL ÁNGEL (Dir.) – *Estudios Sobre Fiscalidad Internacional y Comunitaria*, COLEX Editor, Madrid, 2005.

COLLADO YURRITA, MIGUEL ÁNGEL / PATÓN GARCÍA, GEMMA – *Fuentes del derecho tributario internacional*, in COLLADO YURRITA, MIGUEL ÁNGEL (Dir.) – *Estudios Sobre Fiscalidad Internacional y Comunitaria*, COLEX Editor, Madrid, 2005, pp. 11-35.

COMISSÃO DAS COMUNIDADES EUROPEIAS – *Supressão das barreiras fiscais à actividade empresarial transfronteiras,* Boletim das Comunidades Europeias, Suplemento 4/91, 1991.

556   *Princípios do Direito Fiscal Internacional*

_____ *Report of the Committee of Independent Experts on Company Taxation*, Office for Official Publications of the European Communities, Bruxelas, 1992.

_____ *Comunicação da Comissão: Votação por maioria qualificada para aspectos do mercado único nos domínios da fiscalidade e da segurança social*, Fisco, n.º 90/91, Setembro 2000, pp. 75-92.

_____ *Estudo da Comissão sobre a Fiscalidade das Empresas no Mercado Interno*, documento em formato digital, Bruxelas, 2001.

COMISSÃO DE ESTUDO DA TRIBUTAÇÃO DAS INSTITUIÇÕES E PRODUTOS FINANCEIROS – *A Fiscalidade do Sector Financeiro Português em Contexto de Internacionalização*, Centro de Estudos Fiscais, Lisboa, 1999.

COMISSÃO DE REFORMA DA FISCALIDADE INTERNACIONAL PORTUGUESA – *Relatório Final*, Ciência e Técnica Fiscal, n.º 395, Julho-Setembro 1999, pp. 103-182.

COMISSÃO PARA O DESENVOLVIMENTO DA REFORMA FISCAL – *Estudo da Comissão para o Desenvolvimento da Reforma Fiscal*, Ministério das Finanças, Lisboa, 1996.

COOPERS & LYBRAND – *EC Initiatives in Direct Taxation and the National Responses*, Kluwer Law and Taxation Publishers, Deventer, 1992.

CORDEWENER, AXEL – *EC law protection against "horizontal" tax discrimination on the rise – or how to play snooker in an Internal Market*, EC Tax Review, n.º 5, 2007, pp. 210-212.

CORONA RAMÓN, JUAN FRANCISCO – *Evolución de la armonización fiscal comunitaria en el Impuesto sobre Sociedades*, in AAVV – *Impuesto sobre Sociedades*, Instituto de Estudios Fiscales, Madrid, 1992, pp. 43-64.

_____ vide ALONSO GONZÁLEZ, LUIS MANUEL

COURINHA, GUSTAVO LOPES – *A tributação dos cidadãos portugueses trabalhadores no estrangeiro à luz do artigo 15.º do Modelo de Convenção OCDE*, Fiscalidade, n.º 17, pp. 55-71.

COUZIN, ROBERT – *Corporate Residence and International Taxation,* IBFD Publications, Amsterdão, 2002.

COVAS, ANTÓNIO – *A União Europeia: Do Tratado de Amesterdão a um Projecto de Carta Constituinte para o Século XXI*, Celta Editora, Oeiras, 1997.

_____ *Integração Europeia, Regionalização Administrativa e Reforma do Estado-Nacional*, Instituto Nacional de Administração, Lisboa, 1997.

CUNHA, PATRÍCIA NOIRET – *A Tributação Directa na Jurisprudência do Tribunal de Justiça das Comunidades Europeias*, Coimbra Editora, Coimbra, 2006.

___ *Discriminação fiscal na jurisprudência dos Estados Unidos e da União Europeia: Esboço de um estudo comparado*, in SANCHES, J. L. SALDANHA / MARTINS, ANTÓNIO (Org.) – *Homenagem a José Guilherme Xavier de Basto*, Coimbra Editora, Coimbra, 2006, pp. 529-545.

CUNHA, PAULO DE PITTA E – *O Desafio da Integração Europeia*, Direcção-Geral das Contribuições e Impostos, Lisboa, 1980.

___ *A harmonização fiscal europeia e o sistema fiscal português*, Fisco, n.º 28, Fevereiro 1991, pp. 23-28.

___ *Integração Europeia – Estudos de Economia, Política e Direito Comunitários*, Imprensa Nacional – Casa da Moeda, Lisboa, 1993.

___ *A harmonização da fiscalidade e as exigências da União Monetária na Comunidade Europeia*, in *Estudos, Efectuados por Ocasião do XXX Aniversário do Centro de Estudos Fiscais*, Centro de Estudos Fiscais, Lisboa, 1993, pp. 203-213

___ *O ordenamento comunitário e o direito interno português*, Revista da Ordem dos Advogados, Ano 55, Julho 1995, pp. 341-352.

___ *A harmonização da fiscalidade e as exigências da União Monetária na Comunidade Europeia*, in *A Fiscalidade dos Anos 90 (Estudos e Pareceres)*, Almedina, Coimbra, 1996, pp. 53-62.

___ *A União Económica e Monetária Europeia e o objectivo da moeda única*, in *Em Torno da Revisão do Tratado da União Europeia*, Almedina, Coimbra, 1997, pp. 7-19.

___ *Some reflections on Monetary Union and fiscal federalism*, Revista da Faculdade de Direito da Universidade de Lisboa, vol. XXXVIII, n.º 2, 1997, pp. 365-369.

___ *Harmonização Fiscal*, Comunicação num colóquio internacional sobre o Euro, inédito, Coimbra, 1998.

___ *O Tratado de Amesterdão*, Revista da Ordem dos Advogados, Ano 58, Dezembro 1998, pp. 1081-1091.

___ *De Maastricht a Amesterdão – Problemas da União Monetária Europeia*, Almedina, Coimbra, 1999.

___ *Federalismo fiscale e autonomia regionale in Portogallo*, in MAJOCCHI, ALBERTO / VELO, DARIO (Coord.) – *Federalismo Fiscale: Una Nuova Sfida per l'Europa*, CEDAM, Pádua, 1999, pp. 169-174.

___ *Os impulsos federais na construção europeia*, Revista da Faculdade de Direito da Universidade de Lisboa, vol. XLI, n.º 1, 2000, pp. 7-15.

___ *The flimsiness of the Euro: a currency without a state*, Revista da Faculdade de Direito da Universidade de Lisboa, vol. XLI, n.º 2, 2000, pp. 595-597.

558   *Princípios do Direito Fiscal Internacional*

____ *O Euro*, Revista da Faculdade de Direito da Universidade de Lisboa, vol. XLI, n.º 2, 2000, pp. 599-610.

____ *O pendor federal da integração – A União Europeia e o Mercosul*, Revista da Ordem dos Advogados, Ano 61, Janeiro 2001, pp. 33-48.

____ *Direito Europeu – Instituições Políticas da União*, Coimbra, Almedina, 2006.

____ *A Constituição Europeia e a contestação do modelo neoliberal*, in SANCHES, J. L. SALDANHA / MARTINS, ANTÓNIO (Org.) – *Homenagem a José Guilherme Xavier de Basto*, Coimbra Editora, Coimbra, 2006, pp. 527-528;

____ *Tratado de Lisboa*, Instituto Europeu da Faculdade de Direito de Lisboa, Lisboa, 2008;

____ *O Tratado de Lisboa – Génese, Conteúdo e Efeitos*, s.n., Lisboa, 2008.

CUNHA, PAULO DE PITTA E / MORAIS, LUÍS SILVA (Org.) – *A Europa e os Desafios do Século XXI – Conferência Internacional*, Almedina, Coimbra, 2008.

CZAKERT, ERNST – *Administrative issues and CCCTB*, EC Tax Review, n.º 4, 2008, pp. 169-172.

DÉAK, DANIEL – *Harmonization in community law and enforcement of rights in tax law*, Intertax, n.º 11, Novembro 2008, pp. 478-491.

DE BONT, GUIDO – *Taxation and the free movement of capital and payments*, EC Tax Review, n.º 3, 1995, pp. 136-142.

____ *vide* ESSERS, PETER

DELATTRE, OLIVIER – *vide* MALHERBE, JACQUES

DELGADO PACHECO, ABELARDO – *Las Medidas Antielusión en los Convenios de Doble Imposición y en la Fiscalidad Internacional*, Instituto de Estudios Fiscales, Madrid (doc. n.º 15/02, on-line, 2006).

DEVEREUX, MICHAEL / PEARSON, MARK – *Corporate Tax Harmonisation and Economic Efficiency*, The Institute for Fiscal Studies, Londres, 1989.

DÍAZ ROLDÁN, CARMEN – *Coordinación de Políticas Fiscales en una Unión Monetaria*, Instituto de Estudios Fiscales, Madrid, 1999.

DOERNBERG, RICHARD L. – *International Taxation*, 6.ª ed., Thomson West, St Paul (EUA), 2004.

DOERR, INGMAR – *A step forward in the field of European corporate taxation and cross-border loss relief: some comments on the Marks & Spencer case,* Intertax, n.º 4, Abril 2004, pp. 180-186.

DOSSER, DOUGLAS – *Economic analysis of tax harmonization*, in SHOUP, CARL S. (Ed.) – *Fiscal Harmonization in Common Markets, Volume I: Theory*, Columbia University Press, Nova Iorque, 1967, pp. 1-144.

DOURADO, ANA PAULA – *A harmonização dos impostos sobre as sociedades na CEE. A situação da legislação fiscal portuguesa perante o direito comunitário*, Fisco, n.º 43/44, Junho 1992, pp. 9-20.

___ *A Tributação dos Rendimentos de Capitais: A Harmonização na Comunidade Europeia*, Centro de Estudos Fiscais, Lisboa, 1996.

___ *Impact of non-discrimination principle on Portuguese income tax law*, EC Tax Review, n.º 1, 1997, pp. 10-17.

___ *From the Saint-Gobain to the Metallgesellschaft case: scope of non-discrimination of permanent establishments in the EC Treaty and the most-favoured-nation clause in EC Member States tax treaties*, EC Tax Review, n.º 3, 2002, pp. 147-156.

___ *Do caso Saint-Gobain ao caso Metallgesellschaft: O âmbito do princípio da não discriminação do estabelecimento estável no Tratado da Comunidade Europeia e a cláusula da nação mais-favorecida*, in *Planeamento e Concorrência Fiscal Internacional*, Lex, Lisboa, 2003, pp. 91-117.

___ *Portugal*, in BROKELIND, CÉCILE (Ed.) – *Towards a Homogeneous EC Direct Tax Law*, IBFD Publications, Amsterdam, 2007, pp. 341-356.

___ *O Princípio da Legalidade Fiscal – Tipicidade, Conceitos Jurídicos Indeterminados e Margem de Livre Apreciação*, Almedina, Coimbra, 2007.

___ *Is it acte clair? General report on the role played by CILFIT in direct taxation*, in DOURADO, ANA PAULA / BORGES, RICARDO DA PALMA (Ed.s) – *The Acte Clair in EC Direct Tax Law*, IBFD Publications, Amsterdam, 2008, pp. 13-70.

___ *Forum shopping in EC tax law in the context of legal pluralism: spontaneous order as the optimal solution or taxpayers' rights to a code of legality?*, Intertax, n.º 10, Outubro 2008, pp. 422-425.

DOURADO, ANA PAULA / BORGES, RICARDO DA PALMA (Ed.s) – *The Acte Clair in EC Direct Tax Law*, IBFD Publications, Amsterdam, 2008.

DOUVIER, PIERRE-JEAN – *Droit Fiscal dans les Relations Internationales*, Pedone, Paris, 1996.

DUARTE, MARIA LUÍSA – *A Liberdade de Circulação de Pessoas e a Ordem Pública no Direito Comunitário*, Coimbra Editora, Coimbra, 1992.

___ *A harmonização das legislações nacionais no domínio da fiscalidade sobre as sociedades e a recente jurisprudência do Tribunal de Justiça das Comunidades Europeias sobre as directivas e a responsabilidade dos Estados membros*, Fisco, n.º 43/44, Junho 1992, pp. 21-29.

___ *A liberdade de circulação de pessoas e o estatuto de cidadania previsto no Tratado de União Europeia*, in *A União Europeia na Encruzilhada*, Almedina, Coimbra, 1996, pp. 167-194.

560   *Princípios do Direito Fiscal Internacional*

—— *A Teoria dos Poderes Implícitos e a Delimitação de Competências entre a União Europeia e os Estados-Membros*, Lex, Lisboa, 1997.

—— *A cooperação intergovernamental na União Europeia – Âmbito, natureza das acções previstas e sua relação com o domínio da integração comunitária*, in *Em Torno da Revisão do Tratado da União Europeia*, Almedina, Coimbra, 1997, pp. 35-56.

—— *Direito da União Europeia e das Comunidades Europeias, Vol. I, Tomo I*, Lex, Lisboa, 2001.

EASSON, ALEX – *Fiscal degradation and the inter-nation allocation of tax jurisdiction*, EC Tax Review, n.º 3, 1996, pp. 112-113.

ELLIS, MAARTEN J. – *Tax law and policy in an adolescent European Union – Response to Paul Farmer*, Bulletin for International Taxation, n.º 2, Fevereiro 2007, pp. 46-47.

ENGLISCH, JOACHIM – *Shareholder relief and EC Treaty law – Supranational "aims and effects"?*, Intertax, n.º 5, Maio 2005, pp. 200-214.

—— *The European Treaties' implications for direct taxes*, Intertax, n.º 8/9, Agosto/Setembro 2005, pp. 310-335.

ESCOT, LORENZO / GALINDO, MIGUEL-ÁNGEL – *Aspectos Teóricos de la Convergencia Real, Integración y Política Fiscal*, Instituto de Estudios Fiscales, Madrid, 2000.

ESSERS, PETER / DE BONT, GUIDO / KEMMEREN, ERIC (Editors) – *The Compatibility of Anti-Abuse Provisions in Tax Treaties with EC Law*, EUCOTAX Series on European Taxation, Kluwer Law International, London, 1998.

ESTEVE PARDO, MARIA LUISA – *El Impuesto sobre Sociedades en la Union Europea*, Tirant lo Blanch, Valencia, 1996.

FALCÓN Y TELLA, RAMÓN – *El papel de la jurisprudencia en la armonización fiscal europea*, in MARTUL-ORTEGA, PERFECTO YEBRA (Coord.) – *Sistema Fiscal Español y Armonización Europea*, Marcial Pons, Madrid, 1995, pp. 33-53.

—— *vide* CAYÓN GALIARDO, ANTONIO

FARAMIÑÁN GILBERT, JUAN MANUEL DE – *El Tribunal de Justicia en los Tratados de Maastricht y de Amsterdam: una visión comparativa*, in FARAMIÑÁN GILBERT, JUAN MANUEL DE (Coord.) – *Reflexiones en Torno al Tratado de Amsterdam y el Futuro de la Unión Europea*, Editorial Comares, Granada, 2000, pp. 159-198.

FARIA, MARIA TERESA VEIGA DE – *Preços de transferência. Problemática geral*, in *A Internacionalização da Economia e a Fiscalidade*, Centro de Estudos Fiscais, Lisboa, 1993, pp. 397-442.

FARMER, PAUL – *Tax law and policy in an adolescent European Union*, Bulletin for International Taxation, n.º 2, Fevereiro 2007, pp. 42-45.

FAVEIRO, VÍTOR ANTÓNIO DUARTE – *A eliminação das tributações sucessivas no futuro ambiente fiscal da empresa europeia*, in *Estudos, Efectuados por Ocasião do XXX Aniversário do Centro de Estudos Fiscais*, Centro de Estudos Fiscais, Lisboa, 1993, pp. 237-254.

FERIA, RITA DE LA – *Evolução do conceito de abuso do direito no âmbito do direito fiscal comunitário*, Revista de Finanças Públicas e Direito Fiscal, n.º 2, Verão, Junho 2008, pp. 197-225.

FERNANDES, EDISON CARLOS – *A Não-Discriminação Tributária nos Acordos Multilaterais do Comércio – A Disciplina do Mercado Comum do Sul*, Editora Quartier Latin do Brasil, São Paulo, 2006.

FERREIRA, EDUARDO PAZ – *A constituição económica e a União Económica e Monetária: da construção do socialismo ao credo monetarista*, in *Em Torno da Revisão do Tratado da União Europeia*, Almedina, Coimbra, 1997, pp. 179-204.

_____ *União Económica e Monetária – Um Guia de Estudo*, Quid Juris, Lisboa, 1999.

_____ *Lições de Direito da Economia*, Associação Académica da Faculdade de Direito de Lisboa, Lisboa, 2000.

_____ *Ensinar Finanças Públicas numa Faculdade de Direito*, Almedina, Coimbra, 2005.

_____ *A cooperação externa da União Europeia*, in CUNHA, PAULO DE PITTA E / MORAIS, LUÍS SILVA (Org.) – *A Europa e os Desafios do Século XXI – Conferência Internacional*, Almedina, Coimbra, 2008, pp. 159-168.

FERREIRA, EDUARDO PAZ / ATANÁSIO, JOÃO – *Textos de Direito do Comércio Internacional e do Desenvolvimento Económico, Vol I*, Almedina Coimbra, 2004.

FERREIRA, ROGÉRIO M. FERNANDES / OLIVEIRA, ANTÓNIO FERNANDES DE – *Taxation of dividends distributed by Portuguese resident companies*, Intertax, n.º 11, Novembro 2006, pp. 559-561.

FRANCO, ANTÓNIO L. DE SOUSA – *Problemas financeiros e orçamentais da União Europeia*, in *A União Europeia na Encruzilhada*, Almedina, Coimbra, 1996, pp. 21-44.

FRANCO, ANTÓNIO L. DE SOUSA / LAVRADOR, RODOLFO V. / CALHEIROS, J. M. ALBUQUERQUE / CABO, S. GONÇALVES DO – *Finanças Europeias – Vol. I, Introdução e Orçamento*, Almedina, Coimbra, 1994.

FRANSONI, GUGLIELMO – *La Territorialità nel Diritto Tributario*, Dott. A. Giuffrè Editore, Milão, 2004.

562   *Princípios do Direito Fiscal Internacional*

FUSTER GÓMEZ, MERCEDES – *La Doble Imposición Internacional en las Inversiones Directas en el Exterior de Empresas Españolas*, Marcial Pons, Madrid, 2001.

GALINDO, MIGUEL-ÁNGEL – *vide* ESCOT, LORENZO

GALLO, FRANCO – *Mercato único e fiscalità: aspetti giuridici del coordinamento fiscale,* Rassegna Tributaria, n.º 3, Maio/Junho 2000, pp. 725--750.

GAMMIE, MALCOLM – *Prospects for company and shareholder taxation,* Intertax, n.º 8/9, Agosto/Setembro 2003, pp. 252-259.

_____ *vide* LODIN, SVEN-OLOF

GANDULLIA, LUCA – *A comparative view of selected European countries,* in BERNARDI, LUIGI / PROFETA, PAOLA (Ed.s) – *Tax Systems and Tax Reforms in Europe,* Routledge, Oxon, 2004, pp. 3-29.

GARCÍA-HERRERA BLANCO, CRISTINA / HERRERA MOLINA, PEDRO M. – *El Tribunal de Justicia ante una encrucijada: rectificar la jurisprudencia o desintegrar la fiscalidad internacional en Europa?,* in COLLADO YURRITA, MIGUEL ÁNGEL (Dir.) – *Estudios Sobre Fiscalidad Internacional y Comunitaria,* COLEX Editor, Madrid, 2005, pp. 147-172.

GARCÍA NOVOA, CÉSAR – *La incidencia del derecho comunitario en el derecho español (especial referencia al ordenamiento financiero),* in MARTUL--ORTEGA, PERFECTO YEBRA (Coord.) – *Sistema Fiscal Español y Armonización Europea,* Marcial Pons, Madrid, 1995, pp. 55-113.

GARCÍA PRATS, F. ALFREDO – *vide* MARTÍN JIMÉNEZ, ADOLFO J.

GARCÍA SOBRINO, ERNESTO – *Sistemas de integración de la imposición personal y societaria en la CEE (análisis del sistema español),* in AAVV – *Impuesto sobre Sociedades,* Instituto de Estudios Fiscales, Madrid, 1992, pp. 123-134.

GASSNER, WOLFGANG / LANG, MICHAEL / LECHNER, EDUARD (Ed.s) – *Tax Treaties and EC Law,* Kluwer Law International, London, 1997.

Giannini, Silvia – *Mercado interno e fiscalidade: aspectos económicos,* Ciência e Técnica Fiscal, n.º 401, Janeiro-Março 2001, pp. 125-156.

GIULIANI, FEDERICO MARIA – *La interpretazione delle convenzioni internazionali contro le doppie imposizioni sui redditi,* in UCKMAR, VICTOR (Coord.) – *Corso di Diritto Tributario Internazionale,* 2.ª ed., CEDAM, Pádua, 2002, pp. 131-148.

GOMES, NUNO SÁ – *As garantias dos contribuintes numa perspectiva internacional,* in *A Internacionalização da Economia e a Fiscalidade,* Centro de Estudos Fiscais, Lisboa, 1993, pp. 483-513.

GOODHART, WILLIAM (Coord.) – *The Future of Corporate Taxation in the European Community*, Federal Trust for Education and Research / Ernst & Young, London, 1991.

GOUTHIÈRE, BRUNO – *Removal of discrimination – a never-ending story*, European Taxation, n.º 9, Setembro 1994, pp. 296-302.

―――― *Les Impôts dans les Affaires Internationales*, 4.ª ed., Éditions Francis Lefebvre, Levallois, 1998.

GRAAF, ARNAUD DE – *Avoidance of international double taxation: Community or joint policy?*, EC Tax Review, n.º 4, 1998, pp. 258-276.

GRIBNAU, HANS – *General introduction*, in MEUSSEN, GERARD TK (Ed.) – *The Principle of Equality in European Taxation*, EUCOTAX Series on European Taxation, Kluwer Law International, London, 1999, pp. 1-33.

GROSS, JAKOB B. – *OECD defensive measures against harmful tax competition legality under WTO*, Intertax, n.º 11, Novembro 2003, pp. 390-400.

GUDMUNDSSON, JON ELVAR – *European tax law in the relations with EFTA countries*, Intertax, n.º 2, Fevereiro 2006, pp. 58-85.

GÜNDISCH, STEPHAN – *Solving conflicts of qualification by analogous application of tax treaties*, IBFD – Bulletin for International Fiscal Documentation, n.º 10, Outubro 2005, pp. 424-431.

HALTERN, U. R. – *vide* WEILER, J. H. H.

HAMAEKERS, HUBERT – *Fiscal sovereignty and tax harmonization in the EC*, European Taxation, n.º 1, January 1993, pp. 25-27.

HEITHUIS, EDWIN – *vide* ALBREGTSE, DIRK

HELMINEN, MARJAANA – *Is there a future for CFC-regimes in the EU?*, Intertax, n.º 3, Março 2005, pp. 117-123.

HERKSEN, MONIQUE VAN – *How the Arbitration Convention lost its lustre: the threat of triangular cases*, Intertax, n.º 8/9, Agosto / Setembro 2008, pp. 332-345.

HERKSEN, MONIQUE VAN / HSU, YI-WEN – *Avoiding double taxation by way of advance pricing agreements and competent authority assistance*, International Transfer Pricing Journal, Vol. 4, n.º 3, Maio-Junho 1997, pp. 132-136.

HERRERA MOLINA, MIGUEL ÁNGEL – *Nuevas perspectivas de armonización fiscal (Comentarios a la nota sobre "Panorama sobre el proceso de armonización fiscal" elaborada por el Grupo de intercambio sobre asuntos europeos)*, Noticias de la Unión Europea, n.º 187/188, Agosto/ /Setembro 2000, pp. 85-93.

HILLING, MARIA – *Free Movement and Tax Treaties in the Internal Market*, Iustus Förlag, Uppsala, 2005.

HINNEKENS, LUC – *The Tax Arbitration Convention. Its significance for the EC based enterprise, the EC itself, and for Belgian and international tax law*, EC Tax Review, n.º 2, 1992, pp. 70-105.

—— *Compatibility of bilateral tax treaties with European Community law. The rules*, EC Tax Review, n.º 4, 1994, pp. 146-166.

—— *Compatibility of bilateral tax treaties with European Community law. Applications of the rules*, EC Tax Review, n.º 4, 1995, pp. 202-236.

—— *The Monti Report: the uphill task of harmonizing direct tax systems of EC Member States*, EC Tax Review, n.º 1, 1997, pp. 31-49.

—— *The EC compatibility of frontier workers' taxation according to the Belgian-Dutch Treaty*, EC Tax Review, n.º 3, 1997, pp. 167-177.

—— *The search for the framework conditions of the fundamental EC Treaty principles as applied by the European Court to Member States' direct taxation*, EC Tax Review, n.º 3, 2002, pp. 112-119.

—— *Revised OECD-TAG definition of place of effective management in treaty tie-breaker rule*, Intertax, n.º 10, Outubro 2003, pp. 314-319.

HINNEKENS, PHILIPPE – *Impact of non-discrimination principle under EC Treaty on Belgian income tax law*, EC Tax Review, n.º 2, 1996, pp. 56-62.

HINTSANEN, LARI – *Non-discrimination under EC law*, in RUSSO, RAFFAELE (Ed.) – *The Attribution of Profits to Permanent Establishments – The Taxation of Intra-Company Dealings*, IBFD Publications, Amsterdam, 2005, pp. 459-479.

HOFBAUER, INES – *Most-favoured-nation clauses in double taxation conventions – A worldwide overview*, Intertax, n.º 10, Outubro 2005, pp. 445-453.

HOOD, NEIL / YOUNG, STEPHEN – *The Economics of Multinational Enterprise*, 5.ª ed., Longman, Londres, 1984.

HOORN JR., J. VAN – *Methods and instruments for study*, in UCKMAR, VICTOR (Coord.) – *Corso di Diritto Tributario Internazionale*, 2.ª ed., CEDAM, Pádua, 2002, pp. 1191-1202.

HORDIJK, PETER – *Double tax relief: disparity or harmful restriction?*, Intertax, n.º 1, Janeiro 2008, pp. 29-37.

HOSSON, FRED C. DE – *The slow and lonesome death of the Arbitration Convention*, Intertax, n.º 12, Dezembro 2003, pp. 482-483.

—— *On the controversial role of the European Court in corporate tax cases*, Intertax, n.º 6/7, Junho/Julho 2006, pp. 294-304.

HUBER, MATTHIAS / RENTZSCH, DANIEL P. – *Conference report: History of double taxation conventions, Rust, 4-7 July 2008*, Intertax, n.º 11, Novembro 2008, pp. 533-541.

HUCHA CELADOR, FERNANDO DE LA – *vide* CAYÓN GALIARDO, ANTONIO

INNAMORATO, CATERINA – *Expeditious amendments to double tax treaties based on the OECD Model*, Intertax, n.º 3, Março 2008, pp. 98-124.

INTERNATIONAL FISCAL ASSOCIATION – *Transfer Pricing in the Absence of Comparable Market Prices* – Cahiers de Droit Fiscal International, vol. 77a, Kluwer Law and Taxation Publishers, Deventer, 1992.

____ *Secondary Adjustments and Related Aspects of Transfer Pricing Corrections* – IFA Congress Seminar Series, vol. 19b, Kluwer Law International, The Hague, 1996.

____ *Practical Issues in the Application of Double Tax Conventions* – Cahiers de Droit Fiscal International, vol. 83b, Kluwer Law International, The Hague, 1998.

____ *Limits on the Use of Low-Tax Regimes by Multinational Businesses: Current Measures and Emerging Trends* – Cahiers de Droit Fiscal International, vol. 86b, Kluwer Law International, The Hague, 2001.

____ *Trends in Company / Shareholder Taxation: Single or Double Taxation?* – Cahiers de Droit Fiscal International, vol. 88a, Kluwer Law International, The Hague, 2003.

____ *Double Non-Taxation* – Cahiers de Droit Fiscal International, vol. 89a, Sdu Fiscale & Financiele Uitgevers, Amersfoort, 2004.

____ *Group Taxation* – Cahiers de Droit Fiscal International, vol. 89b, Sdu Fiscale & Financiele Uitgevers, Amersfoort, 2004.

____ *Source and Residence: New Configuration of their Principles* – Cahiers de Droit Fiscal International, vol. 90a, Sdu Fiscale & Financiele Uitgevers, Amersfoort, 2005.

____ *Tax Treatment of International Acquisition of Businesses* – Cahiers de Droit Fiscal International, vol. 90b, Sdu Fiscale & Financiele Uitgevers, Amersfoort, 2005.

____ *The Attribution of Profits to Permanent Establishments* – Cahiers de Droit Fiscal International, vol. 91b, Sdu Fiscale & Financiele Uitgevers, Amersfoort, 2006.

IZQUIERDO LLANES, GREGORIO – *La armonización y la competencia fiscal: eficiencia frente a equidad*, in *La Armonización Fiscal en la Unión Europea*, Instituto de Estudios Fiscales, Madrid, 1997, pp. 47-62.

____ *La Armonización de las Retenciones sobre el Ahorro en la Unión Europea: una Visión Económica*, Instituto de Estudios Fiscales, Madrid, 2000.

JACOBS, OTTO H. / SPENGEL, CHRISTOPH / SCHÄFER, ANNE – *ICT and international corporate taxation: Tax attributes and scope of taxation*, Intertax, n.º 6/7, Junho/Julho 2003, pp. 214-231.

566   *Princípios do Direito Fiscal Internacional*

JAMES, SIMON – *Can we harmonise our views on European tax harmonisation?*, Bulletin of the International Bureau of Fiscal Documentation, Vol. 54, n.º 6, Junho 2000, pp. 263-269.

JAMES, SIMON / NOBES, CHRISTOPHER – *The Economics of Taxation*, 7.ª ed., Financial Times / Prentice Hall, Londres, 2000.

JANN, MARTIN – *The Court of Justice of the European Communities and its impact on direct taxation*, EC Tax Review, n.º 4, 1996, pp. 160.

_____ *How does Community law affect benefits available to non-resident taxpayers under tax treaties?*, EC Tax Review, n.º 4, 1996, pp. 168-171.

_____ *How does EC law affect benefits available to non-resident taxpayers under tax treaties?*, in GASSNER, WOLFGANG / LANG, MICHAEL / LECHNER, EDUARD (Ed.s) – *Tax Treaties and EC Law*, Kluwer Law International, London, 1997, pp. 33-72.

JARASS, LORENZ / OBERMAIR, GUSTAV M. – *Tax on earnings before interest and taxes instead of profit – fair, simple and competitive: a conceivable initiative of EU Member States for a common consolidated corporate tax base*, EC Tax Review, n.º 3, 2008, pp. 111-117.

JEFFERY, RAMON J. – *The Impact of State Sovereignty on Global Trade and International Taxation*, Kluwer Law International, London, 1999.

JESÚS AROZAMENA, MARÍA – *Las Concentraciones de Empresas en la Comunidad Europea*, Fundación Universidad-Empresa / Editorial Civitas, Madrid, 1993.

JONES, JOHN F. AVERY – *Flows of capital between the EU and third countries and the consequences of disharmony in European international tax law*, EC Tax Review, n.º 2, 1998, pp. 95-106.

_____ et al. – *Tax treaty problems relating to source*, European Taxation, n.º 3, March 1998, pp. 78-93.

_____ *Place of effective management as a residence tie-breaker*, IBFD – Bulletin for International Fiscal Documentation, n.º 1, Janeiro 2005, pp. 20-24.

JONES, JOHN F. AVERY / BOBBETT, CATHERINE – *Interpretation of the non-discrimination article of the OECD Model*, Bulletin for International Taxation, n.º 2, Fevereiro 2008, pp. 50-55.

JORDÁN GALDUF, JOSEP MARIA – *Aspectos generales de la Unión Europea – Aproximación teórica y perspectiva histórica*, in JORDÁN GALDUF, JOSEP MARIA (Coord.) – *Economía de la Unión Europea*, 3.ª ed., Civitas Ediciones, Madrid, 1999, pp. 27-49.

KAMANN, HANS-GEORG – *vide* LASALA LOBERA, MARÍA DE

KEMMEREN, ERIC – *The termination of the "most favoured nation clause" dispute in tax treaty law and the necessity of a Euro Model Tax Convention*, EC Tax Review, n.º 3, 1997, pp. 146-152.

_____ *EC law: Specific observations*, in ESSERS, PETER / DE BONT, GUIDO / / KEMMEREN, ERIC (Ed.s) – *The Compatibility of Anti-Abuse Provisions in Tax Treaties with EC Law*, EUCOTAX Series on European Taxation, Kluwer Law International, London, 1998, pp. 17-39.

_____ *Principle of Origin in Tax Conventions – A Rethinking of Models*, Pijnenburg vormgevers, Dongen (The Netherlands), 2001.

_____ *ECJ should not unbundle integrated tax systems!*, EC Tax Review, n.º 1, 2008, pp. 4-11.

_____ *Exemption method for PEs and (major) shareholdings best services: the CCCTB and the internal markets concerned*, EC Tax Review, n.º 3, 2008, pp. 118-136.

_____ *After repeal of Article 293 EC Treaty under the Lisbon Treaty: the EU objective of eliminating double taxation can be applied more widely*, EC Tax Review, n.º 4, 2008, pp. 156-158.

_____ *vide* ESSERS, PETER

KIRCHHOF, PAUL / LEHNER, MORIS / VAN RAAD, KEES / RAUPACH, ARNDT / RODI, MICHAEL (Ed.s) – *International and Comparative Taxation – Essays in Honour of Klaus Vogel*, Kluwer Law International, London, 2002.

KNOBBE-KEUK, BRIGITTE – *Restrictions on the fundamental freedoms enshrined in the EC Treaty by discriminatory tax provisions – Ban and justification*, EC Tax Review, n.º 3, 1994, pp. 74-85.

KOK, CORALINE – *EC update*, European Taxation, n.º 9, Setembro 1994, pp. 33-36.

KUBIK, KATHARINA / MASSONER, CHRISTIAN – *Common consolidated corporate tax base – The possible content of community law provisions*, EC Tax Review, n.º 3, 2008, pp. 137-141.

LAHODNY-KARNER, ANDREA – *Transfer pricing, mutual agreement procedure and EU arbitration procedure*, in GASSNER, WOLFGANG / LANG, MICHAEL / / LECHNER, EDUARD (Ed.s) – *Tax Treaties and EC Law*, Kluwer Law International, London, 1997, pp. 185-209.

LAMORLETTE, THIERRY / RASSAT, PATRICK – *Stratégie Fiscale Internationale*, 3.ª ed., Maxima – Laurent du Mesnil, Paris, 1997.

LANG, JOACHIM / ENGLISCH, JOACHIM – *A European legal tax order based on ability to pay*, in AMATUCCI, ANDREA (Ed.) – *International Tax Law*, Kluwer Law International, The Netherlands, 2006, pp. 251-335.

568   *Princípios do Direito Fiscal Internacional*

LANG, MICHAEL – *The binding effect of the EC fundamental freedoms on tax treaties*, in GASSNER, WOLFGANG / LANG, MICHAEL / LECHNER, EDUARD (Ed.s) – *Tax Treaties and EC Law*, Kluwer Law International, London, 1997, pp. 15-31.

____ *The concept of a multilateral tax treaty*, in LANG, MICHAEL / LOUKOTA, HELMUT / RÄDLER, ALBERT J. et al. (Ed.s) – *Multilateral Tax Treaties – New Developments in International Tax Law*, Kluwer Law International, London, 1998, pp. 187-196.

____ (Ed.) – *Tax Treaty Interpretation*, Kluwer Law International, The Hague, 2001.

____ *ECJ case law on cross-border dividend taxation – recent developments*, EC Tax Review, n.º 2, 2008, pp. 67-77.

____ *vide* GASSNER, WOLFGANG

LANG, MICHAEL / LOUKOTA, HELMUT / RÄDLER, ALBERT J. et al. (Ed.s) – *Multilateral Tax Treaties – New Developments in International Tax Law*, Kluwer Law International, London, 1998.

LANG, MICHAEL / SCHUCH, JOSEF / URTZ, CHRISTOPH / ZÜGER, MARIO – *Draft for a Multilateral Tax Treaty*, in LANG, MICHAEL / LOUKOTA, HELMUT / / RÄDLER, ALBERT J. et al. (Ed.s) – *Multilateral Tax Treaties – New Developments in International Tax Law*, Kluwer Law International, London, 1998, pp. 197-246.

LANG, MICHAEL / AIGNER, HANS-JÖRGEN / SCHEUERLE, ULRICH / STEFANER, MARKUS (Ed.s) – *CFC Legislation, Tax Treaties and EC Law*, Kluwer Law International, The Hague, 2004.

LANG, MICHAEL / HERDIN, JUDITH / HOFBAUER, INES (Ed.s) – *WTO and Direct Taxation*, Kluwer Law International, The Hague, 2005.

LANG, MICHAEL / PISTONE, PASQUALE (Ed.s) – *The EU and Third Countries: Direct Taxation*, Kluwer Law International, The Hague, 2007.

LASALA LOBERA, MARÍA DE / KAMANN, HANS-GEORG / SCHROEDER, WERNER – *El futuro de las competencias de la Comunidad Europea*, Noticias de la Unión Europea, n.º 187/188, Agosto/Setembro 2000, pp. 49-57.

LAVRADOR, RODOLFO V. – *vide* FRANCO, ANTÓNIO L. DE SOUSA

LECHNER, EDUARD – *Implications of EC law on the "exemption" of losses under tax treaties*, in GASSNER, WOLFGANG / LANG, MICHAEL / LECHNER, EDUARD (Ed.s) – *Tax Treaties and EC Law*, Kluwer Law International, London, 1997, pp. 73-86.

____ *vide* GASSNER, WOLFGANG

LEHNER, MORIS – *EC law and the competence to abolish double taxation,* in GASSNER, WOLFGANG / LANG, MICHAEL / LECHNER, EDUARD (Ed.s) – *Tax Treaties and EC Law*, Kluwer Law International, London, 1997, pp. 1-13.

Limitation of the national power of taxation by the fundamental freedoms and non-discrimination clauses of the EC Treaty, EC Tax Review, n.º 1, 2000, pp. 5-15.

LEITÃO, LUÍS MANUEL TELES DE MENEZES – *Evasão e fraude fiscal internacional*, in *A Internacionalização da Economia e a Fiscalidade*, Centro de Estudos Fiscais, Lisboa, 1993, pp. 299-330.

____ *Estudos de Direito Fiscal*, Almedina, Coimbra, 1999.

LENZ, CARL OTTO – *The jurisprudence of the European Court of Justice in tax matters*, EC Tax Review, n.º 2, 1997, pp. 80-85.

LINDE PANIAGUA, ENRIQUE – *Introducción a la Unión Económica y Monetaria, Un Análisis Jurídico e Institucional*, Editorial Colex, Madrid, 1999.

LOBO, CARLOS BAPTISTA – *Uma primeira reacção à proposta de alteração do artigo 93.º do Tratado CE relativamente às matérias fiscais*, Fisco, n.º 90/91, Setembro 2000, pp. 93-102.

LODIN, SVEN-OLOF – *The imputation systems and cross-border dividends – The need for new solutions*, EC Tax Review, n.º 4, 1998, pp. 229-238.

LODIN, SVEN-OLOF / GAMMIE, MALCOLM – *The taxation of the European company*, European Taxation, Vol. 39, n.º 8, Agosto 1999, pp. 286-294.

LOPES, CIDÁLIA MARIA DA MOTA – *A Fiscalidade das Pequenas e Médias Empresas, Estudo Comparativo na União Europeia*, Vida Económica, Porto, 1999.

LOUKOTA, HELMUT – *Multilateral tax treaty versus bilateral treaty network*, in LANG, MICHAEL / LOUKOTA, HELMUT / RÄDLER, ALBERT J. et al. (Ed.s) – *Multilateral Tax Treaties – New Developments in International Tax Law*, Kluwer Law International, London, 1998, pp. 83-103.

____ *vide* AIGNER, HANS-JÖRGEN

LOUSA, MARIA DOS PRAZERES – *Princípios da determinação da matéria colectável. Evolução comunitária e consequências em Portugal*, Fisco, n.º 43/ /44, Junho 1992, pp. 30-39.

____ *A tributação das filiais de empresas transnacionais e a subcapitalização*, in *A Internacionalização da Economia e a Fiscalidade*, Centro de Estudos Fiscais, Lisboa, 1993, pp. 443-482.

____ *Preços de transferência e acordos de dupla tributação*, texto de intervenção em conferência do Centro Inter-Americano de Administrações Tributárias – CIAT, Setembro 1999.

LOVISOLO, ANTONIO – *La "stabile organizzazione"*, in UCKMAR, VICTOR (Coord.) – *Corso di Diritto Tributario Internazionale*, 2.ª ed., CEDAM, Pádua, 2002, pp. 297-357.

LUCAS DURÁN, MANUEL – *La Tributacion de los Dividendos Internacionales*, Editorial Lex Nova, Valladolid, 2000.

LÜDICKE, JÜRGEN – *European tax law, quo vadis?* – *Comments*, Bulletin for International Taxation, n.º 1, Janeiro 2008, pp. 8-12.

MAISTO, GUGLIELMO – *The observations on the OECD commentaries in the interpretation of tax treaties*, IBFD – Bulletin for International Fiscal Documentation, n.º 1, Janeiro 2005, pp. 14-19.

––––– (Ed.) – *Tax Treaties and Domestic Law*, EC and International Tax Law Series, vol. 2, IBDF, Amsterdão, 2006.

MAJOCCHI, ALBERTO – *Un nuovo modello di federalismo fiscale*, in MAJOCCHI, ALBERTO / VELO, DARIO (Coord.) – *Federalismo Fiscale: Una Nuova Sfida per l'Europa*, CEDAM, Pádua, 1999, pp. 17-30.

MALHERBE, JACQUES – *Harmful tax competition and the future of financial centres in the European Union*, in KIRCHHOF, PAUL / LEHNER, MORIS / / VAN RAAD, KEES / RAUPACH, ARNDT / RODI, MICHAEL (Ed.s) – *International and Comparative Taxation – Essays in Honour of Klaus Vogel*, Kluwer Law International, London, 2002, pp. 111-122.

MALHERBE, JACQUES / BERLIN, DOMINIQUE – *Conventions fiscales bilatérales et droit communautaire*, Revue Trimestrielle de Droit Européen, Vol. 31, n.º 3, Julho/Setembro 1995.

MALHERBE, JACQUES / DELATTRE, OLIVIER – *Compatibility of limitation on benefits provisions with EC law*, European Taxation, n.º 1, Janeiro 1996, pp. 12-20.

MALHERBE, JACQUES / MALHERBE, PHILIPPE / RICHELLE, ISABELLE / TRAVERSA, EDOARDO – *The Impact of the Rulings of the European Court of Justice in the Area of Direct Taxation* (IP/A/ECON/ST/2007-27, PE 404.888), Estudo encomendado pelo Parlamento Europeu, Março 2008.

MARINO, GIUSEPPE – *La residenza*, in UCKMAR, VICTOR (Coord.) – *Corso di Diritto Tributario Internazionale*, 2.ª ed., CEDAM, Pádua, 2002, pp. 233-259.

MARTHA, RUTSEL SILVESTRE J. – *The Jurisdiction to Tax in International Law – Theory and Practice of Legislative Fiscal Jurisdiction*, Kluwer Law and Taxation Publishers, Deventer, 1989.

MARTÍN JIMÉNEZ, ADOLFO J. – *EC law and clauses on "limitation of benefits" in treaties with the US after Maastricht and the US-Netherlands Tax Treaty*, EC Tax Review, n.º 2, 1995, pp. 78-88.

––––– *Towards Corporate Tax Harmonization in the European Community: an Institutional and Procedural Analysis*, Kluwer Law International, Londres, 1999.

––––– *Hacia una nueva configuración de las relaciones entre el derecho comunitario y la normativa nacional en materia de imposición directa? – El caso Gilly*, REDF, n.º 102, 1999, pp. 291-320.

_____ *Defining the objective scope of income tax treaties: The impact of other treaties and EC law on the concept of tax in the OECD Model*, IBFD – Bulletin for International Fiscal Documentation, n.º 10, Outubro 2005, pp. 432-444.

_____ *vide* CALDERÓN CARRERO, JOSÉ M.

MARTÍN JIMÉNEZ, ADOLFO J. / CALDERÓN CARRERO, JOSÉ MANUEL – *Imposición Directa y No Discriminación Comunitaria*, EDERSA, Madrid, 2000.

MARTÍN JIMÉNEZ, ADOLFO J. / GARCÍA PRATS, F. ALFREDO / CALDERÓN CARRERO, JOSÉ M. – *Triangular cases, tax treaties and EC law: The Saint-Gobain decision of the ECJ*, Bulletin of the International Bureau of Fiscal Documentation, vol. 55, n.º 6, Junho, 2001, pp. 241-253.

MARTINS, ANA MARIA GUERRA – *O Tratado da União Europeia, Contributo para a sua Compreensão*, Lex, Lisboa, 1993.

_____ *Introdução ao Estudo do Direito Comunitário – Sumários Desenvolvidos*, Lex, Lisboa, 1995.

_____ *A Natureza Jurídica da Revisão do Tratado da União Europeia*, Lex, Lisboa, 2000.

_____ *Curso de Direito Constitucional da União Europeia*, Almedina, Coimbra, 2004.

_____ *O Projecto de Constituição Europeia – Contributo para o Debate sobre o Futuro da União*, 2.ª ed., Almedina, Coimbra, 2004.

MARTINS, ANTÓNIO MANUEL FERREIRA – *A Fiscalidade e o Financiamento das Empresas – A Influência da Reforma Fiscal de 1988 na Estrutura de Capital das Sociedades Anónimas Portuguesas da Indústria Transformadora* (Dissertação para Doutoramento apresentada à Faculdade de Economia da Universidade de Coimbra), Coimbra, 1998 (policopiado).

MARTUL-ORTEGA, PERFECTO YEBRA – *La protección jurídica del contribuinte y la CEE*, in MARTUL-ORTEGA, PERFECTO YEBRA (Coord.) – *Sistema Fiscal Español y Armonización Europea*, Marcial Pons, Madrid, 1995, pp. 263-297.

MATA SIERRA, MARÍA TERESA – *Perspectivas de la armonización de la fiscalidad directa ante la Union Europea*, in MARTUL-ORTEGA, PERFECTO YEBRA (Coord.) – *Sistema Fiscal Español y Armonización Europea*, Marcial Pons, Madrid, 1995, pp. 175-196.

_____ *La Armonización Fiscal en la Comunidad Europea*, 2.ª ed., Editorial Lex Nova, Valladolid, 1996.

MATTEOTTI, RENÉ – *Interpretation of tax treaties and domestic general anti--avoidance rules – A sceptical look at the 2003 update to the OECD Commentary*, Intertax, n.º 8/9, Agosto/Setembro 2005, pp. 336-350.

572   *Princípios do Direito Fiscal Internacional*

Mayer, F. C. – *vide* Weiler, J. H. H.

Mclure, Charles E. – *Globalization, Tax Rules and National Sovereignty,* Bulletin for International Fiscal Documentation, n.º 8, Agosto 2001, pp. 328-335.

Merks, Paulus – *Corporate tax and the European Commission,* Intertax, n.º 1, Janeiro 2008, pp. 2-13.

Mesquita, Maria Margarida Cordeiro – *A Directiva n.º 77/799/CEE: a troca de informações entre autoridades fiscais dos Estados membros,* Fisco, n.º 43/44, Junho 1992, pp. 80-86.

___ *Troca de informações e cooperação fiscal internacional,* in *A Internacionalização da Economia e a Fiscalidade,* Centro de Estudos Fiscais, Lisboa, 1993, pp. 331- 364.

___ *As Convenções sobre Dupla Tributação,* Centro de Estudos Fiscais, Lisboa, 1998.

Messere, Ken – *Tax policy in Europe: a comparative survey,* European Taxation, Dezembro 2000, pp. 526-541.

Meussen, Gerard Tk (Ed.) – *The Principle of Equality in European Taxation,* EUCOTAX Series on European Taxation, Kluwer Law International, London, 1999.

Miller, Angharad / Oats, Lynne – *Principles of International Taxation,* Tottel Publishing, Haywards Heath (West Sussex), 2006.

Monti, Mario – *The single market and beyond: Challenges for tax policy in the European Union,* EC Tax Review, n.º 1, 1997, pp. 2-3.

Montoya López, Maria Del Prado – *Los convenios para evitar la doble imposición internacional,* in Collado Yurrita, Miguel Ángel (Dir.) – *Estudios Sobre Fiscalidad Internacional y Comunitaria,* COLEX Editor, Madrid, 2005, pp. 37-62.

Morais, Luís Silva – *O Mercado Comum e os Auxílios Públicos – Novas Perspectivas,* Almedina, Coimbra, 1993.

___ *A função reguladora e as estruturas de regulação na União Europeia,* in Cunha, Paulo de Pitta e / Morais, Luís Silva (Org.) – *A Europa e os Desafios do Século XXI – Conferência Internacional,* Almedina, Coimbra, 2008, pp. 323-340.

___ *vide* Cunha, Paulo de Pitta e / Morais, Luís Silva

Morais, Rui Duarte – *Imputação de Lucros de Sociedades Não Residentes Sujeitas a um Regime Fiscal Privilegiado,* Publicações Universidade Católica, Porto, 2005.

___ *Dupla tributação internacional em IRS – Notas de uma leitura de jurisprudência,* Revista de Finanças Públicas e Direito Fiscal, n.º 1, Primavera, Abril 2008, pp. 109-127.

MURRAY, ROBIN (Org.) – *Multinationals Beyond the Market: Intra-Firm Trade and the Control of Transfer Pricing*, The Harvester Press, Brighton, 1981.

MUSGRAVE, PEGGY B. – *Harmonization of direct business taxes: a case study*, in SHOUP, CARL S. (Ed.) – *Fiscal Harmonization in Common Markets, Volume II: Practice*, Columbia University Press, Nova Iorque, 1967, pp. 207-343.

—— *Interjurisdictional coordination of taxes on capital income*, in CNOSSEN, SIJBREN (Coord.) – *Tax Coordination in the European Community*, Kluwer Law and Taxation Publishers, Deventer, 1987, pp. 197-225.

MUSGRAVE, RICHARD A. / MUSGRAVE PEGGY B. – *Finanças Públicas, Teoria e Prática*, Editora Campus, Rio de Janeiro, 1980.

MUTÉN, LEIF – *The effects of ECJ rulings on member states' direct tax law – Introductory speech*, in BROKELIND, CÉCILE (Ed.) – *Towards a Homogeneous EC Direct Tax Law*, IBFD Publications, Amsterdam, 2007, pp. 29-40.

—— *European tax law, quo vadis? – Lecture in honour of Klaus Vogel*, Bulletin for International Taxation, n.º 1, Janeiro 2008, pp. 2-8.

NABAIS, JOSÉ CASALTA – *Contratos Fiscais. Reflexões Acerca da sua Admissibilidade*, Coimbra, 1994.

—— *O Dever Fundamental de Pagar Impostos. Contributo para a Compreensão Constitucional do Estado Fiscal Contemporâneo*, Almedina, Coimbra, 1998.

—— *O princípio da legalidade fiscal e os actuais desafios da tributação*, Boletim da Faculdade de Direito da Universidade de Coimbra – Volume comemorativo do 75.º tomo do Boletim da Faculdade de Direito, Faculdade de Direito da Universidade de Coimbra, Coimbra, 2003, pp. 1091-1119.

—— *Por Um Sistema Fiscal Suportável – Estudos de Direito Fiscal*, Almedina, Coimbra, 2005.

—— *Direito Fiscal*, 4.ª ed. (2.ª reimpressão da edição de 2006), Almedina, Coimbra, 2008.

NETTINGA, MARGARET – *OECD 1992 Model Tax Convention*, European Taxation, n.º 3, Março 1993, pp. 107-108.

NEUMARK, FRITZ – *Principios de la Imposición*, Instituto de Estudios Fiscales, Madrid, 1974.

NOBES, CHRISTOPHER – *vide* JAMES, SIMON

NUNES, ADÉRITO SEDAS – *Questões Preliminares Sobre as Ciências Sociais*, 11.ª ed., Presença, Lisboa, 1994.

574 Princípios do Direito Fiscal Internacional

NUNES, A. J. AVELÃS – *Economia – Apontamentos segundo as aulas dadas ao 5.º Ano da Faculdade de Direito de Coimbra, no ano lectivo de 1993/1994*, policopiado, Coimbra, 1993.

—— *Economia Política – A Produção, Mercados e Preços*, SASUC – Serviço de Textos, Coimbra, 1996.

OATS, LYNNE – *vide* MILLER, ANGHARAD

OCDE – *Preços de Transferência e Empresas Multinacionais* – Relatório do Comité dos Assuntos Fiscais da OCDE de 1979, trad. port., Centro de Estudos Fiscais, Lisboa, 1985.

—— *Preços de Transferência e Empresas Multinacionais: Três Estudos Fiscais* – Relatórios do Comité dos Assuntos Fiscais da OCDE de 1984, trad. port., Centro de Estudos Fiscais, Lisboa, 1987.

—— *Taxing Profits in a Global Economy, Domestic and International Issues*, OECD Publications, Paris, 1991.

—— *Modelo de Convenção Fiscal sobre o Rendimento e o Património*, trad. port., Centro de Estudos Fiscais, Lisboa, 1995.

—— *Transfer Pricing Guidelines for Multinational Enterprises and Tax Administrations*, Serviço de Publicações da OCDE, Paris, 1995.

—— *Harmful Tax Competition. An Emerging Global Issue*, OECD Publications, Paris, 1998.

—— *Modelo de Convenção Fiscal sobre o Rendimento e o Património*, trad. port., Centro de Estudos Fiscais, Lisboa, 2005.

OFFERMANNS, RENÉ – *Tax treaties in conflict with the EC Treaty: The incompatibility of anti-abuse provisions and EC law (Conference 13 March 1993, Fiscal Institute of Tilburg)*, EC Tax Review, n.º 2, 1995, pp. 97--104.

OGLEY, ADRIAN – *Principles of International Tax – A Multinational Perspective*, Interfisc Publishing, London, 2001.

OLIVEIRA, ANTÓNIO FERNANDES DE – *Os artigos 39.º e 43.º do Tratado da Comunidade Europeia e a tributação directa – A jurisprudência do TJCE*, Fisco, n.º 117/118, pp. 27-70.

OLIVER, J. DAVID B. – *Anti-avoidance rules in the EU directives and in double taxation conventions*, in *Planeamento e Concorrência Fiscal Internacional*, Lex, Lisboa, 2003, pp. 303-317.

—— *Removing economic double taxation*, Intertax, n.º 4, Abril 2003, pp. 130.

—— *Resolving international tax disputes,* Intertax, n.º 10, Outubro 2003, pp. 313.

—— *The relevance of tax treaty history*, Intertax, n.º 11, Novembro 2005, pp. 484.

PALMA, CLOTILDE CELORICO – *O IVA e o Mercado Interno. Reflexões sobre o Regime Transitório*, Centro de Estudos Fiscais, Lisboa, 1998.

PAPOTTI, RAUL-ANGELO – *Treaty non-discrimination clauses in group consolidation situations*, Intertax, n.º 10, Outubro 2003, pp. 320-328.

PAREDES GÓMEZ, RAQUEL – *Efectos sobre la Eficiencia Económica de Distintos Criterios de Coordenación Impositiva Internacional*, Instituto de Estudios Fiscales, Madrid, 1999.

PEARSON, MARK – *vide* DEVEREUX, MICHAEL

PELECHA ZOZAYA, FRANCISCO – *Hacienda Publica y Derecho Comunitario, Tomo II, La Hacienda Publica Comunitaria*, Instituto de Estudios Fiscales, Madrid, 1995.

PEREIRA, ANDRÉ GONÇALVES / QUADROS, FAUSTO DE – *Manual de Direito Internacional Público*, 3.ª ed., Almedina, Coimbra, Reimpressão 2007.

PEREIRA, M. H. DE FREITAS – *Aspectos fiscais relativos a "royalties" e transferências de tecnologia – Um comentário*, Fisco, n.º 30, Abril 1991, pp. 30-34.

____ *Fiscalidade das empresas e harmonização fiscal comunitária – balanço e perspectivas*, in *A Internacionalização da Economia e a Fiscalidade*, Centro de Estudos Fiscais, Lisboa, 1993, pp. 51-102.

PEREIRA, PAULA ROSADO – *O novo regime dos preços de transferência*, Fiscalidade, n.º 5, Janeiro 2001, pp. 23-47.

____ *Anotação de acórdão do Supremo Tribunal Administrativo – Caso DEFINT: IRC, relações especiais*, Ciência e Técnica Fiscal, n.º 402, Abril-Junho 2001, pp. 315-341.

____ *Soluções globais para a tributação das empresas na UE*, Fiscalidade, n.º 11, Julho 2002, pp. 33-54.

____ *A Tributação das Sociedades na União Europeia: Entraves Fiscais ao Mercado Interno e Estratégias de Actuação Comunitária*, Almedina, Coimbra, 2004.

____ *Alguns desafios ao Código do IRC – Preços de transferência e o desafio europeu*, in *15 Anos da Reforma Fiscal de 1988/89 – Jornadas de Homenagem ao Professor Doutor Pitta e Cunha*, Almedina, Coimbra, 2005, pp. 251-273.

PESCHCKE-KOEDT, LISA – *A practical approach to permanent establishment issues in a multinational enterprise*, Tax Notes International, Maio 1998, pp. 1601-1613.

PETERS, CEES / SNELLAARS, MARGREET – *Non-discrimination and tax law: structure and comparison of the various non-discrimination clauses*, EC Tax Review, n.º 1, 2001, pp. 13-18.

PETKOVA, SVETOZARA – *Treaty shopping – The perspective of national regulators*, Intertax, n.º 11, Novembro 2004, pp. 543-550.

PICCIOTTO, SOL – *International Business Taxation, A Study in the Internationalization of Business Regulation*, Weidenfeld and Nicolson, Londres, 1992.

PIMENTEL, MIGUEL CORTEZ – *"D"istortion of the Common Market? Analysis and future perspectives of the MFN clause within EC law*, Intertax, n.º 10, Outubro 2006, pp. 485-501.

PINHEIRO, GABRIELA – *A Fiscalidade Directa na União Europeia*, Universidade Católica Portuguesa, Porto, 1998.

PIRES, FRANCISCO LUCAS – *Introdução ao Direito Constitucional Europeu (Seu Sentido, Problemas e Limites)*, Almedina, Coimbra, 1997.

PIRES, MANUEL – *Da Dupla Tributação Jurídica Internacional Sobre o Rendimento*, Imprensa Nacional – Casa da Moeda, Lisboa, 1984.

_____ *Harmonização fiscal face à internacionalização da economia: experiências recentes*, in A Internacionalização da Economia e a Fiscalidade, Centro de Estudos Fiscais, Lisboa, 1993, pp. 11-50.

_____ *The wrong path for the European Union – or do the stork and the fox have the same possibilities?*, EC Tax Review, n.º 3, 2002, pp. 160-161.

_____ *Direito Fiscal – Apontamentos*, 3.ª ed., Almedina, Coimbra, 2008.

PIRES, RITA CALÇADA – *Notas de reflexão: acordos para evitar e para eliminar a dupla tributação no direito internacional fiscal do século XXI*, Revista de Finanças Públicas e Direito Fiscal, n.º 2, Verão, Junho 2008, pp. 179-195.

PISTONE, PASQUALE – *The Impact of Community Law on Tax Treaties: Issues and Solutions*, EUCOTAX Series on European Taxation, Kluwer Law International, London, 2002.

_____ *L'abuso delle convenzioni internazionali in materia fiscale*, in UCKMAR, VICTOR (Coord.) – *Corso di Diritto Tributario Internazionale*, 2.ª ed., CEDAM, Pádua, 2002, pp. 643-701.

_____ *An EU Model Tax Convention*, EC Tax Review, n.º 3, 2002, pp. 129--136.

_____ *Time for arbitration in international taxation*, Intertax, n.º 3, Março 2005, pp. 102.

_____ *National treatment for all non-resident EU nationals: Looking beyond the D Decision*, Intertax, n.º 10, Outubro 2005, pp. 412-413.

_____ *The impact of European law on the relations with third countries in the field of direct taxation*, Intertax, n.º 5, Maio 2006, pp. 234-244.

___ *Kirchberg 3 October 2006: Three decisions that dit ... not change the future of European taxes*, Intertax, n.º 12, Dezembro 2006, pp. 582--584.

___ *Ups and downs in the case law of the European Court of Justice and the swinging pendulum of direct taxation*, Intertax, n.º 4, Abril 2008, pp. 146-153.

PLAGNET, BERNARD – *Droit Fiscal International*, Éditions Litec, Paris, 1986.

PORTO, MANUEL CARLOS LOPES – *A participação dos países na União Europeia*, in *A Europa Após Maastricht,* Imprensa Nacional – Casa da Moeda, Lisboa, 1992, pp. 33-48.

___ *Teoria da Integração e Políticas Comunitárias*, 2.ª ed., Almedina, Coimbra, 1997.

___ *Portugal e a Agenda 2000*, Almedina, Coimbra, 1998.

PRATS, FRANCISCO ALFREDO GARCÍA – *The evolution of income taxation under EC law requirements*, EC Tax Review, n.º 3, 2002, pp. 137-146.

PRECHAL, SACHA – *EC law: The framework*, in ESSERS, PETER / DE BONT, GUIDO / KEMMEREN, ERIC (Ed.s) – *The Compatibility of Anti-Abuse Provisions in Tax Treaties with EC Law*, EUCOTAX Series on European Taxation, Kluwer Law International, London, 1998, pp. 1-16.

QUADROS, FAUSTO DE – *Direito das Comunidades Europeias e Direito Internacional Público – Contributo para o Estudo da Natureza Jurídica do Direito Comunitário Europeu*, Almedina, Coimbra, 1991 (Reimpressão).

___ *O Princípio da Subsidiariedade no Direito Comunitário após o Tratado da União Europeia*, Almedina, Coimbra, 1995.

___ *O princípio da subsidiariedade na União Europeia*, in MARTUL-ORTEGA, PERFECTO YEBRA (Coord.) – *Sistema Fiscal Español y Armonización Europea,* Marcial Pons, Madrid, 1995, pp. 209-231.

___ *O princípio da subsidiariedade no Tratado da União Europeia: contributos para a revisão do Tratado*, in *Em Torno da Revisão do Tratado da União Europeia*, Almedina, Coimbra, 1997, pp. 231-247.

___ *Direito Comunitário I – Programa, Conteúdos e Métodos do Ensino*, Almedina, Coimbra, 2000.

___ *Direito da União Europeia*, (2.ª reimpressão), Almedina, Coimbra, 2008.

RÄDLER, ALBERT J. – *Do national anti-abuse clauses distort the internal market?*, European Taxation, n.º 9, Setembro 1994, pp. 311-313.

___ *Most-favoured-nation concept in tax treaties*, in LANG, MICHAEL / / LOUKOTA, HELMUT / RÄDLER, ALBERT J. et al. (Ed.s) – *Multilateral Tax Treaties – New Developments in International Tax Law*, Kluwer Law International, London, 1998, pp. 1-14.

578   *Princípios do Direito Fiscal Internacional*

___ *Recent trends in European and international taxation*, Intertax, n.º 8/ /9, Agosto/Setembro 2004, pp. 365-376.

RAINER, ANNO et al. – *ECJ restricts scope of CFC legislation*, Intertax, n.º 12, Dezembro 2006, pp. 636-638.

RAMOS, RUI MANUEL DE MOURA – *Das Comunidades à União Europeia, Estudos de Direito Comunitário*, 2.ª ed., Coimbra Editora, Coimbra, 1999.

RASSAT, PATRICK – *vide* LAMORLETTE, THIERRY

RASTELLO, LUIGI – *Diritto Tributario – Principi Generali*, 3.ª ed., Edizioni Cedam, Padova, 1987.

RESENDE, RAQUEL MARIA MAYMONE – *vide* BORGES, RICARDO HENRIQUES DA PALMA

ROCCATAGLIATA, FRANCO – *Diritto tributario comunitario*, in UCKMAR, VICTOR (Coord.) – *Corso di Diritto Tributario Internazionale*, 2.ª ed., CEDAM, Pádua, 2002, pp. 781-844.

ROCHE LAGUNA, IRENE – *La Integración Europea como Límite a la Soberanía Fiscal de los Estados Miembros (Armonización de la Imposición Directa en la Comunidad Europea)*, Tirant lo Blanch, Valencia, 2000.

RODRÍGUEZ MORENO, ROSA – *La armonización fiscal en el contexto de la Unión Económica y Monetaria y de la Unión Política Europea*, in *La Armonización Fiscal en la Unión Europea,* Instituto de Estudios Fiscales, Madrid, 1997, pp. 63-72.

RODRÍGUEZ ONDARZA, JOSÉ ANTONIO – *Una Revisión Global de la Aplicación de los Acuerdos Previos sobre Precios de Transferencia y sus Implicaciones para España*, Instituto de Estudios Fiscales, Madrid, 1998.

ROHATGI, ROY – *Basic International Taxation*, Kluwer Law International, The Hague, 2002.

ROMANO, CARLO – *Advance Tax Rulings and Principles of Law – Towards a European Tax Rulings System?*, IBFD Publications, Amsterdam, 2002.

RUDING, H. ONNO – *Harmonization of company taxation in Europe*, EC Tax Review, n.º 2, 1992, pp. 68-69.

After the Euro: corporation tax harmonization?, EC Tax Review, n.º 2, 1998, pp. 72-73.

RUSSO, RAFFAELE (Ed.) – *The Attribution of Profits to Permanent Establishments – The Taxation of Intra-Company Dealings*, IBFD Publications, Amsterdam, 2005.

SACCHETTO, CLAUDIO – *Le fonti del diritto internazionale tributario*, in UCKMAR, VICTOR (Coord.) – *Corso di Diritto Tributario Internazionale*, 2.ª ed., CEDAM, Pádua, 2002, pp. 43-55.

Sacchetto, Claudio / Alemanno, Lauro (Coord.s) – *Materiali di Diritto Tributario Internazionale*, IPSOA, Milão, 2002.

Sacchetto, Claudio / Barassi, Marco – *Taxation of small and medium-sized enterprises*, European Taxation, Dezembro 2000, pp. 546-553.

Saggio, Antonio – *L'activisme judiciaire dans l'espace communautaire: son rôle dans l'intégration européenne et ses limites*, in *O Direito Comunitário e a Construção Europeia (Colóquio)*, Faculdade de Direito de Coimbra / Coimbra Editora, Coimbra, 1999, pp. 83-92.

Salinas Sánchez, F. Javier – *Política fiscal y la Unión Monetaria Europea: Un falso peldaño en la ascensión a una Europa Federal?*, Noticias de la Unión Europea, n.º 187/188, Agosto/Setembro 2000, pp. 117-123.

Sanches, José Luís Saldanha – *A evolução fiscal europeia: mitos e realidades*, Fisco, n.º 80/81, Julho/Agosto 1997, pp. 3-12.

_____ *Sistema e reforma fiscal: que evolução*, Fisco, n.º 82/83, Setembro/ /Outubro 1997, pp. 109-122.

_____ *A Quantificação da Obrigação Tributária: Deveres de Cooperação, Auto-avaliação e Avaliação Administrativa*, 2.ª ed., Lex, Lisboa, 2000.

_____ *Estudos de Direito Contabilístico e Fiscal*, Coimbra Editora, Coimbra, 2000.

_____ *Normas anti-abuso, jurisprudência comunitária e direito português: As provisões no balanço fiscal*, in *Planeamento e Concorrência Fiscal Internacional*, Lex, Lisboa, 2003, pp. 319-335.

_____ *Os Limites do Planeamento Fiscal – Substância e Forma no Direito Fiscal Português, Comunitário e Internacional*, Coimbra Editora, Coimbra, 2006.

_____ *Manual de Direito Fiscal*, 3.ª ed., Coimbra Editora, Coimbra, 2007.

Sanches, José Luís Saldanha / Martins, António (Org.) – *Homenagem a José Guilherme Xavier de Basto*, Coimbra Editora, Coimbra, 2006.

Sánchez Galiana, José Antonio – *Los monopolios fiscales tras el Tratado de la Union Europea*, in Martul-Ortega, Perfecto Yebra (Coord.) – *Sistema Fiscal Español y Armonización Europea*, Marcial Pons, Madrid, 1995, pp. 233-262.

Sande, Paulo de Almeida – *O Sistema Político da União Europeia*, Principia – Publicações Universitárias e Científicas, Cascais, 2000.

Santiago, Bruno Vinga – *O futuro da tributação directa dos grupos de sociedades na União Europeia*, Fiscalidade, n.º 16, pp. 93-129.

Santos, António C. dos / Palma, Clotilde – *A regulação internacional da concorrência fiscal prejudicial*, Ciência e Técnica fiscal, n.º 395, Julho-Setembro 1999, pp. 7-36.

SANTOS, CRISTINA – *A aplicação das convenções pelos tribunais*, in *Planeamento e Concorrência Fiscal Internacional*, Lex, Lisboa, 2003, pp. 349-367.

SANTOS, JOSÉ CARLOS GOMES – *Principais tendências de convergência nos sistemas fiscais dos países comunitários – uma perspectiva quantificada*, in *A Internacionalização da Economia e a Fiscalidade*, Centro de Estudos Fiscais, Lisboa, 1993, pp. 125-160.

____ *A equidade fiscal revisitada,* in SANCHES, JOSÉ LUÍS SALDANHA / MARTINS, ANTÓNIO (Org.) – *Homenagem a José Guilherme Xavier de Basto,* Coimbra Editora, Coimbra, 2006, pp. 407-418.

SARMIENTO, DANIEL – *Who's afraid of the acte clair doctrine?*, in DOURADO, ANA PAULA / BORGES, RICARDO DA PALMA (Ed.s) – *The Acte Clair in EC Direct Tax Law*, IBFD Publications, Amsterdam, 2008, pp. 71-83.

SCAPA, ANNA / HENIE, LARS A. – *Avoidance of double non-taxation under the OECD Model Tax Convention*, Intertax, n.º 6/7, Junho/Julho 2005, pp. 266-285.

SCHELPE, DIRK – *The Arbitration Convention: its origin, its opportunities and its weaknesses*, EC Tax Review, n.º 2, 1995, pp. 68-77.

____ *The Denkavit-Vitic-Voormeer case – Judgement of the European Court of Justice of 17 October 1996 and its consequences for some anti--abuse provisions introduced in Member States' legislation implementing the Merger Directive (90/434/EEC) and Parent-Subsidiary Directive (90/435/EEC)*, EC Tax Review, n.º 1, 1997, pp. 17-22.

SCHEUNEMANN, MARC P. – *Decision of the Marks & Spencer case: a step forward, but no victory for cross-border group taxation in Europe*, Intertax, n.º 2, Fevereiro 2006, pp. 54-57.

SCHINDEL, ANGEL / ATCHABAHIAN, ADOLFO – *General report*, in INTERNATIONAL FISCAL ASSOCIATION – *Source and Residence: New Configuration of their Principles*, Cahiers de Droit Fiscal International, vol. 90a, Sdu Fiscale & Financiele Uitgevers, Amersfoort, 2005, pp. 21-99.

SCHROEDER, WERNER – *vide* LASALA LOBERA, MARÍA DE

SCHUCH, JOSEF – *Most favoured nation clause in Tax Treaty Law*, EC Tax Review, n.º 4, 1996, pp. 161-165.

____ *Will EC law transform tax treaties into most-favoured-nation clauses?*, in GASSNER, WOLFGANG / LANG, MICHAEL / LECHNER, EDUARD (Ed.s) – *Tax Treaties and EC Law*, Kluwer Law International, London, 1997, pp. 87-123.

_____ *EC law requires multilateral tax treaty*, EC Tax Review, n.º 1, 1998, pp. 29-37.

_____ *Bilateral tax treaties multilateralized by the EC Treaty*, in LANG, MICHAEL / LOUKOTA, HELMUT / RÄDLER, ALBERT J. et al. (Ed.s) – *Multilateral Tax Treaties – New Developments in International Tax Law*, Kluwer Law International, London, 1998, pp. 33-51.

SCOPPIO, MARIA ELENA – *The role of infringements*, in BROKELIND, CÉCILE (Ed.) – *Towards a Homogeneous EC Direct Tax Law*, IBFD Publications, Amsterdam, 2007, pp. 41 –56.

SECULAR, LES – *Discrimination within the EC – Is this the end?*, European Taxation, n.º 10, Outubro 1993, pp. 345-347.

SHALHAV, SARIG – *The revised permanent establishment rules*, Intertax, n.º 4, Abril 2003, pp. 131-147.

_____ *The evolution of article 4(3) and its impact on the place of effective management tie breaker rule*, Intertax, n.º 10, Outubro 2004, pp. 460--476.

SHALHAV, SARIG / FABER, CEES – *Non-discrimination under tax treaties*, in RUSSO, RAFFAELE (Ed.) – *The Attribution of Profits to Permanent Establishments – The Taxation of Intra-Company Dealings*, IBFD Publications, Amsterdam, 2005, pp. 447-458.

SHIBATA, HIROFUMI – *The theory of economic unions: a comparative analysis of customs unions, free trade areas, and tax unions*, in SHOUP, CARL S. (Ed.) – *Fiscal Harmonization in Common Markets, Volume I: Theory*, Columbia University Press, Nova Iorque, 1967, pp. 145-264.

SHOUP, CARL S. (Ed.) – *Fiscal Harmonization in Common Markets, Volume I: Theory*, Columbia University Press, Nova Iorque, 1967.

_____ (Ed.) – *Fiscal Harmonization in Common Markets, Volume II: Practice*, Columbia University Press, Nova Iorque, 1967.

SMIT, PIM M. – *vide* VAN DEN ENDE, RAYMON J. S.

SNEL, FREEK P. J. – *Systems to prevent accumulation of taxation in parent--subsidiary relationships*, Intertax, n.º 11, Novembro 2005, pp. 527-536.

SNELLAARS, MARGREET – *vide* PETERS, CEES

SOMMERHALDER, RUUD A. – *Differences in tax treatment between resident and non-resident individuals: In conflict with EEC Treaty?*, European Taxation, n.º 3, Março 1993, pp. 101-104.

SOUSA, MARCELO REBELO DE – *A transposição das directivas comunitárias na ordem jurídica portuguesa*, in *O Direito Comunitário e a Construção Europeia (Colóquio)*, Faculdade de Direito de Coimbra / Coimbra Editora, Coimbra, 1999, pp. 65-81.

582 Princípios do Direito Fiscal Internacional

Sousa, Marcelo Rebelo de / Galvão, Sofia – *Introdução ao Estudo do Direito*, 5.ª ed., Lex, Lisboa, 2000.

Stahl, Kristina – *Free movement of capital between Member States and third countries*, EC Tax Review, n.º 2, 2004, pp. 47-56.

Staringer, Claus – *Tax credit according to s 10(3) Austrian Corporation Tax Act and Treaty Law*, in Gassner, Wolfgang / Lang, Michael / Lechner, Eduard (Ed.s) – *Tax Treaties and EC Law*, Kluwer Law International, London, 1997, pp. 243-265.

Stitt, Iain P. A. – *Harmonização ou coordenação das matérias colectáveis do imposto das sociedades no espaço comunitário*, Fisco, n.º 43/44, Junho 1992, pp. 3-7.

Strasser, Daniel – *La Hacienda de Europa, El Derecho Presupuestario y Financiero de las Comunidades Europeas*, tradução de Abad Fernández, Mariano, 3.ª ed. em espanhol, Instituto de Estudios Fiscales, Madrid, 1993.

Tabaksblat, M. – *Harmonisation of corporation tax in the EC; the views of a multinational*, Intertax, n.º 1, Janeiro 1993, pp. 16-19.

Tanzi, Vito – *Globalization, tax competition by the future of tax systems*, in Uckmar, Victor (Coord.) – *Corso di Diritto Tributario Internazionale*, 2.ª ed., CEDAM, Pádua, 2002, pp. 21-41.

Tanzi, Vito / Ter-Minassian, Teresa – *The European Monetary System and fiscal policies*, in Cnossen, Sijbren (Coord.) – *Tax Coordination in the European Community*, Kluwer Law and Taxation Publishers, Deventer, 1987, pp. 337-357.

Teixeira, Glória – *A Tributação do Rendimento – Perspectiva Nacional e Internacional*, Almedina, Coimbra, 2000.

___ *Tax systems and non-discrimination in the European Union*, Intertax, n.º 2, Fevereiro 2006, pp. 50-53.

___ (Coord.) – *Estudos de Direito Fiscal*, Almedina, Coimbra, 2006.

___ *Manual de Direito Fiscal*, Almedina, Coimbra, 2008.

Teixeira, Glória / Barros, Duarte (Coord.) – *Preços de Transferência e o Caso Português*, Vida Económica, Porto, 2004.

Teixeira, Manuela Duro – *A Determinação do Lucro Tributável dos Estabelecimentos Estáveis de Não Residentes*, Almedina, Coimbra, 2007.

Tenore, Mario – *Timing issues related to changes in treaty residence or source*, Intertax, n.º 3, Março 2006, pp. 132-142.

___ *Timing issues related to the changes of the applicable treaty law*, Intertax, n.º 10, Outubro 2006, pp. 475-484.

Ter-Minassian, Teresa – *vide* Tanzi, Vito

TERRA, BEN / WATTEL, PETER – *European Tax Law*, 2.ª ed., Kluwer Law International, Haia, 1997.

TESAURO, FRANCESCO – *Compendio di Diritto Tributario*, 2.ª ed., UTET, Turim, 2004.

THÖMMES, OTMAR – *CFC legislation and EC law*, Intertax, n.º 5, Maio 2003, pp. 188-189.

TIXIER, GILBERT – *Droit Fiscal International*, 2.ª ed., Presses Universitaires de France, Paris, 1995.

TOIFL, GERALD – *Can a discrimination in the state of residence be justified by the taxable situation in the state of source?*, EC Tax Review, n.º 4, 1996, pp. 165-167.

_____ *EC fundamental freedoms and non-discrimination provisions in tax treaties*, in GASSNER, WOLFGANG / LANG, MICHAEL / LECHNER, EDUARD (Ed.s) – *Tax Treaties and EC Law*, Kluwer Law International, London, 1997, pp. 125-165.

TÔRRES, HELENO TAVEIRA – *A pluritributação internacional e as medidas unilaterais de controle*, in UCKMAR, VICTOR (Coord.) – *Corso di Diritto Tributario Internazionale*, 2.ª ed., CEDAM, Pádua, 2002, pp. 185-232.

TOVILLAS MORÁN, JOSÉ MARÍA – *Estudio del Modelo de Convenio sobre Renta y Patrimonio de la OCDE de 1992*, Marcial Pons, Madrid, 1996.

TRIDIMAS, TAKIS – *The General Principles of EU Law*, 2.ª ed., Oxford University Press, Oxford, 2006.

TUMPEL, MICHAEL – *Residence under treaty law – Significance for Parent-Subsidiary Directive and Merger Directive*, in GASSNER, WOLFGANG / / LANG, MICHAEL / LECHNER, EDUARD (Ed.s) – *Tax Treaties and EC Law*, Kluwer Law International, London, 1997, pp. 167-183.

TUNDO, FRANCESCO – *I redditi d'impresa nel Modello di Convenzione OCSE (art. 7)*, in UCKMAR, VICTOR (Coord.) – *Corso di Diritto Tributario Internazionale*, 2.ª ed., CEDAM, Pádua, 2002, pp. 261-295.

UCKMAR, VICTOR – *I trattati internazionali in materia tributaria*, in UCKMAR, VICTOR (Coord.) – *Corso di Diritto Tributario Internazionale*, 2.ª ed., CEDAM, Pádua, 2002, pp. 91-127.

_____ (Coord.) – *Corso di Diritto Tributario Internazionale*, 2.ª ed., CEDAM, Pádua, 2002.

_____ *Double taxation conventions*, in AMATUCCI, ANDREA (Ed.) – *International Tax Law*, Kluwer Law International, The Netherlands, 2006, pp. 149--181.

URTZ, CHRISTOPH – *Exchange of information according to the EC Mutual Assistance Directive and tax treaties in Austria*, in GASSNER, WOLFGANG

584   *Princípios do Direito Fiscal Internacional*

/ LANG, MICHAEL / LECHNER, EDUARD (Ed.s) – *Tax Treaties and EC Law*, Kluwer Law International, London, 1997, pp. 211-242.

—— *The elimination of double taxation within the European Union and between member States and non-member States – Multilateral treaty or Directive?*, in LANG, MICHAEL / LOUKOTA, HELMUT / RÄDLER, ALBERT J. et al. (Ed.s) – *Multilateral Tax Treaties – New Developments in International Tax Law*, Kluwer Law International, London, 1998, pp. 105- -118.

VALADÃO, MARCOS AURÉLIO PEREIRA – *Limitações Constitucionais ao Poder de Tributar e Tratados Internacionais*, Livraria Del Rey Editora, Belo Horizonte, 2000.

VALE, MARIA DE LOURDES CORREIA E – *A tributação dos fluxos internacionais de dividendos, juros e «royalties»*, in *A Internacionalização da Economia e a Fiscalidade*, Centro de Estudos Fiscais, Lisboa, 1993, pp. 161-205.

VALERA TABUEÑA, FRANCISCO – *vide* ALONSO GONZÁLEZ, LUIS MANUEL

VAN DEN ENDE, RAYMON J. S. / SMIT, PIM M. – *Netherlands/Portugal – European tax law influences the new tax treaty*, European Taxation, March, 2001, pp. 98-105.

VAN DER BRUGGEN, EDWIN – *The power of persuasion: Notes on the sources of international law and the OECD Commentary*, Intertax, n.º 8/9, Agosto/Setembro 2003, pp. 259-270.

VAN DER STOK, EELCO / THOMSON, ANDREW – *Temporal limitations to tax judgements of the European Court of Justice*, Intertax, n.º 11, Novembro 2006, pp. 552-558.

VAN RAAD, KEES – *Nondiscrimination in International Tax Law*, Kluwer Law and Taxation Publishers, Deventer, The Netherlands, 1986.

—— *International coordination of tax treaty interpretation and application*, in KIRCHHOF, PAUL / LEHNER, MORIS / VAN RAAD, KEES / RAUPACH, ARNDT / RODI, MICHAEL (Ed.s) – *International and Comparative Taxation – Essays in Honour of Klaus Vogel*, Kluwer Law International, London, 2002, pp. 217-230.

—— *Five fundamental rules in applying tax treaties*, in *Planeamento e Concorrência Fiscal Internacional*, Lex, Lisboa, 2003, pp. 337-347.

VAN THIEL, SERVAAS – *Daily Mail Case – Tax planning and the European right of establishment – A setback*, European Taxation, n.º 11, Novembro 1988, pp. 357-366.

—— *The prohibition of income tax discrimination in the European Union: What does it mean?*, European Taxation, n.º 9, Setembro 1994, pp. 303-310.

___ *EU Case Law on Income Tax*, IBFD Publications, Amsterdão, 2001.
___ *General report*, in LANG, MICHAEL / HERDIN, JUDITH / HOFBAUER, INES (Ed.s) – *WTO and Direct Taxation*, Kluwer Law International, The Hague, 2005, pp. 13-47.
___ *A slip of the European Court in the D case (C-376/03): Denial of the most-favoured-nation treatment because of absence of similarity?*, Intertax, n.º 10, Outubro 2005, pp. 454-457.
___ *Justifications in community law for income tax restrictions on free movement: Acte clair rules that can be readily applied by national courts*, in DOURADO, ANA PAULA / BORGES, RICARDO DA PALMA (Ed.s) – *The Acte Clair in EC Direct Tax Law*, IBFD Publications, Amsterdam, 2008, pp. 85-131.

VAN THIEL, SERVAAS / STEINBACH, ARMIN – *The effect of WTO law in the legal order of the European Community: a judicial protection deficit or a real-political solution, or both?*, in LANG, MICHAEL / HERDIN, JUDITH / / HOFBAUER, INES (Ed.s) – *WTO and Direct Taxation*, Kluwer Law International, The Hague, 2005, pp. 49-72.

VANISTENDAEL, FRANS – *The role of the European Court of Justice as the supreme judge in tax cases*, EC Tax Review, n.º 3, 1996, pp. 114-122.
___ *Reinventing source taxation*, EC Tax Review, n.º 3, 1997, pp. 152-161.
___ *Redistribution of tax law-making power in EMU?*, EC Tax Review, n.º 2, 1998, pp. 74-79.
___ *No European taxation without European representation*, EC Tax Review, n.º 3, 2000, pp. 142-143.
___ *Memorandum on the taxing powers of the European Union*, EC Tax Review, n.º 3, 2002, pp. 120-129.
___ (Ed.) – *EU Freedoms and Taxation*, IBFD, Amsterdão, 2006.
___ *Common (tax) law of the ECJ*, EC Tax Review, n.º 6, 2007, pp. 250--251.
___ *Does the ECJ have the power of interpretation to build a tax system compatible with the fundamental freedoms?*, EC Tax Review, n.º 2, 2008, pp. 52-66.
___ *In defence of the European Court of Justice*, Bulletin for International Taxation, n.º 3, Março 2008, pp. 90-98.
___ *Consequences of the acte clair doctrine for the national courts and temporal effects of an ECJ decision*, in DOURADO, ANA PAULA / BORGES, RICARDO DA PALMA (Ed.s) – *The Acte Clair in EC Direct Tax Law*, IBFD Publications, Amsterdam, 2008, pp. 157-169.
___ *vide* BOVENBERG, A.L.

586 Princípios do Direito Fiscal Internacional

Vasques, Sérgio – *O Princípio da Equivalência como Critério de Igualdade Tributária*, Almedina, Coimbra, 2008.

Vega Borrego, Félix Alberto – *El Concepto de Beneficiario Efectivo en los Convenios para Evitar la Doble Imposición*, Instituto de Estudios Fiscales, Madrid (doc. n.º 8/05, on-line).

Vega Mocoroa, Isabel – *La financiacion de la Union Europea: analisis de resultados y principales retos*, in Vega Mocoroa, Isabel (Coord.) – *Financiación y Política Presupuestaria de la Unión Europea*, Editorial Lex Nova, Valladolid, 1997, pp. 149-183.

____ *La financiacion de las Comunidades Europeas y su futuro en el horizonte 2000-2006*, in Vega Mocoroa, Isabel (Coord.) – *La Integracion Economica Europea*, 2.ª ed., Editorial Lex Nova, Valladolid, 1998, pp. 305-346.

Vegara Figueras, David – *vide* Bajo Rubio, Oscar

Verdoner, Louan – *Major economic concepts in tax treaty policy*, Intertax, n.º 4, Abril 2003, pp. 147-156.

Vermeend, Willem – *The Court of Justice of the European Communities and direct taxes: "Est-ce que la justice est de ce monde"?*, EC Tax Review, n.º 2, 1996, pp. 54-55.

Vilaça, José Luís da Cruz – *A evolução do sistema jurisdicional comunitário: antes e depois de Maastricht*, in *O Direito Comunitário e a Construção Europeia (Colóquio)*, Faculdade de Direito de Coimbra / Coimbra Editora, Coimbra, 1999, pp. 15-50.

Villar Ezcurra, Marta – *Exigencias del derecho comunitario a la metodología del derecho financiero y tributario*, Crónica Tributaria, n.º 100 (2001), pp. 23-47.

Villemot, Dominique – *L'Harmonisation Fiscale Européenne*, 2.ª ed., Presses Universitaires de France, Paris, 1995.

Vogel, Klaus – *Worldwide vs. source taxation of income – A review and re--evaluation of arguments (Part I)*, Intertax, n.º 8/9, 1988, pp. 216-229.

____ *Worldwide vs. source taxation of income – A review and re-evaluation of arguments (Part II)*, Intertax, n.º 10, 1988, pp. 310-320.

____ *Worldwide vs. source taxation of income – A review and re-evaluation of arguments (Part III)*, Intertax, n.º 11, 1988, pp. 393-402.

____ et al. – *Klaus Vogel on Double Taxation Conventions – A Commentary to the OECD-, UN- and US Model Conventions for the Avoidance of Double Taxation on Income and Capital – With Particular Reference to German Treaty Practice*, 3.ª ed., Kluwer Law International, London, 1997 (reimpressão 1999).

_____ *Which method should the European Community adopt for the avoidance of double taxation?*, Bulletin for International Fiscal Documentation, n.º 1, Janeiro 2002, pp. 4-10.

_____ *The schedular structure of tax treaties,* Bulletin for International Fiscal Documentation, n.º 6, Junho 2002, pp. 260-261.

_____ *Tax treaty news,* IBFD – Bulletin for International Fiscal Documentation, n.º 10, Outubro 2005, pp. 418-419.

_____ *"State of residence" may as well be "State of source" – There is no contradiction,* IBFD – Bulletin for International Fiscal Documentation, n.º 10, Outubro 2005, pp. 420-423.

VOGEL, KLAUS / GUTMANN, DANIEL / DOURADO, ANA PAULA – *Tax treaties between Member States and Third States: "reciprocity" in bilateral tax treaties and non-discrimination in EC law,* EC Tax Review, n.º 2, 2006, pp. 83-94.

WANG, MINYAN – *Tax jurisdiction in electronic commerce from the perspective of public international law – A particular examination of income tax,* Intertax, n.º 11, Novembro 2006, pp. 530-551.

WASSERMEYER, FRANZ – *Does the EC Treaty force the member states to conclude a multilateral tax treaty?,* in LANG, MICHAEL / LOUKOTA, HELMUT / RÄDLER, ALBERT J. et al. (Ed.s) – *Multilateral Tax Treaties – New Developments in International Tax Law*, Kluwer Law International, London, 1998, pp. 15-31.

WATTEL, PETER – *vide* TERRA, BEN

WEBER, DENNIS – *A closer look at the general anti-abuse clause in the Parent-Subsidiary Directive and the Merger Directive*, EC Tax Review, n.º 2, 1996, pp. 63-69.

_____ *The first steps of the ECJ concerning an abuse-doctrine in the field of harmonized direct taxes*, EC Tax Review, n.º 1, 1997, pp. 22-31.

_____ *Tax Avoidance and the EC Treaty Freedoms – A Study of the Limitations under European Law to the Prevention of Tax Avoidance,* EUCOTAX Series on European Taxation, Kluwer Law International, The Hague, 2005.

_____ *Most-favoured-nation treatment under tax treaties rejected in the European Community: Background and analysis of the D Case – A proposal to include a most-favoured-nation clause in the EC Treaty,* Intertax, n.º 10, Outubro 2005, pp. 429-444.

_____ *In search of a (new) equilibrium between tax sovereignty and the freedom of movement within the EC,* Intertax, n.º 12, Dezembro 2006, pp. 585--616.

588   *Princípios do Direito Fiscal Internacional*

WEILER, J. H. H. / HALTERN, U. R. / MAYER, F. C. – *La democracia europea y sus críticos: cinco problemas,* in QUADRA-SALCEDO, TOMÁS DE LA / / ESTELLA DE NORIEGA, ANTONIO (Coord.) – *Problemas de Legitimación en la Europa de la Unión, Las Respuestas del Tratado de Amsterdam,* Universidad Carlos III de Madrid, Madrid, 2000, pp.37-85.

WEINER, JOANN MARTENS – *Formula one. The race to find a common formula to apportion the EU tax base,* EC Tax Review, n.º 3, 2008, pp. 100-110.

WESTBERG, BJÖRN – *Cross-Border Taxation of E-Commerce,* IBFD Publications, Amsterdam, 2002.

WESTERBURGEN, J.W.B. – *vide* BOVENBERG, A.L.

WHEELER, JOANNA – *The attribution of income to a person for tax treaty purposes,* IBFD – Bulletin for International Fiscal Documentation, n.º 11, Novembro 2005, pp. 477-488.

WIEDOW, ALEXANDER – *To withhold or not to withhold: Comments on Mr. Boon's article,* European Taxation, n.º 9, Setembro 1994, pp. 293-295.

WILLIAMS, DAVID – *Asscher: the European Court and the power to destroy,* EC Tax Review, n.º 1, 1997, pp. 4-10.

―― *EC Tax Law,* Longman, Londres, 1998.

WIMPISSINGER, CHRISTIAN – *Cross-border transfer of losses, the ECJ does not agree with Advocate General Sharpston,* EC Tax Review, n.º 4, 2008, pp. 173-181.

XAVIER, ALBERTO – *O problema das qualificações no direito tributário internacional,* in *Estudos, Efectuados por Ocasião do XXX Aniversário do Centro de Estudos Fiscais,* Centro de Estudos Fiscais, Lisboa, 1993, pp. 69-101.

―― *Direito Tributário Internacional,* 2.ª ed., Almedina, Coimbra, 2007.

YOUNG, STEPHEN – *vide* HOOD, NEIL

ZEE, HOWELL H. – *World trends in tax policy: An economic perspective,* Intertax, n.º 8/9, Agosto/Setembro 2004, pp. 352-364.

ZESTER, ANITZA – *Can the most-favoured nation principle influence the use of limitation on benefits clauses in tax treaties?,* Intertax, n.º 3, Março 2006, pp. 143-150.

ZIMMER, FREDERIK – *Domestic anti-avoidance rules and tax treaties – Comment on Brian Arnold's article,* IBFD – Bulletin for International Fiscal Documentation, n.º 1, Janeiro 2005, pp. 25-26.

ZÜGER, MARIO – *Arbitration Under Tax Treaties – Improving Legal Protection in International Tax Law,* IBFD Publications, Amsterdam, 2001.

―― *Conflict resolution in tax treaty law,* Intertax, n.º 10, Outubro 2002, pp. 342-355.

ÍNDICE

Principais Abreviaturas 9

INTRODUÇÃO 11

   1. O tema 11
   2. Objecto do estudo e delimitação do âmbito 14
   3. Plano de análise 18

PARTE I

OS PRINCÍPIOS DO DIREITO FISCAL INTERNACIONAL

I. DIREITO FISCAL INTERNACIONAL 21

   1. Enquadramento geral 21
   2. Dupla tributação internacional 22

II. AS CDT NO CONTEXTO DO DIREITO FISCAL INTERNA-
    CIONAL 27

   1. Surgimento e evolução das CDT 27
   2. Funcionamento das CDT 36

III. PRINCÍPIOS FUNDAMENTAIS DO DIREITO FISCAL
     INTERNACIONAL 41

   1. Enquadramento 41
   2. Tratamento doutrinal da questão 44
     2.1. Doutrina estrangeira 44
     2.2. Doutrina nacional 49
   3. Identificação dos princípios fundamentais do Direito Fiscal
     Internacional 50

590 *Princípios do Direito Fiscal Internacional*

IV. PRINCÍPIOS ESTRUTURAIS DO DIREITO FISCAL INTERNACIONAL 55

1. Princípio da soberania.. 55
2. Princípio da equidade 60
   2.1. Equidade entre sujeitos passivos............................. 61
   2.2. Equidade entre Estados 65
3. Princípio da neutralidade 67
   3.1. Aspectos gerais 67
   3.2. Princípios da neutralidade na exportação e na importação de capitais 70
4. Outros princípios 76
   4.1. Princípio do benefício 76
   4.2. Princípio da capacidade contributiva 78
   4.3. Princípio do Estado de Direito e outros 81

V. PRINCÍPIOS OPERATIVOS DO DIREITO FISCAL INTERNACIONAL.. 85

1. Princípios relativos ao fundamento e à extensão do poder de tributar 85
   1.1. Princípios relativos ao fundamento do poder de tributar – Princípio da fonte e princípio da residência 85
   1.2. Princípios relativos à extensão do poder de tributar – Princípio da universalidade e princípio da limitação territorial.. 89
   1.3. Questões preliminares.. 90
       1.3.1. Elemento de conexão subjectivo – Substituição da nacionalidade pela residência 90
       1.3.2. Elemento de conexão objectivo – Princípio da territorialidade ou princípio da fonte? 96
   1.4. O princípio da residência 98
       1.4.1. Enquadramento 98
       1.4.2. Noção e regras de determinação da residência ... 99
           1.4.2.1. Pessoas singulares 100
           1.4.2.2. Pessoas colectivas............................ 101
           1.4.2.3. Conflito positivo de residência 101
       1.4.3. Rendimentos tributáveis no Estado da residência no âmbito das CDT 103
   1.5. O princípio da fonte 104
       1.5.1. Enquadramento... 104

1.5.2. Noção e regras de determinação da fonte 105
1.5.3. Rendimentos tributáveis no Estado da fonte no âmbito das CDT 107
1.6. Ponderação da tributação na residência *versus* tributação na fonte 110
   1.6.1. Argumentos a favor e contra os dois princípios .. 110
      1.6.1.1. Argumentos a favor do princípio da residência 110
      1.6.1.2. Argumentos contra o princípio da residência 111
      1.6.1.3. Argumentos a favor do princípio da fonte 114
      1.6.1.4. Argumentos contra o princípio da fonte . 116
   1.6.2. Balanço relativamente aos princípios da residência e da fonte 117
1.7. Princípio do estabelecimento estável 131
2. Princípio da eliminação da dupla tributação no Estado da residência 146
2.1. Métodos de eliminação da dupla tributação 146
2.2. Ponderação dos métodos de eliminação da dupla tributação 153
3. Princípio da tributação como entidades independentes 154
3.1. Caracterização 155
3.2. Aplicação do princípio da tributação como entidades independentes 160
3.3. Princípio da plena concorrência 163
3.4. Correcção dos lucros pela administração fiscal 169
3.5. Dificuldades da aplicação do princípio da tributação como entidades independentes 173
3.6. Dificuldades específicas de aplicação do princípio da plena concorrência 178
3.7. Princípio da tributação unitária ou global 181
   3.7.1. Enquadramento 181
   3.7.2. Modelos de tributação 188
4. Princípio da tributação distinta e sucessiva de sociedades e sócios 193
4.1. Enquadramento 193
4.2. Tributação de sociedades e sócios no plano internacional 197
5. Princípio da não discriminação tributária 202
5.1. Enquadramento 202

592 Princípios do Direito Fiscal Internacional

5.2. Princípio da não discriminação em razão da naciona-
lidade 208
    5.2.1. Aspectos gerais 208
    5.2.2. Aplicação do regime 213
5.3. Disposições especiais de não discriminação 221
    5.3.1. Proibição de discriminação quanto aos estabeleci-
    mentos estáveis (artigo 24.º n.º 3) 221
    5.3.2. Proibição de discriminação quanto a pagamen-
    tos a residentes do outro Estado (artigo 24.º n.º 4) 228
    5.3.3. Proibição de discriminação quanto a empresas com
    capital estrangeiro (artigo 24.º n.º 5) 229
5.4. Conclusões 231
6. Questão da cláusula da nação mais favorecida 235
6.1. Enquadramento 235
6.2. Tratamento da nação mais favorecida no Direito Fiscal
Internacional e nas CDT 235
6.3. Tratamento da nação mais favorecida no Direito do
Comércio Internacional 238
6.4. Cláusulas da nação mais favorecida presentes nas CDT 241

Parte II

OS PRINCÍPIOS DO DIREITO FISCAL INTERNACIONAL
E AS CDT NO CONTEXTO DO DIREITO FISCAL EUROPEU

I. DIREITO FISCAL EUROPEU 245

1. Enquadramento geral 245
2. Disposições do Tratado sobre o Funcionamento da UE 249
3. Princípio da não discriminação e liberdades de circulação .. 253
    3.1. Relevância em sede de tributação directa 253
    3.2. Livre circulação de trabalhadores 255
    3.3. Direito de estabelecimento 255
    3.4. Livre prestação de serviços 258
    3.5. Livre circulação de capitais 259
4. Direito Fiscal Europeu derivado 261

II. INTEGRAÇÃO POR VIA POSITIVA E NEGATIVA 263

1. Harmonização da tributação directa na UE 263

1.1. Enquadramento	263
1.2. Harmonização fiscal – Noção e natureza	264
1.3. Limites à harmonização fiscal	269
1.3.1. Limites relativos aos Estados-membros	269
1.3.2. Limites relativos à actuação europeia	275
1.4. Harmonização fiscal e jurisprudência do Tribunal de Justiça	279
1.5. Balanço e perspectivas quanto à harmonização fiscal da tributação directa na UE	285
2. Papel da jurisprudência do Tribunal de Justiça	295

III. RELAÇÕES ENTRE CDT E DIREITO FISCAL EUROPEU NA JURISPRUDÊNCIA DO TRIBUNAL DE JUSTIÇA 305

1. Enquadramento	305
2. Decisões e referências mais relevantes	308
2.1. Primeiras referências do Tribunal de Justiça às CDT....	308
2.2. Caso Gilly	312
2.2.1. Contornos do caso e decisão	312
2.2.2. Ponderação do caso	317
2.3. Caso *Saint-Gobain*	319
2.3.1. Contornos do caso e decisão	319
2.3.2. Ponderação do caso	323
2.4. Caso De Groot	326
2.4.1. Contornos do caso e decisão	326
2.4.2. Ponderação do caso	329
2.5. Caso "D"	330
2.5.1. Contornos do caso e decisão	330
3. Conclusões	332

IV. PRINCÍPIOS FUNDAMENTAIS DO DIREITO FISCAL INTERNACIONAL VERSUS DIREITO FISCAL EUROPEU .. 339

1. Enquadramento da questão	339
2. Residência, nacionalidade e fonte no Direito Fiscal Europeu.	343
2.1. Introdução	343
2.2. Liberdade de fixação dos elementos de conexão	344
2.3. O princípio da residência face ao Direito Fiscal Europeu	345
2.3.1. Reconhecimento do princípio da residência pelo Direito Fiscal Europeu	345

594 *Princípios do Direito Fiscal Internacional*

2.3.2. Aceitação da distinção entre residentes e não residentes pelo Direito Fiscal Europeu 347
2.3.3. Limitações à diferenciação de regime fiscal baseada na residência... 351
2.3.4. Conclusões.. 356
2.4. A nacionalidade face ao Direito Fiscal Europeu 359
2.4.1. Utilização da nacionalidade como elemento de conexão 359
2.4.2. Conclusões.. 361
2.5. O princípio da fonte face ao Direito Fiscal Europeu 362
2.5.1. Aceitação do princípio da fonte e do princípio da limitação territorial pelo Direito Fiscal Europeu . 362
2.5.2. Reinvenção do princípio da fonte pelo Tribunal de Justiça 364
2.5.3. Limitação das diferenças de tributação entre não residentes e residentes e dedutibilidade de despesas pelos não residentes... 366
2.5.4. Alteração da posição do Estado da fonte face à situação pessoal e familiar dos não residentes 372
2.5.5. Conclusões.. 378
3. O estabelecimento estável no Direito Fiscal Europeu 380
3.1. Enquadramento 380
3.2. Proibição de discriminação no Estado de localização do estabelecimento estável...................................... 382
3.3. Proibição de discriminação no Estado de residência da sociedade matriz 386
3.4. Conclusões 388
4. Os métodos de eliminação da dupla tributação no Direito Fiscal Europeu... 389
5. Princípio da não discriminação no Direito da UE................ 395
5.1. Proibição da discriminação em razão da nacionalidade no Direito Fiscal Europeu 395
5.2. O princípio da não discriminação no Direito Fiscal Internacional e no Direito Fiscal Europeu 401
5.2.1. Aspectos gerais da relação entre ambos 401
5.2.2. Principais diferenças entre o princípio de não discriminação do MC OCDE e do Direito Fiscal Europeu 403

5.2.3. Principais similitudes entre o princípio de não discriminação do MC OCDE e do Direito Fiscal Europeu 420

5.3. Justificação de medidas nacionais discriminatórias ou restritivas das liberdades de circulação 423

5.3.1. Justificações expressamente previstas no TFUE .. 423

5.3.2. Exigências imperativas de interesse geral 425

6. Questão do tratamento de nação mais favorecida no Direito da UE 428

6.1. Enquadramento 428

6.2. Decisões do Tribunal de Justiça anteriores ao Caso "D" 432

6.3. O Caso "D" 434

6.4. Críticas à decisão do Caso "D" 437

6.5. Depois do Caso "D"... 440

6.6. Ponderação da questão 441

V. PRINCÍPIOS DO DIREITO FISCAL INTERNACIONAL NAS DIRECTIVAS EUROPEIAS 447

1. Enquadramento 447

2. Directiva das fusões 449

3. Directiva sociedades-mães / sociedades afiliadas 451

4. Directiva dos juros e *royalties* 455

5. Directiva da poupança 457

6. Conclusões 458

VI. CDT MULTILATERAL VERSUS MODELO DE CONVENÇÃO DA UE 463

1. Enquadramento 463

2. CDT Multilateral 470

2.1. Introdução 470

2.2. Vantagens e desvantagens da CDT Multilateral 472

2.2.1. Argumentos a favor da CDT Multilateral 475

2.2.2. Argumentos contrários à CDT Multilateral 477

3. Modelo de Convenção da UE 479

4. Conclusões 484

596 *Princípios do Direito Fiscal Internacional*

PARTE III

CONCLUSÕES GERAIS

1. Princípios fundamentais do Direito Fiscal Internacional 487
2. Relações entre princípios do Direito Fiscal Internacional e
   Direito Fiscal Europeu – Posição defendida 490
3. Aceitação dos princípios do Direito Fiscal Internacional pelo
   Direito Fiscal Europeu 496
   3.1. Aspectos gerais 496
   3.2. Salvaguarda das CDT 497
        3.2.1. Relação entre as CDT e o Direito da UE 497
        3.2.2. Aspectos particulares 501
        3.2.3. Questão da nação mais favorecida 503
   3.3. Princípio da residência 506
   3.4. Princípio da fonte 508
   3.5. Princípio da tributação como entidades independentes .. 509
   3.6. Princípio da tributação distinta e sucessiva de sociedades
        e sócios 511
   3.7. Princípio da não discriminação 511
4. Saltos qualitativos do Direito Fiscal Europeu face ao Direito
   Fiscal Internacional 512
   4.1. Saltos qualitativos de carácter valorativo 515
        4.1.1. Fortalecimento da protecção no Estado da residência 516
        4.1.2. Aprofundamento das exigências de justiça mate-
               rial no caso concreto 521
        4.1.3. Atribuição de maior protecção ao estabelecimento
               estável 525
   4.2. Saltos qualitativos de carácter conceptual..................... 532
        4.2.1. Diminuição da rigidez da bipartição conceptual
               entre residentes e não residentes 532
        4.2.2. Diminuição da rigidez da bipartição conceptual
               entre atribuições do Estado da fonte e do Estado
               da residência 535
        4.2.3. Eliminação da dupla tributação económica 538
        4.2.4. Aumento da preponderância do princípio da resi-
               dência 539
   5. Alguns dilemas do Direito Fiscal Europeu 540

BIBLIOGRAFIA 549

ÍNDICE... 589